100 Jahre Heidelberger Akademie der Wissenschaften
Früchte vom Baum des Wissens

100 Jahre Heidelberger Akademie der Wissenschaften

Früchte vom Baum des Wissens
Eine Festschrift der wissenschaftlichen Mitarbeiter

Herausgegeben von
DITTE BANDINI und ULRICH KRONAUER

Universitätsverlag WINTER Heidelberg

Bibliografische Information der Deutschen Nationalbibliothek
Die Deutsche Nationalbibliothek verzeichnet diese Publikation
in der Deutschen Nationalbibliografie;
detaillierte bibliografische Daten sind im Internet
über *http://dnb.d-nb.de* abrufbar.

Einbandabbildung
© Jessen Oestergaard

ISBN 978-3-8253-5547-0

Dieses Werk einschließlich aller seiner Teile ist urheberrechtlich geschützt.
Jede Verwertung außerhalb der engen Grenzen des Urheberrechtsgesetzes ist ohne
Zustimmung des Verlages unzulässig und strafbar. Das gilt insbesondere für
Vervielfältigungen, Übersetzungen, Mikroverfilmungen und die Einspeicherung
und Verarbeitung in elektronischen Systemen.
© 2009 Universitätsverlag Winter GmbH Heidelberg
Imprimé en Allemagne · Printed in Germany
Satz: Klaus Brecht GmbH, 69123 Heidelberg
Druck: Memminger MedienCentrum, 87700 Memmingen

Gedruckt auf umweltfreundlichem, chlorfrei gebleichtem
und alterungsbeständigem Papier

Den Verlag erreichen Sie im Internet unter:
www.winter-verlag-hd.de

Inhaltsverzeichnis

Geleitwort des Präsidenten IX
Vorwort der Herausgeber XIII

EMBLEM RAISON 1

Teil 1: Raison

BANDINI, DITTE: Naturkunde mangelhaft oder:
  Weil man nichts meinen soll 3
BARTH, ANDREAS: Seismologische Untersuchung des
  nordkoreanischen Kernwaffentests 2006 13
BOLUS, MICHAEL: Die Neandertaler – Verbreitung und Expansion
  einer europäischen Menschenform 21
HAIDLE, MIRIAM NOËL: Ein Speer ist ein Speer ist ein Speer?
  Kognitive Expansionen 35
HERTLER, CHRISTINE: Wandlungen in den Beziehungen
  zwischen Menschen und ihrer Umwelt 43
JAKOB, STEFAN: Von Assur nach Heidelberg –
  Chronologie einer Entdeckung 49
KRAUSKOPF, INGRID: Der Krummstab:
  Hirten, Priester, Könige und Bischöfe 61
LENSKI, WOLFGANG: Menschen in der Bibliographie
  der mathematischen Logik 71
MÖHREN, FRANKWALT: Wissenschaftliche Lexikographie
  und der tiefere Sinn 85
SCHNURR, JOHANNES: Im Rausch der Praxis?
  Public Relations für die Wissenschaft 97
SCHUBERT, WERNER: Streuobst vom Baum des Wissens oder
  Wildern in bibliographischen Wäldern 105
SOMMER, ANDREAS URS: Der Kommentar und die Philosophie 115

TITTEL, SABINE: Wundernetz 121

TSAI, SUEYLING und WENZEL, CLAUDIA:
    Dokumentarische Entdeckungen in Shandong, China 131

WELTER, RÜDIGER: Wie wir im Goethe-Wörterbuch 'Liebe' gemacht haben.
    Oder: Lexikographie als akademisches Handwerk 137

EMBLEM MÉMOIRE 141

Teil 2: Mémoire

AREND, SABINE: *Unordnungen und exzeße* zweier Esslinger
    Schulstipendiaten im 18. Jahrhundert 143

BARTUSCH, ILAS: Die Grabmäler für Markgraf Eduard Fortunat
    von Baden-Baden in der Stiftskirche zu Baden-Baden 153

BERGHOLZ, THOMAS: Die Entstehung der allgemeinen Schulpflicht.
    Reformation als Evangelisation und Alphabetisierung Deutschlands .. 171

DEUTSCH, ANDREAS: Was ist Ehre?
    Ein Rechtsbegriff im historischen Vergleich 179

DÖRNER, GERALD: Das Martyrium des Philologen.
    Hermann von der Hardt, ein exzentrischer Verehrer Johannes Reuchlins .. 193

DÖRR, STEPHEN: Von Drachen und Scheiben 207

EICHELDINGER, MARTINA: Von Meteoren und Meteorologen.
    Wissenschaftsgeschichte im Spiegel von Goethes Wortschatz 217

EL KHOLI, SUSANN: Schlesisch-pfälzische Beziehungen am Beispiel des
    Heidelberger Theologen Abraham Scultetus (24. 8. 1566–24. 10. 1624) 223

FERAUDI-GRUÉNAIS, FRANCISCA: DEVOTED – *devote{d}*?
    Kurfürstlich-epigraphische Kuriosa in und um Heidelberg 229

FRANK, BEATRICE: Wechselbalg, Kielkropf, Mondkind –
    Martin Luther und Sorgenkinder 251

GÜIDA, EVA-MARIA: Mit Sir John Mandeville unterwegs nach *INDIA* 261

HAAF, SUSANNE: Martin Bucer und die profane Literatur seiner Zeit.
    Ein Hinweis des Reformators in seiner Schrift „Wider auffrichtung
    der Messen, anderer Sacramenten vnd Ceremonien Vnd des Papstumbs" . 269

HARTMANN, VOLKER und SPIEKERMANN, BJÖRN:
    Zwischen Kanzel und Reichspolitik. Die Autobiographien des
    Heidelberger Theologen Paulus Tossanus (1572–ca. 1634) 281

KRONAUER, ULRICH: Der menschliche Körper im Recht 301

LILL, EVA-MARIA: Die rote Farbe im Rechtsleben –
Ein Streifzug durch das Deutsche Rechtswörterbuch 311

PELKER, BÄRBEL: Eine Entführung und die Folgen.
Aus dem Leben des Hofmusikers und Mozartfreundes
Friedrich Eck (1767–1838) 323

PTASHNYK, STEFANIYA: Zu den Anfängen der deutsch-ukrainischen
Lexikographie (1849–1918) 333

THOMSEN-FÜRST, RÜDIGER: Johann Michael Quallenberg (ca. 1726–1786).
Hofklarinettist und Entrepreneur 343

WINKLER, NICOLINE: In flagranti. Zur Bestrafung eines Sittlichkeitsdelikts
in der mittelalterlichen Gaskogne 353

EMBLEM IMAGINATION 371

Teil 3: Imagination

BUCKWALTER, STEPHEN E.: Bucer im Europäischen Parlament 373

DALL'ASTA, MATTHIAS: Christi Grab und Mariens Himmelsleiter –
Editio princeps zweier Carmina theologica Johannes Reuchlins 381

KAZICH, OLE: Von Kusswochen, Tagwählern und dem Zuckertod –
Entdeckungen im Luther-Register (und eine kleine Geschichte desselben) . 395

MUNDHENK, CHRISTINE: Ein Trauer- und Trostbrief Philipp Melanchthons
an Johannes Laski 403

NEYMEYR, BARBARA: Von der Décadence zur Experimentalexistenz.
Die Nietzsche-Rezeption in Musils Roman
„Der Mann ohne Eigenschaften" 411

QUAAS, LYDIA: Das vielköpfige, vielsinnige Tier.
Bemerkungen zu 'Menge' und 'Masse' der Menschen bei Goethe 423

STÄDTLER, THOMAS: Warum eine Dame bei Marie de France
ihrer Nase verlustig ging. Zu Vers 235 des Lai „Bisclavret" 435

Personenverzeichnis 443

Autorenverzeichnis 449

GELEITWORT DES PRÄSIDENTEN

Früchte vom Baum des Wissens

Unter den Bänden, in denen sich die Heidelberger Akademie der Wissenschaften aus Anlass ihres 100. Geburtstages der Öffentlichkeit präsentiert, ist dieser der bunteste und vielseitigste, vielleicht darf man sogar sagen, der unterhaltsamste. Ich jedenfalls, um es gleich zu gestehen, habe mich in ihm fest gelesen. Wie alle Publikationen zur Zentenarfeier ist auch diese ein Stück Selbstdarstellung der Heidelberger Akademie. Auf den folgenden 400 Seiten haben die Mitarbeiterinnen und Mitarbeiter der Akademie das Wort, genauer: die Wissenschaftlerinnen und Wissenschaftler, die in den Forschungsstellen der Akademie arbeiten. Da sie aus ihrer wissenschaftlichen Arbeit berichten, handeln ihre Beiträge auch von den Projekten der Akademie. Aber es geht nicht um eine systematische Vorstellung der Forschungsvorhaben der Akademie – das ist die Aufgabe eines anderen Bandes. Es geht um Funde, Nischenerkundungen, Reflexionen, Nebenerträge, zu denen die Projektarbeit Anlass gegeben hat. In diesen Funden, Nischenerkundungen, Reflexionen, Nebenerträgen spiegelt sich die Projektarbeit, vor allem aber werden in ihnen die wissenschaftlichen Persönlichkeiten derer, die diese Beiträge geschrieben haben, mit ihren besonderen Interessen, ihrem Stil, ihrer Arbeitsweise sichtbar, viel deutlicher sichtbar, als das in systematisch angelegten Projektberichten der Fall sein könnte.

So leistet dieser Band zweierlei: er macht auf eine indirekte, höchst lebendige Weise vertraut mit der Welt der Akademieforschung und er macht, wiederum auf indirekte und höchst lebendige Weise, bekannt mit denen, die als Wissenschaftler in dieser Welt tätig sind. Beides ist der Akademie und hoffentlich auch den Lesern willkommen.

Was „die Welt der Akademieforschung" angeht, so herrscht immer noch weithin der Eindruck vor, die Akademien seien mit notwendiger, aber öder Kärnerarbeit beschäftigt, mit der bloßen Sammlung und Aufbereitung von Material, das dann andernorts höheren Zwecken dienen könne. Sie hätten, drastisch formuliert, ihren Platz im Vorzimmer der Wissenschaft. Dieser Band zeigt, dass das ein ganz falsches Bild ist. Er führt auf das Anschaulichste die Vielfalt und Lebendigkeit der Akademieforschung vor. Der Neandertaler begegnet uns ebenso wie Goethe, der Buddhismus ist ebenso präsent wie die Reformation, vom mittelalterlichen Umgang mit Ehebruch ist ebenso die Rede wie von der Epigraphik des Kurfürsten Karl Theodor – und so fort. Mit einer Ausnahme sind alle Projekte der Akademie, an denen gegenwärtig gearbeitet wird, thematisch vertreten und einige abgeschlossene dazu – auch daran muss ja immer wieder erinnert werden: Akademieprojekte werden entgegen einer mit

Fleiß verbreiteten Fama, so viel Zeit sie auch in Anspruch nehmen mögen, in aller Regel pünktlich abgeschlossen. Der aufmerksame Leser nimmt wahr, dass auch die Naturwissenschaften ihren Platz in der Forschungsarbeit der Akademien hatten. Gegenwärtg verwehrt ihnen der Bann des Wissenschaftsrates den Zugang zum Akademienprogramm, dem Programm, aus dem die Langfristprojekte finanziert werden; für die Zukunft muss man auf den Erfolg von Bemühungen, ihnen ihren Platz in der Akademieforschung auf andere Weise dauerhaft zu sichern, hoffen.

Aber nicht nur die thematische Vielfalt und Buntheit der Akademieforschung erschließt sich dem Leser in diesem Band, übrigens auch schon dem, der nur in ihm blättert. Auch von der Vielfalt der methodischen Herausforderungen, der Dichte der Querbezüge, dem Anregungspotential, das noch in den scheinbar trockensten Projekten steckt, kann der Leser ein überraschendes Bild gewinnen. Mit einem Wort: der Band führt vor Augen, dass man von der Akademieforschung nicht viel weiß, wenn man, wie es die Regel ist, nur weiß, dass die Akademien „Langfristprojekte" bearbeiten. In diesen „Langfristprojekten" steckt viel mehr wissenschaftliches Leben, als das eher triste Etikett vermuten lässt.

Ein origineller Spiegel der Akademieforschung oder, um es genauer zu sagen, der an der Heidelberger Akademie der Wissenschaften betriebenen Forschungen – das ist aber eben nur eine von mindestens zwei Perspektiven auf die Akademie, die diese Kollektion eröffnet. Die andere: alle Autoren – es sind insgesamt 43, die ein weites Fächerspektrum repräsentieren, von der Geologie bis zur Theologie, von der Indologie bis zur Musikwissenschaft – geben hier sehr persönlich gestaltete wissenschaftliche Visitenkarten ab. Was zuerst und vor allem beeindruckt: das hohe Niveau der wissenschaftlichen Kompetenz. Alle Beiträge lassen erkennen: hier sind Experten am Werk, die ihr Handwerk sicher beherrschen, wie es ja auch gar nicht anders sein darf, wenn die Akademie die ihr übertragenen Aufgaben soll erfüllen können. Sie lassen aber auch erkennen: in den Forschungsstellen der Akademie wird mit einer Art „fröhlicher" Neugier gearbeitet. Routine ist der harte Kern der Sache, aber Routine ist nicht alles. Bei aller Anonymität der Arbeit, die sich aus dem besonderen Charakter der Akademieprojekte häufig ergibt, bilden die Mitarbeiterinnen und Mitarbeiter, die sich jahre-, manchmal jahrzehntelang in den Dienst meist sehr spezieller Aufgaben stellen, doch ihr individuelles Profil als Wissenschaftler aus. Hartnäckigkeit bei der Entschlüsselung eines Rätsels, Neugierde, die auf Nebenwege führt, Freude am Anekdotischen, Konzentration auf das Unscheinbare, Sinn für die größeren Zusammenhänge – dies alles und viel mehr begegnet dem Leser. Etwas anders formuliert: der Leser macht Bekanntschaft mit einer Schar von Wissenschaftlerinnen und Wissenschaftlern, die, in der Regel ganz hinter ihre Arbeit zurücktretend, ihm hier, wenn er aufmerksam liest, dann doch einmal im Medium ihres Beitrages als Individuen begegnen.

Es spricht für diesen Band, dass er den Eindruck zu erwecken vermag, Forschung an den Akademien sei geradezu unterhaltsam. Das ist sie nicht. Sie verlangt von denen, die sie betreiben, eine Art von wissenschaftlicher Askese, die Bereitschaft nämlich zu mühevoller Arbeit gleichsam hinter den Kulissen, deren Früchte im Allgemeinen andere ernten. Wissenschaftliche Sternstunden gibt es, aber sie sind selten. Der Beitrag aus der assyriologischen Forschungsstelle berichtet von einer solchen. Und öffentliche Wahrnehmung, wie sie Martin Bucer und mit ihm auch der Bucer-Forschungsstelle im europäischen Parlament zuteil wurde, ist auch die Ausnahme. Umso bemerkenswerter, dass auch in der Askese die Identifikation mit der Aufgabe, die Freude am Ertrag der Arbeit, der wissenschaftliche Eifer, wie diese Sammlung zeigt, lebendig bleiben. Die Akademie hat allen Anlass ihren Mitarbeiterinnen und Mitarbeitern dafür zu danken. Und ihr 100. Geburtstag ist eine gute Gelegenheit, diesen Dank nachdrücklich auszusprechen.

Mein Dank gilt darüber hinaus im Besonderen den beiden Herausgebern dieses Bandes, Frau Bandini und Herrn Kronauer. Sie gilt den Initiatoren dieses sehr besonderen Unternehmens, die, wie das in solchen Fällen zu sein pflegt, nicht so ganz genau auszumachen sind, weil die Idee in Gesprächen gereift ist. Und er gilt natürlich allen, die zu diesem Band als Autoren beigetragen haben. Sie alle haben der Heidelberger Akademie der Wissenschaften ein durchaus originelles Geburtstagsgeschenk gemacht.

Die Heidelberger Akademie hat mit den Publikationen des Jubiläumsjahres sehr unterschiedliche, auf ihre je eigene Weise sehr beredte Visitenkarten zur Hand. Sie hofft auf eine freundliche Aufnahme überall dort, wo es Interesse an den Akademien der Wissenschaften gibt, die in der europäischen Wissenschaftsgeschichte eine so bedeutende Rolle gespielt haben und sich heute ihrer Aufgabe neu vergewissern müssen. „Früchte vom Baum des Wissens" ist eine Visitenkarte, mit der sich vorzustellen und um Sympathie zu werben der Heidelberger Akademie der Wissenschaften ein besonderes Vergnügen sein wird.

Heidelberg, im Januar 2009

PETER GRAF KIELMANSEGG

VORWORT DER HERAUSGEBER

Früchte vom Baum des Wissens

„Eine Esche weiß ich ...", erklärt die Seherin der Völuspá, und eine Esche „wissen" nicht nur all diejenigen, die im Gebäude der Heidelberger Akademie der Wissenschaften arbeiten, sondern auch die Mitglieder sowie die Mitarbeiterinnen und Mitarbeiter, die sich hier einmal im Jahr zum geselligen Beisammensein, zum Gedankenaustausch und zum Feiern einfinden. Nach dem Festakt in der Alten Aula der Universität versammeln sie sich unter dem Dach des Großherzoglichen Palais in der Karlstraße. Der Begrüßungstrunk wird allerdings vor der Kulisse des Heidelberger Schlosses im Hof der Akademie gereicht. Und hier, direkt im Mittelpunkt, steht sie, die Esche. Um sie herum gruppieren sich die Gäste, trinken, essen und unterhalten sich mit Kolleginnen und Kollegen, während der große Baum ihnen Schatten spendet. Denn natürlich scheint bei der Jahresfeier immer die Sonne ...

Wie lange die Esche schon den Hof ziert, ist nicht bekannt, aber sicher ist sie nicht „al dusend Johr" alt wie Fritz Reuters *eekboom*. Es ist allerdings gut denkbar, daß sie schon so lange lebt wie die Heidelberger Akademie der Wissenschaften, und hundert Jahre sind immerhin auch eine recht bedeutende Zeit. Grund genug für eine Festschrift nicht nur der Mitglieder der Akademie, sondern auch von deren Mitarbeitern, die ein solches Vorhaben anläßlich einer Personalversammlung ausdrücklich bejahten. Leitgedanke dabei sollten die „unverhofften Entdeckungen", die „Früchte am Wegesrand" sein, also interessante Funde, auf die man während der täglichen Arbeit gestoßen war, die aber in die Projektpublikationen nicht einfließen konnten.

So weit, so gut. Unklar war aber noch, wie die Vielfalt der zu erwartenden Themen präsentiert werden sollte. Eine Gliederung nach den derzeit einundzwanzig Forschungsprojekten der Akademie schien ebensowenig attraktiv wie die schlichte alphabetische Anordnung. Bei „Früchten am Wegesrand" liegt nun der Bezug zu einem Baum von vornherein nahe, und die Esche, unter der so viele wissenschaftliche Gespräche stattfanden, bot sich als Sinnbild für den Baum des Wissens und damit für ein Ordnungssystem, in dem sich alle Beiträge der geplanten Festschrift verorten ließen, wunderbar an.

Nun läge hier natürlich die Assoziation mit der Weltesche Yggdrasil nahe. Aber zum einen wäre dieser Vergleich ein wenig sehr hoch gegriffen und zum anderen würde sich daraus immer noch keine brauchbare Gliederung ergeben. Weiterhin auszuschließen war, wenn auch aus anderen Gründen, nicht zuletzt aber der gefährlichen Früchte wegen, die Verbindung zum biblischen Baum der Erkenntnis. Weitere

Bezüge, so zu Boethius, Petrus Hispanus und seinem porphyrischen Baum, zu Ramon Llull, Theodor Zwinger und Francis Bacon wären möglich gewesen, hätten aber vielleicht zu mehr Verwirrung geführt, also dazu, daß der Wald (das gesuchte Ordnungssystem) vor lauter Bäumen nicht mehr in Sicht gewesen wäre.

In die gewünschte Richtung wies immerhin schon Descartes, der die gesamte Philosophie mit einem Baum verglichen hatte, dessen Wurzeln die Metaphysik, dessen Stamm die Physik und dessen Zweige alle übrigen Wissenschaften seien. Am besten aber erschien es letztlich, als Vorbild den Baum des Wissens aus der großen *Encyclopédie* von Diderot und d´Alembert zu wählen.

Die hier im Prospectus herausgestellten drei Hauptfähigkeiten des Verstandes: *Mémoire* (führt zur Geschichte), *Raison* (führt zur Philosophie) und *Imagination* (führt zur Poesie) boten sich als Gliederungsprinzip für die Beiträge an. Da die Forschungsstellen der Akademie allerdings nur in kleinen Segmenten des wissenschaftlichen Ganzen tätig sind und überwiegend geisteswissenschaftliche Fragestellungen verfolgen, ist die Dreiteilung zwar nur cum grano salis anzuwenden; sie erwies sich aber letztlich als erfreulich tragfähig.

Einem Gedanken Diderots folgend, bildeten sich die Hauptäste des Festschriftbaums „durch Beziehung unserer verschiedenen Kenntnisse auf die verschiedenen Fähigkeiten unserer Seele." Hieraus sei aber nun nicht zu schließen, daß diejenigen Beiträge, die nicht unter *Raison* aufgeführt werden, einen Mangel an Vernunft erkennen ließen oder daß nur die unter *Imagination* stehenden poetisch wären. Unter *Raison* wurden vielmehr solche Beiträge erfaßt, in denen in einem starken Anteil Reflexionen über die Methoden angestellt werden, die für die tägliche Arbeit wichtig sind oder die auch Absonderlichkeiten des jeweiligen Fachgebietes registrieren. Unter *Mémoire* fallen Beiträge mit einem vorwiegend historischen Charakter, und unter *Imagination* sind die Beiträge versammelt, die in engerem oder weiterem Sinn mit Poesie verknüpft sind. So konnte zwar kein vollständiges mengenmäßiges Gleichgewicht zwischen den Rubriken hergestellt werden, aber der Baum des Wissens präsentiert sich doch als von einigermaßen ausgeglichenem Wuchs.

Die Mitarbeiter werden, wenn sie den gedruckten Band in Händen halten, vielleicht eine überraschende Feststellung machen: Viel deutlicher als bisher wird daran nämlich klar, wie eng ihre Arbeit mit der anderer Forschungsstellen zusammenhängt, wie viele Überschneidungen es letztlich gibt, und wie viele Facetten gleicher historischer Perioden jeweils zwei oder drei Beiträge beleuchten. Dies bezieht sich nicht nur auf Aufgabenbereiche, also etwa die Erarbeitung eines Wörterbuchs oder einer Edition. Es betrifft auch das Forschungsinteresse, das einzelne Mitarbeiter leitet und dem die Interessen anderer Mitarbeiter offensichtlich entsprechen. Die Frage der Kugelgestalt der Erde etwa wird in mehreren Beiträgen thematisiert, und besonders auffällig ist die Vorliebe zahlreicher Autoren für rechtliche Verhältnisse und Konflikte mit Betonung auf mittelalterlichen Strafmaßnahmen, wobei sich auch hier die Autoren unbeabsichtigter- aber erfreulicherweise ergänzen. Daneben ist die „Buntheit" der Beiträge auffallend: Da ist vom Hölzerlips die Rede, von Schimpansen, die mit Holzgeräten Jagd auf Steppengalagos machen, von einer unglücklichen Liebesgeschichte und von unbotmäßigen Schülern. Von Wundernetzen im Gehirn, Hausdrachen, abgeschnittenen Nasen und Mondkindern, um nur einige wenige Themen zu nennen. Der Baum des Wissens bietet also eine große Vielfalt an Früchten, deren Genuß sicherlich keine negativen Auswirkungen hat, dafür hoffentlich geistig sättigt und vielleicht ein paar Denkanstöße geben wird.[1]

Wir, die Herausgeber des Bandes, möchten ausdrücklich hervorheben, wie kooperativ unsere Kolleginnen und Kollegen gewesen sind. Immerhin dreiundvierzig von ihnen haben zu diesem Band pünktlich und bereitwillig beigetragen und uns auch sonst mit großem Wohlwollen geholfen. Ihnen gilt also unser erster Dank.

Weiterhin danken wir sehr herzlich Herrn Prof. Dr. Dr. h.c. mult. Volker Sellin, der uns, wann immer nötig, mit Rat und Tat zur Seite stand und sämtliche Beiträge gründlich las. Des weiteren ist Herrn Gunther Jost M.A., dem Geschäftsführer der Akademie, zu danken, der gegenüber all unseren Wünschen stets ein offenes Ohr hatte. Herrn Gisbert Pisch vom Universitätsverlag Winter, der für die Herstellung unserer Festschrift zuständig war, Frau Heidi Herburger, die das Register erstellte und Dr. Björn Spiekermann, der uns bei der Endredaktion unterstützt hat, gilt ebenfalls unser herzlicher Dank.

Möge sich der Geist der Gemeinsamkeit, der in dieser Festschrift seinen Niederschlag findet, künftig noch verstärken, möge sich der Austausch zwischen den Forschungsstellen vertiefen, unser Baum weiterhin gepflegt und begossen werden, auf daß man wiederum mit der Edda schließen könne: Im Hof „rauscht der alte Baum".

Heidelberg, im September 2008

DITTE BANDINI und ULRICH KRONAUER

---

[1] Den Autoren der Beiträge war es freigestellt, die alte oder die neue Rechtschreibung zu wählen. Die Zitierweise wurde zwar weitgehend vereinheitlicht, entspricht aber in manchen Details den Gepflogenheiten der jeweiligen Forschungsstellen. Auch wurden Sonderwünsche der Autoren nach Möglichkeit berücksichtigt. Auf eine Auflistung der Abkürzungen wurde verzichtet, da sie allgemein gebräuchlich sind.

RAISON

Ditte Bandini

Naturkunde mangelhaft oder: Weil man nichts meinen soll

Es lebte einmal ein König namens Śibi, der sehr freundlich zu seinen Untertanen und sehr freigebig mit Almosen war. Eines Tages aber betrübte ihn der Gedanke, daß ihm keine seiner vielen Spenden tatsächlich in irgendeiner Weise naheging. Also wünschte er sich, daß jemand käme, der ein wirkliches Opfer von ihm verlangte – eines, das ihm Schmerzen bereitete, damit er seine Selbstlosigkeit unter Beweis stellen könne. Der Götterkönig Indra saß derweil auf seinem Thron, besah sich die Welt, hörte, was der König vor sich hin murmelte, und beschloss, ihn auf die Probe zu stellen.

Er nahm die Gestalt einer Taube und gleichzeitig die eines Falken an, der sie verfolgte. Die Taube flüchtete sich in den Palast des Königs und bat ihn flehentlich, ihr zu helfen. Śibi nahm sie auf seinen Schoß und beschützte sie vor dem Falken, der ihr nachgeflogen kam. Er bot ihm an, ihm statt ihrer einen Klumpen Fleisch zu geben. Der Falke aber erklärte, er würde nur ganz frisches Fleisch fressen, und wenn der König ein anderes Tier für ihn töten ließe, könne er genausogut auch die Taube herausgeben.

Der König sah ein, daß der Falke recht hatte, und so verfiel er auf einen Ausweg, der gleichzeitig auch seinem Wunsch nach einem wirklichen Opfer Rechnung trug: Er ließ eine Waage und ein Messer herbeischaffen, setzte die Taube in die eine Waagschale, schnitt sich aus dem Oberschenkel so viel Fleisch heraus, wie seiner Ansicht nach die Taube wiegen mußte, und legte es in die andere Waagschale. Aber so viel er auch abschnitt, die Waage neigte sich nicht. Als er schließlich merkte, daß er gleich vom Blutverlust ohnmächtig werden würde, setzte er sich selbst in die Waagschale. In dem Augenblick aber ließ Indra, erfreut und erstaunt, es dabei bewenden. Er gab sich zu erkennen und bewirkte mit seiner göttlichen Macht, daß der König augenblicklich wieder heil und gesund vor ihm stand.

Er pries den großen Opfermut des Königs und verschwand. König Śibi aber war niemand anders als der Buddha in einer seiner früheren Existenzen.

Diese Geschichte, das Śibi-Jātaka, ist eine von hunderten, die eine Tugend des Buddha Śākyamuni in einer seiner unzähligen früheren Existenzen preisen, und sie ist eine der wenigen, die auch auf den Felsen am Oberen Indus, im Schatten des Nanga Parbat, dargestellt sind, und das sogar zweimal an weit voneinander entfernt liegenden Plätzen. Auf dem einen Felsbild, in Thalpan (Abb. 1), sieht man den König, wie er gerade dabei ist, sich das Fleisch von den Knochen zu schneiden, rechts dane-

Abb. 1: Felsbild Thalpan, Śibijātaka (Umzeichnung von E. Ochsenfeld).

ben einen Diener mit der Waage und darauf in der einen Waagschale die nur, wenn man es weiß, als Vogel erkennbare Taube. Auf dem anderen Felsbild, in Shatial, hält der König die Taube oder vielmehr einen irgendwie an einen Vogel erinnernden Klumpen mit Schnabel auf dem Schoß. Der Falke ist nirgendwo zu sehen.

Spätestens dann, wenn dem Klumpen mit Schnabel im Katalog die Überschrift „Taube" verpaßt werden muß, schöpft der gewissenhafte Felsbildforscher Argwohn. Denn da die Vogelbezeichnungen auf eine der zahlreichen Übersetzungen der Geschichte zurückgehen, erhebt sich die Frage, ob der „Falke" denn auch wirklich ein Falke und die „Taube" eine Taube ist. Oder anders ausgedrückt: Wer behauptet das eigentlich? Da es etliche Versionen dieses Jātakas gibt, so in Sanskrit, als chinesische Übersetzung einer Sanskritversion usw., ist das Problem nicht so leicht zu lösen, wie es vielleicht auf den ersten Blick erschiene. Immerhin gelangt man durch entsprechende Recherchen zu einer der Wurzeln und damit den zwei Sanskrit-Termini: *kapota* für die Taube und *śyena* für den Falken.

Der einfachste weitere Weg wäre, sich auf eine Dissertation zu stützen, die dieses Jātaka ausführlich behandelt und in der die Autorin nach Durchsicht der Quellenlage zur Erkenntnis gelangt:

> „Meistens wird '*śyena*' in den Texten und Wörterbüchern mit 'Adler' oder 'Falke' übersetzt. Da es sich jedoch hier um einen Vogel handelt, dessen vorwiegende Beute Tauben zu sein scheinen, ist *śyena* in diesem Fall sicher mit 'Habicht' wiederzugeben."[1]

---

[1] Marion Meisig: *König Śibi und die Taube – Wandlung und Wanderung eines Erzählstoffes von Indien nach China*, Wiesbaden 1995, S. 4 Anm. 4.

Und so ist kurz, bündig und kategorisch der Falke vom Tisch. Der ornithologisch Interessierte aber wundert sich ein wenig und denkt an den weisen Ausspruch von Konrad Lorenz, daß „man nämlich nichts meinen soll, wenn die Möglichkeit besteht, nachzusehen, wie es sich verhält."[2]

Zum einen ist die Aussage natürlich insofern ein Zirkelschluß, als sie ja voraussetzt, daß unter *kapota* eindeutig eine Taube zu verstehen ist. Aber gehen wir einmal davon aus, es wäre so: Wo steht, daß die „vorwiegende Beute" des *śyena* Tauben seien oder zu sein scheinen? In der Geschichte verfolgt er eine Taube, das ist (vermutlich) richtig. Aber ist aus der Tatsache, daß man zusieht, wie ein Spatz sich an einem Kiosk über Pommesfrites-Reste hermacht, zu schließen, daß er „vorwiegend" Pommes Frites frißt? Ebenso, wie *er* zwei Stunden später beim begeisterten Brotkrumenvertilgen gesichtet werden könnte, könnte der *śyena* am nächsten Tag auf eine Amsel treffen und diese verfolgen.

Aber selbst auch diese Behauptung zugestanden, bleibt immer noch das „sicher" in Bezug auf den Habicht. Die Autorin begründet ihre Aussage damit, daß die Nahrung von Adlern zum einen in größerer Beute und zum anderen in Aas bestehe, während Falken, die ja selbst nur so groß wie Tauben seien, kleinere Vögel, Reptilien und Säuger fräßen. Der Habicht dagegen sei bekannt dafür, daß er Hühnern und Tauben nachstelle.

Letzteres ist in Bezug auf unseren hiesigen Habicht (*Accipiter gentilis*) wohl der Fall, nicht jedoch läßt sich pauschal sagen, daß Tauben seine vorwiegende Beute wären, da je nach Region fast ebensoviel Eichelhäher und Stare wie Tauben von ihm geschlagen werden. Was allerdings die Adler und Falken betrifft, so entsteht ein wenig der Eindruck, als ob es von beiden nur eine „Sorte" gäbe: *den* Adler und *den* Falken. Tatsächlich gibt es jeweils etwa so viele wie VW- oder Mercedes-Modelle. An Adlern beispielsweise Raubadler, Schreiadler, Schelladler, Steinadler, Schlangenadler, Habichtsadler, Fischadler, Seeadler, Kaiseradler, und bei den Falken ist es ähnlich. Aber anders als Autos benötigen die verschiedenen Adler und Falken teilweise auch recht unterschiedliche Nahrung. So frißt also *der* Adler mitnichten nur „größere Säugetiere und Aas", sondern beispielsweise der Seeadler ernährt sich in der Hauptsache von Fischen, der Schreiadler dagegen vor allem von auf der Wasseroberfläche gejagten Wasservögeln. Das aber sind nur zwei Adler, die bei uns zulande vorkommen. Schaut man nach Indien und angrenzenden Regionen, wo die Geschichte wohl geboren wurde, belehren uns entsprechende ornithologische Werke, daß etliche dort vorkommende Adler sich auch von hühnerartigen Vögeln, kleineren Raubvögeln, Mäusen, Heuschrecken etc. ernähren, womit die „größeren Säugetiere und Aas" als Nahrung *des* Adlers endgültig ad acta gelegt werden können und Adler als Kandidaten für den *śyena* in der Geschichte zugelassen werden müssen, zumal sich etwa der Raubadler auch in der Nähe von Städten und Dörfern aufhält.

---

[2] Konrad Lorenz: *Er redete mit dem Vieh, den Vögeln und den Fischen*, 33. Aufl., München 1988, S. 117.

Um nun auf die Falken zurückzukommen, so wurde mit keinem Wort der eine auch in Indien heimische Falke gewürdigt, der bekannt dafür ist, daß er Vögel schlägt: der Wanderfalke (*Falco peregrinus*). Als Kulturfolger wird er inzwischen sogar gezielt in Städten angesiedelt, um die Taubenpopulationen ein wenig in Schach zu halten. Und der Wanderfalke jagt seine Beute im Flug, also genau, wie es die Geschichte erfordert.

Der „indische" Habicht (*Accipiter badius*) schließlich frißt keineswegs „vorwiegend" Vögel, sondern ebenso Säugetiere, Eidechsen, Frösche und große Insekten.[3]

Diese Ausführungen, die letztlich dazu führen, daß der Greifvogel in der Geschichte von König Śibi sowohl ein Habicht wie ein Falke wie ein Adler gewesen sein könnte, dienen nun nicht dazu, die Autorin der Dissertation zu kritisieren, sondern deutlich zu machen, wie gering letztlich das Interesse selbst bei (geisteswissenschaftlichen) Forschern an einer Hinterfragung zoologischer oder botanischer Details ist. Denn dieses Beispiel ist durchaus kein Einzelfall.

Ein namhafter deutscher Indologe versuchte in einem eigens dazu geschriebenen Artikel, Ordnung in den Wirrwarr ornithologischer Bestimmungsversuche von Kollegen zu bringen und sprach dabei seinerseits wiederholt von *Wildgänsen* und *Wildenten*, beides volkstümliche also nicht-wissenschaftliche Termini, wobei darüber hinaus die „Wild- und Krickenten" bei ihm eine „Gattung wandernder 'Seevögel'" sind. Wie es zu dieser seltsamen Kombination kommt, warum also ausgerechnet die (im übrigen zu den sogenannten „Wildenten" gehörigen) Krickenten und nicht Spieß-, Schnatter-, Tafel-, Moorenten etc. etc. in die Gattung wandernder Seevögel [sic] eingeschlossen wurden, wird nicht erklärt.[4]

Daß er mit seinen im Ansatz natürlich sehr verdienstvollen Bemühungen letztlich mehr Unklarheiten schaffte als beseitigte, bereitet vermutlich niemandem allzuviele Kopfschmerzen. Immer noch etwa ist es auch in den Geisteswissenschaften gang und gäbe, vom „Muschelhorn" oder der Kauri „muschel" zu sprechen, obwohl es sich, wie es ein wenigstens um Korrektheit *bemühter* Orientalist bemerkt, „botanisch" [sic!] um Schnecken handelt.[5] Muscheln haben zwei Hälften (daher *Bivalvia*), Schnecken sind aus einem Stück.

Auch wird der Ort von Buddhas erster Predigt immer noch als „Gazellenhain" bezeichnet, was uns zu den Felsbildern am Oberen Indus zurückführt. (Abb. 2).

Diese Szene wurde nicht nur hier abgebildet, sondern auch unzählige Male an Bauwerken als Relief oder in Höhlen als Malerei sowohl in Indien als auch in Zentralasien und anderswo. Häufig sieht man dabei den sitzenden Buddha und darunter

---

[3] Hierzu vgl. u.a. Richard Grimmett et al.: *A Guide to the Birds of India, Pakistan, Nepal, Bangladesh, Bhutan, Sri Lanka, and the Maledives*, Princeton 1999, S. 539ff.
[4] Paul Thieme: *Kranich und Reiher im Sanskrit*, in: *Studien zur Indologie und Iranistik* 1 (1975), S. 3–36.
[5] Frank M. Welte: *Der Gnāwa-Kult: Trancespiele, Geisterbeschwörung und Besessenheit in Marokko*, Frankfurt a.M. 1990, S. 65.

Abb. 2: Felsbild Thalpan, Erste Predigt des Buddha (Umzeichnung von E. Ochsenfeld).

das Rad der Lehre, flankiert von zwei oder vier Tieren. Damit wird ausgesagt, daß der Buddha Śākyamuni anläßlich seiner ersten Predigt, die er vor fünf Asketen hielt, das Rad der Lehre in Gang setzte. Die Tiere sind ein Hinweis auf den Ort, wo diese Predigt stattfand. Für den Kenner genügt also auch schon das Rad mit den Tieren, damit er die Anspielung versteht.

Besagter Ausdruck geht auf Sanskrit *mṛgavana* bzw. Pali *migadāya* zurück, was soviel bedeutet wie „Tier-" oder „Wildpark". Unter *mṛga* kann nämlich an Tieren so ziemlich alles verstanden werden, was wir als „Wild" bezeichnen, also Antilopen, Hirsche, Rehe etc. und sogar Yaks. Wenn das Wort „Gazellenhain", weil nun einmal eingebürgert, lediglich als Kennzeichnung der bestimmten Szene aus Buddhas Leben verwendet werden würde, wäre vielleicht nichts dagegen einzuwenden – obgleich immer noch nicht recht einsichtig wäre, warum nicht das korrektere Wildpark benutzt würde, und zwar auch dann, wenn es sich bei den Tieren, wie im Fall des Felsbildes am Oberen Indus, vermutlich wirklich um Gazellen handelt.

Tatsächlich aber ist es offensichtlich so, daß auch den Urhebern der Bilder bei *mṛga/miga* nicht zwangsläufig eine Gazelle vorschwebte, immer vorausgesetzt, daß dies für sie überhaupt das maßgebliche Wort war. Dennoch aber genügt manch einem ein Blick auf Rad und flankierende Tiere, um nicht nur die Szene als solche, sondern auch besagte Tiere als Gazellen zu identifizieren, auch wenn etwa zwei der Tiere ein wunderbares Hirschgeweih tragen (Abb. 3).[6]

---

[6] Hans-Joachim Klimkeit: *Die Seidenstraße – Handelsweg und Kulturbrücke zwischen Morgen- und Abendland*, Köln 1988, S. 94–95.

Abb. 3: Wandmalerei aus Kizil, aus Klimkeit, siehe Anm. 6.

Es soll nun natürlich nicht unterstellt werden, daß der Forscher hier bei genauerem Hinschauen nicht selbst gesehen hätte, daß es sich unzweifelhaft *nicht* um Gazellen handelt. Dieses Beispiel zeigt nur einmal mehr, daß zoologische und ebenso botanische Details den Geisteswissenschaftler oft genug nicht kümmern.

Wer gern Quizsendungen anschaut, weiß, daß wirklich die abwegigsten Fragen in den abwegigsten Bereichen richtig beantwortet werden – nur in puncto Tiere-und-Pflanzen passen die allermeisten. Dabei braucht man sich nicht einmal nach eingehenderen Kenntnissen zu erkundigen. Es mag als Beispiel für die Gleichgültigkeit gegenüber der botanischen Umwelt genügen, daß so ziemlich jeder Deutsche, der ein Haus sein eigen nennen kann, eine „Tanne" im Garten hat oder pflanzt oder durch „Tannenwälder" zu wandern pflegt. Oft genug sind besagte Tannen, einschließlich der sogenannten Blautannen aber de facto Fichten, was sich nicht nur im unterschiedlichen wissenschaftlichen Gattungsnamen (*Abies* und *Picea*) niederschlägt, sondern auch in vielen zu beobachtenden Details. Und eines davon dürfte für den ein oder anderen „Tannenbesitzer" durchaus von Interesse sein. Kaum ein Nadelbaum von respektabler Größe darf – weil er ja bei einem der vielen Stürme entwurzelt werden und auf das eigene Haus oder das des Nachbarn fallen könnte – ein reifes Alter erreichen. Wäre allerdings bekannt, daß wirkliche Tannen, so etwa die Weißtanne, ebenso übrigens wie die Kiefern und der Mammutbaum, im Gegensatz zu den Fichten eine Pfahlwurzel haben, wäre die Angst vor dem Umsturz vermutlich weit geringer und würden vielleicht mehr entsprechende Bäume gepflanzt werden.

Das mangelnde Interesse aber an diesen Dingen, zu denen neben den Pflanzen auch die Tierwelt gehört – so etwa die „Raben" auf den Feldern, die fast immer (Raben-, Saat- oder Nebel-)Krähen sind – findet natürlich auch in der Literatur seinen Niederschlag. Nicht nur, daß auch hier die „Tannenwälder" und „Raben" gang und gäbe sind, es werden auch Blumen zu Sträußen auf Wiesen gepflückt, die für den Botaniker, wenn er sie tatsächlich zusammen sähe, einem Naturwunder gleichkämen, weil sie tatsächlich um Monate verschoben blühen. Da wird der Duft von Usambaraveilchen gelobt, die nicht den Hauch eines Duftes verströmen, bereichern die Sumpfdotterblumen statt im frühen Frühjahr im Oktober die Bachränder und dergleichen mehr.

Unter Übersetzern herrscht Uneinigkeit zwischen denjenigen, die derartige „Fehler" in ihren Originalen mit der Genialität des Autors begründen und denjenigen, die die Meinung vertreten, der Autor habe auf dieses Detail einfach keinen Wert gelegt und kenne sich obendrein nicht aus. Behutsame Nachfragen bei entsprechenden Autoren ergaben, daß letztere Meinung vermutlich in 90 Prozent der Fälle bei Prosaliteratur die richtige sein dürfte.

Aber sei dem, wie es sei, viele Fehler, die in der Folge oft schwer wieder auszumerzen sind, schleichen sich gerade dann ein, wenn jemand aus alten Sprachen – etwa dem Sanskrit – übersetzt und es entweder, was Tiere und Pflanzen betrifft, zu gut meint und unbestimmte Termini zu genau übersetzen will oder aber aus Nachlässigkeit oder Unkenntnis oder beidem danebentrifft. Kein geringerer als der berühmteste abendländische Übersetzer Martin Luther verstieg sich in Bezug auf das verwüstete Ninive zu folgender Wiedergabe der entsprechenden hebräischen Passage: „Auch Rohrdommel und Igel werden wohnen auf ihren Türmen und werden in den Fenstern singen..." (Wer es nicht glaubt, mag es überprüfen: Zephanja 2, 14). Daß Luther mit Igel tatsächlich den Igel meinte, und nicht vielleicht irgendein anderes Tier, das im 16. Jahrhundert eben auch als Igel bezeichnet wurde, zeigt einer seiner Aussprüche in den Tischreden, wo es heißt, „es schickts enk zu der critica wie der igl zum arschwisch".[7] Außerdem heißt das entsprechende Wort in der Septuaginta ἐχῖνοι, also tatsächlich Igel.

Vielleicht wußte Luther nicht, daß Rohrdommeln nicht auf Türmen wohnen und bei ihnen auch von „singen" keine Rede sein kann, da ihr typischer Ruf, wie es ein ornithologisches Werk treffend ausdrückt, in leisen Grunzlauten, gefolgt von einem tiefen, dumpfen „prump", besteht. Andererseits könnte man sich fragen, wie er dann überhaupt auf diesen absurden Vogel kam, den er sogar zweimal (nämlich auch in Jesaja 34) in der seltsamen Kombination mit dem Igel nennt. Daß aber Igel nicht auf Türmen hausen, ist wohl allgemein bekannt. Die entsprechende Passage lautet in der Einheitsübersetzung: „...auf den Kapitellen der Säulen nächtigen Eule und Dohle. Laut schreit es im Fenster...". Wer da schreit, bleibt zwar bei dieser Übersetzung unklar, aber Eule und Dohle sind immerhin denkbar. Deutlich wird aus diesen großen Abweichungen, daß die entsprechenden hebräischen Termini sehr unbestimmt sein müssen, und es dem Übersetzer bzw. Lexikographen mithin offensichtlich überlassen bleibt, zum Kontext passende Tiere einzusetzen. Und hier ist der Maßstab dessen zoologisches bzw. ornithologisches Grundwissen bzw. die Intensität seiner Recherchen.

---

[7] Zitiert in Jacob Grimm und Wilhelm Grimm: *Deutsches Wörterbuch*, Bd. 10, s.v. Igel, Leipzig 1877.

Luther aber scheint dieses Problem auf die leichte Schulter genommen zu haben, weil es ihn vermutlich nicht übermäßig scherte und weil er sich obendrein sichtlich nicht auskannte.

Daß eine nachlässige Behandlung der Tierwelt auch zu falschen Schlüssen in der Wissenschaft führen kann, versteht sich von selbst und wird bei Fontane in *Vor dem Sturm* im Streit zwischen zwei Freunden über den wendischen oder germanischen Ursprung eines Bronzewägelchens ironisiert. Die Vögel, die auf dem Wagen hocken, werden von dem einen, der sich nicht auskennt, unschwer als Raben identifiziert, weshalb der Wagen natürlich der Wagen des Odin ist. Sein Freund aber entgegnet, daß „diese sogenannten Raben Odins nicht mehr und nicht weniger als alles sein können, was je mit Flügeln schlug, vom Storch und Schwan an bis zum Kernbeißer und Kreuzschnabel."

Ein weiterer wesentlicher Grund, wenigstens bei Dichtern, für falsche zoologische und botanische Angaben liegt, wie der irische Dichter und Nobelpreisträger Seamus Heaney in Bezug auf eines seiner Gedichte privatim auf Nachfrage eingestand, darin, daß manche Namen eben einfach „gut klingen".

Aus einem ähnlichen Grund wurde seit Beginn der indologischen Forschungen und teilweise bis heute das Reittier des Gottes Brahma, der *haṃsa*, mit „Schwan" übersetzt, obwohl das Wort eindeutig eine Gans bezeichnet. Aber die Gans ist im Deutschen weit negativer besetzt als der stolze schneeweiße und damit „reine" Schwan, also wurde in vielen Publikationen wider besseres Wissen oder aus Unkenntnis aus *haṃsa* eben der Schwan.

Es sind mithin wenigstens zwei Faktoren klar voneinander zu trennen. Das Desinteresse oder die dichterische Freiheit des Schriftstellers oder Dichters oder auch Malers in alter und neuer Zeit und das Desinteresse desjenigen, der sich mit den alten oder neuen Texten bzw. Bildern, sei es als Übersetzer, Lexikograph oder Forscher befaßt. Trifft beides zusammen, haben wir es mit einem Stille-Post-Phänomen zu tun. In einer ganzen Reihe von Fällen ist es müßig, den Versuch zu unternehmen, aus einem bestimmten Terminus ein eindeutiges Tier herauszuschälen. Ein solcher Versuch wurde etwa in Bezug auf das Sanskrit-Wort *krauñca* unternommen und der entsprechende Vogel „sicher" als Saruskranich identifiziert.[8] Tatsächlich aber bezeichnet der Terminus sehr wahrscheinlich nicht überall, wo er in Texten erwähnt wird, ein und denselben Vogel, sondern kann je nach Kontext einen Kranich, einen Reiher oder überhaupt einen Wasservogel meinen.[9] Wie im Falle der „Wildenten" führt eine solche Untersuchung also eher in die Irre, als daß sie zu einer Klärung der Dinge beitrüge.

---

[8] Julia Leslie: *A Bird bereaved: The Identity and Significance of Vālmīki´s krauñca*, in: *Journal of Indian Philosophy* 26 (1998), S. 455–487.

[9] Vgl. Ditte Bandini-König: *Von Kranichen, Brachvögeln und „Wildenten". Einige Anmerkungen zu ornithologischen Bestimmungen auf der Grundlage von Sanskrit-Texten*, in: *Studien zur Indologie und Iranistik* 23 (2002), S. 27–50.

Naturkunde mangelhaft oder: Weil man nichts meinen soll

Abb. 4:
Felsbild Thalpan, Ṛṣipañcakajātaka
(Umzeichnung von E. Ochsenfeld).

Abb. 5:
Wandmalerei Kizil, Ṛṣipañcakajātaka
(Umzeichnung von D. Bandini).

Der Versuch einer *allgemeinen* näheren Eingrenzung solcher Termini erübrigt sich oft allein aus dem schlichten Grund, daß den meisten Menschen genauere ornithologische Kenntnisse fehlen und für sie daher ein beispielsweise am Himmel schwebender Raubvogel eben der Raubvogel ist, dessen Namen sie zufällig kennen, wobei dies bei uns zulande bei kleineren meist der Falke, bei größeren ein Adler ist. Ebenso selten ist der Laie imstande, einen Reiher von einem Kranich zu unterscheiden und verwechselt daher die Begriffe. Da aber in Bezug auf alte Texte der jeweilige Autor nicht mehr über seine ornithologischen, zoologischen oder botanischen Kenntnisse befragt werden kann, ist bei dem Versuch einer exakten Bestimmung von Tier, Vogel oder Pflanze Fehlinterpretationen oft Tür und Tor geöffnet. In solchen Fällen ist es allemal geraten, sich auf einen Oberbegriff wie etwa den „Wildpark" zu beschränken.

Auf den Felsen am Oberen Indus ist eine weitere Geschichte aus einer früheren Existenz des Buddha abgebildet – oder besser, die charakteristische Szene daraus (Abb. 4). Vier Tiere, die im Wald leben und miteinander befreundet sind, diskutieren darüber, welches das größte Übel in der Welt sei. Jedes vertritt eine andere Meinung, und da sie sich nicht einig sind, suchen sie ihren Freund, einen Asketen, den Buddha, auf und fragen ihn nach seiner Meinung. Er erklärt ihnen, daß nichts von dem, was sie sagen, das größte Übel sei, sondern allein die Tatsache, überhaupt geboren worden zu sein.

In der Regel werden in den Quellen vier Tiere aufgezählt, die zumeist mit Taube, Rabe, Schlange und Gazelle übersetzt wurden. Die Sanskrit-Bezeichnungen für die beiden Vögel sind keineswegs eindeutig, die Gazelle ist der inzwischen wohlvertraute *mṛga* und die Schlange ist als einzige sicher eine Schlange. Wie verschiedene Abbildungen der Szene in Indien und vor allem in Zentralasien zeigen, sind diese Tiere aber keine kanonische Besetzung, und auch ihre Anzahl ist offensichtlich nicht unbedingt festgelegt: Auf dem Felsbild hat sich ein Wildschwein dazugesellt und auf einer Wandmalerei im zentralasiatischen Kizil (Abb. 5) dagegen ist statt seiner ein weiterer Vogel zu sehen. Da auch die Tiere selbst, bis auf die Schlange und die auf den Wandmalereien stets blau gezeichnete Taube, variieren, ist vielleicht davon auszugehen, daß letztlich einfach mehrere Tiere gemeint waren, die im Wald leben – welche und wieviel das genau waren, blieb dem Belieben des Malers oder Erzählers der Geschichte und/oder seinem kulturellen Umfeld überlassen. So mag in bestimmten Regionen die Schlange mit einem bestimmten Laster in Verbindung gebracht worden sein, wie heute noch in Tibet mit Hass bzw. Neid, das Schwein aber mit Verblendung usw. Hinzu kommt, daß vielfach mit Musterbüchern gearbeitet wurde, also könnte der *mṛga* je nachdem als ein Hirsch oder eine Gazelle zum Tragen gekommen sein.

Während es auch hier falsch zu sein scheint, unbesehen die Bezeichnungen aus Übersetzungen zu übernehmen, ist es ebenso müßig, krampfhaft einen der Vögel oder Vierbeiner genau bestimmen zu wollen. Zuweilen ergibt sich bei Betrachtung der Bilder oder Textversionen gar der Eindruck, als ob lediglich „kleiner Vogel" und „großer Vogel" das maßgebliche Kriterium gewesen sei.

Dennoch aber kann es in keinem Fall schaden, bei allem, was da kreucht und fleucht, ein wenig genauer hinzusehen, zumal uns Pflanzen und Tiere tagtäglich begegnen und umgeben – und vielleicht auch zu überprüfen, ob die Tanne im Vorgarten wirklich eine ist, und falls ja sie, auf ihre Pfahlwurzel vertrauend, in Ruhe wachsen zu lassen.

Aus dem Falken, von dessen Geschichte wir anfangs ausgingen, wurde bei der Beschreibung der Szene im Buch[10] einfach ein Greifvogel – ein schlichtes Wort, hinter dem eine nicht unbeträchtliche Recherche steckt. Aber jedes zusätzliche bißchen Wissen macht uns schließlich ein wenig klüger, manchmal weiser und zuweilen auch nicht nur im Geiste, sondern tatsächlich reicher – beispielsweise dann, wenn man den Holzfäller einsparen kann.

---

[10] In MANP 11 (forthcoming) zur erwähnten Jātaka-Szene in Shatial (Szene 34:A), in: Gérard Fussman und Ditte König: *Die Felsbildstation Shatial*, Mainz 1997 (MANP 2) sowie zu der Jātaka-Szene in Thalpan (Szene 30:D), in: Ditte Bandini-König: *Die Felsbildstation Thalpan: I. Kataloge Chilas-Brücke und Thalpan (Steine 1–30)*, Mainz 2003 (MANP 6).

ANDREAS BARTH

Seismologische Untersuchung des nordkoreanischen Kernwaffentests 2006

Einleitung

Am 9. Oktober 2006 fand im Nordosten Nordkoreas ein seismisches Ereignis statt, das etwa eine Woche zuvor von der nordkoreanischen Regierung als Kernwaffentest angekündigt worden war. Mit einer Magnitude von m_b 3,9 war die abgestrahlte seismische Energie für einen Kernwaffentest verhältnismäßig schwach, so dass eine zweifelsfreie Verifizierung anhand konventioneller Methoden nicht möglich war. Wegen der erhöhten Radionukleidkonzentration des Kernspaltungsprodukts Xenon-133 an einer kanadischen Messstation konnte dieses Ereignis allerdings doch mit hoher Wahrscheinlichkeit als Kernwaffentest identifiziert werden.[1] Aufgrund der geringen Magnitude lohnt es sich, eine seismologische Untersuchung des explosiven Charakters durchzuführen, die nicht als Standardprozedur zur Verifizierung verwendet wird. Hierfür wird die frequenzabhängige Momententensor-Inversion (*FMTI*) eingesetzt, die in der Forschungsstelle *World-Stress-Map* (*WSM*) in Karlsruhe entwickelt wurde.

Die *WSM* ist eine globale Zusammenstellung von Daten zur tektonischen Spannung in der Erdkruste. Diese Informationen werden aus verschiedenen geowissenschaftlichen Disziplinen gewonnen, wie z. B. aus geologischen Feldmessungen, Überbohrverfahren sowie der Analyse von Bohrlochrandausbrüchen und bohrungsinduzierten Zugrissen. Die Hauptquelle ist allerdings die Ableitung von tektonischen Spannungen aus Bruchmechanismen von Erdbeben.[2] Diese Herdmechanismen beschreiben die Vorgänge bei der Entstehung eines Erdbebens im Hypozentrum. Da die Berechnung dieser Mechanismen bisher nur bei stärkeren Beben standardisiert durchgeführt wird, wurde im Rahmen des *WSM-Projekts* die *FMTI* entwickelt,[3] die auch die Analyse schwacher Erdbeben zulässt. Dadurch können tektonische Spannungen in Regionen abgeleitet werden, in denen bisher keine Daten verfügbar waren.

---

[1] Paul R. J. Saey et al.: *North Korea: a real test for the CTBT verification system? Part II: noble gas observations*, in: *CTBTO Spectrum* 10 (2007), S. 20–21.

[2] Friedemann Wenzel et al.: *Die Weltkarte der tektonischen Spannungen – Methoden-Ergebnisse-Anwendung*, in: *Fridericiana* 63 (2004), S. 19–34.

[3] Andreas Barth et al.: *Frequency sensitive moment tensor inversion for light to moderate magnitude earthquakes in eastern Africa*, in: *Geophysical Research Letters* 34 (2007), L15302.

Erdbebenherdmechanismen

Ein tektonisches Erdbeben ist ein Bruchvorgang im spröden Gestein der Kruste, der in der Regel als Versatz auf einer ebenen Fläche stattfindet. Mit der Auswertung von Seismometeraufzeichnungen mehrerer Messstationen kann die Orientierung dieser Herdfläche im Untergrund und die Richtung des Versatzes bestimmt werden. Durch diese geometrischen Angaben ist der Herdmechanismus definiert.

Aufgrund des flächenhaften Bruchvorgangs eines Erdbebens werden seismische Wellen in verschiedene Richtungen verschieden stark abgestrahlt. Die stärksten Amplituden der P-Wellen werden z. B. in einem Winkel von 45 Grad relativ zur Bruchfläche in Richtung des Versatzes erzeugt; in der Ebene der Bruchfläche selbst sind die Amplituden sehr klein. Handelt es sich bei dem seismischen Ereignis allerdings um eine Explosion, dann ist die Abstrahlung isotrop, d. h. die Amplitude der seismischen Wellen ist in allen Richtungen gleich groß. Dieser Sachverhalt wird bei der Momententensor-Inversion ausgenutzt, um ein tektonisches Beben von einer Explosion zu unterscheiden. Somit kann die *FMTI* auch zur Bestimmung des explosiven Charakters des nordkoreanischen Ereignisses dienen, um es von einem natürlichen Beben zu diskriminieren.

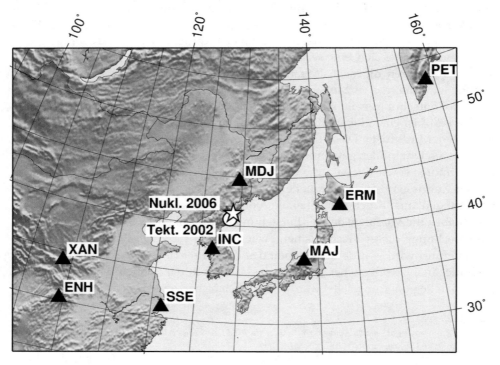

Abb. 1: Lokalisation des vermeintlichen nordkoreanischen Nukleartests in 2006 (Stern) und des tektonischen Erdbebens in 2002 (Kreis). Dreiecke repräsentieren seismische Stationen, deren Daten verwendet werden.

Seismische Daten

Wegen des schwachen Signal-Rauschen-Verhältnisses der seismischen Aufzeichnungen ist eine quantitative Bestimmung der explosiven Komponente des Ereignisses allein nicht möglich. Deshalb wird ein Vergleich mit einem natürlichen Erdbeben durchgeführt, das am 16. April 2002 mit einer Magnitude von m_b 4,0 in etwa 35 km Entfernung stattgefunden hat. Die räumliche Nähe ist wichtig, damit die Laufwege der seismischen Wellen durch die Erde für beide Ereignisse vergleichbar sind. Abb. 1 zeigt die Epizentren der beiden seismischen Ereignisse und der Seismometer, deren Messdaten zur Auswertung herangezogen werden. Alle Seismometer besitzen drei Komponenten, die in der Vertikalen und den beiden horizontalen Richtungen (Nord-Süd und Ost-West) Bodenbewegungen aufzeichnen. Für die Auswertung der Seismogramme werden die Horizontalkomponenten mathematisch rotiert, so dass eine Komponente in Richtung des Bebens weist (radial) und eine senkrecht dazu (transversal). Dadurch können longitudinale P- und Rayleigh-Wellen von den transversalen S- und Love-Wellen getrennt prozessiert werden.

In Abb. 2 sind Seismogramme der nächstgelegenen Station *MDJ* dargestellt. Deutlich sind Unterschiede zwischen den beiden Wellenformen zu erkennen. Das fragliche Ereignis von 2006 zeigt einen sehr starken P-Wellen-Einsatz, der charakteristisch für eine Explosion ist. Das Beben von 2002 hingegen weist schwächere P-Wellen auf.

Von beiden seismischen Ereignissen werden ausschließlich Daten derselben Seismometer verwendet, die sich im Abstand von 370 km bis 2600 km zu den beiden Epizentren befinden und in Südkorea, China, Japan und Russland liegen.[4]

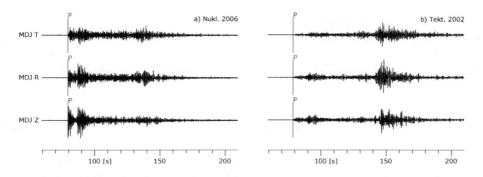

Abb. 2: Hochfrequente Seismogramme der Station MDJ in ca. 370 km Entfernung zum Epizentrum. a) mutmaßlicher Nukleartest, 9. 10. 2006, b) tektonisches Erdbeben, 16. 4. 2002. Dargestellt sind die drei Komponenten: Z (vertikal), R (radial) und T (transversal). Die graue Linie kennzeichnet den Einsatz der P-Wellen.

---

[4] Die Seismometer gehören zu den beiden Netzwerken *Global Seismograph Network* und *New China Digital Seismograph Network*. Die Seismometerdaten wurden über das *IRIS Data Management System* (http://www.iris.edu) bezogen.

Erdmodelle

Die Wellenform des Seismogramms, das an einer Messstation aufgezeichnet wird, wird nicht nur durch den Herdmechanismus, sondern auch durch die Ausbreitungseigenschaften von seismischen Wellen in der Erde beeinflusst. Um also den Herdmechanismus rekonstruieren zu können, benötigt man ein hinreichend gutes Modell der elastischen Eigenschaften der Erde, mit dem man die Wellenausbreitung realistisch simulieren kann. Die notwendige Genauigkeit des Modells orientiert sich dabei an der Größe der Wellenlängen, die von Interesse sind. Für die Untersuchung des Quellmechanismus reicht es aus, verhältnismäßig große Wellenlängen zu verwenden (z. B. größer als 100 km), deren Ausbreitung mit einem groben Erdmodell berechnet werden kann, das nur laterale Änderungen auf eben dieser Längenskala enthält.

Abb. 3 zeigt einen Vergleich synthetisch berechneter Seismogramme einer reinen Explosion für zwei verschiedene Erdmodelle. Im ersten Modell wird angenommen, dass sich die seismischen Geschwindigkeiten innerhalb der Erde nur mit der Tiefe (eindimensional) ändern und vernachlässigt damit sämtliche horizontal veränderlichen Strukturen.[5] Das zweite Modell beinhaltet dreidimensionale Eigenschaften der Erde und modelliert seismische Wellen unter Einfluss von Topographie, der Mächtigkeit der Erdkruste und Variationen der seismischen Geschwindigkeiten im Erdmantel.[6] Vergleicht man die dargestellten Wellenformen, so zeigen sich vor allem Unterschiede im hinteren Teil des Wellenzuges. Diese zusätzlichen Signale stammen aus Reflektionen und Streuungen der Wellen an 3D-Strukturen. Es ist auffällig, dass deutliche Amplituden auf der Transversalkomponente registriert werden, während eine Explosion primär keine transversalen Wellen generiert. Diese Anteile sind demnach Wellenkonversionen an Schichtgrenzen des 3D-Modells zuzuschreiben. Die Ersteinsätze hingegen bleiben weitgehend unbeeinflusst, weil die hier betrachteten Wellenlängen verhältnismäßig groß im Vergleich zu den 3D-Strukturen sind. Daraus folgt, dass die 3D-Effekte nur eine geringe Auswirkung auf die Wellenformen haben und für die Analyse des Herdmechanismus das einfachere 1D-Erdmodell verwendet werden kann.

Momententensor-Inversion

Die Momententensor-Inversion erlaubt die direkte Berechnung jenes Herdmechanismus, der die seismischen Daten am besten erklärt.[7] Die mathematische Beschrei-

---

[5] Adam M. Dziewonski und Don L. Anderson: *Preliminary reference Earth model*, in: *Physics of the Earth and Planetary Interiors* 25 (1981), S. 297–356.

[6] Dimitri Komatitsch et al.: *The Spectral-Element Method, Beowulf Computing, and Global Seismology*, in: *Science* 298 (2002), S. 1737–1742.

[7] Domenico Giardini: *Moment tensor inversion from mednet data – large worldwide earthquakes of 1990*, in: *Geophysical Research Letters* 19 (1992), S. 713–716.

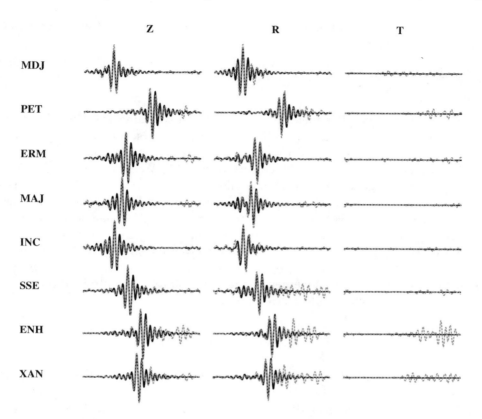

Abb. 3: Synthetische seismische Wellenformen einer reinen Explosionsquelle für verschiedene Seismometer (vgl. Abb. 1). Erste Spalte: Vertikalkomponente (Z), zweite und dritte Spalte: Horizontale Radial- (R) und Transversalkomponente (T). Schwarze, durchgezogene Linien zeigen Berechnungen für das eindimensionale Erdmodell, graue, gestrichelte Linien für das dreidimensionale Modell. Die Länge der Spuren beträgt jeweils 1000 s für ein Frequenzband von 14–27 mHz.

bung des Herdmechanismus erfolgt dabei durch den seismischen Momententensor, der über die Eigenschaften der Wellenausbreitung in der Erde eindeutig mit den Messdaten, d. h. den Seismogrammen, verknüpft ist.

Auf dieser Grundlage werden die Daten des mutmaßlichen Nukleartests in 2006 und des tektonischen Erdbebens in 2002 invertiert, um die Größe des explosiven Anteils zu bestimmen. Zusätzlich wird auf die seismischen Daten des letzteren künstliches Rauschen addiert, um zu analysieren, wie sich dies auf die Berechnung des explosiven Anteils auswirkt. Hierfür wird statistisch verteiltes Rauschen generiert, dessen Amplitude bis zu 5 % der maximalen Amplitude der Originalseismogramme beträgt. Wegen der geringen Magnitude der beiden seismischen Ereignisse und des daraus resultierenden geringen Signal-Rauschen-Verhältnisses wird eine Studie durchgeführt, die den Einfluss verschiedener Parameter auf die Momententensor-Inversion untersucht.

Parameterstudie

Bei der durchgeführten Parameterstudie wird die Auswirkung von Variationen in der Dämpfung der Inversion und des Frequenzbandes untersucht. Dafür werden die Wellen mit verschiedenen Bandpässen gefiltert, so dass 8 mHz breite Frequenzbänder entstehen (z. B. 18–26 mHz, entsprechend einer Wellenlänge von ca. 150–220 km). Dieses Vorgehen ermöglicht eine Einschätzung der Stabilität des Ergebnisses. Für ein stabiles Ergebnis führen kleine Veränderungen des Frequenzbandes nur kleine Unterschiede im explosiven Anteil herbei. Starke Änderungen des explosiven Anteils hingegen deuten auf eine instabile Bestimmung hin. Der zweite analysierte Parameter ist die Inversionsdämpfung, welche notwendig ist, um bei überbestimmten Problemen (große Datenmengen) Datenanteile zu unterdrücken, die durch den Momententensor nicht erklärt werden können. Die Dämpfung kontrolliert somit die Anpassung inkonsistenter Teile der Seismogramme.

Ergebnis

Der explosive Anteil, der mit Hilfe der *FMTI* für die seismischen Ereignisse berechnet wurde, ist in Abb. 4 gezeigt. Für alle drei Fälle ist jede Parameterkombination der Studie graphisch dargestellt. Im Vergleich mit dem Erdbeben von 2002 (*Fall B*) ist der erhöhte explosive Anteil des vermeintlichen Nukleartests in 2006 (*Fall A*) für Dämpfungen kleiner als 10^{-1} deutlich zu sehen. Die starke Dämpfung von 10^{-1} unterdrückt hingegen den schwer auflösbaren explosiven Anteil für *Fall A*. In beiden Fällen kann der explosive Anteil nicht endgültig quantifiziert werden, da er zu stark von der Wahl der Inversionsdämpfung abhängt.

Der Effekt des künstlichen Rauschens (*Fall B+R*) ist stark frequenzabhängig, erhöht aber für die meisten Frequenzbänder (mittlere Frequenz 16–19 mHz, 22–25 mHz) den explosiven Anteil für mittlere und schwache Dämpfungen. Das Rauschen erzeugt somit Instabilitäten in der Inversion, die bei kleinen Änderungen des Frequenzbandes zu großen Änderungen des explosiven Anteils führen. Dies ist auf die statistischen Eigenschaften des Rauschens zurückzuführen, die sich unterschiedlich auf jede Frequenz auswirken.

Diskussion

Ist der erhöhte explosive Anteil des Kernwaffentests also nur ein Artefakt des seismischen Rauschens? Nein, denn im Gegensatz zu *Fall B+R* sind für *Fall A* keine fre-

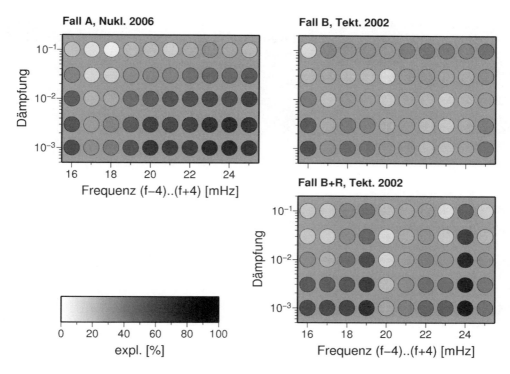

Abb. 4: Ergebnis der Parameterstudie. Nukleartest (Fall A), tektonisches Erdbeben unverändert (Fall B) und plus künstliches Rauschen (Fall B+R). Die Größe der explosiven Komponente in Prozent ist in Graustufen angegeben. Schwarz bedeutet ein hoher, weiß ein niedriger explosiver Anteil. Horizontale Achse: mittlere Frequenz des 8 mHz breiten Frequenzbandes. Vertikale Achse: Inversionsdämpfung.

quenzbedingten Instabilitäten sichtbar (Abb. 4), sondern vielmehr ein stabiler Bereich mit deutlich erhöhtem explosiven Anteil für höhere Frequenzen und schwächere Dämpfungen. Das künstliche Rauschen destabilisiert also offensichtlich das Inversionsergebnis und resultiert in einem pseudo-explosiven Anteil. Eine detailliertere Betrachtung von *Fall B+R* zeigt zudem eine starke, künstliche Erhöhung der Erdbebenmagnitude (nicht abgebildet), die ein zusätzlicher Hinweis auf die verfälschende Wirkung des künstlichen Rauschens ist.

Die Studie hat gezeigt, dass das nordkoreanische Ereignis von 2006 mit hoher Wahrscheinlichkeit eine Explosion darstellte. Der nukleare Charakter hingegen kann einzig mit der Messung von Zerfallsprodukten (Radionukleiden) nachgewiesen werden. Aufgrund seiner schwachen Magnitude ist die Anwendung der *FMTI* konventionellen seismischen Methoden überlegen, da nur so die verhältnismäßig schwachen Signale ausgewertet werden können. Die Inversionsdämpfung und das Frequenzband sind dabei von entscheidender Bedeutung. Somit kann die frequenzabhängige

Momententensor-Inversion sowohl zur Bestimmung neuer Spannungsdaten für das *World-Stress-Map*-Projekt verwendet werden, als auch ein weiteres Indiz zur Verifizierung des nordkoreanischen Ereignisses als Kernwaffentest beitragen.[8]

---

[8] Stanley Kubrick: *Dr. Strangelove or: How I Learned to Stop Worrying and Love the Bomb*, 1964.

Michael Bolus

Die Neandertaler –
Verbreitung und Expansion einer europäischen Menschenform

Einführung

Die Neandertaler üben seit ihrer Entdeckung im Jahre 1856 eine besondere Faszination auf uns heutige Menschen aus, repräsentieren sie doch eine Menschenform, die uns einerseits so nahe steht, andererseits aber auch so weit entfernt scheint. Zu dieser scheinbaren Ferne hat nicht zuletzt das falsche Bild vom Neandertaler beigetragen, das lange sowohl in der Öffentlichkeit als auch in beträchtlichen Teilen der Fachwelt geherrscht hat. Dank einer Revision des Neandertalerbildes, sowohl in Hinsicht auf sein Aussehen als auch in Hinsicht auf seine technischen und geistigen Fähigkeiten, ist aber der Neandertaler heutzutage als derjenige anerkannt, der er wirklich ist: ein vollwertiger Mensch, der viele Züge mit uns teilt, der aber doch in vielerlei Hinsicht deutlich anders ist. Der 150. Jahrestag der Entdeckung des Namen gebenden Fossils im Neandertal bei Düsseldorf gab im Jahre 2006 Anlass dazu, sowohl in einer wissenschaftlichen Monographie[1] als auch in allgemeinverständlichen Publikationen[2] unser heutiges Wissen zu den Neandertalern zusammenzutragen und einem breiten Publikum zu vermitteln. Bis heute nimmt die Zahl der Publikationen zu den Neandertalern und ihrer Zeit nicht ab. Im vorliegenden Beitrag sollen gemäß den allgemeinen Zielsetzungen des Forschungsprojektes 'The Role of Culture in Early Expansions of Humans' der Heidelberger Akademie der Wissenschaften besonders zwei Aspekte aus der Welt der Neandertaler herausgehoben werden: ihre Verbreitung innerhalb Europas und vor allem ihre Expansionsbewegungen aus Europa heraus.

Die Zeit der Neandertaler

Zunächst sei kurz der allgemeine zeitliche und kulturelle Hintergrund der Neandertaler skizziert. Oft bedient man sich ihrer materiellen Hinterlassenschaften, um

---

[1] Ralf W. Schmitz (Hrsg.): *Neanderthal 1856–2006*, Mainz 2006.
[2] Z. B. Michael Bolus und Ralf W. Schmitz: *Der Neandertaler*, Ostfildern 2006.

ein Gliederungsschema für die Zeit der Neandertaler zu erstellen. Für den vorliegenden Beitrag ist es völlig ausreichend, diese Zeit etwas vereinfachend und ohne auf Untergliederungen einzugehen, als Mittelpaläolithikum zu bezeichnen, welches dem mittleren Abschnitt der Altsteinzeit bzw. des Paläolithikums entspricht. Dass letztlich die Gleichung „Zeit der Neandertaler = Mittelpaläolithikum", insbesondere aber auch die umgekehrte Gleichung „Mittelpaläolithikum = Zeit der Neandertaler" nicht immer hundertprozentig aufgeht, mag hier lediglich am Rande erwähnt sein.

Wann nun dieses Mittelpaläolithikum begonnen hat, darüber gibt es in der Forschung ganz unterschiedliche Ansichten, die jede für sich ein gutes Maß an Berechtigung haben. Wie so oft, kommt es dabei darauf an, aus welchem Blickwinkel man die Frage betrachtet. Hier wird einem besonders von dem deutschen Altsteinzeitforscher Gerhard Bosinski sowie von seinem französischen Kollegen Alain Tuffreau vertretenen Ansatz gefolgt, nach welchem das Mittelpaläolithikum mit dem regelmäßigen Vorkommen einer neuen, gezielten Methode zur Gewinnung von Steinartefakten, der so genannten Levallois-Methode, beginnt. Wir reichen damit immerhin fast 300.000 Jahre in der Zeit zurück. Natürlich werden wir eine scharfe Grenze zwischen dem vorhergehenden Altpaläolithikum und dem Mittelpaläolithikum nicht ziehen können, wie es eigentlich in der Urgeschichte niemals scharfe Epochengrenzen gibt, zumal auch regional sehr starke Unterschiede bestehen können. Es soll auch nicht verschwiegen werden, dass es für den Beginn des Mittelpaläolithikums weitere, z.T. sehr unterschiedliche Ansätze gibt. Genannt sei hier der französische Forscher François Bordes, der eine 'kurze Chronologie' vertreten hat und das Mittelpaläolithikum erst mit der letzten Zwischeneiszeit (Eem) vor etwa 125.000 Jahren bzw. mit dem Anfang der letzten (Würm- bzw. Weichsel-)Eiszeit vor etwa 115.000 Jahren beginnen ließ. Recht große Einigkeit herrscht dagegen in Bezug auf das Ende des Mittelpaläolithikums, das in den Zeitraum zwischen etwa 40.000 und knapp 30.000 Jahren vor heute fällt und sich zeitlich mit dem Beginn der jüngeren Altsteinzeit bzw. des Jungpaläolithikums überlappt.

Lange herrschte in der Öffentlichkeit, aber auch in weiten Teilen der Fachwelt, ein völlig falsches Bild von den Neandertalern und ihrer Zeit. Zahlreiche Rekonstruktionen aus dem 19. und 20. Jahrhundert zeugen davon, dass er häufig als ein grobes, wenig differenziertes, kulturloses, ja geradezu Furcht einflößendes und wildes, fast nicht menschliches Wesen galt, das nur wenig ausgeprägte technische Fähigkeiten besaß, weitgehend von Aas lebte und kaum in der Lage war, unter unwirtlicheren Bedingungen zu leben und über seinen unmittelbaren Wohnbereich hinaus zu gelangen. Sehr oft wird er mit Keule abgebildet – also mit einem Gegenstand, der sich ideal dazu eignet, Grobheit und Wildheit zu suggerieren, für den es allerdings keine archäologischen Nachweise aus dem Mittelpaläolithikum gibt. Selbst heutzutage werden gelegentlich noch Versuche unternommen, ihn als degenerierten Vertreter innerhalb des Menschenstammbaumes abzuqualifizieren. Andererseits gab es natürlich auch in der Vergangenheit immer wieder um Objektivität bemühte Rekonstruktionen auf der Grundlage der Fossilfunde. Die Originalfossilien dienen heute dazu, mit gerichtsmedizinischen Methoden sowie mit modernster Technik Rekonstruktionen zu erstellen, die dem ehemaligen Aussehen der Neandertaler schon beachtlich nahe kommen dürften und die ihn gar nicht mehr so wild und menschenunähnlich zeigen.

Unser heutiger, neuer Blick auf die Neandertaler zeigt darüber hinaus, dass sie auch kulturell viel höher entwickelt waren, als es ihnen lange Zeit zugebilligt worden war. Neandertaler hatten die Fähigkeit zum vorausplanenden Handeln, beispielsweise wenn sie sich vor einem Jagdzug auf Großwild mit geeigneten Waffen und Werkzeugen ausrüsteten, welche sie wiederum ebenfalls in Vorausplanung angefertigt hatten, oder wenn sie aus z. T. über 250 Kilometer Entfernung steinerne Rohmaterialien beschafften, um sie erst viel später an anderer Stelle zu verarbeiten. Überhaupt verfügten sie über einen reich gefüllten Werkzeugkasten, der effektive Geräte für alle denkbaren Tätigkeiten enthielt. Neandertaler waren soziale Wesen, die kranke, verletzte oder behinderte Mitmenschen pflegten und ihnen so das Überleben ermöglichten. Sie bestatteten ihre Toten (Abb. 1), und sehr wahrscheinlich verfügten sie auch über eine artikulierte Sprache. Allein aus dem Gesagten wird deutlich, dass der Neandertaler ein vollwertiger Mensch war. Ebenso unzweifelhaft ist aber auch, dass er sich in verschiedener Hinsicht vom anatomisch modernen Menschen unterschied. Diese Unterschiede betreffen in erster Linie die geistige Welt. Während der anatomisch moderne Mensch in vielfältiger Weise symbolische Inhalte speicherte und übermit-

Abb. 1: Bestattung eines Neandertalers aus der Kebara-Höhle im Karmel-Gebirge in Israel. Foto nach einem Abguss: H. Jensen, Tübingen.

telte, beispielsweise durch zahlreiche und mannigfaltige Schmuckgegenstände und Kunstäußerungen, kennen wir vom Neandertaler allenfalls aus seiner Spätphase etwas Schmuck, z. B. durchbohrte Tierzähne, jedoch kein einziges sicher ansprechbares Kunstobjekt. Trotzdem wäre es ungerecht, ihn deswegen als minderwertig einzustufen, hat sich der Neandertaler doch im Laufe seiner Entwicklung über mehr als 200.000 Jahre hinweg als ausgesprochen erfolgreiche Menschenform erwiesen, ein Beweis, den wir modernen Menschen angesichts einer solch langen Zeitspanne erst noch erbringen müssen.

Die Neandertaler – eine europäische Menschenform

Betrachten wir die Entwicklung der Neandertaler ein wenig genauer. Inzwischen sind durch Fossilien etwa 300 Individuen nachgewiesen. Damit sind die Neandertaler, sieht man einmal von unserer eigenen Art ab, die am besten bekannte und erforschte Menschenform überhaupt. Es war ein dorniger Weg hin zu der Akzeptanz, dass das 1856 im Neandertal gefundene Skelett tatsächlich einer alten, ausgestorbenen Menschenform angehörte, und die bereits kurz nach der Auffindung geäußerten zutreffenden Beurteilungen durch Johann Carl Fuhlrott[3] und Hermann Schaaffhausen[4] waren in den günstigsten Fällen belächelt worden. Nachdem durch weitere Funde der Weg zu einer sachlicheren Diskussion geebnet war, stellte man fest, dass sogar vor 1856 bereits Knochen dieser neuen Menschenform gefunden worden waren, und zwar 1829 oder 1830 im belgischen Engis und 1848 in Gibraltar.

Nach unseren heutigen Kenntnissen liegen die Ursprünge der Neandertaler ausschließlich in Europa, und ihre Evolution verlief zunächst ausschließlich dort. Sehr wahrscheinlich entwickelten sich die Neandertaler aus späteren Formen des archaischen *Homo sapiens*, die oft auch als *Homo heidelbergensis* bezeichnet werden. Deren europäische Linie lässt sich mit den spektakulären Menschenresten aus der Sima del Elefante in Atapuerca bei Burgos in Spanien inzwischen 1,2 Millionen Jahre zurückverfolgen, nachdem lange Zeit die etwa 800.000 Jahre alten Fossilien aus einer anderen Fundstelle in Atapuerca, der Gran Dolina, als die ältesten Europäer galten. Die genannten Menschenreste, wie ein ebenfalls etwa 800.000 Jahre alter Schädel aus Ceprano in Italien, zeigen noch keine Neandertaler-Merkmale.

---

[3] Johann Carl Fuhlrott: *Menschliche Ueberreste aus einer Felsengrotte des Düsselthals. Ein Beitrag zur Frage über die Existenz fossiler Menschen*, in: *Verhandlungen des naturhistorischen Vereines der preussischen Rheinlande und Westphalens* 16 (1859), S. 131–153.

[4] Hermann Schaaffhausen: *Zur Kenntniß der ältesten Rassenschädel*, in: *Müllers Archiv* 5 (1858), S. 453–478; ders.: *Der Neanderthaler Fund*, Bonn 1888.

Prä-Neandertaler

Eine Schlüssel-Fundstelle für den Prozess, den man im Sinne des französischen Anthropologen Jean-Jacques Hublin vielleicht als 'Neandertalisierung' bezeichnen kann, befindet sich ebenfalls in Atapuerca; es handelt sich hierbei um die Sima de los Huesos, was soviel bedeutet wie 'Knochengrube'. Dieser Name hat seine Berechtigung, fand man hier doch unzählige Knochen, die zu etwa 30 Individuen gehören und die sich an dieser Stelle über einen längeren Zeitraum hinweg ansammelten. Die ältesten Funde aus der Sima de los Huesos galten lange Zeit als etwa 300.000 Jahre alt, doch scheint durch neue naturwissenschaftliche Datierungen ein Alter bis zu 600.000 Jahren möglich. Hier sind weitere Forschungen abzuwarten. Was die Funde aber u. a. so bedeutend macht, ist die Tatsache, dass einige der Knochen nun erste deutlich erkennbare Neandertaler-Merkmale aufweisen, ohne dass es sich schon um Neandertaler handeln würde. Diese sowie vergleichbare Fossilien an der Schwelle zu den Neandertalern, die an verschiedenen Fundstellen in Europa gefunden wurden, z. B. in Arago (Tautavel) in Frankreich, Petralona und Apidima in Griechenland, Vertesszöllös in Ungarn, Swanscombe in Großbritannien, schließlich in Reilingen und Steinheim sowie vielleicht Bilzingsleben in Deutschland, werden hier als Prä-Neandertaler bezeichnet.

Frühe Neandertaler

Seit spätestens 200.000 Jahren vor heute lassen sich die europäischen Menschenfunde klar vom archaischen *Homo sapiens* bzw. von *Homo heidelbergensis* unterscheiden, und mit gutem Recht kann man nun bereits von Neandertalern sprechen, auch wenn noch nicht alle typischen Merkmale in vollem Umfang ausgeprägt sind. Im vorliegenden Beitrag wird die Bezeichnung Frühe Neandertaler für alle Neandertaler-Fossilien verwendet, die in die Zeit vor der letzten Eiszeit, der Würm- oder Weichsel-Eiszeit, gehören, d. h. die älter sind als etwa 115.000 Jahre. Zu den frühesten Funden aus dieser Gruppe gehören diejenigen aus der Lazaret-Höhle bei Nizza und aus der Fundstelle Bau de l'Aubesier, beide in Frankreich, sowie aus Pontnewydd in Wales. Auch die Funde aus dem Eem, d. h. der letzten Zwischeneiszeit, die zwischen etwa 125.000 und 115.000 Jahre alt sind, gehören in die Gruppe der Frühen Neandertaler, so z. B. die Schädel von Saccopastore oder das Skelett aus Lamalunga, beide in Italien, sowie der größte Teil der zahlreichen Reste aus Krapina in Kroatien.

Klassische Neandertaler

Aus der letzten Eiszeit liegen ab 115.000 Jahre vor heute dann in großer Zahl die Klassischen Neandertaler vor, die meist gemeint sind, wenn allgemein von Nean-

Abb. 2: Verbreitung der Fundstellen mit Fossilien von Prä-Neandertalern (Dreiecke) und Frühen Neandertalern (Quadrate) und Mindestausdehnung ihres Siedlungsgebietes (nach Serangeli und Bolus).

dertalern die Rede ist. Sie zeigen nun die typischen Neandertaler-Merkmale in voller, in einigen Fällen schon geradezu karikaturhafter Ausprägung. Zu den am besten bekannten Funden dieser Gruppe gehört das Namen gebende Skelett aus dem Neandertal selbst. Einige der berühmtesten Fundstellen Klassischer Neandertaler liegen in Südwestfrankreich. Zu ihnen gehören klingende Namen wie La Ferrassie, Le Moustier, La Quina und La Chapelle-aux-Saints. Von der Verbreitung der Neandertaler, insbesondere auch von einigen Fundprovinzen außerhalb Europas, wird noch ausführlicher zu sprechen sein. Wie alt die letzten Neandertaler sind, darüber sind sich die Forscher uneins. Einige Kollegen meinen, dass noch vor etwa 27–28.000 Jahren einige Neandertaler in Europa gelebt hätten; andere Kollegen lehnen dies ab und setzen das Ende der Neandertaler bereits vor 32–34.000 Jahren an. Für unsere Betrachtung spielen diese unterschiedlichen Ansätze jedoch kaum eine Rolle.

Neandertaler-Geographie:
Eine europäische Menschenform verlässt Europa

Betrachten wir nun die allgemeine Verbreitung der Neandertaler und verfolgen wir ihre Expansionsbewegungen. Als Basis dienen dabei zwei Kartierungen, von denen eine (Abb. 2) die Prä-Neandertaler sowie die Frühen Neandertaler zeigt, die andere (Abb. 3) die Klassischen Neandertaler.[5] Es sind in den Karten alle in der Lite-

---

[5] Ich danke an dieser Stelle meinem Kollegen Dr. Jordi Serangeli, mit dessen Unterstützung die Kartierungen entstanden sind und dessen Ideen z.T. in die folgenden Ausführungen eingeflossen sind. Siehe dazu: Jordi Serangeli und Michael Bolus: *Out of Europe – The dispersal of a successful European hominin form*, in: Quartär 55 (2008), S. 83–98.

Der Neandertaler – Verbreitung und Expansion einer europäischen Menschenform 27

Abb. 3: Verbreitung der Fundstellen mit Fossilien Klassischer Neandertaler und Mindestausdehnung ihres Siedlungsgebietes (nach Serangeli und Bolus).

ratur greifbaren Fundstellen mit Neandertalerfossilien kartiert, insgesamt 183 Fundplätze in 26 Ländern, da nur eine mehr oder weniger vollständige Kartierung weiter gehende Interpretationen erlaubt. So haben in der Vergangenheit selektive Kartierungen dazu geführt, dass ganze Teile Europas unterrepräsentiert geblieben sind, woraus letztlich wiederum eine Reihe von Fehlschlüssen resultierte. Bewusst haben in die Karten nur Fundstellen mit Menschenresten Eingang gefunden, da nur bei ihnen die Anwesenheit von Neandertalern unzweideutig belegt ist. Bei den kulturellen Hinterlassenschaften ist die Situation nicht ganz so klar. Zwar wurde weiter oben gesagt, die Zeit der Neandertaler sei das Mittelpaläolithikum, es wurde aber auch angedeutet, dass eine Parallelisierung nicht immer gegeben sei. Ist man aufgrund des archäologischen Befundes für Europa noch berechtigt, mittelpaläolithische Funde auch ohne zugehörige Menschenknochen dem Neandertaler zuzuschreiben, so ist das für außereuropäische Regionen keineswegs der Fall. Im Nahen Osten, über den gleich zu sprechen sein wird, haben im Zeitraum zwischen etwa 120.000 und 90.000 Jahren vor heute beispielsweise auch anatomisch moderne Menschen als mittelpaläolithisch klassifizierbare Hinterlassenschaften produziert, die sich von denen gleichzeitiger Neandertaler in Europa praktisch nicht unterscheiden lassen. Mit der Verbreitung der konkreten Neandertaler-Fossilien haben wir also zwar nur einen Teil des ehemaligen Verbreitungsgebietes dieser Menschenform erfasst, dafür aber denjenigen, den er ohne jeden Zweifel frequentiert hat.

Eine wichtige Frage bei der Betrachtung der geographischen Verbreitung der Neandertaler-Fossilien ist, wo sich das Kerngebiet dieser Menschenform befunden hat. Das Kerngebiet bezeichnet dasjenige Gebiet, in welchem Neandertaler seit ihrem ersten Auftreten mehr oder weniger kontinuierlich gelebt haben. Damit scheiden Nord- und Mitteleuropa bereits aus, da diese Gebiete während der Kältehöchststände der letzten und vorletzten Eiszeit nahezu entvölkert waren.

Die erste Karte (Abb. 2) zeigt die Verteilung der Fundplätze mit Fossilien von Prä-Neandertalern und Frühen Neandertalern. Während die Anzahl von zehn Fundplätzen mit Prä-Neandertalern, in vier Fällen zudem mit unsicherer Zuordnung, zu gering ist, um Vergleiche zwischen südlicheren und nördlicheren Breiten zu erlauben, befinden sich die meisten der 27 Fundplätze mit Fossilien Früher Neandertaler in südlicheren Breiten.

In der zweiten Karte (Abb. 3) mit der Verteilung der Fossilien Klassischer Neandertaler zeichnen sich innerhalb Europas verschiedene Verbreitungsschwerpunkte ab, darunter einer im nördlichen und nordöstlichen Schwarzmeerraum, der etwas isoliert von den anderen europäischen Funden liegt. Es treten jedoch auch einige außereuropäische Fundprovinzen deutlich hervor. Schon länger bekannt ist eine Gruppe von Fundplätzen im heutigen Israel; zu dieser Gruppe im Nahen Osten gehören auch ein Fundplatz in Syrien und, weiter östlich, die bekannte Fundstelle Shanidar im Irak. In jüngerer Zeit traten zwei weitere Fundprovinzen mit Klassischen Neandertalern hervor: eine im westlichen Teil Zentralasiens mit der Fundstelle Teshik-Tash, die lange Zeit als östlichster Fundplatz mit Neandertalerresten galt, und schließlich eine kleine, noch weiter von Europa entfernte, im Altai-Gebiet.

Oft wird Südwestfrankreich als Kerngebiet der Neandertaler angesehen, und tatsächlich finden wir hier bei weitem die dichteste Verbreitung von Neandertaler-Fossilien, besonders in Bezug auf die Klassischen Neandertaler. Die Karte (Abb. 3) macht aber auch deutlich, dass die Betrachtung Südwestfrankreichs als alleinigem Kerngebiet die Bedeutung der Mittelmeerregion unterschätzt. Zumindest in Spanien und Italien scheinen sich Neandertaler ebenfalls mehr oder weniger kontinuierlich aufgehalten haben, so dass wir beide Regionen auch in ihr Kerngebiet aufnehmen müssen. Im Hinblick auf Kroatien und den Balkan ist die Lage weniger klar, da zu wenige Fossilien vorliegen, auch wenn aus den kroatischen Fundstellen Krapina einerseits und Vindija andererseits sowohl Frühe als auch besonders späte Klassische Neandertaler nachgewiesen sind. Der Schwerpunkt der Forschungen in Griechenland lag bisher nicht auf der Altsteinzeit, doch ist es auffallend, dass mit Petralona und wahrscheinlich Apidima allein zwei der zehn kartierten Fundstellen mit Prä-Neandertalern in Griechenland liegen. Auch in der Türkei lässt der Forschungsstand bisher nur wenige konkrete Aussagen zu.

Damit scheint das europäische Kerngebiet der Neandertaler umrissen. Ob und in welcher Weise Israel und der östliche Mittelmeerraum ebenfalls zum Kerngebiet gehören, muss beim gegenwärtigen Stand unserer Kenntnisse offen bleiben. Auf die Einzelheiten, insbesondere Probleme bei der Zuweisung einzelner Fossilien aus dieser Region zu bestimmten Menschenformen, kann hier nicht eingegangen werden. Als gesichert lässt sich jedoch festhalten, dass wir spätestens vor 80–90.000 Jahren in der Tabun-Höhle Neandertaler im Gebiet des heutigen Israel finden, die uns damit erstmals außerhalb Europas begegnen.

In ihrer angestrebten Vollständigkeit unterstreichen die Verbreitungskarten die Bedeutung des nördlichen und westlichen Mittelmeerraums sowie Südwestfrankreichs, während West- und Nordfrankreich sowie Deutschland und andere Teile Mitteleuropas lediglich an der Peripherie der Verteilung liegen. Berücksichtigt man dabei die bioklimatischen Zonen, denen diese Regionen angehören, so wird deutlich, dass das Kerngebiet mit kontinuierlicher Anwesenheit von Neandertalern die mediterranen und submediterranen Zonen umfasst, die sich durch eine diverse Vegetation mit Savannen, Wäldern und auch Grasland auszeichnen. Dagegen scheinen die meisten Bereiche der gemäßigten kontinentalen Zonen und der waldlosen Steppen- und Tundrenzonen wenig bzw. kaum von Neandertalern frequentiert worden zu sein. Nur für die Klassischen Neandertaler haben wir verlässliche Hinweise auf Ausbreitungen in östlichere und nordöstlichere Regionen aus dem Kerngebiet heraus. Die Tatsache, dass die sporadische Ausbreitung in die nordeuropäische Tiefebene nur während warmer Intervalle innerhalb der letzten Eiszeit erfolgte, hat Clive Finlayson vom Gibraltar Museum sehr überzeugend herausgearbeitet.[6]

Für die Klassischen Neandertaler zeigt sich, dass die Iberische Halbinsel mit 26 Fundstellen (davon fünf mit unsicherer Zuweisung) in Spanien, Portugal und Gibraltar sowie Italien mit 21 Fundstellen (davon eine mit unsicherer Zuweisung) zusammen so viele Fundstellen geliefert haben wie Frankreich mit 48 Fundstellen (davon eine mit unsicherer Zuweisung). Die hohe Funddichte und die daraus ableitbare ursprüngliche Populationsdichte in den genannten Regionen stehen im Gegensatz zum gesamten Bereich Zentraleuropas. Hier kennen wir aus Deutschland, Belgien, der Schweiz, Tschechien, der Slowakei, Kroatien und Ungarn lediglich 28 Fundstellen mit Neandertaler-Fossilien (davon vier mit unsicherer Zuweisung). Allerdings muss an dieser Stelle zugegeben werden, dass die hier aufgezeigte Verbreitung bis zu einem gewissen Grade durch unterschiedlichen Forschungsstand in verschiedenen Regionen und auch durch Unterschiede in den geographischen Gegebenheiten beeinflusst sein kann. So wurden bei weitem die meisten Neandertalerreste in Höhlen aufgefunden, so dass Gebiete ohne Höhlen möglicherweise unterrepräsentiert sind.

Bis hierhin lässt sich konstatieren, dass die Neandertaler europäische Ureinwohner waren, die ihren Verbreitungsradius ohne Zweifel bis in nördliche Breiten ausdehnten, die sich nach Ausweis von Artefaktfunden gelegentlich auch in Hochgebirgsregionen, z. B. in den Alpen, aufhielten und die unter günstigen klimatischen Bedingungen und Umweltverhältnissen regelmäßig ihr Kerngebiet verließen. Fossilien im Vorderen Orient und in Zentralasien zeigen, dass zumindest die Klassischen Neandertaler dabei auch ihren Heimatkontinent verlassen haben. In Anlehnung an den Begriff 'Out of Africa' für die Expansion früher anatomisch moderner Menschen kann man im Falle der Neandertaler von einer Bewegung 'Out of Europe' sprechen. Eindeutige Prä-Neandertaler sowie eindeutige Frühe Neandertaler wurden außerhalb Europas bisher nicht entdeckt.

---

[6] Clive Finlayson: *Neanderthals and Modern Humans. An Ecological and Evolutionary Perspective*, Cambridge 2004.

Führt man sich die allgemeine Verbreitung der Neandertaler-Fossilien und das daraus erschließbare Kerngebiet in südlicheren Breiten vor Augen, so wird die in der Literatur häufig propagierte Sicht der Neandertaler als kälteadaptierte Menschenform mehr als fraglich. In der Tat sprechen mehrere Fakten ganz im Gegenteil dafür, in den Neandertalern eher eine an gemäßigte, wenn nicht warme Klima- und Umweltbedingungen angepasste Menschenform zu sehen. Nur wenige Hinweise können an dieser Stelle aufgeführt werden. Hier sind zunächst die Skelettmerkmale zu nennen, die entgegen der häufig vertretenen Meinung, die in ihnen Zeugnisse einer Kälteadaption sieht, genauso gut eine Anpassung an ein Leben in gemäßigten bis hin zu subtropischen Regionen widerspiegeln können, wie dies der Tübinger Anthropologe Alfred Czarnetzki herausgearbeitet hat.[7] Ein weiteres Indiz kann die Tatsache sein, dass Neandertaler nur in seltenen Fällen härtere organische Materialien wie Knochen, Geweih und Elfenbein bearbeiteten, obwohl sie nach Ausweis von Funden z. B. im niedersächsischen Salzgitter-Lebenstedt durchaus dazu in der Lage waren. Geht man davon aus, dass Neandertaler bevorzugt unter gemäßigten bis warmen Klima- und Umweltverhältnissen lebten, dann hatten sie in ausreichendem Maße Holz zur Verfügung, das sich wesentlich leichter bearbeiten lässt als Knochen, Geweih und Elfenbein. Nur wenn sie sich in Gebiete begaben, in denen ihnen die Biotope kaum geeignete Hölzer zur Verfügung stellten, mussten sie überhaupt die härteren organischen Materialien bearbeiten, wie dies z. B. im genannten Salzgitter-Lebenstedt der Fall war. Weiterhin lassen sich in Mitteleuropa mehrere Besiedlungslücken feststellen, die in der Regel mit ausgeprägteren Kältephasen zusammenfallen. Südlich der Alpen sind dagegen keine solchen Besiedlungslücken festzustellen, wie dies exemplarisch an der Abfolge der italienischen Fumane-Höhle in der Nähe von Verona aufgezeigt werden kann. Selbst zur Zeit des Kältemaximums der letzten Eiszeit, als weite Teile Mitteleuropas unbewohnbar waren, lässt sich für Italien keine Besiedlungsunterbrechung erkennen. Schließlich sei noch erwähnt, dass die Regionen, in denen Neandertaler offensichtlich am längsten überlebt haben und die man als ihr Rückzugsgebiet bezeichnen kann, geographisch mehr oder weniger mit Teilen ihres Kerngebiets übereinstimmen.

Neandertaler 'Out of Europe' und anatomisch moderne Menschen 'Out of Africa' – sind sie sich begegnet?

Es herrscht heutzutage weit gehende Einigkeit darüber, dass die anatomisch modernen Menschen sich in Afrika entwickelt und von dort aus sukzessive die ganze heutige bewohnte Welt erobert haben. Dieser Sachverhalt wird in der Forschung häu-

---

[7] Alfred Czarnetzki: *Morphological evidence of adaptive characters in the genus* Homo, in: *Man and environment in the Palaeolithic*, hg. von Herbert Ullrich, ERAUL 62, Liège 1995, S. 97–110.

fig als Out of Africa II-Modell bezeichnet.[8] Die ersten anatomisch modernen Menschen finden wir vor mindestens 160.000 Jahren, vielleicht sogar schon vor 200.000 Jahren, in Ostafrika, also zu einer Zeit, als in Europa ausschließlich Frühe Neandertaler gelebt haben. Interessanterweise haben sich beide Menschenformen um etwa die gleiche Zeit aufgemacht, ihren jeweiligen Heimatkontinent zu verlassen, und beide begaben sich zunächst offensichtlich in den Nahen Osten. Diese ungefähre Gleichzeitigkeit der Wanderungen hat in der Vergangenheit zu der Annahme geführt, beide Menschenformen könnten sich im Gebiet des heutigen Israel begegnet sein. In der Tat liegen in einem Umkreis von etwa 200 km, z.T. sogar in unmittelbarer Nachbarschaft, sowohl Höhlen wie Skhul und Qafzeh, die von modernen Menschen genutzt worden sind, als auch Höhlen, in denen Neandertaler gelebt haben wie z. B. Tabun, Kebara (Abb. 1) und Amud. Neue Datierungsserien machen es jedoch inzwischen wahrscheinlich, dass vor etwa 90–120.000 Jahren zunächst anatomisch moderne Menschen im Vorderen Orient lebten, diese die Region dann aber wieder verließen. Zwischen etwa 90.000 und 50.000 Jahren vor heute findet man im Gebiet dann nur noch Neandertaler, die wiederum später dort nicht mehr nachweisbar sind, so dass die Wahrscheinlichkeit von Begegnungen beider Menschenformen auf ein Minimum schrumpft. Moderne chemische Analysen an den Knochen der Jagdbeute haben darüber hinaus gezeigt, dass Neandertaler und moderne Menschen offensichtlich unter verschiedenen klimatischen Bedingungen im Nahen Osten lebten, so dass auch von dieser Seite her Begegnungen eher auszuschließen sind.

Es ist übrigens bemerkenswert, dass Neandertaler offensichtlich niemals den afrikanischen Kontinent betreten haben, also die Heimat der anatomisch modernen Menschen. Moderne Menschen wanderten dagegen sehr wohl in den Heimatkontinent der Neandertaler ein, den sie ohne Frage als 'Fremde' betraten. Möglicherweise sind anatomisch moderne Menschen im Verlaufe ihrer Ausbreitung innerhalb Europas Neandertalern begegnet. Wenn man sich vor Augen führt, dass die Neandertaler ihr Verbreitungsgebiet vor etwa 40–50.000 Jahren immerhin bis in das Altai-Gebiet ausweiteten, so waren die Klassischen Neandertaler noch in Expansion begriffen, als erste anatomisch moderne Menschen Europa betraten. Wenn die Wahrscheinlichkeit für Begegnungen beider Menschenformen in Europa auch durchaus besteht, so muss zugegeben werden, dass unzweideutige Hinweise auch hier bisher nicht existieren.

Schlussfolgerungen

Die Neandertaler sind in Europa entstanden, und ein großer Teil ihrer Evolution fand auf diesem Kontinent statt. Als 'Kinder Europas' waren die Neandertaler gut

---

[8] Günter Bräuer: *Das Out-of-Africa-Modell und die Kontroverse um den Ursprung des modernen Menschen*, in: *Woher kommt der Mensch*, hg. von Nicholas J. Conard, zweite, aktualisierte Auflage, Tübingen 2006, S. 171–196.

an die Verhältnisse in ihrer Heimat angepasst. Dies wird durch die Tatsache unterstrichen, dass sie sich, betrachtet man Frühe und Klassische Neandertaler gemeinsam, über einen Zeitraum von gut 200.000 Jahren als erfolgreiche Menschenform behaupten konnten. Nicht zuletzt aus der Diskussion des Kerngebietes der Neandertaler lässt sich schlussfolgern, dass sie nicht, wie oft propagiert, eine kälteadaptierte Menschenform waren, sondern viel eher eine an mindestens gemäßigte, eher sogar wärmere Klima- und Umweltbedingungen angepasste Form. Es ist völlig unzweifelhaft, dass Neandertaler die Fähigkeit besaßen, unter ungünstigeren und auch kälteren Umweltbedingungen zu leben, und Fundplätze in nördlichen Breiten legen Zeugnis davon ab, dass sie es auch erfolgreich taten. Als an wärmere Bedingungen gewöhnte Menschenform mussten sie dies jedoch 'lernen'. Insgesamt gesehen lebten sie unter sehr verschiedenen Umwelt- und Klimabedingungen, von bewaldeten Biotopen am Mittelmeer bis hin zu waldfreien Tundrengebieten, um die Extrempunkte zu nennen. Neandertalerreste fanden sich in Vergesellschaftung einerseits mit Flusspferdknochen, die auf ziemlich warme Klimabedingungen hinweisen, andererseits mit Rentierknochen, die kaltes Klima anzeigen. Nichtsdestoweniger ist das Vorkommen mit kälteanzeigenden Tierarten kein Beleg für eine Kälteadaption der Neandertaler von Beginn an. Dass auch die Skelettmerkmale der Neandertaler nicht das Ergebnis einer Kälteadaption sein müssen, wurde bereits gesagt. Und wenn sie auch oft mit den arktischen Inuit verglichen werden, so sind vollständig mit Fellkleidung angezogene Neandertaler in schneidend kalter Umwelt im Bereich des westlichen und nördlichen Mittelmeeres nur schwer vorstellbar, zumal wenn man bedenkt, dass selbst zu Zeiten der Kältemaxima die Mittelmeertemperaturen nicht niedriger waren als die Temperaturen der südlichen Nordsee und der Ostsee heutzutage. Darüber hinaus bieten Pollen aus von Neandertalern bewohnten Höhlen im mittelmeernahen Spanien Belege für das Vorkommen von Olivenbäumen, während gleichzeitige Fundhorizonte in Mitteleuropa durch besonders kühle Bedingungen, z.T. durch Dauerfrost, gekennzeichnet sind.

Das Kerngebiet der Neandertaler umfasst neben Südwest- und Südfrankreich mindestens auch Spanien und Italien. Dieses Kerngebiet verließen die Neandertaler regelmäßig und vergrößerten so ihr Siedlungsareal um Gebiete vorübergehender Aufenthalte. Indem sie immer weitere Gebiete vorübergehender Aufenthalte eroberten, erweiterten die Klassischen Neandertaler nicht nur ihre Einflusssphäre in Europa in ungeheurem Maße, sie begannen schließlich auch mit einer Expansion, richtiger wohl mit mehreren Expansionswellen aus Europa heraus, die sie nicht nur in den Nahen Osten führten, sondern auch in Teile Zentralasiens und, gegen Ende des Mittelpaläolithikums, sogar in so weit entfernte Regionen wie das Altai-Gebiet. Indem sie dies taten, betraten sie wiederholt auch Gebiete mit kühleren Umweltbedingungen, und sie lernten, sich an ungünstigeres Klima anzupassen. Dennoch scheinen sie niemals unter extrem kalten Bedingungen gelebt zu haben. Möglicherweise wurde ihnen die Expansion in solch europaferne Gebiete wie die Altai-Region dadurch ermöglicht, dass entlang ihrer Wanderrouten Streifen mit Savannenvegetation und aufgelockerten Waldbeständen existierten, wie dies eine von Clive Finlayson und José Carrión publizierte Karte[9] andeutet. Wie die Neandertaler auf drastische Klima- und Umweltänderungen in Gebieten vorübergehenden Aufenthalts reagierten, bleibt noch zu erforschen. Vielleicht versuchten sie, in ihr Kerngebiet zurückzukehren, das sie Generationen vorher verlassen hatten. Dies mag jedoch von Neandertalerpopulationen verhindert worden sein, die nach wie vor dort lebten. In Analogie zu Austauschmechanismen in der eiszeitlichen Säugetierfauna in Mitteleuropa ist es wahrscheinlich, dass die Neandertalerpopulationen außerhalb des Kerngebietes aussterben. In Zeiten von Klimaverbesserungen dürften neue Gruppen ihr Kerngebiet verlassen haben, und der Prozess begann von neuem.

Als anatomisch moderne Menschen vor etwa 40.000 Jahren, wahrscheinlich von Osten oder Südosten kommend, in Mitteleuropa eintrafen, betraten sie vermutlich ein weitgehend menschenleeres Gebiet, da Mitteleuropa weder zum Kerngebiet noch zum Rückzugsgebiet der Neandertaler gehörte. Breiteten sich die modernen Menschen von dort weiter in südlicher Richtung aus, erreichten sie schließlich das Kern- und Rückzugsgebiet der Neandertaler in Süd- und Südwesteuropa. Am Ende waren sie es, die 'aus der Kälte' kamen; und nicht die Neandertaler, sondern die anatomisch modernen Menschen waren letztlich besser in der Lage, unter Kältebedingungen zu leben, besser zumindest als die Neandertaler. Nachdem moderne Menschen erst die nördlichen Bereiche des ehemaligen Kerngebietes der Neandertaler besiedelt hatten, war es den Neandertalern auch bei Klimaverbesserung nicht mehr möglich, ihr Kerngebiet zu verlassen, wie sie es vor Ankunft der modernen Menschen taten. Stattdessen schrumpfte ihr ehemaliges Kerngebiet immer weiter zusammen, bis die letzten Neandertaler nur noch in wenigen Refugien innerhalb des Kerngebietes überlebten, so z. B. in Südspanien, in Kroatien und vielleicht auf der Krim und im Kaukasusgebiet. Dieses Zusammenschrumpfen des Siedlungsgebietes spielte ohne Zweifel eine gewichtige Rolle bei dem nach wie vor etwas geheimnisvollen Aussterben der Neandertaler als eigene Menschenform nach gut 200.000 Jahren erfolgreicher Entwicklung und Expansion.

---

[9] Clive Finlayson und José S. Carrión: *Rapid ecological turnover and its impact on Neanderthal and other human populations*, in: *Trends in Ecology and Evolution* 22 (2007), S. 213–222.

Miriam Noël Haidle

Ein Speer ist ein Speer ist ein Speer? Kognitive Expansionen

In Fongoli, einem Mosaik-Savannahabitat im Südosten des Senegal, wurden Schimpansen (*Pan troglodytes verus*) in den Jahren 2005 und 2006 mehrfach dabei beobachtet, wie sie Jagd auf Steppengalagos (*Galago senegalensis*) machten – mit speerähnlichen Holzgeräten (Abb. 1a).[1] Die nachtaktiven kleinen Halbaffen mit einem Gewicht von ca. 200 g schlafen tagsüber häufig in hohlen Ästen oder Baumstämmen. Die Öffnungen der Baumlöcher, in die sie sich zurückziehen, sind durchschnittlich 11 cm weit, so dass ihre Jäger, die Schimpansen, leicht mit der Hand bis zur Schulter hineingreifen könnten. Werden die Galagos jedoch gestört, sind sie in der Lage, flink zu entfliehen. Die bei der Jagd eingesetzten Werkzeuge dienten daher nicht einfach als Verlängerungen der Arme der Jäger, um die Beute aufzustöbern. Die zugerichteten Äste wurden mehrfach kraftvoll in die Höhlungen gestoßen, um so die Halbaffen bewegungsunfähig zu machen. Nach Untersuchung des Werkzeugendes wurde bei Erfolg das Schlafnest aufgebrochen und der leblose Galago herausgeholt. Insbesondere jugendliche und weibliche Individuen nutzten die Nische der Halbaffenjagd: Auch bei geringem sozialem Rang und körperlicher Unterlegenheit, wenn eine Teilnahme an Jagdpartys der erwachsenen Männchen ausgeschlossen ist, kann mit Hilfe des Werkzeugs die begehrte proteinreiche Nahrung in einer individuellen Jagd erbeutet werden.

An der Fundstelle Schöningen 13 II–4 im nördlichen Harzvorland jagte im kühlgemäßigten kontinentalen Klima des späten Reinsdorf-Interglazial zwischen 300.000 und 400.000 Jahren vor heute eine Gruppe von *Homo heidelbergensis* Pferde am Ufer eines flachen Sees – mit hölzernen Wurfspeeren (Abb. 1b).[2] Auf einem saisonal trockengefallenen Ufersaum ohne Baum- und Buschbestand wurde 1994 und in den folgenden Jahren ein Jagdlager entdeckt, dessen Überreste sich uferparallel über 10 x 40 m erstrecken. Mindestens 19 Pferde wurden hier im Herbst/Winter mit Fernwaffen erlegt sowie vereinzelt auch Wisent, Rothirsch und Wildesel, die alle von den parkartigen Kiefern-Fichten-Lärchen-Birken-Wäldern und Wiesensteppen zum See an die

---

[1] Jill D. Pruetz und Paco Bertolani: *Savanna chimpanzees, Pan troglodytes verus, hunt with tools*, in: *Current Biology* 17 (2007), S. 412–417.

[2] Hartmut Thieme: *Altpaläolithische Holzgeräte aus Schöningen, Lkr. Helmstedt*, in: *Germania* 77/2 (1999), S. 451–487.

Tränke kamen. Neben den Beuteresten, zerschlagenen Knochen mit zahlreichen Schnittspuren, fanden Archäologen auch die Waffen, mit denen vermutlich gemeinschaftlich eine ganze Pferdeherde gejagt wurde. Neben acht Speeren bzw. Speerbruchstücken wurde ein 78 cm langes Gerät zurückgelassen, das als Wurfholz gedeutet wird und möglicherweise der Wasservogeljagd diente.

Die Beobachtungen bei der Schimpansengruppe von Fongoli waren eine große Sensation, belegten sie doch erstmals den gewohnheitsmäßigen Gebrauch von Werkzeugen zur Jagd auf Wirbeltiere außerhalb der Gattung *Homo*. Die Funde von Schöningen gelten nicht minder als bahnbrechend für die Erforschung frühmenschlichen Verhaltens: Bis in die 1990er Jahre wurde die Fähigkeit, aktiv Großwild zu jagen, selbst bei den späteren Neandertalern angezweifelt. Sowohl die Schimpansen als auch *Homines heidelbergenses* stellten ihre Jagdgeräte gezielt her. Die Menschenaffen nutzten als Rohform ihrer Waffen oft Äste vom selben Baum, auf dem sie später Beute zu machen erhofften, nur selten erkletterten sie den Baum schon mit vorbereiteten Geräten. Die Speere – oder eher Stoßlanzen – wurden in bis zu fünf Arbeitsschritten gefertigt, die alle ausschließlich mit den Händen oder den Zähnen ausgeführt wurden: Meistens wurde zuerst der Ast abgebrochen, dann immer Zweige und Blätter entfernt. Gelegentlich wurde die Rohform entrindet und oft an beiden Enden gekürzt. Manchmal wurde noch ein Ende des Geräts mit den Schneidezähnen zugespitzt. Die Maße der insgesamt 18 untersuchten Lanzen variierten stark: die Länge von 40–120 cm (Ø 63 cm), der basale Durchmesser von 3,5–19 mm (Ø 10 mm) und der Spitzendurchmesser von 1–5 mm (Ø 3,2 mm). Vom Beginn der Herstellung über z. T. mehrfachen Gebrauch eines Geräts bis zu seinem Verwerfen wurde eine maximale Dauer der Handlungsabfolge von 13 min gemessen. Die Schimpansen versuchten z. T. mit einem Werkzeug in mehreren Höhlungen eines Baumes Galagos zu erbeuten, z. T. wurde eine Höhlung mit mehreren Werkzeugen erkundet.

Homo heidelbergensis nutzte als Rohform für die Schöninger Speere Fichten- bzw. Kiefernstämmchen, die mit groben Steinwerkzeugen gefällt und anschließend vollständig entrindet und von Astansätzen befreit worden waren. Die Jagdwaffen wurden aus der Basis der Stämme gefertigt, wo das Holz am härtesten ist, die Spitzenenden wurden wohl bewusst neben die Schwächezone des Markstrahls gelegt. Die Menschen haben die Speerspitzen mit scharfen Steingeräten über 60 cm lang ausgezogen und ausgearbeitet, die Speerbasen wurden auf kürzeren Strecken spitz zugerichtet. Die Oberflächen der Geräte wurden vor ihrem Gebrauch sorgfältig überarbeitet und geglättet. Wo die Speere hergestellt wurden, ist unklar; in der näheren Umgebung des Jagdlagers konnte kein ausreichender Baumbestand nachgewiesen werden. Wahrscheinlich brachten die Menschen die Speere schon fertig zur Fundstelle und, wie für die Steingeräte belegt, modifizierten sie nur noch vor Ort. Neben zwei Fragmenten wurden sechs Speere mit einer Länge von 1,82–2,50 m, einer Länge der Speerspitzen von z. T. über 60 cm und einem maximalen Durchmesser von 29–50 mm gefunden. Wie bei modernen Wettkampfspeeren (Abb. 1c) liegen dieser größte Durchmesser und der Schwerpunkt im vorderen Drittel des Schaftes, der sich bis zur Basis kontinuierlich verjüngt. Alle Speerfunde stammen aus dem ca. 10 m breiten Bereich der höchsten Funddichte und sind über 25 m verteilt. Warum die z.T. noch funktionstüchtigen und in der Herstellung aufwändigen Speere zurückgelassen wurden, kann nicht beantwortet werden. Die Menge der Funde und Spuren von mehreren Feuerstellen mit ca. 1 m Durchmesser deuten an, dass sich die Menschen nach der Jagd wahrscheinlich noch längere Zeit am Seeufer aufhielten und erbeutetes Fleisch und Häute eventuell weiterverarbeiteten.

Der Herstellungsprozess der Schöninger Speere ähnelt zwar vom Prinzip her der Fertigung der Schimpansen-Lanzen von Fongoli in den wesentlichen Arbeitsschritten des Abtrennens der Rohform, des Entfernens von Seitenzweigen und Laub, des Entrindens, des Zurichtens der Länge und der Präparation der Spitze. Doch die Herstellung der Speere durch *Homo heidelbergensis* zeichnet sich nicht nur durch eine viel größere Sorgfalt aus. In einem Experiment zum Nachbau einer etwas jüngeren Lanze benötigte Stephan Veil[3] allein 4,5 bis 5,5 Stunden vom Fällen des Bäumchens über die Bearbeitung der Rohform bis zum fertigen Gerät mit geglätteter Oberfläche und ausgeformter Spitze. Dabei unberücksichtigt blieben die Suche nach geeignetem Rohmaterial sowohl der Speere als auch der zu ihrer Fertigung notwendigen Steinwerkzeuge, die Produktion der verschiedenen benutzten Steingeräteformen sowie möglicherweise das Suchen bzw. die Herstellung geeigneter Knochenretuscheure zur Bearbeitung der Steingeräte, wie sie aus der Schöninger Fundstelle vorliegen. Unterbrechungen zur Beschaffung, Zubereitung und Aufnahme von Nahrung wurden ebenso wenig einberechnet wie andere alltägliche Handlungen, die in den zusammen genommen sicher mehrtägigen Herstellungsprozess eingeschoben wurden. Nicht nur der zeitliche Rahmen geht weit über jedes bei Tieren beobachtete Werkzeugverhalten hinaus; mehr noch beeindruckt die unerwartete Komplexität in diesem noch relativ frühen Stadium der menschlichen Kulturentwicklung.

Vor ca. 2,5 Millionen Jahren begannen frühe Menschenähnliche mit der Herstellung von Steinwerkzeugen. Der Gebrauch von Geräten aus Stein überrascht nicht mehr, seit zahlreiche Tierarten wie Spitzkreiselschnecken, Schmutzgeier, Seeotter, neuweltliche Kapuzineraffen oder Schimpansen bei der Nutzung von Steinen als Hilfsmittel meist zur Nahrungsbeschaffung beobachtet wurden. Auch die Herstellung von Werkzeugen ist aus dem Tierreich hinlänglich bekannt, und insbesondere Schimpansen zeigen hier großen Variantenreichtum der Techniken und Rohmaterialien bis hin zu Mehrphasigkeit. Soweit bisher beobachtet richten Tiere jedoch ihre Werkzeuge ausschließlich mit den ihnen körperlich zur Verfügung stehenden Mitteln wie Zähne, Pfoten bzw. Hände, Klauen, Schnäbel zu. Das Besondere an den ersten menschlichen Steinwerkzeugen mit Schneidkante ist ihre Herstellung mit Hilfe eines zweiten Werkzeugs: Nur mit einem Schlagstein oder einem anderen Schlaginstrument lassen sich

---

[3] Stephan Veil: *Die Nachbildung der Lanze von Lehringen. Experimente zur Holzbearbeitung im Mittelpaläolithikum*, in: *Die Kunde* N.F. 41/42 (1991), S. 9–22.

gezielt scharfe Abschläge von Geröllen oder größeren Blöcken abtrennen.[4] Um dies zu tun, muss die Konzentration des handelnden Individuums nicht nur vom gewünschten Ziel weg auf ein passendes Hilfsmittel und zurück gelenkt werden, sondern das Umwegdenken muss noch erweitert werden vom Subjekt mit seinem Bedürfnis über die Rohform eines Werkzeugs zu einem Instrument zur Werkzeugherstellung und zurück zum eigentlichen Hilfsmittel zur Bedürfnisbefriedigung und von da aus zum letztendlichen Ziel.[5] Dies bedeutet sowohl eine kognitive Herausforderung als auch eine motorische, müssen doch zwei Objekte – Rohknolle und Schlagstein – gleichzeitig und gezielt gehandhabt werden.

Der sekundäre Werkzeuggebrauch stellt den Übergang zur medialen Umweltgestaltung dar.[6] Bei der Umweltnutzung überschreitet ein Organismus die Grenze der individuellen körperlichen Fähigkeiten zur Lösung eines Problems durch den Gebrauch von unmodifizierten Werkzeugen. Durch die Umformung von Objekten bzw. Herstellung von Geräten bei der direkten Umweltgestaltung wird er von den in der Umgebung gegebenen Objekten, die ohne Veränderung als Geräte dienen können, unabhängiger – sind sie für die Aufgabenstellung nicht ideal, werden sie passend verändert. Durch seine individuellen körperlichen Fähigkeiten bleibt er aber eingeschränkt bei der Umgestaltung dieser Objekte. Bei der medialen Umweltgestaltung schließlich überwindet der Organismus auch diese Barriere durch die Verwendung von Werkzeugen zur Werkzeugherstellung.

Von der Wahrnehmung eines Bedürfnisses bis zu dessen erster Befriedigung spielt sich tierisches Werkzeugverhalten in einem begrenzten zeitlichen Rahmen von maximal ca. 10–15 min ab. Der Umweltfaktor Zeit spielt nur eine untergeordnete Rolle. Künftige Werkzeugproblemstellungen werden nur im Zusammenhang mit einem aktuellen Bedürfnis wahrgenommen wie z. B. der Notwendigkeit zweier verschiedener Werkzeuge zum Aufbrechen eines Termitenbaues und zum Angeln von Termiten, bevor sich Schimpansen einem Termitenhaufen nähern. Planungen für subakute Bedürfnisse in näherer Zukunft, die nicht durch einen im Moment spürbaren Bedarf angestoßen sind, werden bislang erst im Laufe der Entwicklung des menschlichen Werkzeugverhaltens fassbar mit dem zunehmenden Rohmaterialtransport über mehrere Kilometer zwischen 2–1,5 Millionen Jahren vor heute. Auch der Umweltfaktor Ort ist im tierischen Werkzeugverhalten eng mit dem akuten Bedürfnis verknüpft. Die in dieser Hinsicht am besten untersuchten Schimpansen im Taï-Nationalpark an

---

[4] Miriam Noël Haidle: *Menschenaffen? Affenmenschen? Menschen! Kognition und Sprache im Altpaläolithikum*, in: *Woher kommt der Mensch?*, hg. von Nicholas J. Conrad, Tübingen, 2. Aufl., 2006, S. 74–103.

[5] Miriam Noël Haidle: *Ene, mene, muh – und schlau bist Du? Zur Entwicklung des menschlichen Denkens*, in: *Roots – Wurzeln der Menschheit*, hg. von Gabriele Uelsberg und Stefan Lötters, Mainz 2006, S. 199–208.

[6] Miriam Noël Haidle: *Verschiedene Welten. Umweltwahrnehmung und Umweltgestaltung im Laufe der menschlichen Evolution*, in: *Umweltverhalten in Geschichte und Gegenwart. Vergleichende Ansätze*, hg. von Thomas Knopf, Tübingen 2008, S. 30–41.

der Elfenbeinküste erinnern sich zwar an die Orte, an denen passende Hammersteine in der Nähe des von ihnen gewählten Platzes zum Nüsse Aufschlagen liegen.[7] Nach Befriedigung ihres Hungers lassen sie die Werkzeuge jedoch vor Ort zurück, ohne besondere Vorsorge für ihren künftigen Gebrauch zu treffen. Dass Orte, die nicht mit einem aktuellen Bedürfnis in Verbindung stehen, z. B. zur Aufbewahrung oder Herstellung von Gerät für künftigen Gebrauch aufgesucht und genutzt werden, ist bislang auch erst im Laufe der Entwicklung des menschlichen Werkzeugverhaltens belegt.

Die Herstellung der zur Pferdejagd dienenden Speere von Schöningen basierte auf allen bisher genannten Erweiterungen der Distanz zwischen Problem und Lösung: Zu ihrer Herstellung wurden Werkzeuge (grobe und feinere Steingeräte) benutzt, die wiederum mit anderen Werkzeugen (Schlagsteinen oder Knochenretuscheuren) angefertigt wurden. Die zeitliche Tiefe des Herstellungsprozesses betrug mehrere Tage und spielte sich an mehreren Orten ab. Die Befriedigung des Bedürfnisses (Essen vom Fleisch eines mit dem Werkzeug Speer erbeuteten Pferdes) hat keinen direkten Bezug zur Wahrnehmung eines Problems (akuter Appetit auf Fleisch), das die gesamte Handlungskette der Herstellung eines Speers und der darauffolgenden Jagd mit der Waffe auslöste. Das Problem und seine Lösung sind zeitlich, räumlich und konzeptionell entkoppelt. Diese Entkopplung einerseits – dass nicht jeder Umgang mit Objekten bzw. Werkzeugen auf ein im Moment akutes grundlegendes Bedürfnis des Subjekts bezogen sein muss – sowie eine Modularisierung des Denkens und damit des Werkzeuggebrauchs andererseits sind notwendige Voraussetzungen, um solch langwieriges und komplexes Werkzeugverhalten, wie es das Beispiel der Schöninger Speere zeigt, durchzuführen. Ohne diese beiden kognitiven Expansionen sind weitergehende Werkzeugentwicklungen wie aus mehreren Teilen zusammengesetzte Werkzeuge, symbolische Artefakte und aus transformierten Rohmaterialien wie Metall oder Keramik hergestellte Geräte wortwörtlich nicht denkbar.

Die Modularisierung des Denkens bezeichnet die Unterteilung von Handlungsprozessen in kleine, nicht an ein spezifisches Ziel gebundene, beliebig rekombinierbare Einheiten. Ein Schlagstein ist nicht mehr nur im Gesamtkonzept eines Handlungsprozesses „Öffnen einer Nuss mit Schlagstein und Essen des Kerns" oder „Zerlegen eines Beutetiers mit Steinabschlägen, die mit Schlagstein hergestellt wurden, und Essen des Fleisches" denkbar und wird nach Abschluss der Handlungskette verworfen, sondern bekommt für sich alleine einen Wert als immer wieder und in unterschiedlichen Situationen einsetzbares Werkzeug (Entkopplung). Kann ein Werkzeug unabhängig von einem konkreten Ziel Bedeutung erlangen, dann ist es sinnvoll, es auch ohne klares Folgeziel aufzubewahren oder mitzuführen, so dass es bei Gelegenheit greifbar ist – der Kauf von Werkzeugen in modernen Baumärkten z. B. folgt vielfach diesem Muster.

---

[7] Christophe Boesch und Hedwige Boesch: *Mental map in wild chimpanzees. An analysis of hammer transports for nut cracking*, in: *Primates* 25 (1984), S. 160–170.

Die Unabhängigkeit von einer bestimmten Problemstellung macht den Einsatz eines Geräts bei der Lösung eines neuen Problems ebenso leichter wie das spielerische Ausprobieren, was mit dem Gerät außerhalb seines bekannten Kontextes getan werden kann. Dadurch können bislang unbekannte Problemfelder aktiv erschlossen werden. Die Zerlegung der Handlungsprozesse in kleine, verschieden kombinierbare Untereinheiten ermöglicht es, auch für komplexere Problemstellungen schneller passende Lösungen zu finden, indem bekannte Komponenten neu zusammengestellt und gegebenenfalls durch neue Elemente ergänzt werden. Das Rad muss nicht im Ganzen immer neu erfunden werden, sondern das Radprinzip kann mit Modifikationen oder Zusätzen einfacher an veränderte Anforderungen oder neue Einsatzbereiche (z. B. als Zahnrad in einer Uhr) angepasst werden. Durch die Entkopplung von Bedürfnis und dessen direkter Befriedigung sowie die Modularisierung des Denkens konnte die Innovationsrate bei der Gattung *Homo* immens gesteigert werden und sich über die symbolische Revolution ab ca. 40.000 Jahren, die Neolithische Revolution ab ca. 13.000 Jahren, die metallurgische Revolution ab ca. 10.000 Jahren vor heute bis hin zur Industriellen Revolution und der im Moment ablaufenden Elektronischen Daten-Revolution exponentiell entwickeln.

In Fongoli erlegen Schimpansen mit zugerichteten und angespitzten Stöcken Galagos. Auch wenn die Werkzeuge eher als Stoßlanzen denn als Speere gebraucht werden, ist es erstaunlich, bei Tieren solch ein Objektverhalten zu beobachten, das lange Zeit vielen unserer Vorfahren aberkannt wurde. In Schöningen jagten *Homines heidelbergenses* Pferde mit fein ausgearbeiteten Speeren mit ausgezeichneten Flugeigenschaften. Die sorgfältige Bearbeitung der Geräte überrascht ebenso wie der unerwartet frühe Einsatz von Fernwaffen. Betrachtet man die Werkzeuge oberflächlich, unterscheiden sie sich zwar in der Intensität der Bearbeitung, doch die groben Arbeitsschritte Abtrennen der Rohform, Entfernen von Zweigen und Laub, Entrinden, Zurichten der Länge und Überarbeitung der Spitze gleichen sich. Untersucht man die Herstellung und ihre kognitiven Hintergründe jedoch genauer, so zeigen sich fundamentale Unterschiede in den zugrundeliegenden Denk- und Handlungsprozessen. Für unsere moderne Entwicklung notwendige und weitreichende kognitive Expansionen lassen sich bereits in hunderttausende Jahre alten steinzeitlichen Geräten feststellen, wenn die Möglichkeit solcher Erweiterungen in Erwägung gezogen wird und entsprechende Analysen unternommen werden. Die modernen Wettkampfspeere aus Karbonfaser ähneln ihren altpaläolithischen Vorläufern noch stark in der Form, aber auch grob in den Flugeigenschaften. Die Technologie ihrer Herstellung übersteigt die der hölzernen Waffen in ihrer Komplexität jedoch um ein Vielfaches. Ohne Entkopplung von Problem und Lösung sowie die Modularisierung des Denkens wären Speere zu Sportzwecken aus High-Tech-Materialien mit computergestütztem Design nicht denkbar. Ein Speer ist ein Speer ist mehr als ein Speer!

Ein Speer ist ein Speer ist ein Speer? 41

a)

b)

c）

Abb. 1: Speere im Vergleich:
a) Schimpansen-Lanzen von Fongoli, Senegal (nach Pruetz und Bertolani 2007),
b) Speer von *Homo heidelbergensis* aus Schöningen, ca. 300–400.000 Jahre alt (nach „Schöninger Speere – Erbe der Menschheit e.V."),
c) moderner Wettkampfspeer aus Karbonfaser.

Christine Hertler

Wandlungen in den Beziehungen zwischen Menschen und ihrer Umwelt

Naturkatastrophen wie Tsunamis, Überschwemmungen, Erdbeben und Vulkanausbrüche führen uns lebhaft vor Augen, wie empfindlich Menschen auf Veränderungen ihrer Umwelt reagieren müssen. Die Diskussion um den gegenwärtigen Klimawandel und seine möglichen Folgen für die Bewohnbarkeit weiter Gebiete oder gegebenenfalls notwendige Anpassungen der Landwirtschaft verdeutlicht das Ausmaß, in dem Menschen heute von den Umweltbedingungen abhängig sind. Historische Entwicklungsschritte und Entdeckungen, die von Menschen gemacht wurden, haben uns zwar erlaubt, uns in vielen Fällen etwas unabhängiger von den unmittelbar vorfindlichen Gegebenheiten zu machen; sie haben es aber nicht ermöglicht, Menschen vollständig aus dem komplexen Netzwerk an Umweltabhängigkeiten herauszulösen. Umso wichtiger ist es zu verstehen, worin diese Abhängigkeiten bestehen und wie Zusammenhänge und Wechselwirkungen beschaffen sind. Eine Betrachtung der Evolution der Menschen und der Naturgeschichte der Wechselwirkungen zwischen Vor- und Frühmenschen und ihrer Umwelt kann uns wichtige Einsichten in dieses Netzwerk von wechselseitigen Bedingungen ermöglichen.

Die ältesten fossilen Überreste von Menschen sind, soweit wir heute wissen, auf den afrikanischen Kontinent beschränkt. Wie vor knapp 150 Jahren von Charles Darwin angenommen, sind erste Vorläufer in der zu den Menschen führenden Entwicklungslinie in den Tropen Afrikas entstanden. Darwin zog diese Schlussfolgerung aufgrund der Beobachtung, dass heutige Menschen als einzige in der Klasse der Primaten kein körperbedeckendes Fell besitzen. Obwohl bis zum Jahr 1871, in dem Darwins Buch *The Descent of Man and Selection in Relation to Sex* erstmals erschien, Überreste fossiler Menschen ausschließlich in Europa gefunden worden waren, spekulierte er aus eben diesem Grund folgerichtig, dass der Beginn der menschlichen Entwicklungsgeschichte in den Tropen seinen Ausgang genommen haben müsse. Nur in den Tropen erlaube es die Umgebungstemperatur den fernen Vorläufern der Menschen, eine schützende und wärmende Körperbehaarung aufzugeben. Es sollte allerdings noch mehr als 50 Jahre dauern, bis Darwins Einsicht auch in wissenschaftlichen Kreisen Fuß fassen konnte. Nachdem erste außereuropäische Funde zunächst in Asien ans Tageslicht kamen, rückte erst der Fund eines Kinderschädels in Taungs (Südafrika) Afrika wieder in den Mittelpunkt des wissenschaftlichen Interesses.

Die ältesten Funde, die heute der menschlichen Entwicklungsgeschichte zugeordnet werden, stammen allerdings nicht aus Süd-, sondern aus Ostafrika; etwa aus Kenia, Äthiopien und dem Tschad. Die Funde besitzen ein Alter von rund 6 Millionen Jahren. Dabei handelt es sich noch nicht um Vertreter der Gattung *Homo*, sondern um deren Vorläufer. *Ardipithecus ramidus*, der Milleniumsmensch *Orrorin tugenensis* und *Sahelanthropus tchadensis* haben jedoch bereits eine ökologische Nische geteilt: Sie besiedelten wahrscheinlich bevorzugt die Randgebiete des zentralafrikanischen Regenwalds, der damals ein wesentlich größeres Gebiet bedeckte als heute. Infolge globaler Klimaschwankungen, die insgesamt zu einer Abkühlung und trockeneren Umweltbedingungen in tropischen Breiten führten, eroberten sich diese frühen Vorformen einen neuen Lebensraum und stellten ihre Lebensweise entsprechend um. Man geht davon aus, dass letztlich der klimabedingte Rückzug der Regenwälder maßgebliche Anstöße zur Entstehung einer aufgerichteten Körperhaltung und einer obligatorisch bipeden, ausschließlich zweifüßigen Fortbewegung geliefert hat. Die fossilen Überreste der Nachfahren solcher Vormenschen zeigen jedenfalls, dass es den Australopithecinen möglich war, sich dauerhaft auf zwei Beinen fortzubewegen. Deren Form der Bipedie mag sich zwar noch von der heutiger Menschen unterschieden haben; die Angehörigen der Gattung *Australopithecus* waren jedoch gut auf ein Leben in Galerie-Wäldern entlang der großen Flußläufe und in anderen Waldrandgebieten vorbereitet.

Da heute wesentlich mehr Fossilien dieser Vormenschen bekannt sind, lassen sich unter ihnen geographische Varianten unterscheiden. Fossilfunde aus Ostafrika werden in aller Regel der Art *Australopithecus afarensis* zugeschrieben. Erstmals finden sich aber auch Funde in anderen Teilen Afrikas. Südafrikanische Vormenschen werden als Angehörige der Art *Australopithecus africanus* angesehen. Im Zusammenhang mit Klimaveränderungen folgten die ursprünglich auf Ostafrika beschränkten Vorläufer dem ostafrikanischen Grabenbruch. Im Zuge dieser Klimaveränderungen verschob sich die geographische Lage ihrer bevorzugten Lebensräume. Die Australopithecinen taten nichts anderes, als der geographischen Verschiebung ihrer Vorzugshabitate zu folgen. Die Beziehungen zwischen Lebensweise und Ökologie dieser Vormenschen und der geographischen Verbreitung ihrer Habitate sind daher sehr eng. Vormenschen waren ökologisch an ihr Habitat gebunden. Da die geographische Verbreitung der Habitate wiederum strikt vom Klima abhängig ist, kontrollieren klimatische Veränderungen in gewissem Sinne die Verbreitung der Vormenschen. Da ihr Verbreitungsgebiet sich aber insgesamt erweiterte, lassen sich erstmals geographische Varianten unterscheiden, die sich jeweils spezifisch auf die lokalen und regionalen Gegebenheiten eingestellt hatten.

Vor rund 3 Millionen Jahren setzte eine weitere, globale Abkühlung ein, die wiederum zu größerer Trockenheit in den Regionen Ostafrikas führte. Pflanzen reagieren auf solche Bedingungen mit härteren, widerstandsfähigeren Blättern und besser gegen Austrocknung geschützten Samen, Früchten und anderen Verbreitungsformen. So nimmt beispielsweise der Anteil der Früchte ab, während sich der Anteil von Nüssen entsprechend erhöht. Da Vormenschen sich vorwiegend von Pflanzen ernährten, waren sie gezwungen, auf solche Veränderungen in ihrer Umwelt zu reagieren. Hierbei haben sie, soweit wir heute wissen, mehrere Wege beschritten: Ein Teil der Vormenschen vergrößerte Zähne und Gebiss, um die widerstandsfähigere Nahrung mit besserer Effizienz aufschließen zu können. Dies führte zur Entwicklung robuster Australopithecinen der Gattung *Paranthropus*. Ein anderer Teil aber begann, Werkzeuge zum Nahrungsaufschluss einzusetzen. Die ältesten, heute bekannten Werkzeuge besitzen ein Alter von rund 2,5 Millionen Jahren und stammen aus Ostafrika. Vormenschen, die Steinwerkzeuge verwendeten, konnten ihr Gebiß demzufolge beibehalten. Darüber hinaus stellten sie allerdings auch ihre Ernährung um. Während Australopithecinen und ihre Vorläufer sich bis dahin überwiegend von Pflanzenmaterial und kleinen Tieren ernährt hatten, finden sich nun erstmals Hinweise darauf, dass sich der Fleischanteil in der Nahrung vergrößerte. Dafür spricht nicht nur die Untersuchung von Zähnen oder Schnittspuren an Knochen, sondern auch ein Rückgang der Artenvielfalt von Beutegreifern (Carnivoren), der sich in diesem Zeitraum in Ostafrika nachvollziehen lässt. In den Carnivoren-Gemeinschaften scheint ein neuer Faktor aufzutauchen, ein neuer Konkurrent. Man darf sich diesen Übergang jedoch nicht so vorstellen, dass frühe Menschen umstandslos mit der Großwildjagd begonnen hätten. Wahrscheinlicher ist, dass sie sich zunächst die Beute anderer Carnivoren verschafften, indem sie andere Konkurrenten verscheuchten. Sobald es ihnen gelang, einen Kadaver solange zu verteidigen, bis er in transportable Stücke zerlegt werden konnte, traten sie als Konkurrent in Carnivoren-Gemeinschaften in Erscheinung. Die Reaktionen auf eine weitere klimatische Abkühlung und zunehmende Trockenheit, die sich auf der Grundlage von Hominiden-Fossilien nachvollziehen lassen, sind damit wesentlich differenzierter, aber nicht weniger folgenreich für die weitere Evolution der Menschen. Wiederum wurden diese Reaktionen von Klimaveränderungen angestoßen, wenngleich die Zusammenhänge bereits etwas komplexere Gestalt annehmen, als dies bei den Vorläufern der Australopithecinen noch der Fall war.

Funde mit einem Alter von rund 2,3 Millionen Jahren werden erstmals als Vertreter der Gattung *Homo* bezeichnet. Augenblicklich werden an der Wurzel der Gattung *Homo* zwei Arten unterschieden, *Homo rudolfensis* und *Homo habilis*. Beide sind gegenwärtig vorwiegend von Funden bekannt, die aus Ostafrika stammen. Für *Homo habilis* wird überdies bestritten, dass er tatsächlich bereits der Gattung *Homo* zuzurechnen ist. Der Schädel dieser Hominiden-Art ist außerordentlich klein; einzig ein relativ modernes Gebiss mit dünnem Zahnschmelz auf den Backenzähnen spricht für ihre Zugehörigkeit zur Gattung *Homo*. Möglicherweise handelt es sich bei beiden Hominiden-Arten um geographische Varianten. Allerdings sind bislang nur wenige Funde dieser Arten in Südafrika gemacht worden, die allesamt der Art *Homo habilis* zugeschrieben werden. Als Resultat der Klimaveränderungen treten in verschiedenen Regionen des subsaharischen Afrikas unterschiedliche Hominiden-Formen nebeneinander auf. Diese Hominiden besetzten unterschiedliche Nischen. Inwieweit ihre Lebensräume überlappten, ist gegenwärtig eine offene Frage. Offensichtlich waren sie im Resultat unterschiedlich stark an ihr Habitat gebunden. Während Vertreter der Gattung *Paranthropus* auf Afrika beschränkt blieben, bis sie vor etwa einer Million Jahren aus bislang unbekannten Gründen ausstarben, besiedelten Vertreter der Gattung *Homo* schließlich Afrika, Europa und Asien.

Bis zu diesem Punkt in der Evolution der Menschen lassen sich relativ direkte, wenngleich zunehmend komplexere Beziehungen zwischen den Vor- und Frühmenschen, ihrer Lebensweise und ihren Habitaten feststellen. In diesem engen Geflecht von Wechselwirkungen tritt mit der Verwendung und Herstellung von Steinwerkzeugen ein weiterer Faktor in Erscheinung. Zwar werden auch Vormenschen bereits unterschiedliche naturale Materialien zur Bearbeitung von Nahrung eingesetzt haben, so wie sich dies heute bei Menschenaffen beobachten lässt; allerdings blieben diese Hilfsmittel fossil nicht erhalten. Über sie lässt sich daher nur spekulieren. Es ist aber keineswegs so, dass Einsatz und Herstellung von Steinwerkzeugen keine Spuren im menschlichen Körper hinterlassen hätten. Ein evolutionärer Trend in der Entwicklung des Gebisses von Menschen im Laufe der letzten 2,5 Millionen Jahre besteht beispielsweise in einer abnehmenden Spezialisierung. Zahnformen und -strukturen werden weniger stark selektiv kontrolliert, da sie funktionell durch den Einsatz von Werkzeugen wenigstens teilweise ersetzt werden können. Daher nimmt der Variantenreichtum zu, und das Gebiss vereinfacht sich insgesamt. Zähne und Gebiss spiegeln die Ernährungsweise noch immer wider, allerdings in einer schwieriger zu deutenden Weise.

Vor 1,8 Millionen Jahren ließen frühe Menschen erstmals den afrikanischen Kontinent hinter sich und besiedelten Eurasien. Die ältesten, heute bekannten Funde stammen von einer Fundstelle in Georgien, Dmanisi. Neben mehreren Schädeln wurden dort weitere Skelettelemente gefunden, so daß der Körperbau dieser Hominiden vergleichsweise gut bekannt ist. Von derselben Fundstelle stammen auch Überreste von Pflanzen und Tieren. Auf deren Grundlage lässt sich das Habitat rekonstruieren, in dem diese frühen Menschen lebten. Sie nutzten noch recht einfach konstruierte Werkzeugtypen und waren uns im Körperbau bereits recht ähnlich, obwohl sie einen ausgesprochen kleinen Schädel und eine entsprechend geringe Körpergröße besaßen. Bei ihrem Habitat handelte es sich um eine offene Landschaft mit verstreuten Baumgruppen. Gegenwärtig werden diese Befunde so gedeutet, dass es sich um eine frühe Wildbeuter-Gemeinschaft gehandelt haben könnte.

Folgen wir den Spuren früher Menschen weiter in Richtung Osten, dann erreichen wir die Inselwelt Südostasiens. Die ältesten Hominiden der indonesischen Insel Java besitzen ein Alter von vermutlich 1,5 Millionen Jahren. Anatomisch unterscheiden sie sich jedoch signifikant von den Funden aus Dmanisi. Während an letzteren besonders ihre Kleinheit auffällt, handelt es sich bei den ältesten Bewohnern Javas um ausgesprochen robuste Formen. Kiefer und Zähne sind wesentlich größer als die des heutigen Menschen. Soweit wir heute wissen, haben sie jedoch bereits eine Vielfalt tropischer Lebensräume genutzt. Die Landschaften im Pleistozän Javas – so wird der Zeitraum zwischen 1,8 Millionen und etwa 10.000 Jahren bezeichnet – waren anders beschaffen als heute. Heute finden sich auf den Inseln Südostasiens Tiefland- und Bergregenwälder. Das pleistozäne Klima war jedoch starken Schwankungen unterworfen. Zwar entstanden in den Kälteperioden in niedrigen Breiten keine Gletscher; bedingt durch die Entstehung von Eisschilden schwankte jedoch der Meeresspiegel sehr stark. Bei einer Absenkung von rund 50 Metern fällt eine riesige Landmasse trocken, die die einzelnen Inseln des Sundaschelfs miteinander verbindet. Eine solche Landmasse hat darüber hinaus Auswirkungen auf lokale Klimabedingungen. Gebiete, die heute an der Küste liegen, waren während der pleistozänen Kälteperioden weit davon entfernt. Möglicherweise hat eine Kette von Vulkanen, die sich heute an den West- und Südrändern von Sumatra und Java entlang erstreckt, zur Entstehung regenarmer Gebiete geführt.

Untersuchen wir nun die Tier- und Pflanzenwelt der Hominiden-Fundstellen, dann wird deutlich, dass es im Pleistozän dort Lebensräume gegeben hat, wie sie heute in Südostasien nicht mehr vorkommen. Insgesamt waren die Landschaften offener. Der heutige tropische Tieflandregenwald ist aufgrund langer Trockenperioden erst vor vergleichsweise kurzer Zeit feststellbar. Dennoch lassen sich Waldhabitate und offenere Habitat-Typen unterscheiden. Frühmenschen nutzten verschiedene Habitate. Dies zeigt uns, dass Frühmenschen bereits dazu in der Lage waren, eine Vielfalt unterschiedlicher Habitat-Typen zu besiedeln. Offensichtlich waren sie nicht an einen bestimmten Typ von Habitaten gebunden. Sie waren zwar auf Landbrücken angewiesen, um Java überhaupt zu erreichen; einmal dort angekommen, besiedelten sie jedoch unterschiedlichste Lebensräume.

Die geographische Verbreitung von Frühmenschen wird durch ein komplexes Geflecht von Bedingungen kontrolliert. Dazu gehören geographische Faktoren wie zum Beispiel zeitweise exponierte Landbrücken ebenso wie klimatische Bedingungen, die großen Einfluß auf die Struktur von Lebensräumen haben, und ökologische Faktoren, zum Beispiel das lokale und regionale Vorkommen bestimmter Tier- und Pflanzengemeinschaften. Verbreitung und Ökologie früher Hominiden stehen in engem Zusammenhang. Im Verlauf der Evolution der Menschen haben sich diese Beziehungen verändert. Heute können wir die Wandlungen nachvollziehen, die sich in diesen Beziehungen ereignet haben. Solche Rekonstruktionen integrieren Befunde unterschiedlichster Disziplinen, darunter Paläoanthropologie, Archäologie, Paläoökologie wie auch ausgefeilte Landschafts- und Klimarekonstruktionen. Eine Naturgeschichte der Beziehungen zwischen den Menschen und ihren Lebensräumen erlaubt es uns darüber hinaus, besser abzuschätzen, welche Folgen heutige Klimaveränderungen für Ökosysteme und die Menschen, die sie bewohnen, haben werden. Solche Untersuchungen sind zwar sehr anspruchsvoll, sie eröffnen uns aber einen neuen Blick auf Vergangenheit, Gegenwart und Zukunft der Mensch-Umwelt-Beziehungen.

Stefan Jakob

Von Assur nach Heidelberg – Chronologie einer Entdeckung

Prolog

Den natürlichen Lebensraum des Altertumswissenschaftlers bilden Wüste, unzugängliche Bergregionen und Regenwald. Diesen Eindruck gewinnt man zumindest angesichts gewisser Formate im (meist öffentlich-rechtlichen) Fernsehen. Leicht verschroben wirkende Gelehrte mit wallendem Haar und legerer Kleidung jagen mit Jeeps über Pistenstraßen dem Ort ihrer Ausgrabungen entgegen. Dort angekommen, schreiten sie, einer (selbstverständlich ebenso gewagten wie genialen) Theorie folgend, vor dem Kamerateam her, um im dramaturgisch günstigsten Moment bedeutende Entdeckungen zu machen, die selbstverständlich bis dahin geltende Lehrmeinungen zu Fall bringen oder ewige Menschheitsrätsel lösen helfen. Meist werden zwar Szenen eingefügt, in denen zumindest angedeutet wird, dass sich die eigentliche wissenschaftliche Tätigkeit abseits der Wüstenpisten abspielt. Am Ende überwiegt aber doch immer der Eindruck, der Zeitaufwand, der für die Auswertung des Gefundenen erforderlich ist, sei von eher untergeordneter Bedeutung.

Kaum ein Zuschauer dürfte sich ernsthafte Gedanken darüber machen, ob damit wissenschaftliche Realität abgebildet wird. Man rezipiert das Klischee, verinnerlicht es und trägt so dazu bei, dass es das Bild auch jenes Forschers in hohem Maße mitbestimmt, der sich mit altmesopotamischen Hinterlassenschaften beschäftigt. Das lässt sich etwa dann beobachten, wenn sich „echte" Wissenschaftler mit ihren jeweiligen Projekten einem interessierten Publikum von Nichtfachleuten präsentieren, etwa bei Veranstaltungen wie der „Nacht der Wissenschaften" oder dem „Tag des Offenen Denkmals" in den Räumlichkeiten der Heidelberger Akademie der Wissenschaften.

Wenn der Besucherstrom zudem noch durch eine gruppenweise Anreise in Bussen gebündelt wird, verleiht dies dem Geschehen eine Aura, wie man sie von jener Art feiertäglicher Unterhaltung kennt, die mit einem Zoobesuch einhergeht. Man nähert sich den „Gehegen" mit einer Mischung aus Neugier und Bewunderung, aber auch – eingedenk der Exotik der Wesen auf der anderen Seite – mit einer vorsichtigen Scheu.

Der unbekümmerte Wunsch, im lebenden Objekt „Forscher" Elemente jener medialen Inszenierung wiederzuerkennen, die man positiv im Gedächtnis hat, führt bei nicht wenigen der beteiligten Wissenschaftler zu ernsthaften Irritationen, um so mehr, je weniger die Betreffenden im Alltag mit „Publikumsverkehr" umzugehen haben. Möglicherweise hat zudem der eine oder andere noch am Vorabend mit wohlwollender Verachtung verfolgt, wie die fernsehgerechte Aufbereitung und Verklärung wissenschaftlicher Methodik das Bild mitbestimmt, das von seiner Arbeit gezeichnet wird. Nun ist er mit einem Mal selbst ein Teil dieser Inszenierung. Um bei Gästen im Vorübergehen Interesse zu wecken, muss man notwendigerweise straffen und vereinfachen. Der Moment einer bedeutenden Entdeckung während der Ausgrabung in einem für westliche Verhältnisse exotischen Land spricht als Bild für sich, birgt die Andeutung von unangepasstem Abenteurertum und ist von daher sehr publikumswirksam. Der Schreibtisch, eigentlicher Schauplatz der Arbeit eines Geisteswissenschaftlers, gibt diesbezüglich weniger her, es sei denn er diente als Unterlage, um die Namen von Enkeln oder Klassenkameraden in Keilschrift auf einem vorbereiteten Stück feuchten Tons zu verewigen.

Es lässt sich kaum bestreiten, dass mit solchen Veranstaltungen bei aller Freude über das ehrliche Interesse an einer dem modernen Alltag so fernen Materie kein tiefes Verständnis von den tatsächlichen alltäglichen Abläufen wissenschaftlicher Arbeit vermittelt werden kann. Sich im Habitus des unnahbaren großen Gelehrten über den „unwissenden Laien" zu erheben, ist gleichwohl fehl am Platz. Man mag sich einbilden, das professionelle Studium fremder Kulturen vergangener Zeiten ausschließlich in ruhiger sachlicher Abgeklärtheit und mit herablassender Distanz zum Forschungsgegenstand zu betreiben. Im Moment einer unerwarteten bedeutenden Entdeckung wird ein Forscher, der sich mit einem Quäntchen Selbstironie zu betrachten weiß, bemerken, wie nah er seinem Klischee bisweilen kommt …

Zum besseren Verständnis der Ausgangslage scheint es angeraten, etwas weiter auszuholen. Die Vorgeschichte beginnt daher im Jahre 614 v. Chr., als medische und persische Armeen die assyrische Metropole Assur nach langer Belagerung einnehmen und mit äußerster Härte und Brutalität erobern. So verständlich es sein mag, dass sie sich damit für die grausame Art der Kriegführung rächten, für die Assyrien bis dahin berüchtigt und verhasst gewesen war, dem blinden Zorn der Eroberer fielen auch die kulturellen Errungenschaften Assurs zum Opfer, darunter die Bibliotheken der Paläste, Tempel und Gelehrten.

Tausende von literarischen Texten in Keilschrift blieben im Schutt von Gebäuden zurück, wo sie bis dahin aufbewahrt worden waren, und haben sich so in ihrem ursprünglichen Zusammenhang oft vollständig erhalten. Viele andere aber wurden, in zahlreiche Fragmente zerbrochen, über das Stadtareal zerstreut. Keiner der Gelehrten der Schreibkunst, die wie alle anderen Einwohner in erster Linie versucht haben dürften ihr Leben zu retten, konnte damit rechnen, dass man dereinst in weit entfernten Ländern Expeditionen ausrichten würde, um seine Werke und die seiner Vorfahren zu bergen, wieder zusammenzusetzen und so dem Vergessen zu entreißen.

Eine wesentliche Voraussetzung hierfür besteht darin, dass Tontafeln sehr viel widerstandsfähiger sind als etwa moderne Datenträger. Würde eine heutige deutsche Stadt wie Heidelberg in ähnlich verheerender Weise niedergebrannt, hinterließe sie für spätere Forscher kaum Schriftliches, um über die Bewohner, ihre Kultur, Sitten und Gebräuche Auskunft zu geben, zumal, wenn die Ruine Jahrtausende lang den Unbilden des Wetters ausgesetzt wäre. Auf Ton niedergelegte Keilschrifttexte dagegen werden durch Feuer eher konserviert als zerstört. Moderne Forscher können daher antiker Zerstörungswut durchaus etwas Positives abgewinnen. So bemerkte der englische Archäologe Sir Leonard Woolley in Bezug auf antike Orte: „In Ermangelung eines Vulkans ist eine ordentliche Plünderung mit Feuersbrunst das Beste, was einer Stadt vom Standpunkt des Archäologen aus geschehen kann."[1]

In der Stadt Assur, der dieses Schicksal zuteil geworden war, fanden sich daher auch große Bestände an Inschriften, als zu Anfang des 20. Jahrhunderts, drei Jahrtausende nach dem Untergang des assyrischen Reiches, ein Team deutscher Ausgräber begann, die Ruine erstmals einer systematischen Untersuchung zu unterziehen. Im Zuge der damals vereinbarten Fundteilung zwischen der Antikenverwaltung des Osmanischen Reiches und der Deutschen Orient-Gesellschaft wurden die geborgenen Texte den Museen zu Berlin und Istanbul anvertraut.

Es lag nahe, zunächst die zahlreichen gut erhaltenen, oft sogar vollständigen, Tontafeln zu bearbeiten und der Fachöffentlichkeit vorzustellen. Die ersten Forschergenerationen konnten es sich leisten, fragmentarische oder schwer lesbare Texte zurückzustellen, zumal aus anderen Grabungsorten immer wieder Forschungsobjekte zur Verfügung standen, die mit geringerem Aufwand und größerer Chance auf Erkenntnis und Ruhm zu bearbeiten waren.

So blieben zahlreiche literarische und wissenschaftliche Werke assyrischer Gelehrsamkeit in den Magazinen des Vorderasiatischen Museums zu Berlin einzig und allein wegen ihres fragmentarischen Erhaltungszustands für lange Zeit unbeachtet. Erst 90 Jahre nachdem die Grabungen in Assur aufgrund des Kriegsausbruchs 1914 eingestellt werden mussten, konnte das Unternehmen einer Aufarbeitung aller verbliebenen literarischen Texte aus der alten assyrischen Hauptstadt in Angriff genommen werden. Vor den Forschern, die am Projekt „Literarische Keilschrifttexte aus Assur" der Heidelberger Akademie der Wissenschaften beteiligt wurden, lag ein gigantisches Puzzle, von dem zunächst weder die Anzahl der Teile bekannt war, noch welches Bild sich am Ende daraus ergeben würde.

Der Organisation der zu bearbeitenden Textstücke kam damit eine zentrale Rolle zu. Um überhaupt eine Bearbeitung außerhalb des Museums zu ermöglichen, dokumentierte man nach und nach den Gesamtbestand der in Frage kommenden Stücke auf maßstabsgerechten Fotos. Jedes Fragment wurde zudem mit möglichst genauen Angaben zu Datierung, Größe, Farbe, Inhalt usw. in eine Datenbank aufgenommen. Je genauer die Beschreibung mit fortschreitender Untersuchung würde, so die Zielsetzung, umso wahrscheinlicher wäre das Erkennen zusammengehöriger Stücke („Joins"). Solche in einen größeren Kontext gebrachten Fragmente könnten dann

---

[1] Leonard Woolley: *Mit Hacke und Spaten*, Leipzig 1951, S. 17.

Vorderseite Rückseite

Abb. 1: VAT 10722 (Fotos: M. Kosanke).

bereits bekannte literarische Werke ergänzen helfen oder aber ganz neue erst erschließen.

Dennoch ist, bei aller Akribie in der Vorarbeit, der Erfolg nicht planbar. Jedes Mal, wenn es gelingt, unter den Tausenden von äußerlich unscheinbaren Textfragmenten tatsächlich kleine literarische Schätze ausfindig zu machen, ist es eher der Genius des Moments, der den Ausschlag gibt, als Fleiß und Beharrlichkeit allein. Diese Tugenden werden erst etwas später wieder gebraucht.

Ein exemplarischer Fall dieser Art ist die Identifizierung eines 12,2 x 13,5 cm messenden Fragments, das den Bruchkanten zufolge ursprünglich Teil einer erheblich größeren Tafel gewesen war (Abb. 1). Unter der Nummer VAT 10722 hatte man es einst nach seiner Ankunft aus Assur im Vorderasiatischen Museum zu Berlin inventarisiert. Bis zur Aufnahme in die Datenbank des Heidelberger „Assur-Projekts" war es offenbar unbeachtet geblieben. Es gab keine Hinweise auf einen früheren Bearbeiter oder den mutmaßlichen Inhalt des Textes. Aufgrund äußerer Kriterien konnte anhand der Fotodokumentation eine Datierung in die so genannte „mittelassyrische" Periode (1500–1000 v. Chr.) als gesichert gelten. Daher wurde es dem Verfasser (im Folgenden: Vf.) zur Bearbeitung überlassen, der sich zuvor im Rahmen seiner Dissertation intensiv mit der fraglichen Epoche beschäftigt hatte. Die Spezialisierung half zunächst wenig. Alle Ränder waren abgebrochen, Satzanfänge und -enden somit nicht erhalten. Zudem schien die stark abgeriebene Oberfläche keine sichere Lesung der Schriftzeichen in einem größeren Kontext zu erlauben. Konsequenterweise fand sich der Text nach mehrmaliger erfolgloser Annäherung in dem Ordner „Unklares" wieder. Dabei blieb es lange Zeit. Hin und wieder wurde der Ordner hervorgeholt, in der Hoffnung, dass der eine oder andere Kandidat irgendwann doch noch sein

Geheimnis preisgäbe. Und je abgeriebener die Oberfläche und je erbärmlicher der Gesamtzustand der Stücke sich auf den Fotos präsentierte, umso mächtiger schien die Verheißung, einen lange verschollenen geglaubten Teil eines bekannten Werkes oder gar einen völlig neuen literarischen Text zu entdecken, der bisher unerkannt geblieben war. Doch auch wenn sich die Rubrik „Unklares" nach und nach reduzierte, blieben doch sensationelle Enthüllungen aus.

Das war der Stand der Dinge, als Vf. an jenem nasskalten Februarmorgen gegen 8:00 Uhr sein Büro in der Heidelberger Altstadt betrat. Eigentlich sollte an diesem Vormittag das Manuskript seines Bandes mit „Hymnen und Gebeten aus Assur" im Vordergrund stehen. Aus unerfindlichen Gründen weigerte sich aber der Computer, die am Vorabend zuhause bearbeitete Datei in der gewünschten Form zur Verfügung zu stellen. Die einschränkende Bemerkung auf dem Bildschirm, das „Dokument" sei „möglicherweise" beschädigt, war keineswegs dazu geeignet, die tief sitzende Verärgerung über den unerwarteten Aufschub zu lindern. Er würde später darauf zurückkommen, dieses Problem einer Lösung zuzuführen. In der Zwischenzeit suchte er nach einer gleichermaßen ablenkenden wie sinnvollen Beschäftigung.

So zog er den Ordner mit der Aufschrift „Unklares" aus der Registratur des Schreibtisches. Die Fotos von VAT 10722 waren aufgrund der Sortierung nach Fotonummern ganz vorne eingestellt. Er hätte die Silhouette der Tafel wahrscheinlich mühelos aus dem Gedächtnis zeichnen können, so oft hatte er das Foto in der Hand gehabt, ohne einen entscheidenden Fortschritt erzielt zu haben. Das schien auch heute kaum anders zu sein, und er wollte gerade wieder frustriert zu den nächsten „hoffnungslosen Fällen" weiterblättern, da wanderte sein Blick zu einer Stelle unmittelbar über einem Abschnittstrich, wo er nun auf einmal deutlich lesen konnte: *kima šamê* „wie (der) Himmel"... Dann brach die Zeile ab. Was sollte da schon anderes zu ergänzen sein als *u erṣeti* „und Erde"... Eine Allerweltsformel, die aus den verschiedensten Textgattungen gut bekannt war!

Davor war die Silbenfolge *ra-áš-da-at* zu erkennen. Daraus ergab sich der Satz *rašdat kima šamê erṣeti* „wie Himmel und Erde fest gegründet". Das sah doch schon weit viel versprechender aus. Der Blick in die Wörterbücher führte zu einer weiteren Überraschung. Es gab für den „Grundstamm", nach dem die vorliegende Form des Verbums *rašādu* unzweifelhaft gebildet war, lediglich einen einzigen Beleg, und der lautete: [...*r*]*a?-áš-da-at kima šamê erṣeti*. Verwiesen wurde dafür auf den Artikel in einer Zeitschrift aus dem Jahre 1958, dessen Titel auf eine epische Dichtung Bezug nahm,[2] die in hochliterarischer Weise davon kündete, wie der assyrische König *Tukultī-Ninurta* I. (1234–1197 v. Chr.) nach langer Auseinandersetzung die Stadt Babylon eroberte und zerstörte, das Standbild des Gottes Marduk entführte und neben dem Inhalt der Schatzkammern von Palästen und Tempeln auch eine Vielzahl wissenschaftlicher und

---

[2] Wilfred G. Lambert: *Three Unpublished Fragments of the Tukulti-Ninurta Epic*, in: *Archiv für Orientforschung* 18 (1957–58), S. 38–51.

medizinischer Literaturwerke raubte, um sie der eigenen königlichen Bibliothek einzuverleiben.

Tatsächlich fand sich das gesuchte Zitat wie im Wörterbuch verzeichnet. Und wie auf dem Foto von VAT 10722 war auch innerhalb des bereits bekannten Textes unmittelbar nach dem fraglichen Satz ein Abschnittsstrich zu sehen. Elektrisiert prüfte Vf. die darüber liegenden Zeilen. Bald konnte kein Zweifel bestehen: Er hatte ein neues Fragment zu dem bewussten Epos gefunden, von dem bis dahin lediglich etwa 60 % bekannt waren. Nach und nach erschloss sich Zeile um Zeile der Tafel, die zuvor scheinbar hoffnungslos erodiert schien. Schnell war klar, dass es sich um einen Teil der VI. und damit letzten Kolumne handelte, worin erzählt wird, wie nach dem glanzvollen Sieg der Assyrer die Beute aus dem besiegten Babylonien abtransportiert wird. Auch ein Teil des abschließenden Lobpreises auf den assyrischen König war erhalten.

Wenn aber diese Seite von VAT 10722 eine Passage aus dem Schlussteil des Epos repräsentierte, war zu erwarten, dass auf der entgegengesetzten Seite der Tafel die I. Kolumne zu finden war. Eine entsprechende Textverteilung war jedenfalls durch die bereits bekannten Textvertreter vorgegeben und entsprach im Übrigen der Konvention jener Zeit, wonach die Vorderseite üblicherweise die ersten drei Kolumnen enthielt, die von links nach rechts liefen:

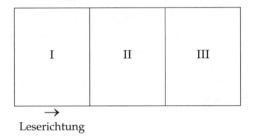

Nach einer Drehung der Tafel über den unteren Rand folgten auf der Rückseite die restlichen Kolumnen, die nun in umgekehrter Richtung angeordnet waren:

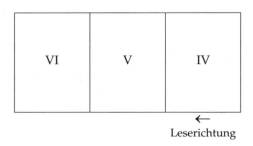

Im gesamten Verlauf der I. Kolumne der publizierten Textausgabe ergab sich jedoch keine Übereinstimmung. Das schien darauf hinzudeuten, dass ein bisher völlig unbekanntes Textstück entdeckt war. Schließlich fehlte der Beginn des Werkes noch.

Diese Theorie ließ sich aber nur bis zu dem Moment aufrechterhalten, da Vf. an gänzlich unerwarteter Stelle, am Beginn der VI. Kolumne, doch fündig wurde. Hier hatte er bis dahin nicht gesucht, da nach antiker Konvention nicht sein konnte, was allem Anschein zufolge vorlag. Vorder- und Rückseite von VAT 10722 gaben demnach unmittelbar aufeinander folgende Teile des Epos innerhalb ein und derselben Kolumne wieder:

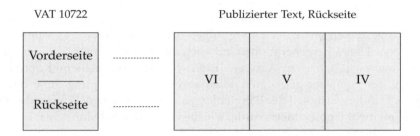

War also VAT 10722 etwa keine „Gesamtausgabe" des Werkes, sondern enthielt lediglich einen Ausschnitt? Immer wieder finden sich unter den keilschriftlichen Textzeugnissen Tafeln mit Auszügen aus literarischen Werken: Übungsarbeiten fortgeschrittener Eleven der Schreibkunst. Die Entdeckung einer solchen Schreibübung hätte kaum mehr als statistischen Wert gehabt, abgesehen davon, dass einige frühere Ergänzungsvorschläge an schlecht erhaltenen bzw. weggebrochenen Stellen bestätigt oder widerlegt werden konnten oder sich vereinzelt neue, bisher unbekannte Details ergaben. Ein wesentlicher Schönheitsfehler blieb dabei allerdings: Normalerweise kopierten Schüler auf einer Tafel keine vollständigen Kolumnen eines einzigen Werkes, sondern kombinierten vielmehr kurze Passagen unterschiedlicher Textvorlagen.

Wenn aber die Textverteilung auf VAT 10722 ernst genommen werden sollte, ergab sich daraus zwangsläufig, dass mit dem Duplikat etwas nicht stimmte. Bis dahin war Vf. nicht auf den Gedanken gekommen, die seit vielen Jahrzehnten akzeptierte Editionsarbeit renommierter Fachkollegen in Frage zu stellen. Nun aber machte er sich bewusst, dass der bisher bekannte Text durch eine Zusammenschau einer ganzen Reihe von Fragmenten gebildet wurde, deren relative Stellung zueinander innerhalb der Forschungsgeschichte unterschiedlich bewertet wurde. Die aktuelle Anordnung musste also keineswegs unangreifbar sein.

Das größte Fragment (nach späterer Zählung „A"), das man im Palast des Königs Assurnasirpal II. (883–859 v. Chr.) in Ninive geborgen hatte, war durch Reginald Campbell Thompson zwischen 1929 und 1933 der Fachöffentlichkeit präsentiert worden.³ Dadurch war bekannt, dass das Epos 6 Textkolumnen umfasst hatte. Anhand vollständig erhaltener Tafeln vergleichbarer Größe konnte man auf einen ursprünglichen Umfang von etwa 700 Zeilen schließen. In der Folgezeit gelang es, die Zugehörigkeit zweier weiterer Fragmente aus derselben Ausgrabung, die sich unbemerkt im British Museum befunden hatten, nachzuweisen. Seit der Veröffentlichung durch W. G. Lambert im Jahre 1958 führte man sie als Exemplar B und C. Allerdings passten die Bruchkanten nicht unmittelbar an den bereits bekannten Teil des Textes, so dass die Anordnung der Fragmente A, B und C mit ihren jeweiligen Vorder- und Rückseiten zueinander in erster Linie aus inhaltlichen Erwägungen erfolgen musste. War man bis dahin davon ausgegangen, dass es sich um eine Erzählung handelte, die in chronologischer Folge von dem jahrhundertelangen Ringen zwischen Assyrien und dem südlichen Nachbarn Babylonien berichtete,⁴ brachten die neuen, von Lambert vorgestellten Stücke den endgültigen Nachweis, dass die Erwähnung vorangegangener Herrschergenerationen lediglich dazu diente, innerhalb der Auseinandersetzung zwischen dem Assyrer *Tukultī-Ninurta* und seinem Kontrahenten *Kaštiliaš* IV. der von jeher gepflegten edlen assyrischen Gesinnung die fortgesetzte moralische Minderwertigkeit der Babylonier gegenüberzustellen. Während auf einer Seite von Fragment B geschildert wurde, wie die Götter den babylonischen König verlassen, da er durch den Bruch eines Vertrages mit den Assyrern auch ihnen gegenüber untreu geworden sei und sie daher in ihm keinen verlässlichen Diener mehr sähen, enthielt die andere Seite einen Bericht über die Plünderung der Schatzkammern und Bibliotheken Babylons, nach einem doppelten Abschnittsstrich gefolgt von einem hymnischen Lobpreis auf den heldenhaften und siegreichen König *Tukultī-Ninurta*. Vorder- und Rückseite von „B" waren also sowohl aus inhaltlichen als auch formalen Gründen eindeutig zu bestimmen. Die Verknüpfung dieses Fragments mit der nach gültiger Zählung jeweils entsprechenden Seite von Exemplar A wurde von Lambert jedoch als unbefriedigend empfunden. Er sah die einzige Lösung darin, Vorder- und Rückseite von „A" gegenüber der bis dahin allgemein akzeptierten Ansicht zu vertauschen: „The present contribution supplies ... new pieces and seeks to remove a serious misconception which has hitherto prevented a consecutive understanding of the text".⁵

Dieses Diktum zeigte Wirkung. Alle späteren Bearbeitungen, Textausgaben wie Übersetzungen, des Epos folgten der neuen Version ohne Widerspruch.⁶ Man zeigte

---

[3] R. Campbell Thompson: *The Excavations on the Temple of Nabû at Nineveh*, in: *Archaeologia* 79 (1929), S. 126–133; ders.: *The British Museum Excavations at Nineveh, 1931–32*, in: *Annals of Archaeology and Anthropology* XX (1933), S. 116–126.

[4] Ernst F. Weidner: *Rezension zu R. Campbell Thompson, A Century of Exploration at Nineveh*, in: *Archiv für Orientforschung* 7 (1931–32), S. 281–282.

[5] Wilfred G. Lambert: *Three Unpublished Fragments*, a. a. O., S. 38.

[6] Peter Machinist: *The Epic of Tukulti-Ninurta* I, Unpubl. Diss. Yale University, 1978; Benjamin R. Foster: *Before the Muses*, Bethesda, Maryland 1993, Vol. I, S. 209–229.

sich in der Folge allgemein überzeugt, dass damit das Verständnis des Textes erheblich verbessert war.

Mit dem neuen Fragment VAT 10722 änderte sich nun die Situation grundlegend. Der Text enthielt nach der Lambertschen Fassung des Epos ausschließlich Passagen aus der VI. Kolumne. Während allerdings eine Seite einen Abschnitt von Exemplar A duplizierte, gab die andere einen Abschnitt aus Exemplar B wieder. Das bedeutete zunächst, dass entweder „A" oder „B" hinsichtlich Vorderseite und Rückseite falsch positioniert war. Eine Umstellung von „B" hätte aufgrund des gegenüber „A" weit geringeren Textumfangs einen erheblich kleineren Eingriff in das bekannte Textgefüge des gesamten Werkes bedeutet. Aber diese theoretische Möglichkeit war angesichts der oben angeführten inhaltlichen wie formalen Gegebenheiten in der Praxis ausgeschlossen. Es blieb keine andere Lösung als das Hauptexemplar „A" umzustellen.[7] Was bisher als Kolumne VI galt, wurde I, aus V wurde II. Die Kolumnen IV und III tauschten die Plätze im Ablauf der Erzählung. Damit rückten Schilderungen, die bisher an den Anfang zu gehören schienen, an das Ende und umgekehrt.

Eine Gegenüberstellung ausgewählter Episoden zeigt, dass einerseits die Grundaussagen der Erzählung unberührt bleiben: Die andauernden Versuche der Rechtfertigung eines Angriffskrieges, die Auseinandersetzung zweier Großmächte als solche und nicht zuletzt der Umgang mit der Wahrheit im Krieg. Andererseits wird aber auch deutlich, wie sich Gewichtungen einzelner Handlungsstränge verschieben:

Bsp. 1

VORHER: Der Bruch bestehender Verträge durch *Kaštiliaš* ist Ausgangspunkt der Auseinandersetzung. Jenes Vergehen führt dazu, dass die Assyrer zu einer ersten Schlacht rüsten. Um deren Ausgang zu erfahren, stellt der babylonische König mehrere Orakelanfragen und zieht auch die Traumdeutung heran. Alle Vorzeichen deuten auf eine Niederlage. Mit der nachfolgenden Flucht in die Wälder weicht *Kaštiliaš* der Gefangennahme durch *Tukultī-Ninurta* aus.

Etwas später sehen wir ihn allerdings wieder an der Spitze seines Heeres, sich der offenen Feldschlacht verweigernd. Während er den Assyrern suggeriert, weiter warten zu wollen, bis der geeignete Zeitpunkt zum Angriff gekommen sei, plant er insgeheim schon längst einen Überraschungsangriff. Der Gegner erkennt die List jedoch und wirft die Babylonier zurück. Daraufhin wenden sich die assyrischen Soldaten in einer emotionalen und kampfbetonten Rede an ihren König und stimmen sich so auf die Entscheidungsschlacht ein.

---

[7] Vorder- und Rückseite von Exemplar C bleiben in ihrer Zuordnung zu den jeweiligen Seiten von „A" unverändert, vollziehen also die Drehung mit. Bei den folgenden Beispielen aus dem Inhalt des Epos wird ihr Beitrag daher nicht eigens gekennzeichnet.

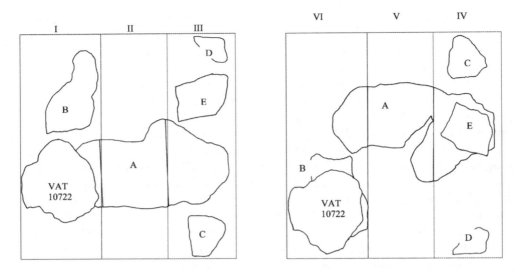

Abb. 2: Das mittelassyrische *Tukultī-Ninurta*-Epos – Schematische Darstellung der Fragmente.

NACHHER: Nach der neuen Fassung erscheinen die Worte der Krieger als Aufruf am Beginn des Feldzugs und als Treueid gegenüber dem Oberbefehlshaber. Es folgt ein schneller Sieg gegen *Kaštiliaš*, der sich nicht in die Niederlage fügen will und, um der Ergreifung zu entgehen, in unzugängliches Gelände zu entkommen sucht. Immer wieder verlegt er in der Folge sein Heer und vermeidet eine offene Feldschlacht, da er sich dabei ohne Chance sieht. In der Einsicht, nur noch mit einer List siegen zu können, versucht *Kaštiliaš*, die Assyrer in ihrem Lager zu überrumpeln. Diese vereiteln allerdings den Plan des Gegners.

Während sich *Tukultī-Ninurta* daraufhin unter Hinweis auf die erwiesenen Verbrechen seines Kontrahenten zur entscheidenden Schlacht rüstet, befragt *Kaštiliaš* die Götter über sein Schicksal. Alle Vorzeichen sind derart negativ, dass kein Zweifel an einer Niederlage bestehen kann. In wilder Verzweiflung flieht der König in die Wälder.

Bsp. 2

VORHER: Während sich das assyrische Heer auf seinem Marsch nach Babylonien noch auf heimischem Boden befindet, verbietet *Tukultī-Ninurta* unter Androhung schwerer Strafen, das „Geheimnis hinauszutragen". Worum es sich handelt, bleibt offen. In der Folge werden babylonische Kaufleute aufgegriffen, in denen man Spione vermuten darf. Man führt sie zu dem Sonnen- und Richtergott Šamaš, d. h. wohl vor die aufgehende Morgensonne, wo der assyrische König in einem Gebet an den Gott die Beweggründe seines sich anbahnenden Kampfes gegen *Kaštiliaš* rechtfertigt und erklärt. Dann lässt man die Kaufleute gehen, damit sie ihrem König entsprechend warnend berichten können.

NACHHER: Das assyrische Heer ist auf seinem Rückmarsch nach siegreichem Feldzug. Da sich *Tukultī-Ninurta* in seinen historischen Inschriften rühmt, seinen Widersacher gefangen genommen zu haben, könnte vermutet werden, dass das „Geheimnis", das nicht nach außen getragen werden soll, eben jener *Kaštiliaš* ist, der sich als Geisel im Tross der Assyrer befindet. Die Rechtfertigung des assyrischen Königs vor dem Sonnengott in Anwesenheit der babylonischen Kaufleute erfolgt in dieser Fassung jedenfalls *nach* der entscheidenden Schlacht.

Gemessen an den inhaltlichen Änderungen bleibt der Gewinn an wirklich neuem Text durch VAT 10722 auf den ersten Blick marginal. Im Detail ergeben sich aber auch hier wesentliche neue Erkenntnisse. Indem an prominenter Stelle Sätze nun vervollständigt werden können, zeigen sich in den hymnischen Abschnitten klare Bezüge zu offiziellen Inschriften *Tukultī-Ninurtas*. Der Dichter des Epos hat demnach ganz bewusst dieses Textmaterial mit verwendet, was sich für die Rekonstruktion der bewussten Passagen als sehr hilfreich erweisen wird, darüber hinaus auch für die ideologische Verbindung der im Epos geschilderten Ereignisse mit den Zielsetzungen realer assyrischer Politik jener Ära insgesamt von großer Bedeutung ist.

Zuletzt bereichert VAT 10722 auch die Überlieferung aus Assur, die bisher mit lediglich zwei Fragmenten geringen Umfangs gegenüber Ninive unterrepräsentiert war.[8] Das nährt die Hoffnung, mit einer systematischen Suche im verbleibenden Textbestand weitere Stücke des Epos zu finden. Im Idealfall könnte es am Ende sogar gelingen, den ursprünglichen Text wenigstens annähernd vollständig zu rekonstruieren ...

Epilog

Der erste Schritt auf diesem Weg gelang schneller als gedacht und erneut an unerwarteter Stelle. Es lag nach der Identifizierung von VAT 10722 nahe, unter den Texten nach passenden Stücken zu suchen, über die bereits wenigstens Notizen vorlagen. Hier boten sich jene Konvolute von jeweils 100 Texten an, die in den regelmäßigen Sitzungen der Mitarbeiter in der „Forschungsstelle Assur" zur Diskussion gestellt werden.

Das erste, „Textcorpus 01", hatte Vf. selbst etwa zwei Jahre zuvor eingehender bearbeitet. Während bei einigen der Texte immerhin zu vermuten war, zu welchem Text*genre* sie gehören könnten, entzog sich eine größere Gruppe von Fragmenten beharrlich einer Klassifizierung. Hierzu gehörte auch jenes Stück mit der Museums-

---

[8] Zu diesen als „D" und „E" geführten Fragmenten s. Ernst F. Weidner: *Rezension*, a. a. O., S. 281f. Die Stellung der bisher bekannten mittelassyrischen Textvertreter innerhalb des Epos ist in Abb. 2 dargestellt.

nummer VAT 12178, bei dem lediglich einige wenige Zeilenenden erhalten waren. Für sich genommen schien es ohne großen Wert. Es wurde wie alle anderen Texte des Konvoluts wieder an seinen Platz innerhalb der allgemeinen Fotosammlung sortiert, ohne dass man seiner noch weiter gedacht hätte.

Jetzt, angesichts des neuen Fundes, erhielt bei der Durchsicht der seinerzeit angefertigten Notizen jene Bemerkung ein ganz anderes Gewicht, wonach unmittelbar vor einem Abschnittsstrich das Wort *matēma* („irgendwann") zu lesen war. Eben dieses war in VAT 10722 nach dem Ninive-Duplikat an einer entsprechenden Stelle zu erwarten, aber nicht erhalten. Ein Vergleich der Fotos beider Stücke zeigte deutlich, dass diese genau aufeinander passten und daher von derselben Tafel stammen mussten. Ein weiteres Teil des großen Puzzles hatte seinen Platz gefunden.

Nach der Entdeckung beginnt die eigentliche editorische Arbeit natürlich erst. Die Erfahrung lehrt, dass noch viel Zeit vergehen kann, ehe ein zufrieden stellendes Ergebnis vorliegt. Doch unabhängig davon, wie groß der damit geleistete Beitrag für die Rekonstruktion der antiken Dichtung sein mag, es darf doch als ausgemacht gelten, dass vor allem der Moment und die Umstände der Entdeckung dem glücklichen Finder als *die* Ereignisse im Gedächtnis bleiben werden, die eines Liedes würdig sind. Hierin unterscheidet er sich wohl nur unwesentlich von jenen, die Wissenschaft zur Unterhaltung und Erbauung des Fernsehpublikums zu porträtieren haben.

Quod erat demonstrandum ...

INGRID KRAUSKOPF

Der Krummstab: Hirten, Priester, Könige und Bischöfe

Seit eh und je benutzen Hirten lange, am Ende wie ein Spazierstock gekrümmte Stäbe, um Tiere ihrer Herde an Beinen oder Hörnern festhalten zu können (Taf. I 1). In verschiedenen antiken Kulturen haben sich daraus Herrschaftsinsignien und Kultstäbe entwickelt. Einerseits war die Vorstellung vom Herrscher als Hirten der Völker weit verbreitet; dies erklärt die Übernahme als Herrschaftszeichen. Andererseits besaßen Hirten, die die Vorgänge in der Natur sehr genau beobachteten, eine Fähigkeit, aus ihren Beobachtungen auf den weiteren Verlauf des Wetters und anderer Vorgänge in der Natur zu schließen und dieses Wissen eventuell zum besseren Gelingen ihrer Unternehmungen einzusetzen. Den anderen, mit dem Naturgeschehen nicht ganz so vertrauten Menschen mag dies oft als übernatürliche Fähigkeit erschienen sein, so daß sie Hirten divinatorische und magische Kräfte zuschrieben. So könnte ihr Stab zu einem kultischen Instrument geworden sein. Diese Entwicklungen können nur vermutet werden, da sie sich in sehr frühen Zeiten abgespielt haben dürften. In den antiken Kulturen besitzen wir sozusagen nur ihre „Endergebnisse".

Im Handbuch der antiken Kulte und Riten (*ThesCRA*),[1] dessen deutsche Arbeitsgruppe von der Heidelberger Akademie der Wissenschaften getragen wird, war als einziger dieser Stäbe der römische *lituus*, der Augurstab, und seine etruskischen Vorbilder zu behandeln. Es wäre interessant gewesen, über die etruskisch-römische Zeit nach beiden Seiten – zu den vorderasiatischen Kulturen und zum Christentum – hinauszublicken, aber *ThesCRA* beschränkt sich bewußt auf die griechische und römische Antike und die mit ihr direkt verbundenen Kulturen. Nur dies garantiert, daß kein Mammutprojekt daraus wird, sondern in einem zeitlich und finanziell vertretbaren Rahmen eine brauchbare Serie von Bänden entstehen kann.

Bei der Vorbereitung einer Präsentation der Akademien-Ausstellung galt diese Einschränkung nicht, vielmehr erschien es sinnvoll, ja notwendig, das Thema „Krummstab" in etwas weiterem Rahmen zu behandeln. Der Assyriologe Claus Ambos war bereit, sich mit den Krummstäben im Alten Orient eingehender zu befassen. Alles, was hier zu orientalischen Krummstäben zu lesen ist, beruht auf seinen Informationen.[2] Diese Zusammenarbeit führte schnell zu interessanten Ergebnissen; so war ein

---

[1] *Thesaurus Cultus et Rituum Antiquorum (ThesCRA)* I–II, Los Angeles 2004, III–V, Los Angeles 2005.
[2] Ausführlicher wird über vorderasiatische und etruskische Krummstäbe nachzulesen sein in den Beiträgen von Claus Ambos und der Verf. zu dem Kolloquium „Material Aspects of Etruscan Religion", Leiden 28.–30. 5. 2008.

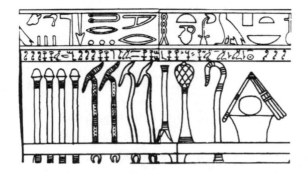

Abb. 1: *hekat-* (2. v. r.) und *was*-Szepter (5.–8. v. r.). Abb. 2: *gamlu*.

Umstand, der bei der Abfassung des Beitrags „lituus" etwas irritiert hatte – der Krummstab schien in Etrurien ein Herrschaftssymbol zu sein, in Rom aber ein Stab einer bestimmten Gruppe von Priestern – plötzlich überhaupt kein Problem mehr.

Doch nun der Reihe nach: In Ägypten ist das *hekat*-Szepter zusammen mit der Geißel eines der am häufigsten gezeigten Insignien des Pharao, das auch von Göttern wie Osiris getragen wird[3] (Taf. I 2). Ein anderer Krummstab, das *was*-Szepter (Abb. 1) wird vielfältiger verwendet, worauf hier nicht eingegangen werden kann.[4] In Mesopotamien erscheint ein relativ kurzer Stab mit einer einfachen Krümmung in der Hand von Königen und Göttern, ist aber offensichtlich keines der spezifisch königlichen Insignien. Ihn benutzten auch Priester; aus Keilschrift-Texten wissen wir, daß dieser Stab *gamlu* genannt wurde und zur Abwehr übler Einflüsse oder zur Reinigung von ihnen sowie zur Stärkung der magischen Macht seines Trägers diente. Er wurde erhoben, wenn er für Beschwörungen eingesetzt wurde (Abb. 2), und gesenkt, wenn er nicht gebraucht wurde. Wenn ihn Herrscher tragen, weist er auf ihre kultischen Funktionen hin.[5] Möglicherweise ist der lange hethitische Krummstab, *kalmus*, von ihm abgeleitet. Er ist etwas stärker gekrümmt als der *gamlu* und wird im Gegensatz zu jenem meist schräg nach unten und hinten gehalten; so tragen ihn die hethitischen Könige. Seltener hält man ihn vor dem Körper oder – in Prozessionen – über der Schulter. Auch er ist primär ein im Kult benutztes Gerät, das z. B. gesenkt in der Linken gehalten wird, während sein Träger vor einem Altar eine Trankspende ausgießt[6] (Abb. 3). Der Herr-

---

[3] *Lexikon der Ägyptologie* III, 1977, S. 822f. s. v. Krummstab (Karl Martin); VI, 1986, 1373–1389 s. v. Zepter (Peter Kaplony).

[4] Ebd.: VI (1986) 1152–1154 s. v. Was-Zepter (Karl Martin).

[5] Dazu kurz *Reallexikon der Assyriologie und Vorderasiatischen Archäologie* VI (1980–83), S. 252f. s. v. Krummstab (Dominique Collon). Ausführlicher demnächst Ambos a. a. O.

[6] Häufig trägt es auch der König, wenn er neben einem Gott steht. Zu Darstellungen s. z. B. *Die Hethiter und ihr Reich. Das Volk der tausend Götter*. Ausstellungskatalog Kunst- und Ausstellungshalle der Bundesrepublik Deutschland, Bonn 2002, S. 67f. Abb. 6. 11; S. 105 Abb. 3; S. 108 Abb. 7b; S. 116 Abb. 9.10; S. 118 Abb. 1; S. 172 Abb. 1; S. 218 Abb. 1; S. 230 Abb. 15; S. 252 Abb. 7; S. 274 Abb. 2.

Abb. 3: *kalmus*.   Abb. 4: etruskische *litui*.

scher, der es für wichtige Rituale einsetzt, vermehrt selbstverständlich durch diesen Kontakt mit den Göttern seine Macht im religiösen Bereich, so daß der *kalmus* dann indirekt doch als Zeichen der Macht verstanden werden kann.

Ein wenig stärker eingerollt sind die Stäbe auf einem etruskischen Relief des frühen 5. Jahrhunderts v. Chr., auf dem in einer Prozession alle drei Tragweisen des *kalmus* – gesenkt nach hinten, gesenkt vor dem Körper und geschultert – vorkommen[7] (Abb. 4). Es ist das einzige etruskische Bild, auf dem eine Verwendung eines Krummstabs in eindeutig kultischem Kontext zu sehen ist, und zugleich dasjenige, das den hethitischen Bildern so nahekommt, daß man an eine Verbindung zwischen beiden denken muß. Über welche Zwischenstufen der *kalmus* nach Etrurien kam, können wir nicht rekonstruieren. Es lassen sich aber auch in anderen Bereichen der etruskischen Religion so viele orientalische Einflüsse nachweisen, daß die Verbindung plausibel erscheint.

In anderen etruskischen Darstellungen wird ein kürzerer, meist etwas stärker eingerollter Stab in der Länge eines Unterarms von thronenden Personen emporgehalten, was auf den ersten Blick eine Interpretation als Herrschaftszeichen nahelegt (Abb. 5).[8] Gerade diese kürzeren etruskischen Krummstäbe entsprechen eher dem

Abb. 5: etruskischer *lituus*.

---

[7] Rundbasis aus Travertin, Perugia. Mus. Naz. Arch.: *ThesCRA* V.2.b. Kultinstrumente S. 396 Nr. 1532 = III.6.b. Gebet, etruskisch S. 143 Nr. 14 Taf. 27.

[8] Z. B. im Terrakottafries von Murlo: Sibylle Haynes: *Kulturgeschichte der Etrusker*, Mainz 2005, S. 151 Abb. 106; Giovannangelo Camporeale: *Die Etrusker. Geschichte und Kultur*, Düsseldorf, Zürich 2003, Abb. 16a. Weitere Darstellung: Camporeale: a. a. O., Abb. 315.

Abb. 6: etruskischer *lituus*.

ebenfalls kurzen, stärker eingerollten, römischen *lituus*, dem Augurstab (zu ihm s. unten). Noch deutlicher spiralförmig sind zwei reale Stäbe[9] (Abb. 6), die nicht wirklich benutzt wurden, sondern als Grabbeigaben auf die Funktionen hinweisen, die der Verstorbene im Leben besessen hatte, und merkwürdigerweise auch die einzigen griechischen Darstellungen eines Krummstabes, drei Bronzestatuetten des obersten griechischen Gottes Zeus.[10] Realiter scheinen Krummstäbe in Griechenland nicht verwendet worden zu sein; Zeus hält den Stab wohl, weil er mit dem babylonischen Gott Marduk gleichgesetzt wurde, zu dessen Attributen ebenfalls ein Krummstab gehört. Wo zwischen Marduk und Zeus, zwischen hethitischen Königen, etruskischen Würdenträgern und römischen Priestern der Stab seine spiralförmige Krümmung erhielt, läßt sich z. Zt. noch nicht rekonstruieren. Solche Überlieferungslücken sind in der Archäologie leider häufig; das liegt daran, daß sich nur sehr wenig reale Machtinsignien und Kultgegenstände erhalten haben und die – zahlreicheren – Bilder immer wieder dieselben Bildschemata wiederholen. Sehr vieles, von dem wir durch Schriftquellen Kenntnis haben, findet sich in keiner einzigen Darstellung, und zum Grad der Krümmung bei Krummstäben in verschiedenen Kulturen gibt es begreiflicherweise keine antiken Schriftquellen. Eine stärkere Einrollung hebt das Kultgerät deutlicher von den Hirtenstäben ab, die ja weiterhin benutzt wurden, und Vorlagen für Spiralen fanden sich in der Kunst und der Natur – man denke nur an die noch eingerollten Farnblätter – gleicherweise. In etruskischen Bildern gibt es jedenfalls so viele Zwischenstufen zwischen nur leicht gekrümmten und spiralförmig eingerollten Stäben, daß man annehmen muß, daß sie alle demselben Zweck dienten: Sie wurden bei Ritualen verwendet und weisen auch in der Hand von Würdenträgern auf deren kultische Funktionen hin.

Zu unterscheiden ist davon allerdings ein weiterer in Etrurien benutzter Stab, dessen oberes, nur leicht gekrümmtes Ende sich stark verdickt. Er ist vermutlich mit dem griechischen *lagobolon* verwandt, einem Wurfholz, das Jäger und Hirten zur Kleinwildjagd benutzten. Bei den Etruskern wurde daraus ein Stab der Schiedsrichter (Abb. 7). Für eine dritte Form, einen geraden Stab, an dem am oberen Ende ein

Abb. 7: etr. *lagobolon*.

---

[9] *ThesCRA* V.2.b. Kultinstrumente S. 395 Nr. 1527–1528.
[10] Ausschreitender oder thronender Zeus (Nr. 37) um 550–520 v. Chr.: *Lexicon Iconographicum Mythologiae Classicae* VIII, Zürich, Düsseldorf 1997, S. 320 Nr. 35–37*. Eine Abbildung von Nr. 36, auf der der Krummstab gut zu sehen ist: Michael Maaß: *Antikensammlungen München. Griechische und römische Bronzewerke*, München 1979, Umschlagbild und S. 17–19 mit Abb. Ferner Renate Thomas: *Griechische Bronzestatuetten*, Darmstadt 1992, S. 69 Abb. 53 (Nr. 36) und S. 73 Abb. 58 (Nr. 37).

Abb. 8: etr. r-förmiger Stab.

separater, gekrümmter Fortsatz befestigt ist – in Bildern ähnelt dies einem kleinen „r" (Abb. 8) – wird meistens eine kultische Verwendung vermutet,[11] die sich allerdings nicht sicher nachweisen läßt. Eine solche Form ist originalen Hirtenstäben so ähnlich, daß sie nicht unbedingt von irgendwoher abgeleitet werden muß, sondern sich auch spontan immer wieder neu entwickeln konnte.

Wir kennen aus Etrurien also eine ganze Reihe verschiedener Stäbe, und nach allem, was wir von der etruskischen Religion wissen, kann kein Zweifel daran bestehen, daß ihre Verwendung exakt festgelegt war. Daß die Etrusker besonders penibel im Umgang mit Ritualen waren, war schon in der Antike aufgefallen: Der römische Geschichtsschreiber Livius (Buch V,1,6) nennt sie „gens ante omnes alias [gentes] eo magis dedita religionibus, quod excelleret arte colendi eas", „ein Volk, das sich mehr als alle anderen der Ausübung der Religion widmete, und dies um so mehr, weil es sich auszeichnete in der Kunst, sie zu pflegen". Diese Kunst war in ausführlichen Schriften, der *Etrusca disciplina*, niedergelegt, von der uns aber nichts erhalten ist. So wissen wir auch nichts über die Verwendung der etruskischen Krummstäbe.

Etwas besser wissen wir über den römischen *lituus* Bescheid. Alle römischen Quellen sagen aus, daß er benutzt wurde, um bei der Deutung der Zukunft aus dem Flug von Vögeln die Regionen des Himmels einzuteilen. Eben dies war die Aufgabe spezieller Priester, der Auguren. Als erster soll ihn aber der mythische Stadtgründer Romulus verwendet haben (u. a. Cicero, *De divinatione* 1, 30), und im Kommentar des Servius zu Vergils Aeneis (VII 187) wird er sogar *regium baculum*, der königliche Stab, genannt, „in dem die Macht enthalten ist, Streit zu schlichten". Die Verbindung von Herrschaft und Kultausübung wird in diesen literarischen Quellen, die sich auf die „ersten" römischen *litui* beziehen, deutlich; in der Praxis war der *lituus* aber dann doch der Stab der Auguren (Taf. I 3). Mit einer Ausnahme: Feldherren, die die Befehlsgwalt über das Heer (*imperium*) besaßen, durften die *auspicia*, die Vorzeichen, die man vor dem Feldzug überprüfen mußte, selbst einholen. So kann der *lituus* indirekt auch als Zeichen für das *imperium* stehen, wie wir es zum ersten Mal auf Münzen des Sulla in den Jahren 84/83 v. Chr. sehen (Taf. I 4).[12] Unter Augustus vereinigen sich beide Aspekte: Der *lituus* als Zeichen des Augurats bildet zusammen mit der Schöpfkelle (*simpuvium*) der *pontifices*, dem Dreifuss der *XVviri sacris faciundis* und der Schale (*patera*) der *VIIviri epulonum* ein emblematisches Symbol der vier großen Priesterkollegien, denen er

---

[11] Bronzestatuette eines Priesters, Florenz, Museo Archeologico Nazionale, aus Isola di Fano. *ThesCRA* V.2.b. Kultinstrumente S. 396 Nr. 1533 Taf. 63.
[12] Michael H. Crawford: *Roman Republican Coinage*, Cambridge 1974, S. 373f. Nr. 359 Taf. 47; *ThesCRA* V.2.b. Kultinstrumente S. 396 Nr. 1536, s. auch Nr. 1537.

angehörte[13] (Taf. I 5). Diese Mitgliedschaft hatte ihn zur obersten Instanz auch im religiösen Bereich gemacht; allerdings wird auch Augustus mit dem *lituus* vor allem dann dargestellt, wenn er die Auspicien für Feldzüge vornimmt. Der Aspekt von Macht blieb also auch mit dem Augurstab verbunden, obwohl die Verbindung von Kultausübung und Herrschaft weniger eng zu sein scheint als in früheren Kulturen.

Vielleicht war es diese gedankliche Verbindung, die dazu führte, daß die Form des heidnischen Augurstabs im Abts- und Bischofsstab der christlichen Kirche (Taf. I 6) weiterlebte. Diese Herleitung wird manchmal bestritten,[14] aber es erscheint äußerst unwahrscheinlich, daß die spiralig eingerollte, reich verzierte Form des *lituus*, die die frühen Christen ja kannten, von ihnen unabhängig davon ein zweites Mal neu erfunden worden sein sollte. Zudem wurden auch andere Kultgeräte wie etwa das Handwasch-Service aus dem römischen Kult übernommen. Bei einem *lituus* des 4. Jahrhunderts n. Chr. aus dem römischen Brigetio in Ungarn[15] ist sogar unklar, ob es sich noch um einen *lituus* oder schon um einen Abts- oder Bischofsstab handelt. Allerdings war der *lituus* wohl nicht das einzige Gerät, das bei der Entwicklung des Bischofsstabes eine Rolle spielte. Der einfache, gekrümmte, lange Hirtenstab existierte, wie zu allen Zeiten, auch in der Spätantike und wurde in Hirtenszenen, die in der frühchristlichen Kunst nicht selten sind, auch dargestellt.[16] So wird wahrscheinlich der Bischofsstab bald auch als Hirtenstab verstanden worden sein.[17] Allerdings ist er meist mit einer Bekrönung der spiraligen Form versehen, die in Jahrtausenden aus dem ursprünglichen, einfachen Hirtenstab heraus für Kultstäbe wie den etruskisch-römischen *lituus* entwickelt worden war. Zusammen mit Mitra und Ring bildet er in der katholischen Kirche die Amtsinsignien der Bischöfe und Äbte, verbindet also wie seine antiken Vorgänger eine Führungs- mit einer priesterlichen Funktion und wird im übertragenen Sinn wieder zu einem Hirtenstab.

---

[13] ThesCRA a. a. O., S. 396 Nr. 1540 Taf. 21, 28–29.
[14] *Dictionnaire d'archéologie chrétienne et de liturgie* III 2, Paris 1914, S. 3144–3159 s. v. crosse (Henri Leclerq u. Louis Gougaud), übernommen von Dominique Collon (Anm. 5).
[15] ThesCRA a. a. O., S. 395 Nr. 1529; Endre Tóth, in: Zsolt Visy et al.: *Von Augustus bis Attila. Leben am ungarischen Donaulimes*. Schriften des Limes-Museums Aalen 53, 2000, S. 86f. mit Abb. (zugleich Katalog einer Ausstellung im Kurpfälzischen Museum Heidelberg).
[16] Dictionnaire a. a. O., 3145–3148. Zahlreiche Abb. bei Walter Nikolaus Schumacher: *Hirt und „Guter Hirt". Studien zum Hirtenbild in der römischen Kunst vom zweiten bis zum Anfang des vierten Jahrhunderts*, Rom, Freiburg, Wien 1977, der sich auch mit der Frage auseinandersetzt, ab wann der „Gute Hirte", der ein Lamm auf den Schultern trägt, mit Christus identifiziert wurde (nicht in dem im Buch behandelten Zeitraum). Der „Gute Hirte" hat zudem meist keinen Krummstab, da er beide Hände zum Halten des Tieres braucht. Frühe Darstellungen von Christus als Hirten zeigen ihn nicht mit einem Hirtenstab (z. B. im Mausoleum der Galla Placidia in Ravenna, Wolfgang Fritz Volbach: *Frühchristliche Kunst*, München 1958, Taf. 147). Besonders zahlreich sind Hirtenstäbe bei den Brüdern Josephs in den Elfenbeinreliefs der Kathedra des Erzbischofs Maximian (546–556) in Ravenna zu finden (Volbach: a. a. O., Taf. 234–235); dort ist sicher nicht an Bischofsstäbe gedacht.
[17] Seit wann die Bezeichnung *pedum*, Hirtenstab, für den Bischofsstab benutzt wurde, ist mir nicht bekannt. In den frühen Quellen (Dictionnaire: a. a. O.) wird die neutralere Bezeichnung *baculum* oder *baculus*, Stab, gebraucht.

Tafel I.

1. Hirte mit Stab im Wald bei Heidelberg.

2. Ägyptische Osirisstatue mit *hekat*-Szepter und Geißel.

3. Numa Pompilius mit *lituus* an Altar.

4. Kanne und *lituus*, flankiert von zwei *tropaea*.

5. Opfergeräte, darunter ein *lituus*.

6. Mainzer Bischofsstab.

Abbildungen und Tafeln

Abb. 1: Ägyptisch, Mittleres Reich. Fries von einem Sarg, Insignien darstellend, die dem Verstorbenen mitgegeben werden, darunter *was*- und *hekat*-Szepter sowie Geißel. Nach: Ali Hassan: *Stöcke und Stäbe im Pharaonischen Ägypten bis zum Ende des Neuen Reiches*, München, Berlin 1976, S. 105 Abb. 34.

Abb. 2: Babylonisch, 1. Hälfte 2. Jt. v. Chr. Rollsiegel mit Darstellung des Gottes Amurru mit *gamlu*. Nach: Jean-Robert Kupper: *L'iconographie du dieu Amurru dans la glyptique de la Ire dynastie babylonienne*, Bruxelles 1961, Abb. 47.

Abb. 3: Hethitisch, ca. 1400–1380 v. Chr. Fries von einem Kultgefäß in Form einer Faust, Libation am Altar. Nach: *Die Hethiter und ihr Reich. Das Volk der tausend Götter*. Ausstellungskatalog Kunst- und Ausstellungshalle der Bundesrepublik Deutschland, Bonn 2002, S. 230 Abb. 15.

Abb. 4: Etruskisch, Anfang 5. Jh. v. Chr. Figuren aus der Prozessionsdarstellung auf einer Rundbasis aus Travertin, Perugia. Mus. Naz. Arch. Nach: Jean-René Jannot: *Insignia potestatis. Les signes du pouvoir dans l'iconographie de Chiusi*, in: *La civiltà di Chiusi el del suo territorio. Atti XVII Convegno di Studi Etruschi ed Italici, Chianciano Terme 1989*, Firenze 1993, S. 230 Abb. 10.

Abb. 5: Etruskisch, frühes 6. Jh. v. Chr. Terrakotta-Friesplatte aus Murlo (Poggio Civitate). Nach: Sybille Haynes: *Kulturgeschichte der Etrusker*, Mainz 2005, S. 151 Abb. 106.

Abb. 6: Etruskisch, 6. Jh. v. Chr. Fragment eines *lituus* aus Bronzeblech, aus S. Ilario d'Enza. Reggio Emilia, Mus. „Gaetano Chierici" di Paletnologia 15492. Nach: Luigi Malnati, in: *Spina. Storia di una citta tra Greci ed Etruschi*. Kat. Ausstell. Ferrara (1993) S. 162 Abb. 137.

Abb. 7: Etruskisch, 6.–5. Jh. v. Chr., Krummstäbe vom Typ „*lagobolon*". Nach: Jannot a. a. O., S. 227 Abb. 14.

Abb. 8: Etruskisch, Anfang 5. Jh. v. Chr. Krummstab Bronzestatuette. Florenz, Mus. Arch. 72725. Aus Isola di Fano. Nach: Jannot a. a. O., S. 232 Abb. 12.

Taf. I 1: Foto Karin Katzenberger-Ruf.

Taf. I 2: Ägyptisch, 26. Dynastie (664–525 v. Chr.) Fragment einer Bronzestatuette des Osiris, Sammlung des Ägyptologischen Instituts der Universität Heidelberg Inv. 2175. Nach Erika Feucht: *Vom Nil zum Neckar, Kunstschätze Ägyptens aus pharaonischer und koptischer Zeit an der Universität Heidelberg*, Berlin, Heidelberg, New York 1986, S. 171 Nr. 466.

Taf. I 3: Römisch, um 100 v. Chr., Denar des L. Pomponius Molo, Crawford Nr. 334,1, Münzkabinett, Staatliche Museen zu Berlin, Objektnr. 18201508.

Taf. I 4: Römisch, 84–83 v. Chr., Denar des Sulla, Crawford Nr. 359,2, Münzkabinett, Staatliche Museen zu Berlin, Objektnr. 18206086.

Taf. I 5: Römisch, 13. v. Chr., Denar des Gaius Antistius Reginus für Augustus, Harold Mattingly und Angela Sydenham: The Roman Imperial Coinage, London 1923, I Nr. 410, Münzkabinett, Staatliche Museen zu Berlin, Objektnr. 18206090.

Taf. I 6: 1763, Silber vergoldet, angefertigt von Johannes Reichert, Domschatz, Historisches Museum der Pfalz Speyer, Foto: Edgar Lissel.

Wir danken Cathrin Gruener und Hubert Roeder von der Ägyptologischen Forschungsstätte für Kulturwissenschaft (ÄFKW) für zahlreiche Auskünfte zu den ägyptischen Krummstäben sowie Dina Faltings vom Ägytologischen Institut für die Publikationserlaubnis von Taf. I 2.

Bildbearbeitung und erster Layout-Entwurf: Susanne Börner.

Wolfgang Lenski

Menschen in der Bibliographie der mathematischen Logik

Dieser Artikel verfolgt ein auf den ersten Blick vielleicht überraschendes Anliegen: Soll doch der Bericht über die Erstellung und Bearbeitung einer Bibliographie über ein Spezialgebiet der Mathematik durchaus auch für Außenstehende spannende Aspekte bieten.

Buchtitel zusammenzustellen gilt gemeinhin als wissenschaftlich sicher verdienstvolle, ansonsten aber nur mäßig interessante Tätigkeit. Die Mathematik steht alleine schon unter dem Verdacht, eine trockene und lebensferne Angelegenheit für von der Welt entrückte Personen zu sein. Gar noch verbunden mit bibliographischer Forschungsarbeit entsteht schnell das Bild von Menschen, die in verstaubten Hinterzimmern und dunklen Archiven unaufgeregt und bienenfleißig ihrer dem Sammlertrieb geschuldeten Beschäftigung nachgehen.

Und wie um dem Bild eines in Formsprachen denkenden Mathematikers, der ich auch bin, zu entsprechen, eröffne ich meinen Text sogleich mit einer Formel. Mit diesem Vorgehen riskiere ich durchaus, dass LeserInnen sich von der weiteren Lektüre an dieser Stelle tatsächlich verabschieden könnten. Gerüchteweise ist zu vernehmen, dass Verlage bei Büchern, die sich nicht an ein Fachpublikum, sondern an die interessierte Öffentlichkeit wenden, bei jeder Formel im Text eine Halbierung der verkauften Auflage befürchten. So steht es jedenfalls bei Stephen Hawkings Darstellung der Kosmologie. Eine Formel darin konnte jedoch nicht verhindern, dass das Buch wochenlang in Bestsellerlisten zu verzeichnen war – und auch ich hoffe, dass der geneigte Leser oder die geneigte Leserin nicht gleich zu einem anderen Artikel in diesem Band übergeht.

Nach dieser Vorwarnung zitiere ich nun eine Charakterisierung von Brian Hayes, die einer Titelseite der Zeitschrift *The Sciences* der New Yorker Academy of Science aus dem Jahr 1998 entnommen ist – scheint sie doch zumindest einige Facetten dieses Phänomens zwischen Faszination, staunender Erfurcht und entfernter Fremdheit in komprimierter Form zu beschreiben:

Mathematical Genius + {Madness or Eccentricity} = The Stuff of Legend

Wir lesen: Genie gepaart mit Wahnsinn oder Exzentrizität bildet den Stoff, aus dem Legenden sind, sicher auf jeden Fall aber Aufmerksamkeit.

Filme wie *A beautiful mind* mit der Darstellung der Lebensgeschichte des schizophrenen Nobelpreisträgers John Forbes Nash haben das Bild eines eher entrückten

Mathematikers, der sich mit befremdlichen – und tendenziell vielleicht sogar bedrohlichen – Dingen beschäftigt, sicherlich mehr befördert denn abgemildert. Hier steht eine gewisse Faszination der Erfahrwelt eines Genies im Vordergrund, während die Mathematik einmal mehr eher als hirngespinstiges Menetekel in Erscheinung tritt.

Das Anliegen meiner nachstehenden Ausführungen ist es nun, an dem vorgefundenen Bild zu rütteln und darauf sich gründende Motive für innere Abwehr zu erschüttern, indem ich meine persönlichen Erfahrungen über Menschliches (und vielleicht auch Allzumenschliches) in der Beschäftigung mit der nur auf den ersten Blick spröden Materie mit Ihnen teile, die im Laufe der Arbeit an der Bibliographie der mathematischen Logik zutage getreten ist. Die Wirklichkeit jenseits der Legendenbildung ist oftmals noch vielschichtiger, als es sich eine vordergründig ausgerichtete Sensationslust auszumalen vermag.

Menschen und Namen

Eine Dokumentation, wie sie eine Bibliographie ja darstellt, hat nun zuvorderst mit *Namen* zu tun, geht es doch um Nachweise wissenschaftlicher Tätigkeit, die sich in der Publikation von Arbeiten manifestiert. Diese Arbeiten erscheinen im Wesentlichen als Texte, die neben den inhaltlichen Ausführungen auch ihre(n) Urheber benennen. Eine Dokumentation kann daher aus den Publikationen zunächst auch nur dasjenige erfassen, was in einer (wissenschaftlichen) Arbeit ausgewiesen wird, insbesondere die *Bezeichnung* der Urheber, d. h. deren Namen. Insofern hat eine Dokumentation vordergründig mit Namen zu tun.

Eine Bibliographie kommt andererseits jedoch aus der Mitte einer Forschungsgemeinde; sie ist Ausdruck von Interessen und verweist auf deren Interessen, sie kommt aus der Gesellschaft und verweist auf die Gesellschaft. So verfolgte die erste Bibliographie der mathematischen Logik von Alonzo Church zu Beginn des 20. Jahrhunderts auch das Ziel, das neu entstandene Gebiet im Kanon der Wissenschaften zu etablieren und seinen inneren Zusammenhalt zu befördern. Aus einer leicht veränderten Perspektive betrachtet, erkennen wir hier ein erstes Beispiel für das Zusammenspiel von Namen mit den Motiven der Personen, die hinter den Namen stehen.

Ganz in diesem Sinne ist eine Bibliographie an der Schnittstelle angesiedelt zwischen Biographien, die direkt auf Personen mit ihrer Lebensgeschichte, ihren Motiven, Interessen, Einflüssen, Antrieben und Leistungen Bezug nehmen, und Dokumentationen, die die Ergebnisse von deren Wirken zu erfassen suchen. Und an dieser Schnittstelle, beim Bezug auf hinter den bloßen Namen stehenden Menschen, stoßen wir auf Überraschendes und Bedrückendes, Skurriles und Raffiniertes, Schillerndes und Ernüchterndes, auf Außergewöhnliches neben Durchschnittlichem, das einen Subtext zur eigentlichen Dokumentation bildet. Dem soll in den nachstehenden Ausführungen Raum gegeben werden.

Ich beginne mit einem kurzen Abriss des wissenschaftlichen Bezugspunktes, dessen Umfeld die folgenden Ausführungen entstammen – und ich hoffe, damit gleichzeitig zeigen zu können, dass die grundlegenden Fragen der neuzeitlichen Logik für Nicht-Eingeweihte keineswegs nur unvermittelbare, lebensferne Probleme betreffen.

Eine kurze Geschichte der Logik

Gegen Mitte des 19. Jahrhunderts wurden die Grundfesten einer so scheinbar sicheren Disziplin wie der Mathematik, die als Königin der Wissenschaften und seit Euklids *Elementen* als Vorbild für Schärfe und Präzision des Denkens gilt, zunehmend problematisch. Wir erinnern uns: Schon die altgriechische Mathematik kannte 'Zahlen', die eigentlich gar keine waren, jedenfalls von anderer Art als die natürlichen Zahlen 1, 2, 3,... und die Brüche 1/2, 2/3, usw. und mit diesen unvergleichbar, die sogenannten inkommensurablen Zahlen. In späterer Zeit kamen als eigentümliche neue die 'imaginären Zahlen' hinzu. Was sollten diese neuen denn für 'Zahlen' sein? Wie ist das Verhältnis all der Zahlen zueinander zu verstehen? Im 19. Jahrhundert entstand der Bedarf, (nicht nur) diese Fragen mathematisch exakt zu klären. Im Rahmen dieser Herausforderungen versuchte Richard Dedekind in *Was sind und was sollen die Zahlen?* die Vorstellung von dem, was (nicht nur solche) Zahlen eigentlich sind, zu präzisieren.

Der berühmte Mathematiker und Philosoph Bertrand Russell entdeckte sogar Widersprüche in der Mathematik, die er in genialer Weise in einfache anekdotische Formen brachte: Wir stellen uns ein kleineres Dorf vor und charakterisieren den Barbier des Dorfes durch *die Person, die genau diejenigen Männer des Dorfes rasiert, die sich nicht selbst rasieren*. Eine auf den ersten Blick unscheinbare Definition – aber versuchen Sie sich doch einmal die Frage zu stellen, was die Konsequenzen sind, wenn der Dorfbarbier sich selbst rasiert oder auch nicht rasiert!

Gottlob Frege, der heute zusammen mit Aristoteles als der größte Logiker aller Zeiten (noch vor Alfred Tarski und Kurt Gödel) gilt, hat im Jahre 1879 in seiner *Begriffsschrift* eine neue Logik, unsere heutige Aussagen- und Prädikatenlogik, begründet. Anders als die aristotelische Syllogistik lässt sich diese neue Logik zur Fundierung der gesamten Mathematik nutzen – und ist auch darüber hinaus in Gebieten bis in die Philosophie hinein einflussreich geworden. In der Konsequenz ist Logik damit sowohl ein Teilgebiet von Mathematik als auch Grundlage der exakten Wissenschaften geworden. Was heute als analytische Philosophie bezeichnet wird, beruht wesentlich auf der epochalen Leistung Freges – vielleicht vermittelt noch durch die frühen Arbeiten Ludwig Wittgensteins. Es sei als eine Art Ironie der Geschichte hier nur am Rande vermerkt, dass Frege trotz seines heute allgemein anerkannten außerordentlichen Ranges in der Geschichte der Logik nie auf eine ordentliche Professur berufen wurde.

Dieser von Frege mit formaler Strenge entwickelten Logik fehlte jedoch zunächst eine gleichermaßen fundierte Bedeutungstheorie: Wie sollte man denn all die Formelzeichen verstehen? Der polnische Logiker Alfred Tarski (von ihm wird noch in einem anderen Kontext zu reden sein) hat – neben vielen herausragenden und grundlegenden Einsichten in die Welt der Logik – als seine wesentlichste Leistung für die Fundierung der Mathematik den eigentlich philosophischen Begriff der Wahrheit zunächst für die Belange der Mathematik präzisiert und gleichzeitig in eine für mathematische und logische Untersuchungen verwendbare Form gebracht. Sein Ansatz verknüpft die geforderte Bedeutungstheorie der reinen Zeichensysteme der logischen Sprache mit einem Wahrheitsbegriff, der heute als die semantische Theorie der Wahrheit bezeichnet wird.

Am Beginn von Tarskis Analyse des philosophischen Problems der Wahrheit steht die Aufspaltung in ein *Wahrheitskriterium* und eine *Wahrheitsdefinition*. Das Kriterium legt zunächst fest, wann etwas wahr (im Gegensatz zu falsch) sein soll. Sein berühmtes Beispiel für das Kriterium der Wahrheit eines sprachlich gefassten Gebildes ist:

Der Satz „Der Schnee ist weiß" ist wahr genau dann, wenn der Schnee weiß ist.

Dies ist jedoch andererseits lediglich ein Kriterium dafür, unter welchen Bedingungen wir etwas als wahr ansehen: Wenn nämlich der Schnee weiß ist. Es lässt aber die Frage offen, wann wir mit Recht den Schnee als weißen bezeichnen dürfen, um damit die Wahrheit des Satzes „Der Schnee ist weiß" schließlich zu erweisen. Im ersten Moment könnte man geneigt sein, diese Frage als unproblematisch anzusehen: Wir schauen durch das Fenster und sehen, dass, wenn draußen Schnee liegt, dieser eben weiß ist! Der amerikanische Philosoph Willard Van Orman Quine hat nun in seiner viel beachteten Arbeit *Zwei Dogmen des Empirismus* gezeigt, dass bereits diese scheinbar einfache Frage auf ein theoretisches und kulturelles Vorverständnis verweist.

Stellen wir uns dazu vor, wir treffen auf eine Gruppe von Menschen, die, seitdem ihr kulturelles Gedächtnis zurück reicht, in der Arktis leben. Stellen wir uns weiter vor, ihre Lebensumstände sind wesentlich durch die Wetterlage bestimmt; bei schönem Hochdruck-Wetter ist die Jagd angesagt, bei düsterem Himmel aufgrund der widrigen Umweltbedingungen häusliche Arbeit. Bei strahlend blauem Himmel nimmt man glitzerweißen Schnee wahr, in Schlechtwetterlagen stumpfweißen Schnee. Warum sollte es hier einen gemeinsamen Oberbegriff für 'glitzerweiß' und 'stumpfweiß' geben, wenn die damit verknüpften Lebensumstände grundsätzlich verschieden sind?

Der menschliche Makel

Übersetzer kennen dieses Phänomen der kulturellen Bedingtheit von Begriffen nur zu gut. So stellt Philip Roths Roman *The Human Stain* (in deutscher Übersetzung *Der menschliche Makel*) den Übersetzer Dirk van Gunsteren vor eine grundsätzliche Schwierigkeit: Der Handlungsfaden des Romans spinnt sich im Kern um den im Amerikanischen höchst vielschichtigen und in Teilen diskriminierenden Begriff 'spooks'. Dirk van Gunsteren sieht sich gezwungen, dem Roman eine knapp halbseitige Erklärung der verschiedenen Facetten von 'spooks' voranzustellen, um sich dann schließlich dafür zu entscheiden, diesen Begriff durch eine ganze Phrase zu umschreiben, da das Deutsche keinen auch nur annähernd die schillernde Vielfalt und die damit verbundenen Assoziationswelten widerspiegelnden Begriff kennt.

Zurück zu unserem Thema: Wir sehen also die Schwierigkeit, präzise angeben zu können, wann der Schnee 'weiß' ist. Alfred Tarskis größte Leistung für die Entwicklung der Logik ist nun die Ausarbeitung einer Wahrheitsdefinition, die zugleich mit einer Bedeutungstheorie mathematischer Begrifflichkeiten verknüpft wird, d. h. sie gibt den Zeichen wie im Beispiel den reinen Buchstabenfolgen „S-c-h-n-e-e" und „w-e-i-ß" eine Bedeutung und klärt in diesem Kontext gleichzeitig die Voraussetzungen dafür, dass eine Eigenschaft wie 'weiß' einem Gegenstand wie etwa Schnee im Beispiel zugeschrieben werden kann. Seine mit mathematischer Strenge entwickelte Definition von Wahrheit ist eine epochale Leistung, die zumindest für die Belange der Logik und Mathematik die geforderte Präzisierung und Mathematisierung der Grundbegriffe leistet.

Damit waren die Fundierungsfragen dieser 'neuen' Logik zunächst abgeschlossen, bevor Kurt Gödel dann deren prinzipielle Grenzen in seinen berühmten Vollständigkeits- bzw. Unvollständigkeitssätzen herausarbeitete. Im Ergebnis sehen wir eine leistungsfähige Logik, die mit einer Sprache für Begrifflichkeiten eng verzahnt ist und darüber hinaus einen dazu passenden Begriff von Wahrheit entwickelt hat. Dieses System eignet sich zur Grundlegung der Mathematik, gibt aber auch der Philosophie ein Handwerkszeug in die Hände, mit dem wissenschaftsmethodische Fragen analysiert und allgemein Begrifflichkeiten präzisiert und damit einer genaueren Untersuchung zugänglich gemacht werden können. So hat etwa die auf die Sokratischen Dialoge Platons zurückgehende Diskussion über die Charakterisierung von 'Wissen' als *gerechtfertigte wahre Überzeugung* durch die formale Analyse von Edmund Gettier eine neue Wendung erhalten.

Dokument und Name

Die Forschungsstelle Mathematische Logik der Heidelberger Akademie der Wissenschaften hat die Entwicklung dieses wissenschaftsmethodisch herausgehobenen Gebietes vollständig dokumentiert und über eine reine Dokumentation hinaus auch kartographiert, d. h. eine Art Landkarte des Gebietes erstellt, die als Orientierungshilfe für die Aufspürung einzelner Forschungsergebnisse dient. Es sei kurz angemerkt, dass damit ein weltweit akzeptierter Standard geschaffen wurde, dessen Konzeption inzwischen Bestandteil des globalen, universell verwendeten Klassifikationsschemas der Mathematik geworden ist.

Nicht dies aber soll in dieser Darstellung im Vordergrund stehen, sondern die Frage, wie eine solche Kartographie, die ein Gebiet als ein vermessenes und damit als bekanntes Terrain ausweist, entsteht. Es sind auch hier wesentlich die handelnden Personen, deren je gebündelte Interessen schließlich diese Kartographie bestimmen!

Im Folgenden möchte ich nun die Aufmerksamkeit lenken auf menschliche Schicksale, kreative Lebensgestaltungen und auch leidvolle Erfahrungen, die man nicht umhinkommt zu beachten. Es mag erstaunen, aber gerade der Bezug auf die Forschungspraxis, auf die Interessen der beteiligten Menschen, gibt einer solchen Bibliographie einen gesicherten wissenschaftlichen Wert! So gesehen ist die Beschäftigung mit den Interessen handelnder Personen eine auch wissenschaftlich relevante für eine Dokumentation – und dies durchaus in praktischer Absicht, wie der nachstehende Grund ausweist.

Mensch und Name

Warum ist also eine Beschäftigung mit solchen Fragen unabdingbar für tiefergehende Informationen bzw. warum bildet sie einen unhintergehbaren Subtext für die Erstellung einer Dokumentation? Die Zusammenstellung der von einer Person im Laufe ihres (wissenschaftlichen) Lebens verfassten Schriften als 'Gesammelte Werke' will eben nicht alle Schriftstücke erfassen, in denen eine bestimmte Namens-Schreibweise aufgeführt ist, sondern die verfassten Schriften einer *Person*. Das Zusammenspiel von Personen und Namen bildet nun die Schnittstelle zwischen Biographie und Dokumentation. Ein erstes Beispiel soll zeigen, dass dieser Zusammenhang keineswegs trivial ist, bieten doch die Umschlagseite und die Titelseite von *Building Models by Games*, eines Buches zur mathematischen Logik, gleich zwei verschiedene Schreibweisen des Autors an, der zusätzlich auch noch unter einem weiteren Vornamen dokumentarisch erfasst ist!

Eine einfache Suche nach wissenschaftlichen Beiträgen zur Fortentwicklung der Logik, die von einem Autor/einer Autorin mit einem fest bestimmten Namen verfasst wurden, kann nun jeder Computer mit Leichtigkeit in einem Dokumentationsbestand finden: Man schreibt den vorgefundenen Namen der Person zusammen mit weiteren Angaben wie den Titel der Arbeit usw. in die Dokumentation und kann dann nach genau dieser Schreibweise durch einfachen Vergleich von Zeichen (Buchstaben) leicht wieder suchen – eine wahrlich elementare Aufgabe für jeden Rechner!

Spannender ist dagegen die Frage, welche Beiträge denn aus der Feder einer bestimmten *Person* stammen. Hier müsste in unserem obigen Beispiel in einem Bestand – ja, nach was eigentlich: nach einer Person mit dem Vornamen Wilfred, Wilfried oder Wilfrid gesucht werden – oder nach allen Varianten, oder vielleicht noch zusätzlich nach weiteren Varianten? Hier ist die Suche nicht von einem (mit dieser Frage prinzipiell überforderten!) Rechner allein zu bewältigen, hier beginnt eine Aufgabe, wo Biographisches und Bibliographisches sich verbünden müssen.

Alice in Wonderland oder Nachtzug nach Lissabon

Ich darf an dieser Stelle an literarische Lese-Erfahrungen anknüpfen, die Sie vielleicht unlängst gemacht haben. Der jüngste Erfolg von *Nachtzug nach Lissabon* sowie die vorhergehenden Bücher von Pascal Mercier entstammen, wie in der Presse sowie in vielen Interviews mit dem Autor bereits detailliert beschrieben, der Feder des renommierten Philosophen Peter Bieri von der Berliner Humboldt-Universität. Peter Bieri, der übrigens seine wissenschaftliche Karriere an der Universität Heidelberg begann, hat sich neben der professionellen Beschäftigung mit hintergründigen Fragen auch ein Interesse an lebensweltlichen Problemen bewahrt, die in ästhetisch kodierter Form vielleicht nicht minder erkenntnisträchtig und fruchtbar sind denn eine philosophische Analyse.

Vielleicht wissen Sie es bereits, vielleicht wird es Sie aber auch überraschen: Ein vergleichbares Beispiel gibt es auch in der Logik. Lewis Carroll, der Autor des wunderbaren Kinderbuches aus dem 19. Jahrhundert, *Alice in Wonderland*, hieß im bürgerlichen Leben Charles Lutwidge Dodgson und war ein Wissenschaftler, der bemerkenswerte Beiträge zur Entwicklung der Logik verfasst hat! Wir finden hier zwei Interessengebiete einer Person, die sich in verschiedenen Kontexten auch verschieden ausweisen wollte! Eine offensichtliche Verbindung zwischen beiden Werken vermag sich vielleicht nicht direkt erschließen. Was bringt Menschen dazu, die sich eine wissenschaftliche Reputation erworben haben, sich ein Pseudonym zuzulegen und einem neuen Adressatenkreis zuzuwenden? Hier finden sich offensichtlich zwei Bedürfnislagen oder Antriebsmomente, die beide ihren je eigenständigen Ausdruck bekommen haben und bekommen sollten. Wissenschaftliche Arbeit bedeutet eben auch, sich in Inhalt und Ausgestaltung den auch historisch gewachsenen Standards einer Gemeinschaft zu unterwerfen; andere Welt(er)klärungen erfordern dann notwendigerweise andere Ausdrucksformen.

Name ist Programm

Noch weiter zurückliegend: Im Bereich der Geschichtsschreibung und Literatur ist zumindest umstritten, ob *Ilias* und *Odyssee* tatsächlich von einem einzigen Autor namens Homer geschrieben wurden, da zu wenig über eine Person Homer bekannt ist. Stilistische Untersuchungen scheinen auch die Vermutung nahezulegen, dass es sich nicht um eine einzelne historische Person gehandelt hat. Neuere Untersuchungen von Raoul Schrott über die beiden Epen und deren lokale sowie sozio-kulturelle Verankerungen haben die Debatte über diesen Punkt in der Öffentlichkeit jedenfalls neu belebt.

Ähnlich ist die Erkenntnislage bei Euklid; wenig ist über die Person, so es sie denn gab, bekannt außer ihrem Wirken im Museion von Alexandria, einer wissenschaftlichen Einrichtung, die heute vielleicht mit dem Wissenschaftskolleg in Berlin vergleichbar ist – zu wenig, so lautet der Verdacht, um tatsächlich eine historische Person sein zu können. Sein(?) methodisches Vorgehen, sozusagen sein Programm, wurde jedenfalls prägend nicht nur für die Mathematik, sondern für begründetes Denken überhaupt. So entwickelt Spinoza im Gefolge von Descartes seine Erkenntnistheorie – die sogar den Anteil von Affekten einbezieht – 'more geometrico', also nach Art der Geometrie – und damit nach dem Vorbild Euklids!

Keineswegs auf die Antike ist jedoch die Frage Einzelperson oder (Forscher-)Gruppe beschränkt. Eine moderne Version findet sich auch im 20. Jahrhundert wieder. Mit Nicolas Bourbaki erscheint in der wissenschaftlichen Welt ein 'Autor', der lediglich als Name für ein wissenschaftliches Programm der Grundlegung von Mathematik steht, an dem viele einzelne Personen mitgearbeitet haben; Personen, denen eben das Programm wichtiger war als der eigene Name auf einem Buchrücken. Einen Vorteil hat nun die neuere Zeit: Wir können solchen Konstruktionen leichter nachspüren und finden mehr Informationen über solche 'Personen' – falls sich die Autoren(gruppe) nicht selbst programmatisch vorstellt oder sich Autoren zu diesem Pseudonym bekannt haben wie etwa der französische Mathematiker Jean Dieudonné als eine treibende Kraft hinter 'Nicolas Bourbaki'.

Hier finden wir einen fiktiven Autorennamen als einheitsgebietendes Anliegen einer Gruppe, die sich dem Programm untergeordnet hat, Mathematik konsequent unter dem Aspekt einer Strukturwissenschaft zu entwickeln. Und wir wissen nicht erst seit Freges *Begriffsschrift* und den *Principia Mathematica* von Alfred North Whitehead und Bertrand Russell, wie nachhaltig wirkmächtig ein ausgearbeitetes Programm mit ausgewiesener Leistungsfähigkeit ist im Gegensatz zu bloß artikulierten Ideen!

Johnny B. Goode

Obgleich die modernen mathematischen Objekte an sich rein abstrakte Strukturgebilde sind, werden sie doch oft in metaphorischer Anlehnung an lebensweltliche Bezüge gebildet. So sind die Bezeichnungen für die algebraischen Strukturen *Gruppe*, *Ring* und *Körper* gesellschaftlichen Organisationseinheiten entlehnt, wie etwa Felix Klein in seinen *Vorlesungen über die Entwicklung der Mathematik im 19. Jahrhundert* schreibt. Eine Gruppe ist dabei eine eher lose Verbindung von Menschen, während der Begriff eines Ringes – eine auf David Hilbert zurückgehende, vielleicht etwas altmodisch anmutende Bezeichnung, die heutzutage beispielsweise noch im Begriff einer Ringvorlesung im Rahmen eines Studium Generale weiter lebt – eine doch etwas engere Verfasstheit seiner Mitglieder nachzeichnet, und der Begriff eines Körpers schließlich von Richard Dedekind direkt dem Begriff einer Körperschaft (auch) als Rechtsbegriff nachgebildet ist.

Aber nicht nur bei Strukturgebilden in der Mathematik, sondern auch in den Begrifflichkeiten für spezifische Eigenschaften dieser Strukturgebilde finden sich oftmals Ausdrücke durchaus auch wertender umgangssprachlicher Vorstellungen, die damit verknüpft sein sollen. So wird der herausgebildete 'ideale Faktor' in einer Struktur kurz zu einem 'Ideal'. Es sei nur am Rande angemerkt, dass sich – auch bei Begriffsbildungen in der Mathematik – hier ein Raum für Projektionen auf an sich 'reine Konstruktionen des Geistes' eröffnet, der durch menschliche und zwischenmenschliche Vorstellungen durchaus mehrschichtig (vor-)besetzt sein kann.

Ähnliche Konstruktionen finden sich selbst in den Namen von Autoren. So gibt es starke Hinweise darauf, dass der Autor logischer Schriften *Johnny B. Goode* ein Pseudonym eines französischen Logikers ist, der sich nicht nur in seinen Publikationen einer oftmals höchst originellen, durchaus blumigen Ausdrucksweise bedient. Der geneigte Leser oder die geneigte Leserin liegt sicherlich nicht gänzlich falsch, hier eine Anspielung auf den gleichnamigen Song von Chuck Berry aus den 50er Jahren zu vermuten, der immerhin von den Rolling Stones als einer der größten Rock-and-Roll-Songs bezeichnet wurde. Die darin erzählte Geschichte vom Aufstieg eines armen Jungen zu einem gefeierten Star durch harte Arbeit gepaart mit Inspiration wurde nachgerade zu einem Paradigma und kann durchaus als Parabel zu Bedingungen einer wissenschaftlichen Karriere gesehen werden. Ein Name also als Ausdruck eines politischen Programms?

Namen wie Schall und Rauch?

Der mit Abstand produktivste Logiker, Saharon Shelah, dessen Publikationsliste deutlich über 1.000 Fachpublikationen zur Logik umfasst, schreibt mitunter mit einer Selbstverständlichkeit, die für weniger eingeweihte Personen oft nicht einfach nachvollziehbar ist, zumal er bei der Frage zwischen Sorgfalt in der Darstellung und bloßer Darstellung der Erkenntnisse manchmal eher Letztgenanntes favorisiert hat! So bleiben seine Arbeiten sicherlich noch einige Zeit Grundlage für Examensarbeiten, die darin bestehen, die nicht ausgefüllten Lücken zu schließen, was eine durchaus anspruchsvolle Herausforderung sein kann. Viele Leser haben sich bei der Lektüre seiner Werke schon gewünscht, den Autor zwecks Rückfragen neben sich sitzen zu haben! Eine Anekdote kolportiert einen Fall seiner schier unglaublichen Produktivität, bei dem eine Rückfrage betreffend das Verständnis eines Theorems am nächsten Morgen zum Eingeständnis führte, das so formulierte Theorem habe tatsächlich seine Tücken; er habe aber über Nacht eine revidierte Fassung erstellt, die zudem noch den Vorzug in sich trage, einen verallgemeinerten Fall mit zu berücksichtigen!

Von Shelah wurde nun berichtet, dass er die Beschränkung auf nur drei Ankündigungen von Forschungsergebnissen in einem mathematischen Journal zu umgehen versuchte, indem er eine Arbeit zusammen mit einem Autoren verfasst haben wollte, der den israelischen Namen für 'Niemand' trug!

Codenamen

Sicher ärgern Sie sich auch über unverlangt zugesandte Werbepost und wundern sich, dass eine geringfügige Abweichung in Name oder Adresse sich in den verschiedensten Zuschriften wiederholt. Diese Erfahrung verweist auf einen anscheinend blühenden Handel mit Adressen als hochwertigem Wirtschaftsgut. Nun gibt es andererseits Fälle, in denen Kunstnamen strategisch eingesetzt wurden, z. B. als Vehikel zur Analyse der Verbreitung von Literaturreferenzen. Deren Auftreten in anderen Veröffentlichungen mag dann ein Indikator für die Reichweite der Rezeption des Artikels sein, also für die Frage, wie oft und worin eine Arbeit zitiert wird.

So sollen Autoren schon fiktive Arbeiten mit frei erfundenen Autorennamen in ihrer eigenen Publikation 'zitiert' haben, die sich alsdann in der Literaturliste anderer Personen als vermeintlich seriöse wissenschaftliche Referenz wiedergefunden haben! Positiv gesehen ist dies jedenfalls als ein deutlicher Hinweis darauf zu werten, dass die ursprüngliche Arbeit zur Kenntnis genommen (und im besten Falle auch gelesen) wurde. Wir sehen hier Namen als Ausdruck von Seiteninteressen, vielleicht aber in einer schwächeren Ausprägung auch nur als Ausdruck einer Spielform.

Ehestand und die wissenschaftliche Gemeinschaft

Und natürlich erlaubt eine Bibliographie auch Rückschlüsse auf den Ehestand von schreibenden Mathematikerinnen und Mathematikern, geht mit der Heirat doch oftmals eine Änderung des Namens von (mindestens) einem der beiden Partner einher. Offenkundige Indikatoren für eingegangene menschliche Verbindungen sind dabei die Doppelnamen, die bei einer Person ab einem bestimmten Zeitpunkt auftreten. Umgekehrt wurde aber auch schon von Frauen berichtet, die ihren Namen aus dem Grunde beibehalten haben, weil sie so in der wissenschaftlichen Welt bereits ausgewiesen waren und diese Verbindungen zweier Schreibweisen einer Person nicht der Analyse von einschlägigen Untersuchungen bei der Erstellung einer Dokumentation überlassen wollten!

Anfang und Ende von Beziehungen

Aber auch Hinweise auf die Konstanz einer Verbindung können einer Bibliographie manches Mal entnommen werden! Bei dem vordergründigen Fall der plötzlichen Verwendung eines Doppelnamens mag das später durchgängige Erscheinen nurmehr der einfacheren Variante einen Hinweis auf den Verlauf von Lebensschicksalen in sich bergen.

Darüber hinaus scheinen sogar Rückschlüsse auf den Grad des Zerwürfnisses bei manchen Trennungen möglich. Drastische Fälle sind bekannt, in denen in der Literatur ein Autor mit überragender Sachkenntnis in einem engen Spezialgebiet der mathematischen Logik quasi unvermittelt auftritt. Gibt es zusätzlich noch Verweise auf die Adresse oder gar in neuerer Zeit die e-mail, so mag dies schon die Vermutung erzeugen, dass hier eine Person die Lösung einer eingegangenen Verbindung durch Kappung sämtlicher auf diese Verbindung hinweisender Indikatoren – wie es etwa ein gemeinsamer Name darstellt – betrieben hat.

Name und Notwendigkeit

In Anspielung auf die Arbeit des amerikanischen Logikers und Philosophen Saul Kripke mit dem Titel *Naming and Necessity* möchte ich nun Namensgebung und Namenswahl als Reaktion auf politische Verhältnisse verstehen. Wir sehen aus der Geschichte erwachsende oder zumindest subjektiv so begriffene Notwendigkeiten, sich mit einem neuen Namen (zumindest) nach außen hin auch eine neue personale Identität zu beschaffen – oder auch sich von einer solchen zu lösen. Namen sind eben nicht immer nur Zeichen, sondern kodieren oftmals Hinweise auf die Herkunft oder die Familiengeschichte. Es kann daher unter gewissen politischen Konstellationen angeraten sein, diese mehr oder weniger offenkundigen Biographieausweise zu verstecken – und dies angesichts der Tatsache, dass der eigene Name durchaus auch eine identitätsstiftende personale Bedeutung hat.

Dingfest gemacht wurden Anstöße für solche Notwendigkeiten in antisemitischen gesellschaftlichen Tendenzen bis hin zur Verfolgung und Ermordung von jüdischen Bürgern. Wie zur Illustration dieses Punktes betitelt Philip J. Davis seine Rezension der von Anita Burdman Feferman und Solomon Feferman sorgfältig recherchierten und brillant geschriebenen Biographie des bereits oben im Kontext der Wahrheitsfrage erwähnten großen polnischen Logikers Alfred Tarski mit *A Life of Logic and the Illogic of life*.

Alfred Tarski wurde nämlich unter dem Namen Alfred Tajtelbaum als polnischer Jude geboren. Er studierte nach anfänglichem Interesse an der Biologie dann schließlich Mathematik in der Blütezeit der polnischen Logik-Schule in Warschau. Es ist sicherlich kein Zufall, dass eine mit mathematischer Präzision ausgearbeitete Konzeption des ur-philosophischen Begriffs der Wahrheit letztlich aus dieser Schule stammt, die stets auch eine philosophische Ausrichtung hatte. Alfred Tarskis jüdische Herkunft erschwerte im damaligen Polen jedoch eine akademische Anstellung, was ihn und seinen Bruder Wacław bewog, den 'polnischer', jedenfalls aber gesellschaftspolitisch neutraler klingenden Namen Tarski anzunehmen. Wie seine Biographen Anita Burdman Feferman und Solomon Feferman darstellen, wurde später sogar noch der Lehrstuhl in Poznań, für den er sich beworben hatte, gestrichen, ehe ein gebürtiger Jude (Alfred Tarski war – wiewohl von seiner Grundhaltung eher Atheist – schon Jahre zuvor zum Christentum übergetreten) ihn bekommen sollte.

Ähnlich gelagert ist die Geschichte des ebenfalls polnischen Mathematikers Edward Szpilrajn, dessen jüdische Abstammung auch für ihn in der Zeit der Okkupation seines Heimatlandes eine Namensänderung notwendig machte, um diese seine jüdischen Wurzeln zu verstecken. Er schaffte es trotz ständiger Bedrohung zu überleben und nannte sich später in Marczewski um. Wie Henry Helson in seiner Erinnerung *Mathematics in Poland after the War* schildert, musste er jedoch aufgrund der damaligen Gesetzeslage für einige Zeit den Doppelnamen Szpilrajn-Marczewski tragen.

Nomen est signum

Ein weiterer Punkt, der bei der Erstellung einer Dokumentation zu klären ist, betrifft die Frage nach einer Harmonisierung von Schreibweisen. Namen chinesischer Autoren etwa bestehen überwiegend aus drei chinesischen Schriftzeichen, wobei zwei dieser Symbole den Vornamen bezeichnen und dem Familiennamen nachgestellt werden. Insbesondere bei Publikationen im chinesischen Original finden sich nun oft mehrfache Übertragungen von verschiedener Seite in die lateinische Schrift, die sich jedoch alle auf dasselbe Original beziehen. Eine einheitliche Schreibweise erscheint daher aus Sicht einer Dokumentation wünschenswert und sollte auf einer möglichst interkulturell akzeptierten und standardisierten Methode beruhen, die insbesondere der Darstellung des Originals gerecht wird.

Die Übersetzung von fremden Schriftzeichen folgt dabei oftmals phonetischen Gesichtspunkten. Diese haben jedoch manche Tücken. So wurden die Werke des bedeutenden und einflussreichen Logikers David Hilbert – einer der führenden Mathematiker um die letzte Jahrhundertwende, der Göttingen zu einem der weltweiten Zentren für Logik machte – selbstverständlich auch ins Russische übersetzt und damit natürlich in kyrillischen Lettern gedruckt. Es sei kurz angemerkt, dass die russische Auflage angeblich ein Vielfaches der deutschen Auflage (sowie auch der englischen – deutsch war zu dieser Zeit noch mit die führende Wissenschaftssprache) betrug. Auf diese Auflage wurde nun auch im westeuropäischen Raum wiederum Bezug genommen – unter dem Autorennamen *Gilbert*, der entsprechend der phonetischen Grundlage der Übersetzung des Kyrillischen in das Lateinische die naheliegende deutsche Entsprechung darstellte. Dies ist gleichzeitig ein weiteres schönes Beispiel für die Behauptung, dass Übersetzungen nicht ohne (Re-)Konstruktionen des Wissenshorizontes sowie der kulturellen Hintergründe möglich sind!

Am Ende nur Namen?

Damit soll mein Streifzug durch die Welt der Namen und Menschen abgeschlossen sein, die sich im Zuge der Erstellung der Bibliographie der mathematischen Logik am Rande mit eröffnet hat. Es war mein Anliegen, Mosaiksteinchen so zusammenzustellen, dass sich daraus eine erste Ahnung eines Bildes ergibt, das in Wirklichkeit noch viel mehr Nuancierungen als die von mir hier angesprochenen in sich birgt. Dennoch hoffe ich, die Tür in dieses Reich soweit geöffnet zu haben, dass sich durch diesen Spalt bereits ein Blick auf bunt gefärbte Facetten menschlicher Lebensgestaltungen jenseits dokumentierter Werke eröffnet.

Ich schließe meine Ausführungen somit in der Hoffnung, dass ich mein anfänglich gegebenes Versprechen einlösen konnte – dass sich nämlich die Beschäftigung mit einer vermeintlich trockenen Materie in Wahrheit als eine vielschichtige Reise durch Kulturlandschaften herauskristallisiert. Ich würde mich freuen, wenn diese Übersicht gleichzeitig auch ein (Vor-)Verständnis von der Tätigkeit des Dokumentierens zumindest ergänzt und angereichert, vielleicht aber sogar neu gefüllt und beseelt hat!

FRANKWALT MÖHREN

Wissenschaftliche Lexikographie und der tiefere Sinn

Nein, es erging kein *call for papers*, vielmehr haben die tüchtigen Herausgeber ihre Kollegen freundlich um Mitarbeit an dem vorliegenden Jubelband gebeten. Dem hehren Anlaß gemäß wurden zur Einstimmung der Beiträger keine geringeren als D'Alembert und Diderot angerufen: Zum Eintrag in ihr Vademecum wurden sie darauf hingewiesen, daß der *Prospectus*[1] der *Encyclopédie* das gesamte Wissen der Menschheit anschaulich in einer Art Stammbaum unter drei Oberbegriffe stellt: Gedächtnis, Vernunft, Einbildungskraft. Tatsächlich gehört zu dem *Prospectus* eine Tafel, *Systême figuré des connoissances humaines* genannt, die im Text erklärt wird. Alle Wissenschaften und Künste werden dort trinitär unter die Begriffe MEMOIRE – RAISON – IMAGINATION gestellt, wobei die *mémoire* zur *histoire* führt, die *raison* zur *philosophie* und die *imagination* zur *poésie*.[2]

Wesentlich aber für das Verständnis der *Encyclopédie* und, wie sich aufdrängt, auch für uns und unsere Forschung ist die beschriftete geschweifte Klammer, die die drei Fundamente des Wissens zusammenfaßt und ihnen übergeordnet ist: ENTENDEMENT. Alles Wissen ist nichts ohne *entendement*. D'Alembert und Diderot haben diesen Schlüsselbegriff von Francis Bacon übernommen und ordnen ihm das gesamte Wissen und alle Künste unter, wenn auch fraktioniert in alphabetisch geordnete Bezeichnungen der Wissensobjekte.

D'Alembert und Diderot empfanden diese Häppchenwissenschaft als Mangel und verweisen deshalb den Leser der Artikel systematisch zurück auf das *Systême figuré des connoissances humaines* und damit auf das *entendement*.[3] Jeder Forscher wird weit

---

[1] Es ist der von 1750; der erste von 1745, aus anderer Feder, ist vergessen. Im Jahre 1750 hatte übrigens Zedler in Leipzig sein 65-bändiges *Universal-Lexikon* abgeschlossen.

[2] Dem ersten Band der *Encyclopédie*, 1751, wird dieses *Systême* mit wenigen Änderungen erneut beigegeben, diesmal von Diderot als Autor gezeichnet. Es ist ein aufzufaltendes Doppelblatt, das der Leser immer vor sich haben sollte (den meisten Exemplaren ist es verloren gegangen).

[3] Diese Bezeichnung zu übersetzen ist eine Aufgabe für Philosophen (die sich streiten werden). Für den Hausgebrauch müßte „Verstehen" als das Erkennen umfassender Sinnzusammenhänge genügen. Der Artikel *entendement* der *Encyclopédie* (Band 5, von 1755) stammt aus der Feder des Berliner Hugenotten Jean Henri Samuel (Johann Heinrich Samuel) Formey, Mitglied der Berliner Akademie der Wissenschaften; er beginnt: ENTENDEMENT, s. m. (Logique.) [die runde Klammer enthält den Verweis auf das *Systême*!] *n'est autre chose que notre ame même, en tant qu'elle conçoit ou reçoit des idées* (VERSTEHEN, s. n. (Logik) ist nichts anderes als unsere Seele selbst, insofern als sie Ideen entwickelt oder aufnimmt).

von sich weisen, er könne abhängig sein von Dogmen, Ideologien, Glaubensbekenntnissen; er wird sich ebenso selbstverständlich wie pharisäerhaft für ideologiefrei erklären. Doch der Mensch unterliegt nun einmal dem *entendement*, dem bedingten Verstehen, denn das seelisch-geistige Leben ist von kulturellen Bedingungen und Vorgaben abhängig; das Verstehen ist eine Funktion des Verstandenen.

Das Fenster zur vergangenen Welt

Für den historisch orientierten Lexikologen gelten diese Bedingungen ebenso. Er hat zudem den Spagat zu bewältigen zwischen seiner eigenen modernen Erfahrungswelt und der seines historischen Gesprächspartners. So leuchtet sofort ein, daß altfranzösisch VAPEUR, das im Rosenroman vorkommt, nicht „gasförmiger Aggregatzustand des Wassers" definiert werden darf, denn um 1270 waren Aggregatzustände der Körper unbekannt, beziehungsweise wissenschaftlich undefiniert. Aber der Autor des Rosenromans, Jean de Meun, ist ein allseits interessierter und gebildeter Mensch: *E quant esparz vient e toneirres, Si repeut s'en souvent veoir Des vapeurs les pierres choeir Qui ne monterent mïe pierres* (Bei Blitz und Donner kann man oft sehen, wie Steine aus den Dämpfen fallen, die nicht als Steine aufgestiegen waren, RosemLangl 16104).[4] Für Jean war Dampf also das, was er für den modernen Menschen auch ist: durch Wärmeeinwirkung aus Wasser, Eis oder Feuchtigkeit entstehende schwebende oder sich niederschlagende Feuchte (tröpfchenförmig, also sichtbar: Nebel oder Dampf über dem Kochtopf oder auch unsichtbar direkt über einem Loch im Kochtopfdeckel). Die Sprachverwirrung haben erst Physiker verursacht, die die Bezeichnung *Dampf / vapeur* für den gasförmigen Aggregatzustand usurpierten. Sprachwissenschaftlich gesagt: die Veränderung in der definierten Sache hat diese Synekdoche bewirkt. Die zu erwartende umgekehrte Darstellung des sprachlichen Vorgangs durch die Lexikographie muß nicht konstruiert werden: Das italienische etymologische Wörterbuch von Cortelazzo und Zolli von 1991 (CortZol) definiert *vapore* primär modern physikalisch „sostanza allo stato aeriforme che si sviluppa da un liquido, per evaporazione o ebollizione, o da un solido per sublimazione" (seit 1805) und erklärt die alte Bedeutung „vapore acqueo" als 'Antonomasie', also als einengende Figur (seit Pier de' Crescenzi; 'av. 1320' [= Mitte 14. Jh.]).

Die Verinnerlichung der historisch-chronologischen Distanz, die nötig ist, um solche Fehlschlüsse zu vermeiden, gelingt am besten, wenn wir uns bewußt sind, daß wir dank der Forschungen nur durch ein Fenster in die vergangene Welt schauen können. Wir bleiben selbst in einem anderen Zeitraum stehen. Was nicht heißt, daß man nichts lernen könnte.

---

[4] Hier verwendete Sigel sind die des *Dictionnaire étymologique de l'ancien français* (DEAF), aufzulösen durch einen Blick in die *Bibliographie* unter www.deaf-page.de. Dort finden sich auch Informationen über das Forschungsunternehmen.

Mosaiksteinchen

Die Metalexikographen unterscheiden bei der Untersuchung der Wörterbücher grob ihre Makrostruktur von ihrer Mikrostruktur. Diese Gegenüberstellung wirkt griffig und plausibel, aber die beiden Elemente sind völlig ungleich gewichtet, ist doch die Makrostruktur im Falle des üblichen Wörterbuchs schnell beschrieben – sie ist nichts anderes als seine alphabetische Ordnung. Interessant wird es in der Mikrostruktur, im Aufbau eines Wörterbuchartikels. Die wohlgeformten Artikel bilden Stück für Stück die Steinchen, in denen die Wissenschaft zur Entfaltung kommt, in denen das Wissen kondensiert und die sich zum Wörterbuch fügen. Vier Beispiele in Kürzestform:

ADMINISTRATRICE f. (Verwaltungsrecht) „Verwalterin" ist in dem grundlegenden *Französischen Etymologischen Wörterbuch* (FEW, der betreffende Artikel ist von 1973) nicht verzeichnet. Das Wort wirkt modern, der *Trésor de la Langue Française* (TLF, ein Wörterbuch für das 19. und 20. Jahrhundert mit historischen Informationen, erarbeitet binnen 30 Jahren von durchschnittlich einhundert [100] Redakteuren; der betreffende Artikel ist von 1971) verzeichnet das Substantiv nicht (das Adjektiv für das Jahr 1938). Doch diese 'feminine Form' von *administrateur* steht auch in der *Encyclopédie*, im Artikel ADMINISTRATEUR (1751): «si une femme est chargée d'une administration, on l'appelle *administratrice*». Da man weiß, daß die *Encyclopédie* zu großen Teilen aus Vorgängerwerken stammt, kann man sich gezielt auf die Suche machen und findet bald das Wort in Furetière 1702. In altfranzösischer Zeit gab es schon dieselbe Funktion mit einer anders suffigierten Bezeichnung: *administreresse* (ab 1315; ab 1300 auch *amenistreresse*).

DIAGONALE f. (Geometrie) „Diagonale (z. B. im Viereck)" wird im FEW erst für das Neufranzösische belegt.[5] Der TLF datiert das Fachwort auf 1546. Der DEAF führt die Datierung hinauf bis ca. 1265. Ebenso

EPTAGONE m. (Geometrie) „Fünfeck", ist im FEW 1542 datiert. Der DEAF datiert aber ca. 1265. Dem Faßbauch geht es bislang nicht besser:

BOUGE m. (Küferei) ist als Terminus des Böttchers erst seit 1680 belegt (FEW; TLF); auch hier kann der DEAF über vier Jahrhunderte zulegen: 3. Viertel des 13. Jahrhunderts.

Das sind die Steinchen. Aber wie wird ein Mosaik daraus? Wie wird die Empirie, die für das Lexikon schon Hervorragendes leistet, fruchtbar gemacht für die Geistesgeschichte? Zum einen sind die Ergebnisse in vielfältiger Weise in die sprachwissenschaftlichen Gebiete einzuordnen. Phonetik, Morphologie, Grammatik, Stilistik, Etymologie – alle sind betroffen und alle ziehen ihren Nutzen aus der Arbeit des Lexikographen, auch die Literaturwissenschaft und alle historischen Wissenschaften. Der Lexikograph seinerseits erzielt keine stichhaltigen Resultate, ohne jene Teilfächer ein-

---

[5] Wort des Buchstabens D, der, wie E und F, in der überkommenen Lexikographie und speziell im FEW besonders schlecht bearbeitet ist.

zubinden. Das höhere Interesse entsteht aber erst durch geistesgeschichtliche Überlegungen. So ist *administratrice* neben *amenistreresse* als gelehrtere, lateinischere Bildung neben der volkssprachlicheren, eingepaßteren Bildung zu bewerten. Dieser ersten Erkenntnis folgt die Frage, ob etwa eine *Müllerin* die Ehefrau des *Müllers* ist oder ob sie im rechtlichen Sinne eine Frau ist, die den Beruf derjenigen, die Korn zu Mehl verarbeiten, ausübt. Gibt es die Erkenntnis, daß es bestallte Müllerinnen oder *administratrices* eigenen Rechts gab? Konnte das Berufsausübungsrecht eines *meuniers* auch auf seine Ehefrau übertragen werden oder konnte eine Frau den Beruf der *meuniere* ergreifen? Die Antworten können von Historikern gegeben werden, die sich in die entsprechenden Quellen einarbeiten. Es kann aber auch ein Blick in ein wissenschaftlich erarbeitetes Wörterbuch genügen, das die Resultate des Lexikographen, der hier zum Philologen und Rechtshistoriker wird (immer im besten Sinne dilettierend), übernimmt (nebenbei führt das Wörterbuch den Historiker an ihm unbekannte Quellen heran). Für die hoffentlich neugierig gewordenen: Ja, im 13. Jahrhundert durfte eine Handwerkerehefrau den Meisterbetrieb nach des Meisters Tod weiterführen. Die Zunft empfahl ihr die Verehelichung mit dem tüchtigsten Gesellen, so im *Livre des mestiers*, Paris ca. 1268.

Die modischen *Genderstudies* könnten hier fündig werden: Wie werden heute Berufsbezeichnungen ins Feminin gesetzt; welche Mittel hält die Sprache hierfür parat; wie hat sich das entwickelt; wie unterdrückt oder dominant oder gleichberechtigt war und ist die Frau? Was läßt sich an der Sprachverwendung ablesen? Ein moderner *archer* ist ein Bogenschütze (*tir-à-l'arc* ist die entsprechende moderne Sportart). Das Äquivalent *archère* „Bogenschützin" kann sich nicht durchsetzen, obwohl das Wort eine historische Bezeichnung ist (eher findet sich *tireuse à l'arc*).[6] Fußball heißt im Französischen *football* (Aussprache: futbɔl), der Spieler *footballeur*, die Spielerin *footballeuse*. Da aber mehr und mehr die Kurzform *foot* an die Stelle von *football* tritt, wurde auch *footeur* und *footeuse* gebildet, Bezeichnungen, die aber unerwartete und nicht immer erwünschte Perspektiven mit sich bringen: Sprache entwickelt sich stetig und bleibt dabei den historisch gewachsenen Bedingungen unterworfen.

Diagonale und *eptagone*, als Bezeichnungen der Geometrie, regen mit ihren neuen Datierungen zu anderen, eher weitreichenderen Überlegungen an. Beide sind Teil der Fachsprache der Mathematik, die gemeinhin als im Humanismus geschaffen betrachtet wird. Ebenso geht es der Sprache der Medizin, der Grammatik und so gut wie allen anderen.[7] Die Handbücher und die Arbeiten der Humanismusforscher sind voll

---

[6] Ob *archère* in der Bedeutung „Schießscharte" hier eine Konfliktsituation erzeugt, ist fraglich. Vielleicht wirkt das Femininum einfach zu historisch für den Sport (in den Ohren der Frauen?).

[7] Die französische Sprache der Grammatik wurde von Thomas Städtler ins Mittelalter und damit in eine ununterbrochene, lateinische Schulsprachentradition verlegt (StädtlerGram). Stephen Dörr leistete das Gleiche für die Astrologie (IntrAstrD), Sabine Tittel für die Medizin (GuiChaulMT), ebenso Marc Kiwitt (FevresKi), Yela Schauwecker für die Diätetik (SecrSecrPr²S). Zur Mathematik siehe Frankwalt Möhren: *Les débuts de l'écriture française de la géométrie au XIIIe siècle*, in: *L'écriture du texte scientifique au Moyen Âge*, hg. von Claude Thomasset, Paris 2006, S. 93–116.

von Hinweisen auf die Schaffens- und Schöpferkraft des Humanismus. Das wollen wir nicht mit diesem Federstrich negieren, aber eine tiefergehende Lexikographie zwingt die Forscher zu genaueren und historisch richtigeren Analysen. Sie müssen danach ihre Schlüsse revidieren und die wirkliche Leistung etwa des 16. Jahrhunderts darlegen und früheren Epochen lassen, was ihnen gebührt.[8]

Das Beispiel *bouge* schließlich führt uns in die Welt der Terminologien des bodenständigen Handwerks. Da es zu vielen Handwerken keine Handbücher aus älterer Zeit gibt, ist ihr Fachwortschatz kaum alt belegt. Leicht schließt man daraus, daß viele Fachwörter nicht alt sind und auch die Kenntnis von den Dingen nicht alt sei. Das ist voreilig, solange nicht wenigstens das Verfügbare aufgearbeitet, dann lexikographisch verwertet und schließlich den historischen Wissenschaften zugänglich gemacht ist. Die Bezeichnung des Faßbauchs ist durch den neuen Beleg nicht etwa als junge metonymische Bildung zu werten (von *bouge* „Art rundliche Tasche" ausgehend; ursprünglich aus dem Gallischen), sondern als altes Fachwort. Der Beleg stammt typischerweise nicht aus einem Text, der sich mit Böttcherei befaßt, sondern aus einem Geometrietraktat, in dem die Berechnung des Faßinhalts einschließlich seiner Bauchung dargestellt ist (GéomSGenV, Pikardie, 3. Viertel 13. Jh.).

Die höhere Kunst

Etymologie ist nicht die einfache Nennung eines Ursprungswortes, sondern die Erklärung eines Wortes bezüglich seiner Bedeutung, seiner formalen und lautlichen Gestalt, seiner phonetischen, morphologischen und semantischen Entwicklung und schließlich auch seiner Herkunft. Französisch CHEVALIER auf lateinisch *caballarius* zurückzuführen, ist ziemlich sinnlos, solange man kein Wort dazu verliert, daß ein *caballarius* (belegt erst seit Isidor von Sevilla, 1. Viertel 7. Jh.) ein Stallknecht und Packtierführer war (Ableitung von *caballus* „Wallach"), der *chevalier* aber ein Repräsentant des ersten Standes. Eine lautlich befriedigende Herleitung eines Wortes wird demnach zur Etymologie im wahren Sinne (griechisch ἔτυμος „wahrhaft") erst durch die befriedigende semantische Herleitung. Bei *chevalier* kommt auf diese Weise der römische *eques* und die Herausbildung der mittelalterlichen Ständeordnung ins Spiel.

Der wahre Feinschmecker wird nicht nur pappige, schmierige, bestenfalls eßbare Lasagne von Lasagne zu unterscheiden wissen, die in Aussehen, Duft, Biß und Geschmack optimiert sind (die von *mamma* natürlich), sondern er wird auch wissen wollen, warum diese so heißen, warum die Bezeichnung im Plural steht, ob die Tomaten den Kern der Sache bilden oder die Schichtung und so weiter. Dafür hat er Wörterbücher, zum Beispiel den Zingarelli von 1986. Der sagt,

---

[8] Allein der gern ins Feld geführte Buchdruck wird halbwegs verschont bleiben: Er wurde erst am Ende des Mittelalters erfunden. Siehe Lothar Wolf: *Terminologische Untersuchungen zur Einführung des Buchdrucks im französischen Sprachgebiet*, Tübingen 1979.

LASAGNA f. „striscia larga di pasta sfoglia all'uovo",[9] aus vulgärlateinischem *lasānia, dieses von lăsanu(m) „Topf, Nachttopf", dieses von dem griechischen lásanon, unbekannter Herkunft. Na ja, der Nachttopf regt doch zum Denken an; wir schauen in den Dizionario etimologico della lingua italiana von Cortelazzo und Zolli (CortZol), der drei Jahre zuvor erschienen war: Dort wird zu unserer Erleichterung „vaso di cucina, marmitta" definiert, der Rest bleibt in etwa gleich, aber es wird auf losanga „Raute" verwiesen. Unter losanga erfahren wir, daß die italienische Bezeichnung dieser geometrischen Figur aus dem französischen stammt; fr. losange[10] seinerseits aus gallisch lausa „flacher Stein" oder aber, dabei wahrscheinlicher, aus arabisch «lawzīnag „dolce di mandorla", dal pehlevi lawzēnak, un derivato di lawz „mandorla"».[11] Jetzt haben wir die Wahl: Kochtopf, flacher Stein oder Mandelkonfekt; griechisch-lateinisch, gallisch oder persisch-arabisch. Aus der Kenntnis der orientalisch-europäischen Küchenliteratur heraus, nach der Prüfung der Texte und der Chronologie muß die Etymologie so dargestellt werden:

Die arabisch-persischen Rezepte betreffen nicht irgendein Mandelkonfekt, etwa Zuckermandeln oder Marzipankartoffeln, sondern ein Mandelbrot, das aus möglichst dünn ausgewelltem Teig hergestellt wird, den man mit einer Mischung aus gemahlenen Mandeln, Zucker und Rosenwasser bedeckt, zusammenfaltet und dann zerschneidet; darüber kommen noch Sesamöl, Sirup und gemahlene Pistazienkerne.[12] Es gibt viele Mandelkonfekte, aber dieses zeichnet sich durch die typische Form aus, die durch das Auswellen und das Zerschneiden der Teigplatte entsteht. Der Weg zu den italienischen Lasagne, den großen Nudeln, die quadratisch oder rechteckig geschnitten werden, ist nur kurz. Schon im mittellateinischen Liber de coquina wird zwar analog zum Mandelkonfekt ein Teig möglichst dünn (ita tenuem sicut poteris) ausgewellt, aber die Nudeln (partes quadratas ad quantitatem trium digitorum) werden dann in gesalzenem Wasser gekocht und mit geriebenem Käse (caseum grattatum) gegessen (RecCulLibM III 10, Neapel Ende des 13. Jh., französisch beeinflußt). Ein italienisches Kochbuch des 14. Jahrhunderts übersetzt diesen Text und fügt wichtige Details hinzu: Die Nudeln soll man vor dem Kochen trocknen lassen (lassa sciugare) und sie sollen nach dem Kochen 'in Brühe vom Huhn oder von anderem fetten Fleisch [feiner!]' in einem piatello mit dem Käse geschichtet werden (a suolo a suolo; LCucBoM 148). Allerdings sagt dieser Autor nichts vom Zerschneiden, offenbar war allein mit dem Titel De le lasangne schon alles klar. Im Französischen ist losenge in der Bedeu-

---

[9] Das muß schon korrigiert werden, denn es gibt auch lasagna ohne Ei, sei es traditionell, je nach Gegend, sei es modern, für die armen Veganer. Pasta sfoglia „Blätterteig" stimmt natürlich auch nicht.
[10] Heute maskulin, im Mittelalter feminin. Daher auch engl. lozenge.
[11] Lawz ist aber arabisch, weiß Marc Kiwitt, Forscher am DEAF, ohne ins Wörterbuch zu schauen. Die arabisch-persische Etymologie wurde 1956 von Maxime Rodinson vorgetragen; sie stand freilich schon in Trév 1752, wenn ihr auch die wissenschaftliche Stützung durch den Nachweis der orientalischeuropäischen Texttradition gänzlich fehlte.
[12] Pers. lauzīnag', s. Arthur John Arberry: A Baghdad cookery-book, in: Islamic Culture 8 (1939), S. 211. Dieses Kochbuch ist 1226 zu datieren.

tung „Raute" (als Muster auf einem Stoff) schon ca. 1240 belegt, in der Heraldik schon 1254, und als Pfannkuchenstückchen, *couppez par losenges*, aus Eidottern (farbig!, von denen vier einen größeren Pfannkuchen dekorieren) in einem Kochbuch von ca. 1393 (MenagB 245, 11). Eine Metonymie von der Art 'ein Name eines Essens einer gewissen Form' wird zur 'Bezeichnung dieser Form' ist nichts außergewöhnliches (vergleiche 'die Räder des unbrauchbar gewordenen Wagens haben die Form einer Brezel'[13]). Diese Verknüpfungen sind grundsätzlich plausibel, weil die Übernahme arabischer Kochkunst, speziell in Form arabischer Kochbücher, samt einiger Speisenbezeichnungen, Bestandteil des Wissens sind.[14]

In fremden Gefilden

Solche Forschungen führen notwendigerweise zum Verlassen des eigenen, durch Kenntnisse halbwegs gesicherten Sektors. Der Schritt erfolgt auf eigene Gefahr, denn oft öffnet die gewonnene Perspektive zwar eine neue Sicht, aber die Nachbarn geben entweder keine Hilfestellung (zum Beispiel liegen die historischen Forschungen im islamischen Raum seit dem Mittelalter im Argen) oder ihre Angaben scheinen konträr zur gewünschten Auskunft zu sein.

Als Beispiel soll uns die Farbbezeichnung GRIS „grau" dienen. Die Bezeichnungen der Farben sind etymologisch schwierig. Einfach ist es nur bei den vielen Bezeichnungen, die offenkundig die Farbe eines Objekts wiedergeben, wie *orange*, *himbeer*, *violett*, etc. Fr. *gris* wurde etymologisch schon immer neben it. *griso*,[15] *grigio* gestellt. Ihre Etymologie blieb lange unverändert, so schreibt Diez [5]1887 „Vom altsächsischen *grîs* „canus" in glossen des 8.–9. jh., s. Graffs Diutiska II, 192, mhd. *grîs*, *grîse*, mlat. *griseus* (9. jh.), von letzterer form *grigio*…". Gamillscheg (Gam²) rückt den Ursprung ins Fränkische, Wartburg (FEW 16, 83b) ins Altniederfränkische: **grîs*. Wir wollen hier nicht die ganze Etymologie ausbreiten, zumal zum einen die Meinungen im Detail dann doch ziemlich divergieren[16] und zum anderen zentrale Annahmen falsch sind (im Besonderen das Herzstück, der Erstbeleg von mlt. *griseus*, belegt auf dem Monte

---

[13] Mittellateinisch, s. DC 1, 730b BRACHIOLAE und BRACHIOLUM.
[14] TLF 10, 1371b lehnt diese Etymologie ab mit einer Begründung, die nicht mehr stichhaltig ist (noch nicht zur Kenntnis genommene Textfiliation). Erklärt werden muß hingegen die frühe Datierung der Raute als (Wappen-)Muster. Eine Ableitung von okzitanisch und franko-provenzalisch *lausa* „Dachplatte" ist semantisch akzeptabel, wäre da nicht die Endung *-enge/-ange*, die schwer zu erklären ist (s. TLF 3,4a; *-ing* + *-a* wird komplex). Nötig für die uneingeschränkte Annahme der arabischen Etymologie wäre eine Übernahme vor den uns bekannten westlichen Kochbüchern, also etwa in der Zeit des 4. Kreuzzugs. Eine Konvergenz beider Möglichkeiten ist nicht ausgeschlossen.
[15] *Griso* galt bereits im 19. Jahrhundert als veraltet; moderne italienische Wörterbücher verzeichnen nur noch *grigio*.
[16] CortZol 1980 meint z. B., it. *grigio* käme aus dem Langobardischen, *griso* aber aus dem Französischen; Zingarelli 2008 meint, *grigio* käme aus dem altprovenzalischen *gris*; dieses aus dem fränkischen **grīs*…

Cassino für das Jahr 874, erweist sich bei genauerem Hinsehen als inexistent, beziehungsweise als neulateinisch, nämlich aus der Feder Du Canges stammend). Die germanische Form *gris* kann einzig aus einer Glosse des 10. Jahrhunderts belegt werden (Glosse zu Isidor von Sevilla, nämlich *cani : grisa*); das Althochdeutsche kennt das Wort offenbar nicht ('grau' wird mit *grāo*, mhd. *grā* bezeichnet).

Eine Form, die dazu geeignet sein könnte, *grīs* zu stützen, ist ahd. *crisil* „grau"; diese Form wollen wir hier kurz hinterfragen. *Crisil* wird von Schützeichel[6] 140b (*Althochdeutsches Wörterbuch*) aus Notker Labeo belegt („grau"; unter G). Edward H. Sehrt – Wolfram K. Legner, *Notker-Wörterbuch*, Halle 1955, schreibt *crisil*, unter einem Stichwort *grisel*. Edward H. Sehrt, *Notker-Glossar*, Tübingen 1962, schreibt *grĭsel* [mit Länge- und Kürzezeichen über dem *i*] (gibt keinen Stellenverweis). Robert T. Giuffrida, *Das Adjektiv in den Werken Notkers*, Berlin 1972, 32, gibt *grisel* als Äquivalent von *pallidus*.

Da das alles ziemlich unklar ist, prüfen wir nach: Es gibt bei Notker nur eine Stelle für das Wort. Bei James C. King, *Notker der Deutsche. Boethius' Bearbeitung der Categoriae des Aristoteles*, Tübingen 1972, IV, 6, S. 117, 19, kann man sie nachlesen: *In aliquibus itaque nomina sunt his que media sunt... Ut albi et nigri, fuscum et pallidum. Álsô dîen mediis suárzis únde uuîzis sínt, pléih únde crísil* (Hs. Sankt Gallen, 11. Jh.). Die angesprochenen Wortpaare sind demnach *fuscum : pléih* und *pallidum : crísil*. Da Notker an anderer Stelle *fuscum* auch mit *suárz* wiedergibt, *pléih* aber schon ein helles Grau bezeichnet, könnte *crísil* ein anderes helles Grau bezeichnen. Zur Identität der Form ist zunächst zu sagen, daß Notker eine Orthographiereform versuchte. Er schreibt zum Beispiel anlautende Verschlußlaute immer als stimmlose, also in dieser Stellung nur p, t und k (= c), und er setzt den Akut auf alle kurzen (Ton-)vokale, den Zirkumflex auf die langen. Das allein belegte *crísil* kann also als mit *g-* anlautend interpretiert werden, aber das einfach so hinzuschreiben (Sehrt, Giuffrida), ist kühn. Der Vokal ist eindeutig kurz, Notker macht bei der Akzentuierung keinen Fehler. *Crisil* (Schützeichel) oder *grisil* (Giuffrida) ohne die Kürze zu schreiben, ist unkorrekt;[17] Sehrts Schreibung *grĭsel* verrät den Grund: Die Forscher hatten die vorgefaßte Meinung, das Wort sei zu *grīs* zu stellen (mit langem i), dazu paßte aber Notkers Akut überhaupt nicht. Deshalb haben sie ihn weggelassen oder aber die freie Wahl suggeriert (*grĭsel* bei Sehrt).

Da die Etymologie von mehreren romanischen (auch mittellateinischen) Familien von einer gesicherten Interpretation der Überlieferung abhängt, muß sich der Romanist damit auseinandersetzen – er geht selbst an die Quellen. Notker Labeo lebte von etwa 950 bis 1022. Er stammte aus einer bedeutenden Thurgauer Familie. Im Kloster Sankt Gallen lehrte er und übersetzte er Aristoteles und Boethius. Sein Sprachgefühl und -verständnis sind hochentwickelt. Seine Übersetzungen bleiben eng am Text, meist Wort für Wort, oft interlinear geschrieben, aber sie sind dennoch nicht höl-

---

[17] Schützeichel ist zugute zu halten, daß er Kürzen normalerweise nicht notiert.

zern, sondern eher elegant. Er kennt auch die großen Schriften der Gallo-Romania; er übersetzt Martianus Capella mit Berücksichtigung des Kommentars von Remigius von Auxerre (Ende 9. Jh.). Sein Wortschatz ist mit (Medio-)Latinismen angereichert, die er ans Althochdeutsche angepaßt hat. Diese Biographie und die Unmöglichkeit, *crísil* an **grīs* anzuschließen (auch der Wortausgang *-il* ist unverträglich), legt nahe, dieses Wort Notkers als Gallo-Latinismus aufzufassen; ein solches **grísile* muß nach Ausweis von afr. *grisle*, das ab ca. 1160 als Bezeichnung einer Pferdefarbe (sicher grau) belegt ist, existiert haben. Die Motivation, dieses etwas aparte Wort einzusetzen, könnte von dem Willen herrühren, die Farbnuancen möglichst genau wiederzugeben, sonst hätte Notker auch schlicht *gra(o)* setzen können. Die Germanisten sollten also getrost Notker glauben und *crísil* schreiben (eventuell unter einem Lemma **grīsil*). Jedenfalls stützt Notkers Beleg nicht die germanische Etymologie von fr. *gris*, it. *griso*, *grigio*, etc. – Der geneigte Leser ist jetzt sicher schrecklich neugierig auf die Lösung des Rätsels. Nur soviel: das wahrscheinlichste Etymon für fr. *gris* / it. *griso* / *grigio* ist griechisch χρύσεος „golden". Das glaubt aber nur der, der sich mit dem Handel mit Fellen vom sibirischen Eichhörnchen im Mittelalter und den Charakteristika dieses Pelzes befaßt.[18] Diese Weiterung gibt auch einen Hinweis auf die Bedeutung von *crísil*: „silbergrau" würde zu Feh gut passen.

Die Basis: Philologie

In der altfranzösischen Lexikographie finden sich folgende offenbar zusammengehörige Formen, die wohl Stoffe bezeichnen:

QUAREIS m. „morceau carré d'étoffe", doc. 1317, Compt. de Geoff. de Fleuri..., .ii. *quareis tachiez, souciez* (Gdf 6, 481c); *kareis* und *quareis* im archäologischen Glossar von Gay, mit dem Datum 1317 (Gay 2, 61b), sowie *carex*, 1471 (Gay unter CARISET). Das FEW vereint diese Formen unter den Materialien unbekannter Herkunft, mit den Daten 1317, 1322 und 1471. Manfred Höfler, in einer Studie über Stoffbezeichnungen, nennt die beiden Daten 1317 und 1322 (MélWartb² 473).

Bei genauerem Hinsehen scheinen alle altfranzösischen Belege aus einer Quelle zu stammen, nämlich aus einem Inventar und Rechnungsbuch der königlichen Argenterie im Louvre. Die Aufstellung wurde von dem Argentier Geoffroi de Fleuri angelegt (CptFleuri²). Es handelt sich um ein einziges Dokument, das über mehrere Jahre hinweg Zu- und Abgänge an Stoffen in der Kammer registriert. Alle bekannten Belege (außer dem von 1471) stehen in diesem Dokument. Die Datierungen (1317, 1322) gehen durcheinander, aber eine Abrechnung folgt ordnenden Prinzipien; es gilt, diese Ordnung zu erkennen: S. 1–3: Aufstellung der 1317 vorhandenen Stoffe; S. 4: Wertsum-

---

[18] *Lexicographie critique: l'étymologie de fr. gris, it. grigio*, in: *Travaux de Linguistique et de Littérature* 35–36 (1997), S. 299–316. Deutsche Bezeichnung des Pelzes: *Feh* (daneben *Grauwerk*); auch Farbbezeichnung.

men nach Stoffart; S. 5–18: Ausgabe dieser Stoffe (mit Daten bis 1322); S. 18–19: Wertsummen dieser Ausgaben an Stoffen. Daraus folgt, daß unsere Stoffe (*.ii. quareis* S. 3, *kareis* S. 4, *careis* S. 17 und *careis* S. 19) zwar an vier Stellen genannt sind, aber daß es sich immer um dieselben beiden Stücke Stoff handelt. Da das Dokument eine Zusammenfassung darstellt, ist nur das Datum 1322 für alle Belege einzusetzen.

Diese Erkenntnis bringt uns auch inhaltlich weiter. Die vier Stellen nennen nur zwei Stücke einer Stoffart, nämlich *.ii. quareis tachiez souciez* (mit Schreibvarianten). Das ist nicht ohne weiteres verständlich. *Tachié* könnte „gefleckt" oder „verfleckt" heißen. „Verfleckt" ist nicht unmöglich, wie das Dokument zeigt: Es gibt dort auch (S. 3, zwei Zeilen unter dem Beleg von *quareis*) *.xx. pieces de cameloz de tripe, mengiez de vers, de petite value*, also 'von Mottenlarven angefressen, von geringem Wert', auch *.ij. mauvais veluiaus* S. 2 ('zwei schlechte Veloursstücke'). *Souciez* (auch *souscies* geschrieben[19]) ist als Adjektiv zu interpretieren. Wir finden es im FEW 12, 73b mit dem nicht nachvollziehbaren Datum 1315 und der Definition „teint en jaune". 'Gelb gefärbt' muß falsch sein, denn in unserem Dokument wird neben *veluiau soucié* (S. 5) auch *veluyaus jaunes* (pl.) [dazu *vers*, S. 6, *rouges, cendré, tannez*, S. 7] genannt. Tatsächlich ist *soucié* an *soussie* f. „Calendula / Ringelblume" anzuschließen; 'ringelblumenfarben' ist gleich 'satt goldorange'.[20]

Nota bene: Ohne Philologie, ohne die Texte zu kennen, zu verstehen, zu lesen (das wäre das Mindeste, aber dazu hat keiner Zeit), sind Lexikographie und Lexikologie nicht möglich.[21] Erst nach solcher philologischer Prüfung ist die Erwägung möglich, ob *careis/kareis/quareis* zu *kersey* gestellt werden kann, einer Bezeichnung eines festen, leichten englischen Tuches, das zum Beispiel Mönch und Nonne gern als Sommerkutte trugen.[22] Für das feine und feste Garn durfte keine spanische Importwolle benutzt werden, bestimmt ein Weberstatut von 1262 (LathamDict 1, 290c); seine Herstellung erforderte eine von der Schur bis zum Spinnen kontrollierte Lage der Wollfasern. Die Technik brachten schon im 12. Jahrhundert flandrische Weber nach Norfolk. So manches, durch große Glasflächen auffällige Weberhaus aus dem 13. Jahrhundert steht heute noch dort... Kurz, es ist wahrscheinlich, daß sich auch französische Könige gern in dieses englische Tuch gewandeten.

---

[19] Der Ausgang *-iez* deutet auf eine Lautung *-iéz/-iés*.

[20] FEW 12, 73b *soucie de graine* „drap de couleur de souci" ist ebenso falsch, denn *graine* ist karminrot (aus *graine* 'getrocknete Schildlaus (als Farbstoff)', s. DEAF G 1167, 4°).

[21] Vgl. Schützeichel[6] in principio: „Die verantwortungsbewußte Bearbeitung eines Wörterbuches offenbart sich in der strikten Beachtung der zugrundeliegenden philologisch-historischen Prinzipien, in der gebotenen Distanzwahrung zu gleich oder ähnlich benannten, in Wahrheit pseudophilologischen Sammlungen, in der strengen Bindung an die Textüberlieferung und in der Berücksichtigung ihrer beständig fortschreitenden Erforschung, die gerade für das Althochdeutsche starke und vielfältige Impulse erlebt" (steht im Vorwort seit der 4. Auflage).

[22] Damit sind heute noch die Billardtische für Turnierbillard belegt (für die bedauernswerten Googler: suche *Worsted*).

Der tiefere Sinn

Qui a males lanternes sovent se trebuche en voie. Dieses Sprichwort setzt Jean d'Antioche im Jahre 1282 an den Schluß seiner *Rectorique*, einer umsichtigen Übersetzung der *Rhetorica ad Herennium* und von Ciceros *De inventione*. In *Acre* (Akkon) an der galiläischen Küste seine Arbeit beendend, ist der polyglotte Jean weise genug für diese Erkenntnis: Wer schlechte Laternen hat, der kommt auf seinem Weg oft zu Fall. Seine Zeit war die der 'Renaissance' des 12. und 13. Jahrhunderts, die Zeit des aufklärerischen Elans des 13. Jahrhunderts, der die dogmenkritische Wissenschaft (*philosophie*) an den zur Universität gewordenen Schulen von Paris hervorbrachte. Befruchtet von islamischer und jüdischer Wissenschaft hatte sich unter günstigen politischen und ökonomischen Bedingungen in der Île de France der an Aristoteles anknüpfende universitäre Geist entwickelt, der sich in ganz Europa ausbreitete und der die Stellung Europas in der heutigen Welt begünstigt hat. Das sprachliche Vehikel dieser Entwicklungen war zum einen das Latein, das in Westeuropa die Wissenschaftssprache war, zum anderen das Altfranzösische, das in Frankreich und Großbritannien herrschte und große Bedeutung in Italien und im Heiligen Land hatte. Altfranzösische Wissensliteratur und schöne Literatur wurden, durch Lektüre oder Übersetzung, zum Vorbild in ganz Westeuropa (Stichwort *Parzival*).

Billig könnte man von hier aus die Rentabilität der altfranzösischen Forschungen postulieren. Das wäre vollkommen richtig, angemessen und publikumswirksam. Aber genau da sind die Fallen aufgestellt, die unvereinbar sind mit dem universitären Geist. Das Ignorieren des Opportunitätsprinzips hat die Blüte des 13. Jahrhunderts hervorgebracht, von der wir heute noch zehren. Ebenso hatten sich die modernen Geisteswissenschaften im 19. Jahrhundert entwickelt – als ethische, im Historischen verankerte Grundlage der sich industrialisierenden Gesellschaft. In der heutigen, sich mehr und mehr verrechtlichenden und ökonomisierenden Welt sind tiefgehende, fort- und weiterführende geisteswissenschaftliche Forschungen nötig, nicht plakativ beworbene, in den Anträgen der Reklamesprache verpflichtete Projekte, nie visionär, sondern mit vorhersehbaren, kalkulierbaren (= abrechenbaren) Informationsmengen. Könnten wir wieder Forscher mit Charakter und Eigensinn zu einem Leben in der Wissenschaft verpflichten und ihnen ein förderliches Umfeld gewähren, statt künftig lustlos und mißtrauisch mit prekären Jobs in Projekten die Freizeit von Forschungstechnikern zu finanzieren, könnten wir auch die großen Traditionen europäischer und deutschsprachiger Forschungen fortführen oder erneut an sie anknüpfen.[23] Die Rentabilität muß darunter nicht leiden, im Gegenteil, ein in geistesgeschichtlichen Dingen exportfähiges Europa könnte den elenden Funda-

---

[23] Wesentlich besser gesagt und begründet hat dies Clemens Albrecht: *Barbaren vor den Toren der Wissenschaft. Vom Aufstieg und Niedergang der Geisteswissenschaften*, in: Forschung & Lehre 8 (2007), S. 452–455.

mentalismen hier und anderswo ein befreiendes historisches Selbstverständnis entgegensetzen. Wenn wir unsere eigene Geschichte als Geschichte des Austauschs zwischen den Kulturen zum sinnstiftenden Forschungsgegenstand machen, können wir vielleicht auch in (auto-)aggressiven Dogmen verharrende Mitmenschen dazu bringen, ihre eigene, oft große und größere Geschichte als ebenso sinnstiftend zu erkennen.[24] Das diente dem Wohle der Menschheit. Eine solche Entwicklung würde humanistisches Handeln ermöglichen – sie setzte aber eines voraus: *ENTENDEMENT*.

---

[24] Viele Tropfen kühlen den heißen Stein. Einer war Aziz Al-Azmehs Vortrag in der Berlin-Brandenburgischen Akademie der Wissenschaften am 5. März 2008, *Rome, New Rome and Baghdad: Pathways of Late Antiquity*.

Johannes Schnurr

Im Rausch der Praxis? Public Relations für die Wissenschaft

Um das Verhältnis zwischen Wissenschaft und Öffentlichkeit ist es nicht immer zum Besten bestellt. Was über Jahre im Labor, in Fachbibliotheken an Erkenntnissen, an Forschungsergebnissen gewonnen wurde, dies soll – so lautet heute die allerseits erhobene Forderung – in frischen Worten und ansprechendem Gewand in der Zeitung zu lesen, im Radio zu hören, in den TV-Wissenschaftsmagazinen zu sehen sein. Angepasst an neue mediale Formate und schwindende Aufmerksamkeitsressourcen reizüberfluteter Rezipienten, müsse Wissenschaft – schlicht und ergreifend – mehr Unterhaltungswert entwickeln. Dabei dürfe sie keinesfalls ihre besondere Substanz preisgeben, sondern möge lediglich in ihrem äußeren Erscheinungsbild stromlinienförmiger, farbenfroher und dabei im Bewusstsein der Bevölkerung möglichst präsent werden.

Dass viele Forscherinnen und Forscher in einem solchen Umfeld gewisse Berührungsängste entwickeln, dies mag ihnen niemand verdenken. Sie fürchten, nicht immer zu Unrecht, eine Verflachung, gar Verfälschung ihrer mühevollen und hochkomplexen Geistesarbeit – so diese für ein breiteres (Laien-)Publikum aufbereitet wird. Und auch bei aller ernsthaften Bemühung, den gewünschten Brückenschlag erfolgreich zu meistern, gibt es doch keine Garantie für sein Gelingen. Misslang weiter erst einmal der zeitaufwändige erste Versuch, mit Journalisten einen gemeinsamen Nenner zu finden, so halten es nicht wenige fürderhin resignierend mit Oscar Wilde, der nach einer leidlich erfolglosen Aufführung eines seiner Theaterstücke in sein Tagebuch schrieb: „My piece was a smashing success, but the audience was a complete failure."

Doch innerhalb eines gesamtgesellschaftlichen Gefüges, welches sich gegenwärtig mitten in einem gewaltigen Umbruch befindet, müssen auch die Wissenschaften ihren Platz neu definieren. Eine Auswertung des deutschen Hochschulverbandes ergab im August 2007, dass die geisteswissenschaftlichen Fakultäten binnen 10 Jahren – 663 Professuren verloren. Damit wurden im Zeitraum von 1995 bis 2005 rund 11,6 Prozent aller Professorenstellen in diesem Bereich nicht mehr besetzt. Am härtesten traf es die Klassische Philologie, die innerhalb einer Dekade rund 35 Prozent ihrer Professuren und etwa die Hälfte aller Mitarbeiterstellen verloren hat. Insgesamt haben die deutschen Universitäten in den letzten 10 Jahren 1451 Professorenstellen eingebüßt, während zeitgleich die Anzahl der Studierenden um 0,5 Prozent anstieg. Bernhard Kempen, Präsident des Hochschulverbandes, resümiert die Situation wie folgt:

„Angesichts dieser Zahlen brauchen wir im Jahr der Geisteswissenschaften 2007 nicht darüber zu streiten, ob es eine wirkliche oder eine gefühlte Krise der Sprach- und Kulturwissenschaften in Deutschland gibt."

Doch ist es nicht allein der aktuelle Stellenabbau, der die hoch spezialisierten Disziplinen marginalisiert, auch die von den Hochschulen geforderte Schwerpunktbildung sowie eine stärkere Orientierung an möglichen Berufsbildern im Rahmen des Bolognaprozesses wird für eine ganze Reihe von Fächern faktisch das Aus bedeuten. Die bislang auf den Magister- oder Diplomabschluss zugeschnittenen Studienformen mit ihrem traditionellen Fokus auf eine reflexive und selbsttätige Studienorganisation vermögen mit den verkürzten Zeitvorgaben nicht mehr in Einklang gebracht zu werden. Auch ist es die Frage, vielleicht sogar die zentrale Frage an die deutsche Wissenschaft überhaupt, ob sie noch in der Lage ist, fähige, gar die fähigsten, Nachwuchsforscher an sich zu binden. Im Angesicht der mittlerweile üblichen Belastungen, denen sich junge Wissenschaftlerinnen und Wissenschaftler durch Antrags- und Evaluationsverfahren, durch ausufernde Verwaltungsaufgaben, steigende Studentenzahlen und ein gleichzeitig signifikant absinkendes Einkommen in Folge der Einführung von W-Professuren gegenüber sehen, darf diese Frage getrost verneint werden. Härter, an der Grenze zur Polemik, formuliert: Jeder junge akademisch befähigte Mensch, zumal wenn er plant, eine Familie zu gründen und seine Rente verlässlich abzusichern, ist prinzipiell gut beraten, sich eine Stellung außerhalb des unsicheren Wissenschaftsbetriebes zu suchen. In der Wirtschaft, in einer Stiftung, im Staatsdienst oder in einer Erfolg versprechenden Selbstständigkeit.

Noch vor einigen Jahrzehnten stellte sich diese Situation, ökonomisch wie psychologisch, radikal anders dar. Das gesellschaftliche Renommee eines Wissenschaftlers war ohne Zweifel hervorragend. Auch, ja gerade das Studium der Geisteswissenschaften stellte eine hoch angesehene Ausbildung dar, ein guter Abschluss versprach Karrierechancen auf vielerlei beruflichen Feldern. Und diese Situation schlug unmittelbar auf die Selbstwahrnehmung durch. Ernst Robert Curtius lehnte 1920 den Ruf an die Technische Hochschule Aachen mit dem Kommentar ab: „Da kann es ja dazu kommen, dass mich der ordentliche Professor für Heizung und Lüftung mit Herr Kollege anredet."

Doch die Zeiten haben sich geändert. Bereits 1882 vermerkte der Physiologe Emil Du Bois-Reymond in seiner Berliner Rektoratsrede „Goethe und kein Ende": Der „Collège" Faust hätte „statt an den Hof zu gehen, ungedecktes Papiergeld auszugeben und zu den Müttern in die vierte Dimension zu steigen, besser [daran] gethan, Gretchen zu heiraten, sein Kind ehrlich zu machen, und Elektrisiermaschine und Luftpumpe zu erfinden."

Was sich hier noch halbwegs heiter als ein perspektivisches Gerangel der Disziplinen ankündigt, stellt sich heute weit weniger amüsant für jene Betroffenen dar, die ihren Lebensunterhalt innerhalb der Wissenschaft, sei es in der Forschung, sei es in der Lehre, verdienen. In der Tat müssen sich viele Fächer der Gretchenfrage nach der

Legitimität ihrer Existenz mit ganz anderem Ernst stellen. Insofern sie vom Steuerzahler alimentiert werden, stehen sie in einer Konkurrenzsituation nicht nur zu neuen akademischen Ausbildungsformen, sondern auch zu gewandelten Modellen wissenschaftlichen Verständnisses. Die Frage nach dem Nutzen, ihrem gesellschaftlichen Mehrwert, der Praxisrelevanz wird vehement an sie herangetragen. Fragt man heute den einen oder anderen Heroen des überkommenen Systems nach seinem Verhältnis zur Öffentlichkeit respektive noch pointierter nach der Gestaltung des Bildes seiner Disziplin in der Öffentlichkeit, so fallen Sätze wie die folgenden: „Öffentlichkeitsarbeit ist ein unwürdiger Bauchtanz. Wenn man es draußen nicht mehr versteht, was der Wert unserer Arbeit ist, dann können wir es auch gleich ganz lassen!" Oder: „Bereits Ihre Frage zeugt von wenig Verständnis für unsere Aufgabe: Eine gute Arbeit spricht immer für sich selbst."

Die Krise vieler Disziplinen erscheint in Teilen auch hausgemacht. Die sukzessive Etablierung geisteswissenschaftlicher Stellen mit guten Gehältern, die Einrichtung von Lebenszeitstellen mit verlässlicher sozialer Absicherung haben den Blick dafür verstellt, dass diese Situation nicht per se gegeben ist, sondern dass sie, vor allem in einem mittlerweile labil gewordenen ökonomischen System, permanent neu legitimiert werden muss. Das fraglos hohe geistig-kulturelle Niveau der Wissenschaftler trifft, und dies ist die zentrale These meiner weiteren Ausführungen, nicht auf naturgegebene Akzeptanz in der Bevölkerung oder bei den staatlichen Geldgebern, sondern es stellt sich vielmehr als Aufgabe heraus, diesen Markt konsequent zu schaffen, zu stabilisieren und sich auf ihm – in starker Konkurrenz gegen die Medienprofis anderer Einrichtungen – zu behaupten.

Dieser Gedanke – er mag einem zusagen oder auch nicht –, dass der Wettbewerb um Ansehen, um öffentliche Wahrnehmung, um positives 'Image' innerhalb einer pluralistischen Gesellschaft zum entscheidenden Erfolgsfaktor für das Überleben einer Forschungseinrichtung werden kann, hat in den letzten Jahren die Wissenschaft erstmals in voller Breite erreicht. Es ist nicht länger die Domäne der Wirtschaftsunternehmen, konkurrierender politischer Parteien oder von Interessenverbänden, sich öffentlich Gehör zu verschaffen. Es ist Aufgabe des Wissenschaftlers geworden, zu dokumentieren, zu demonstrieren, was seine Arbeit für die Gemeinschaft 'wert' ist. Wenn ihm dies Freude bereitet – so ist es gut. Aber auch wenn es ihm nicht gefällt und innerlich nur widerstrebend gelingen mag, so kann er auf die Länge gesehen diese Herausforderung doch nicht umgehen. Universitäten, Forschungseinrichtungen und -verbände kämpfen mittlerweile mit hohem Aufwand an personellen und finanziellen Ressourcen um ihren Platz in den Medien. Bereits eine mittlere Universität beschäftigt in ihrer Pressestelle oft ein halbes Dutzend Mitarbeiter, nicht mitgerechnet jene Freien Autoren, Grafiker, Fotografen und Servicekräfte, die für die Forschungsmagazine, Universitätsnachrichten, Pressemitteilungen, Onlinepublikationen, Imagebroschüren, Homepages, Kongresse und Veranstaltungen benötigt werden.

So mancher berufsmäßige Denker, sei es ein Ingenieur, eine Biologin oder ein Philologe, mag hier nachdenklich werden. Zu Recht wird er sich fragen dürfen, ob es nicht gar kontraproduktiv sei, nun plötzlich in einen Rausch der Praxis zu verfallen und die kostbare Zeit, die schwindenden finanziellen Mittel darauf zu verwenden, sich dieser heiklen Aufgabe der Öffentlichkeitsarbeit zu stellen.

Öffentlichkeitsarbeit, oder oft auch synonym Public Relations oder PR genannt, ist ein zweischneidiges Schwert. Sie bedarf des zeitlichen Aufwands, finanzieller Mittel, vor allem aber der Geduld und der Kontinuität. Man kann sie mit mehr oder weniger Engagement, mit mehr oder weniger professionellem Anspruch betreiben. Und ihre Ergebnisse, die Erfolge ihrer Mühen sind im Vorfeld oft schwer einzuschätzen. Doch wer Öffentlichkeitsarbeit über Jahre unterlässt, der unterliegt im Kampf um die schwindenden Ressourcen, dies darf heute als gesicherte Erkenntnis gelten. Wer sich hingegen auf sie einlässt, sie als Aufgabe annimmt, ihre Klaviatur zu spielen weiß und in der Lage ist, eine stabile Vertrauenskette mit den Medien, der interessierten Öffentlichkeit und seinem Publikum aufzubauen, der wird fast gewiss über die Jahre reichlich Anerkennung für seine Forschung erfahren.

Wenden wir nun den Blick unmittelbar ins Feld der PR-Praxis: Wie vermag eine Erfolg versprechende PR-Strategie für eine wissenschaftliche Einrichtung auszusehen? Welche Elemente muss sie enthalten, um einen greifbaren Mehrwert zu generieren?

Zunächst, und hier mögen die bisherigen Vorüberlegungen fruchtbar werden, geht es für die oder den Öffentlichkeitsarbeiter(in) im Bereich Wissenschaft darum, innerhalb der eigenen Institution um Verständnis für die Notwendigkeit seiner Aufgabe zu werben. Denn sein Tätigwerden bedeutet in zeitlicher wie finanzieller Hinsicht eine faktische Mehrbelastung für die Mitarbeiter, für deren Gesamtbudget an Zeit und Finanzen. Der Ertrag erfolgreicher Public Relation bleibt hingegen zunächst ein Zukunftsversprechen. Eine Investition, die sich oft erst nach Jahren gegenrechnet und dies auch nur dann, wenn die in Angriff genommene Außendarstellung kontinuierlich und kompetitiv erfolgreich durchgeführt wurde. Wenn die für aktive Pressearbeit zur Verfügung gestellten Ressourcen nicht, wie es in Forschungseinrichtungen immer wieder zu beobachten ist, sukzessive durch dem ursprünglichen Aufgabenbereich fachfremde Dienstleistungen absorbiert werden: Verwaltungsaufgaben, Marketing und umfangreiche Veranstaltungsorganisation, größere periodische Publikationsaufgaben (etwa Geschäftsberichte), Sekretariatstätigkeiten (Versandtätigkeiten, Erstellung von Adressverteilern für Tagesaktionen) oder gar technischen Detailaufgaben wie Programmierung der Homepage statt deren Content-Gestaltung usw.

Im zweiten Schritt ist es unerlässlich, das Vertrauen der Medien zu gewinnen und ihr Interesse – und zwar dauerhaft – auf die wissenschaftliche Arbeit der infrage stehenden Einrichtung zu lenken. Diese Etablierung einer reliablen Vertrauenskette zwischen Pressestelle und Fachjournalisten bedarf in der Regel vieler Jahre und ist überdies oft augenfällig an die Wertschätzung bereits geleisteter Pressearbeit oder an die Struktur eines bestehenden PR-Stabes geknüpft. Der Öffentlichkeitsarbeiter sollte weiter die Bedürfnisse der Medien aus eigener Erfahrung kennen und sie, in Wort,

Bild und Stil, angemessen zu bedienen wissen. Denn was etwa wirtschaftsnaher Public Relation dient, geziemt sich nicht zwingend auch für den Bereich Wissenschaft. Auf der anderen Seite des Schreibtisches erweist es sich für die Journalisten nämlich als ein mühsamer und oft zeitraubender Prozess, hochaktuelle, dabei für das intendierte Zielpublikum gut nachvollziehbare und zugleich spannende Wissenschaftsthemen zu identifizieren. Meist fehlt es an Verständlichkeit, an Anknüpfungspunkten, weshalb eine wissenschaftliche Entdeckung, ein Kongress oder ein Forschungsprojekt Anspruch erheben sollten, ihr Interesse zu erwecken. Überdies produziert – es sollte offen ausgesprochen werden – so manches wissenschaftliche Institut oder so manche Universität „science-news", welche nicht immer jenes volle inhaltliche Gewicht zu tragen vermögen, auf welches sie in eingängigen Slogans Anspruch erheben. Das Trommelfeuer der täglichen Forschungsnachrichten zu filtern, wissenschaftliche Töpfchen und Kröpfchen zu scheiden, ist selbst für den geübten Medienprofi eine nicht zu unterschätzende Herausforderung.

Drittens, und dieser Punkt umschließt die beiden oben genannten – einmal nach innen, einmal nach außen gerichteten – Funktionsbewegungen, kommt dem Ressort Presse- und Öffentlichkeitsarbeit die Aufgabe einer beständigen Vermittlung zwischen Interessengegensätzen zu. Denn Missverständnisse sind an jener heiklen Grenzlinie vorprogrammiert und an der Tagesordnung. Nicht nur divergieren die Perspektiven von Medien und Wissenschaftler wie bereits beschrieben; auch wenn es um die ganz alltägliche Kooperation mit Grafikagenturen, Programmierern, Übersetzern, Layoutern, Fotografen oder die termingerechte Planung und Ankündigung von Veranstaltungen und Vortragsreihen geht, um die Herstellung von Imagebroschüren, Einladungen, Beiträgen für die Internetpräsenz, die Produktion von Plakaten oder Pressemitteilungen, entstehen Situationen, die rasch zu tiefer gehenden Konflikten zwischen den Beteiligten führen können. Undefinierte Verantwortungsbereiche, vage Arbeitsvorgaben, punktuelle Überlastung oder schlicht verschieden gewichtete Prioritätenwahrnehmungen und Erwartungshaltungen führen mitunter zu Reibungsverlusten, die es integrativ und mit unverrückbar optimistischem Blick auf den gemeinsamen Projekterfolg hin zu bewältigen gilt. Was denn in den allermeisten Fällen auch gelingt – und im Wiederholungsfalle meist schon mit Routine und Gleichklang einhergeht.

Um den Methodenkoffer der Wissenschafts-PR weiter zu öffnen, so steht im Zentrum der praktischen Öffentlichkeitsarbeit die Pressemitteilung. Sie muss bestimmten Kriterien genügen, um in den Redaktionen Anspruch auf Wahrnehmung erheben zu können: eine klare, ansprechende Überschrift, überschaubarer Textumfang, ein Thema, dessen Relevanz für den möglichen Leser sofort erkennbar wird. Sie sollte ferner hochwertiges Bildmaterial mit erklärenden Bildunterschriften offerieren und Ansprechpartner benennen, die bei Interesse für das Thema für den Journalisten auch erreichbar sind. Hierbei gilt die Faustregel: „Never release and run!" Wissenschaftler, die sich als freundliche, verlässliche und erreichbare Gesprächspartner bewährt haben, gewinnen bei Journalisten fast unwillkürlich an Ansehen und werden immer wieder erneut als Interviewpartner oder für Hintergrundberichte angefragt (und hier liegt zweifelsohne eine der ganz großen Stärken der deutschen Akademien der Wissenschaften: Wohl kein anderer Forschungsverbund vermag quer über alle Fachbereiche hinweg profilierte Forscher dieser Güte als potenzielle Ansprechpartner zu bieten).

Je passgenauer eine Pressemitteilung auf die Bedürfnisse von Journalisten zugeschnitten ist, desto wahrscheinlicher wird der Erfolg, eine Wissenschaftsgeschichte (oder -nachricht) 'ins Blatt zu bringen'. Infolge der Medienkrise ab dem Jahr 2001 leiden die meisten Redaktionen, wie auch die Freien Journalisten, unter extremem Zeitmangel. Durch die Abwanderung des Anzeigengeschäfts ins Internet brachen die traditionellen Annoncenmärkte, vor allem in den Printmedien, regelrecht zusammen. Weiter führte diese mittlerweile chronifizierte Beschneidung finanzieller Ressourcen zu einer erheblichen Ausdünnung der Personaldecke – vor allem bei den Printmedien. Hierunter litten und leiden viele auch der wichtigsten journalistischen Kernaufgaben; zeitaufwändige Arbeitsprozesse wie die investigative Hintergrundrecherche oder das sorgfältige Identifizieren aktueller und bislang noch nicht öffentlich dargestellter Forschungsthemen sind kaum noch möglich.

In diese Lücke drängt nun die PR hinein: Sie offeriert bereits fix und fertig aufbereitete Texte sowie Bilderstrecken von hoher Qualität. Dass diese Darstellungen vor allem dem Image der eigenen Institution dienen, liegt zwar auf der Hand, dennoch machen Redaktionen gerne von diesen Angeboten Gebrauch – da sie sich schlechterdings nicht mehr in der Lage sehen, aus eigener Kraft und mit eigenem Personal Vergleichbares zu leisten, wobei die großen überregionalen Zeitungen und die öffentlich-rechtlichen Medien bislang noch eine gewisse Ausnahme darstellen mögen.

Gelingt es einer wissenschaftlichen Pressestelle, hier einen gangbaren Mittelweg zwischen werbender Innenperspektive und wissenschaftsjournalistisch seriöser Aufbereitung von Forschungsthemen zu finden, so vermag sie sich über die Zeit als Anlaufstelle für Redaktionen insofern zu bewähren, als diese sicher sein dürfen, aus einer ihnen über die Zeit gut bekannten Quelle sowohl verlässliche als auch aktuelle und sorgfältig aufbereitete Nachrichten zu erhalten.

Öffentlichkeitsarbeiter sollten diesen perennierenden Interessenkonflikt zwischen dem Bedürfnis nach objektiver Berichterstattung seitens der Medien und einem intern gewünschten makellosen Image nicht leichtfertig abtun oder ihn gar negieren. Eine offene, nicht beschönigende Informationspolitik auch zu kritischen Belangen zahlt sich auf die Dauer gewiss aus, da allein eine kritische Selbstwahrnehmung in der Lage ist, das erforderliche kommunikative Vertrauen bei Journalisten zu schaffen.

Zeitaufwändig zu erstellen, mit Ausdauer zu pflegen sowie vor den Augen der Konkurrenz sorgsam zu hüten: der Presseverteiler einer wissenschaftlichen Einrichtung! Er setzt sich vor allem aus den postalischen und elektronischen Adressen ihrer relevanten Zielgruppen zusammen. In ihm finden sich die Redaktionen regionaler und überregionaler Zeitungen, Fachjournalisten, Entscheidungsträger aus Wissenschaft und Politik, interessierte Laien oder kooperierende Einrichtungen versammelt. Erhalten sie von einer Institution regelmäßig Mitteilungen, so führt dies über die Jahre nicht nur zur einer kontinuierlich steigenden Anzahl von Pressekontakten, sondern auch die Einrichtung selbst gewinnt, etwa in Ministerien oder bei anderen Forschungseinrichtungen, ein deutliches Profil. Die Kontaktdaten kommen auf vielerlei Weise zusammen: durch aktive Recherche, durch Visitenkartentausch bei Pressestammtischen und Fortbildungen, bei Pressekonferenzen und wissenschaftlichen Vorträgen, durch Anfragen aus der Bevölkerung oder gezielte interakademische Kooperationen.

Als von zunehmender Bedeutung wurde in den letzten Jahren im Bereich Wissenschafts-PR auch das Thema Corporate Identity erkannt. Ohne diesen Begriff hier im konzeptionellen Detail zu analysieren, so handelt es sich doch im Wesentlichen darum, ein formal wie inhaltlich geschlossenes Bild der Einrichtung zu entwerfen und dieses öffentlich zu präsentieren. Ein Meilenstein für die Heidelberger Akademie der Wissenschaften war dabei die Ausbildung eines einheitlichen Corporate Designs. Dieses gewährleistete die Wiedererkennbarkeit der Einrichtung auf sämtlichen grafischen Produkten, von der Homepage über ihr Briefpapier bis hin zu Einladungen, Programmheften, Projektbroschüren oder Plakaten. Diese eindeutige Wiedererkennbarkeit, die Einrichtung eines Markencharakters, wenn man so will, unterstützt sämtliche kommunikativen Aktivitäten der Akademie wesentlich. Die Konturierung ihres öffentlichen Profils, etwa als Landesakademie Baden-Württembergs, vermag auf die Dauer Außenstehenden überhaupt erst deutlich zu machen, welches Potenzial eine Institution besitzt, wo ihr konkreter Dienstleistungscharakter für die Gesellschaft liegt. Auch die Koordinierung der Presseaktivitäten der Akademien auf Bundesebene durch die Union der deutschen Akademien der Wissenschaften in Berlin stellte einen Quantensprung im Kampf um eine geschlossene mediale Wahrnehmung dar.

Wenige PR-Produkte schlagen so unmittelbar auf das öffentliche Bild einer Einrichtung durch wie deren Selbstpräsentation in Fotos und Bildern. Es darf hier als Faustregel gelten: Der Eindruck visueller Hochwertigkeit überträgt sich unmittelbar auf die Wahrnehmung der Institution. Durch den sukzessiven Aufbau einer Bilddatenbank, zu der mittlerweile eine ganze Reihe von Forschungsprojekten der Heidelberger Akademie hervorragende Beiträge geleistet hat, gelingt es immer wieder, Zeitungen und Magazine auch für inhaltlich schwieriger zu vermittelnde Themen zu gewinnen. Auch besitzt die Akademie mittlerweile einen reichen Fundus professioneller Fotos ihrer Mitglieder, Mitarbeiter und Nachwuchsforscher, was bei vielerlei Gelegenheiten die Herstellung ansprechender Pressemitteilungen erlaubt, auch wenn deren Inhalt sich als eher formaler Natur erweist (Bekanntgabe von Terminen im Jahreslauf, Preisverleihungen u. ä.). Durch das Vorhalten von hochwertigem, in Sekunden versandfertigem Bildmaterial ergibt sich des Weiteren eine enorme Zeitersparnis für die Pressestelle wie für interessierte Journalisten. Ohne einen solchen elektronischen Bilderdienst wäre Pressearbeit heute nicht mehr möglich. Der Aufbau eines Bildarchivs erweist sich zwar zunächst als mühsam und zeitraubend, auf die Länge gesehen bedeutet er jedoch einen wahren Schatz für jede Einrichtung.

Er gibt ihr ein Gesicht, er macht sie in einer unmittelbaren und emotionalen Weise betracht- und damit erfahrbar. Dies gilt auch, wenn sich deren wissenschaftliche Tätigkeit als in hohem Maße dem wissenschaftlichen Wort verpflichtet erachtet.

Noch viele weitere und keinesfalls marginale Aspekte gäbe es zu bedenken – so wurde etwa der Bereich der institutsinternen Kommunikation nicht einmal gestreift – sollte dieser Bericht über die Zielrichtung und Methoden wissenschaftlicher Öffentlichkeitsarbeit auch nur halbwegs umfassend sein. Doch bei aller groben Skizzenhaftigkeit, welche einem solch essayistischen Überblick anhaftet, muss doch eine Aussage unverrückbar diese Betrachtungen beschließen: Im Zentrum der Wissenschafts-PR steht immer die Wissenschaftlerin, der Wissenschaftler, ihre tägliche Arbeit, ihre Forschungsleistung. Nur wo es gelingt, den Wert dieser Tätigkeit in Bezug auf deren Nutzen oder auch ihr primäres Erkenntnisinteresse für unsere Gesellschaft angemessen, also verständlich und mit Augenmaß zu kommunizieren, kann unsere Handreichung an die Öffentlichkeit erfolgreich sein. Lässt sich der Forscher auf dieses Wagnis ein, so wird er die positive Erfahrung machen, dass er einen wirkungsvollen Beitrag für ein wissenschaftsfreundliches Klima zu leisten in der Lage ist und damit – last but not least – auch für die Sicherheit seines Arbeitsplatzes und der Arbeitsplätze seiner Kolleginnen und Kollegen vieles beizutragen vermag.

Werner Schubert

Streuobst vom Baum des Wissens
oder
Wildern in bibliographischen Wäldern

Die Arbeit an der Heidelberger Zweigstelle der „Année Philologique" scheint auf den ersten Blick wenig aufregend zu sein. Die dort Beschäftigten arbeiten unter der Ägide der Zentrale in Paris an der Redaktion einer internationalen wissenschaftlichen, jährlich erscheinenden Bibliographie für die gesamten Altertumswissenschaften (Literatur, Sprachwissenschaft, Textgeschichte, Archäologie, Epigraphik, Numismatik, Papyrologie, Geschichte einschließlich Wirtschafts-, Sozial- und Mentalitätsgeschichte, Religion, Recht, Philosophie, Naturwissenschaften sowie die entsprechende Wissenschaftsgeschichte). Der besondere Aufgabenbereich der Heidelberger Zweigstelle der „Année Philologique" umfasst die bibliographische Aufnahme, Bearbeitung und Auswertung der in Deutschland und in Österreich publizierten Fachliteratur sowie insbesondere das Verfassen kurzer Resümees der in Zeitschriften und Sammelbänden erschienenen Aufsätze. Von den rund 20.000 Publikationen, die von den weltweit insgesamt sieben Arbeitsstellen der „Année Philologique" in Frankreich, Italien, Spanien, den USA, Kanada, der Schweiz und Deutschland jährlich bibliographisch zu erfassen sind, werden in Heidelberg jeweils ca. 20 Prozent bearbeitet.

Wie kommen die Mitarbeiter an die bibliographisch relevanten und einem internationalen Standard entsprechenden Informationen? Das geht natürlich nur systematisch. Dazu gehört zum einen die Auswertung eines bestimmten Kontingents von Fachzeitschriften (2007 z. B. waren dies 160 Periodica), wobei nicht nur die einzelnen Aufsätze erfasst, aufgenommen, mit Resümee versehen und nach bestimmten Kriterien durch Verweise und Indizes erschlossen werden, sondern auch weiterführenden bibliographischen Hinweisen nachgegangen wird; inbesondere Rezensionen, aber auch die Listen der bei den Zeitschriften eingegangenen Bücher sind wichtig. Unverzichtbar ist auch die „Bibliographische Beilage" der Rezensionszeitschrift „Gnomon". Die auf diesem Wege gewonnenen Informationen sind in der Regel zwar schon recht umfangreich, aber noch nicht allumfassend. Deshalb ist ein regelmäßiges Durchforsten der wöchentlich erscheinenden „Deutschen Nationalbibliografie" (Bearbeiter und Herausgeber: Deutsche Nationalbibliothek [Leipzig, Frankfurt am Main]), die zumeist zwischen 2.000 und 3.000 Titel (wöchentlich!) enthält, notwendig. Natürlich ist davon für die „Année Philologique" nur ein Bruchteil relevant; aber das macht die Aufgabe eher schwieriger als leichter. Zwar ist die „Deutsche Nationalbibliografie" durch ihre Gliederung und durch ihr Verweissystem innerhalb der einzelnen Hefte gut strukturiert, sodass man gezielt etwa unter Rubriken wie „Lateinische Literatur" oder „Alte Geschichte/Archäologie" nachschlagen kann; zudem besteht die Möglichkeit, die „Deutsche Nationalbibliografie" online zu konsultieren. Doch mitunter finden sich für die „Année Philologique" wichtige Titel auch dort, wo man es nicht auf den ersten Blick vermutet; das gilt insbesondere für die Bereiche „Philosophie" oder „Theologie", aber auch für einzelne Fachwissenschaften. In der Regel werden die einzelnen Hefte vollständig durchgearbeitet, wobei es bei manchen Rubriken reicht, den Blick flüchtig darüber gleiten zu lassen (z. B. „Comics, Cartoons, Karikaturen" oder „Kinderliteratur"). Aber manchmal wird der Blick, auch wenn er flüchtig sein will, von bestimmten Titeln, Autorennamen oder auch der Kombination aus beidem unwillkürlich festgehalten, sei es, dass diese bibliographischen Einträge besonders originell sind, sei es, dass sie ausgesprochen absurd klingen – wobei für letzteren Eindruck natürlich eine gewisse „déformation professionnelle" unsererseits verantwortlich ist; denn merkwürdigerweise finden sich derlei auffällige Titel kaum in „unserem" Fachbereich...

Leider können wir „fachfremde" Titel, auch wenn sie noch so reizvoll sind, nicht in die „Année Philologique" aufnehmen. Um so willkommener war deshalb die Bitte, zu dieser Festschrift einen Beitrag zu leisten, zumal ausdrücklich solche Dinge erwünscht waren, auf die wir bei unserer Tätigkeit stoßen, die wir jedoch nicht verwenden können. So habe ich die Gelegenheit gerne wahrgenommen, das Streuobst vom Baum des Wissens hier zu konservieren. Gegen mein Berufsethos habe ich allerdings darauf verzichtet, die Publikationen jeweils vollständig bibliographisch zu zitieren; das wäre denn doch auf die Dauer zu fade und würde diesen Beitrag unnötig aufblähen.

Damit man aber nicht glaube, der eine oder andere Titel sei erfunden, ist bei jedem der Fundort in der „Deutschen Nationalbibliographie, Reihe A = Monografien und Periodika des Verlagsbuchhandels" (im Folgenden abgekürzt mit „DNB") mit Jahrgang und Heftnummer sowie der laufenden Nummer im jeweiligen Heft (Muster: DNB 2006 01: 0001) vermerkt. Die Autorennamen sind in der Regel weggelassen; wenn sie jedoch wegen ihrer sprachlichen „Wechselwirkung" mit dem Titel unverzichtbar sind, werden sie natürlich genannt. Selbstverständlich habe ich die einzelnen Hefte nicht gezielt nach originellen Titeln durchforstet, sondern nur dann und wann spontan den einen oder anderen Eintrag notiert, wenn eben der schweifende Blick gefesselt wurde. Es sei jedoch eingestanden, dass dieses Phänomen häufiger wurde, nachdem die Herausgeber dieser Festschrift um einen kleinen Beitrag auch von seiten der Heidelberger Zweigstelle der „Année Philologique" gebeten hatten, sodass aus dem zufälligen Sammeln ein (maßvolles) Wildern wurde.

* * *

Die dabei erzielte Ausbeute systematisch zu präsentieren, war so gut wie unmöglich. Es ließ sich lediglich eine sehr grobe Rubrizierung vornehmen. Beginnen wir mit

Zitaten- und Stilblütensammlungen! Die Titel solcher Sammelwerke sind – im Gegensatz zu vielen anderen – in der Regel „freiwillig" komisch, da oft eines dieser Zitate oder eine dieser Stilblüten zum Haupttitel gewählt wird. Dies hat eine bewährte Tradition; man denke an die Klassiker wie *Es fängt damit an, dass am Ende der Punkt fehlt* oder *Beim Gongschlag ist es sechs Mark dreißig,* nicht zu vergessen *In Afrika ist immer August*.

In seiner theologisch-soziologischen Hintergründigkeit fast nicht zu übertreffen (und deshalb sei er an den Anfang unserer kleinen kommentierten Bibliographie gestellt) ist der Titel des folgenden Buchs: *Papa ist kein Vaterunser: Kinder über Väter, Geld und Waschbärbäuche [sic!], aufgeschrieben und ill. von den Schülerinnen und Schülern der Grundschule Aulendorf* (DNB 2007 02: 1760). Ebenfalls tiefsinnig, wenngleich nicht ganz so metaphysisch, ist *Oma war beim Optimisten: Kinder über Gold, Gott und Vitamine, aufgeschrieben und ill. von den Schülerinnen und Schülern der Grundschule Aulendorf* (DNB 2007 02: 1758). Eines tritt sogleich mit überraschender Deutlichkeit zutage: Wenn man sich irgendwo in diesem unserem Lande Gedanken über Wesen, Wohl und Wehe der eigenen Verwandtschaft macht, so in Aulendorf. Aber Oma darf nicht nur im tiefen Süden, sondern muss auch im hohen Norden als Aufmacherin für Zitatensammlungen herhalten; allerdings geht es da weniger um Metaphysisches als um, nun ja: „Handfestes" wäre übertrieben, aber immerhin um eindeutig Materielles, was mit Oma verbunden ist. Erstaunlich ist immerhin, wie in der scheinbar harmlosen, sechseinhalb Wörter umfassenden Aussage über eine liebenswürdig-nahrhafte Greisin gleich drei recht komplexe Themen („industriell verfertigte Nahrung", „fernöstliche Praktiken" und „Ichthyologie") mit nahezu selbstverständlicher Nonchalance von Kindesmund angeschnitten werden: *Bei Oma gibt's Fisch mit Stäbchen: Kinder über Essen und Trinken. Aufgeschrieben und ill. von Kindern aus Lübeck* (DNB 2007 06: 1617).

Bleiben wir jedoch ein wenig beim Thema „Kinder und Religion"! Die Bandbreite kindlichen Interesses an religiöser Materie ist erstaunlich. Sie reicht von ganz elementaren (Nicht-)Bedürfnissen (*Im Himmel muss man nicht aufs Klo: Kindergeschichten zum Mitglauben für ein ganzes Jahr* [DNB 2006 43: 0261] – wobei man sich im übrigen fragen muss, was da „mitgeglaubt" werden soll und wieso das Mitglauben auf ein Jahr beschränkt ist) bis zum verwirrend vielfältigen Komplex religiöser Rituale, mit dem schon Kleinstkinder behutsam vertraut gemacht werden können, ohne dass viel Wind darum gemacht wird: *Gott kommt ohne Saus und Braus: neue Krabbelgottesdienste* (DNB 2006 08: 0211). Für etwas ältere Kinder und für saisonal zu besonderer Form auflaufende Erwachsene scheint folgendes Kompendium gedacht zu sein, das in keinem religiös-pädagogischen Bücherschrank fehlen sollte: *Heiliger Bimbam! 12 fetzige Sketche für Schulfeste und Weihnachtsfeiern; Sketche für alle Altersstufen, zahlreiche motivierende Rollen, originelles und einfach umsetzbares Weihnachtstheater* (DNB 2007 02: 0556). Vom unverkrampften Umgang der heranreifenden Jugend mit wichtigen Glaubensinhalten ebenso wie mit vierbeinigen Hausgenossen zeugt *Mama, ich hab' die Katze getauft!: glaubhafte Geschichten aus dem unglaublichen Alltag einer Allroundmutter* (DNB 2005 21: 1154). Gerade im religiösen Bereich bringt Kindermund manches so auf den

Punkt, dass dem kaum widersprochen werden kann: *Kirchen sind ziemlich christlich: Erlebnisse und Deutungen von Kindern* (DNB 2005 32: 0286). Nicht aus Kinder-, sondern aus Lehrermund stammen jedoch die Weisheiten im folgenden Werk: *Nicht alle Tiere sind Elefanten oder Warum Martin Luther bis kurz vor seinem Tode lebte: kultige und kuriose Sprüche und Weisheiten eines Wiener Gymnasial-Professors des 19. Jahrhunderts* (DNB 2006 04: 0077).

Mit diesem Werk, das zoologische und religionsgeschichtlich-biographische Aufklärung aufs angenehmste verbindet, haben wir den Bereich „Kinder und Religion" bereits verlassen. Doch verweilen wir noch kurz bei der Praxis der freiwillig komischen Titelgebung: Hier bieten sich neben Zitaten auch kolloquiale Wendungen an, die durch den Untertitel eine unerwartete Bedeutungsmodifikation erfahren. Zu nennen sind *Wie geht's, altes Haus?: auf Schatzsuche zu Berliner Baudenkmalen* (DNB 2006 33: 1201) und *Alles drin: 21 Handtaschen erzählen aus ihrem Leben* (DNB 2007 02: 1494). Modifiziert erscheint diese Technik in der Titelgebung von Publikationen, die sich des Jargons der Seefahrt und des Schiffsbaus bedienen, auch wenn es um etwas ganz anderes geht, etwa in *Lymphe ahoi: den eigenen Lymphfluss selbst verbessern* (DNB 2007 05: 0643). Auch der Titel *Das kleine Kielschwein: ein Handbuch allererster Kajüte* (DNB 2007 05: 0606) klingt recht vielversprechend!

* * *

Kommen wir nun zu den Naturwissenschaften! Vorzugsweise in der Botanik finden sich sowohl empfindsame als auch – wer hätte das gedacht – blumige Titel: Das Spektrum reicht vom rührend-schlichten *Der Gletscherhahnenfuss: Hoffnung und Ermutigung durch eine kleine Blume* (DNB 2006 04: 0303) bis zum üppig wuchernden *Blauer Schatz der Gärten: kommende Freundschaft des Gartenmenschen mit der neuen Sphäre der Gartenfarben, dem blauen Flor der Monate von Vorfrühling bis Herbst* (DNB 2006 45: 1097). Wesentlich abwechslungsreicher als die Pflanzenliebhaber werden die Tierfreunde auf dem Büchermarkt bedient, was die Publikationstitel betrifft. Diese sind zum Teil recht launig, z. B. *Fester Panzer – weiches Herz: Tipps, Tricks & Erfahrungen bei der Haltung von europäischen Landschildkröten* (DNB 2006 47: 1295) oder *Hunde, die Geschichte schrieben: von Richard Wagners Peps bis Bill Clintons Buddy* (DNB 2006 49: 1215). Eine weite Verbreitung wünscht man solch empathiefördernden Kompendien wie *Warum das Kaninchen Luftsprünge macht: 99 Fragen und Antworten, damit ich mein Zwergkaninchen besser verstehe* (DNB 2005 23: 0669). Entscheidend gefördert wird die respektvolle Kommunikation mit Tieren in Wald und Flur durch eine Art Jäger-Knigge (?) mit dem Titel *Jung oder alt?: Schalenwild richtig ansprechen* (DNB 2007 09: 1424). Vielleicht war es dieses oder ein vergleichbares verständnisvolles Verhalten, das es offensichtlich möglich machte, die Fauna im heimischen Forst ebenso wie in Dschungel und Savanne bei einer ganz und gar ungewöhnlichen Tätigkeit zu beobachten, von der folgendes Buch (merkwürdigerweise aus der Rubrik „Hauswirtschaft") Zeugnis gibt: *Wilde Tiere häkeln* (DNB 2007 A 10: 1657). Eher am Rande gehören noch folgende Werke hierher: *Warum Krokodile nur bei Gewitter Sex haben ... und weitere neue Rätsel des Alltags* (DNB 2006 48: 0003) sowie *Der spirituelle Teddybären-Ratgeber: Weisheiten aus dem Honigtopf* (DNB 2006 48: 0080).

In einer Unterrubrik, im Veterinärkontext nämlich, gibt es neben launiger Titelgebung auch das andere Extrem: die betont sachliche Diktion, die, wenn sie so geballt daherkommt wie im folgenden Titel, zumindest auf einen in Sachen Ackerbau und Viehzucht blutigen Laien leicht grotesk wirkt: *Wirksamkeit eines internen Zitzenversieglers zur Prophylaxe intramammärer Infektionen in der Trockenstehphase* (DNB 2006 51/52: 1674). Dagegen haben Monographien wie *Jagdhundeausbildung an der lebenden Ente: unter besonderer Berücksichtigung der rechtlichen Gemengelage zwischen Tierschutz- und Jagdrecht* (DNB 2006 45: 0533) und insbesondere die technische Handreichung *Anwendung von winkelstabilen Platten-/Schrauben-Systemen beim Kleintier* (DNB 2006 51/52: 1660) etwas ausgesprochen Beklemmendes.

Dem Grenzbereich bzw. Schnittfeld von Tier und Mensch widmet man auf unterschiedlichen Ebenen Aufmerksamkeit, so ausgerechnet im Bereich der zwischenmenschlichen Kommunikation, etwa in *Es steckt ein Prinz in jedem Frosch: Zaubersprüche und Rezepte, um Ihren Märchenprinzen zu finden, ihn zu betören und mit ihm glücklich zu sein bis ans Ende aller Tage* (DNB 2005 32: 0191) oder in *Was für ein Affentheater: wie tierische Verhaltensmuster unseren Büroalltag bestimmen* (DNB 2006 45: 1163). Dass dieses Schnittfeld auch in anderen Metiers interessiert, beweisen Buchtitel wie *Ich finde ihn so sexy wie einen Hamster: Julia Roberts über Hugh Grant. Bosheiten von Stars über Stars* (DNB 2006 51/52: 0170). Von weitaus größerer Relevanz ist jedoch das Soziologie und Biologie umspannende Werk *Lesben und andere Lebensformen auf Kohlenstoffbasis* (DNB 2005 21: 1424). Eher am Rand dieses Komplexes anzusiedeln ist ein Kompendium, das über das Tun und Treiben einer ganzen austriakischen Berufsgruppe Aufschluss gibt: *Blindenhund für Justitia: Advokatenstreiche aus Österreich* (DNB 2007 07: 0505).

* * *

Über das Phänomen Nomen est omen bzw. über den Zusammenhang von Namen und Wesen generell ist, seit Adam in Gen. 2,19 auf göttliches Geheiß seine Umwelt zu benennen hatte, schon viel nachgedacht worden. Wem ist nicht schon das Phänomen begegnet, dass der Name eines Autors/einer Autorin und sein/ihr Thema sprachlich in einer merkwürdigen Wechselbeziehung zu stehen scheinen, auch und gerade dann, wenn manche Schriftsteller der Wahl eines ihrem Namen genau entsprechenden Themas absichtlich aus dem Weg gehen wie *A. Huhn* mit ihrem Buch *Katzenkrankheiten* (DNB 2006 45: 1106)? Ähnliches gilt auch für *E. Supp*, der statt der onomastisch erwartbaren, oft bodenständigen Nährflüssigkeit eine beschwingende Alternative zum Gegenstand seines Interesses gemacht hat mit *Wein: das große Einsteigerbuch* (DNB 2007 06: 1093); damit vergleichbar ist *D. Deutsch* mit seinem Werk *Schöne Aussichten: wie ein italienisches Dorf unser Leben verändern kann* (DNB 2007 07: 0533). Die Frage, ob *H. Engels* Werk *Dantes Inferno: zur Geschichte der Höllenvermessung und des Höllentrichters* (DNB 2007 09: 1645) noch in diese oder schon in die mit dem nächsten Titel zu eröffnende Teilrubrik gehört, ist gewissermaßen ein uralter Streitfall. *I. Entelmann* jedenfalls ließ sich bei der Wahl seines Sujets spürbar von seinem eigenen Namen bestimmen, als er seine *Stoffbilanzmodelle in der flusseinzugsgebietsbezogenen Gewässerbewirtschaftung* (DNB 2005 29: 0919) verfasste; ähnlich verhält es sich mit *M. Bernstein*, dem wir ein Buch mit dem Titel *Römerstraßen und Kultplätze* (DNB 2007 06: 2018) verdanken; spielt doch die Bernsteinstraße auch in römischer Zeit eine nicht unbedeutende Rolle. Noch mehr macht *R. Knöchlein* mit *Gonsenheim: die ältesten Besiedlungsspuren bis zur urkundlichen Ersterwähnung* (DNB 2005 18: 1889) seinem Namen Ehre. Zu nennen ist hier des weiteren das ebenfalls dem altertumswissenschaftlichen Fachbereich angehörende Buch von *D. Rohmann: Gewalt und politischer Wandel im 1. Jahrhundert n. Chr.* (DNB 2007 06: 2026), ferner die sensible Studie von *V. Guthörl: Auswirkungen menschlicher Störreize auf Wildtiere und Wildlebensräume* (DNB 2007 10: 1109). Ob sich folgendes Werk vor allem an einen Adressatenkreis richtet, der sich dem Denunzieren bislang unbehelligter Nikotinsüchtiger widmet, war allerdings nicht endgültig zu eruieren: *G. Rauch-Petz: Symptome erkennen und richtig reagieren* (DNB 2007 07: 0824).

* * *

Damit sind wir bei dem schier unermesslichen Gebiet der Ratgeber und Lebenshilfen. Was sich hier alles didaktisch vermitteln lässt, ist schlichtweg phänomenal. Es gibt sogar Hilfestellungen für die, denen gar nicht zu helfen ist, etwa *Schöner scheitern: warum es genauso schwierig ist, die Welt zu retten, wie den richtigen Biergarten zu finden* (DNB 2006 47: 0233). Schmerzhafte Lücken, was Handreichungen zur Bewältigung (oder Erzeugung?) von Berufs- und Alltagsmalaisen betrifft, schließen vor allem die folgenden beiden Werke: *Stolpern – Rutschen – Stürzen: das Unterweisungsmaterial für die betriebliche Praxis* (DNB 2006 04: 0546) und *Die Bombe unter der Achselhöhle: praktische Tips für eine gesunde Familie* (DNB 2006 04: 0862).

Bestürzend aktuell erscheint mir ein gleich zu nennender Titel vor dem Hintergrund folgender, ganz und gar glaubwürdiger Begebenheit aus meinem Bekanntenkreis: Eine Haushaltshilfe sagte zu ihrer Brötchengeberin Frau X., dass sie unter gar keinen Umständen mehr bei Frau Y. arbeiten wolle; die sei ja so was von fremdenfeindlich; denn sie habe ihr, einer Polin, ins Gesicht gesagt, dass es jetzt im Frühjahr wieder ganz schlimm sei: die Polen seien auf dem Vormarsch, überall Polen, nichts als Polen; die würden einen ganz krank machen; vergangenes Jahr sei es so katastrophal gewesen, dass sie sich drei Wochen nicht getraut habe, aus dem Haus zu gehen. Nun kannte Frau X. Frau Y. als eine der Xenophobie absolut Unverdächtige und konnte sich keinen Reim auf diesen vermeintlichen Ausbruch von Fremdenfeindlichkeit machen. Sie war für schnelle Klärung und rief noch im Beisein ihrer echauffierten polnischen Haushaltshilfe Frau Y. an. Diese war zunächst ebenfalls äußerst perplex über diese Unterstellungen, musste aber auch erst ein wenig grübeln, über was sie denn mit ihrer geschätzten Reinigungskraft wirklich gesprochen habe. Und worüber spricht man im allgemeinen? Übers Wetter, die schönen ersten Frühlingstage, die Krokusse, den Flug der ... Da fiel es sowohl Frau X. als auch Frau Y. wie Schuppen von den zum Teil entzündeten Augen: Es war in dem Gespräch von „Pollen, überall Pollen, nichts als Pollen" die Rede gewesen. Langer Rede kurzer Sinn: Das Missverständnis hätte vermieden werden können, wenn Frau Y. bei ihrem Wettersmalltalk folgendes Buch zu Rate gezogen hätte: *Wie sag ich's meiner Putzfrau?: Ratschläge zum Umgang mit der Haushaltshilfe, mit einem Grundwortschatz in sieben Sprachen* (DNB 2006 04: 1062).

Folgender Titel dürfte für einen Großteil der Bevölkerung grundsätzlich, für einen kleineren Teil gelegentlich interessant sein: *Wie Sie in High Heels unfallfrei eine Birne auswechseln: die ultimative Style-Bibel* (DNB 2006 49: 0240). Ein anderes Werk sollte in allen Schwimmbädern und Textilhäusern öffentlich ausliegen: *Vom richtigen Verhalten in Umkleidekabinen: ... und 101 andere tägliche Herausforderungen* (DNB 2007 06: 0153). Speziell auf eine studentische Klientel zugeschnitten ist das Kompendium (eines Ex-Juristen mit Pseudonym?) *D. Jureck: Party, Party und Prädikatsexamen: [ein Jura-Buch; der Beweis: intensiv gelebte Studienzeit und vollbefriedigender Jura-Abschluss sind doch vereinbar oder Kleine Anregungen für den faulen, aber erfolgreichen Jurastudenten]* (DNB 2006 49: 0628). Und wem einmal ganz langweilig werden sollte, dem könnte folgende Handreichung nützlich sein: *Wie man einen Militärputsch inszeniert: von der Planung bis zur Ausführung* (DNB 2007 08: 0634).

Interessant ist, dass vom Inhalt her esoterisch anmutende Encheiridia und Lebenshilfen sprachlich manchmal ziemlich exotisch-robust daherkommen. Man betrachte nur folgende Titel: *Schlampenyoga oder Wo geht's hier zur Erleuchtung?* (DNB 2006 51/52: 1448); *Halt den Mund, hör auf zu heulen und lebe endlich!: der Tritt in den Hintern für alle, die mehr wollen* (DNB 2006 51: 0262) oder *Schlaf Kindlein, verflixt noch mal!: so können Sie und Ihr Kind ruhig schlafen* (DNB 2005 27: 1228).

Ratgeber, die sich an eine vorwiegend weibliche Klientel richten, zeichnen sich thematisch durch eine besondere Vielfalt aus. Hier reicht die Bandbreite vom den ganzen Haushalt bestrickenden Heimchen am Herde (mit australischem Migrationshintergrund?) in *Das Mega-Sockenbuch: ein Buch voller Socken für die ganze Familie; (neu! Bumerang-Ferse, mit Sockenmaßband)* (DNB 2006 50: 1530) bis zu Grethe Nestors Werk *Die Badgirl-Feministin: ein Handbuch für Frauen, die sich munitionieren wollen* (DNB 2007 01: 0276), wobei allerdings bei letzterem Titel zu fragen ist, ob dort nicht das patriarchalische „Erbe" des Autorinnennamens martialisch durchgeschlagen hat. An welche Klientel sich *Mammopolis: Zeitschrift für Utopie- und Busenforschung* (DNB 2007 10: 0437) richtet, ließ sich bislang nicht eruieren.

Eine besondere Gruppe bilden kulinarische Handreichungen, wo wirklich für jeden Bedarf etwas geboten wird – auch wenn gar nicht immer klar ist, was: etwa in *Der Suppe wahres Wesen: 42 Kochrezepte, 687 Gedanken* (DNB 2005 31: 1052) oder in *Brrr, knurrt die Suppe und das Ei: ein bedenkliches Kochbuch* (DNB 2006 51/52: 1791). Sozio- und Trophologie verbindet das Buch *Pfarrersköchinnen: edle Frauen bei frommen Herren. Mit Kochrezepten der Bertilia Mandl* (DNB 2005 21: 0284). Raffiniertes bietet, trotz der bodenständigen Zutaten, der Titel *Kanzel, Kraut und Semmelknödel: zehn Jahre*

Vesperkirche in der Wasseralfinger Magdalenenkirche (DNB 2007 04: 0241), wenn man das subtile Spiel mit dem Doppelsinn von „Vesper" bedenkt. Das buchstäblich finale Kochbuch wird durch das Werk *Killer, Küche, Knast: der Krimi mit den todsicheren Rezepten* (DNB 2007 02: 1541) repräsentiert. Dieser Roman sei all denen empfohlen, die an folgenden beiden Handreichungen gescheitert sind und ihren Lebensmut verloren haben: *Ins Gleichgewicht kommen: Essen nach Wahl und nicht aus Gewohnheit: wie Sie mit Hilfe der gewaltfreien Kommunikation eine gesunde Beziehung zu Ihrem Körper und Ihrer Ernährungsweise aufbauen* (DNB 2006 46: 0170) bzw. *Dickbleiben – leicht gemacht: Leben mit Übergewicht: der längst fällige Ratgeber für den fülligen Bürger* (DNB 2006 48: 1593). Besonders zu begrüßen sind im übrigen auch die Versuche, die Scheu vor einem entspannten Umgang mit sanktionierten Alltagsdrogen zu nehmen; dazu gehören die Bücher *Whisky: Geschenk der Natur* (DNB 2006 50: 1252) und *Die Zigarette: Leben mit einer verführerischen Geliebten* (DNB 2006 49: 1277).

* * *

Die technischen Rubriken sind für einen Laien stets faszinierend, zumal gerade in diesen Bereichen gelegentlich Titel zu finden sind, deren „richtigen" Ort man auf den ersten Blick in ganz anderen, durchweg gut bestückten bibliographischen Sektionen vermuten würde. Nirgends ist der Wahlspruch des Hosenbandordens „Honi soit qui mal y pense" angemessener als bei Publikationen in der Rubrik „Ingenieurwissenschaften. Zwei Beispiele mögen dies verdeutlichen: Genannt sei zunächst *Zum Einfluss von Last- und Eigenspannung auf die Ergebnisse instrumentierter Eindringhärteprüfungen* (DNB 2006 04: 1020). Das zweite Beispiel würde in den altertumswissenschaftlichen Fachbereich ragen, wenn sich nachweisen ließe, dass es sich dabei um das Nachwirken antiker apotropäischer Bräuche (Hermenstatuen etc.) handelt: *Horizontalaussteifung von Vertikalgliedern in Fassadengerüsten nach DIN EN12811-3 [Aufsteller: K.-C. Fröhlich ...]* (DNB 2006 04: 0968).

* * *

Hübsch ist es auch, wenn zwei Titel mehr oder weniger unmittelbar aufeinander folgen, die eigentlich gar nichts miteinander zu tun haben und trotzdem zueinander passen. Dies ist der Fall bei den beiden parallel strukturierten, weitläufig dem Thema „Nahrungsaufnahme" verpflichteten Titeln *Patentrezept Frau: so frisst sie Ihnen aus der Hand; Erfolg garantiert* (DNB 2006 47: 0183) und *Der Wissensgourmet: so wählen Sie Ihre Informationen richtig aus* (DNB 2006 47: 0193), die durch neun Nummern voneinander getrennt sind, während auf *Ist Sitzenbleiben noch zeitgemäss?* (DNB 2007: 0696) *Warum Kinder Bewegung brauchen* (DNB 2007 04: 0697) unmittelbar folgt.

* * *

Memoiren erfreuen sich seit jeher besonderer Beliebtheit. Nicht nur Persönlichkeiten des öffentlichen Lebens, sondern auch bestimmte Berufsgruppen fühlen sich

Streuobst vom Baum des Wissens oder Wildern in bibliographischen Wäldern 113

gelegentlich gedrängt, die Menschheit am reichhaltigen Schatz ihrer Erfahrungen teilhaben zu lassen. Vier Werke seien hier vorgestellt, die für dieses Genre charakteristisch sind. Lassen wir zunächst unsere uniformierten Freunde und Helfer zu Worte kommen! Mit dem Titel *Die erste Leiche vergisst man nicht: Polizisten erzählen* (DNB 2006 04: 0551) wird auf besonders sympathische Weise signalisiert, dass unsere Ordnungshüter auch nur Menschen sind; können sie sich doch gegen einen gewissen Abstumpfungseffekt nicht wehren, da offensichtlich bereits von der zweiten Konfrontation mit dem Tode an eine routinebedingte Amnesie eintritt. Auch Berichte über Tätigkeiten an ungewohnten Orten stoßen zumeist auf breite Resonanz beim Lesepublikum. Wenn damit auch noch kulinarische Anregungen verbunden sind, ist der Genuss doppelt. Die Rede sei hier nicht von Survivalkünstlern im brasilianischen Regenwald, die sich an leckeren Termitenterrinen laben, sondern vom *Kochvergnügen unter dem Meeresspiegel: ein ehemaliger U-Boot-Koch verrät seine Lieblingsrezepte* (DNB 2006 38: 1052). Der Haupttitel des folgenden Buches reißt geradezu kosmotheologische Dimensionen auf, die allerdings im Untertitel doch wieder stark auf irdische Maßstäbe reduziert werden: *Der Tag, an dem der Himmel schwieg …: ein Blick hinter die Kulissen eines Cateringbetriebs, während der Turbulenzen am Flughafen* (DNB 2006 45: 0701). Dass auch die ganz Kleinen schon Nennenswertes, ja Pikantes zu berichten haben, auch wenn sie dazu offensichlich noch der Vermittlung eines Schreibkundigen bedürfen, dokumentiert das Werk *Ich, Sauerstoff: intime Memoiren eines Atoms, notiert von seinem Freunde M. Taube* (DNB 2005 29: 0761).

* * *

In den Sprachrubriken sowie unter „Ethnologie" und „Geographie" ist allerlei Wissenswertes aus der ganzen Welt versammelt, handle es sich nun um Dialektologie (?) wie in *Dolmetschen am Kommunikationsmarkt: gezeigt am Beispiel Sachsen* (DNB 2006 34: 0854) oder um Volksbräuche im Kaukasus wie in *Postsowjetische Feiern: das georgische Bankett im Wandel* (DNB 2006 38: 0689). Ein Monument der Dankbarkeit für das Vermitteln mediterranen Flairs an die Landstriche nördlich des Alpenhauptkammes in den Zeiten vor dem Klimawandel repräsentiert *Grazie mille!: Wie die Italiener unser Leben verschönert haben* (DNB 2005 27: 0339). Freilich gibt es gelegentlich auch weniger populäre Bereiche, die nichtsdestoweniger vermittelnder Aufklärung bedürfen, um in ein erfülltes Leben integriert werden zu können; dazu verhilft etwa der *Traktat von dem Kauen und Schmatzen der Toten in Gräbern* (DNB 2006 49: 0833). Mag es auch dem einen oder anderen der Leser des folgenden Titels leichtes Unbehagen bereiten, wenn er sich mit einer Gruppe, mit der er bislang gar nichts zu tun zu haben glaubte, in einen Topf geworfen sieht, darf dennoch das anthropo-psycho-ethnologisch treffsichere Buch *Die Pubertätsriten der Wilden: über einige Übereinstimmungen im Seelenleben der Wilden und der Neurotiker* (DNB 2006 49: 0834) hier nicht fehlen. Recht bodenständig geht es in unseren alpinen Nachbarstaaten zu: Während das Werk *An nackerten Joghurt, bitte: G'schichten aus dem Dorfladen* (DNB 2007 06: 1688) kaum pikante Enthüllungen verspricht, betört das aus dem folgenden Titel einer Schweizer Ethnie strömende heiß-erotische Flair schon beim bloßen Lesen die Sinne: *Föhngeflüster: Glarnerinnen erzählen* (DNB 2007 05: 0247).

Was Geographisches im weiteren Sinne betrifft, sei vermeldet, dass eines der großen Menschheitsrätsel, nämlich die Frage, wo denn das Paradies zu lokalisieren sei, nun endgültig gelöst scheint, zumal die Identität der fraglichen Region, kaum 200 km von Heidelberg entfernt, durch prächtige Bildaufnahmen belegt werden konnte: *Im Garten Eden: fotografische Spaziergänge und Gespräche in und über Opfingen* (DNB 2006 49: 0455).

* * *

Bleibt noch das Eingeständnis zu machen, dass man beim Wildern in bibliographischen Wäldern gelegentlich auf rätselhaftes Beutegut stößt, an dem ich den geduldigen Leser, der bis jetzt durchgehalten hat, gerne teilhaben lassen möchte. Wer mag sich wohl hinter folgenden drei japanisch transkribierten Persönlichkeiten verbergen: a) *Sandoro-Botuteichietsuri* (DNB 2006 46: 1567), b) *Maruka-Shiagaru* (DNB 2006 46: 1583) und (das ist jetzt aber wirklich kinderleicht!) c) *Saruwadoru-Dari* (DNB 2006 46: 1578)? Eine kleine Hilfe: Es handelt sich durchweg um Größen aus dem Bereich der Bildenden Kunst. – Und welches städtebauliche Kleinod versteckt sich hinter dem titelgebenden Ortsnamen in dem chinesischen Reiseführer *Luotengbao: taobei'er-hepandi guecheng; caitu-youlan-zhinan* (DNB 2007 06: 1997), erschienen nicht im fernen Osten, sondern im nahen Süden (Kraichgau-Verlag Ubstadt-Weiher)? Vielleicht ist der Titel der japanischen Ausgabe desselben Werkes dazu geeignet, der Lösung des Rätsels zumindest ein Stück weit näher zu kommen; er lautet *Rotenburuku-opu-dea-Tauba*.

Andreas Urs Sommer

Der Kommentar und die Philosophie

„Ach, Sie kommentieren…!" Es steckt viel Verachtung in diesem „Ach", wenn es die Erwiderung eines universitären Gegenwartsphilosophen auf das Bekenntnis einleitet, man verfasse einen Kommentar zu den Werken eines bekannten und bekanntlich umstrittenen Philosophen. In diesem „Ach" kondensiert sich das Selbstverständnis universitärer Gegenwartsphilosophie, die es sich auf die Fahnen geschrieben hat, eine „systematische" Disziplin zu sein – sich an Problemen systematisch abzuarbeiten und systematisch reflektierte Lösungen anzubieten. Wäre der Kommentator polemisch gestimmt – gewiss liegt ihm nichts ferner –, fände er in diesem „Ach" Glanz und Elend universitärer Gegenwartsphilosophie in drei Buchstaben verdichtet. Das „Ach" ist selten aggressiv, meist nur gleichgültig, ein Schulterzucken, denn was geht den Philosophen die Kärrnerarbeit des Kommentierens an? Weshalb sollte ihn interessieren, wie genau die Texte aufgebaut sind, die er durchaus zur großen Tradition seiner Disziplin zu rechnen bereit ist? Weshalb sollte ihn interessieren, wie diese Texte mit dem intellektuellen Geschehen ihrer Entstehungszeit zusammenhängen und auf welche damaligen Fragen sie Antworten zu geben versuchen? Denn was den universitären Gegenwartsphilosophen zur Hauptsache beschäftigt, ist die Frage, was er selbst diesen Texten entnehmen kann, „was sie ihm bringen" – an Antworten auf seine Fragen und an Bestätigung dafür, dass seine Fragen die richtigen sind.

Es ist also nicht so, dass der landläufige universitäre Gegenwartsphilosoph an den Texten, die zur Vorgeschichte des eigenen Tuns zu gehören scheinen, gar keinen Anteil nimmt. Selten oder doch nur hinter vorgehaltener Hand bekennt er sich zur waghalsigen Eindeutigkeit der Losung, mit der der Princetoner Philosoph Gilbert Harman seine Bürotür zierte: „Just say no to the history of philosophy!" An der Bürotür des landläufigen universitären Gegenwartsphilosophen prangt – unsichtbar mitunter – nur ein „Ach!", jenes „Ach!", mit dem er all jene unverdrossenen Bachaloreanden und Promovenden empfängt, die ihm für ihre Qualifizierungsarbeiten ein Thema aus der näheren oder ferneren Vergangenheit des Denkens schmackhaft machen wollen. Ihnen schärft er ein – nach dem „Ach!" –, dass es in diesen Arbeiten am Ende keineswegs um das Vergangene als Vergangenes gehen dürfe, sondern es darum zu tun sei, die „systematische Relevanz" der vergangenen Denkanstrengung herauszupräparieren und das Ganze unter eine „systematische Leitfrage" zu stellen. Man nehme ja selbst – werden Bachaloreanden, Promovenden und Kommentatoren gleichermaßen beschieden – vitalen Anteil an Themen der

Philosophiegeschichte. Die Beschäftigung mit der Philosophiegeschichte müsse aber stets „in systematischer Absicht" erfolgen; schließlich gehe es um „die philosophische Sache selbst" und nicht etwa um Abgelegtes und Abgetanes.

Der Kommentator kann hier nur rückhaltlos bewundern. Mit welch traumwandlerischer Sicherheit der landläufige universitäre Gegenwartsphilosoph „die Sache selbst" von Abgelegtem und Abgetanem zu unterscheiden weiß! Wie sonor er die Devise „Zu den Sachen selbst!", die ihm als leises Echo aus dem Urwald der philosophischen Vergangenheit entgegenschallt, zu wiederholen vermag! Der Kommentator merkt: Hier will der Wille zum Eigenen, zum Erhabenen Wort und Fleisch werden. Der landläufige universitäre Gegenwartsphilosoph fühlt sich zu großen Taten berufen – er ist beseelt vom Wunsch, das Neue zu erschaffen. Und wird dazu das Alte bestenfalls als eine Art Himmelsleiter benutzen, um sie nach dem Aufstieg im Regen stehen zu lassen, der aus den erstiegenen Wolken bricht. Er will Philosoph sein und nicht bloß ein Philosophiewissenschaftler. Der Kommentator verneigt sich vor diesem Mut zum Selberdenken und Selbstschöpfertum, das den universitären Gegenwartsphilosophen dazu treibt, etwas Neues zu ersinnen und das Neue in systematischer Reinheit zu erhalten.

Überhaupt scheint dem Kommentator beim Tun des universitären Gegenwartsphilosophen das Motiv der Reinheit eine entscheidende Rolle zu spielen: Probleme sollen isoliert werden, von allen historischen Zutaten gereinigt – namentlich vom üblen Geruch der Kontingenz. Der universitäre Gegenwartsphilosoph will die Probleme in Reinkultur haben, sie dann unter klinischen Bedingungen auf seinem Operationsschreibtisch traktieren, um ihnen schließlich mit seinen eigenen, selbstredend aseptisch kontingenzfreien Antworten ein neues Herz oder wenigstens einen Herzschrittmacher zu implantieren.

Höchst ehrenwert, was die universitären Gegenwartsphilosophen da machen, muss sich der Kommentator eingestehen, – überhaupt eine überaus ehrenwerte Gesellschaft. Von derlei Reinlichkeit kann er nur träumen – ob Albtraum oder Wunschtraum, fragt er sich manchmal in schlaflosen Nächten. Aber welchen Geschäften geht er, der Kommentator, dessen Tun nur ein „Ach…" wert ist, denn eigentlich nach? Er scheint sich ganz ins Vergangene verbissen zu haben; er scheint es um seiner selbst willen nach allen Seiten hin zu beleuchten, fragt, wie es das hat werden können, was es ist, und was aus dem geworden ist, was es war. Der Kommentator lauert der Kontingenz in ihrer Kontingenz auf; er hat den Glauben an kontingenzfreie und damit letzte Antworten verloren, weil ihm nie eine kontingenzfreie Frage, ein „Problem an sich" begegnet ist. Das Odium der Kontingenz, das den universitären Gegenwartsphilosophen abstößt, empfindet er als betörend. Der Kommentator zweifelt an der Möglichkeit jener Reinheit, nach der sein Widerpart so unbeirrt strebt. Der Kommentator sieht nur das Besondere und hält den Glauben an ein mögliches oder wirkliches Allgemeines für ein Ammenmärchen.

Sein Kommentieren hält der Kommentator in einer Anwandlung des Trotzes für eine Form intellektueller Bescheidenheit, mit der er sich und seine Leser gegen die

Auswüchse des interpretatorischen Kontrollverlustes wappnen zu können hofft. Er verabscheut – statt des üblen Kontingenzgeruchs – Interpretationen nach dem Schema: Man nehme meine großartigen philosophischen Überzeugungen, kleistere diese meine großartigen philosophischen Überzeugungen über einen beliebigen Text eines berühmten philosophisch Altvorderen und gucke dann, ob außer diesem Kleister noch irgend etwas vom Altvorderen übrigbleibt – ein nicht in die eigenen Überzeugungen übersetzbarer Rest. Der Kommentator fürchtet, eine erschreckende Anzahl von Interpretationen sogenannter philosophischer Klassiker seien wegen dieser ihrer heimtückischen Gewaltsamkeit nur so viel wert wie die darin zum Ausdruck gebrachten großartigen philosophischen Überzeugungen des jeweiligen Interpreten – wobei kaum etwas so sehr der Kontingenz unterworfen scheint wie diese philosophischen Überzeugungen.

Der Kommentator versteht sich als Experte der Kontextualisierung. Dadurch macht er scheinbar Bekanntes fremder, scheinbar Fremdes bekannter. An sich ist ihm alles der Kommentierung würdig.

Überzeugungen vermeidet der Kommentator ängstlich. Er weiß nicht wirklich, welche Überzeugungen und Lehren dem Autor der von ihm kommentierten Werke zugeschrieben werden können. Er zögert, im kommentierten Text Haupt- und Nebensachen zu trennen, ist er sich doch schmerzlich bewusst, dass eine solche Trennung womöglich nur seinen subjektiven Idiosynkrasien geschuldet ist. Der Kommentator fühlt sich unverstanden vom landläufigen universitären Gegenwartsphilosophen, der mit Überzeugungen und Lehren so schnell bei der Hand ist. Womöglich ist, so fragt er sich, im Kommentieren der äußerste Gegensatz zur landläufigen Art erreicht, Philosophie zu treiben und sich philosophische Vergangenheiten einzuverleiben. Denn erfordert das Kommentieren nicht, von den eigenen Präferenzen, Urteilen und Vorurteilen abzusehen und stattdessen sich einem Text hinzugeben, mit dem man sich zunächst keineswegs identifizieren kann oder mit dem sich zu identifizieren man im Laufe der Kommentierungsarbeit verlernt? Auch der universitäre Gegenwartsphilosoph ahnt in seinem „Ach!", dass das Kommentieren seine ständige Herausforderung und Provokation ist. Denn das Kommentieren versucht die Texte vor ihrer vorschnellen Inanspruchnahme zu schützen, sie gegen die Zumutung abzuschirmen, unsere Probleme in die ihrigen hineinzulesen. Das Kommentieren ist eine Schule der Genauigkeit. Es zersetzt das Vertrauen in die Gleichartigkeit, die Gleichgesinntheit des Vergangenen.

Also schaut der Kommentator genauer hin. Auch bei dem, was sein Widerpart so treibt. Dabei stellt er eine merkwürdige Unentschiedenheit bei seinem väterlich schulterklopfenden Kritiker fest, dem universitären Gegenwartsphilosophen: Dieser will offensichtlich das Eine und das Andere zugleich auch. Er will das Systematische und die Historie – denn auch er hat jenen bekannten und bekanntlich umstrittenen Philosophen gelesen, mit dessen Götzenzertrümmerung der Kommentator seine Tage zubringt:

„Sie fragen mich, was Alles Idiosynkrasie bei den Philosophen ist? ... Zum Beispiel ihr Mangel an historischem Sinn, ihr Hass gegen die Vorstellung selbst des Werdens, ihr Ägypticismus. Sie glauben einer Sache eine *Ehre* anzuthun, wenn sie dieselbe enthistorisiren, sub specie aeterni, — wenn sie aus ihr eine Mumie machen. Alles, was Philosophen seit Jahrtausenden gehandhabt haben, waren Begriffs-Mumien; es kam nichts Wirkliches lebendig aus ihren Händen. Sie töten, sie stopfen aus, diese Herren Begriffs-Götzendiener, wenn sie anbeten, — sie werden Allem lebensgefährlich, wenn sie anbeten."

Der universitäre Gegenwartsphilosoph – so entschlossen und siegessicher sein „Ach…" auch geklungen haben mag – ist sich insgeheim doch nicht so sicher, dass das, was er für seine Bestimmung hält, eine Bestimmung ist, mit der und für die sich zu leben lohnt. Diese Unsicherheit teilt er mit dem Kommentator, der sich gleichfalls allerlei Auswege und Ausflüchte offen hält, um seinen Kommentar nicht als das Letzte und Eigentlichste seines Lebens anschauen zu müssen. Die Neueste Sachlichkeit, die der universitäre Gegenwartsphilosoph für das Gebot der Stunde und gleichermaßen für das Gebot der *philosophia perennis* hält, versagt sich harsche Schnitte im Umgang mit dem Vergangenen des Denkens. „Just say no to the history of philosophy!" könnte das Motto dieser Neuesten philosophischen Sachlichkeit nicht sein – zum einen, weil der universitäre Gegenwartsphilosoph seine Legitimation aus den Leistungen vergangener Philosophen bezieht, zum anderen, weil er seine Inspiration, seine Probleme und gewöhnlich auch seine Antworten sehr wohl den Altvorderen seines Faches verdankt. Nicht weil man ihn kennt, weil man seine Leistungen rezipiert und bewundert, sondern weil man Platon, Aristoteles, Descartes und Kant kennt, ihre Leistungen zwar nicht rezipiert, aber (oder deshalb) bewundert, gibt es für den Gegenwartsphilosophen eine bezahlte Stelle an einer höheren Bildungsanstalt. Der Qualität der Arbeit verblichener Philosophen verdankt der universitäre Gegenwartsphilosoph seinen sozialen und ökonomischen Status – und das vergilt er mit einer gewissen Dankbarkeit, die sich in der Verneigung vor den Heroen der geistigen Vergangenheit äußert. Diese Verneigung ist aber ersichtlich mehr als die Achtungsbezeugung, die man als Erwachsener seinen Großeltern gegenüber hat.

Mit welchem Recht nun, so fragt sich der Kommentator, nimmt der universitäre Gegenwartsphilosoph die „großen Philosophen" der Vergangenheit als eigene Tradition in Anspruch? Warum sollen sie das ihm Eigene sein? Folgt aus dem Umstand, dass die universitäre Gegenwartsphilosophie die Tradition zur Selbstlegitimierung noch braucht, womöglich – schauerlich zu denken –, dass sie eigentlich nichts Wesentliches aus sich selbst heraus zu sagen hat? Weiß sie – doch wohl selbstreflektiert genug – darum, wie prekär es um ihren eigenen Wissenschaftscharakter bestellt ist? Denn welche andere Wissenschaft braucht zu ihrer Selbstrechtfertigung eine „große, ungebrochene Tradition"? Die Physik etwa? Die Biologie? Und nicht einmal die Germanistik nimmt die „großen deutschen Dichter" als ihre sie legitimierende Tradition in Anspruch. Sondern die sind ihr Forschungsgegenstand – kein Germanistikprofessor wird sich mit Goethe oder Hölderlin auf eine Stufe stellen, mit ihnen ins Gipfelgespräch kommen wollen. Der universitäre Gegenwartsphilosoph, der „systematisch arbeitet", tut dies „im Umgang" mit Platon oder Kant sehr wohl. Für Philosophiegeschichte bleibt da nur ein „systematisches" Interesse. Symptom dafür ist die Liquidation von Philosophiegeschichte im Fächerspektrum universitärer Philosophie, wie sie in den letzten Jahrzehnten hierzulande still und heimlich vollzogen worden ist.

Hat die Neueste Sachlichkeit der Gegenwartsphilosophie – so peinigt sich der Kommentator in manchen verdüsterten Studierstubenstunden – verglichen mit der alten Neuen Sachlichkeit in den Künsten, aber durchaus auch in der Philosophie (man denke an die Phänomenologie und die frühe Analytische Philosophie) das Handicap, dass sie nichts wirklich hervorbringt und dass sie deswegen zumindest mit halbem Herzen an der Philosophiegeschichte festhält, weil die doch noch ein Sinnreservoir bereitzuhalten scheint?

Nüchtern betrachtet, gäbe es für diese Neueste Sachlichkeit nur ein einziges „Exzellenz-Kriterium". Nein, weder Evaluationen noch neue Studienordnungen verbürgen Exzellenz. Das einzige einschlägige „Exzellenz-Kriterium" ist schon angegraut. Es steht bei Matthäus und lautet: An ihren Früchten sollt ihr sie erkennen. Ins Säkulare übersetzt: Exzellent ist, was in hundert Jahren noch gelesen werden wird. Aber das Problem ist unübersehbar: Leider hat sich ja die Philosophie als historische Disziplin abgeschafft und will nur noch Sachfragen erörtern. Also wird es in 100 Jahren niemanden mehr geben, der sich für das Vergangene und damit für die Früchte und Sachen des heutigen universitären Gegenwartsphilosophen interessiert. Die alte deutsche Universitätsphilosophie von Friedrich Ueberweg, Eduard Zeller, Kuno Fischer bis Wilhelm Dilthey hat einen schlechten Ruf als bloße Vergangenheitsverwalterin. Aber sie ist ihrem Geschäft in großer Beharrlichkeit nachgegangen – und ihre Werke werden wahrscheinlich noch gelesen werden, wenn die Erzeugnisse des universitären Gegenwartsphilosophen in unauffindbaren Ecken des Internets vermodern.

In seinen verdüsterten Studierstubenstunden fragt sich der Kommentator gelegentlich (ohne darauf eine Antwort zu finden), warum denn der universitäre Gegenwartsphilosoph *à tout prix* „systematisch" sein wolle. Woher rührt dieser Wille und wie kann man ihn noch ernstlich aufrecht erhalten wollen? Woher rührt der antihistoristische Affekt des universitären Gegenwartsphilosophen, mit dem er sich sehenden Auges eine mentale Schwindsucht eingehandelt hat? Ohne Antwort auf diese genealogischen Fragen, bleibt dem Kommentator doch nur ein Rezept: Zurück zur Geschichte! Zurück zu den Kommentaren!

Denn was ist das Philosophenhandwerk seit Thales und Sokrates anderes als fortlaufende Selbst- und Weltkommentierung? Die Devise „Zu den Sachen selbst!" ist nichts weiter als die Aufforderung, die Dinge selbst zu kommentieren und sich selbst möglichst zurückzunehmen. Kommentieren führt – so phantasiert der Kommentator in sich aufhellenden Studierstubenstunden – die Philosophie zu ihrem angestammten Geschäft zurück. Nicht, weil das Kommentieren die „großen Klassiker" systematisch besser integrierbar macht, sondern weil es eine Fülle von alternativen Denkmöglichkeiten zeigt.

Bei Tagesanbruch, am Ende seiner Studierstubenstunden, fragt sich der Kommentator schließlich, wann wohl der Zeitpunkt kommen werde, dass jemand die Verlautbarung, man treibe „systematische Philosophie" mit einem „Ach" quittiert – einem fragenden, aber auch einem kopfschüttelnden „Ach". Vielleicht wird dann wieder die große Zeit der systematischen Philosophie anbrechen. Wenn sie aufgehört hat, gedankenlos (und) selbstverständlich zu sein.

Sabine Tittel

Wundernetz

„Oft ermöglicht erst die Kenntnis der Geschichte der Medizin das Verständnis des Inhalts."

Dieser Satz aus der Einleitung in die Wortschatzanalyse zu einem mittelalterlichen anatomischen Traktat[1] verkürzt auf eine etwas lapidare Weise die von Frankwalt Möhren in diesem Band formulierte Einführung in die historische Lexikographie: Der Mensch unterliegt dem ENTENDEMENT, dem bedingten Verstehen, welches D'Alembert und Diderot der MÉMOIRE – RAISON – IMAGINATION überstellen; das Verstehen ist eine Funktion des Verstandenen, und die Distanz zur historischen Materie erschwert das Verständnis.

Mit den hier folgenden Überlegungen zum Wundernetz, einer anatomischen Struktur des Gehirns des Menschen (oder auch nicht …?), wollen wir den Spagat versuchen und ein Fenster ein Stückchen öffnen. Und es wird sich zeigen, dass hier für den Lexikographen ein schier ungeheures Maß an „Dilettieren im besten Sinne" im Bereich der Anatomie, der Physiologie und der Philosophie unabdingbar ist.

Der anatomisch-medizinische Traktat wurde von einem der bekanntesten Ärzte des (nicht nur französischen) Mittelalters, Gui de Chauliac, 1363 auf Latein verfasst und in der Folge ins Französische und in viele andere Sprachen übersetzt.[2] In ihm findet sich eine Textstelle, die Interesse weckt.

Bei der Beschreibung der Anatomie des Gehirns ist die Rede von einer Art Netz: *Et après au dessoubz du cervel vient la pie mere encore et la dure mere, et finalmant vient après la roith ou rethine qui est merveilleuse* (GuiChaulMT 375f.), und weiter hinten, *Et dessoubz les panicles est assise une royt merveilleuse qui est faicte et tissue seullement de arteres que viennent du cuer, par lesquelles passe l'esprit vital* (GuiChaulMT 461–463). Es han-

---

[1] S. GuiChaulMT S. 120. Die hier verwendeten Sigel sind die des *Dictionnaire étymologique de l'ancien français* (DEAF), die über die DEAF-Bibliographie „DEAFBiblEl" auf www.deaf-page.de aufzulösen sind.

[2] Es handelt sich um die *Grande Chirurgie* (älteste fr. Handschrift 2. Drittel 15. Jh.). Gui de Chauliac gilt als der wichtigste Mittler zwischen der mittelalterlichen Medizin (in antiker Tradition stehend) und der Medizin der Neuzeit. Mit seinem Kompendium zur Chirurgie zog Gui die Summe des mittelalterlichen medizinischen Wissens; es ist als Quelle für die Kenntnis der mittelfranzösischen medizinisch-fachsprachlichen Terminologie und der Herausbildung der medizinischen Fachsprache von großer Bedeutung.

delt sich also um ein wunderbares Netz (*roith / royt / rethine merveilleuse*), welches unterhalb des Gehirns und der weichen und der harten Hirnhaut lokalisiert ist; es sitzt unter einem (Zell- oder Muskel-) Gewebe und besteht ausschließlich aus Arterien, die vom Herzen ausgehen und die den *esperit vital* (zum Gehirn) leiten (die Frage, um was es sich beim *esperit vital* handelt, führt uns in medias res der mittelalterlichen Physiologie, siehe unten).

Die Wörterbücher des Altfranzösischen kennen *rethine* bzw. *roith / royt merveilleuse* nicht, aber der Blick in andere medizinische Texte des Alt- und Mittelfranzösischen gibt darüber Aufschluss. Der – nach bisherigem Wissensstand – älteste französische Text, der diese Netzstruktur im Gehirn benennt, ist die *Chirurgie* des Henri de Mondeville, verfasst ca. 1314. Henri bezeichnet das Netz mit *rais merveilleuse* und beschreibt dessen Sitz ähnlich wie Gui de Chauliac: Das Wundernetz sitzt an zwei Drüsen des Gehirns, zwischen der harten Hirnhaut und dem unteren Schädelknochen; die Drüsen, die das Gehirn durch Absonderungen von überflüssigen Säften reinigen, sind über Kanäle mit den Kammern des Gehirns verbunden (*ventrail* genannt, die moderne Anatomie spräche von Hirnventrikeln; diese Hirnventrikel werden uns noch interessieren) (s. HMondB 198).[3]

Das Wörterbuch des Mittelfranzösischen zitiert ein latinisiertes *rethe mirabile* aus dem Druck 1491 des *Régime de Santé* (RégSantéLC 147, s. DMF², RETE MIRABILE) und *rethine du cervel* aus dem Druck 1495 der *Fleur de lys en medecine* des Bernard de Gordon (s. ebd. RÉTINE). Bei Rabelais, *Le Tiers Livre*, 1546, finden sich *retz merveilleux* und *rete admirable* (RabL 5,4,82ff.; 5,13,80ff.).

Ambroise Paré, französischer Chirurg und Leibarzt mehrerer französischer Könige, verwendet 1561 *rets admirable*,[4] ebenso René Descartes im 17. Jahrhundert (DG 2,1955a).

Diese Bezeichnung und schließlich *réseau merveilleux* und *réseau admirable* finden sich dann auch in den französischen Wörterbüchern des 18. und 19. Jahrhunderts[5] sowie im Französischen etymologischen Wörterbuch FEW, welches für die Zeit bis zum 19. Jahrhundert definiert: „netzartiges Gewebe, welches von den Arterien des Gehirns an dessen Basis geformt wird" (FEW 10,329b[6]).

Der Blick in die Wörterbücher des Lateinischen und Mittellateinischen führt nur zu mlt. *rete cerebri* mit medizinischer Bedeutung (Text vor 1250, Latham 406a), ein Beleg für *rete mirabile* findet sich nicht. Allerdings ist gesichert, dass in etlichen lateinischen

---

[3] Der Herausgeber des Textes gibt in einer Fußnote zur Textstelle die lateinische Entsprechung *rete mirabile* (HMondLatP 30,37; 38), offensichtlich dem Leser nicht zutrauend, den Terminus ohne weiteres verstehen zu können. Die Bezeichnung ist im Afr. feminin, im Mfr. maskulin, im Mlt. neutrum.

[4] Joseph-François Malgaigne: *Œuvres complètes d'Ambroise Paré*, Paris 1840–1841, Band 1, S. 157a.

[5] Trévoux: *Dictionnaire universel françois et latin*, Paris 1752, 6,924; Enc 14,222b–223a (das ist die *Encyclopédie* von Diderot und D'Alembert); Moz 1812-Lar 1875, s. FEW 10,330a; etc.

[6] Im Wortlaut „entrelacement de vaisseaux formé par les artères du cerveau à la base de cet organe".

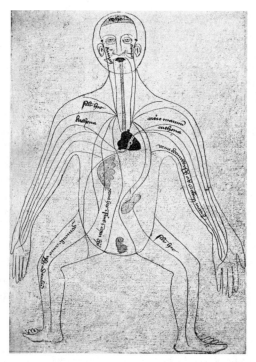

Abb. 1: Venenbild aus der Hs. Cod. Raudn. VI. Fc 29 [1399]: Die Abbildung lässt deutlich die Legende *rethe* im Gehirn erkennen (der Text beschreibt den Sitz vage); auch sieht man einen „breiten Zufuhrweg vom Munde her (Luftröhre)" zum Herzen, der den *Spiritus vitalis* transportiert, s. u. (Abb. und Zitat aus Karl Sudhoff: *Abermals eine neue Handschrift der anatomischen Fünfbilderserie*, in: *Archiv für Geschichte der Medizin*, Leipzig 1910, Bd. 3, S. 353–368; Tafel IX).

medizinischen Texten die Bezeichnung *rete* bzw. *rete mirabile* verwendet wird; diese Texte haben nur (noch) keinen Eingang in die Wörterbücher gefunden. Zum Beispiel nennt die lateinische Version von Henris Werk *rete mirabile* (1314–20 HMondLatP 30,37; 38), und auch das lateinische Original der *Grande Chirurgie* des Gui de Chauliac, die *Chirurgia magna* von 1363, belegt *rete mirabile* (vgl. GuiChaulJL 25,12; 27,29; 29,16). Die Bezeichnung *rete* findet sich auch in mehreren mittellateinischen Handschriften mit anatomischen Abbildungen, wie Karl Sudhoff belegt; Abbildung 1 zeigt eine anatomische Zeichnung aus einem der Manuskripte.

Im Neufranzösischen bezeichnet *réseau admirable* ein Rete mirabile, zu deutsch Wundernetz, wie es die moderne Anatomie definiert:[7] Ein Wundernetz ist ein engmaschiges Arteriennetz, das gebildet wird durch die Verästelung eines arteriellen

---

[7] Z. B. TLF 14,937a: „disposition dans laquelle un vaisseau se subdivise brusquement en de multiples artérioles qui s'anastomosent de nouveau entre elles pour reconstituer le tronc générateur".

Gefäßes in ein Bündel feinster Gefäße, die durch Anastomose miteinander in Verbindung stehen und sich wieder zu einem arteriellen Gefäß sammeln.[8]

Hellhörig wird, wer in der modernen Definition der Sache vermisst, dass sich das Netz im menschlichen Gehirn befindet, wie doch die mittelalterlichen Texte aussagen.[9] Und tatsächlich geben die Wörterbücher des 18. Jahrhunderts folgende Erklärung: „il n'y a point de *rêts admirable* dans l'homme [...]; on le trouve dans le veau, dans la brebis, dans la chevre, etc. Le *rêts admirable* [...] est décrit par Galien, qui, l'ayant trouvé dans plusieurs animaux qu'il a disséqués, a cru qu'il étoit aussi dans l'homme; mais l'homme n'en a point" (Trévoux: *Dictionnaire*..., a. a. O., 6,924, vgl. Enc 14,222b–223a). Das Wundernetz gebe es nicht im menschlichen Gehirn,[10] kommentiert also Trévoux, sondern nur bei den Tieren, die Galen zu seinen anatomischen Studien seziert habe, nämlich im Gehirn des Rindes, in dem des Schafes, der Ziege, usw.; daher habe Galen angenommen, das Wundernetz sei auch Teil des menschlichen Gehirns, aber der Mensch habe keines.

Richtig ist, dass Galen, der wissenschaftliche Begründer der antiken Heilkunde und der wohl einflussreichste Arzt in der römischen Kaiserzeit,[11] innerhalb der von der mittelalterlichen Medizin stets angerufenen „Auctoritates" die zentrale Position einnahm. Die Grundthesen der Galenschen Physiologie, darunter seine Theorie der Stoffwechselprozesse, die Vorstellung von der Entstehung des Blutes in der Leber und der Fließbewegung des Blutes wie Ebbe und Flut, Humoralpathologie (Temperamenten- oder Vier-Säfte-Lehre) und Pneumalehre, waren das feste Fundament der mittelalterlichen medizinischen Lehre. (Erst im 16. und 17. Jahrhundert brachten anatomische Entdeckungen, v. a. die Entdeckung der Venenklappen, des Blutkreislaufs und des Lungenkreislaufs, die Autorität des Galen ins Wanken und bereiteten den Weg für eine kritische Neubewertung der Physiologie des Menschen.)[12]

Insofern liegt es nahe anzunehmen, dass Henri de Mondeville, Gui de Chauliac und die anderen Ärzte der Zeit die Bezeichnung einer Struktur, wie sie im Gehirn

---

[8] S. z. B. August Rauber: *Lehrbuch der Anatomie des Menschen*, Leipzig ⁴1893, 2,15: „Das Wundernetz, *Rete mirabile*".

[9] Bei dem Beleg aus Descartes ist unklar, ob das genannte Wundernetz im Gehirn sitzt.

[10] Man muss annehmen, dass sich der Kommentar auf das Wundernetz als Struktur des Gehirns bezieht, wie es in der damaligen Zeit verstanden wurde, nicht auf das Wundernetz, wie es sonst im menschlichen Körper vorkommt; die moderne anatomische Erklärung zum Rete mirabile war noch nicht gegeben.

[11] Galen (*129 n. Chr. im damals griechischen Pergamon – †199 n. Chr.) war nach seinen medizinischen Studien zunächst Gladiatorenarzt in Pergamon, ging mit 31 Jahren nach Rom und wurde dort Arzt der römischen Aristokratie, später auch Leibarzt des Kaisers Marc Aurel und dessen Sohnes Commodus. Er steht in der medizinischen Tradition der Lehre des Hippokrates (ca. 460 – ca. 370 v. Chr.) und in der philosophischen Tradition der des Platon (427–347 v. Chr.) und des Aristoteles (384 – 322 v. Chr.). Die Heilkunde verdankt Galen ihren theoretischen Unterbau: das „Haus der Heilkunde", bestehend aus Physiologie, Pathologie und Therapie (s. Heinrich Schipperges: *Geschichte der Medizin in Schlaglichtern*, Mannheim 1990, S. 48f.).

[12] Schipperges: *Geschichte der Medizin in Schlaglichtern*, a. a. O., S. 49–54.

einiger Tiere vorkommt – Galen hatte keine menschlichen Leichen seziert[13] – von Galen übernommen und etwas beschrieben haben, das im menschlichen Gehirn nicht existiert.

Kommen wir zur Sache selbst: Bei dem von Galen beschriebenen Netz, welches er bei der Sektion von Rindern und Schweinen sah und von dem er Grund hatte anzunehmen, es befinde sich ebenso im menschlichen Gehirn, handelt es sich um ein Netz aus den Ästen der Arteria carotis interna, das an der Schädelbasis in unmittelbarer Nachbarschaft zur Hirnanhangdrüse, der Hypophyse, liegt. Die heute erkannte physiologische Funktion des Wundernetzes ist es, den arteriellen Blutzufluss zum Gehirn zu bremsen und den Rückfluss des venösen Blutes zu gewährleisten. Diese Hilfseinrichtung für die Blutversorgung des Gehirns ist für alle Weidetiere wichtig, die über längere Zeit mit gesenktem Kopf Nahrung aufnehmen, z. B. Schafe und Rinder. Auch die Schweine benötigen diese Zuflussregelung, da sie ihren Kopf während der kraftvollen Bewegungen, mit welchen sie den Boden aufwühlen, gesenkt halten.[14]

All die Tiere, die Galen auf dem Seziertisch hatte, haben im Gehirn folglich ein Wundernetz. Der Mensch benötigt und besitzt, nach dem Kenntnisstand der modernen Physiologie, ein solches Wundernetz nicht.

Aber konnten die französischen Ärzte des Mittelalters dies wissen? Henri de Mondeville sezierte selbst nie menschliche Leichen; seine Anatomie basierte auf Modellen und Zeichnungen, und mit diesen folgte er dem „autoritären" Wissen seiner Zeit; Gui dagegen kannte Leichensektionen und nach ihm – mit Gui begann die Sektion menschlicher Leichen in der französischen Medizin – ebenso die Verfasser der nachfolgenden medizinischen Texte, die das Wundernetz nennen.

Prinzipiell ist zwar anzunehmen, dass ein Anatom im Mittelalter in der Regel Strukturen dann benannt hat, wenn er diese auch tatsächlich als Strukturen erkannt hat. Allerdings ist die Anatomie der Umgebung der Hypophyse komplex. In der unmittelbaren Nachbarschaft zur Hypophyse und damit zum – hypothetischen – Rete mirabile befindet sich ein weiteres arterielles Netz, das Willis-Netz, geformt aus zwei Ästen derselben Arteria carotis interna, s. o. Das Willis-Netz liegt jedoch oberhalb der harten Hirnhaut, das Wundernetz unterhalb.[15] Es ist also denkbar, dass Gui de

---

[13] Der Arzt, für den die ersten Sektionen an menschlichen Leichen dokumentiert sind, ist Mondino de' Liuzzi, der Anfang des 14. Jahrhunderts in Bologna lehrte. Mondino führte Leichensektionen in seinem anatomischen Unterricht durch; sein Schüler Niccolò Bertruccio († 1347 an der Pest) lernte die Durchführung von Sektionen, und durch Niccolò wurde Gui de Chauliac, der sich zum Studium der Anatomie und Chirurgie in Bologna aufgehalten hatte, mit Sektionen bekannt. Cf. George Sarton: *On the History of Science*, Cambridge 1962, 3,1,847; LexMA 1,2045.

[14] Zu Lage und Funktion des Rete mirabile bei Rindern, Schweinen, Pferden, etc., s. Tankred Koch und Rolf Berg: *Lehrbuch der Veterinär-Anatomie. Die großen Versorgungs- und Steuerungssysteme*, Stuttgart, Jena [5]1993, S. 43, 82, 91, 208.

[15] Koch / Berg: *Lehrbuch der Veterinär-Anatomie...*, a. a. O., S. 68, 91; Werner Spalteholz: *Handatlas der Anatomie des Menschen*, Leipzig [2]1899, Bd. 1, S. 5; Bd. 2, S. 400 (Abb. 445).

Chauliac bei einer seiner Leichensektionen das Willis-Netz zwar gesehen, aber das Galensche Wundernetz beschrieben bzw. genannt hat. Hier anzunehmen, Gui hätte den Unterschied zwischen dem arteriellen (Willis-)Netz, welches er möglicherweise vor sich sah, und dem Wundernetz, welches seit Galen „bekannt" war, erkennen müssen, wäre ahistorisch.

Französisch *roith merveilleuse* und die Varianten *rets, rethine merveilleuse / admirable* etc. müssen als das definiert werden, als was sie die Verfasser der französischen medizinischen Texte bis ins 16. Jahrhundert sahen: als einen anatomischen Fachterminus, der eine im Kopf befindliche netzartige Struktur bezeichnet, welche von den Arterien des Gehirns geformt wird.[16]

Noch einmal zur Sache, diesmal aus historischer Sicht: Welche Funktion hat die Medizin, von Galen bis ins 16. Jahrhundert, dem Wundernetz zugeschrieben und warum ist das Netz ein wunderbares?

Existenz und Lage des Wundernetzes im Gehirn ist Galensches Gedankengut, die physiologische Funktion ebenso. Sie ist eingebettet in Galens Pneumalehre, die Lehre von den drei Pneumata (zu übersetzen möglicherweise als „Geist", „Hauch" oder „Luft")[17] des menschlichen Stoffwechsels. Diese sind die folgenden:

1. Das Pneuma physikon, oder lt. Spiritus naturalis, ist eine Substanz, welche in der Leber aus der Nahrung gewonnen wird. Diese wird von den Venen zusammen mit dem Blut im ganzen Körper verteilt und sorgt so für die Ernährung jedes Organs und jedes Körperteils.
2. Das Pneuma zotikon, oder lt. Spiritus vitalis, wird über die Luftröhre aus der Luft eingeatmet, gelangt über die Lunge ins Blut und fließt über die Lungenvene ins Herz (s. Abb. 1). Dieses mit Spiritus vitalis angereicherte Blut wird von den Arterien im ganzen Körper verteilt und sorgt für die Regulierung des Wärmehaushalts des Körpers und somit für die Aufrechterhaltung des Lebens.
3. Der Spiritus vitalis gelangt mit dem arteriellen Blut auch ins Gehirn, wo er umgewandelt wird in Pneuma psychikon, oder lt. Spiritus animalis. Dieses dritte Pneuma ist der Stoff, der für die Aufrechterhaltung aller mentalen und

---

[16] S. die Definition in GuiChaulMT S. 276: terme d'anat. „lacis rétiforme situé dans la tête, formé par les artères du cerveau", wobei zu beachten ist, dass der Terminus *artère* im Mittelalter nicht die Bedeutung der modernen Arterie besitzt, da der Blutkreislauf und somit die genaue Funktion der Arterien im Unterschied zu Venen erst 1628 von dem englischen Arzt William Harvey beschrieben wurde (s. Schipperges: *Geschichte der Medizin...*, a. a. O., S. 53).

[17] Die Diskussion um das Wesen des Pneuma, das teils eine körperliche Substanz, teils eine Kraft bezeichnet, spiegelt die sehr alte Frage wieder, ob die Seele als ein wenn auch noch so feiner Stoff anzusehen sei, oder ob sie als immaterielle Idee zu gelten habe. Wir geraten hier in die Domäne der Philosophen und verweisen, zu den Schulen der Stoiker, Gnostiker, des Plutarch, Aristoteles und Platon, auf Marielene Putscher: *Pneuma, Spiritus, Geist. Vorstellungen vom Lebensantrieb in ihren geschichtlichen Wandlungen*, Wiesbaden 1974, S. 21ff., 42ff.

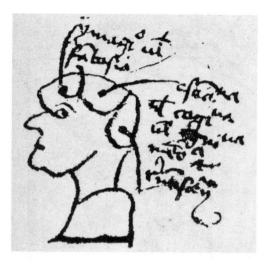

Abb. 2: Die drei Gehirnfunktionen nach dem Cod. Lat. Monacensis 73 [1413]: *ymaginatio vel fantasia – aestimativa vel cogitativa* (...) – *memorativa et communis sensorii* (?) (Karl Sudhoff: *Anatomische Zeichnungen (Schemata) aus dem 12. und 13. Jahrhundert...*, in: *Studien zur Geschichte der Medizin*, Leipzig 1907, Bd. 1, S. 59).

nervösen Aktivitäten des Menschen verantwortlich ist. Das heißt, es steuert alle Sinneswahrnehmungen und Bewegungen des Körpers, und es ermöglicht das Denken.

Und es ist eben diese Transformation des Pneuma zotikon zu Pneuma psychikon, die Galen in unserem Wundernetz lokalisiert. Dort fließe das Blut langsamer als in den Blutbahnen und ermögliche so die Umwandlung.[18]

Nach Galen ist es dieses im Wundernetz produzierte Pneuma, welches als Träger aller mentalen Aktivitäten den Menschen vom Tier abhebt. Mit dem Pneuma psychikon ist dem Denken ein Ort gegeben, und das Wundernetz ist der Ort der Entstehung dieses Pneumas. Es ist das Produkt des Wundernetzes, das den Mensch zum Menschen macht.

Und es ist möglich, dass in genau dieser Funktion die Motivation für die Benennung des Netzes zu suchen ist: aus dem Netz wird ein „wunderbares" Netz, im Lateinischen wird es mit *mirabilis* und im Französischen mit *merveilleux* und *admirable* näher bestimmt.

Zusätzlich birgt die Beschreibung des Wundernetzes noch weitere Erkenntnisse. Wenn es so ist, dass das Wundernetz durch seine Funktion das menschliche Denken

---

[18] S. Rudolph Siegel: *Galen's System of Physiology and Medecine*, Basel 1968, S. 108ff., 188ff., GuiChaulMT S. 189–194, 277–280.

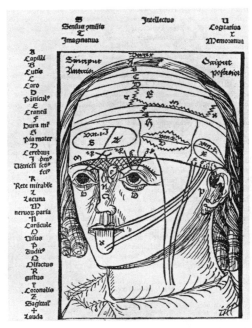

Abb. 3: Lokalisation der Gehirnfunktionen nach Magnus Hundt: *Anthropologium* [1501]: *Sensus communis et imaginativa – Intellectus – Cogitativa et memorativa*. Gut zu sehen auch *Rete mirabile*, mit R im Gehirn eingezeichnet (Sudhoff: *Anatomische Zeichnungen…*, a.a.O., S. 61).

erst ermöglicht, lohnt der nochmalige Blick in die alten Texte. Bleiben wir zunächst im Text des Henri de Mondeville und folgen seiner Beschreibung jener Hirnkammern, die im Zusammenhang mit dem Wundernetz wichtig scheinen.

Ein Mann war am hinteren Teil des Gehirns operiert worden und hatte daraufhin vergessen, wie sein Handwerk (er war Sattelmacher) auszuüben sei. Dies schreibt Henri im Kapitel über Wunden und gibt für diese unerwünschte Nebenwirkung der Operation die folgende Erklärung: In der hinteren der drei Kammern des Gehirns – er nennt sie *ventrails* – wohne die *vertu memorative*, die *memoire*, also die „erinnernde Funktion oder Kraft" des Gehirns, sprich das Gedächtnis (HMondB 1211).[19] Diese Funktion muss bei der Operation gelitten haben.

An anderer Stelle beschreibt er alle drei Gehirnkammern und die ihnen innewohnenden Kräfte: In der hinteren Kammer, wie bekannt, befindet sich die *vertu memo-*

---

[19] In der Lexikographie gut dokumentiert ist *vertu*: S. TL 11,340; Gdf 8,211c; GdfC 10,850b; FEW 14,517b sub VIRTUS „lebenskraft"; *memoratif*: s. GdfC 10,138c; FEW 6¹,697b sub MEMORARE „in erinnerung bringen"; gut belegt ist *memoire*: TL 5,1378; Gdf 5,227b; GdfC 10,138b; FEW 6¹,698a sub MEMORIA „gedächtnis, erinnerung"; mit dieser Bedeutung bisher nur in HMondB belegt ist *ventrail*: TL 11,203; Gdf 8,178c; fehlt FEW 14,254b sub VENTRICULUS „kleiner bauch".

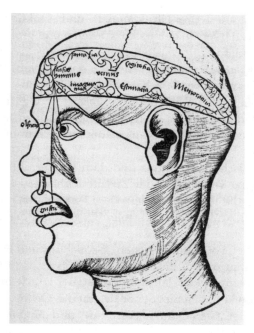

Abb. 4: Darstellung der Hirnkammern bei Gregorius Reisch: *Margarita philosophica* [1495]: *sensus communis / imaginativa versus cogitativa / estimativa – memorativa* (Schipperges: *Geschichte der Medizin...*, a. a. O., S. 197).

rative, in der mittleren Kammer die *vertu resonable estimative*[20] und in der vorderen Kammer die *vertu imaginative* (HMondB 187–188).

Der DEAF, der unter dem Verb IMAGINER den Stand des Wissens zum Adjektiv *imaginatif* wiedergibt (und die Summe aus den Informationen aller anderen Wörterbücher und der zugänglichen Texte zieht),[21] leitet uns zu einem weiteren medizinischen Text des 14. Jahrhunderts: Martin de Saint-Gille kommentiert 1365 die *Amphorismes* des Hippokrates und schreibt, dass Aristoteles und andere Philosophen meinten, das Herz sei der Sitz der Seele, aber die Seele sitze im Gehirn (das übernahm er von Galen); die *vertus* im Inneren des Gehirns seien die *vertu ymaginative* im vorderen Teil, die *vertu cogitative* im mittleren Teil und die *vertu memorative* im hinteren Teil (AmphYpL² Gloss. S. 353).

---

[20] Gut belegt ist *raisonable*: TL 8,223; Gdf C 10,476b; FEW 10,110b sub RATIO „berechnung; vernuft"; wenige Belege zu *estimatif*: TL 3,1394; GdfC 9,562c; FEW 24,232b sub AESTIMARE „achten, schätzen".

[21] DEAF I 100,34: „qui est caractérisé par une forte faculté de se représenter dans l'esprit des personnes, des objets", belegt seit ca. 1298, JMeunConsD 267,118; HMondB 185 [= unser hier gegebener Beleg]; mfr. AmphYpL² gloss.; [...].

Es überrascht nicht, diese drei Hirnkammern und -funktionen auch von Gui de Chauliac beschrieben zu lesen: In der ersten, vorderen und größten Hirnkammer (bei Gui nicht *ventrail*, sondern *ventre*)[22] sitzt die *vertu ymaginative*, in der mittleren und kleinsten die *vertu cogitative*[23] und *racionelle*,[24] in der hinteren, der mittelgroßen, die *vertu servative*[25] und *memorative* (GuiChaulMT 448–455).

Über die Materialien des DEAF (unter Berücksichtigung der Adjektive) gelangt man schnell zu einigen weiteren alt- und mittelfranzösischen Texten, in welchen die Funktionen beschrieben werden, sei es aus medizinisch-anatomischer, sei es aus philosophischer Sicht.

Für das philosophische Verständnis und dadurch vermittelt auch für das physiologisch-medizinische Verständnis der Zusammenhänge ist es sicher nicht mehr nötig, an dieser Stelle alle Texte zu nennen. Der Leser hat den roten Faden bereits bis in die Philosophie der Antike zurückverfolgt: Es geht um den Sitz und das Wesen der Seele.

Aristoteles hatte die „Vorstellung" neben „Gedächtnis und Erinnerung" als Tätigkeiten der Seele genannt und darin Platons Ideen über das Entstehen von Denken und Erkenntnis weiterentwickelt. Jahrhunderte später wurde mit Galen die Diskussion um das Hegemonikon, den Sitz der Seele, auf das Gehirn verlegt, und als seine drei Fähigkeiten werden „Gedächtnis", „Vernunft" und „Einbildungskraft" genannt. Diese drei seelischen Funktionen finden in den drei Pneumata, in den dazugehörigen Körperfunktionen und in den drei Hirnkammern ihr dreigeteiltes Haus.[26]

Und es ist längst deutlich: Es sind eben diese drei Funktionen des Gehirns, deren Lage, Charakteristik und Bezeichnung von der Antike über das Mittelalter bis zu Francis Bacon tradiert wurden, welche schließlich bei Diderot und D'Alembert als dreigeteilte Gliederung des ENTENDEMENT, nämlich als MÉMOIRE, RAISON und IMAGINATION, das Gesamtwissen strukturieren. Dem folgen die Mitarbeiter der Heidelberger Akademie der Wissenschaften in dieser Festschrift.

---

[22] In dieser Bedeutung schlecht belegt in GdfC 10,842c; FEW 14,249a sub VENTER „bauch"; s. GuiChaulMT 448, 450, 451, etc.; S. 407.
[23] Von der Lexikographie schlecht belegt, s. GdfC 9,118c; FEW 21,841a sub COGITARE „denken; beabsichtigen".
[24] Gut belegt: TL 8,139; FEW 10,112b sub RATIO „berechnung; vernunft", s. GuiChaulMT S. 383.
[25] Isolierter Beleg (bisher in der Lexikographie nicht dokumentiert) mit der Bedeutung „qui a rapport à la préservation", s. GuiChaulMT S. 392.
[26] Putscher: *Pneuma, Spiritus, Geist…*, a. a. O., S. 11–16.

Sueyling Tsai und Claudia Wenzel

Dokumentarische Entdeckungen in Shandong, China

1. Die Entdeckung des Schäfers

Die Forschungsstelle „Buddhistische Steinschriften in China" hat ihre Existenz einer unerwarteten Entdeckung zu verdanken. In einem der vielen Täler am westlichen Ende des Zentralen Berglandes der Provinz Shandong, deren Felshänge sich in nichts voneinander unterscheiden, stieß im Jahr 1988 ein Schäferjunge auf „magische Zeichen", mit denen er nichts anzufangen wußte (Abb. 1). Der Ort der Entdeckung war der Berg Hongding, der im Westen an den Dongping-See angrenzt. Der Schäferjunge berichtete daraufhin dem wichtigsten Mann seines Dorfes, dem Parteisekretär, von den sonderbaren Zeichen, und dieser erstattete wiederum seinem Vorgesetzten Meldung, dem Zuständigen des Kreises. Von der Kreisebene wurde die Meldung auf die Provinzebene geleitet, von wo aus sie ihren Weg schließlich bis in die Hauptstadt Beijing fand. Dort wurde Zhang Zong, Mitarbeiter der Chinesischen Akademie für Sozialwissenschaften und mehrmaliger Gastprofessor in Heidelberg, auf die Entdeckung aufmerksam. Er reiste umgehend nach Shandong, um sich selbst ein Bild zu machen, und führte bei nächster Gelegenheit auch eine Gruppe von Heidelberger Wissen-

Abb. 1: Eines der vielen einsamen Täler im zentralen Bergland der Provinz Shandong beherbergt eine sensationelle Entdeckung: Das Tal des Berges Hongdingshan.

schaftlern unter Leitung von Prof. Ledderose in das abgelegene Tal. Das war die Geburtsstunde unserer Forschungsstelle.

Das Inschriftental des Berges Hongding ist der erste der Shandonger Inschriftenorte, die in den ersten vier Jahren der Forschungsstelle dokumentiert wurden. Es handelt sich um monumentale buddhistische Meißelprojekte aus der zweiten Hälfte des 6. Jahrhunderts, bei denen heilige Textpassagen und begleitende Stifterinschriften direkt auf den gewachsenen Felsen in der Landschaft gemeißelt worden sind. Darüber hinaus sind auch Steinplatten und Stelen vergleichbaren Inhalts aus längst zerstörten Tempelklöstern entdeckt worden.

Bei den gemeißelten Shandonger Sūtrentexten handelt es sich um die ältesten bekannten Fassungen der heiligen buddhistischen Texte. Deren Textgeschichte befand sich ständig im Fluß. Nur selten sind noch Manuskripte vorhanden, die vor dem ersten Druck eines Textes datieren. Die heute standardmäßig benutzte *Taishō*-Edition des buddhistischen Kanons (gedruckt in Japan in den Jahren 1924 bis 1932) berücksichtigt Textvarianten, die nur in der Minderzahl der Fälle bis in die Zeit der japanischen Tempyō-Ära (629 bis 641 unserer Zeitrechnung) zurückreichen – die gemeißelten Shandonger Sūtrentexte sind noch älter. Schon allein deshalb lohnt sich jede Anstrengung, sie zu dokumentieren und zu rekonstruieren. In China pflegt man traditionell die Kunst, Abreibungen von steinernen Inschriften zu nehmen. Solche Abreibungen bilden bis heute die Grundlage der Dokumentation und Aufarbeitung von historischen Steinschriften.

2. Die Entdeckung der Unzulänglichkeiten der Abreibungen

Abreibungen vom Stein sind allerdings alles andere als eine 1:1 Kopie einer Inschrift; vielmehr handelt es sich bei jeder einzelnen Abreibung bereits um eine Interpretation. Der Abreiber kann immer nur auf Papier bringen, was er am Fels gesehen und gelesen hat, oder besser, was er glaubt, gesehen und gelesen zu haben. Die Unzu-

Abb. 2: Abreibung eines im Jahr 2002 entdeckten Kolophons auf dem Berg Yi: Die Zeichen sind auffällig klar auf dem Papier zu erkennen.

verlässigkeit der Abreibungen kann bisweilen den nimmermüden Forscher auf Irrwege führen oder zu gefährlichen Spekulationen verleiten.

In einem solchen Fall hatte die Abreibung eines neu entdeckten Kolophons vom Berg Yishan (Abb. 2) auf einem Symposium in Shandong bereits 2002 unter den Wissenschaftlern eine heftige Diskussion ausgelöst. Die abgeriebenen Zeichen der zweiten Zeile von rechts ließen verlauten: Der angesehene Mönchskalligraph und unermüdliche Aktivist des Meißelprojekts, Seng'an Daoyi, kommt aus Dongping! Das ist genau der Ort, an dem der Schäferjunge 1988 die Inschriften im Tal des Berges Hongding gefunden hatte! Bislang hatte man spekuliert, daß Seng'an aus Nordwest-China käme, weil die dortigen Berge in seiner gemeißelten Eulogie erwähnt werden. Nun aber schien es, als ob die klar abgeriebenen Zeichen der kürzlich entdeckten Inschrift endgültig dokumentierten, daß er doch ein Einheimischer der Shandonger Halbinsel sei.

An einem Wintertag während der Kampagne der Forschungsstelle im Jahr 2005 trafen sich deshalb chinesische und deutsche Forscher am Berg Yishan, von dem die spektakuläre Abreibung stammte (Abb. 3). Sie waren fest entschlossen, die Frage über Seng'an Daoyi's Herkunft gemeinsam an Ort und Stelle zu klären. Die besten Abreiber des Landes sowie der Direktor der höchsten Instanz für die Kulturgüter der Provinz waren für dieses Vorhaben extra aus der Hauptstadt angereist. Zugleich wandte man sich der Inschrift auf dem Fels zu. Nur geübte Augen konnten die verwitterten, eingravierten Striche von der natürlichen Felsmaserung unterscheiden. Dicht dräng-

Abb. 3: Deutsche und chinesische Wissenschaftler 2005 vor Ort bei der Anfertigung einer neuen Abreibung des umstrittenen Kolophons am Berg Yi.

ten sich deutsche und chinesische Wissenschaftler auf dem schmalen Steg nahe des steilen Abhangs vor die Felswand. Ein eisiger Wind wehte in die bangen, angestrengten Gesichter. Doch dann stand fest: Anstelle der vier klaren Zeichen auf der besagten Abreibung sind auf dem Fels fünf weniger deutliche Zeichen zu sehen. Die ersten zwei Zeichen sind tatsächlich der Name des Ortes, an dem 1988 die Inschriften vom Hongdingshan gefunden wurden: Dongping. Aber der Personenname, der dem Ortsnamen folgt, besteht aus einem Zeichen für den Familiennamen und zwei Zeichen für den Rufnamen (Abb. 4 und 5). Und das bedeutet, daß es sich nicht um einen Mönchsnamen handelt, sondern um einen weltlichen Namen. Nicht der große Mönchskalligraph ist hier dokumentiert, sondern ein weltlicher Stifter oder ein Hand-

Abb. 4: Erneut angefertigte Abreibung des umstrittenen Kolophons, die den stark verwitterten Erhaltungszustand des Felsens besser widerspiegelt.

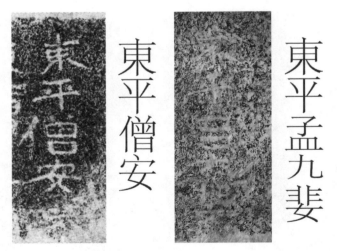

Abb. 5: Vergleich der umstrittenen Zeile auf beiden Abreibungen: Links der überdeutliche Name des Mönches „Seng'an" 僧安 hinter dem Ortsnamen Dongping 東平; rechts die neue Abreibung mit den drei Schriftzeichen des Namens eines weltlichen Stifters, „Meng Jiufei" 孟九斐, hinter dem Ortsnamen Dongping 東平.

werker. Damit mußte der Traum vom „großen Seng'an Daoyi aus Dongping, Shandong" wohl oder übel begraben werden.

In der Anfangsphase der Forschungsstelle wurde ausführlich darüber diskutiert, ob der in Stein gemeißelte Text oder die Abreibung auf Papier die Vergleichsgrundlage für andere Textversionen bilden sollte. Anfänglich war die Versuchung groß, jeweils eine Abreibung auszuwählen, schon allein wegen ihrer guten Lesbarkeit im Vergleich zu dem oft verwitterten Stein. Schlußendlich blieben wir beim Stein. Jetzt werden in der Datenbank Abreibungen als „Textzeugen" geführt und damit anderen Lesungen aus der Sekundärliteratur gleichgestellt.

3. Die Entdeckung der Rekonstruktionsproblematik

Einige der Shandonger Steinschriften haben monumentale Ausmaße, was unweigerlich Folgen sowohl für die Anfertigung der Abreibungen als auch für die Textrekonstruktion nach sich zieht. Wenn der Durchmesser eines einzigen in Stein gemeißelten Schriftzeichens etwa 50 cm beträgt und die gesamte Felsenfläche eines Inschriftenortes mit fast 900 Zeichen bedeckt ist, haben die Abreiber in der Regel erst gar nicht versucht, längere Papierbahnen entlang der vertikal verlaufenden Textzeilen aufzubringen und den Wortlaut im Textfluß abzureiben. Es ist viel praktischer, jedes Zeichen – oder das, was davon noch übrig ist – einzeln auf etwa gleich großen, extra zugeschnittenen Papieren abzureiben.

Dieses Verfahren erleichtert zwar die schwere Arbeit des Abreibens in steilem Gelände vor Ort, bringt aber für eine wissenschaftliche Textrekonstruktion Nachteile: Die Bezeichnung und Numerierung der einzelnen Zeichen ist oft unzuverlässig; manchmal ist die Reihenfolge der Einzelzeichen durcheinander geraten, und das Sortieren wird durch die Tatsache erschwert, daß bestimmte Zeichen und Worte in den religiösen Texten weit mehr als einmal auftauchen: Je nach Inhalt kann zum Beispiel das Zeichen 無 („es gibt nicht", „es hat nicht") fast ein Viertel des eingemeißelten Textes ausmachen.

So besteht die eigentliche Kunst darin, die gefundenen Abreibungen nachträglich wieder mit dem Stein in Übereinstimmung zu bringen und ihnen ihre ursprüngliche Position auf der Felsenfläche zuzuweisen. Dies geschieht virtuell, indem am Computer Photos der Abreibungen auf das entsprechende Orthophoto der Felsenfläche „gemappt" werden. Ein Orthophoto ist ein entzerrtes Photo, welches durch die Auswertung der Daten der Vermessungsingenieure der Fakultät für Geomatik an der Hochschule für Technik und Wirtschaft in Karlsruhe entstanden ist. Auf diesem großen Photo der Felsenfläche müssen nun die einzelnen Schnipsel der Abreibungen angepaßt werden. Dieser Prozeß entlarvt schnell die Unzulänglichkeiten und Grenzen der Abreibungen auf Tusche und Papier: Von einigen Zeichen gibt es überhaupt keine Abreibungen, weil sich die Abreiber vor Ort nicht bewußt waren, wo eine Textzeile beginnt und endet. Oder die Zeichen wurden unvollständig abgerieben, weil die stärker verwitterten Teile nur unter sehr guten Lichtverhältnissen zu erkennen sind. Und schließlich gibt es noch Fälle, in denen Zeichen einfach falsch abgerieben wurden, weil man vor Ort die Strichreste zu einem völlig anderen Zeichen zusammenfügte.

4. Die Wiederentdeckung des Steins

Der Prozeß der Rekonstruktion des Textverlaufs beinhaltet also eine ständige Evaluierung von falschen, richtigen oder unvollständigen Abreibungen. Grundlage für die Entscheidung, welches Zeichen an welcher Stelle des ursprünglichen Textes gestanden haben muß, ist nicht nur der im gedruckten Kanon überlieferte Text, sondern vor allem die vor Ort unter möglichst gutem Licht durchgeführte Beurteilung des Steins. Nur so ist es möglich, auch Sicherheit über Schreib- und Textvarianten zu gewinnen, die ausschlaggebend für ein neues Textverständnis sind.

Im Jahr 579 unserer Zeitrechnung ließen vier Brüder der angesehenen Familie Kuang, alle Schüler des Buddha, am Berg Tie am Stadtrand von Zoucheng folgendes in Stein meißeln: „Metall und Stein haben Bestand, [...] was darauf eingemeißelt ist, vergeht nie. Wäre dieser Fels nie behauen worden, was sollten spätere Generationen betrachten?"

„Und" so möchte man hinzufügen, „wonach sollten sich spätere Generationen richten?" Im Vertrauen auf die Verläßlichkeit des Steins hoffen wir auf weitere unverhoffte Entdeckungen (Abb. 6).

Abb. 6: Noch mehr unerwartete Entdeckungen am Fels?

Rüdiger Welter

Wie wir im Goethe-Wörterbuch 'Liebe' gemacht haben.
Oder: Lexikographie als akademisches Handwerk...

Liebe machen – das klingt interessant, interessanter jedenfalls als 'Lexikographie', 'akademisch' oder 'Handwerk'; jetzt wissen Sie, warum ich diesen Obertitel gewählt habe! Und es geht im Folgenden um beides, um 'Liebe' als Lemma und damit als Gegenstand akademisch-handwerklicher Bemühungen, aber auch um das, was sich aus der Wortsemantik über Goethes Verständnis von Liebe herauslesen läßt. Genauer gesagt geht es um das Wort 'Liebe' bei Goethe und seine Darstellung im Goethe-Wörterbuch. Ich lade Sie also zunächst ein, einen Blick in die Werkstatt zu tun. Wie entsteht ein solcher Artikel, woraus wird er gemacht?

Aus Papier wird er gemacht, und zu Papier wird er wieder werden – oder auch: Im Anfang ist der Zettel. Aus circa 3,5 Millionen Belegzetteln werden innerhalb von einem halben Jahrhundert neun knapp achthundert Seiten umfassende Bände im großen Lexikonformat, parallel dazu – mit festgelegter zeitlicher Versetzung – entsteht eine Online-Version. Es gibt also eine Printversion des Goethe-Wörterbuchs und eine Netzversion mit entsprechend erweiterten Recherche-Optionen.

Was aber ist nun genau ein Belegzettel? Ein DIN-A-6-Kärtchen oder -Blättchen mit genau einer (zitierten) Belegstelle zu genau einem Stichwort (von insgesamt ca. 95.000). Die Verzettelung von Goethes gesamtem überlieferten Schrifttum, einschließlich aller Briefe, dienstlichen Dokumente, Tagebuchaufzeichnungen und Rechtsanwaltsschriften, außerdem der zuverlässig überlieferten Gespräche, nahm ab 1947 zwei Jahrzehnte in Anspruch und ist nie endgültig abschließbar, denn Jahr für Jahr werden neu gefundene Texte (meist Briefe, Notizen, Entwürfe) ediert oder bekannte Texte neu ediert. In den Fünfziger Jahren geschah die Exzerption noch von Hand, z. T. „alter Hand", d. h. Sütterlinschrift (!), in den Sechziger Jahren gab es erste Experimente mit elektronischer Datenverarbeitung, deren Resultate jedoch unbefriedigend blieben. Unser daher von der Optik her recht heterogen anmutendes Kärtchen-Korpus wurde dazu noch auf die unterschiedlichste Weise vervielfältigt, um für einen identischen vollständigen Bestand an den drei Arbeitsstellen Berlin-Hamburg-Tübingen zu sorgen. Auch diese Bemühung dauert fort, denn vieles ist, auch wegen der minderwertigen Nachkriegsmaterialien, inzwischen unleserlich geworden. Nicht nur zur Weihnachtszeit schicken sich die Arbeitsstellen untereinander dicke Pakete mit erneuerten Belegkärtchen. Ja, gibt es denn keine Datenbank? Nein, zeitlicher und finanzieller Aufwand wären zu groß gewesen, als es sich vom Bearbeitungsstand her noch gelohnt hätte, und jetzt sind wir jenseits der Mitte des Materials und von der Gesamtlaufzeit her schon fast im Endspurt.

Was tut nun der Artikelautor mit den Belegkärtchen? Er sortiert sie nach Bedeutungen. Das klingt harmlos, wie Socken nach Farben zu sortieren, ist aber der Kern des Geschäfts. Es setzt voraus, Unterschiede in der Wortverwendung korrekt erkennen und treffend benennen zu können, und hier wohl kommt wesentlich das „Akademische" ins Spiel, als sprachwissenschaftliches Kennen und Können: Man muß sich in linguistisch-grammatisch-rhetorischer Sprachbeschreibung ebenso auskennen wie in Sprache, Literatur und Kultur der Goethezeit, um Goethes auf den Belegzetteln dokumentierte Wortverwendung lückenlos und adäquat aufzufächern. Dabei sind folgende Fragestellungen leitend: Wo weicht Goethes Wortverwendung von unserer heutigen ab? Wo von derjenigen seiner Zeitgenossen? Wo ist sie ihm ganz eigen? Da helfen zunächst die gängigen Hilfsmittel wie *Duden* und *Deutsches Wörterbuch (Grimm)*, sodann die einschlägigen Sprachstadienwörterbücher wie *Adelung* und *Campe*, aber oftmals geht es nicht ohne Hinzuziehung philologischer Kommentare und enzyklopädischer Auskunftsmittel wie *Zedler, Krünitz, Pierer, Brockhaus – Wikipedia* nicht zu vergessen! –, wenn sich die Wortbedeutung nur über Sachkenntnis erschließt. Und es geht weder ohne (historische) Sprachkompetenz noch nuancensensibles Sprachgefühl des Lexikographen!

Belegkärtchen nach Bedeutungen zu sortieren bedeutet, sie auf separate Stapel zu legen, zuerst relativ wenige – für die sprachüblichen, lexikalisierten Hauptbedeutungen –, dann immer mehr, immer speziellere, je nachdem, wie kreativ Goethe mit dem Wort umgegangen ist. Darin besteht die Besonderheit der Autorenlexikographie: Ihr genügt es nicht, aus einem irgendwie definierten Korpus von Wortverwendungsbelegen allein die Grundbedeutungen herauszulesen, und sie interessiert sich auch kaum für deren langfristige Transformationen (Etymologie), sondern sie will darstellen, was der einzelne Autor mit dem Wort macht. Lebt und schafft ein Autor so lange wie Goethe, so dürfen diachronische Aspekte natürlich auch nicht völlig außen vor bleiben, aber Hauptziel ist der Querschnitt durch eine synchrone Bedeutungsvielfalt. Nun wären Artikelautor und Wörterbuchbenutzer gleichermaßen überfordert, wenn absolut jede Verwendungsnuance herausgestellt würde – der synchronen Simplifizierung entspricht eine semantische Idealisierung: Der Lexikograph destilliert aus seinen Belegkärtchenstapeln möglichst homogene Verwendungsweisen, idealtypische Bedeutungen, die sich mit wenigen Erläuterungswörtern definieren lassen. Soviel Abstraktion muß sein, auch wenn ein Gutteil der Dichtersprache feine Fäden spinnt zwischen den glatten Säulen idealtypischer Wortbedeutung. Aber eben gerade um diese – größtenteils intendierten – Vagheiten und Ambivalenzen, all die Konnotationen und internen Bezüglichkeiten der Poesiesprache zu erkennen und zu benennen, bedarf es der eindeutigen Landmarken verläßlicher Haupt- und Grundbedeutungen. Die Autorenlexikographie gibt semantische Orientierungen im weiten Feld der epochenspezifischen wie insbesondere auch individuellen und okkasionellen Bedeutungsabwandlungen, interpretierende Einzelstellenkommentare hingegen nur im begründeten Einzelfall.

Noch liegen die „Bedeutungssäulen" als wackelige Kärtchenstapel vor dem Artikelautor, wie geht es weiter? Es gilt nun, für die einzelnen Stapel gleichermaßen zutreffende wie griffige Definitionen zu formulieren, im Goethe-Wörterbuch sog. „Leitbemerkungen", und zu den lexikalischen Definitionen passende Belege, die, obwohl aus ihrem originalen Kontext gerissen, dennoch in sich und aus sich selbst verständlich sein sollten – und selbstverständlich kurz, möglichst auch noch kurzweilig, illustrativ in Bezug zur Leitbemerkung und dabei doch auch irgendwie noch über sie hinausweisend. Wer die Wahl hat, hat die Qual, und das Schwierigste kommt erst noch: die einzelnen Bedeutungsgruppen, d. h. jeweils eine Handvoll zitierter Goethestellen mit vorangestellter Bedeutungsdefinition, zu Punkten einer sinnvollen Artikelgliederung zu machen. Es reicht ja nicht, die unterschiedenen Bedeutungen irgendwie neben- und hintereinanderzustellen, denn das wäre lexikographisch unbefriedigend und für den Benutzer unpraktisch. Die Artikelgliederung hat zweierlei zu leisten: semantische Bezüge herzustellen und einzelne Wortverwendungen auffindbar zu machen. Sie ist daher im Goethe-Wörterbuch wo irgend möglich hierarchisch, indem Unter- und Nebenbedeutungen unter Hauptbedeutungen stehen, die ihrerseits wieder durch übergreifende Aspekte zusammengefaßt sein können – Sie kennen das aus (fast) jedem Sprachwörterbuch. Zumindest die „Oberbedeutungen", die sich jedoch auch von rein formalen Kriterien (wie 'transitiv' oder 'reflexiv', 'attributiv' oder 'adverbial', 'nomen acti' oder 'nomen actionis') herschreiben können, stehen disjunkt nebeneinander, wie Autobahnwegweiser, die entweder nach Berlin oder nach Basel leiten. Bei den untergeordneten Bedeutungen kann es Näheverhältnisse und Berührungen geben – nein, nein, zur Liebe kommen wir später zurück! –, wie bei parallel geführten Autobahnstrecken, sagen wir mal rechts- und linksrheinisch. Quasi als „GPS" dienen dem Benutzer bei längeren Artikeln vorangestellte Gliederungsschemata, und so sieht das vom Artikel 'Liebe' aus:

A + *Agape und Eros als Dimensionen der Schöpfung u des menschl Miteinanderseins* ++ 1 + *allg als Lebensphänomen u transzendente/transzendierende Macht* ++ a + *als Tugend u Medium der Welterschließung* ++ b + *als Grundtatsache des Lebens* ++ c + *relig: die Liebe Gottes/zu Gott* ++ 2 + *die Liebe unter den Menschen* ++ a + *als irdische Macht, Kraft(quelle) u allegorisiert* ++ b + *als Erfahrungsfeld, Thema* ++ c + *Zuneigung zwischen Mann u Frau* ++ d + *körperliche Liebe* ++ e + *Fürsorglichkeit (gegenüber Schutzbefohlenen)* ++ f + *Anhänglichkeit, Verehrung, Gefolgschaft* ++ g + *freundschaftliche Zuneigung* ++ 3 + *Hinwendung zu einer Sache* ++ a + *Hingabe, Begeisterung, Streben* ++ b + *Mühe, Sorgfalt, Gründlichkeit* ++ c + *metonym für den Gegenstand des Bemühens* ++ B + *als Bezeichnung, Anrede für Liebende, die geliebte Person* ++ C + *Gefallen* ++ 1 + *Gefälligkeit: 'jdm eine L. tun'* ++ 2 + *Wohlgefallen, Nutzen, Vorteil: 'jdm zur L.'* ++ D + *Pflanzenname*

Noch einmal kurz zurück zum Handwerk. Aus den Belegkärtchenstapeln sind Punkte einer semantischen Gliederung geworden, die noch um eine Aufstellung von Wortzusammensetzungen (mit dem Stichwort als zweitem Bestandteil) sowie den einzelnen Bedeutungspunkten zugeordnete Synonyme aus Goethes Wortschatz ergänzt wird. Der Artikel ist zunächst einmal fertig. Was nun noch?

Alle in „Autorfassung" fertiggestellten Artikel werden mit der Arbeitsstellenleitung plus einem Kollegen/einer Kollegin gründlich durchgesprochen, überarbeitet, von einer Hilfskraft auf die Korrektheit der Goethezitate und von der Sekretärin auf die Korrektheit aller Formalia überprüft, an die anderen Arbeitsstellen versandt, dort nochmals gegengelesen, von der (turnusmäßig) redaktionell zuständigen Arbeitsstelle nochmals geprüft, nochmals revidiert und schließlich alphabetisch zusammengeführt in „druckfertig" digitalisierter Form an den Verlag geschickt. – Soviel zum akademischen Handwerk, und nun zur Liebe.

Bei Goethe, der gern als „Dichter der Liebe" apostrophiert wird, kommt das Wort 'Liebe' gut zweieinhalbtausendmal vor, neben insgesamt etwa sechzig sinnverwandten Ausdrücken (ohne Ableitungen vom selben Wortstamm). Was ist sonst auffällig? Der immer noch erkennbare Primat göttlich-kosmischer Liebe und damit Transzendenz als Rahmen, Grundlage, Voraussetzung aller irdischen Liebe. Es ist bemerkenswert, wie oft sich Goethe mehr oder weniger direkt auf Paulus' berühmte Korintherbriefstelle (1,13) bezieht! Bei der irdischen Liebe, der Liebe unter den Menschen, lassen sich Eros und Agape nicht gegeneinander ausspielen: Agape, das Mitleid, Mitgefühl mit Anderen, die Fürsorglichkeit in 'tätiger Liebe', kommt ohne Sexualität aus, aber nicht ohne Leidenschaft; verwaltete Mitmenschlichkeit war Goethe noch weitgehend fremd. Die erotische, körperliche Liebe bringt die fürsorgliche mit sich, was bei Goethe gern 'Treue' heißt, und auch die Liebe zur Natur, zur Schöpfung ist getragen von Sinnlichkeit. Überraschen dürfte 'heilige Liebe' für die Ehe ohne Trauschein, desgleichen nicht unbedingt erwartbar so modern anmutende Fügungen wie 'Liebe machen' (!) und 'freie Liebe'. Neben recht heutig erscheinenden Äußerungen zur Liebe qua Sexualität mag 'Liebe' als Bezeichnung für innige Freundschaft (zu Lavater, Knebel, Herzog Karl August, Schiller, Zelter) zunächst irritieren, aber hier ist Goethe noch ganz Kind der Empfindsamkeit und ihres (pietistisch-religiös gefärbten) emphatischen Sprachgebrauchs. Und noch ganz im Geiste alter feudaler Ordnung wird das Verhältnis zwischen Landesvater und Landeskindern in sprachlicher Anlehnung an das Verhältnis von Gottvater zu seinen Geschöpfen gefaßt, die seine umfassende Fürsorglichkeit mit liebender Dankbarkeit und immerwährender Anhänglichkeit erwidern! – Bleibt als wichtiger Bedeutungs(schwer)punkt noch die Liebe zur Sache, von der unbedingten, aufopfernden Hingabe, z. B. an ein bestimmtes Ideal, über die ausgeprägte Neigung, Vorliebe bzw. das lebhafte Interesse an einem Gegenstand oder Tun bis hin zum bloßen Vergnügen, Spaß auf der einen Seite, der darauf gewandten Leidenschaft, Mühe, Sorgfalt, Gründlichkeit und Ausdauer auf der anderen Seite: Dies ist auch die Liebe des Lexikographen zu „seinem" Lemma und dessen handwerklich sauberer Bearbeitung!

MÉMOIRE

Sabine Arend

Unordnungen und exzeße *zweier Esslinger Schulstipendiaten im 18. Jahrhundert*

Am 7. Oktober 1773 verfasste der Schüler Philipp David Jobst, Stipendiat des Esslinger Collegium Alumnorum, einen Brief. Genauer gesagt ein Entschuldigungsschreiben, das große Reue und Zerknirschung erkennen ließ. Wie es das Protokoll erforderte, adressierte Jobst seine Abbitte an die *wohlgebohrnen, hochedelgebohrnen, hochedelgestrengen und hochgelehrten, insonders großgünstigen, hochgenaigten, hochzuverehrenden herren* des Geheimen Rats der Stadt Esslingen. Nach einigen formalen Einleitungssätzen kam er auf den Punkt und schrieb erregt:

> *Daß ich aber auch mich als ein junger mensch, der dem trunk sonst gar nicht ergeben, mich damahls habe versehen und gegen denen mir vorgesezten den schuldigen respect außer acht gelaßen, das bereue ich von ganzem herzen.*

Jobst beteuerte: *Wie unschuldig ich in diese verdrießlichkeiten gerathen, das ist Gott bekant* und führte weiter aus: *Zu aller gröster meiner bestürzung habe [ich] heute laider vernehmen müßen,* wie *die ungnade auf mich geworffen* worden ist, *sogar daß ich heute noch das collegium räumen müßte.* Schuldbewusst und beschämt bat er *dero weltgepriesene clemenz,* ihm *diesen excess als einem jungen menschen hochgenaigtest zu verzeihen* und ihn nicht *uber nacht* aus dem Colleg zu *verstoßen.*[1]

Was war im Esslinger Collegium Alumnorum – dem Schulstipendium – geschehen, dass ein Schüler der Anstalt verwiesen werden sollte und dies mit einem derartigen Kniefall zu verhindern suchte?

Das Alumneum war 1598 vom Esslinger Rat für acht so genannte „arme Schüler" gestiftet worden *zu Nutzen gemeiner Stadt und Kirchen, Fortpflanzung der Studien, insonderheit aber Aufrichtung und Erhaltung der Musik.*[2] Der Magistrat der Reichsstadt ver-

---

[1] Dieses und alle weiteren Quellenzitate sind – soweit nicht anders angegeben – Stadtarchiv Esslingen, Reichsstadt, Fasz. 224b, Nr. 25 entnommen. Im Rahmen meiner Tätigkeit bei der Forschungsstelle „Evangelische Kirchenordnungen des 16. Jahrhunderts" der Heidelberger Akademie der Wissenschaften bin ich in Esslingen nicht nur auf Kirchenordnungen der Reichsstadt, sondern als „Nebenfund" auch auf dieses Quellenkonvolut aus dem 18. Jahrhundert gestoßen.

[2] Den Inhalt des Stiftungsdekrets überliefert Bürgermeister Georg Wagner in seinen chronikalischen Aufzeichnungen, die er 1660 zum Collegium Alumnorum anlegte, StadtA Esslingen, Reichsstadt, Fasz. 224b. Auf seinen Bericht stützen sich Johann Jakob Keller: *Das Jubiläum der zweihundertjährigen Stif-*

folgte mit der Einrichtung des Stipendiums mehrere Ziele: Zum einen sollten die Stipendiaten, die eine umfassende musikalische Ausbildung erhielten, die Kirchenmusik in Esslingen bereichern. Zum anderen sollten sie den Bürgerkindern Nachhilfeunterricht erteilen bzw. elementare Bildungsgrundlagen vermitteln, und zum dritten versprach sich die Stadtregierung aus den Reihen der Stipendiaten gut ausgebildeten Nachwuchs für die Kirchen und Schulen und nicht zuletzt für die eigene Verwaltung.[3]

Das Esslinger Alumneum war auf drei Ebenen mit der Lateinschule verbunden. Ebenso wie diese unterstand auch das Collegium der Aufsicht des Rektors. Die Alumnen besuchten nicht nur den Unterricht der Lateinschule, sondern wohnten auch in einem Anbau des Schulgebäudes.[4] Die Finanzierung der Anstalt trug zunächst allein die Kirchenkastenverwaltung,[5] aber bereits in den ersten Jahren des Bestehens wurde sie durch zahlreiche private Stiftungen und Spenden sowie Naturalien zweier Klosterhöfe aufgebessert.[6] Schließlich trugen auch die Alumnen selbst zum Unterhalt des Collegiums bei, indem sie beim regelmäßigen wöchentlichen Kurrendesingen[7] auf den Straßen der Stadt Geldspenden sammelten.

Die Schüler, die sich um einen Platz im Esslinger Collegium Alumnorum bewarben, waren in der Regel keine Waisen. Ihre Eltern zählten auch nicht zu den Armen oder waren gar Bettler. Aber zahlreiche Familien konnten es sich dennoch nicht leisten, einen Sohn in die Schule zu schicken und damit auf dessen Mitwirken am Familienunterhalt zu verzichten, geschweige denn auch noch Schulgeld für ihn zu bezahlen. Das Esslinger Alumneum stand denjenigen Schülern offen, die sich durch besondere Fähigkeiten – vor allem im musikalischen Bereich – auszeichneten. Es wurden nicht nur Esslinger Kinder aufgenommen, sondern bei entsprechender Befähigung auch „Fremde", etwa aus dem Herzogtum Württemberg und anderen südwestdeutschen Reichsstädten. Die jüngsten Stipendiaten kamen im Alter von zehn Jahren ins Collegium, die Mehrzahl trat jedoch erst mit zwölf, dreizehn oder vierzehn Jahren ein. Die Jungen waren zuvor bereits auf Kosten ihrer Eltern in die Lateinschule gegangen und beherrschten die elementaren Kenntnisse des Lesens und Schreibens. Sie blieben im Alumneum, bis sie sechzehn oder siebzehn Jahre alt waren, manche – vor allem im 18. Jahrhundert – auch bis Anfang zwanzig.[8]

---

tung des Collegii Alumnorum in Eßlingen 1798, Esslingen 1798, S. 8 und auf ihm basierend die gesamte übrige Forschung.

[3] Vgl. Tilman Matthias Schröder: *Das Kirchenregiment der Reichsstadt Esslingen. Grundlagen – Geschichte – Organisation* (Esslinger Studien, Schriftenreihe 8), Esslingen 1987, S. 353.

[4] So berichtet Keller: *Jubiläum* (wie Anm. 2), S. 9.

[5] Schröder: *Kirchenregiment* (wie Anm. 3), S. 353f.

[6] Zum Esslinger Collegium Alumnorum siehe ausführlich: Sabine Arend: Das Esslinger Alumneum im Spiegel der Stipendiatenzeugnisse des 17. Jahrhunderts, in: *Esslinger Studien* 46/47 (2007/08) (im Druck).

[7] Lat. *currere* = laufen, gemeint ist ein '*Laufchor*', dessen Sänger singend durch die Straßen zogen. Kirchliche Jugendchöre werden auch heute noch als Kurrenden bezeichnet.

[8] Zu Herkunft, Alter und Aufnahmebedingungen siehe ausführlich Arend: *Esslinger Alumneum* (wie Anm. 6).

1658 regelte eine Collegiatenordnung das gemeinsame Lernen in der Lateinschule und das Zusammenleben der Stipendiaten im Collegium:[9] Die Jungen sollten ein gottgefälliges und sittsames Leben führen und hierin Vorbilder für andere Kinder sein. Daneben mussten sie sämtliche im Internat anstehenden Pflichten erfüllen, zu denen der samstägliche Hausputz ebenso gehörte wie das täglichen Einheizen des Ofens im Klassenzimmer. Vor allem aber hatten die Alumnen allen Lehrern und Bediensteten im Collegium den gebührenden Respekt zu zollen.

Bis zur Schließung des Collegiums im Jahre 1808 hatten rund 450 Jungen von öffentlicher Hand gefördert die Esslinger Lateinschule besucht und in den Räumlichkeiten des Collegium Alumnorum gewohnt. Einer von ihnen war der bereits eingangs erwähnte Philipp David Jobst, der gemeinsam mit seinem Mitschüler Matthäus Christoph Mössinger – ebenfalls Collegiat – die Hauptrolle bei den *Unordnungen und exzeßen* des Jahres 1773 spielte. Jobst war 1753 als Sohn eines Schulmeisters in Nürtingen geboren worden, wurde mit 15 Jahren ins Collegium aufgenommen, war im Jahr des Geschehens also bereits seit fünf Jahren dort und 20 Jahre alt. Sein Freund Matthäus Christoph Mössinger war Sohn eines Esslinger Schuhmachers. Er war ein Jahr älter als Jobst und als Vierzehnjähriger ins Collegium gekommen.[10] Wie an jeder Lehranstalt auch besaßen nicht alle Esslinger Alumnen ein *fein ingenium*, lernten nicht immer ihre *lectiones fleißig*, waren *gute musici* und hielten sich in allem *woll*, wie es die jährlichen Examensbeurteilungen der Collegiaten ausweisen.[11] Im Oktober 1773 kam es jedoch zu einem Vorfall, der nicht als Schülerstreich abgetan wurde, sondern die politische Spitze der Reichsstadt, den Amtsbürgermeister sowie den Geheimen Rat und die Konsulenten beschäftigte. Der Esslinger Bürgermeister,[12] der als erste Kontaktstelle bei Anfragen und Gesuchen aus der Bürgerschaft fungierte, beschäftigte sich also schon allein von Amts wegen mit scheinbaren Bagatellen wie Schüler-*Exzeßen*. Dennoch war Bürgermeister Georg Andreas Eckher[13] auch persönlich in die Angelegenheit des Jahres 1773 verwickelt. Am 7. Oktober gab er im Geheimen Rat folgenden Bericht[14] zu Protokoll:

> *Verwichenen freytag [=1. Oktober], abends nach 8 uhr, kamen die beede collegiaten Mößinger und Jobs zu mir und beschwehrten sich, daß herr rector sie nicht in das collegium hineinlaßen wolte. Ich konte nun dieses nicht begreifen und hielte denen colle-*

---

[9] StadtA Esslingen, Reichsstadt, Fasz. 224b.
[10] Jobst wurde am 28. Mai 1768 aufgenommen, Mössinger am 17. April 1766, vgl. Wagners Bericht von 1660 (wie Anm. 2).
[11] Arend: *Esslinger Alumneum* (wie Anm. 6).
[12] Die drei Esslinger Bürgermeister wechselten sich jedes Jahr in ihrem Amt ab. Der Amtsbürgermeister hatte u. a. den Vorsitz im Geheimen Rat, im Konsistorium sowie im Scholarchat, Schröder: *Kirchenregiment* (wie Anm. 3), S. 223f.; Karl Harbarth: *Grundzüge der Verfassungsentwicklung in Eßlingen und Stuttgart*, Diss. jur., masch., Heidelberg 1951, S. 102.
[13] Georg Andreas Eckher (1699–1783), Geheimer Rat 1753–1759, Bürgermeister 1772–1783.
[14] Den Bericht hatte Eckher bereits am 4. Oktober verfasst.

giaten vor, daß sie villeicht zu diesem vorgang dem herrn rectori anlaß gegeben hätten. Sie wolten anfangs nichts [davon] wißen, endlich aber, bey weiterm examiniren und befragen, stunden sie endlich ein (da sie vorher und anfangs bloß von einer music mit vorwißen des herrn rectoris, dem herrn praeceptor Schmiden[15] zu ehren gemacht, erwehnung thaten), daß sie auf dem Scheidingerischen[16] guth zum tantz aufgemacht hätten. Ich habe dann dem herrn rector sagen laßen, daß er sie hineinlaßen möchte, welcher mir aber in antwort wißen ließe, wie ihme niemahlen beygegangen wäre, ihnen den einlaß zusperren, wann sie ihme auf sein befragen ihre nahmen angegeben. Allein hätten sie mit größtem ungestimm aneinander fort geklopft und ihme keine antwort gegeben, welches um so mehr zu glauben, alß sie beede zimlich betruncken zu mir kamen.

Die Sachlage war also diese: Die beiden Alumnen Philipp David Jobst und Matthäus Christoph Mössinger hatten sich aus Anlass einer Tanzveranstaltung, bei der sie aufspielten, aus dem Collegium entfernt und waren abends betrunken zurückgekehrt. Um Einlass ins Internat zu erlangen, hatten sie Krawall geschlagen und sich geweigert, dem Toröffner auf dessen Nachfrage ihre Namen zu nennen. Als dieser sie daraufhin nicht einließ, gingen sie zum Bürgermeister, um sich zu beschweren.

Bürgermeister Eckher fuhr in seinem Bericht fort und erläuterte, dass er am folgenden Tag eine Unterredung mit dem Esslinger Senior Cosman Friedrich Köstlin[17] hatte. Dieser äußerte sich über *beede [collegiaten] sehr ungehalten und legte besonders dem Mößinger ein schlechtes lob bey.* Eckher pflichtete Köstlin bei:

Ich hielte meines orths davor, daß man sich mit diesen beeden, zumalen der Mößinger schon 8 jahr, der Jobs 6 Jahr als ein frembder[18] im collegio ist, nicht viel aufhalten, sondern zur satisfaction des herrn rectoris das consilium abeundi geben und ihnen hierzu den termin Martini [=11. November] oder längstens weyhenacht anberaumen solte. Es geschiehet dennselben hierunter gar nicht zu viel, indeme sie sich nicht nur durch das, daß sie zu einem tantz aufgemacht, sehr sträflich vergangen, sondern auch vorzüglich deßwegen, weilen sie bey der gantzen sache von anfang biß zum ende den schuldigen

---

[15] Georg David Schmid, Präzeptor 1746–1792, Otto Mayer: *Geschichte des humanistischen Schulwesens der Freien Reichsstadt Eßlingen 1267–1803.* In: Geschichte des humanistischen Schulwesens in Württemberg, hg. von der württembergischen Kommission für Landesgeschichte 2/1, Stuttgart 1920, S. 204–326, hier S. 324; Max-Adolf Cramer: *Baden-Württembergisches Pfarrerbuch*, Bd. III, Innerwürttembergische Reichsstädte, Stuttgart 1991, Nr. 355.
[16] Johann Ulrich Schiedinger, kaiserlicher Postverwalter und Wirt zum Roten Löwen, vgl. Stadtarchiv Esslingen, Reichsstadt, Ratsprotokoll 1773, p. 83f.
[17] Köstlin war von 1753 bis zu seinem Tod 1790 Senior in Esslingen, Cramer: *Pfarrerbuch* (wie Anm. 15), Nr. 222; Schröder: *Kirchenregiment* (wie Anm. 3), S. 389. Das Seniorat löste 1699 die Superintendentur ab. Der Senior hatte zwar weitgehend die selben Aufgaben zu bewältigen wie der Superintendent, besaß jedoch nicht mehr dessen hervorgehobene Position, ebd., S. 259.
[18] Jobst stammte aus Nürtingen. Die Jahresangaben stimmen nicht mit denen in Wagners Bericht überein. Nach Wagner waren Mössinger und Jobst erst sieben bzw. fünf Jahre im Collegium, siehe oben, Anm. 10.

respect gegen herrn rector gäntzlich außer augen gesetzt und sich gegen demselben sehr unverschämt und importun (so nach der anzeige des herrn rectoris schon öfters geschehen seyn muß) aufgeführet haben, welch schädliches unweesen nicht nur bey ihnen selbst, sondern vielmehr durch solch böses exempel die untere und jüngere collegiaten zu gleicher ungebühr gereitzt und dardurch dem samtl[ichen] collegio zum verderben gereichen dörffte, dahero solches auf nur eclatante art zubestraffen ist.

Eckher machte also den Vorschlag, die beiden Übeltäter zu Martini aus dem Collegium Alumnorum zu verweisen. Die Mitglieder des Geheimen Rates sowie die Ratskonsulenten wurden um ihre Meinung in dieser Sache gefragt sowie um Vorschläge gebeten, wie der Rektor nun mit den beiden Stipendiaten verfahren sollte. Stephan von Schelhaß[19] stimmte Eckhers Vorschlag zu und meinte ebenfalls, dass den beiden Schülern die Frist bis Martini eingeräumt werden solle. Der zweite Konsulent, Johannes Seeger, votierte gleichfalls für diese Form der Bestrafung, forderte aber darüber hinaus: *Einstweilen aber hätte ich den Mössinger und Jobst in das carcer führen lassen.* Amand Erhard Marchtaler[20] gab darauf zu bedenken, dass man gar kein *collegiaten gefängniß* in Esslingen habe *außer einem stall, der ehemahlen unter der abgebrochnen stiegen gewesen.* Deshalb schlug Marchtaler vor, *daß er [=der Rektor] die 2 collegiaten Mössinger und Jobst nicht herumbsingen*[21] *lassen und ihnen in so lang ainen stubenarrest ankündigen sollte.* Diesem letztgemachten Vorschlag pflichtete auch der Konsulent Christian Friedrich Neundorff[22] bei. Auf Antrag des Amtsbürgermeisters beschloss der Geheime Rat, die *beeden einstweilen mit stubenarrest belegten alumnis ... gleich morgenden tags aus dem collegio zu dimittiren.*[23] Eine Frist bis Martini wurde nicht gewährt, die Verweisung sollte unverzüglich erfolgen.

Um den Vorgang weiter aufzuklären, hatte Bürgermeister Eckher Wilhelm Köstlin,[24] den Rektor der Lateinschule und Vorsteher des Collegiums, aufgefordert, seine Sicht der Dinge darzulegen. Rektor Köstlin hatte bereits am 2. Oktober, einen Tag nach dem Geschehen, einen Bericht verfasst, den er – darum bemüht, den Hergang übersichtlich zu vermitteln – in neun Punkte gegliedert hatte:

1. Die beyde collegiaten Moessinger und Jobst blieben gestern, freytags, vor- und nachmittags aus der classe wie auch aus der kirche unter dem vorwand, sie laxieren.[25]

---

[19] Stephan von Schelhaß (1742–1811), zweiter Ratskonsulent 1765, 1. Konsulent 1766, vgl. Schröder: *Kirchenregiment* (wie Anm. 3), S. 236 Anm. 119.
[20] Er unterzeichnete mit „bürgermeister und hospitalvogt", da er als zweiter Bürgermeister das Amt des Spitalvogts inne hatte, Schröder: *Kirchenregiment* (wie Anm. 3), S. 224.
[21] Siehe oben, Anm. 7, vgl. Arend: *Esslinger Alumneum* (wie Anm. 6).
[22] Christian Friedrich Neundorf, Mitglied des inneren Rates 1742–1779, Geheimer Rat 1772–1779.
[23] Stadtarchiv Esslingen, Reichsstadt, Ratsprotokolle 1773 Oktober 7, S. 160f.
[24] Wilhelm Köstlin (1747–1823) war von 1772 bis 1796 Rektor, siehe Schröder: *Kirchenregiment* (wie Anm. 3), S. 389; Cramer: *Pfarrerbuch* (wie Anm. 15), Nr. 226; Mayer: *Schulwesen* (wie Anm. 15), S. 322.
[25] Gemeint ist wohl, dass sie sich wegen körperlicher Unpässlichkeiten entschuldigt hatten.

2. *Nachmittags vor 1 uhr giengen sie aus dem collegio hinweg, blieben den ganzen nachmittag abwesend, versaumeten das abend-essen, ohne mir als inspectori noch sonst jemand die mindeste anzeige davon zu thun.*
3. *Endlich kamen sie um halb acht uhr daher, läuteten mit gröstem umgestüm an, als ich aber mit einigen schulern die hebräische privat stunde hielt.*
4. *Man holte bey mir den hauß-schlüssel und gab mir den collegiaten Dobler*[26] *an. Nun wußte ich, daß ermeldter Dobler zu hauß war.*
5. *Ich rief also selbst von meinem museo*[27] *hinab und fragte, wer unten wäre. Auf mehrmaliges rufen erhielt ich von beeden keine antwort, sondern sie läuteten und klopften mit ebendemselbem ungestüm fort.*
6. *Da sie nun meinen ernst sahen, indem ich zweymal bey abholung des schlüssels ihnen hinunter sagen ließ, daß sie ihrem vorgesezten auf sein wiederholtes rufen geziemend antworten sollen, wann sie hereinwollen, so sagten sie dem, der ihnen dieses ausrichtete: sie antworten nicht, sondern wollen zum herrn amtsbürgermeister gehen.*
7. *Sie unterstunden sich hierauf wirklich, mit hintansetzung ihres respects gegen ihrem rectore, noch so spath s[eine]r herrlichkeit, dem herrn amtsburgermeister, beschwerlich zu fallen.*
8. *Als hochdieselbe mich dieses wissen liessen und ich hierauf sie hereinließ, so kamen sie eine weile nachher zu mir herauf und erfrechten sich, mir neben anderm zu sagen: ob sie nun auch auf den leten-graben gehen sollen.*
9. *Ich sahe deutlich, daß sie betrunken seyen und hieß sie in ihre stube hinunter gehen, da ich ohnedem kein ganzes geständnuß, wo sie gewesen, von ihnen herausbringen konte.*

Bei diesem Ergebnis musste es Rektor Wilhelm Köstlin also am Abend des Geschehens bewenden lassen. Weiteres Licht in die Ereignisse brachte schließlich eine Unterredung, die Köstlin am nächsten Morgen mit Jobst und Mössinger führte. Ernüchtert und geläutert vom Schlaf gestanden beide, was sich zugetragen hatte und bereuten ihr Fehlverhalten. Rektor Köstlin fasste die Sachlage zusammen: Die beiden Collegiaten *laxierten nicht, sondern mißbrauchten die laxirveniam nur, um ohngehindert den nachmittag zu ihrem schon vorgestern mit dem jungen herrn Schidinger*[28] *verabredten vorhaben anzuwenden. Sie hielten sich nehmlich den ganzen nachmittag auf dem Schidingerischen gut auf dem Zollberg*[29] *auf, wohin sie ihre instrumenten sich tragen liessen und wo sie einer gesellschaft junger personen beyderley geschlechts zum tanz aufmachten und sich so überweinten,*[30]

---

[26] Johann Karl Dobler aus Aichschieß (geb. 1752) war seit 1768 Stipendiat im Collegium, Keller: *Jubiläum* (wie Anm. 2), S. 28.
[27] Bibliothek, Studierstube.
[28] Philipp Carl Schiedinger, Sohn des Johann Ulrich Schiedinger, vgl. oben, Anm. 16.
[29] Erhebung südlich von Esslingen.
[30] Mit Wein betranken.

daß z[um] e[nde] der Jobst seine geige im hereingehen verbrochen, sich eine beule im gesicht gefallen und unter dem Pliensauthor ein sechsbäznerstück thorgeld[31] *gegeben.*

Die beiden Stipendiaten ahnten wohl schon, dass derartig *über die schnur zu hauen*[32] nicht ungestraft bleiben würde und suchten der weiteren Untersuchung mit einer *deprecation* – einer Entschuldigung – zuvorzukommen bzw. die anstehende Bestrafung hiermit abzuwenden. Rektor Köstlin versicherte zwar, die ihm *persönlich angethane beleydigung nicht so hoch zu nehmen*, die Sache selbst jedoch könne er *nicht ungeschehen machen, gesetze und ordnungen nicht aufheben und bey diesen beyden manchmalen sehr unhöflichen leuten der unordnung zur schande des ganzen collegii das wort nicht reden.*

Während Amtsbürgermeister Eckher, die Geheimen Räte und die Ratskonsulenten am 7. Oktober – wie bereits erwähnt – über die Details der Verweisung aus dem Collegium berieten, hatten die beiden Delinquenten also den Ernst ihrer Lage erkannt und übten sich in Demut: Philipp David Jobst verfasste eigenhändig das bereits eingangs zitierte Entschuldigungsschreiben, und Matthäus Christoph Mössinger bewog seinen Vater am selben Tag, einen Brief ähnlichen Tenors an den Geheimen Rat zu verfassen. Der Schuhmacher Johann Michael Mössinger schrieb – auch im Namen seiner Frau –, dass ihr Sohn sich *gegen seinem herrn rector in viellem auch groß vergangen hat, auch gegen unserem hoch zu verehrenden herrn amtbtsburgermeister*, und dass ihnen als Eltern dieser Umstand *hertzlich leid* sei, zumal sie gehört hatten, dass ihr Sprössling *nun so gleich solte auß dem collegium kommen.* Er und seine Frau baten daher *sehr hertzlich und wehmütig, sie möchten doch unß, auch unsere drey uhnerzogene kinder, in gnaden ansehen und daßjenige recht in barmhertzigkeit verwandlen, wovor der gütige Gott in himmel so wohl an ihnen als auch an allen ihren hohen anverwandten sein werde.* Als gestrenger Vater wolle er, Johann Michael Mössinger, *es an seinem uhnardtigen und bösen kindt mit zucht und straff gewiß nicht vorbeygehen laßen*, aber der Rat solle die Sache *um Gottes willen ... in gnaden und mit barmherzig[keit] ansehen* und seinen Jungen nicht umgehend aus dem Collegium fortschicken.

Amtsbürgermeister Eckher kommentierte diesen elterlichen Einsatz für den *uhnartigen* Sohn zunächst mit Spott und gab zu Protokoll:

> *Es kommt allererst der Schuhmacher Mößinger mit vielem lamentieren zu mir, bringt anligendes memoriale und bittet mit thränen um abänderung der magistratischen resolution, nach welcher heute noch Mößinger und Jobst das collegium raumen sollen.*

Eckher stellte den Geheimen Räten und den Konsulenten anschließend erneut zur Diskussion, wie nach der Eingabe des Schuhmachers weiter mit dessen Sohn sowie

---

[31] Mit sechs Batzen hatte sich Jobst in seiner Trunkenheit einen überaus hohen Geldbetrag abknöpfen lassen.
[32] Redewendung: über die Stränge schlagen. Das Zitat stammt aus einer Collegiatenbewertung, siehe Arend: *Esslinger Alumneum* (wie Anm. 6).

Philipp David Jobst verfahren werden sollte. Trotz der gewissen Häme, die aus diesem Kommentar hervorscheint, gab Eckher zu bedenken: *Obgenante beede collegiaten sind zwar keiner erbarmung würdig, desto mehr aber sind die eltern zubedauren und um solcher willen dörffte ihnen noch wohl etliche wochen im collegio zubleiben vergönt werden.* Konsulent Stephan von Schelhaß folgte dem Kurs des Bürgermeisters, die beiden Alumnen so lange in der Anstalt zu belassen, *biß diese sache nochmahls ad plenum gebracht werden könte.* Johannes Seeger meinte, dass der Geheime Rat *die wegen dem Mössinger und Jobst in heutiger rathsversamlung abgefaßte entschliessung abzuändern nicht genaigt seye* und schlug daher vor, *den schumacher Mössinger schlechthin abzuweisen,* vor allem deshalb, *als ansonsten dem herrn rector Köstlin, dessen authoritet jedoch von obrigkaits wegen unterstutzet werden muß, die zuforder habende satisfaction nicht wiederfahren wurde.* Amand Erhard Marchthaler hielt es ebenfalls für bedenklich, *einen rathschluß abzuändern.* Gleichwohl war auch er dafür, die beiden noch bis zur nächsten Ratssitzung *in die class und kirch gehen zu lassen.* Wie bereits bei der letzten Zusammenkunft forderte er jedoch darüber hinausgehende sofort einsetzende Strafen und plädierte dafür, Jobst und Mössinger nicht *herumb singen zu lassen und biß zu austrag der sachen ihnen kein wein also [zu] reichen, damit sie biß ad propinam quasi als arrestierte anzusehen wären.* Carl Gottlieb Neundorff äußerte sich abschließend kurz und ergreifend, dass *beeden excedenten das consilium abeundi, in 8 tagen das collegium zu raumen, gegeben werden solle,* länger wolle er die Sache nicht *pardonnieren.*

Die *Unordnungen und exzeße* der beiden Collegiaten Philipp David Jobst und Matthäus Christoph Mössinger führten also schließlich dazu, dass beide der Stipendienanstalt verwiesen wurden. Das *flehentliche ansuchen* des Schuhmachers Mössinger an den Geheimen Rat, in dem er sich für seinen Sohn einsetzte und die *von vieler reumüthigkeit zeugende bittschrift* des Philipp David Jobst[33] hatten jedoch insofern ihre Wirkung getan, dass den beiden Alumnen gestattet wurde, noch bis Martini im Alumneum zu bleiben, wenn ihnen auch bis zu diesem Termin *kein wein mehr abgereicht, nicht weniger sie zu dem herumsingen an denen wochen-marktstägen nimmer admittirt werden.*[34]

Jobsts außerdem unternommener Versuch, dem Mössinger die Hauptschuld am Geschehen zuzuschieben, da dieser mit ihm, Jobst, (*Gott weiß es, ohne den geringsten von mir hierzu gegebenen anlaß) in händel und verdrießlichkeiten gerathen sei,*[35] fand bei den Geheimen Räten und den Konsulenten jedoch ebensowenig Gehör wie ein weiteres Schreiben des Schuhmachers Johann Michael Mössinger an den Rat. Hierin hatte er gebeten, *seinem sohn nur noch biß auf kommend lichtmeß quartal den aufenthalt in dem collegio zu verlängern, anerwogen, er gegenwärtiger zeit keine unterkunft vor selbigen zu finden wiße, im gegentheil, auf besagte lichtmeßzeit der herr amtmann Breuning zu Plieningen*

---

[33] So in Stadtarchiv Esslingen, Reichsstadt, Ratsprotokolle 1773 Oktober 12, S. 181.
[34] Ebd., S. 182.
[35] Stadtarchiv Esslingen, Reichsstadt, Fasz. 224b, Nr. 26.

solchen als provisorem in die schule zu Plieningen aufzunehmen, die zugleich beigelegte schrifftliche versicherung ertheilt habe. Der Geheime Rat wies diese Überstrapazierung seiner Gutmütigkeit brüsk ab und ordnete an, dass die *bereits expectivirten Schmid von Bietigheim*[36] *und Kürner von Neuffen*[37] *statt derer mit heute dimittirten Mößinger und Jobst in das Collegium nunmehro einzutretten* hätten.[38] Die beiden Stipendiatenplätze von Jobst und Mössinger waren also umgehend wiederbesetzt worden und standen für die beiden Delinquenten nicht länger zur Disposition.

Die Ereignisse, die sich im Oktober 1773 im Esslinger Collegium Alumnorum zutrugen, führen nicht nur einen Fall von Ungehorsam und Bestrafung der Stipendiaten vor Augen, sondern ermöglichen auch mentalitätsgeschichtliche Rückschlüsse. Bemerkenswert an dem Vorfall ist nämlich die Begründung, die für die harte Strafe der Anstaltsverweisung verantwortlich war: Der Amtsbürgermeister und seine vier Berater waren in erster Linie empört über die Kränkung des Lateinschulrektors. Seine Autorität war von den beiden Alumnen nicht nur angegriffen, sondern sogar in Zweifel gezogen worden. Die Collegiaten hatten *mit hintansetzung ihres respects gegen ihrem rectore* gehandelt und die Strafe war ihnen schließlich *zur satisfaction des herrn rectoris* auferlegt worden. Auslösender Faktor für das unverzügliche Handeln der Entscheidungsträger war also nicht, dass die beiden Schüler sich unerlaubterweise aus dem Collegium gestohlen hatten, zu einer Tanzveranstaltung mit Frauen und Mädchen gegangen und betrunken zurückgekehrt waren, sondern vielmehr, dass sie den Rektor in der Öffentlichkeit zum Narren gehalten hatten. Mit der Strafe der Anstaltsverweisung sollte den beiden jungen Erwachsenen also keine Lehre erteilt, sondern die Ehre des Rektors wiederhergestellt werden.

Was wurde aus den beiden Alumnen, nachdem sie von der Lehranstalt entfernt worden waren? Stellte dieser jugendliche Fehltritt schon am Beginn ihres beruflichen Lebensweges einen Stolperstein dar?

Viele der Stipendiaten des Esslinger Collegium Alumnorum machten Karriere. Im 17. Jahrhundert brachte die Anstalt vor allem Schulmeister und Geistliche hervor.[39] Philipp David Jobst und Matthäus Christoph Mössinger gehörten 1773 zu den ältesten Stipendiaten des Collegiums und hatten die „Regelaufenthaltszeit" von rund sechs Jahren bereits hinter sich. Ihr Ausbildungsstand war also so weit fortgeschritten, dass sie ohnehin in Kürze die Stipendienanstalt verlassen hätten. Unrühmlich und nicht gerade eine Empfehlung war allein die Art ihres Abgangs. In seiner Abbitte, die Jobst an den Geheimen Rat addressierte, fürchtete er, dass *ich dardurch [=die unverzügliche*

---

[36] Christoph Heinrich Schmid wurde am 20. November ins Collegium aufgenommen, Wagners Bericht von 1660 (wie Anm. 2) vgl. Keller: *Jubiläum* (wie Anm. 2), S. 28.
[37] Johann Ludwig Kürner kam am 18. November ins Collegium, Wagners Bericht von 1660 (wie Anm. 2), vgl. Keller: *Jubiläum* (wie Anm. 2), S. 28.
[38] Stadtarchiv Esslingen, Reichsstadt, Ratsprotokolle 1773 November 11, S. 223f.
[39] Keller: *Jubiläum* (wie Anm. 2), S. 15–31.

Verweisung] an meinem künfftig und würcklich vor mir stehenden versorg- und bedinstung nicht nach[40] *und vieleicht auf die zeit meines lebens unglücklich gemacht werden möchte.* Auch deshalb bat er, noch bis Martini im Collegium bleiben zu dürfen, um eine Anstellung organisieren zu können. Die beiden Stipendiaten kamen letztlich doch noch in Lohn und Brot. Matthäus Christoph Mössinger, dessen musikalische Fähigkeiten im Examen des Jahres 1771 das Prädikat *bonus* erzielten,[41] wurde Kantor in Wien.[42] Philipp David Jobst, dessen Fortkommen in den humanistischen Fächern in ebenjenem Examen 1771 als *probatus* eingestuft wurde und der während seiner Zeit im Collegium bereits zwei Bürgersöhnen Privatstunden erteilt hatte, gelangte vermutlich doch noch auf die Provisorenstelle, die ihm von Amtmann Bräuning an der Schule in Plieningen offeriert worden war. Fest steht, dass er schließlich in seine Vaterstadt Nürtingen zurückging. Hier übernahm er einen Posten, auf dem er seine in Esslingen gemachten Lern- und Lehrerfahrungen sicher eingebracht haben wird: Er wurde wie sein Vater Schulmeister.[43]

---

[40] Nahe, in unmittelbarer Zukunft, sofort.
[41] Stadtarchiv Esslingen, Reichsstadt, Fasz. 224b Nr. 30.
[42] Keller: *Jubiläum* (wie Anm. 2), S. 27.
[43] Ebd.: S. 28.

ILAS BARTUSCH

Die Grabmäler für Markgraf Eduard Fortunat von Baden-Baden in der Stiftskirche zu Baden-Baden

Wohl kaum ein anderer Markgraf von Baden ist in der Historiographie so vehement geschmäht und dem Tadel ausgesetzt worden wie Eduard Fortunat (1565–1600) aus der Seitenlinie Baden-Rodemachern.[1] Ihm war infolge des vorzeitigen Todes seines Cousins, des noch unvermählten Philipp II., im Jahre 1588 die Markgrafschaft Baden-Baden unverhofft in die Hände gefallen. Schon bald zeigte sich aber, daß der neue Landesherr den erheblichen Machtzuwachs nicht als Herausforderung verstand, sondern vielmehr als Gelegenheit, seinen Neigungen zu verschwenderischem Luxus und ausschweifendem Lebenswandel noch freizügiger nachzugehen. Es soll hier nicht

---

[1] Eine Zusammenstellung von Quellen und Literatur zu Markgraf Eduard Fortunat von Baden-Baden bietet Wilhelm Muschka: *Eduard Fortunat. Markgraf von Baden-Rodemachern, seit 1588 von Baden-Baden. 1565–1600*, in: *Lebensbilder aus Baden-Württemberg* 21 (2005), S. 1–25, hier S. 24f.; siehe außerdem Armin Kohnle: *Kleine Geschichte der Markgrafschaft Baden* (Regionalgeschichte – fundiert und kompakt), Leinfelden-Echterdingen 2007, S. 112–114; Hansmartin Schwarzmaier: *Baden. Dynastie – Land – Staat*, Stuttgart 2005, S. 130–132; ders.: *Baden*, in: *Handbuch der baden-württembergischen Geschichte*, Bd. 2: *Die Territorien im Alten Reich*, hg. v. Meinrad Schaab und Hansmartin Schwarzmaier in Verbindung mit Dieter Mertens und Volker Press (Veröff. d. Kommission f. geschichtl. Landeskunde in Baden-Württemberg), Stuttgart 1995, S. 164–246, hier S. 222–227 (Lit.); Volker Press: *Die badischen Markgrafen im Reich der frühen Neuzeit*, in: *Zeitschrift für die Geschichte des Oberrheins* 142 NF 103 (1994), S. 19–57, hier S. 32; Joachim Kühn: *Ehen zur linken Hand in der europäischen Geschichte*, Stuttgart 1968, S. 105–123; Werner Baumann: *Ernst Friedrich von Baden-Durlach. Die Bedeutung der Religion für Leben und Politik eines süddeutschen Fürsten im Zeitalter der Gegenreformation* (Veröff. d. Kommission f. geschichtl. Landeskunde in Baden-Württemberg, Reihe B Forschungen, 20), Stuttgart 1962, S. 64–152; Horst Bartmann: *Die Kirchenpolitik der Markgrafen von Baden-Baden im Zeitalter der Glaubenskämpfe (1535–1622)* (FDA 81 Dritte Folge 13), Freiburg 1961, S. 198–208, 330–335; Karl Franz Reinking: *Die Vormundschaften der Herzöge von Bayern in der Markgrafschaft Baden-Baden im 16. Jahrhundert. Eine Studie zur Geschichte der Reformation* (Historische Studien 284), Berlin 1935, S. 174–184; Friedrich von Weech: *Badische Geschichte*, Karlsruhe 1890, S. 157–161; Friedrich Back: *Die evangelische Kirche im Lande zwischen Rhein, Mosel, Nahe und Glan bis zum Beginn des dreißigjährigen Krieges*, T. 2: *Die Reformation der Kirche sowie der Kirche Schicksale und Gestaltung bis zum Jahre 1620*, Bonn 1873, S. 506–521; Albert Preuschen: *Badische Geschichte*, Karlsruhe 1842, S. 734–736; Nicolas M. Viton de Saint-Allais: *Histoire chronologique, généalogique et politique de la Maison de Bade*, Paris 1807, S. 236–240; Johann Christian Sachs: *Einleitung in die Geschichte der Marggravschaft und des marggrävlichen altfürstlichen Hauses Baden*, 5 Teile, Karlsruhe 1764–1773, hier T. 3, S. 283–308; Iohannes Daniel Schoepflinus: *Historia Zaringo-Badensis*, 7 Bde., Karlsruhe 1763–1766, hier Bd. 3, S. 63–82.

darauf ankommen, die daraus abgeleiteten Vorwürfe, die auf die gewissenlos in Kauf genommene Überschuldung des Landes, die Vernachlässigung der Regierungsaufgaben, die Komplotte mit Wegelagerern zur Beschaffung finanzieller Mittel, die Mordanschläge auf Markgraf Ernst Friedrich von Baden-Durlach oder die zwiespältige Eheverbindung mit Maria von Eicken abzielen, nochmals im Einzelnen vorzustellen. Angesichts der durchweg negativen Beurteilung und der erbitterten Feindschaft, die ihm zu Lebzeiten und postum entgegenschlug, erstaunt allerdings, daß die an ihn erinnernden Monumente nicht zur Gänze einer damnatio memoriae zum Opfer fielen, wie sie von Seiten Baden-Durlachs durchaus angestrebt war. Paradoxerweise ist es einem bürgerlichen Pietätsgefühl zu verdanken, daß sich von den Grabmälern des Markgrafen in der Stiftskirche zu Baden-Baden zumindest Teile erhalten haben. Nach der Wiedervereinigung der beiden badischen Linien (1771) war es schließlich Karl Friedrich von Baden, der – wenngleich nicht ohne politisches Kalkül – dem Zerwürfnis mit seinem ungeliebten Verwandten ein Ende setzte. So ließ er im Rahmen der Wiederherstellung der markgräflichen Grablege in den Jahren 1801/02 auch das Wandgrabmal (Abb. 1) und die Grabplatte für Eduard Fortunat neu herrichten und begründete sein Vorgehen in dem Ausspruch: „Mann soll nicht im Leben, geschweige im Tode miteinander zürrnen."[2]

Abb. 1: Stiftskirche Baden-Baden, Wandgrabmal für Markgraf Eduard Fortunat von Baden-Baden, 1802 (Photo: Heidelberger Akademie der Wissenschaften, Elke Schneider).

---

[2] Valentin Stoesser: *Grabstätten und Grabschriften der Badischen Regenten in Linearabstammung von Berthold I. Herzog von Zähringen 1074–1811*, Heidelberg 1903, S. 110 Anm. 94.

Die Geschichte der beiden Denkmäler ist verwickelt und lohnt, einmal näher vorgestellt zu werden. Die daraus resultierenden Fragen stehen in engem Zusammenhang mit dem jähen Tod Eduard Fortunats im Jahre 1600 und der widersprüchlichen Überlieferung zu seiner Bestattung. Nachdem der Markgraf infolge der Oberbadischen Okkupation (1594–1622) die Stadt Baden mit dem dazugehörigen Landesteil hatte aufgeben müssen,[3] sah er sich gezwungen, anderen Fürsten seine militärischen Dienste anzutragen. Als Residenz diente ihm fortan die nur sporadisch aufgesuchte Burg Kastellaun (Rhein-Hunsrück-Kreis) in der Grafschaft Sponheim. Vielleicht waren es die Kriegserfahrungen, die ihn veranlaßten, den Nonnen des nahegelegenen Klosters Engelport bei Treis an der Mosel (Landkreis Cochem-Zell) ein schwarzes seidenes Tuch für sein künftiges Grab zu stiften. Dies vermerkt der Nekrolog im Eintrag zu Eduards Jahrgedächtnis: „Commemoratio (…) Eduardi Fortunati, Marchgravii de Kestellaun, qui dedit nobis pannum holosericum nigrum pro eius sepulchro. Obiit 8. junii 1600."[4] Aus dieser Nachricht schloß bereits Johann Daniel Schöpflin auf den Begräbnisort.[5] Allerdings verfaßte der 35jährige Fürst im Jahre 1600 ein Testament, in dem er verfügte, man solle ihn nach gebührendem Recht in der Stiftskirche zu Baden der Erde übergeben und ihm ein ehrenvolles Grabmal im Stil seiner Vorfahren setzen: „Volumus corpus nostrum in Marchionatu nostro, jure nobis debito, Badenis in Ecclesia Collegiata mandari terrae cum honesto Epitaphio pro majorum nostrorum more."[6] Noch im gleichen Jahr stürzte Eduard Fortunat von einer Treppe seiner Burg Kastellaun und zog sich dabei tödliche Verletzungen zu. Die Frage, wo man ihn nun tatsächlich zu Grabe trug, ist aufgrund der widersprüchlichen Indizien immer wieder konträr diskutiert worden. Existiert doch einerseits bis heute in der Stiftskirche das bereits erwähnte Wandepitaph mit folgender Inschrift (Abb. 2): *HIC IACET SEPVLTVS, ILLVSTRISSIMVS PRINCEPS / AC DOMINVS, D(OMI)N(V)S EDVARDVS FORTVNATVS, / MARCHIO BADENSIS, ET HACHBERGENSIS, COMES / IN SPONHEIM, ET EBERSTEIN, D(OMI)N(V)S IN LAHR, ET / MALBERG. OBIJT ANNO SALVTIS MILLESIMO / SEXCENTESIMO, DIE DECIMA NONA IVNIJ, CVIVS / ANIMA REQVIESCAT IN PACE. AMEN.* · (Übers.: Hier liegt begraben der durchleuchtigste Fürst und Herr, Herr Eduard Fortunat, Markgraf von Baden und Hach-

---

[3] Vgl. zur Oberbadischen Okkupation Schwarzmaier: *Baden. Dynastie – Land – Staat* (wie Anm. 1), S. 131f.; Bartmann (wie Anm. 1), S. 224–271.
[4] *Zur Geschichte von Kloster Maria Engelport*, bearb. u. hg. v. Norbert J. Pies und Werner P. Pfeil, Bd. 7: *Das Totenbuch (Necrolog). Umfassende Bearbeitung und Kommentierung des 1835 von Christian v. Stramberg veröffentlichten Necrologes*, bearb. u. hg. v. Norbert J. Pies (Zur Geschichte der Gemeinde Treis-Karden IV/7), Köln 1993, S. 70, übers.: „Jahrgedächtnis (…) Eduard Fortunats, Markgrafen von Kastellaun, der uns ein schwarzes seidenes Tuch für sein Grab schenkte. Er starb am 8. Juni 1600."
[5] Vgl. Schoepflinus (wie Anm. 1), Bd. 3, S. 77f.
[6] Ebd. S. 77, übers.: „Wir wollen, daß unser Körper in unserer Markgrafschaft nach dem uns geschuldeten Recht in der Kollegiatkirche zu Baden bei einem ehrenhaften Grabmal nach der Sitte unserer Ahnen der Erde übergeben wird."

Abb. 2: Stiftskirche Baden-Baden, Inschrift auf dem Sockel des Wandgrabmals für Markgraf Eduard Fortunat von Baden-Baden, um 1625 (Photo: Heidelberger Akademie der Wissenschaften, Elke Schneider).

berg, Graf in Sponheim und Eberstein, Herr in Lahr und Mahlberg. Er starb im Jahr des Heils 1600 am 19. Juni. Seine Seele ruhe in Frieden. Amen).

Schon Franz Josef Herr, der um 1800 mit der endgültigen Wiederherstellung der markgräflichen Grablege in der Stiftskirche zu Baden beauftragt worden war, wies darauf hin, daß die Formulierung *HIC IACET SEPVLTVS* eine Bestattung voraussetze.[7] Andererseits ist aber urkundlich überliefert, daß Äbtissin Elisabeth von Metzenhausen im Jahre 1661 den Sohn des Verstorbenen, Markgraf Wilhelm von Baden-Baden, um Hilfe beim Wiederaufbau ihres im Dreißigjährigen Krieg stark zerstörten Klosters Engelport bat und insbesondere auf die Beschaffung neuer Grabsteine für die Eltern und Geschwister des Markgrafen drang. Wilhelm bestätigte in einer Antwort vom 24. Juli 1662, daß die genannten Angehörigen in Engelport ruhten, und bewilligte deshalb gern seine Unterstützung.[8] Es kann somit keinen Zweifel geben, daß Eduard Fortunat zumindest in der Mitte des 17. Jahrhunderts noch in Engelport begraben lag und dort offenbar auch bestattet worden war. Diese Schlußfolgerung steht im Einklang mit der Annahme, daß Ernst Friedrich von Baden-Durlach als Administrator der Oberen Markgrafschaft seinem Erzfeind das begehrte ehrenvolle Begräbnis in der Stiftskirche zu Baden ganz sicher verweigert hat.

---

[7] Vgl. Stoesser (wie Anm. 2), S. 109 Anm. 93.
[8] Vgl. *Zur Geschichte von Kloster Maria Engelport* (wie Anm. 4), Bd. 1: *Urkunden und weitere Quellen 1220–1813*, bearb. u. hg. v. Norbert J. Pies und Werner P. Pfeil (Zur Geschichte des Ortes Treis-Karden IV/1), Frechen 1989, S. 126 Nr. 218f.

Abb. 3: Stiftskirche Baden-Baden, seit 1802 in das Wandgrabmal eingebundene Wappentafel von der Grabplatte Markgraf Eduard Fortunats von Baden-Baden, um 1625 (Photo: Heidelberger Akademie der Wissenschaften, Elke Schneider).

Um nun den Wahrheitsgehalt der inschriftlichen Grabbezeugung zu prüfen, soll sich das Hauptaugenmerk zunächst auf das Wandepitaph und seine Entstehungszeit richten. Leider haben wir von seiner ursprünglichen Gestalt keine Kenntnis. Im Zuge der Renovierungsarbeiten zu Beginn des 19. Jahrhunderts hat man es unter Verwendung älterer Teile nach den Plänen des badischen Baudirektors Kaspar Weinbrenner in Form einer klassizistischen Ädikula neu errichtet.[9] Im Binnenfeld der Hauptzone ist in eine hochrechteckige Vertiefung eine ovale Messingplatte eingelassen. Diese zeigt das reliefierte Vollwappen des Verstorbenen, überhöht von den Namensinitialen *E(DVARDVS) F(ORTVNATVS) M(ARCHIO) B(ADENSIS)* und umgeben von einem Kranz (Abb. 3).

Die oben zitierte Grabschrift ist zeilenweise in den Sockel eingemeißelt. Das gesamte Grabmal steht auf einem stilistisch abweichenden Untersatz, der noch aus dem 17. Jahrhundert datiert und zweifellos ein ursprüngliches Bauglied darstellt. Hingegen fügt sich der aufliegende Sockelquader mit der längeren Inschrift harmonisch in den neuen Aufbau. Es stellt sich die Frage, ob dieses Zwischenstück auch erst zu Beginn des 19. Jahrhunderts entstand oder aber vom Original stammt und in das neue

---

[9] Vgl. GLA Karlsruhe 47/22, *[Schreiben von Franz Josef Herr an Markgraf Karl Friedrich von Baden]*, 29.10.1802, o. S.

Monument nur geschickt integriert wurde. Die abschriftliche Überlieferung der Inschrift reicht nicht vor das Jahr 1800 zurück. Auch wenn dies der Fall wäre, bliebe zu erwägen, ob der Text im Zuge der Instandsetzungsarbeiten gegebenenfalls nach altem Vorbild neu geschlagen wurde und dadurch an Zuverlässigkeit eingebüßt hat. Da sich im betreffenden Bereich keinerlei Verzierungen finden, kann sich die Beurteilung dieses Sachverhalts lediglich auf die Ausführung der Schrift berufen. Der Text ist in einer qualitativ hochwertigen Kapitalis ausgeführt, einer Schriftart, deren Ursprünge in der antiken Monumentalschrift liegen und die nach ihrer karolingischen Renaissance bis zum Ausgang des Mittelalters keine inschriftliche Verwendung mehr fand. Erst ab dem zweiten Viertel des 16. Jahrhunderts gelangte sie zu einer neuen Blüte, die mit einigen Schwankungen bis in die Gegenwart anhält.[10] So fällt es auf den ersten Blick schwer zu entscheiden, ob es sich hier um eine frühneuzeitliche Arbeit oder ein Werk des einsetzenden 19. Jahrhunderts handelt. Zwar deuten einige Details auf eine frühe Entstehung hin, beispielsweise das *A* mit leicht abgestumpfter Spitze, das sichelförmige *C*, die Ausbuchtung am Balken des *H* oder die Trennzeichen, deren Quadrangelspitzen in vegetabile Rankenornamente münden. Doch reichen allgemeine Feststellungen solcher Art nicht aus, um eine spätere Datierung mit Sicherheit auszuschließen, vor allem weil die epigraphischen Schriften des 18. und 19. Jahrhunderts bislang kaum Gegenstand der Forschung waren. Desto mehr muß sich ein sachlich begründeter Zeitansatz auf die Ergebnisse konkreter Schriftvergleiche berufen können. Da die nachweislich zu Beginn des 19. Jahrhunderts geschlagenen Inschriften im Chor der Stiftskirche deutlich abweichende Buchstabenformen aufweisen, schien die Einschränkung der Suche auf Werke der Frühen Neuzeit erfolgversprechender.[11] Wie sich herausstellte, verfügen aber in der näheren Umgebung auch die älteren Inschriften über kein vergleichbares Buchstabeninventar. Den entscheidenden Hinweis lieferte vielmehr ein zwischen 1606 und 1610 entstandenes Epitaph für Matthias Herwart (Abb. 4) in der Pfarrkirche St. Ulrich zu Bittenfeld (Stadt Waiblingen, Rems-Murr-Kreis).[12]

Die markanten Gemeinsamkeiten fallen sofort ins Auge (Abb. 2 u. 5): zahlreiche überhöhte Anfangsbuchstaben, mäßige Bogen- und Linksschrägenverstärkungen, vegetabile Zierlinien an den quadrangelförmigen Trennzeichen, ein leicht abgestumpftes *A*, ein *D*, dessen oberes Bogenende nach links über den Schaft hinausragt, ein *E* mit drei unterschiedlich langen Balken, ein *G*, dessen Cauda in Richtung der

---

[10] Zur Entwicklungsgeschichte epigraphischer Schriften vgl. Rudolf M. Kloos: *Einführung in die Epigraphik des Mittelalters und der frühen Neuzeit* (Die Kunstwissenschaft), Darmstadt 1992 (2. Aufl.), S. 114–167.
[11] Zu den Grabplatten, die 1801 mit neuen Inschriften versehen wurden, vgl. *Die Kunstdenkmäler der Stadt Baden-Baden*, bearb. v. Emil Lacroix, Peter Hirschfeld und Heinrich Niester unter Mitarbeit v. Otto Linde mit Beiträgen v. Joseph Alfs (Die Kunstdenkmäler Badens XI/1), Karlsruhe 1942, S. 134–137.
[12] Vgl. *Die Inschriften des Rems-Murr-Kreises*, ges. u. bearb. v. Harald Drös und Gerhard Fritz unter Benutzung der Vorarbeiten v. Dieter Reichert (Die Deutschen Inschriften 37), Wiesbaden 1994, Nr. 260 (Abb. 84).

Die Grabmäler für Markgraf Eduard Fortunat von Baden-Baden 159

Abb. 4: Pfarrkirche Bittenfeld (Stadt Waiblingen), Epitaph für Matthias Herwart, 1606–1610 (Photo: Heidelberger Akademie der Wissenschaften, Axel Schmider).

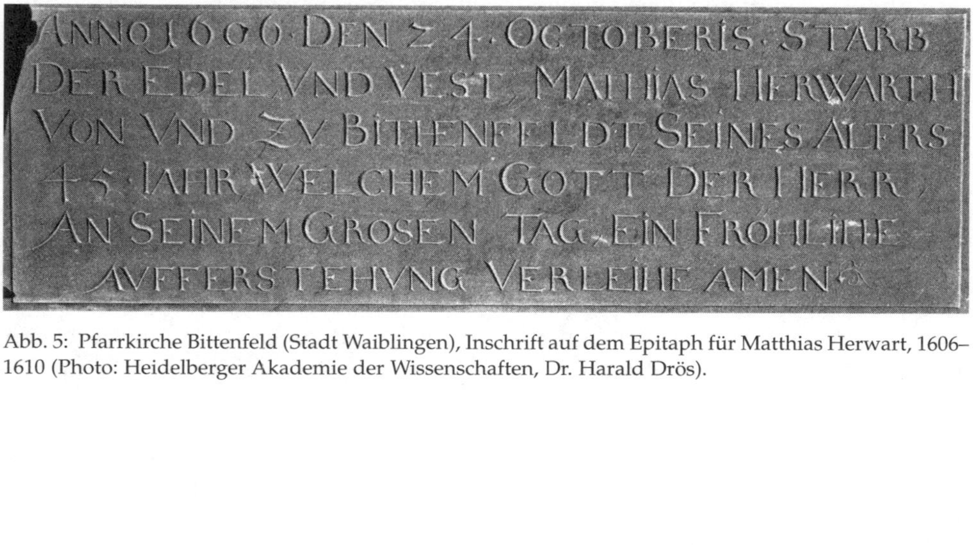

Abb. 5: Pfarrkirche Bittenfeld (Stadt Waiblingen), Inschrift auf dem Epitaph für Matthias Herwart, 1606–1610 (Photo: Heidelberger Akademie der Wissenschaften, Dr. Harald Drös).

Abb. 6: Stiftskirche Stuttgart, verlorenes Grabmal für den württembergischen Vizekanzler Sebastian Faber, gest. 1624 (Photo: Landesmedienzentrum Baden-Württemberg).

Grundlinie vom unteren Bogenabschnitt abgespreizt ist, ein gerades *M*, dessen Mittelteil bereits auf halber Zeilenhöhe endet, ein *R* mit geschwungener Cauda sowie ein *T* mit schräg geschnittenen Balkenenden. Die Übereinstimmungen lassen keinen Zweifel daran, daß beide Grabmäler ihre Inschriften in derselben Werkstatt erhielten, vermutlich sogar von demselben Steinmetz. Allerdings bestehen auch geringfügige Unterschiede; so besitzt das *A* in der Bittenfelder Inschrift mitunter einen geschwungenen oder leicht nach innen eingebogenen Schrägrechtsschaft, das *C* deutliche Sporen und das *I* stets einen Punkt. Aufgrund der Nachricht, daß das Herwart-Epitaph in Stuttgart in Auftrag gegeben und 1610 ausgeliefert wurde, lag es nahe, diese Stadt in die Suche nach weiteren Schriftzeugnissen derselben Werkstatt einzubeziehen. In der Tat finden sich in ihrem Einzugsbereich mehrere Steinmetzarbeiten mit nahezu identisch gestalteten Buchstaben, darunter das ehemals in der Stuttgar-

Abb. 7: Hoppenlaufriedhof Stuttgart, Torbogen mit der inschriftlichen Nennung des Baumeisters Kaspar Kretzmaier (heute im Lapidarium der Stadt), 1626 (Photo: Heidelberger Akademie der Wissenschaften, Axel Schmider).

ter Stiftskirche aufgestellte, im Zweiten Weltkrieg jedoch zerstörte Grabmal für den 1624 verstorbenen württembergischen Vizekanzler Sebastian Faber (Abb. 6).[13]

Hier ist die Schriftverwandtschaft zum Grabmal Eduard Fortunats am stärksten ausgeprägt und umfaßt nun auch das sichelförmige, sporenlose C, das H mit einer nach unten ausgerichteten Ausbuchtung am Balken, das I ohne Punkt, die Verschränkung von LA sowie das X mit geschwungenem Schrägrechtsschaft. In welcher Werkstatt man solche Buchstaben schlug, verrät der ehemalige Haupteingang des Stuttgarter Hoppenlaufriedhofs aus dem Jahre 1626, in dessen Torbogen der Name des Werkmeisters unter Verwendung des gleichen Formeninventars eingemeißelt ist (Abb. 7): Kaspar Kretzmaier.[14]

Er war der Sohn des Schreiners Balthasar Kretzmaier und entstammte einer Familie, aus der bedeutende württembergische Kunsthandwerker und Ingenieure hervorgingen. Mehrfach arbeitete er gemeinsam mit oder im Auftrag von Heinrich Schickhardt. Kaspar war zwischen 1601 und 1606 als Parlier am Bau des neuen Stuttgarter Marstalls beschäftigt, wurde 1611 Werkmeister und 1621 Baumeister. Er starb am 29.

---

[13] Vgl. *Die Stuttgarter Stiftskirche*, hg. v. Gustav Wais, mit einer Baugeschichte v. Adolf Diehl, Stuttgart 1952, S. 86 Nr. 63 (Abb. 63). Für die Recherche wurde auf die Photokartei der Forschungsstelle Deutsche Inschriften an der Heidelberger Akademie der Wissenschaften zurückgegriffen. Zu Sebastian Faber siehe *Neues württembergisches Dienerbuch*, bearb. v. Walther Pfeilsticker, Bd. 1: *Hof, Regierung, Verwaltung*, Stuttgart 1957, § 1110.

[14] Vom Torbogen ist heute nur noch ein Fragment im Lapidarium der Stadt Stuttgart vorhanden, vgl. Karl Klöpping: *Historische Friedhöfe Alt-Stuttgarts – Sankt Jakobus bis Hoppenlau –. Ein Beitrag zur Stadtgeschichte mit Wegweiser zu den Grabstätten des Hoppenlaufriedhofs*, Stuttgart 1991, S. 128f. (Abb. 46); s. a. Gustav Wais: *Alt-Stuttgarts Bauten im Bild*, Stuttgart 1951 (ND Frankfurt/M. 1977), S. 291f. (Abb.). Zu Kaspar Kretzmaier vgl. Werner Fleischhauer: *Renaissance im Herzogtum Württemberg* (Veröff. d. Kommission f. geschichtl. Landeskunde in Baden-Württemberg), Stuttgart 1971, S. 276, 300; *Neues württembergisches Dienerbuch* (wie Anm. 13), § 1917.

September 1635 und hinterließ zahlreiche technische Anlagen, Brücken, Mühlen, Brunnen und Wasserwerke. Auch die Ausführung des von Schickhardt entworfenen Brunnens auf dem Stuttgarter Schloßplatz geht wohl auf ihn zurück. Wie das Grabmal Eduard Fortunats beweist, muß sein Ruf so bedeutend gewesen sein, daß man auch außerhalb Württembergs und überdies – wie sich zeigen wird – von katholischer Seite Aufträge an ihn vergab. Dies wirft andererseits ein trübes Licht auf das Niveau der damaligen Steinmetzkunst in der Oberen Markgrafschaft Baden, wo die Werkstätten den landesherrlichen Ansprüchen offenbar nicht genügten.

Nachdem nun über die Analyse der Buchstabenformen der Urheber der Sockelinschrift und mithin des gesamten ursprünglichen Wandepitaphs ermittelt werden konnte, läßt sich die Datierungsspanne erheblich eingrenzen. Den Lebensdaten Kaspar Kretzmaiers zufolge käme das gesamte erste Drittel des 17. Jahrhunderts in Frage, doch gestatten die beobachteten Unterschiede in der Schriftausführung eine noch stärkere Differenzierung. So wird man aufgrund der besonders engen Verwandtschaft zum Epitaph Sebastian Fabers den Entstehungszeitpunkt nah an dessen Todesjahr 1624 heranrücken dürfen. Folglich wäre also nach dem Ableben Eduard Fortunats im Jahre 1600 noch etwa ein Vierteljahrhundert verflossen, bevor ihm in der Stiftskirche zu Baden sein Grabmal errichtet wurde. Dieser Datierungsansatz steht nicht nur im Einklang mit den politischen Gegebenheiten zu Beginn des 17. Jahrhunderts, er kann sich überdies auf ein weiteres stilistisches Argument berufen. Der aus Messing gefertigte Wappenschild mit den Namensinitialen *E(DVARDVS) F(ORTVNATVS) M(ARCHIO) B(ADENSIS)*, der sich seit 1801/02 im Binnenfeld der Ädikula befindet, lag ursprünglich auf der Grabplatte (Abb. 3).[15] Während durchaus denkbar wäre, daß diese bereits vor dem Epitaph existierte, ist das umgekehrte Zeitverhältnis aufgrund der inschriftlichen Grabbezeugung *HIC IACET SEPVLTVS* etc. auszuschließen. Die Wappentafel hat indessen sehr starke Ähnlichkeiten mit der heraldisch gestalteten Metallauflage der Grabplatte für Markgraf Albrecht Karl von Baden-Baden. Der jüngste Sohn Eduard Fortunats verunglückte im Jahre 1626 bei der Jagd und wurde in der Stiftskirche zu Baden bestattet. Die Messingbesätze seines 1689 im Pfälzischen Erbfolgekrieg beschädigten Grabmals verbrachte man 1767 zur Ausbesserung nach Rastatt, wo sie 1796 während der Schloßplünderung durch französische Truppen abhanden kamen.[16] Ihre ursprüngliche Gestalt ist jedoch in einer detailgetreuen Abzeichnung der gesamten Platte überliefert (Abb. 8).[17]

Darin gibt die obere der beiden übereinander angeordneten Metallauflagen das Vollwappen Baden-Sponheim wieder, das ebenso wie auf der Wappentafel Eduard Fortunats von einem Kranz umgeben war. Die Umrisse der Schilde sind nahezu iden-

---

[15] Vgl. Stoesser (wie Anm. 2), S. 110 Anm. 94.
[16] Vgl. *Kunstdenkmäler Baden-Baden* (wie Anm. 11), S. 138.
[17] Vgl. GLA Karlsruhe 47/54, *Die in der Stiftskirche zu Baden befindlichen Grabdenkmale badischer Fürsten betr. Beilagen zu dem Promemoria vom 17. Sept. 1774 in Fasc. 1* [Verf. Bidermann], o. S.

Abb. 8: Abzeichnung der verlorenen Grabplatte für Markgraf Albrecht Karl von Baden-Baden, gest. 1626 (Quelle: GLA Karlsruhe 47/54).

tisch, die Helmdecken in gleicher Form gezaddelt, und die Kranzenden münden unten in eine rollwerkartige Verzierung. Unter den Wappen erscheint jeweils ein Totenkopf, und die Kränze sind oben sowie auf halber Höhe mit reliefierten Köpfen bzw. Brustbildern belegt. Angesichts dieser stilistischen Nähe ist davon auszugehen, daß beide Metallauflagen auf Entwürfe desselben Formschneiders zurückgehen, der sie um das Jahr 1626 kurz nacheinander geschaffen haben muß. Wenn also die Grabplatte Eduard Fortunats erst am Ende des ersten Viertels des 17. Jahrhunderts entstand, so kann das auf die Grabstelle verweisende Epitaph kaum früher angefertigt worden sein.

Die Vereinbarkeit des vorgestellten Zeitansatzes mit der Geschichte der Oberen Markgrafschaft wurde bereits angerissen. So scheint die Errichtung qualitätvoller Grabmäler für Eduard Fortunat in der Stiftskirche zu Baden vor dem Ende der badendurlachschen Landesbesetzung (1622) auch aus politischen Gründen undenkbar. Diese Annahme findet ihre Bestätigung in den überlieferten Nachrichten über die partielle

Zerstörung von Wandepitaph und Grabplatte im Jahre 1634, nachdem Markgraf Friedrich V. von Baden-Durlach 1632 im Gefolge der Schweden das Land nochmals in seine Gewalt gebracht hatte.[18] Als sich Franz Josef Herr im Jahre 1802 veranlaßt sah, sein Konzept zur Wiederherstellung der markgräflichen Grablege gegen die Kritik des Geheimen Archivrats Eberhardt Steinhäuser in Rastatt zu verteidigen, begegnete er dessen Einwürfen in einer scharfen Gegendarstellung an Markgraf Karl Friedrich von Baden.[19] Darin stellte er zur Rechtfertigung der von ihm formulierten neuen Inschriften, die bereits 1801 in die Grabplatten eingemeißelt worden waren, noch einmal alle einschlägigen Argumente zusammen und versuchte, deren Stichhaltigkeit durch entsprechende Zitate aus den von ihm eingesehenen Quellentexten zu erweisen. Gegen Steinhäusers Zweifel, ob Eduard Fortunat tatsächlich in Baden-Baden begraben liege, beruft er sich unter anderem auf einen tagebuchartigen Bericht an Markgraf Wilhelm von Baden-Baden aus der Feder eines Rats namens Dr. Castner, der die Ereignisse während der zweiten Okkupation 1632/34 als Augenzeuge miterlebt hatte. Herr kannte diese Aufzeichnungen aus einer handschriftlichen, im Jahre 1635 abrupt endenden „Badischen Geschichte", wo Castners Mitteilungen in Auszügen wiedergegeben waren. Das in zwei Faszikel gegliederte Geschichtswerk befand sich zu Beginn des 19. Jahrhunderts noch im Stiftsarchiv zu Baden und ist heute verschollen. Der unbekannte Verfasser verdient insofern Vertrauen, als er sich nach Herrs Zeugnis in vielen seiner Aussagen auf Quellen des markgräflichen Archivs stützte und diese häufig im vollen Wortlaut beifügte. Die so tradierten Schilderungen Castners beziehen sich an einer Stelle auf die von Seiten Baden-Durlachs anbefohlene Zerstörung von Grab und Grabmal Markgraf Eduard Fortunats. Danach seien beide der endgültigen Zerschlagung nur deshalb entgangen, weil die damit beauftragten Handwerker – ein unbekannter Bürger aus Pforzheim und zwei Maurer der Stadt Baden – den Auftrag nur scheinbar ausführten. Sie zerlegten das Monument „mit solcher Dexterität und Fürsichtigkeit", daß die unbeschädigten Teile später hätten wieder zusammengesetzt werden können.[20] Von der Grabplatte löste der Maurermeister Hannes Wilhelm Impflin die Metallstücke vorsichtig ab, schlug aus dem Stein vier Stücke von der Stärke eines Fingers heraus und legte in die entstandenen Vertiefungen paßgerecht zugeschnittene Fragmente, wodurch der vorgetäuschten Zer-

---

[18] Zur Besetzung der Markgrafschaft Baden-Baden von 1632/34 vgl. Rolf Gustav Haebler: *Geschichte der Stadt und des Kurortes Baden-Baden*, 2 Bde., Baden-Baden 1969, Bd. 1, S. 119f.

[19] Vgl. GLA Karlsruhe 47/22, Franz Josef Herr: *Gegenbericht ad Serenissimum Badensem*, [1802], o. S.; GLA Karlsruhe 47/22, Eberhardt Steinhäuser: *[Gutachten zu den von Franz Josef Herr formulierten Grabschriften]*, 6.5.1802, o. S.

[20] Vgl. Herr: *Gegenbericht* (wie Anm. 19), o. S. (Beilage H): *Auszug aus der fragmentarischen Handschrifftlichen Badischen Geschichte (…)*, o. S. Der Name des Gewährsmannes lautet hier noch „Dr. Haffner"; Franz Josef Herr korrigierte sich in GLA Karlsruhe Hfk-Hs Nr. 510, *Collectanea des Pfarrers Franz Josef Herr. Begräbnisse des Hauses Baaden. IV. Abt.: Jn der Stiffts Kirche zu Baaden. Von 1391 biß 1793*, 1821, fol. 18v.

trümmerung ein glaubwürdiger Anschein gegeben wurde. Demnach dürfte sich die originale Grabplatte bis in die Gegenwart erhalten haben, da man sie auch 1801 für die Neubeschriftung nur umarbeitete, nicht aber ersetzte. Bezüglich der Datierung der Denkmäler läßt sich aus diesem Vorgang schlußfolgern, daß Friedrich V. von Baden-Durlach wohl kaum auf deren vollständiger Zerstörung bestanden hätte, wenn sie zwischen 1600 und 1622 unter der Landesadministration seines Vaters Georg Friedrich oder seines Onkels Ernst Friedrich in Auftrag gegeben worden wären.

Schließlich sei noch ein letztes Argument angeführt, das den vorgeschlagenen Zeitansatz aus dem unterschiedlich überlieferten Todestag herleitet. Während der oben zitierte Nekrolog des Klosters Engelport den 8. Juni meldet, ist im Lichtenthaler Totenbuch wie in der Inschrift der 19. Juni angegeben.[21] Die auch sonst in den archivalischen Quellen mehrfach belegte Varianz zwischen dem 8. und dem 18./19. Juni läßt sich bis auf die verbleibende Abweichung von einem Tag aus der Verwendung des neuen oder alten Stils gut erklären. Weil der Gregorianische Kalender um 1583 zunächst nur in katholischen Gebieten eingeführt wurde, ist je nach Konfession des Landesherrn stets mit Differenzen in der Tagesdatierung zu rechnen. Daher gibt beispielsweise der inschriftliche Sterbevermerk am Wandgrabmal für Markgraf Philipp II. von Baden-Baden, das zwischen 1604 und 1622 im Auftrag des evangelischen Markgrafen Georg Friedrich von Baden-Durlach in der Stiftskirche zu Baden errichtet wurde, nach altem Stil noch den 7. statt den 17. Juni 1588 als Todestag an.[22] Die Inschrift für Eduard Fortunat richtet sich hingegen bereits nach dem neuen Stil, weshalb ihre Ausführung auch unter diesem Gesichtspunkt vor der 1622 einsetzenden Rekatholisierung des Landes unwahrscheinlich ist.

Wenngleich nun auf die Frage nach der zeitlichen Einordnung des ursprünglichen Wandepitaphs und der Grabplatte eine Antwort gefunden wurde, so bleibt doch der Widerspruch in der Überlieferung des Bestattungsortes weiterhin bestehen. Nur läßt sich die Originalität der Inschrift fortan ebensowenig wie die der urkundlichen Belege zu Engelport in Zweifel ziehen. Die weitgehende Ungewißheit über die im Stiftschor bestatteten Personen drängte bereits in der Mitte des 18. Jahrhunderts nach einer Klärung, als Ludwig Georg von Baden-Baden die Wiederherstellung der markgräflichen Grablege in die Wege leitete. Damals sollten sämtliche Grabplatten im Chor, von denen die meisten durch die Brandschatzung der Kirche von 1689 stark gelitten hatten, neue Inschriften erhalten. Man erwirkte deshalb vom Speyerer Bischof Franz Christoph von Hutten die Erlaubnis, die einzelnen Grabstätten öffnen zu dürfen, um aufgrund von Sarginschriften oder Grabbeigaben die Identität der Toten zweifelsfrei

---

[21] Vgl. *Necrologium Abbatiae Lucidae-Vallis*, in: Johann Friedrich Schannat: *Vindemiae literariae, hoc est Veterum Monumentorum Ad Germaniam Sacram Praecipue Spectantium Collectio* (…), Bd. 1, Fulda 1723, S. 164–172, hier S. 167. Zu weiteren Überlieferungen des Todestages siehe Stoesser (wie Anm. 2), S. 109 Anm. 90.

[22] Vgl. Stoesser (wie Anm. 2), S. 104–106 mit Anm. 85.

zu ermitteln.[23] Über die im Dezember 1754 und Juni 1755 vorgenommenen Gräbervisitationen unter der Aufsicht des von der Herrschaft eingesetzten Kommissars und Oberkellers Jakob Wilhelm Dürrfeld sowie unter Beteiligung der Stiftsgeistlichkeit sind wir durch zwei entsprechende Notariatsinstrumente ausführlich unterrichtet.[24] Mit deren Erstellung war Johann Ferdinand Friedrich Dautieux, Apostolischer und Kaiserlicher Notar zu Rastatt, betraut worden, der neben weiteren Zeugen beiden Nachsuchungen beiwohnte.

Zu den inspizierten Grabstellen zählte auch die Gruft, die sich unmittelbar vor dem Epitaph Eduard Fortunats befindet und damals nur durch eine unbeschriftete große Steinplatte im Boden markiert war. Die bis heute vorhandene Metallplatte mit dem Wappen und den Namensinitialen lag also zu diesem Zeitpunkt anscheinend nicht mehr auf, obwohl sie nach ihrer Ablösung von 1634 vermutlich bald wieder mit der Grabplatte vereint worden sein dürfte. Offenbar erfolgte die erneute Separierung erst um 1753 auf die Anweisung Markgraf Ludwig Georgs von Baden-Baden, sämtliche metallenen Epitaphien zu erheben.[25] Unter der Grabplatte entdeckte man eine gewölbte Kammer, in der ein Sarg und auf dessen Deckel ein „etwas breites, viereckigtes Kästlein" stand. Die aus Eichenholz gefertigte Ummantelung des kleinen Behältnisses war teilweise abgefallen, so daß der bleierne, bereits stark durchlöcherte Einsatz zum Vorschein kam. Darin befand sich – eingewickelt in ein seidenes Tuch – ein Herz, das bei dieser Gelegenheit in eine neue ovale Kapsel aus Kupfer umgebettet wurde. Weder an dem ursprünglichen Gefäß noch am Sarg fanden sich Inschriften oder sonstige Hinweise auf die Identität der sterblichen Überreste. Als man im Juni 1755 das Grab erneut öffnete, um auch den bleiernen Sarg mit einem neuen Holzmantel zu versehen, hob man ihn mit Seilen heraus und trieb in die Oberseite des Deckels in Höhe des Kopfes, des Leibes und der Füße drei Sichtöffnungen. Der verweste Leichnam war in ein schwarzes Totenkleid gehüllt. Auf der Brust lag ein braunes hölzernes Kreuz, links am Gürtel hing ein langer Degen mit goldumwundenem Griff und an der anderen Hüftseite ein Stilett. Aus der Beobachtung, daß die Hirnschale vom übrigen Schädel geradlinig abgetrennt war, schloß der hinzugebetene markgräfliche Hofrat und Leibmedicus Franz Wolf, daß eine Einbalsamierung vorgenommen worden sei. Zweifellos haben diese dürftigen Erkenntnisse die damaligen Erwartungen stark enttäuscht. Denn die Tatsache, daß man sich nicht mit der Auffindung eines Sarges zufrieden gab, sondern sorgfältig nach Inschriften weitersuchte, verrät, daß man den Indizien auf der Grabplatte offenbar mißtraute und sich über

---

[23] Vgl. GLA Karlsruhe 47/20, hier unter anderem: *[Schreiben Bischof Franz Christophs von Speyer]*, 8.2.1755, o. S.

[24] Vgl. GLA Karlsruhe 47/20, *Notariats-Jnstrument Über die anno 1754 vorgenommene Erofnung fürstlicher Grabstätten zu Baaden. Nebst darzu gehorigen schrifften*, 1754, o. S.; GLA Karlsruhe 47/20, *[Notariatsinstrument]*, 1755, o. S.

[25] Vgl. *Kunstdenkmäler Baden-Baden* (wie Anm. 11), S. 138.

die Belegung der Gruft durchaus im Unklaren war. Die vergeblich erhofften Nachweise hinderten Kommissar Dürrfeld allerdings nicht, auf dem von ihm erstellten Lageplan des Stiftschors an entsprechender Stelle zu notieren: „Eduardus Fortunatus / M(archio) B(adensis) O(biit) XIX Junij / M.DC."[26] Woraus er diese Schlußfolgerung zog, ist nicht bekannt. Gleichwohl wird man nach Auswertung der überlieferten Fundsituation und unter Berücksichtigung weiterer Nachrichten seinem Fazit heute beipflichten müssen. Zunächst scheint es, als ob der Visitationsbefund die Frage nach der Identität der Grabstelle eher erschwert als vereinfacht habe. Ist doch aufgrund des vorgefundenen Kästchens die Zahl der Interpretationsmöglichkeiten noch angestiegen: So kommt erstens in Betracht, daß es sich um eine vollkommen fremde Gruft handelt, die keinerlei Überreste Markgraf Eduard Fortunats, sondern die anderer Personen birgt. Zweitens wäre denkbar, daß sowohl der Leichnam als auch das Herz ihm zuzuweisen sind, und drittens, daß entweder nur das Herz oder nur der Leichnam ihm gehören. Um die inschriftliche Grabbezeugung zu bestätigen, würde es freilich ausreichen, wenn sich die erste Erwägung als unzutreffend erwiese. In diesem Zusammenhang verdient nun gerade das Herzkästchen besondere Aufmerksamkeit. Denn in der bereits erwähnten, von Franz Josef Herr auszugsweise zitierten „Badischen Geschichte" wird im Rahmen des Castnerschen Berichts über die zweite Landesbesetzung von 1632/34 auch mitgeteilt, die mit der Zerstörung des Grabes beauftragten Maurer hätten nach Vollzug der Tat melden sollen, „was in ermeltem Grab Herr Statthalter für ein Kästlein zeit der Begräbniß gestellt, dann er einmahl ein Kästlein unter dem Mantel tragend und damit dem Grab zuzugehen gesehen worden." Statthalter Markgraf Wilhelms von Baden-Baden war der 1646 verstorbene Karl Heinrich von Orscelar.[27] Aufschlußreich ist vor allem die Nachricht, daß zwischen 1622 und der erneuten Landesbesetzung von 1632/34 tatsächlich eine Beisetzung in die Gruft vor dem Epitaph Eduard Fortunats stattgefunden hat. Eine Verwechslung der Grabstelle ist aufgrund des wiedergefundenen Kästchens ausgeschlossen. Ebenso interessant ist, daß von Orscelar daran gelegen war, das Herz im Verborgenen dem Grab zuzuführen. Offenbar handelte es sich also nur um eine heimliche Beigabe, während die öffentliche Zeremonie anderen sterblichen Überresten galt. Dafür spricht einerseits die Formulierung „zeit der Begräbniß", die indirekt zwischen dem eigentlichen Begräbnisakt und der Mitbestattung des Kästchens differenziert. Andererseits ist auch nicht vorstellbar, daß man für die Beisetzung eines Herzens eine ganze Gruft ausgehoben hätte. Genauso abwegig ist aber der Gedanke, man hätte das Herz Eduard Fortunats gemeinsam mit einer fremden Person bestattet. Dies käme allenfalls noch für den Sohn Albrecht Karl in Betracht, der ja in der Tat etwa um die

---

[26] Vgl. den Grundriß in GLA Karlsruhe 47/20, *Notariats-Jnstrument* (wie Anm. 24), 1754, o. S.; als Urheber wird Dürrfeld in GLA Karlsruhe 47/22, Steinhäuser (wie Anm. 19), o. S. genannt.
[27] Vgl. *Kunstdenkmäler Baden-Baden* (wie Anm. 11), S. 110 Nr. 2.

gleiche Zeit tödlich verunglückte. Doch wird dessen Grabplatte im Notariatsinstrument von 1754 aufgrund ihrer Inschrift weiter vorn im Chor nahe am Grab seines Bruders Wilhelm lokalisiert. Da nun die oben zitierte Formulierung nicht ganz ausdrücklich zwischen den zwei postulierten Vorgängen, nämlich der Beigabe der Kapsel und der Beisetzung des Sarges, unterscheidet, bliebe letztlich doch zu erwägen, ob man zur Nachbestattung des Herzens vielleicht eine bereits existierende Gruft erneut geöffnet hat, in der jener 1754 bezeugte Sarg schon vorhanden war. Diese Möglichkeit scheint zunächst um so naheliegender, als sich nördlich der Gruft auch das Wandgrabmal für den 1536 verstorbenen Markgrafen Bernhard III. von Baden-Baden erhebt. Dessen namentlich bezeichnete Grabplatte liegt zwar unmittelbar davor, den von ihr abgedeckten Chorboden hat man aber niemals untersucht. Auf dem Dürrfeldschen Lageplan von 1754/55 wurde sie deshalb nur „aus der Conjecture wegen hart daran an der Wandt stehenden Epitaphio" identifiziert.[28] Auf diese bloße Vermutung gründet sich mangels besseren Wissens auch die 1801 eingemeißelte Inschrift. Könnte es sich demnach bei dem Sarg in der südlich angrenzenden Grabkammer nicht um jenen Markgraf Bernhards III. handeln? Diese Frage läßt sich aufgrund eines anderen überlieferten Befundes eindeutig verneinen. Dagegen spricht vor allem der am Gürtel des Toten bezeugte lange Degen, der im Notariatsinstrument von 1755 ziemlich detailliert beschrieben wird: So sei er „mit einem Maulkorb durchbrochener Arbeith von Stahl" versehen gewesen, und „der Griff deßen ware von umwundenen goldtrath von sambtlichen anweesenden Erkennet, und gesehen worden." Die Waffe besaß also offenbar ein Korbgefäß mit durchbrochenen Stichblättern und nicht nur eine Parierstange mit einzelnen um den Griff gebogenen Bügeln. Diese Form eines annähernd geschlossenen Handschutzes setzte sich erst allmählich im letzten Viertel des 16. Jahrhunderts und vor allem im einsetzenden 17. Jahrhundert durch.[29] Ein solcher Degen könnte also frühestens dem 1588 verstorbenen Markgrafen Philipp II. von Baden-Baden beigelegt worden sein. Doch befindet sich das an ihn erinnernde Wandgrabmal an der gegenüberliegenden Südflanke des Chorpolygons. Warum sollte man aber diese, vom angenommenen Grab mehrere Schritte entfernte Wand gewählt haben, wenn doch das aufgehende Mauerwerk in unmittelbarer Nähe zu Beginn des 16. Jahrhunderts noch frei war? Überdies lokalisiert das Lichtenthaler Totenbuch die Grabstelle Philipps II. „ante altare in Choro".[30] Da sich

---

[28] Vgl. GLA Karlsruhe 47/22, Herr: *Gegenbericht* (wie Anm. 19), Beilage A: [Jakob Wilhelm Dürrfeld]: *Aufnahme der im Collegiat Stiffts Chor zu Baden vorhandenen Wappen, Jnscriptionen und Grabsteine*, 1754/55 [Kopie], o. S. Nr. 9.

[29] Vgl. Heribert Seitz: *Blankwaffen I. Geschichte und Typenentwicklung im europäischen Kulturbereich. Von der prähistorischen Zeit bis zum Ende des 16. Jahrhunderts. Ein waffenhistorisches Handbuch* (Bibliothek für Kunst- und Antiquitätenfreunde IV), München 1981 (2. Aufl.), S. 321–329 (Abb. 236–243), S. 332 (Abb. 240); ders.: *Blankwaffen II. Geschichte und Typenentwicklung im europäischen Kulturbereich. Vom 16. bis 19. Jahrhundert. Ein waffenhistorisches Handbuch* (Bibliothek für Kunst- und Antiquitätenfreunde IV/A), Braunschweig 1968, S. 108–126.

[30] Vgl. *Necrologium* (wie Anm. 21), S. 167.

nun die betreffende Gruft nicht vor, sondern genau neben dem Hochaltar befindet, und überdies die eine solche Anordnung präziser bezeichnenden Präpositionen „apud" und „iuxta" im Nekrolog mehrfach zur Lokalisierung von Gräbern verwendet werden,[31] vermag auch diese Idee nicht zu überzeugen. Wer sonst aber könnte zwischen ca. 1575 und 1632 im Chor der Stiftskirche bestattet worden sein? Aufgrund des hochwürdigen Begräbnisortes muß es sich um ein Mitglied der markgräflichen Familie handeln. Unmittelbare Verwandte Eduard Fortunats aus der Linie Baden-Rodemachern kommen lediglich bis zum Beginn der Oberbadischen Okkupation im Jahre 1594 in Frage. In die Jahre zuvor fällt nur der Tod des Bruders Karl (1590), der jedoch in Genua verstarb.[32] Aus der Linie Baden-Durlach verschied zwischen 1594 und 1622 allein Markgraf Ernst Friedrich, dessen Grab in der Pforzheimer Schloßkirche gut bezeugt ist.[33] Zwischen 1622 und 1632 ist schließlich als einziger Eduard Fortunats Sohn Albrecht Karl 1626 zu Tode gekommen, der an einer anderen Stelle des Stiftschores ruht. So gelangt man im Ausschlußverfahren zu derselben Erkenntnis, die sich bereits nach Auswertung der Castnerschen Nachrichten abzeichnete. Sämtliche Indizien sprechen dafür, daß der unbekannte Leichnam mit niemand anderem als mit Eduard Fortunat selbst zu identifizieren ist. Doch wie verhält sich diese Schlußfolgerung zu der Auskunft Wilhelms von Baden-Baden, der seine Eltern in Engelport begraben weiß? Dieser scheinbare Widerspruch läßt sich durch den überlieferten Befund der Einbalsamierung ohne Not auflösen. Im Zuge einer solchen Konservierungsmaßnahme war es üblich, der Leiche Herz und Eingeweide zu entnehmen. Das Verfahren war aufwendig und blieb hochrangigen Toten vorbehalten, die entweder sehr lange aufgebahrt werden sollten oder deren Bestattung langfristige Vorbereitungen erforderte, daneben auch denjenigen, für die in absehbarer Zeit eine Translozierung geplant war.[34] Letzteres traf auf Eduard Fortunat unbedingt zu. Mußte man sich doch aufgrund seines Testaments veranlaßt sehen, Vorsorge zu treffen, daß er zu gegebener Zeit in die Stiftskirche zu Baden überführt werden konnte. Dagegen ist für keinen weiteren der im Chor bestatteten Markgrafen die Einbalsamierung bezeugt. Im Gegenteil: Für den Leichnam Markgraf Albrecht Karls von Baden-Baden teilt das Notariatsinstrument von 1754 sogar mit, er sei mit viel Kalk überschüttet gewesen – eine Maßnahme zur Beschleunigung des Verwesungsprozesses, die nach einer Konservierung widersinnig gewesen wäre.

---

[31] Vgl. ebd. S. 166 (Elisabeth von Lichtenberg), S. 168 (Markgraf Hermann VII. von Baden), S. 170 (Markgraf Rudolf I. von Baden).

[32] Vgl. auch zu den folgenden Angaben Adolf Schwennicke: *Europäische Stammtafeln* NF, Bd. 1.2: *Premysliden, Askanier, Herzoge von Lothringen, die Häuser Hessen, Württemberg und Zähringen*, Frankfurt/M. 1999, Taf. 268–270.

[33] Vgl. *Die Inschriften der Stadt Pforzheim*, ges. u. bearb. v. Anneliese Seeliger-Zeiss (Die Deutschen Inschriften 57), Wiesbaden 2003, Nr. 220.

[34] Vgl. Helga Czerny: *Der Tod der bayerischen Herzöge im Spätmittelalter und in der frühen Neuzeit 1347–1579. Vorbereitungen – Sterben – Trauerfeierlichkeiten – Grablegen – Memoria*, München 2005, S. 399–404; Cornell Babendererde: *Sterben, Tod, Begräbnis und liturgisches Gedächtnis bei weltlichen Reichsfürsten des Spätmittelalters* (Residenzenforschung), Ostfildern 2006, S. 108–111.

Insofern deutet alles darauf hin, daß der Leichnam Eduard Fortunats bald nach 1622 von Engelport in die Stiftskirche zu Baden verbracht worden ist und seither tatsächlich vor dem etwa gleichzeitig errichteten Epitaph mit der entsprechenden Grabbezeugung ruht. In Engelport dürften indessen seine Eingeweide liegen. Da die Gemahlin Maria von Eicken und – abgesehen von Albrecht Karl – alle gemeinsamen Kinder erst nach 1634 aus dem Leben schieden, wird wohl auch das Herz Markgraf Eduard Fortunat gehören. Daß man es im Verborgenen bestattete, läßt Zweifel aufkeimen, ob das Kloster Engelport von diesem Vorgang Kenntnis haben sollte. Doch scheinen an dieser Stelle die Grenzen erschließbaren Wissens erreicht.

Thomas Bergholz

Die Entstehung der allgemeinen Schulpflicht.
Reformation als Evangelisation und Alphabetisierung Deutschlands.

In der Literatur findet sich des öfteren der Hinweis, dass die Stadt Straßburg das erste Territorium des Heiligen Römischen Reiches und auch ganz Europas gewesen sei, das mit seinem Schulgesetz von 1598 eine allgemeine Schulpflicht eingeführt habe. Dass die Reformation einen, wenn nicht den entscheidenden Beitrag zur Alphabetisierung Deutschlands geleistet hat, ist gewissermaßen ein Allgemeinplatz der Kulturgeschichte, der hier nicht näher ausgeführt und belegt werden muss. Die Reformatoren, allen voran Luther und Melanchthon, hatten die Macht des neuen Mediums Buchdruck früh erfasst und nutzten diese mediale Revolution für die Sache der neuentstehenden Kirche des Evangeliums sowohl in der kontroverstheologischen Publizistik als auch für die Gewinnung breiterer Bevölkerungsschichten. Damit diese Evangelisation ein langandauernder Erfolg werden konnte, war das nötig, was wir heute die Alphabetisierung der Bevölkerung nennen. Und dies wiederum war an die Einrichtung eines mehr oder weniger flächendeckenden Schulsystems gebunden. Entscheidend war hierbei einerseits Luthers programmatische Schrift von 1524 *An die Ratsherren aller Städte deutschen Landes, dass sie christliche Schulen aufrichten und halten sollen,* andererseits Melanchthons unermüdliches Wirken für die Reform der Schulen und Universitäten, die er nicht zuletzt durch die Publikation von Lehrbüchern und Lehrplänen maßgeblich beeinflusste. Auch in Straßburg war man sehr früh dazu übergegangen, die Schule und die Erziehung der Kinder in das Kirche und Gesellschaft umspannende Programm der Reformation einzubeziehen. Hier mag es genügen, den Namen des berühmten und einflussreichen Straßburger Pädagogen und Rektors Johannes Sturm (1507–1589) zu erwähnen, der das Straßburger Schulwesen zu einer europaweit strahlenden Blüte gebracht hatte. Sturms Ideen wirkten aber nicht nur in Straßburg und anderen Universitätsstädten, sondern auch in eher unbedeutenden und ländlichen Gebieten. Den Zusammenhang zwischen der Einführung der Reformation und einem intensiven Bemühen um die Schule und die Bildung der Einwohner kann man exemplarisch am kleinen Herzogtum Pfalz-Zweibrücken zeigen, das einerseits die Konsolidierung der Reformation in den 1550er Jahren unter dem Melanchthonschüler Ulrich Sitzinger erlebte, andererseits eines der ersten deutschen Fürstentümer war, das so etwas wie ein flächendeckendes Schulsystem als Vorläufer der allgemeinen Schulpflicht einführte – und zwar *vor* dem Straßburger Gesetz von 1598, nämlich 1592.

Aber zuerst zur Entstehung des Zweibrücker Schulwesens. Reformatorisches Gedankengut war in Pfalz-Zweibrücken schon seit den 1520er Jahren verbreitet, offiziell eingeführt wurde die Reformation 1533 durch den Vormund des damals noch minderjährigen Herzogs Wolfgang, Pfalzgraf Ruprecht, und den Zweibrücker Hofprediger Johann Schwebel. Herzog Wolfgang wurde 1544 mündig, konnte aber erst nach dem Augsburger Religionsfrieden 1555 an eine systematische Ordnung des Kirchenwesens in Pfalz-Zweibrücken gehen. Die von seinem Kanzler Ulrich Sitzinger verfasste große Kirchenordnung stützte sich dabei auf die bereits bewährten Ordnungen aus Mecklenburg (1552) und Württemberg (1553), übertrifft aber beide an Umfang und im Bestreben nach Vollständigkeit. Sitzinger, selbst Sohn eines in der Frühphase der Reformation sich verheiratenden Priesters aus Worms, hatte in Wittenberg ab 1544 bei Luther und Melanchthon studiert und eine Nichte von Melanchthons Frau, die Tochter des Wittenberger Jura-Professors Sebaldus Münsterer, geheiratet. Er galt als brillanter Kopf, der schon als junger Mann mit zahlreichen juristischen Auftragsarbeiten von Stadtmagistraten und Fürsten bis hinauf zum Kaiser betraut wurde. Unmittelbar nach Erlangung des juristischen Doktorgrades 1551 wurde er nach Zweibrücken als Rat berufen und rückte schon bald in das Amt des Kanzlers auf. 1555/56 wurde er (als Jurist!) mit der Erarbeitung einer Kirchenordnung für das Fürstentum beauftragt, dazu benutzte er, wie bereits erwähnt, u. a. die mecklenburgische Kirchenordnung seines Lehrers Melanchthon von 1552 als Vorlage.

Zur Frage der Schule und der Notwendigkeit der Bildung der Kinder schreibt Sitzinger, Melanchthon zitierend, dort:

> „Auß disen und vil andern sprůchen [sc. der Bibel] ist offentlich, das gottes ernster will ist, das etliche Menschen sind, die im lesen, Schreyben, Sprachen, Kůnsten [d. h.: Wissenschaften] andere unterweisen, und etliche besondere zuhôrer, die lernen und zu erhaltung der Bůcher, sprachen und Christliche lehre und kůnsten dienen. […]
> Diese erinnerung soll man dem Volck offt fůrhalten, Gottsfůrchtige leute zu ermanen, das sie ihre Kinder gern lernen lassen und freude daran haben, So die Kinder in Christlicher lehr und zucht aufferzogen werden und zu den Kirchen gewehnet und in der Heyligen versamlung helffen Gott preysen und Anruffen, deren theyl hernach zum Predigambt und zu andern ehrlichen, nôtigen emptern in Christlicher Regierung seligklich dienen, Darzu die Eltern ihre Kinder auffziehen, so viel inen můglich ist, schuldig sind, Wie zu Tito geschrieben ist: Die unsern sollen lernen, das sie zur Regierung inn guten Wercken tůchtig sindt; item zu den Ephesern: Ir vetter solt ewre Kinder auffziehen in Gôttlicher zucht und unterweysunge.
> Nach dem nun alle verstendige wissen, das nicht allein Kinderschulen, darinn man die Lateinisch Grammatica und Catechismum lernen muß, nôtig sind, Son-

der man muß auch die sprachen Ebreisch und Griechisch erhalten. Item für die gewachsen [d.h. Erwachsenen] der Propheten und Aposteln schrifft außlegen, Item Historien und Mathematica zum Calender wissen, Diß alles muß man im kirchen regiment haben, So bedarff man auch sonst zum menschlichen leben den schönen schatz von Ertzney, die Gott dem Menschen zu gut geschaffen hatt, davon man nichts wüste, wenn Gott auch nicht etliche erweckt hette, die für die nachkommen gearbeyt und die lere davon in Bücher gefast hetten. [...]
Derhalben wöllen wir unsere unterthanen und angehörigen, bevorab die jenige, so von Gott dem Allmechtigen mit zimlicher narung begabt sind, hiemit zum fleissigsten erinnert und ermanet haben, das sie ire kinder, so darzu tüglich und gelirnige ingenia haben, nicht allein zu der Kinderschul mit fleiß ziehen und anweisen, Sondern auch dieselbige, von denen sondere hoffnung ist, mit der zeit auff bewerte Gottselige Universiteten schicken und daran sein, das sie in Christlicher, heilsamer leere und andern guten künsten und faculteten inen selbst und andern zu nutz auffwachsen, und ein jeder nach seinem beruf, nach dem im Gott gnad und verstand verlihen, zu nötigen ärmptern und sachen gebraucht werden möge.
Nach dem wir auch vor dieser zeit ettliche der unsern auff Christliche Universiteten befürdert und inen zu irem fürnemen hilff thun lassen und noch thun, So wöllen wir gleicher gestalt fürder daran sein, das in disem fall die jenige, welche vor andern von Gott mit züchtigen und gelirnigen ingeniis begabt sind und hilff bedörffen, je nach gestalt und gelegenheit der sachen, sovil müglich auß den ubrigen kirchen gütern und andern gefellen, so one das zu milten wercken gestifftet sein, versehen und bedacht werden." (Quelle: Kirchenordnung Pfalz-Zweibrücken 1557, abgedruckt in: Emil Sehling (Begr.): *Die Evangelischen Kirchenordnungen des 16. Jahrhunderts*. Band 18: *Rheinland-Pfalz* I, Tübingen 2008, S. 237).

Schulbildung wird hier zwar zuallererst als Bildung a) hin zum Verständnis des Evangeliums, der biblischen Botschaft, und b) zur Ausbildung für den Kirchen- und Staatsdienst formuliert, so dass vor allem wegen des letztgenannten Punktes von einer allgemeinen Schulpflicht zwar noch nicht die Rede sein kann; faktisch aber wird ein zumindest intendiert flächendeckendes Schulsystem vorbereitet und durch die Errichtung von Dorfschulen in fast allen Gegenden des Herzogtums auch ansatzweise in die Tat umgesetzt. Allerdings wird es nicht mit allerletzter obrigkeitlicher Konsequenz durchgesetzt, wozu z. B. eine Strafandrohung bei Nichtbefolgung gehören würde.

Besonders interessant ist, dass ausdrücklich alle Wissenschaften, nicht nur die besonders „biblischen" oder theologischen, wie die lateinische, griechische und hebräische Sprachausbildung, sondern eben auch Jura, Mathematik, Astronomie (*Calender*!) und Geschichte zum *schönen Schatz von Arznei, von Gott dem Menschen zu gut geschaffen*, bezeichnet werden. Dass auch die Musik nicht vergessen wird, sondern vielmehr einen besonders hohen Stellenwert hat, geht daraus hervor, dass im Anschluss an die grundsätzlichen Erwägungen über die Schule ein Lehrplan folgt, in dem es heißt: *Teglich soll man die erste stund nach mittag alle Knaben in der Musica uben.* Man stelle sich vor: sechs Stunden Musikunterricht pro Woche!

Gleichzeitig wird im Herzogtum aus den Einkünften der beiden ehemaligen Zweibrücker Hausklöster, den nahegelegenen Abteien Wörschweiler und Hornbach, eine höhere Landesschule errichtet, die in den Hornbacher Klostergebäuden untergebracht wird und den Zweibrücker Pfarrer- und Beamtennachwuchs auf das Studium an einer Universität vorbereitet. Der schon genannte Lehrplan, der genaue Angaben sowohl zur Verteilung des Stoffes über die Unterrichtsjahre als auch für die Klassenteilung, die Wochenstunden und die zu benutzenden Lehrbücher enthält, folgt ebenfalls noch in der Kirchenordnung und stimmt im Wesentlichen mit der kurpfälzischen Schulordnung von 1556 überein, eine ausführliche Schulordnung (*leges scholae*) wird 1558 erlassen.

Von einer allgemeinen Schulpflicht aber kann, wie schon angedeutet, allenfalls bedingt die Rede sein, denn erstens ist immer nur von den *Jungen* oder *Knaben* die Rede, zweitens werden ja nicht alle Eltern verpflichtet, ihre Kinder zur Schule zu schicken, zur weiterführenden Schule nach Hornbach sowieso nicht.

Soweit die Theorie. Die Praxis sah natürlich, wie so oft, anders aus. 1558/59 wurde eine erste landesweite Kirchen- und Schulvisitation durchgeführt, deren Akten zu großen Teilen erhalten sind. In dieser Visitation wurde von einer Kommission jedes Dorf besucht und die Pfarrer, Schulmeister und Gemeindeglieder ausführlich befragt. Ziel war die Überprüfung, ob und wie die Reformation und die neue Kirchenordnung eingeführt waren und befolgt wurden, aber auch die Situation der Schulen war Teil des Fragenkataloges. Im Anschluss an die Visitation legte die Kommission neben den Protokollen auch eine Empfehlungsschrift mit allgemeinen Verbesserungsvorschlägen vor, die sogenannten *Generalartikel*. Dort wird im Absatz *Von den Schulen* darauf gedrängt, dass an jedem Ort eine Schule eingerichtet werde, an den größeren Orten soll es sogar Mädchenschulen geben! Auch diese Schrift ist vom unermüdlichen Kanzler Sitzinger verfasst, der somit als treibende Kraft auch in der Zweibrücker Bildungspolitik gelten kann:

> „Die Supperattendenten und Pfarrer sollen sich mit allem vleiß und ernst der Schuelen annemen und daran sein, das dieselbige an ainem jeden orth ierer Superattendentz und Pfarr woll bestelt werde und sich die Schulmeister mit verrichtung ires Schuelampts und sonst allermaßen verhalten, wie unser schulordnung [d. h. die entsprechenden Bestimmungen aus der Kirchenordnung 1557] underschiedlich außweysen. [...]
> Und sollen die armen knaben, so gelernige ingenia und Köpff zum studieren haben, durch die Superattendenten, Pfarrer und Kirchendiener gefurdert, auch diejhenige, so eines vermögens sindt, trewlich vermanet werden, daß sie den armen Schulern, frembden und inwonern, die vor den heusern das almusen

suchen mit Gottseligen lateynischen und teutschen geistlichen gesangen, miltiglich geben. [...]
In orthen und Enden auch, do junckfrawschuln gehalten werden, soll man mit allem vleiß doran sein, das gutte zucht und Erbarkeith gehalten, auch der Catechismus vermög unserer Kirchenordnung bei den Kindern geubt und von inen von Wortt zu wort gelernet werde." (Quelle: Generalartikel Pfalz-Zweibrücken 1560, abgedruckt in: Emil Sehling (Begr.): *Die Evangelischen Kirchenordnungen des 16. Jahrhunderts*. Band 18: *Rheinland-Pfalz* I, Tübingen 2008, S. 287).

Dass die Durchführung eines derart ambitionierten Programms in einem so kleinen und durchaus ressourcenarmen Fürstentum nicht unproblematisch war und auch von Rückschlägen und Verzögerungen begleitet wurde, ist einsichtig. Weder besaß der frühneuzeitliche Staat die finanziellen Mittel, derartige Vorschriften flächendeckend umzusetzen, noch die polizeilichen Mittel, die Einhaltung zu erzwingen; auch darf nicht vergessen werden, dass in der Landbevölkerung der Schulbesuch der Kinder allein schon deswegen zunächst auf wenig Gegenliebe stieß, weil die Arbeitskraft aller Familienmitglieder zur Bewirtschaftung der Höfe oft unverzichtbar war. All diese Hindernisse bestanden natürlich nicht nur in der Pfalz des 16. Jahrhunderts, sondern überall in Europa, mancherorts bis ans Ende des 19. oder zum Anfang des 20. Jahrhunderts. Aus den folgenden Jahrzehnten wissen wir leider wenig über die Situation der Schulen in Zweibrücken, vor allem derjenigen auf den Dörfern und in den kleinen Städten. Über das Gymnasium in Hornbach, das „Kleinod der zweibrückischen Reformation" (W. U. Deetjen) dagegen sind wir relativ gut unterrichtet, weil hier ausführliche Schulakten die Zeiten überdauert haben; so ist z.B. bekannt, dass um 1575 eine neue Schulordnung vom schon erwähnten Straßburger Rektor Johannes Sturm verfasst wurde, wobei es sich (was noch zu untersuchen wäre) um eine Adaption seiner einflussreichen Schrift *Leges scholae Lauingiae* von 1565 handeln könnte.

Vielleicht ist es auf den Einfluss der Sturmschen Ideen zurückzuführen, dass es am Ende des Jahrhunderts auch in Zweibrücken nach dem Vorstoß von 1560 einen neuen Anlauf zur Durchsetzung der Schulpflicht gab. 1591 hatte, nach einer erneuten Landesvisitation, die Kommission wieder einmal auf die Bedeutung des Schulunterrichtes und seine wohl nicht an allen Orten befriedigende Lage hingewiesen. 1592 erließ der jetzt regierende Sohn Herzog Wolfgangs, Johann, ein Mandat, das den Schulunterricht auch in den entlegenen Dörfern des Fürstentums ermöglichen sollte. Auf dem Weg zu diesem ehrgeizigen Ziel wurden zwei wesentliche Hemmnisse festgestellt, denen das Mandat zuvorzukommen suchte: Einerseits erlaubten es weder die Finanzlage der staatlichen Kassen noch die Einkünfte der einzelnen (Kirchen-) Gemeinden, in jedem kleinen Ort einen Schulmeister zu besolden. Zum anderen waren die meisten Landbewohner offenbar nicht in der Lage, die damals üblichen Schulgelder aufzubringen. In diesen Dörfern wird deswegen zukünftig der Pfarrer verpflichtet, zumindest einen rudimentären Schulunterricht zu absolvieren. Und den armen Untertanen wird das Schulgeld erlassen. Lediglich das Schulhaus oder ein

Schulzimmer in Kirche oder Pfarrhaus soll von den Einwohnern der Dörfer auf eigene Kosten hergerichtet und unterhalten werden:

> „Nachdem zu erbawung der Christlichen Kirchen und beförderung gemainen nutzes die notturfft wohl erfordert, daß ann allen ortten Christliche Schulen angestellt und gehallten, in denen die her[an]wachsende jugentt im schreiben, lesen und andern guetten künsten [d. h. Wissenschaften] underrichtet, gelehrt und ahngewißen werde, und aber die gelegenheitt dieses Fürstenthumbs also beschaffen, daß man uf mehrerteils dörffern nit aigne Schulmeister haben noch underhalltten mag, so hatt uns für guet angesehen, den Pfarrern, welche, ohne das irem Stutirn abzuwartten, steetts zu hauß und anheimisch pleiben, zu bevehlen, uf den dörffern Schul zu halltten, inmassen beiliegende verzeichnus außweist.
> Ist auch hiemit unser gnediger bevelch, daß ihr [das Mandat ist an die Amtleute adressiert] ihnen solches in unserm Nammen also vermeldet und ufferleget, daneben auch die underthanen vermahnet, ire Kinder zur Schul zu schicken mit anzeig, das sie entschuldigt sein sollen, einiche belohnung (was sie nit auß freiem, gutem willen thun) davon zu geben, wie sie auch deßwegen vonn den Pfarern nit beschwerdt werden sollen. Allein daß sie wintters zeitt dem Pfarrer zu einwermung des gemachs, darin Schul gehalten würdt, mit holtz zu steur kommen. Wie ir dann auch verordnung thun sollt, daß ann den ortten, da der Pfarer nur eine Stub hatt, durch die underthanen an die Kirch oder das Pfarrhauß, wo es am gelegensten, ein solch Gemach, darin die Knaben und Schuler somer und winterszeitt zusamen kommen mögen, zur Notturfft ohne uberflüssigen weeßen zugericht und erbawt werde." (Quelle: Dorfschulmandat Pfalz-Zweibrücken 1592, abgedruckt in: Emil Sehling (Begr.): *Die Evangelischen Kirchenordnungen des 16. Jahrhunderts.* Band 18: *Rheinland-Pfalz I*, Tübingen 2008, S. 406).

Leider ist aus diesem Text nicht, wie aus dem vorigen, ersichtlich, ob und in welchem Umfang auch die Mädchen in diese Bildungspolitik miteinbezogen waren. Aber es ist davon auszugehen, dass auch die Mädchen und Frauen lesen und schreiben lernen sollten, nicht zuletzt aus dem Grund, damit auch sie den Katechismus und die Bibel lesen, lernen und verstehen. Und das Hauptproblem bei derartigen Gesetzestexten ist natürlich ebenfalls schon angesprochen worden: Sie stellen einen Wunsch oder anzustrebenden Idealzustand dar, sie sind die Theorie. Wie die Praxis zu Beginn des 17. Jahrhunderts aussah, wissen wir leider nicht. Auf jeden Fall können wir davon ausgehen, dass die Durchsetzung einer derartig ambitionierten Vorschrift in einem relativ kleinen und armen Flächenstaat weitaus schwieriger zu bewerkstelligen war, als etwa wenige Jahre darauf das Schulgesetz von 1598 in der wohlhabenden Reichsstadt Straßburg umgesetzt werden konnte. Auch ist im Zweibrücker Gesetz nur davon die Rede, dass in jedem Dorf eine Schule eingerichtet werden solle, nicht aber davon, dass alle Untertanen bei Strafe dazu verpflichtet seien, auch tatsächlich alle Kinder dorthin zu schicken. Dass Gesetze ohne Strafandrohung nur eine begrenzte Wirkung entfalten, ist ebenfalls ein Gemeinplatz. Die *Ermahnung* durch die Amtleute wird sicherlich kaum den gewünschten Effekt erbracht haben. Bis zur tatsächlichen flächendeckenden Schulpflicht in ganz Deutschland ist es am Ende des 16. Jahrhunderts noch ein langer Weg, der weitere 300 Jahre bis zum Ziel benötigen wird, auch wenn wir feststellen können, dass die ersten, wichtigen Schritte mit solchen, vielleicht allzu ambitionierten oder idealistischen Verordnungen schon getan sind.

Andreas Deutsch

Was ist Ehre? Ein Rechtsbegriff im historischen Vergleich

Eine Festschrift dient der Ehrung des Jubilars. Zugleich gereicht es dem Autor eines Beitrags zur Ehre, an einem solchen Werk mitzuwirken. Doch was ist Ehre? Obgleich es sich hierbei unzweifelhaft auch um ein Rechtswort handelt, findet sich bemerkenswerterweise in keinem modernen deutschen Gesetz eine Definition. Mehr noch: Es scheint fast, als habe der bundesrepublikanische Gesetzgeber, wo immer möglich, auf eine gesetzliche Behandlung der Ehre verzichtet.[1] Das Grundgesetz kennt – dem reinen Wortlaut nach – den Schutz der Ehre nicht.[2] Aber auch im Übrigen begegnen Regelungen zur Ehre in den nach Inkrafttreten des Grundgesetzes entstandenen Gesetzen des Bundes[3] eher peripher: So wird – um nur eines der wenigen vorhandenen Beispiele zu nennen – gemäß § 58 Abgabenordnung (von 1977) die Steuervergünstigung einer Stiftung nicht dadurch ausgeschlossen, dass diese bis zu einem Drittel ihres Einkommens dazu verwendet, die Gräber der Stifterfamilie zu pflegen und deren „Andenken zu ehren". Selbst im Strafgesetzbuch, in welchem die Strafbarkeit von Beleidigungen und verwandten Delikten weitgehend aus der Urfassung des Gesetzes von 1871 überlebt hat, wurde die Bedeutung der „Ehre" insoweit zurückgenommen, als es heute keine „Ehrenstrafe" mehr gibt. Geblieben ist allein der zeitlich begrenzte Verlust der Amtsfähigkeit, der Wählbarkeit und des Stimmrechts (§ 45 StGB).

Diese Bilanz steht in krassem Gegensatz zu früheren Zeiten. Allein im preußischen Allgemeinen Landrecht (1794) nehmen nicht weniger als 139 Artikel auf die „Ehre" Bezug. Der zivilrechtliche österreichische „Codex Theresianus" (1766) erwähnt Ehre und Ehrlosigkeit über hundert Mal, die berühmte „Constitutio Criminalis Theresiana", das Strafgesetzbuch Kaiserin Maria Theresias (1769), sogar deutlich über zweihundert Mal.[4]

---

[1] Ganz anders die internationalen Konventionen, vgl. etwa: Art. 12 Allgemeine Erklärung der Menschenrechte der Vereinten Nationen vom 10. Dezember 1948; Art. 16 UN-Kinderrechte-Übereinkommen vom 2. 9. 1990, in Kraft getreten in der Bundesrepublik Deutschland am 5. 4. 1992; Art. 8 Abs.1 EG-Richtlinie über den elektronischen Geschäftsverkehr.
[2] Vgl. aber die Schrankenbestimmung der freien Meinungsäußerung (Art. 5 Abs. 2 GG) „in dem Recht der persönlichen Ehre."
[3] Anders die Landesverfassungen: Art. 3 HessV; Art. 4 und 10 RhPfVerf; Art. 19 BrbVerf; Art. 20 SaVerf; Art. 10 LSAVerf.; Art. 11 ThürVerf.
[4] Mitgezählt sind Ehre, Ehrbarkeit, Ehrlosigkeit, Unehrlichkeit und die zugehörigen Adjektive.

So unterschiedlich ihre Ausgestaltung im Einzelnen auch sein mag, ist Ehre doch in allen menschlichen Kulturen bekannt, scheint demzufolge dem menschlichen Wesen immanent zu sein. In der Regel beschreibt der vielschichtige Begriff die Wertschätzung einer Person durch andere, definiert damit eine Position in der Gesellschaft und dient hierdurch nicht zuletzt der Organisation des gesellschaftlichen Miteinanders. Während der heutige Gesetzgeber die Ehre – sicher nicht zuletzt als Reaktion auf die teils überzogene, teils missbräuchliche Verwendung des Begriffs während der nationalsozialistischen Diktatur – primär im außerrechtlichen Bereich verortet, stand sie in früheren Zeiten geradezu im Zentrum der rechtlichen und gesellschaftlichen Ordnung. Freilich änderte sie ihren Gehalt über die Jahrhunderte hinweg ganz erheblich. So baute die das 19. Jahrhundert prägende Idee der bürgerlichen Ehre, unter welcher die Achtung verstanden wurde, die jedem einzelnen Rechtssubjekt in gleicher Weise aufgrund seiner bloßen Rechtsfähigkeit zustand, letztlich auf den Gleichheitsidealen der Französischen Revolution auf. Sie löste einen seit dem späten 17. Jahrhundert bekannten, nach innen bezogenen, individualisierten Ehrbegriff ab, der vor allem auf die Tugend und Moral des Einzelnen abgestellt hatte und sich damit von der sogenannten ständischen Ehre deutlich unterschied, welche das gesamte Spätmittelalter und die Frühneuzeit prägte, ja bis ins 19. Jahrhundert durch die moderneren Ehrvorstellungen nicht vollständig verdrängt wurde.

Zur Illustration der hohen – nicht zuletzt rechtlichen – Bedeutung von Ehre in früherer Zeit sei im Folgenden die lange Epoche der „ständischen Ehre" herausgegriffen, in welcher die Bedeutung der Ehre als gesamtgesellschaftliches Ordnungselement besonders deutlich zum Tragen kam, wie sich nicht zuletzt anhand von Rechtsquellen aus dem Corpus des Deutschen Rechtswörterbuchs belegen lässt. Ehre ist zu dieser Zeit kein subjektiv-individueller Begriff, sondern objektives Element der Über- und Unterordnung in der Gesellschaft. Ehre ist nicht absolut, es gibt vielmehr unterschiedliche Stufen der Ehre und damit auch des Verlusts an Ehre – von der (beschränkten) Unehrlichkeit bis hin zur (vollständigen) Ehrlosigkeit.

Mit der streng hierarchisch organisierten ständischen Gesellschaft hatte sich im Mittelalter auch eine geburts- und berufsständische Aufsplitterung des Ehrbegriffs herausgebildet. Die Hierarchie der Ständeordnung spiegelte sich in einer Rangfolge der jeweiligen standesspezifischen Ehre. So unterteilte Berthold von Regensburg († 1272) die Gesellschaft anhand ihrer jeweiligen Ehre in drei Hauptgruppen, wobei er die große Masse der Bevölkerung – die Unfreien – mangels eigener Ehre gar nicht mitzählte:

> „Wir haben drier leie liute uf ertriche: Der heizen wir eine povelvolk, wan der ist aller meiste und habent die minnesten êre. Daz sint alle, die niur die nôtdurft hânt, daz sie sich mit êren wol hin bringen und ir kint und ir gesinde. Ez sin ritter oder gebûren oder koufliute... Sô sind einer hande liute, die hânt vil mêr êren danne die êrsten ...: lantherren dienestliute und graven ... Die dritten, die

dâ mer êren hânt danne die êrsten und danne die andern, die heizen wir fürsten, wan daz sint marcgrâven und herzogen und künige".⁵

Jeder Stand entwickelte eine seinem jeweiligen Selbstverständnis entsprechende Standesehre; die Position des Einzelnen innerhalb einer sozialen Gruppe definierte sich daher nicht zuletzt danach, wie exakt er sich an die Ehrenkodizes dieser Gruppe hielt. Da die Nichteinhaltung sittlicher wie rechtlicher Normen in aller Regel auch eine Einbuße an Ehre zur Folge hatte, definierten Kirche und weltliche Herrschaft stets mit, welches Verhalten „ehrbar" war. Insbesondere in späterer Zeit wurde ehrenkonformes Verhalten oftmals sogar explizit gesetzlich normiert. Da selbst ein geringfügiger Ehrverlust für den Einzelnen bereits schwerste Konsequenzen in seinem alltäglichen Leben haben konnte, war die Angst um den Erhalt der Ehre ein effizientes Instrument der gesellschaftlichen Steuerung.

Das Ehrenverständnis in einzelnen Ständen

Höchste Ehre kam – wie oben durch Berthold von Regensburg angedeutet – Kaiser und Papst zu. Auf dieser in gewisser Weise „verfassungsrechtlichen" Ebene waren Ehre und Macht eng miteinander verknüpft; spätestens unter Kaiser Friedrich Barbarossa wurde Ehre zur Chiffre kaiserlicher Herrschaftsprogrammatik. So sicherten sich beispielsweise Kaiser und Papst im Konstanzer Vertrag von 1153 „honor papatus" bzw. „honor imperii" zu.⁶ Der Schwabenspiegel (Ldr. II 118) differenzierte zwischen „kiuniglich ere unde keiserlich ere". Hierbei galt: „übr des küniges... ere mac nieman kein urteil gesprechen denne die fürsten" (Langform M, Ldr. 112).

Während innerhalb der Kirche das Streben nach Ehre grundsätzlich verpönt war, da nach ursprünglichem christlichem Verständnis Ehre allein Gott gebührte (Gloria Dei, Lukas 2, 14), Ehre für einen Menschen allenfalls durch geduldiges Vollbringen guter Taten zu erreichen war (Paulus im Römerbrief 2, 7), dominierte innerhalb des Adels der Wunsch nach weltlicher Ehre in Form von Ansehen und Macht. Obgleich dies mit christlichen Idealen nur schwer in Einklang zu bringen war, wurde diese Ehrauffassung zu einer der entscheidenden Triebfedern adligen Handelns. Als Weg zur Ehre galt neben Hofdienst, Ritterkampf und Kriegszügen v. a. auch die erfolgreiche Hohe Minne. Das Gewicht dieser adligen Ehre – der Druck, sie nicht zu verlieren – war so gewaltig, dass sie häufig in gewisser Weise wie ein „Unterpfand" als Ab-

---

[5] Berthold von Regensburg: *Vollständige Ausgabe seiner Predigten, mit Einl. u. Anm.* von Franz Pfeiffer und Joseph Strobl, Bd. 2, Wien 1880, S. 212. Vgl. zu den einzelnen Fundstellen auch die Belege in den jeweiligen Artikeln des DRW.

[6] Vgl. Peter Rassow: *Honor imperii: die neue Politik Friedrich Barbarossas 1152–1159*, Darmstadt 1961; Knut Görich: *Die Ehre Friedrich Barbarossas: Kommunikation, Konflikt und politisches Handeln im 12. Jahrhundert*, Darmstadt 2001.

sicherung vertraglicher oder sonstiger Verpflichtungen diente.[7] So beschwor Erzbischof Walram von Köln 1348 ein Friedensbündnis „mit siner furstlichen ere stede und veste zů halden".[8] Und noch 1621 verpflichtet Kaiser Ferdinand II. die „Käyserl. Räthen, Beambten, Officiren, Hoff-Cavalliren" zur Zahlung ihrer Leibsteuer „bey dero Adelichen Ehren".[9] Eine Verletzung der adligen Ehre durch andere provozierte Fehde, an welcher teilzunehmen ritterliche Ehrensache war. Zwar suchten bereits die mittelalterlichen Landfrieden das Fehderecht einzuschränken, doch gelang dies nur sehr eingeschränkt. Als Katalysator konnte der ritterliche Zweikampf dienen, den beispielsweise König Wenzels Landfrieden zu Eger von 1389 (§ 30) bei Ehrverletzungen ausdrücklich zuließ:

> „Were auch, das[s] iemant sin Ere kempfflich verantwurten wolte, oder muste für den Herren oder Stetten, den und iren frunden mohte man auch ein fryge sicher geleite geben".

Einen dem Ritterstand gleichgestellten Ehrenstand hatten die an der Universität promovierten „Doctores" sowie die fürstlichen Räte inne, wie beispielsweise das von Dr. Ulrich Zasius verfasste Freiburger Stadtrecht von 1520 (III. Art. 9 § 6) erklärt. Der Ehrentitel brachte auch einige ganz konkrete rechtliche Vorteile. So hebt die Josephinische Halsgerichtsordnung für Böhmen, Mähren und Schlesien (1711) hervor, dass „Doctores" aufgrund ihrer „hohen Ehren" grundsätzlich nicht gefoltert werden dürften (Art. 16). Sie standen damit in einer etwas merkwürdigen Reihe aus unterschiedlichen Gründen Privilegierter: „Torquiret können nicht werden/vor Schwanger befundene/Kindbetterinnen/Blödsinnige/Krancke/Käyserliche Räthe/Nobilitirte/Doctores".

Vielschichtig präsentiert sich die Standesehre des seit dem Aufblühen der Städte im Mittelalter immer mehr an Bedeutung gewinnenden Stadtbürgertums. Die Stadtobrigkeit wurde zumeist als „Ehrbarkeit" bezeichnet, eine Ehrenbezeichnung, die oft auch das gesamte Patriziat für sich beanspruchte. Vom Gewicht und Einfluss des Adels hingen nicht zuletzt auch Rang und Bedeutung der einzelnen Stadt im Vergleich zu anderen Gemeinwesen ab. Ehrauffassung und Repräsentationsbedürfnis entsprachen insoweit denen des landständischen Adels. Das städtische Gemeinwesen wurde hingegen primär von einem bürgerlichen Ehrverständnis geprägt, das auf Fleiß, Tüchtigkeit und Gemeinsinn aufbaute, Tugenden, die sich nicht zuletzt im Wachstum und der wirtschaftlichen Prosperität vieler Städte widerspiegelten.

Wie wichtig es um die Wende zur Neuzeit war, jedem Gesprächspartner oder Briefempfänger die seinem Stand angemessene Ehrerbietung zukommen zu lassen, zeigt

---

[7] Zur Problematik der sog. *Ehrenverpfändung* vgl. den Artikel d. Verf. in: *Handwörterbuch zur deutschen Rechtsgeschichte* (HRG) 1, 5. Lfg. der 2. Aufl., Berlin 2007, Sp. 1234f.

[8] Karl Zeumer (Bearb.): *Monumenta Germaniae Historica, Leges IV.8*, Hannover 1910, S. 687.

[9] *Codex Austriacus – Codicis Austriaci ordine alphabetico compilati, Pars prima*, Wien 1704, S. 252.

sich an den vielzähligen sogenannten „Titular-" oder „Formularbüchern", die zu dieser Zeit aus dem Boden schossen. Sie boten lange, streng hierarchisch und nach Ständen sortierte Listen aller nur denkbaren Briefempfänger und die jeweils zugehörigen Grußformeln. Vor Etablierung dieser Fachliteratur war die Unsicherheit bezüglich der zutreffenden Anrede selbst unter Experten gewaltig. Nur zu leicht konnte sich der Adressat in seiner ständischen Ehre verletzt fühlen, was zu schweren diplomatischen Verwerfungen führen konnte. Daher waren in der „Salutatio" höchste Vorsicht und Exaktheit geboten. So hatte sich der Schwäbisch Haller Stadtschreiber Bartholomäus Gotzmann 1473 in einem Schreiben an den berühmten Ulmer Stadtschreiber Peter Neidhardt gewandt, um Klärung darüber zu erhalten, welchem Rang das Wort „e[h]rsam" in der Überschrift von Briefen genüge. Gotzmann meinte, „e[h]rsam" gelte gar nichts, die Anrede „e[h]rbar" (als Adjektiv zur „Ehrbarkeit", s.o.) hingegen gelte mehr.[10]

Die 1528 erstmals gedruckte „Rethorica und Formulare teütsch" des Alexander Hugen, mit vierzehn Druckauflagen eines der beliebtesten Formularbücher der Zeit, gibt uns hierauf eine klare Antwort.[11] Dem Bürgermeister und Rat einer großen Stadt, in welcher Ritterbürtige im Rat sitzen, war zu schreiben: „Strengen/Edeln/frommen/vesten/e[h]rnhafften/fürsichtigen unnd weisen/lieben herrn…". Bei einer großen Stadt ohne Ritter im Rat genügte aber: „Frommen/ fürsichtigen/ ernhafften und weisen lieben herrn…". Waren Bürgermeister und Rat einer kleinen Stadt Adressat, war es sogar ausreichend, an die „e[h]rsamen und weisen lieben herrn unnd gütten fründ" zu schreiben. Als „e[h]rsam" galt u.a. ein einzelner Bürger; ein Gelehrter war hingegen als „e[h]rwirdig" anzusprechen. Und „ehrbar"? Hugen verwendet das Wort nur in der allerniedrigsten Stufe seiner Grußformeln: „Den erbern bescheidnen Vogt des Dorffs N/und Zwölffer/Richtern/und gantzer gemeind". Demnach hätte Gotzmann einen schweren Fehler begangen, wenn er den Rat einer Stadt (nur) als „ehrbar" bezeichnet hätte. Allerdings gab es regionale Unterschiede. So nannte sich die Stadtspitze von Eltville „ein erbar schultes und rat".[12] Auch schrieb der Liegnitzer Stadtschreiber Ambrosius Bitschin um 1460 an die Magdeburger Schöffen (offenbar völlig angemessen): „Erbarn weysen liebin hern!"[13]

Friedrich Riederer bezeichnet diese Ehrenfloskeln in seinem berühmten „Spiegel der wahren Rhetorik" von 1493 (Bl. 76b) als „eerworte" oder „determinationes meritorum" und teilt sie in zwei Kategorien:

---

[10] Nach Gerhart Burger: *Die südwestdeutschen Stadtschreiber im Mittelalter*, Böblingen 1960, S. 58.
[11] Bl. XVIb ff. Zu diesem Buch vgl. den Verf.: *Die „Rethorica und Formulare teütsch" des Pforzheimer Stadtschreibers Alexander Hugen*, in: *Pforzheimer Geschichtsblätter* 2008 (im Druck).
[12] Schröterordnung 1611, in: Peter Jeschke (Bearb.): *Ländliche Rechtsquellen aus dem Kurmainzer Rheingau*, Stuttgart 2003, S. 60.
[13] Friedrich Ebel (Hg.): *Der Rechte Weg, Ein Breslauer Rechtsbuch des 15. Jahrhunderts*, Köln, Weimar, Wien 2000, I 362.

„Ettlich wirhafft oder bliplich die von geburt/ordnung/lernung/arbeit/oder übung anhafften. Als eim fürsten von geburt/hochgebornn durchleuchtig... Eim doctor von lernung arbeit und übung der rechten/ hochgelert... Ettlich eerwort sint wandelbar die koment von ampt als wenn ein burger in einer Statt burgermeister wirt/ ein doctor wirdt Rector der hohen schůl oder eins fürsten Cantzler: und im amptshalb grösser eerwort dann vor zůgegeben."

Der „ersame" oder „erber" Bürger werde so auf Zeit dazuhin noch „fürnäm oder fürsichtig und wys", dem Rektor „legt man yetz zům hochgelert zů/wirdig oder ußpündig oder fürtreffende...".

Jede soziale Gruppe in der Stadt, jeder Berufszweig hatte eigene Ehrenvorstellungen. Am markantesten wurde die Auffassung von Ehre im städtischen Bereich aber von der breiten Schicht der Handwerker geprägt. Seit dem Spätmittelalter gebrauchten die Zünfte den Begriff der Ehre als gesellschaftspolitisches Instrument zur Abgrenzung nach innen wie nach außen. Der Zugang zu Zünften angesehener Handwerke wurde immer mehr von freier und ehrlicher Herkunft, ehelicher Geburt und sittlicher Lebensführung abhängig gemacht. In deutlicher Hierarchisierung standen unter dem „ehrbar handtwerck" die weniger ehrbaren und unehrlichen Handwerke und Gewerbe; ein Aufstieg war weitgehend unmöglich. So bestimmte beispielsweise die Frankfurter Metzgerordnung von 1377, jeder, der in die Zunft einheiraten wollte, habe nachzuweisen, dass „er von frommen erbern vater und muter und elich geborn und nit eins scheffers [= Schäfers] sone sij".[14] Die Schäfer zählten – wohl aufgrund ihres Umgangs mit Tierkadavern – schon früh zu den von den Zünften ausgegrenzten Berufen. Dennoch standen sie in ihrem Ansehen noch deutlich über den Schindern und Abdeckern. Im 18. Jahrhundert, als die Diskriminierung allmählich zurückgedrängt wurde, bildeten sie in manchen Regionen sogar eigene Schäferzünfte.

Die Beschränkung der Zunftfähigkeit auf „jeden ehrlichen Mann, der sein Handwerck, wie es sich gebührt, erlernet", diente nicht zuletzt dazu, in wirtschaftlich schwächeren Phasen eine übergroße Anzahl neuer Zunftmitglieder zu verhindern. Daher nahmen die Vorstellungen der „Ehrlichkeit" mit der Zeit immer extremere Züge an. So sah sich Kaiser Leopold I. 1686 dazu genötigt, für seine österreichischen Stammlande unter Strafandrohung anzuordnen, „daß das Handwerck dem jenigen, so eine defloratam ab alio heurathet, an der Treibung deß Handwercks und Meister zuwerden, keines weegs verhinderlich seyn ... solle." 1748 wollten die Gundelfinger Weber vier Männer nur deshalb aus dem Handwerk ausstoßen, weil sie den Wasenmeister zu Grabe getragen hatten.[15]

---

[14] Richard van Dülmen: *Der infame Mensch*, in: *Arbeit, Frömmigkeit und Eigensinn*, hrsg. von dems., Frankfurt (Main) 1990, S. 106–140, 117.
[15] Anton Birlinger: *Aus Schwaben – Sitten und Rechtsbräuche*, Wiesbaden 1874, S. 445.

Zum Selbstverständnis der Zünfte gehörte das gesellschaftliche Miteinander der Handwerker, wobei der persönliche Umgang stark von den (teils ungeschriebenen, vielfach aber in den umfänglichen Zunftordnungen festgehaltenen) Gesetzen der Ehre geprägt war – von der Taufe der Kinder eines Zunftmitglieds bis zur Beerdigung, der „letzten Ehre". „Wann ein meister, deßen frau oder kinder hieselbst verstörbe", erklärt die Amtsrolle der Schmiede von Lütjenburg 1679, „sollen die gesellen schüldig sein, ihnen die letzte ehre biß an ihr ruhestätt zu geben. Würde einer säumig sein, der soll 4 schill[ing] in die lade geben." Gemäß eines Eintrags in die Amtsrolle aus dem Jahre 1431 sollte der jüngste Geselle für die Organisation des Geleitzugs verantwortlich sein, kam er dem „ohne ehrhaften entschuldigung" nicht nach, musste er ebenfalls 4 Schillinge Strafe zahlen.[16]

Insbesondere in der Frühneuzeit wird der ständische Begriff der Ehre infolge der sukzessiven Rezeption des römisch-kanonischen Rechts in Deutschland durch die römisch-rechtlichen Bestimmungen zur Ehre, die auf einem völlig anderen Ehrverständnis basierten, und daher nur zum Teil kompatibel waren, überlagert, aber nicht verdrängt. Frühe Ansätze eines – in Deutschland neuen – auf die einzelne Persönlichkeit bezogenen Ehrbegriffs, der nicht auf die jeweilige Standeszugehörigkeit abstellte, lassen sich im Klagspiegel (um 1436/42, Titel 31 AT) nachweisen, der es zum Kriterium machte, ob der Einzelne „eins e[h]rbern wandels" sei. Hinsichtlich des Ehrenschutzes wurde die Injurienklage rezipiert, die – primär auf dem Privatklageweg – vor allen Angriffen auf die rechtlich anerkannte Persönlichkeit schützen sollte, also weit über die Ehre im eigentlichen Sinne hinausgriff, zudem Ehre rein äußerlich fasste, sodass selbst Geisteskranke, Tote (bzw. deren Erben) und Körperschaften miterfasst wurden.

Gründe möglichen Ehrverlusts

Vielfältig waren die denkbaren Gründe für einen Ehrverlust. Im Mittelalter galt automatisch als ehrlos, wer bestimmte Straftaten begangen hatte, selbst wenn es nicht zu einer Verurteilung kam, so nach Sachsenspiegel (Ldr. II 13 u. 19) Diebstahl und Raub, oft auch Fälschung und Bruch der Lehnstreue. Nach Villinger Stadtrecht von 1450 genügte es, wenn jemand „der stett fride" durch seine Taten brach, etwa dadurch „das[s] er iemant slüge, so kompt er umb zwaintzig pfunt haller ane all gnade; und ist darzů fridbruchig, mainaidig und ain erloser, rechtloser man". Auch falsche Zeugenaussage vor Gericht und Meineid machten unmittelbar ehrlos. So heißt es im Goslarer Stadtrecht aus dem 14. Jahrhundert: „de valsche tuch is rechtlos unde erenlos" (IV 1 § 45). Und das Landrecht für Siebenbürgen (1583) definierte die „ehrlosen/ als meineider ... und dergleichen offenbare verleumbte Personen" (I 6 § 1). Ebenfalls

---

[16] Hartmut Kolz (Hg.): *Die Verfassung der Lütjenburger Handwerksämter*, München 1964, S. 106, 100.

ehrlos waren nach vielen deutschen Rechten die Kupplerinnen und Kuppler, jedenfalls dann, wenn sie eigene oder ihnen anvertraute Kinder verkuppelten. Gemäß dem Landbuch von Uri (1608) sollten „sölche personen, so derglychen kuppelswerckh thryben, thrüwloß unnd ehrloß geachtet werden" (Art. 37).

Freilich war der automatische Eintritt der Ehrlosigkeit infolge einer Tatbegehung eher die Ausnahme. Insbesondere in späteren Jahrhunderten verlangten die Gesetze zum Schutze des Tatverdächtigen eine rechtskräftige Verurteilung. So hob beispielsweise die Constitutio Criminalis Theresiana (1769) eigens hervor, dass „nicht jedwedes halsgerichtliches Verbrechen ... sogleich die Ehrlosigkeit auf dem Rucken nach sich" ziehe, vielmehr sei „damit die That, und der Thäter für ehrlos gehalten werden können, ... erforderlich, erstlich daß die That unter jenen Mißhandlungen, welche mit der Makel der Ehrlosigkeit ... beleget sind, einbegriffen; andertens daß der Thäter aus einer solchen Missethat wirklich abgeurtheilet worden seye" (Art. 10 § 2).

Nicht selten lag die Wahl der Strafe (und damit auch die Entehrung) im Ermessen des Gerichts. Nach dem Reichsabschied von 1668 konnte im Gerichtsurteil sogar die entehrende Wirkung einer an sich entehrenden Strafe ausgeschlossen werden. Grundsätzlich hatten alle Todesstrafen mit Ausnahme der Enthauptung stets entehrende Wirkung. Deshalb bemühten sich viele zu Galgen oder Rad Verurteilte (zum Schutz ihrer Familien, die von der Entehrung mitbetroffen waren, und um eine ehrliche Bestattung zu erhalten) um eine Begnadigung zum Schwerttod. Auch die meisten Leibesstrafen wirkten entehrend, so etwa das Haarscheren, welches ohne die entehrende Folge eher harmlos erscheinen würde.

Unter den Ehrenstrafen im engeren Sinne lassen sich die vielerlei Arten der beschämenden Zurschaustellung vor der versammelten Menge zusammenfassen, deren Phantasiereichtum nicht über ihre Grausamkeit hinwegtäuschen darf: Mittelalterliche Quellen berichten vom (meist teilweisen) Entblößen der Delinquenten, auch durch Kürzen des Gewandes, ferner vom Ritt rücklings auf einem Esel, Widder oder anderen Tier sowie vom Bestreichen mit Pech und Wälzen in Federn. Bis ins 18. Jahrhundert wichtigste Ehrenstrafen waren der Pranger (Schandbühne) und das einfache Halseisen (Eisenring an einer Wand, etwa am Rathaus). Wie verbreitet üblich, wurde 1572 für das preußische Schönecke angeordnet, der „Übelthäter ... sol dem Scharffrichter übergeben werden, hinunter geführt, beleutet, und an allen Vier Orthen des Marktes beschrien, an eine Prange gestellt" und dort je nach Gewicht der Tat zusätzlich „mit Rutten gestrichen" werden.[17] Häufig zog man den Angeprangerten zudem Schandmasken oder sonst lächerliche Kleidung an oder hängte ihnen ein Schild um, das über den Tatvorwurf informierte. Eine Variante des Prangers war die kranartige Prelle oder Wippe, mit der insbesondere Bäcker, die zu kleines Brot gebacken hatten,

---

[17] Lic. Waschinsky: *Ein Beitrag zur Schöffengerichtsbarkeit in Pomerellen*, in: *Mitteilungen des Westpreußischen Geschichtsvereins* 6 (1907), S. 8–14, 13.

mehrfach kurz in einen Fluss oder See getaucht wurden (sog. Schupfen). Ebenfalls sehr verbreitet war die sog. Schandprozession, bei welcher der Verurteilte mit einem Lasterstein, einer Halsgeige oder sonstigen Schandgeräten behängt oder bekleidet durch die Stadt ziehen musste.

Die Entehrung aufgrund dieser Strafen wird vielfach auf die Vollstreckung durch den „unehrlichen" Henker zurückgeführt. Doch befriedigt diese Erklärung nicht völlig. Auch die erst in späterer Zeit übliche Zuchthausstrafe konnte entehren. Umgekehrt bewirkte die durch den Henker oder seine Knechte durchgeführte Folter nach Überzeugung der meisten Juristen keine Ehrenschmälerung, obgleich sich dies – so ein Argument der Zeit – aus Art. 218 der Peinlichen Halsgerichtsordnung Kaiser Karls V. (1532) herauslesen ließe. Quistorp war sogar der Ansicht, wer „einem Angeschuldigten die Tortur auf irgend einige Weise schimpflich vorrücken" sollte, sei als „Injuriant" anzusehen.[18] Die Zünfte waren verpflichtet, Gefolterte, die sich als unschuldig erwiesen, wieder aufzunehmen.

Auch wenn Straftaten und Verurteilungen die Hauptgründe für den Eintritt einer Ehrlosigkeit waren, gab es noch zahlreiche weitere mögliche Ursachen. Insbesondere im Zuge der Rezeption kamen in Anlehnung an das römische Recht weitere Fälle hinzu, deren praktische Bedeutung jedoch fraglich ist; so sollte Ehrlosigkeit etwa bei einem doppelten Verlöbnis oder beim Eheschluss zwischen Vormund und Mündel vor der vorgeschriebenen Zeit eintreten. Laut Reichsabschied von 1551 sollten Notare ehrlos werden, die eine Zession von Juden an Christen beurkundeten. Vielfältige Probleme für die Hinterbliebenen und zahlreiche rechtliche Probleme löste die Ehrlosigkeit der Selbstmörder aus.

Weniger weit als die völlige „Ehrlosigkeit" reichte die sog. „Unehrlichkeit" oder „Anrüchigkeit", in den zeitgenössischen juristischen Kommentaren gerne „levis notae macula" genannt. Als unehrlich galt, wer berufsmäßig ehrenrührige Handlungen vornahm oder üblicherweise vorzunehmen hatte. So erklärt der Breslauer „Rechte Weg" (15. Jh.):

> „Item alle, die mit unerlichen schentlichen sachin umbegehen, das heist keyn hantwerck, ... als pfeiffer, spileute, pritacken, popken, heczil und pferdeschinder und alle unerliche leute ... sollin keyne czeche [haben]." (II, 1104).

Jene Berufe, die „vorworffene hantwerke seint, die unerlich sein und unredelich" (Liegnitzer Stadtrecht, um 1400), schwankten allerdings regional und zeitlich ganz erheblich. Neben das schon im Frühmittelalter als unehrlich bezichtigte Fahrende Volk (wozu auch die Prostituierten zu zählen sind) traten seit ca. 1300 Inhaber einzelner Handwerksberufe (häufig Leineweber, Schäfer, Müller, später auch Bader und Barbiere). Eine dritte Gruppe bildeten Dienstleistungen und Ämter, die – teils nur

---

[18] Johann Christian von Quistorp: *Grundsätze des teutschen peinlichen Rechts*, Rostock, Leipzig 1770, § 749.

entfernt – mit Schmutz, Tod und Strafvollstreckung zu tun hatten. Ihre Bemakelung begegnet erst im ausgehenden Mittelalter, hielt sich allerdings am längsten. Neben Kloakenfegern, Gassenkehrern, Totengräbern, Schweineschneidern und Bettelvögten, sowie mancherorts Bütteln und Zöllnern, sind hier vor allem die Henker, Schinder (Abdecker, Wasenmeister) und ihre Knechte anzuführen, deren gesellschaftliche Stellung am untersten Ende der Ständehierarchie der eines Ehrlosen nahe kam. Über die Gründe des Phänomens der „Unehrlichkeit" zu spekulieren, ist hier nicht der Platz,[19] zumal es auf unterschiedlichsten Ursachen beruhen dürfte, auf juristischer Ebene verstärkt und gebündelt durch die Rezeption des römischen Rechts (Infamie). Bemerkenswert ist, dass bereits die kurzzeitige Ausübung eines unehrlichen Berufs, ja sogar die einmalige Ausführung unehrlicher Handlungen Unehrlichkeit bewirkte, so namentlich das Erschlagen von Hunden oder Katzen, das Hundshautgerben sowie das Berühren von Aas, Selbstmordopfern oder Instrumenten des Scharfrichters. Oft verweigerten die Handwerker daher die Reparatur des Galgens, weshalb immer häufiger Ratsdekrete oder gar gesetzliche Anordnungen ergehen mussten, dass „zu dessen Erbauung ... sich kein Handwercker verweigern, auch derentwegen nicht für unehrlich gehalten werden" sollte (vgl. Art. 58 Niederösterr. Landgerichtsordnung, 1654). Selbst ein unbedachter Kontakt mit Unehrlichen oder Ehrlosen konnte bereits bemakeln, weshalb vielerorts insbesondere dem Scharfrichter soziale Kontakte mit „Ehrlichen" untersagt wurden. So ordnete die Nachrichter-Ordnung von Straßburg (1500) unter anderem an, dieser solle „die burgere und frommen luete uff iren stuben und geselschaften gantz unbekümbert lassen und nit zue inen gän essen oder trincken".

Folgen eines Ehrverlusts

Ehrverlust wirkte sich auf den unterschiedlichsten Ebenen des gesellschaftlichen Miteinanders aus. Im Mittelalter standen noch der Verlust der Lehnsfähigkeit, die Unfähigkeit, vor Gericht als Richter, Schöffe oder Vorsprecher aufzutreten und der Ausschluss vom Eid im Mittelpunkt. Auf Einflüsse des römischen Rechts dürften Bestimmungen zurückgehen, wonach Ehrlose vor Gericht weder als Zeuge noch als Kläger auftreten durften – ohne Unterschied, ob sie „erloß von rechts wegen/ oder durch das urteil" sind, wie schon der Klagspiegel (um 1436/42, Titel 3 AT) erklärte. Ein Vollbeweis war stets nur mit „zweyen ehrbarn zeügen" zu erbringen (so z.B. III.6 § 1 der Niederösterr. Landesordnung, 1654). Das Eigen-Landrecht der Siebenbürger Sachsen (1583) präzisierte hierzu noch: „Würde auch ein verleumbde ehrlose person zum zeug-

---

[19] Hierzu Jutta Nowosadtko: *Scharfrichter und Abdecker: der Alltag zweier „unehrlicher Berufe" in der Frühen Neuzeit*, Paderborn 1994, S. 20 ff.; ferner Andreas Deutsch: *Ehrlosigkeit*, in: HRG 1, a. a. O., Sp. 1240–1243.

nüs eingestalt ... ehe sie ist zu unehren kohmen/ sie wird auch darinn verworffen."
Auch nachträglich eingetretene Ehrlosigkeit verhinderte somit eine wirksame Zeugenaussage. Nach § 2 der Reichsnotariatsordnung von 1512 waren zudem alle Ehrlosen vom Notariatsamt ausgeschlossen. Überhaupt bewirkte Ehrlosigkeit die Unfähigkeit zur Bekleidung öffentlicher Ämter, den Verlust aller Standes(vor)rechte. Ehrlose durften keine Waffen tragen, weshalb bei jenen, die „zu schelmen declariret" wurden, „vom hencker der degen gebroche[n]" (Corpus constitutionum Prutenicarum III, 65, 1711) und gegebenenfalls die Stücke über seinem Kopf ausgestreut wurden. Ehrlose durften ohne weiteres enterbt werden. Ihre ehrliche Bestattung innerhalb der Friedhofsmauern war sehr häufig ausgeschlossen.

Welch tiefen Einschnitt in das Leben des Betroffenen der Verlust der Ehre bewirkte, lässt sich am deutlichsten anhand der Ehrenstrafe illustrieren: Eine Frau, die dreifachen Meineid beging, wurde nach Lübecker Recht „erlos, de schal[ ]me to deme kake slan unde sniden er en ore af unde laten er den sten dreghen, ze schal de stad vor sweren X mile lank und bred nicht na to kamende" (15. Jh.).[20] Neben die Ehrloserklärung, die in diesem Fall möglicherweise nur deklaratorische Funktion hatte, weil die Ehrlosigkeit aus der Tat automatisch folgte, trat also eine entehrende Behandlung (an den Kak oder Pranger stellen, Ohrabschneiden, Steintragen), die den Ehrverlust illustrieren und allgemein bekannt machen sollte, sowie die Relegation aus der Stadt. Der Spott der Menge während der Zurschaustellung war hierbei der geringste Teil der Strafe, denn das Gesicht der Täterin wurde hierdurch allgemein bekannt. Ehrbare Menschen hatten sie von nun an zu meiden, um nicht selbst eine Bemakelung zu erfahren. Folge war eine weitgehende soziale Ausgrenzung. Die Markierung der eingetretenen Entehrung am Körper – neben dem Abschneiden von Körperteilen kam hier v.a. auch das Brandmarken in Betracht – wirkte effizienter als jedes moderne Vorstrafenregister: Wo auch immer die betroffene Person hinreiste, überall erkannte jedermann sogleich, dass sie ein „Schlitzohr" bzw. „gebrandmarkt" war, also eine entehrende Strafe erlitten hatte. Letztes Zeichen der Entehrung war die Relegation aus der Stadt – und damit verbunden das Herausreißen aus dem Familien- und Freundeskreis, der allein noch für die entehrte Person hätte sorgen können. In einer anderen Stadt Fuß zu fassen war für Ehrlose unmöglich. Üblicherweise hing der Erwerb des Bürgerrechts nicht nur von der Zahlung einer Gebühr ab; selbst kleinere Städte verlangten dazuhin den Nachweis, dass der Antragsteller „von elicher gepurth und einß erbern standtß sij" (etwa Niederwalluf, 1517).

Ehrlosigkeit – etwa aufgrund der Verurteilung zu einer Ehrenstrafe – war freilich die höchste Stufe auf der ausdifferenzierten Skala möglicher Ehrenbemakelungen. Die Folgen der sogenannten „Unehrlichkeit" oder „Anrüchigkeit" waren demgegenüber bei weitem nicht so gravierend, selbst für Henker und Henkersknechte nicht, deren Bemakelung am stärksten war. Primär schloss Unehrlichkeit von allen „ehrlichen"

---

[20] Johann Friedrich Hach (Hg.): *Das alte Lübische Recht*, Lübeck 1839, S. 372.

Berufen – namentlich im Handwerk – aus, ebenso von allen „ehrbaren" öffentlichen Ämtern, Posten und Ehrenrechten. Unehrlichkeit konnte ferner beim Erwerb des Bürgerrechts zum Hindernis werden, es gab aber selbst Scharfrichter mit Bürgerrecht. Sehr häufig lebten Unehrliche in Randbezirken der Stadt. Die Verweigerung einer ordentlichen Bestattung (insbesondere des Sargtragens), Beschränkungen beim Kirchgang (Separierung von der restlichen Gemeinde), Kleidervorschriften und andere derartige soziale Zurücksetzungen waren nur beim Henker und seinen Knechten ausgeprägt.

Dennoch konnten selbst leichtere Fälle der Bemakelung für den Einzelnen schwerwiegende Folgen haben. Dies zeigt sich besonders deutlich im Bereich des Handwerks. Noch vergleichsweise harmlos legte die Zunftrolle der (selbst von vielen ehrbaren Zünften als unehrlich angesehenen) Leineweber von Lütjenburg (1683) fest:

> „Es soll kein mann oder frau im ambte, so wieder ihre ehre gehandelt in des ambtes zusammenkünften bey andern ehrlichen ambtes brüdern und schwestern gelitten oder gesetzet werden...".[21]

Üblicherweise schlossen die Zünfte „unehrlich" gewordene Handwerker sofort aus, was einem Berufsverbot gleichkam. So berichtet die „Kurze Basler Chronik" aus dem Jahre 1546:

> „Den 19. Martii hat sich ein Handwerksmann selbs entleibt aus Unmuth, weil er als ein Trunkener mit dem Scharfrichter getrunken ... Als ihn die Zunft nit mehr wolt arbeiten lassen, fiel er in solche Traurigkeit".

Die Haltung der Obrigkeit gegenüber der großen Gruppe der Unehrlichen war zwiespältig. Einerseits wurde schon früh versucht, die vor allem von den Zünften forcierte Intensivierung der Ausgrenzung Unehrlicher sowie die Ausweitung der Unehrlichkeit auf immer weitere Bevölkerungsgruppen einzudämmen, andererseits verfestigten schier unzählige Regelungen in Polizei- und Landesordnungen die Unehrlichkeit über Jahrhunderte. Die Reichspolizeiordnung von 1530 mahnte einen erkennbaren Unterschied in der Kleidung zwischen „Erbarn und Unerbarn" an, weshalb nun viele Scharfrichter verpflichtet wurden, auffällige Kleidung zu tragen. Die Reichspolizeiordnung von 1548 wandte sich gegen den Zunftausschluss (ausschließlich) der „Leineweber, Barbierer, Schäfer, Müller, Zöllner, Pfeiffer, Trummeter, Bader" und deren Kinder, was sich jedoch kaum durchsetzen ließ und im Reichabschied von 1577 ebenso wiederholt werden musste wie in der „Reichshandwerksordnung" von 1731, die zusätzlich die *Kinder* aus allen weiteren bemakelten Berufen für zunftfähig erklärte

---

[21] Kolz: *Handwerksämter*, a. a. O., S. 116.

– mit Ausnahme der Abdeckerkinder, deren Verruf erst 1772 abgestellt wurde. De jure schaffte die Reichshandwerksordnung zudem jede Unehrlichkeit durch Handlungen und Kontakte ab. Bis sich dies faktisch durchsetzen konnte, vergingen allerdings noch Jahrzehnte.

Schluss

Oft wird heute ein Ausbluten der Werteordnung beklagt – ein Phänomen, das nicht zuletzt auf die Zurückdrängung des gesellschaftlichen Gewichts der Ehre zurückgeführt werden kann. Dies steht in deutlichem Kontrast zu Spätmittelalter und Frühneuzeit, als der Ehre geradezu gesellschaftsprägende Bedeutung zukam. In aus heutiger Sicht kaum mehr nachvollziehbarer Weise wirkte die Ehre damals auf den Alltag jedes einzelnen ein. Die „Hierarchie der Ehre" bestimmte mehr oder weniger von Geburt an die gesellschaftliche Position, machte einen gesellschaftlichen Aufstieg in „ehrbarere" Kreise vielfach unmöglich. Verstöße gegen die Regeln der Ehre konnten sehr schnell den sozialen Abstieg bedeuten – bis hin zum Ausschluss aus der Zunft, aus der Stadt, aus der Gesellschaft der Ehrlichen.

GERALD DÖRNER

Das Martyrium des Philologen.
Hermann von der Hardt, ein exzentrischer Verehrer
Johannes Reuchlins

Am 30. Juni 1722, dem 200. Todestag des Humanisten Johannes Reuchlin, fand im großen Hörsaal der Academia Iulia in Helmstedt eine Zeremonie statt, die die Teilnehmer wohl ein wenig an eine Leichenfeier erinnert haben dürfte: In der Mitte des Raumes stand ein großer, mit einer Decke aus rotem Samt überzogener Tisch. An dessen oberem Ende war eine silberne Krone plaziert worden, am unteren Ende ein Korallenbaum; an den beiden Längsseiten brannten zahlreiche Kerzen. Die Luft war mit Weihrauch gefüllt. Auf dem Tisch war jedoch kein Verstorbener aufgebahrt, sondern dort lag ein Buch:[1] Reuchlins 1506 in Pforzheim bei Thomas Anshelm veröffentlichte „Rudimenta Hebraica", das erste ausführliche Lehrbuch der hebräischen Sprache, das von einem Christen verfaßt worden war. Der Initiator der die Studenten sicherlich sehr beeindruckenden Zeremonie war der Helmstedter Professor für orientalische Sprachen Hermann von der Hardt. Dieser scheint eine besondere Vorliebe für derartige Inszenierungen besessen zu haben: Als er 1727 in den Ruhestand versetzt wurde, salbte er während der Abschiedsvorlesung die Biblia complutensis des Kardinals Francisco Ximénez und das griechische Neue Testament des Erasmus von Rotterdam mit duftendem Rosmarinöl, um auf diese Weise seine besondere Wertschätzung der beiden, den Beginn kritischer Bibelausgaben markierenden, Werke zu demonstrieren.[2] Wer aber war Hermann von der Hardt und warum fand gerade Johannes Reuchlin sein besonderes Interesse?

Hermann von der Hardt wurde am 15. November 1660 in dem zum Fürstbistum Osnabrück gehörenden Städtchen Melle als Sohn eines Münzmeisters geboren.[3] Nach

---

[1] Die Zeremonie ist beschrieben in *Realencyklopädie für protestantische Theologie und Kirche*, hrsg. von Albert Hauck, Bd. 7, Leipzig 1899, S. 419.

[2] Die *Biblia complutensis* enthält den biblischen Text in hebräischer, aramäischer, griechischer und lateinischer Sprache; sie war bereits 1514 vollendet, konnte wegen des fehlenden päpstlichen Imprimatur aber erst nach 1520 gedruckt werden. Bereits 1516 war in Basel das von Erasmus herausgegebene griechische Neue Testament mit dessen lateinischer Übersetzung erschienen.

[3] Zur Familie vgl. die Ahnentafel in Hans Möller: *Hermann von der Hardt als Alttestamentler*, theol. Habil. (masch.) Leipzig 1962, S. 8. Von der Arbeit Möllers liegen verschiedene Fassungen vor; für diesen Beitrag wurde das Exemplar aus der HAB Wolfenbüttel (Sign. TH 13/3400) benutzt.

dem Besuch der Gymnasien in Herford, Osnabrück, Bielefeld und Coburg bezog er wohl auf Empfehlung seiner Coburger Lehrer im April 1679 die Universität Jena. Laut Matrikel hörte er dort Physik, Logik, Metaphysik, Geschichte sowie Politik und Ethik; daneben beschäftigte er sich auch mit den orientalischen Sprachen.

Johannes Reuchlin hatte das Hebräische, wie er selbst stolz in dem an Papst Leo X. gerichteten Widmungsschreiben zu seinem Werk „De arte cabalistica" vermerkt, in Deutschland heimisch gemacht. Nicht zuletzt durch sein Engagement entstanden an den deutschen Universitäten die ersten Lekturen für hebräische Sprache. In den Jahren 1520–22 versah er selbst die Hebräischprofessuren in Ingolstadt und Tübingen. Als „vir trilinguis", als Kenner der drei alten Sprachen Latein, Griechisch und Hebräisch, wurde er von der humanistischen Welt gefeiert. Neben dem Humanismus war es vor allem die Reformation, die mit ihrer Hervorhebung der Bibel und mit ihrer Forderung, diese aus den Originalsprachen zu erklären, dem Studium des Hebräischen einen mächtigen Schub verlieh. Das Fach war an den protestantischen Universitäten zunächst eng mit der jeweiligen theologischen Fakultät verbunden. Diese schlug die Kandidaten vor und legte auch die Inhalte des Faches weitgehend fest. Die Abhängigkeit von der Theologie war nicht unumstritten. Schon der erste Inhaber der Hebräischlektur an der Universität Wittenberg, Johannes Böschenstein, geriet mit Luther in Streit, weil sich der Reformator in die inhaltliche Ausgestaltung der Vorlesungen einmischte. Nach nur dreimonatiger Tätigkeit in Wittenberg verließ Böschenstein die Stadt bereits wieder. Auch Hermann von der Hardt sollte mit diesem Problem konfrontiert werden. Nach einer Flaute Ende des 16. Jahrhunderts erlebte das Studium des Hebräischen im Laufe des 17. Jahrhunderts eine neue Blüte. Vor allem die fortschreitende Erschließung der anderen semitischen Sprachen verlieh dem Fach neue Impulse. Die Umbenennung der Lekturen in „Professuren für orientalische Sprachen" trug dieser Entwicklung Rechnung.

Nach nur eineinhalb Jahren verließ Hermann von der Hardt im September 1680 Jena bereits wieder. Mehrere Monate verbrachte er bei seinen Eltern, bevor er im Frühjahr 1681 zu Esdras Edzard nach Hamburg zog. Edzard, ein Schüler des berühmten Hebraisten Johannes Buxtorf d. J., galt zu seiner Zeit als einer der profundesten Kenner des Hebräischen und Aramäischen. In seinem Haus in Hamburg erteilte er Studenten unentgeltlich Unterricht. Eine ganze Reihe bedeutender Hebraisten bzw. Orientalisten ging aus seiner Schule hervor. Hermann von der Hardt übernahm später Edzards Grundsatz, den Sprachunterricht mit dem Text und nicht mit dem Erlernen von Regeln beginnen zu lassen. Auch das Ziel der Judenbekehrung findet sich bei ihm wieder, wenn es auch nicht so in den Vordergrund rückte wie bei Edzard.

Hermann von der Hardt blieb fast ein Jahr lang in Hamburg, dann setzte er sein Studium an der Universität Jena fort. Im März 1683 wurde er dort nach erfolgreicher Disputation zum Magister artium promoviert. Als frischgebackener Magister hatte er nun selbst Vorlesungen zu halten, die meisten Kollegien dabei gratis. Da sich die Bewerbung um die Professur für orientalische Sprachen in Jena zerschlug, statt seiner erhielt der Edzardschüler Johann Andreas Danz die Stelle, ging Von der Hardt nach Leipzig, das sich unter Johann Benedikt Carpzov II. zu einem Zentrum der orientalischen Sprachen entwickelt hatte. Carpzov war auch der Anreger des von Paul Anton und August Hermann Francke gegründeten „Collegium philobiblicum" gewesen, dem sich Von der Hardt kurz nach der Ankunft als Mitglied Nr. 11 in Leipzig anschloß. Ziel des Collegiums war die Vertiefung der Kenntnisse der biblischen Sprachen und damit verbunden ein besseres Verständnis der Hl. Schrift selbst.[4]

Anfang Februar 1687 erhielt Von der Hardt eine Einladung nach Dresden zu Philipp Jakob Spener, der als kursächsischer Oberhofprediger eines der höchsten geistlichen Ämter im damaligen protestantischen Deutschland bekleidete. Unter Speners Anleitung vertiefte er sich in die Bibelauslegung.[5] In Dresden überraschte Von der Hardt dann die Nachricht von einer möglichen Verleihung des Schabbelstipendiums. Zur Klärung der Bedingungen für die Übernahme des Stipendiums, das Studenten zugute kommen sollte, die man für fähig hielt, den theologischen Doktorgrad zu erwerben und später ein hohes Kirchenamt zu bekleiden, reiste Von der Hardt im Dezember 1687 zum Lüneburger Superintendenten Kaspar Hermann Sandhagen, der als Inspektor die Aufsicht über die Stipendiaten führte. Zusammen mit Sandhagen, der als hervorragender Exeget galt, studierte Von der Hardt intensiv das Alte Testament. Bei Sandhagen traf er auch wieder mit August Hermann Francke zusammen, den er bereits aus Leipzig kannte. Durch Franckes Bekehrungserlebnis erlangte der Lüneburger Aufenthalt Berühmtheit.

Von Spener, Francke und Sandhagen unterstützt, schloß sich Hermann von der Hardt dem Pietismus an. Die Hinwendung zum Pietismus dürfte für die erste Anstellung bei Rudolf-August von Braunschweig förderlich gewesen sein, da der Herzog selbst dieser Glaubensrichtung zuneigte. Auf Speners Fürsprache hin ernannte der Herzog im Oktober 1688 Von der Hardt zu seinem Geheimsekretär und Bibliothekar. Zuvor hatte sich die Berufung Von der Hardts auf eine theologische Professur in Rostock zerschlagen, für die sich ebenfalls Spener beim Herzog von Mecklenburg-Güstrow verwandt hatte. Anstelle der theologischen Professur in Rostock erhielt Von der Hardt zwei Jahre später, 1690, die Professur für orientalische Sprachen an der

---

[4] Das Collegium philobiblicum geriet kurze Zeit später in die Auseinandersetzungen um die pietistisch geprägten Versammlungen, die nach seinem Vorbild entstanden waren, der neben Angehörigen der Universität aber auch Personen aus der Bürgerschaft angehörten. Gegen August Hermann Francke, der eine Erweckung unter den Studenten ausgelöst hatte, wurde eine Untersuchung wegen Heterodoxie angestrengt, die aber ohne Ergebnis blieb.

[5] Vgl. Philipp Jakob Spener: *Briefe aus der Dresdner Zeit 1686-1691*, hrsg. von Johannes Wallmann, Bd. 1: 1686-1687, Tübingen 2003, Nr. 111 (Spener an Georg Spitzel): *Illud vero, quod modo dixi domi meae instituti, exercitium nunc tanto utilius futurum est, cum ab aliquot mensibus iam intersit M. von der Hardt [...], quo certe non alium ego inter studiosos unquam novi et doctiorem et prudenti pro veritatis divinae cultu zelo ardentiorem*; s. dazu auch ebd. Anm. 7 das Zitat aus Speners Brief an Rechenberg: *Ita sane se mihi probat ut pauci alii, adeo consuetudine ipsius delec[to] quam maxime speroque aliquando gratiae caelestis instrumentum nobile futurum*. Für die Verbindung Hermann von der Hardts zu Spener s. auch die Briefe ebd., Nr. 164 und 172.

braunschweigischen Landesuniversität Helmstedt. Außerdem ernannte ihn Herzog Rudolf-August 1699 noch zum Propst des (protestantischen) Stifts Marienberg.[6]

Trotz zahlreicher Auseinandersetzungen blieb Hermann von der Hardt der Universität Helmstedt bis zu seinem Tode am 28. Februar 1746 treu. Mehrfach bekleidete er die Ämter des Prorektors und des Dekans der Philosophischen Fakultät. Seit 1700 betreute er die Bestände der Universitätsbibliothek. Neben der eigenen Professur versah er zeitweise auch noch die seines Neffen Johannes Oldermann für Griechisch. Als Professor für orientalische Sprachen hielt Von der Hardt auch Vorlesungen zu den Büchern des Alten Testaments.[7] Der Übergang auf die angesehenere und besser besoldete theologische Professur für Altes Testament, wie er an den damaligen Universitäten üblich war, blieb ihm aber im Gegensatz zu seinem Vorgänger Johann Eberhard Busmann verwehrt.

Hermann von der Hardt hat ein Corpus von fast 600 Schriften hinterlassen. Sie sind im Anhang von Hans Möllers ungedruckter Habilitationsschrift zusammengestellt, der bis heute einzig umfassenderen Arbeit zu dem Helmstedter Gelehrten. Neben den für einen Professor der orientalischen Sprachen einschlägigen Lehrwerken veröffentlichte Von der Hardt zahlreiche Schriften zur griechischen und römischen Mythologie sowie zur Kirchengeschichte. Vor allem die mehrbändigen Dokumentationen zum Konstanzer Konzil („Magnum oecumenicum Constantiense concilium") und zur Reformation („Historia literaria reformationis") fanden bei den Zeitgenossen Anerkennung. In der Literatur wird Von der Hardt oft auch als einer der Vorläufer der historisch-kritischen Erforschung des Alten Testaments genannt. Die Einschätzungen seiner Leistungen auf dem Gebiet der alttestamentlichen Exegese gehen aber weit auseinander.

Die exegetischen Werke jedenfalls waren der Auslöser für die Zensurmaßnahmen der Universität Helmstedt und der braunschweigischen Regierung. Im Unterschied zur herrschenden protestantischen Orthodoxie, die den gesamten biblischen Text (selbst die hebräischen Vokalzeichen) als durch den Hl. Geist inspiriert ansah, hielt Von der Hardt diesen an vielen Stellen für fehlerhaft und entwarf Regeln für Konjekturen. Sehr viel gravierender aber als die Text- war die von ihm geübte Sachkritik: Von der Hardt lehnt ein wörtliches Verständnis der biblischen Texte ab, vor allem wenn in ihnen etwas Unangemessenes oder sittlich Anstößiges von Gott oder den Frommen ausgesagt wird. Die Erzählung eines wunderhaften oder ungewöhnlichen Geschehens ist für ihn ein Indiz dafür, daß an dieser Stelle ein Bild (*effigies*), Symbol

---

[6] Das Augustinerchorfrauenstift Marienberg war 1569 im Zuge der Reformation in ein evangelisches Damenstift umgewandelt worden. Hermann von der Hardt veröffentlichte anläßlich des Besuches von Herzog August-Wilhelm von Braunschweig in Marienberg 1716 eine kleine Gedenkschrift zur Erinnerung an Kaiser Ottos IV. Aufenthalt im Kloster im Jahr 1199. 1737 verfaßte er ein Werk zur Verteidigung der Gerechtsame Marienbergs *an ihr Erb und eigenem Kloster Kirchhoff*.

[7] Eine Zusammenstellung der Vorlesungen findet sich in Möller: *Hermann von der Hardt* (wie Anm. 3), S. 62-68.

(*symbolum*), Gleichnis (*parabola*) oder Rätsel (*aenigma*) vorliegt.⁸ Die Urgeschichte (Gen. 1–11) betrachtet er als eine verborgene Darstellung der Geschichte Israels von Abraham bis auf David.⁹ Hinter dem Buch Jona vermutet er eine Darstellung der Geschichte des Staates Juda unter den Königen Manasse (Kap. 1 und 2) und Josia (Kap. 3 und 4). So ist im ersten Teil des Buches der Prophet Jona ein Sinnbild für den König Manasse, das in den Sturm geratene Schiff ein Sinnbild für Juda unter der assyrischen Bedrohung, die Aussetzung Jonas im Meer ein Sinnbild für die Auslieferung Manasses an Assyrien, das Verschlingen Jonas durch den Walfisch ein Sinnbild für Manasses Wegführung nach Lybon am Orontes usw.¹⁰ Erzählungen von wunderhaften Ereignissen versucht Von der Hardt auf natürliche Ursachen zurückzuführen und rational zu erklären: Nach seiner Vorstellung gefror das Wasser des Sirbonischen Sees vor dem Durchzug der Israeliten durch einen kalten Nordostwind; als die Ägypter den Israeliten nachsetzten, ließ ein warmer Südwind das Eis schmelzen und das ägyptische Heer mitsamt den Streitwagen versinken.¹¹ Die Wolken- und Feuersäule, welche die Israeliten auf dem Weg durch die Wüste begleiten, interpretiert Von der Hardt als das von Aaron dem Volk Israel vorangetragene heilige Feuer. Supranaturale Wesen wie Engel werden zu Menschen: So ringt der Erzvater Jakob am Jabbok nicht mit einem himmlischen Boten, sondern mit einem Knecht seines Bruders Esau.¹²

Mit seinem Abrücken vom wörtlichen Verständnis der biblischen Texte wollte Hermann von der Hardt der Kritik an der Hl. Schrift, wie sie z.B. von den englischen Deisten geäußert wurde, den Boden entziehen. Nach seiner Meinung entsprang ihre Kritik der Unkenntnis des symbolischen Stils der Bibel.¹³ Auch die Auflösung der Wunder mit Hilfe rationaler Erklärungen sollte Anstöße für den Glauben beseitigen. Viele alttestamentliche Stücke sprach Von der Hardt den in der jeweiligen Überschrift genannten Autoren ab; überhaupt hielt er die Überschriften der biblischen Bücher für

---

⁸ Vgl. Hermann von der Hardt: *Aenigmata prisci orbis. Ionas in luce, in historia Manassis et Iosiae, ex eleganti veterum Hebraeorum stilo solutum aenigma* […], Helmstedt 1723, S. 319; s. dazu auch den Brief an Herzog Rudolf-August (26. August 1698): *Die alten, absonderlich im Orient, haben alles verblümt und unter bildern fürgestellet oder gleichsam verdecket.*

⁹ Vgl. dazu Hermann von der Hardt: *Sol, luna et stellae. Tria prima Saxoniae luminaria: Hermannus de Busch, Pollichius de Mellerstad et Petrus Mosellanus. Gen. 1,14–18*, [Helmstedt] 1742: Die sieben Schöpfungstage entsprechen sieben Abschnitten der Geschichte Israels vom Erzvater Abraham bis zu König David. Zu weiteren Deutungen der Urgeschichte durch den Helmstedter Gelehrten s. Möller: *Hermann von der Hardt* (wie Anm. 3), S. 70f.

¹⁰ Die Deutung ist enthalten in Hermann von der Hardt: *Hohe und helle sinnbilder Jonä von den historien Manassis und Josiä* […], Helmstedt 1720.

¹¹ Vgl. Hermann von der Hardt: *Groß Hallel bey erklärung des CXXXVI. Psalms im Collegio zu Helmstedt* […], Helmstedt 1713, S. 12f.

¹² Vgl. Hermann von der Hardt: *In Iobum historiam populi Israelis in Assyriaco exilio* […], Helmstedt 1728, S. 84.

¹³ Vgl. Hermann von der Hardt: *Erasmi et Reuchlini humaniores literae non exciderunt*, o.O. 1741, S. 10: *Quicquid affaniarum hoc seculo Hobbes, Cherbury, Toland, Tindal, Wolston opposuerunt Moses et Christi rebus ad Christianismum subruendum, profectum est ex stili veteris symbolici ignorantia* […].

spätere Hinzufügungen.¹⁴ So galt ihm Mose nicht als Verfasser des Pentateuch; vielmehr wies er die Bücher Schreibern zu, die nach dem Untergang des Nordreichs tätig gewesen waren.¹⁵ Auch bei den Klageliedern, den Büchern Hesekiel, Daniel und Sacharja sowie bei vielen Psalmen meldete er Zweifel an der Autorschaft der in der Überschrift Genannten an. Die Reden der Propheten verstand er nicht als in die Zukunft gerichtete Weissagungen, sondern vielmehr als vaticinia ex eventu. Vieles von Hermann von der Hardt Vertretene gehört heute zur opinio communis der alttestamentlichen Wissenschaft. Für die damalige Zeit hingegen war es revolutionär.¹⁶ Entsprechend groß war auch die Zahl der Kritiker.¹⁷

Bereits wenige Jahre nach dem Antritt seiner Professur sah sich Hermann von der Hardt erstmals mit der Zensur konfrontiert. Wegen der Deutung von Jes. 11 als Rede zur Krönung Hiskias wurde dem Helmstedter Gelehrten 1695 von der Universität die Abhaltung theologisch-exegetischer Vorlesungen untersagt. An dieses Verbot scheint er sich aber nicht gehalten zu haben, denn die Liste der Vorlesungen weist auch für die folgenden Jahre Veranstaltungen zur alttestamentlichen Exegese auf. Hermann von der Hardt rechtfertigte sich damit, er treibe keine theologische, sondern lediglich philologische Exegese. Trotzdem wurde das Verbot 1713 noch einmal wiederholt, anscheinend aber wiederum ohne großen Erfolg. Im Jahr 1719 erhielt Hermann von der Hardt einen Verweis wegen der Veröffentlichung des „Ionas in carcharia"; außerdem wurde die Schrift durch die Universität beschlagnahmt. Man warf Von der Hardt vor, darin Auffassungen zu vertreten, die von der lutherischen Kirche bislang nicht zugelassen worden seien. 1723 verhängte die braunschweigische Regierung wegen des Erscheinens des Sammelbandes „Aenigmata prisci orbis"¹⁸ eine Strafe von 100 Reichstalern. Darüber hinaus untersagte die Behörde dem Helmsted-

---

¹⁴ Vgl. Hermann von der Hardt: *Oraculum de Christi et Christianorum regno*, Ps. LXXII, Helmstedt 1736, S. 17ff.

¹⁵ Vgl. Hermann von der Hardt: *Publii Virgilii Maronis dulcia arva, Quintilius Varus literatissimus belli dux, in Octaviani Caesaris Augusti Romana curia excellens* [...], Helmstedt 1740, S. 36f.: *Tota Genesis* [...] *nil nisi mythi* [est], *historiae non personarum, sed familiarum et populorum aut coloniarum. Neque primum hoc corpus historicum a Mose concinnatum, qui alia haberet, quae ageret, sed a serae aetatis autoribus, Israelitico regno per Assyrios iam everso et Samaria deleta, tota gente iam exule. Neque singuli Geneseos libelli unius autoris, sed plurium Israelis exilio posteriorum.*

¹⁶ In einer 1725 anonym veröffentlichten Schrift *Beweiß, daß christ-evangelische lutherische Eltern, welche die unverfälschte Reinigkeit des Glaubens von Hertzen lieb haben, ihre Theologiam studirenden Söhne ohne Beleidigung ihres Gewissens gen Helmstedt nicht schicken können*, wird ausdrücklich vor Hermann von der Hardt gewarnt.

¹⁷ Die heftigsten wissenschaftlichen Fehden trug Von der Hardt mit Caspar Calvör (1650–1725), Sigismund Beermann (1674–1734) und Christian Benedikt Michaelis (1680–1764) aus; zu diesen Auseinandersetzungen s. ausführlich Möller: *Hermann von der Hardt* (wie Anm. 3), S. 242–250.

¹⁸ Zum Inhalt dieses Sammelbandes mit über 60 Abhandlungen, die Von der Hardt zum größten Teil schon früher veröffentlicht hatte, vgl. die Liste der Schriften im Anhang von Möller: *Hermann von der Hardt* (wie Anm. 3). Neben dem Titel *Aenigmata prisci orbis* erscheint der Band in der Literatur auch als *Jonas*.

ter Gelehrten, ohne ihre Genehmigung biblische Kommentare zu verfassen und drucken zu lassen. Aus Ärger über diese Strafmaßnahme verbrannte Von der Hardt acht große Folianten mit seinen biblischen Kommentaren und sandte die Asche und das Strafgeld von 100 Talern an die Regierung. Das Geld wurde dem Witwen- und Waisenfonds der Professoren zugeführt. Im Jahr 1727 war das Maß anscheinend voll; die Regierung untersagte Von der Hardt die Abhaltung aller weiteren Vorlesungen. Man einigte sich schließlich auf eine Emeritierung altershalber, also auf eine sogenannte dimissio honesta. Trotz der „zwangsweisen" Versetzung in den Ruhestand scheint Von der Hardt weiterhin Sitz und Stimme in der Philosophischen Fakultät besessen zu haben. Darüber hinaus übertrug man ihm im Wintersemester 1729/30 sogar das Prorektorat der Universität.

Waren dies innerakademische Streitigkeiten, die eine eher begrenzte Aufmerksamkeit fanden, so sorgte die Rücknahme des Eheversprechens gegenüber einer Helmstedter Bürgerstochter für einen handfesten Skandal in der Universitätsstadt. In seinem 51. Lebensjahr war Hermann von der Hardt in Liebe zur 33 Jahre jüngeren Anna Catharina Blume entbrannt; er versprach der jungen Frau die Ehe und meldete auch die Trauung an. Dann befielen den Professor aber Zweifel, ob er sein ruhiges Gelehrtenleben so einfach aufgeben solle. Daraufhin klagte der Vater der Braut vor dem Konsistorium in Wolfenbüttel auf die Einlösung des Eheversprechens. Das Konsistorium gab der Klage des Vaters auch statt. Als Von der Hardt sich trotz des Urteils weigerte, die Frau zu sich zu nehmen, verfügte der Herzog am 10. August 1718 die Einweisung der Frau in das Von der Hardtsche Haus. Diese mußte dann mit Hilfe einiger Soldaten durchgesetzt werden.[19]

Der schillernden Persönlichkeit des Helmstedter Gelehrten entsprechend fallen auch die Urteile über ihn sehr unterschiedlich aus. Der Philosoph Gottfried Wilhelm Leibniz, der mit Hermann von der Hardt eifrig korrespondierte, schätzte ihn sehr.[20] Christian Breithaupt feierte den Gelehrten in seiner Gedenkrede sogar als *lux fulgentissima saeculi*.[21] Kritischer äußerte sich da schon Jakob Friedrich Reinmann; er bezeichnet Von der Hardt als *vir portentosi ingenii variaeque doctrinae et indefessae, prorsus sedulitas, sed rerum novarum ita cupidus, ut fere nihil supersit in republica literaria, quod non invertit* [Ein Mann von außerordentlichem Verstand und verschiedenartiger und unermüdlicher Gelehrsamkeit, geradezu Geschäftigkeit, aber so begierig nach Neuerungen, daß in der Gelehrtenrepublik fast nichts übrig ist, was er nicht umgedreht hat]. Zu Von der Hardts Schriften bemerkt er spitz: *quaedam in iis sunt bona et prae-*

---

[19] Vgl. dazu Möller: *Hermann von der Hardt* (wie Anm. 3), S. 77–80.
[20] Die Werkausgabe Gottfried Wilhelm Leibniz: *Sämtliche Schriften und Briefe, Abt. Allgemeiner politischer und historischer Briefwechsel* zählt bis jetzt (Bd. 20: Juni 1701–März 1702) schon über 100 Schreiben der beiden Gelehrten. Die Korrespondenz begann im Dez. 1690 bzw. Jan. 1691 (Gregorianischer bzw. Julianischer Kalender), ebd., Bd. 6, Nr. 170.
[21] Christian Breithaupt: *Venerandis manibus viri summe venerabilis et profundae eruditionis gloria illustris domini Hermanni von der Hardt* […], Helmstedt 1746.

clara, multa mediocra et paradoxa non pauca [Einige unter ihnen sind gut und vortrefflich, viele mittelmäßig, nicht wenige widersinnig.] In die gleiche Richtung ging auch das Urteil des Orientalisten Christian Benedikt Michaelis, der meinte, Von der Hardt besitze zwar viel *ingenium*, aber leider wenig *iudicium*.[22]

Auf Johannes Reuchlin geht Hermann von der Hardt erstmals im Rahmen seiner Abhandlung zur Erlangung des Magister artium in Jena ein, die unter dem Thema stand: „De fructu, quem ex librorum Iudaicorum lectione percipiunt Christiani". Dabei kommt er auf den Streit um die jüdischen Bücher zu sprechen, in den Reuchlin verwickelt worden war. Auf Bitten Kaiser Maximilians I. hatte Reuchlin 1510 ein Gutachten erstellt, in welchem er sich gegen die Beschlagnahme und Vernichtung der jüdischen Bücher aussprach, wie sie von dem Konvertiten Johannes Pfefferkorn angestrebt worden war. Pfefferkorn sah in den Büchern ein Hindernis für die Bekehrung der Juden zum Christentum und wollte sie deshalb mit Ausnahme der Bibel alle vernichten. Der Streit um die jüdischen Bücher mündete in eine der heftigsten publizistischen Auseinandersetzungen des 16. Jahrhunderts ein. Der von Reuchlin zur Verteidigung seines Gutachtens publizierte „Augenspiegel" verwickelte den Humanisten in einen mehrjährigen Prozeß mit der Kölner theologischen Fakultät und ihrem Mitglied, dem Inquisitor Jakob Hoogstraeten. Die Fakultät nahm Anstoß an Reuchlins Schrift, weil die darin vertretenen Auffassungen ihrer Meinung nach früheren Entscheidungen der Kirche widersprachen. Konkret hielt man Reuchlin vor, in seinem „Augenspiegel" Stellen aus der Hl. Schrift, aus den Kirchenvätern und dem Kanonischen Recht in verfälschender Absicht zu gebrauchen. Vor allem aber beschuldigte man ihn, mit seinem Werk den jüdischen Unglauben zu unterstützen. Der von Hoogstraeten angestrengte Prozeß gegen Reuchlin endete 1520 an der römischen Kurie, im Schatten der Auseinandersetzungen um Luther, mit der Verurteilung des „Augenspiegel" und der Verhängung ewigen Stillschweigens in der Sache gegen Reuchlin.

Hermann von der Hardt kommt in seinen Werken immer wieder auf den Streit um die jüdischen Bücher und auf den Prozeß um den „Augenspiegel" zu sprechen. Im zweiten Jahrzehnt des 18. Jahrhunderts brachte er in kurzen Abständen mehrere Schriften heraus, in denen er die Stationen der Auseinandersetzung bis ins kleinste Detail hinein beleuchtet. Vielfach gingen diese Schriften auf die Jubiläumsfeiern zurück, die der Gelehrte an der Helmstedter Universität zu Ehren Reuchlins und anderer Humanisten veranstaltete.[23] Wie Reuchlin betont auch Von der Hardt den Nut-

---

[22] Die letzten beiden Urteile sind zitiert nach *Realencyklopädie für protestantische Theologie* (wie Anm. 1), Bd. 7, S. 419.

[23] So erschienen 1712 das *Iubilaeum symbolicum. XII imagines et symbola in [...] iubilaeum [...] Reuchlini et Lutheri*, 1715 das *Targum Graecum Rabbi Iosephi Sagginahor (Ps. 1) in memoriam Reuchlini, Ximenii et Erasmi*, das *Iubilaeum Reuchlini symbolicum*, das *Festum seculare Reuchlini* und die *Moguntina Reuchlini historia*. 1717 veröffentlichte Von der Hardt die *Harmonia Reuchlini et Lutheri*, 1718 das *Tertium Reuchlini iubilaeum in memoriam secularem diei II. Iulii anni MDXVI, quando Romae in publica sessione auditoribus*

zen der Beschäftigung mit der jüdischen Literatur. Für das richtige Verständnis des Alten Testaments sei die Kenntnis der jüdischen, vor allem der rabbinischen Literatur unverzichtbar. Von der Hardts eigene Werke zeugen von einer intensiven Beschäftigung mit ihr. Während Reuchlin noch Klage führte, daß er wegen der Vertreibung der Juden aus Württemberg keine Möglichkeit besitze, ihre Bräuche und gottesdienstlichen Formen zu studieren,[24] konnte der Helmstedter Professor seinen Hörern Vorlesungen über die jüdischen Feste, den Sabbat, die Beschneidung, die Riten beim Gebet oder die häuslichen Gewohnheiten anbieten. Bei aller Kenntnis des Judentums bleibt aber auch bei Von der Hardt das vorrangige Ziel die Bekehrung. So versteht er wie Reuchlin die jüdischen Schriften als ein Mittel der Bekehrung; die Haltlosigkeit des jüdischen Glaubens soll aus ihnen bewiesen werden (*ex Iudaeis contra Iudaeos*).[25]

Mit Reuchlin verband Hermann von der Hardt natürlich das gemeinsame Fach. Als Professor für orientalische Sprachen mußte er immer wieder auf Reuchlin, den Vater der hebräischen Sprachstudien in Deutschland, stoßen. Durch die beiden Lehrbücher „De rudimentis Hebraicis" (1506) und „De accentibus et orthographia linguae Hebraicae" (1518) sowie durch seine Ausgaben und Übersetzungen hatte Reuchlin das Studium des Hebräischen angestoßen, zum Teil auch unter nicht unerheblichen persönlichen Opfern. So hatte ihn die Finanzierung des Drucks der „Rudimenta Hebraica" an den Rand des finanziellen Ruins gebracht, weil er die Zahl der Interessenten an dem Werk viel zu hoch einschätzte. Er war schließlich gezwungen, einen großen Teil der Bücher weit unter dem Preis der Herstellung an den Basler Drucker und Verleger Johannes Amerbach zu verramschen. Wie Reuchlin sah auch Hermann von der Hardt es als eine seiner vordringlichsten Aufgaben an, Studenten mit geeigneten Lehrbüchern den Zugang zu den semitischen Sprachen zu erleichtern. Er ging dabei anscheinend aber ökonomisch ein wenig geschickter vor als Reuchlin. Seine kurzgefaßten Lehrbücher des Hebräischen, Aramäischen, Syrischen und auch des

---

innumeris viri maximi pro Reuchlini virtute ingenue pronunciarunt, 1719 die *Aurora in Reuchlini senio. Historia illius ab anno MDXVI ad annum MDXIX* und 1722 die *Programma in exequias Reuchlini celebratas*. In der oben bereits erwähnten *Historia literaria reformationis*, die der Helmstedter Professor 1717 zur 200-Jahr-Feier der Reformation publizierte, war der gesamte zweite Band Reuchlin und dem Prozeß um den „Augenspiegel" gewidmet. Unter den aufgenommenen Dokumenten befanden sich auch Auszüge aus den Prozeßakten, die Reuchlin selbst oder ein Unterstützer 1518 bei Thomas Anshelm (*Acta iudiciorum*) herausgegeben hatte. Nur handschriftlich überliefert ist die *Ingolstadiensis historia Reuchlini* (WLB Stuttgart). Bei ihr handelt es sich um eine Sammlung von Abschriften der von Reuchlin aus dem Ingolstädter Exil an den Nürnberger Ratsherren und Humanisten Willibald Pirckheimer gesandten Briefe (der Text der Schreiben stammt aus der 1610 von Melchior Goldast von Haiminsfeld veröffentlichten Ausgabe der Werke Pirckheimers).

[24] Vgl. Johannes Reuchlin: *Briefwechsel*, bearb. von Matthias Dall'Asta und Gerald Dörner, Stuttgart – Bad Cannstatt 2007, Bd. 3, Nr. 270, Z. 44–48.

[25] Zu diesen Bestrebungen s. vor allem die Schrift *Paraenesis ad doctores Iudaeos*, Helmstedt 1715.

Griechischen erfreuten sich großer Beliebtheit und erlebten jeweils mehrere Auflagen.²⁶

Johannes Reuchlin und Hermann von der Hardt beschäftigten sich beide intensiv mit der hebräischen Metrik. Im Widmungsschreiben zu seiner Übersetzung von Joseph ben Chanan Ezobis (Hyssopaeus) Hochzeitsgedicht „Lanx argentea" schildert Reuchlin seine verzweifelten wie vergeblichen Versuche, in der hebräischen Sprache dem Griechischen und Lateinischen ähnliche Versmaße zu entdecken: Kaum sei es ihm gelungen, den ersten Vers des Psalters als Hexameter zu lesen, habe ihn der zweite regelmäßig vor nahezu unlösbare metrische Probleme gestellt.²⁷ Von der Hardt nahm dagegen an, daß das Metrum nicht aus der Zahl der Versfüße abgeleitet wird, sondern aus der Redemodulation und dem Gewicht der Silben. Durch Dehnung oder Zusammenziehung kam er dabei – wie Johannes Buxtorf vor ihm – zu einem gleichmäßigen Metrum.²⁸

Bereits für die Kirchenväter galt das Hebräische als die dem Menschen von Gott vor der babylonischen Sprachverwirrung verliehene Ursprache; diese Vorstellung zieht sich durch das gesamte Mittelalter. Auch für Reuchlin bildet das Hebräische die Sprache, in der Gott zuerst mit dem Menschen geredet und ihm seinen Willen geoffenbart hat. Als uranfängliche Sprache ist das Hebräische einfach, rein und natürlich, da es noch unverdorben ist von rhetorischen Überlagerungen. Vom Hebräischen leiten sich für Reuchlin die anderen Sprachen ab, die im Vergleich zu diesem aber „armselig" wirken.²⁹ Mit Hilfe von Etymologien versuchte man im 16. und 17. Jahrhundert die Herkunft der Sprachen aus dem Hebräischen zu belegen. So kam Conrad Gessner 1555 bei einem Vergleich von 55 Sprachen zu dem Ergebnis, daß alle Vokabeln einen hebräischen Ursprung aufweisen, auch wenn dieser sehr entstellt ist. Und Etienne Guichard führte 1606 in seiner „L'harmonie étymologique des langues" vor, wie die existierenden Sprachen auf hebräische Wurzeln zurückgeführt werden können. Zehn Jahre nach Guichard veröffentlichte Gregor Cruciger eine „Harmonia linguarum quatuor cardinalium", in der er 2100 Beispiele für die Herkunft griechischer, lateinischer und deutscher Worte aus dem Hebräischen lieferte. Hermann von der Hardt scheint der These von der einen primordialen Sprache, von der sich alle ande-

---

[26] *Elementa Chaldaica*, Helmstedt 1693 (die drei weiteren Auflagen erschienen unter dem Titel: *Via in Chaldaeam brevis et expedita*); *Brevia atque solida Hebreae linguae fundamenta*, Helmstedt 1690 (fünf weitere Auflagen); *Elementa Syriaca*, Helmstedt 1694 (zwei weitere Auflagen); *Studiosus Graecus*, Helmstedt 1699 (eine weitere Auflage).

[27] Vgl. Reuchlin: *Briefwechsel* (wie Anm. 24), Bd. 2, Nr. 194, Z. 40–47.

[28] Zur hebräischen Metrik äußert sich Hermann von der Hardt vor allem in *Tres primae Ioelis elegiae sacrae*, Helmstedt 1706. Buxtorf war in seinem *Thesaurus grammaticae linguae sanctae Hebraeae* (Basel 1651, S. 629) davon ausgegangen, daß bei einer überschüssigen Zahl von Silben diese durch Schnelligkeit und Modulation der Stimme verschluckt, bei einer fehlenden Zahl diese hingegen gedehnt und verlängert werden.

[29] Vgl. Reuchlin: *Briefwechsel* (wie Anm. 24), Bd. 2, Nr. 194, Z. 77f.: *propter Graeci Latinique sermonis, si Hebraeae linguae conferantur, pauperiem*.

ren ableiten, skeptisch gegenüber gestanden zu haben. In einem Brief an Leibniz äußert er 1696 die Auffassung, daß vermutlich bereits vor der Sintflut mehrere Sprachen bestanden hätten, die dann *ob defectum literarum* untergegangen seien.[30] Auch das Griechische, das er im Laufe der Zeit als Quelle für immer mehr Sprachen in Anspruch nimmt, bezeichnet er nie als „Ursprache". Während Reuchlin das Griechische aus dem Hebräischen hervorgehen läßt, sieht Hermann von der Hardt umgekehrt das Hebräische aus dem Griechischen kommen. Im „Studiosus Graecus" von 1699 spricht er noch lediglich von einer *harmonia* und *affinitas* zwischen dem Griechischen und dem Hebräischen, ohne eine der beiden Sprachen der anderen vorzuordnen. 1711 vertritt er dann erstmals, wenn auch noch zurückhaltend, die These von der Herkunft des Hebräischen aus dem Griechischen.[31] Für seine Behauptung führt Von der Hardt phonetische Gründe an: In der griechischen Sprache nicht zum Wortstamm gehörende Silben (Vorsilben oder zur Endung rechnende Silben) seien im Hebräischen zum Wortstamm gekommen.[32] Die Verkürzung der griechischen Worte im Hebräischen führt er auf die schnellere Aussprache der Orientalen zurück, die ihre Ursache in ihrem hitzigen Wesen hat. Dreißig Jahre später, 1741, ist schließlich das Griechische zur Grundlage aller „orientalischen Dialekte" (Hebräisch, Aramäisch, Syrisch, Arabisch) geworden.[33]

Einig waren sich Reuchlin und Von der Hardt darin, daß die Kenntnis und die Beherrschung der Sprachen des Alten und des Neuen Testaments, also des Hebräischen und des Griechischen, die unentbehrlichen Grundlagen für das richtige Verständnis der Bibel bilden. Die von ihm gestalteten Feiern zu Ehren Reuchlins und anderer Humanisten schloß Von der Hardt stets mit einem Gebet, in welchem er Gott für das Geschenk der Männer dankte, die den Zugang zum Urtext der Bibel geebnet hatten.[34] Die Reformation konnte auf dem Werk der Humanisten aufbauen; daher weist Von der Hardt ihnen eine größere Bedeutung zu als den Reformatoren; entsprechend erhält auch Reuchlin einen Ehrenvorrang vor Luther.

Gegen die Ansprüche gerade der Theologie verteidigte Hermann von der Hardt immer wieder die Eigenständigkeit der Philologie und das Studium der semitischen Sprachen: *Linguarum orientalium professio est fontium sacrorum lumen, veritatis semita, antiquitatis remotae fons, ecclesiae munimentum, communis salus* [Die Erklärung der orientalischen Sprachen ist das Licht der heiligen Quellen, der Weg der Wahrheit, die

---

[30] Siehe Leibniz: *Allgemeiner politischer und historischer Briefwechsel* (wie Anm. 20), Bd. 12, Nr. 377, 378 und 390 (mit Zitat S. 605, Z. 4f.).

[31] Vgl. Hermann von der Hardt: *De iuramento per dextrae carpum, non per femur, pro luce in Abrahami et Iacobi res gestas, Gen. XXIV,2, XLVII,29*, Helmstedt 1711, S. 9.

[32] Vgl. Hermann von der Hardt: *Iaddus pro republica. Effigies praeclari tertio ante Christum seculo summi pontificis et in populo Iudaico antistitis [...] psalmo CXIX, libris V*, Wolfenbüttel 1716, S. 58.

[33] [...] *visum integrius, omnes dialectos orientales [...] ex longaeva Graeca ortum, genium, indolem, formam et sensum impetrasse.*

[34] Siehe dazu Von der Hardt: *Aenigmata prisci orbis* (wie Anm. 18), S. 410ff.

Quelle des fernen Altertums, die Stütze der Kirche, das Heil des Staates]. Der Philologie kommt nicht nur ein zeitlicher, sondern auch ein sachlicher Vorrang gegenüber der Theologie zu. Das Ganze mündet ein in die Feststellung: *Philologia unicum theologiae praesidium* [*est*].[35] Im Vorwort zum „Festum seculare Reuchlini" erläutert Hermann von der Hardt die mühevolle Tätigkeit des Philologen und stellt einen Katalog von Pflichten für dessen Arbeit zusammen: Die Grundvoraussetzung bildet die perfekte Beherrschung der Sprache. Zu den genuinen Aufgaben des Philologen gehören das Lehren der Sprache und das Abfassen von Grammatiken, Wörterbüchern, Übersetzungen, Paraphrasen und Kommentaren. Über die Methode der Sprachvermittlung hat der Philologe zu reflektieren und sich und anderen Rechenschaft abzulegen. Das Ziel der philologischen Arbeit ist die Ermittlung des sensus literalis, den Von der Hardt als *sentencia, quam verbis intendit autor* faßt. Eine wichtige Aufgabe kommt dabei der Aufdeckung der vom Autor angewandten Stilmittel (der Redefiguren) zu. Ebenfalls von großer Bedeutung für das Verständnis ist die Analyse des Zusammenhanges, in welchem der betreffende Text steht.[36]

Für Von der Hardt stellt Johannes Reuchlin das Ideal des Philologen dar. Im „Iubilaeum Reuchlini symbolicum" von 1715 deutet er die Erzählung vom barmherzigen Samariter auf den Humanisten: Der Philologe in Gestalt Reuchlins (der Samariter) nimmt sich der unter die Scholastiker (die Räuber) gefallenen Kirche (des Verwundeten) an, während die sorglosen und nachlässigen Kommentatoren des Alten und Neuen Testaments (der Priester und der Levit) achtlos an ihr vorbeigehen. Die von Reuchlin neuentdeckten Quellen des Alten und Neuen Testaments bilden den Wein und das Öl, mit denen die Wunden des Verletzten gepflegt werden. Die Mühen des Sprachstudiums sind das Geld, das der Samariter in der Herberge für die Pflege des Überfallenen aufwendet.

Reuchlin ist nicht nur der erste wahre Philologe,[37] er ist zugleich auch der erste Märtyrer der Philologie. Reuchlins Kampf gegen Jakob Hoogstraeten und die Kölner theologische Fakultät sieht Von der Hardt als ein Spiegelbild des eigenen Kampfes gegen seine akademischen Gegner, gegen die Universität Helmstedt und die braunschweigische Regierung. Nicht zufällig entstehen in den Jahren der heftigsten Auseinandersetzungen mit den Gegnern die meisten Schriften über Reuchlin.

---

[35] Vgl. dazu auch Hermann von der Hardt: *Festum seculare Reuchlini in academia Iulia anno MDCCXIII, XIV, XV*, Helmstedt 1715, S. 4: *Philologia facit peritos theologos, ut omnes theses ex fontibus sacris cognoscere plene et diligenter docere possint. Philologia conficit vividos et promptos pastores, ut verbum Dei recte tractare, decenter explicare et illustrare et commode applicare queant.*

[36] Vgl. dazu die *philologiae puncta* auf S. 3f. der Schrift: *Philologus curatam habet linguarum notitiam, quoad omnes partes.* [...] *Methodum tradit linguas recte docendi et discendi.* [...] *Philologus attendit et explicat contextum, quia extra contextum nulla vocum significatio integra et plena. Philologus evomuit figuras orationis pro rerum et affectuum conditione. Iudicat de toto autoris stylo.* [...] *Philologus sensum cuiuscunque auctoris literalem verum proprium et integrum recenses eumque demonstrat.*

[37] Von der Hardt: *Festum seculare Reuchlini* (wie Anm. 35), S. 5: *Reuchlinus, Germanus, primus in orbe Christiano, in Europa philologus, primus Hebraicae linguae doctor* [...].

Wie dieser fühlt sich Hermann von der Hardt in seinem Kampf für die Wahrheit von den Traditionalisten verfolgt: Für leere Traditionen traten zur Zeit Jesu die Pharisäer ein, zur Zeit Reuchlins die katholische Kirche in Gestalt der Kölner Theologen; jetzt nehmen die akademischen Kollegen, die Universität und die braunschweigische Regierung diesen Platz ein. Wie Reuchlin will Von der Hardt aber standhaft bleiben und der Wahrheit den Weg bahnen.

Stephen Dörr

Von Drachen und Scheiben

Abb. 1: C. Flammarion: *L'atmosphère. Météorolgie populaire*, Paris 1888, 163;
Originallegende: *Un missionaire du moyen âge racconte qu'il avait trouvé le point où le ciel et le Terre se touchent ...*

Die historische Lexikographie beschäftigt sich mit der Geschichte der Wörter moderner und vergangener Sprachen und versucht, die Entwicklung ihrer Bedeutungen aus Texten zu ermitteln. Das ist nicht möglich ohne die enzyklopädische Kenntnis der dazugehörigen Sachen. Gerade darin liegt eben auch der Reiz: In fremde Lebenswelten einzudringen ist immer ein höchst spannendes Erlebnis. Schon 1848 formulierte Jacob Grimm im Vorwort seiner Geschichte der deutschen Sprache diese Erkenntnis:

> „Sprachforschung, der ich anhänge, hat mich noch nie in der weise befriedigen können, daß ich nicht immer gern von den wörtern zu den sachen gelangt wäre; ich wollte nicht blosz häuser bauen sondern auch darin wohnen. mir kam es versuchenswerth vor, ob nicht der geschichte unsers volkes das bett von der sprache her stärker aufgeschüttelt werden könnte, und wie bei etymologien manchmal laienkenntnis fruchtet, umgekehrt auch die geschichte aus dem unschuldigeren standpunct der sprache gewinn entnehmen sollte".[1]

Der erste Teil dieses Zitats war übrigens auch allen Bänden der Zeitschrift *Wörter und Sachen* vorangestellt, die von Rudolf Meringer gegründet worden war und die ver-

---

[1] Jacob Grimm: *Geschichte der deutschen Sprache*, Leipzig 1848, S. XIII.

suchte, Kulturen und ihren Wortschatz zu beschreiben. Der zweite Gedanke Grimms, der 'Geschichte unsers Volkes das Bett von der Sprache her aufzuschütteln', soll diesem Aufsatz als Leitmotiv dienen. Im Folgenden also versuche ich zu zeigen, wie die Philologie und die historische Lexikographie einen Erkenntnisgewinn zunächst für die Geschichtswissenschaft, dann auch für das Selbstverständnis des modernen Menschen realisieren können. Die gewählten Beispiele entstammen dem französischen Mittelalter, der Epoche, deren Aufarbeitung das altfranzösische Wörterbuch, der *Dictionnaire étymologique de l'ancien français,* für die Zeit von 842 bis 1350 zur Aufgabe hat. Dabei ist der Forschungsgegenstand über die Grenzen Frankreichs hinaus von Bedeutung. Spätestens seit dem 12. Jahrhundert hat die französische Kultur mit ihrer Literatur, ihrer Sprache und ihrem höfischen Ritus ganz Europa maßgeblich beeinflusst.

Nicht von ungefähr wählt daher die amerikanische Geschichtswissenschaftlerin Barbara Tuchman Frankreich als Schauplatz ihres Historiengemäldes, in dem sie anhand der Biografie des französischen Adligen Enguerrand de Coucy das 14. und 15. Jahrhundert nachzeichnete. Das spannend zu lesende, auch an ein breiteres Publikum gerichtete Werk trägt den Titel *A Distant Mirror*.[2] Aber können wir das Mittelalter tatsächlich wie in einem Spiegel betrachten? Ich meine, nein. Die eigene Gegenwart und die eigene Lebenswelt in eine fremde Epoche zu reflektieren kann zu Zerrbildern führen. Ein solches Einbringen der eigenen Vorstellungen geschieht wahrscheinlich vor dem Hintergrund der Selbstvergewisserung der eigenen Modernität, die auch einer der Gründe für die Mystifizierung der vergangenen Epoche ist. Angebrachter scheint mir die Haltung zu sein, das Anderssein des Mittelalters wie durch ein Fenster hindurch mit Distanz zu betrachten. Diese Alterität des Mittelalters war schon 1977 einer der drei Gründe, mit denen der Romanist Hans Robert Jauß das Forschungs- und Bildungsinteresse an der Literatur des Mittelalters zu rechtfertigen suchte.[3] Er versuchte „im Blick auf das hermeneutische Problem der mittelalterlichen Literatur die eigentümlich gedoppelte Struktur eines Diskurses zu benennen, der uns als Zeugnis einer fernen, historisch abgeschiedenen Vergangenheit in befremdender 'Andersheit' erscheint, gleichwohl aber als ästhetischer Gegenstand dank seiner sprachlichen Gestalt auf ein *anderes*, verstehendes Bewußtsein bezogen ist, mithin auch mit einem späteren, nicht mehr zeitgenössischen Adressaten Kommunikation ermöglicht".[4] Wie schwer sich die Analyse der Vorstellungswelt auf der Basis der Textzeugen aber gestalten muss und wie sehr die oben bereits genannte, oberflächlich betriebene Selbstvergewisserung der eigenen Modernität unseren Blick in der Kommunikation mit der vergangenen Epoche trüben kann, möchte ich im Folgenden zeigen.

---

[2] Barbara Tuchman: *A Distant Mirror. The Calamitous 14th Century*, New York 1978; ins Deutsche übersetzt von Ulrich Leschak und Malte Friedrich: *Der Ferne Spiegel*, verschiedene Auflagen seit 1980.
[3] Neben dem ästhetischen Vergnügen und dem Modellcharakter der Texte, s. Hans Robert Jauß: *Alterität und Modernität der mittelalterlichen Literatur*, München 1977, S. 10.
[4] Hans Robert Jauß: *Alterität und Modernität der mittelalterlichen Literatur*, München 1977, S. 14.

Die *Frankfurter Allgemeine Zeitung* vom 4. November 1992 veröffentlichte in der Rubrik Geisteswissenschaften unter dem Titel *Hundert Mark fürs Seelenheil* eine Besprechung von Akten eines Kongresses zum Thema *Kommunikation zwischen Orient und Okzident*. Der angeschlagene Ton verfestigt das nach wie vor bestehende Stereotyp vom 'finsteren (christlichen) Mittelalter', denn „außer punktuellen, oft zufälligen Vermittlungen läßt sich auf dem Gebiet der Sachkultur nur eine triste Bilanz der europäischen Lernfähigkeit ziehen". Eines der angeführten Beispiele bezieht sich auf die Geschichte der Mathematik und man erfährt, dass es über Jahrhunderte hinweg eine „Ignoranz für die hochentwickelte arabische Mathematik" gegeben habe. Bis auf zwei Sternstunden (Revolutionierung der kirchlichen Zeitrechnung durch arabische Astrolabien im 10. Jahrhundert und die *Practica Geometrica* des Leonardo Fibonacci im 13. Jahrhundert) habe in Europa bis 1500 Unkenntnis in Sachen Mathematik geherrscht.

Diese Aussage steht in deutlichem Kontrast zu vielen lateinischen und französischen Texten des Mittelalters (Hugo von Sankt Viktor, *Practica geometrie*; Johannes von Sevilla, *Liber algorismi de practica arismetrice*; Alexander von Villedieu; übersetzt und adaptiert: AlgorAlex;[5] *Artis cuiuslibet consummatio*. Teil I und III ins Französische übersetzt: GéomSGenV; etc.). Hier ein Beispiel aus einem Text des Jahres 1343, dem *Quadripartitum Numerorum* des Jean de Murs. Die Herausgeberin der modernen Edition, Ghislaine L'Huillier, stellt fest, dass die darin beschriebene Arithmetik und die Algebra auf arabisch-lateinischen Übersetzungen basiert („Les connaissances d'algèbre que possède l'Occident latin sont fondées sur l'algèbre arabe et plus particulièrement sur celle d'al-Khwarizmi"[6]). Blättert man die 510 (!) Seiten der Ausgabe des Traktates durch, so sieht man schnell, dass zumindest im intellektuellen Umfeld der Universitäten mitnichten von einer Ignoranz für die arabische Mathematik gesprochen werden kann. Zwei kurze Beispiele mögen genügen, diese Aussage zu illustrieren: Erstens (Semiliber, Kap. 35, S. 403) *Quero tibi: est quoddam avere quod in ejus duplum multiplicavi et radici exeuntis summe addidi 2 et hoc totum multiplicavi per aver predictum, et 30 denarii provenerunt. Quantum est avere?* Statt einer Übersetzung sei hier die mathematische Gleichung angeführt, die diesen Zeilen entspricht: $(\sqrt{2x^2} + 2)x = 30$. Zweitens (Semiliber, Kap. 40, S. 412) *Rursus multiplicavi radicem sextupli cuiusdam averis in radicem quintupli ejus et addidi decuplum ipsius averis et insuper numeros 20, et fuerint hec omnia sicut quadratum ipsius averis. Quantum est avere?* Die Umsetzung in eine Gleichung ergibt: $\sqrt{6x} \cdot \sqrt{5x} + 10x + 20 = x^2$.

Auf dem Gebiet der Mathematik war es folglich um die europäische Lernfähigkeit durchaus nicht so schlecht bestellt, wie die *Frankfurter Allgemeine Zeitung* argwöhnte.

---

[5] Alle hier verwendeten Sigel sind die des DEAF. Die Bibliographie, auf die ich noch zu sprechen komme, ist frei konsultierbar unter: www.deaf-page.de.

[6] Ghislaine L'Huillier: *Le Quadripartitum Numerorum de Jean de Murs*, Paris 1990, S. 51.

Aber nicht nur in den Feuilletons unserer Tageszeitungen finden sich Hinweise auf eine Sicht des Mittelalters, die sich an gängigen Stereotypen orientiert. Auch ausgewiesene Wissenschaftler scheitern zuweilen an der Aufgabe, genügend Distanz zwischen sich und den Forschungsgegenstand zu legen. Exemplifizieren möchte ich das anhand einer Passage aus dem altfranzösischen Rosenroman. Der *Roman de la Rose* ist einer der bekanntesten Texte des Mittelalters, aber auch einer, dessen tieferes Verständnis durch eine schnelle Lektüre nicht zu erlangen ist. Zwei Autoren haben ihn verfasst: Die ersten 4058 Verse stammen von Guillaume de Lorris und sind auf ca. 1230 zu datieren. Die Fortsetzung, 18000 Verse, stammt aus der Feder eines der wirkungsmächtigsten Intellektuellen des 13. Jahrhunderts, nämlich von Jean de Meun. Entstanden ist dieser zweite Teil ungefähr 1275. Ist der erste Teil eher eine Art Liebesallegorie, so stellt der zweite Teil eine Summe des Wissens des 13. Jahrhunderts dar. Vom Gesamttext gibt es mehrere wissenschaftliche Ausgaben und Übersetzungen.

Die Passage, die uns interessiert, steht im zweiten Teil und entstammt somit der Feder Jeans. In einem ungefähr 1000 Verse langen Passus, der sich mit Optik und Astronomie beschäftigt, finden sich die folgenden Verse:

> *Dragons volanz e estenceles*
> *Font il* [les corps célestes] *par l'air sembler esteles,*
> *Qui des ceaus en cheant descendent,*
> *Si con les foles genz entendent.*[7]

In der deutschen Übersetzung von Karl August Ott lesen sich die Verse folgendermaßen:[8]

> *Fliegende Drachen und Funken*
> *Lassen sie* [die Himmelskörper = Subjekt des Satzes] *in der Luft wie Sterne erscheinen,*
> *Die von den Himmeln fallend herabsteigen*
> *Wie die einfältigen Leute es verstehen.*

Die Herausgeber der Textstelle, Langlois und Henry, geben keinen Kommentar zu *dragons volanz*; die Übersetzer ins Neufranzösische, Lanly und Strubel, übersetzen *dragons volans*, also ebenfalls *fliegende Drachen*. Offensichtlich waren alle hier zitierten Autoritäten mit ihrem Text zufrieden und hielten es nicht für nötig, ihre Interpretation zu hinterfragen. Nun drängt sich aber die Frage auf, wieso die Himmelskörper fliegende Drachen wie Sterne erscheinen lassen sollen.

---

[7] RoseMLangl 18915–18918.
[8] Karl August Ott: *Guillaume de Lorris und Jean de Meun. Der Rosenroman*, München 1976–1979, 18915ff.

Drachen waren im Mittelalter ein beliebtes Motiv und finden sich in gelehrten wie auch in volkstümlichen Traditionen[9] – eine weithin bekannte Erkenntnis, die in diesem Falle einen distanzierten Blick der modernen Wissenschaftler auf den Text verhindert, denn der reale mittelalterliche Sachverhalt sieht zumindest für unser Beispiel aus dem Rosenroman ganz anders aus. Ein *dragon volant* ist im astronomischen Kontext nichts anderes als der gängige Fachterminus des französischen Mittelalters für Kometen und Meteore.[10] Die Himmelskörper erzeugen also keine fliegenden Drachen, sondern Kometen oder Meteore. Nur nebenbei angemerkt, schon der Schwabe Albertus Magnus bezweifelt in der Mitte des 13. Jahrhunderts die Existenz von fliegenden, feuerspuckenden Drachen: Ihm war klar, dass es sich bei den *dracones* um Kometen handelte.[11]

Die Bedeutung „Meteor" für *dragon* ist übrigens schon im *Französischen Etymologischen Wörterbuch* von Walther von Wartburg im Band 3 von 1934 verzeichnet.[12] Dieses Beispiel belegt, wie unser bisweilen subjektives Mittelalterbild dem richtigen Textverständnis im Wege stehen kann. Unabdingbar für die richtige Interpretation ist eine gewisse Distanz zum Text und der Wille, mittelalterliche Zeugen ernst zu nehmen. Für den richtigen Zugang steht ein philologisches und lexikographisches Instrumentarium zur Verfügung, das es zu nutzen gilt.

Das vielleicht bekannteste Zerrbild über das Mittelalter betrifft die Form der Erde. Weit verbreitet finden wir Aussagen wie: „Außerdem wurde die Erde längere Zeit als Scheibe angesehen. Erst im 15. Jahrhundert begann eine neue Phase, nachdem um 1150 zunächst das Handbuch des Ptolemäus aus dem Arabischen oder Griechischen ins Lateinische übersetzt wurde"[13] oder „Vor Kolumbus haben die Menschen ja auch an ein Ende der Welt gedacht, und dann stellte sich heraus: Die Welt ist eine Kugel. Wenn man lange geradeaus fährt, kommt man wieder am Anfang an"[14] und „Ein einfältigeres Weltbild kann man sich nicht ausdenken. Aber wie sollten die mittelalterlichen Mönche in der Enge und Beschränktheit ihrer weltabgewandten Klausuren zu wirklichkeitsnäheren Darstellungen und Auffassungen der Erde und des Universums kommen? Sie hielten sich an die Bibel, die für die Erde die Form einer Scheibe vorsieht ... Die mittelalterlichen Mönchskarten, als Radkarten gezeichnet, zeigen daher die Erde als Scheibe, zumeist kreisrund, manchmal oval, viel seltener als Rechteck ... Es ist ganz natürlich, dass die Mönche in ihrer weltfernen Versponnenheit die Erde

---

[9] Vgl. den ausführlichen Artikel im *Lexikon des Mittelalters* (LexMa) 3,1339ff.
[10] Für das Mittellateinische gibt LathamDict 1,726c als Erstbeleg einen Text von ca. 1120.
[11] *De animalibus* 25, 28, hg. von Hermann Stadler, Münster 1920 (BGPhMA 16): *Quod autem dicitur videri dracones volantes in aere qui exspirent ignem micantem, aput me impossibile est nisi sicut de vaporibus quibusdam in libro Metheororum est determinatum qui dracones vocantur.*
[12] Walther von Wartburg: *Französisches Etymologisches Wörterbuch. Eine darstellung des galloromanischen sprachschatzes*, Bonn, Heidelberg, Leipzig-Berlin, Basel 1922ff.
[13] *dtv-Atlas zur Astronomie*, hg. von Joachim Herrmann, München [12]1996, S. 15; nach Hinweis meinerseits ist die Passage in der aktuellen, der 15. Auflage, gelöscht.
[14] Fotini Markopoulou-Kalamara: *Süddeutsche Zeitung*, 12. 4. 2003.

so sahen, wie sie nach ihren Geboten und der kirchlichen Auffassung zu sein hatte, nicht aber, wie sie in Wirklichkeit war".[15] Die Erde war für die Menschen im Mittelalter also eine Scheibe – diese Auffassung ist so populär, dass sie zum typischen Mittelaltertopos der Literatur des 20. Jahrhunderts wurde. So lässt Arno Schmidt in der Einführung zu seiner Erzählung 'Kosmas oder vom Berge des Nordens' kein gutes Haar an der mittelalterlichen Geographie: „Jeder, der sich z. B. nur mit antiker Geographie befasst hat," so schreibt er, „kann ein Lied davon singen, wie es eben die büffelhafte Borniertheit der Mönche war, die über ihren christlich-topographischen Träumen fast sämtliche alten Geographen verloren gehen ließen. Das griff man doch mit Händen, dass die Erde groß und fest und stillstehend und flach war, dass die Sonne eine helle Laterne war, und der Mond eine aparte düstere – während die Heiden längst über diese primitive Welt der Erscheinungen hinaus waren".[16]

Wie kann nun ein Werk wie das altfranzösische Wörterbuch, der *Dictionnaire étymologique de l'ancien français*, Licht in die moderne Finsternis bezüglich des Mittelalters bringen? Oder kann, um nochmals Jacob Grimm in Erinnerung zu rufen, „der geschichte unsers volkes das bett von der sprache her aufgeschüttelt werden"? Hier nun ein weiterer Versuch: Im Band G des DEAF (G 857) findet sich im Artikel GLOBE die Ableitung *globosité*. Hier wird ein Beleg zitiert, der aus einem auf ungefähr 1270 zu datierenden Text mit dem Titel *Introductoire d'astronomie* stammt:

> *Et por ce fu li mondes en tel globosité criez reonz que ce est la forme qui plus apartient a parfection quar en reondesce n'a ne fin ne commencement* 'Und so wurde die Welt in der Form eines Globus (*globosité* „Kugeligkeit") rund erschaffen, weil das die Form ist, die der Vollkommenheit am nächsten kommt, denn in der Rundheit gibt es weder Anfang noch Ende'.

Am Rand des Textes steht noch eine Erklärung, eine so genannte Glosse, zu dem Wort *globosité*: *'en forme de pelote'*, 'in der Form eines Balles'.[17] Von einer Scheibe ist hier keine Rede. Der Beleg ist auch keineswegs isoliert, denn weitere Nachforschungen liefern noch zahlreiche Hinweise darauf, dass in der mittelalterlichen Vorstellungswelt die Erde durchaus als Kugel angesehen wurde. Hierzu einige wenige Beispiele. In der *Petite Philosophie*, einer in Versen verfassten Enzyklopädie, die auf das erste Drittel des 13. Jahrhunderts zu datieren ist, steht kurz und knapp: *Li mund est rund cume pelote* 'Die Erde ist rund wie ein Ball.'[18]

Eine weitere gereimte Enzyklopädie aus dem Jahr 1247, die *Image du monde*, beschreibt den Sachverhalt folgendermaßen: *Dex forma tout roont le monde Comme une*

---

[15] Vitalis Pantenburg: *Das Porträt der Erde. Geschichte der Kartographie*, Stuttgart 1970, S. 46–47.
[16] Zitiert nach Eckhard Henscheid, Gerhard Henschel, Brigitte Kronauer: *Kulturgeschichte der Mißverständnisse*, 2000, S. 105.
[17] IntrAstrD IV 2.
[18] PetPhilT 252.

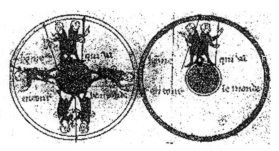

Abb. 2: Paris, BN fr.1548, f°14r° (Ende 13. Jahrhundert): *homme qui va entour le monde* (Mensch, der um die Erde geht).

pelote roonde 'Gott schuf die Erde ganz rund wie einen runden Ball'.[19] Und ergänzt: *On porroit aler environ La terre... Sus et jus quel part qu'il voudroit Ausi comme une mousche iroit Entor une pomme ronde* 'Man könnte um die Erde herumgehen... hoch und runter, so wie eine Fliege um einen runden Apfel gehen könnte'.[20] Andere Handschriften haben eine Miniatur, die zeigt, wie ein Mensch um die Erde geht (s. Abbildung 2).

Aussagen dieser Art finden sich aber nicht nur in reinen Fachtexten wie Astronomietraktaten oder Enzyklopädien, sondern auch in der schönen Literatur. Der Alexanderroman ist einer der am weitesten verbreiteten Stoffe des Mittelalters. Die erste französische Prosafassung ist auf die zweite Hälfte des 13. Jahrhunderts zu datieren. Darin findet sich eine Stelle, in der Alexander der Große Darius für verschiedene Gaben dankt, unter anderem für einen Ball. Der Autor lässt Alexander folgendermaßen zu Wort kommen: *Dont je entens par la reondece de l'estuef que je conquerrai tout le monde qui est reons* 'Ich verstehe also angesichts der Rundheit des Balles, dass ich die ganze Erde erobern werde, die rund ist'.[21] Auch Texte mit religiösem Inhalt – und das mag den modernen Leser besonders erstaunen – äußern sich in eindeutiger Weise. In einem Werk aus dem Jahr 1355, das heute den Titel *Le Pelerinage de l'Ame* trägt, also die Pilgerschaft der Seele, findet sich: *Mon ange plus haut me mena Et sus le ciel haut me monstra... Terre et enfer dedens enclos Ne me sembloient pas Que une boule* (Variante *pomme*) *petite* 'Mein Engel führte mich höher und höher, und hoch oben im Himmel zeigte er mir die Erde und die darin eingeschlossene Hölle, die mir nur wie eine Kugel (andere Handschriften haben hier: wie ein Apfel) erschienen'.[22] Die Seele schaut also von ganz oben auf die Erde herab, die die Form einer Kugel hat. Als letztes Beispiel soll eine Passage aus dem fiktiven Reisebericht von Jean de Mandeville aus dem Jahr 1356 dienen. Jean berichtet hier von Byzanz:

---

[19] ImMondeOct²S°f°40v°.
[20] ImMondeOct²S°f°41r°.
[21] AlexPrH 75,31.
[22] PelAmeS 8937.

> *Et devant cele eglise est l'ymage Justineen l'emperour coevere d'or ... et soleit tenir un pomme reonde dorré en sa main, mais elle piecea est cheue fors...Et ceo dit homme qe signifie ceo qe l'emperour ad perdu grant partie de sa terre et de sa seignurie... Celle pomme signefioit la seignurie qe il avoit sor le monde que est rondez* 'Und vor dieser Kirche steht die vergoldete Statue des Kaisers Justinian, die einen goldenen Apfel in ihrer Hand gehalten hatte, der aber vor langer Zeit heruntergefallen ist. Und man sagt, dass das bedeutet, dass der Kaiser einen großen Teil seiner Länder und seiner Macht verloren hat... Dieser Apfel bedeutete die Herrschaft, die er über die Welt hatte, die rund ist'.[23]

Weitere Beispiele dieser Art sind leicht zu finden. Ihre Zahl geht – allein für den Bereich des Altfranzösischen – in die Dutzende. Was man hingegen nicht findet, sind Hinweise auf die dem Mittelalter unterschobene Vorstellung der Scheibenform. Sie ist erst eine Erfindung der modernen 'Wissenschaften'.

Geisteswissenschaftliche Grundlagenforschung, hier die Lektüre und Interpretation von Texten im Rahmen der Redaktion des altfranzösischen Wörterbuchs, konnte die angeführten Belege erschließen, die zeigen, dass unsere mittelalterlichen Vorfahren von der Kugelform der Erde ausgingen und somit der Auffassung der Antike folgten. Es war das allgemeine Wissen.

Eine nicht zu unterschätzende Rolle kommt bei dieser Art von Forschung der kritischen Bibliographie des DEAF[24] zu. Sie verzeichnet mehr als 2500 Quellentexte in mehr als 5000 Ausgaben. Diese Texte sowie 5600 Handschriften werden datiert und, wenn möglich, lokalisiert. Indices verweisen auf mehr als 900 mittelalterliche Autoren. Aufgrund der Struktur der Sigel lassen sich auch Texte, die in der gleichen Tradition stehen, leicht identifizieren. Die Bibliographie ist, nicht zuletzt auch durch Konkordanzen zu anderen Bibliographien und Wörterbüchern, der Schlüssel zur altfranzösischen Literatur und ermöglicht daher eine Recherche in den Texten der wichtigsten mittelalterlichen Volkssprache, die Träger jener Kultur war, die Westeuropa von Schottland bis Sizilien maßgeblich beeinflusst hat.

Ich hoffe gezeigt zu haben, wie die Beschäftigung mit Texten und die im Rahmen des *Dictionnaire étymologique de l'ancien français* geleistete Aufarbeitung des Wortschatzes unsere Kenntnis der Identität oder der Alterität des Mittelalters auf eine

---

[23] JMandLD 97; ich teile im übrigen nicht die Sicht des bedeutenden Historikers Percy Ernst Schramm, dass diese Kugel „nur noch ein für *mundus* gesetztes 'Sinnzeichen', eine Chiffre [ist], die an und für sich auch anders hätte aussehen können", *Sphaira, Globus, Reichsapfel*, Stuttgart 1958, S. 178. Er geht außerdem von einer durchaus vorhandenen Vorstellung von der Erde als Scheibe aus (z.B. S. 29: Überschrift *Der ORBIS (Erdscheibe) unter der Himmelsglocke*), ohne dafür textuelle Belege zu liefern. Zwei Belege für die Scheibe stammen aus Handschriften, in denen eine dreidimensionale Abbildung zu der jeweiligen Zeit nicht möglich war.

[24] *Dictionnaire étymologique de l'ancien français, Complément bibliographique 2007*, hg. von Frankwalt Möhren, Tübingen 2007; siehe auch Anmerkung 5.

neue Basis stellen kann. Als Leitmotiv dient – neben dem reinen Erkenntnisgewinn – die Formel, die Hans Robert Jauß in eine rhetorische Frage gegossen hatte:

> „Warum sollten wir nicht auch in dieser Alterität des Mittelalters eine Seite seiner Modernität für uns wiederentdecken?".[25]

---

[25] Hans Robert Jauß: *Alterität und Modernität der mittelalterlichen Literatur*, München 1977, S. 47.

MARTINA EICHELDINGER

Von Meteoren und Meteorologen.
Wissenschaftsgeschichte im Spiegel von Goethes Wortschatz

In Goethes intensiver Auseinandersetzung mit nahezu allen Bereichen der zeitgenössischen Wissenschaften spiegelt sich in vielfacher Weise der epochale Übergang von der älteren Naturforschung, die auf der Vorstellung der harmonischen Einheit der Natur beruht, und den sich allmählich in eine Vielzahl von Einzeldisziplinen differenzierenden modernen empirischen Naturwissenschaften. Daß sich Goethes Weltbild und das seiner Zeitgenossen deutlich von unserem heutigen unterscheidet, läßt sich zuweilen bis in die Semantik einzelner Wörter hinein verfolgen, wie im Folgenden anhand von wenigen Beispielen aus dem Bereich der 'Himmelskunde' gezeigt werden soll.[1]

Neben methodischen Differenzen besteht ein gravierender Unterschied zwischen der Naturforschung bis zum 18. Jahrhundert und den modernen Naturwissenschaften darin, daß der heute übliche Fächerkatalog damals erst im Entstehen begriffen war, was nicht zu unterschätzende Auswirkungen auf wissenschaftliche Fragestellungen und Theoriebildung hatte. Astronomie z. B. wurde an den Universitäten als Teilgebiet der Mathematik gelehrt, die ihrerseits an der jeweiligen Philosophischen Fakultät angesiedelt war. Aus praktischen Gründen gehörte zu den Aufgaben der Sternwarten neben der Beobachtung der Himmelskörper üblicherweise auch die der Witterung. Als eigenständige wissenschaftliche Disziplin etablierte sich die Meteorologie erst im Laufe des 19. Jahrhunderts.

In seinem auf die Erwartungen eines höfischen Publikums und auf die Anforderungen eines repräsentativen Anlasses zugeschnittenen *Maskenzug 1818* läßt Goethe den Reigen personifizierter Wissenschaften als „geschäft'ge Dienerinnen" (Vs. 933) des Fürstenpaars auftreten: an erster Stelle erscheint die „Himmelskunde", gefolgt

---

[1] Meine Recherchen in Goethes Wortschatz stützen sich auf das Belegarchiv des Goethe-Wörterbuchs, Arbeitsstelle Tübingen, auf die CD-ROM *Goethes Werke (Weimarer Ausgabe)*, Chadwyck-Healey Ltd., 1995 und auf die als Typoskript vorliegende Wortliste Goethe, *Index Verborum* [...] *nach dem Archivbestand des Goethewörterbuchs mit Mengenangaben und Belegverteilung auf die verschiedenen Textsorten*, Stand 2005, bearb. von Norbert Machheit, Tübingen. – Als Zitiergrundlage dient die sog. Weimarer Ausgabe, *Goethes Werke*, hg. im Auftrag der Großherzogin Sophie von Sachsen, 133 Bde. in 143 Teilen, Weimar 1887-1919 (zitiert als WA mit Angabe von Abteilung, Band und Seite) sowie für naturwissenschaftliche Texte: Goethe: *Die Schriften zur Naturwissenschaft. Vollständige mit Erläuterungen versehene Ausgabe im Auftrage der Deutschen Akademie der Naturforscher Leopoldina*, hg. von Dorothea Kuhn und Wolf von Engelhardt, Weimar 1947ff. (zitiert als LA mit Angabe von Abteilung, Band und Seite).

von „Erdkunde", „Botanik" und „Feldbau" (WA I 16, S. 303f.); die Zuständigkeit der Himmelskunde erstreckt sich auf die Erforschung der Sterne und des Wetters:

> „[S]ie zeichnet rein den Gang der Sphäre, | Ihr Griffel regelt Nacht und Tag; | Der launenhaften Atmosphäre, | Dem Grillenwechsel forscht sie nach" (Vs. 937–940).

In welch hohem Maß die verschiedenartigen 'Himmelserscheinungen' im Bewußtsein der Zeitgenossen als zusammengehörig aufgefaßt wurden, zeigt die Verwendung von 'Meteor' bei Goethe. Während das große achtbändige *Duden-Wörterbuch der deutschen Sprache* (1993–1995) das Substantiv als der Fachsprache der Astronomie zugehörig kennzeichnet und dem heutigen Sprachgebrauch entsprechend definiert als „Leuchterscheinung, die durch in die Erdatmosphäre eindringende feste kosmische Körper [...] hervorgerufen wird", bezeichnete für Goethe und seine Zeitgenossen *das* [!] Meteor noch in Nähe zum ursprünglichen Wortsinn nahezu alle aufsehenerregenden Erscheinungen, die in der Atmosphäre oder am Firmament vorübergehend zu beobachten sind: Gewitter, Regen, Schnee und andere Niederschläge, „Höfe um Sonne und Mond [...] Nebensonnen und Nebenmonde [...] Morgen- und Abendröthe, Regenbogen [...] Fallsterne und Feuerkugeln [...] Wetterleuchten, Nordlicht und [...] alle andern etwa vorkommende Lufterscheinungen" (LA II 2, S. 81-83).

Für eine Einteilung all dieser 'Himmelsphänomene' orientiert sich Goethe an den (sichtbaren) Modalitäten ihres Erscheinens: Geht es spezieller um Niederschläge, spricht er – zeitgenössischem Usus gemäß[2] – meist präzisierend von 'wäßrigen Meteoren' (ebd., S. 80). Licht- und Farberscheinungen wie Regenbogen, Nebensonnen, Höfe um Sonne und Mond, die Goethe im Zusammenhang mit seiner Farbenlehre interessierten, bezeichnet er als 'atmosphärische Meteore' (LA I 8, S. 123), während er die Leuchterscheinungen am Nachthimmel als 'feurige Meteore' benennt (LA I 11, S. 242). Auch wenn etwa die Hälfte der 67 Belege im Archivbestand des Goethe-Wörterbuchs aus Goethes naturwissenschaftlichen Schriften stammt, verwendet er das Substantiv nicht als fachsprachlichen Teminus, der einer wissenschaftlichen Spezialdisziplin zugeordnet werden kann. Rund ein Drittel der Belege zum Stichwort 'Meteor' findet sich in dichterischen Texten, häufig liegt bildhafter und übertragener Gebrauch vor, gelegentlich auch die heute nicht mehr gebräuchliche Bedeutung 'Kuriosum, Seltenheit' (z. B. WA I 28, S. 237).

Goethes Unterscheidung zwischen 'wäßrigen', 'atmosphärischen' und 'feurigen Meteoren' basiert auf Vorstellungen von einer Himmelsarchitektur, die seit der Antike Gültigkeit beanspruchen konnten. Aristoteles lehrte, daß die höchste Himmelssphäre, in der sich die Gestirne bewegen, mit Äther ausgefüllt sei, während in den darunter liegenden Bereichen der sublunaren Welt die vier Elemente Feuer, Luft, Wasser und

---

[2] Z. B. Heinrich August Pierer: *Universal-Lexikon der Gegenwart und Vergangenheit*, 2., völlig umgearbeitete Ausg., 34 Bde., Altenburg 1840-1846, hier Bd. 19, Artikel *Meteore*.

Erde anzutreffen seien, wobei das als feinste Materie aufgefaßte feurige Element unmittelbar unterhalb des himmlischen Äthers zu lokalisieren sei und die 'groberen' Elemente sich als abgestufte Reihe bis zur Erde hinunter anschlössen (Aristoteles, *Meteorologie*, 1. Buch). Phänomene des oberen sublunaren Raums seien demnach Sternschnuppen, Kometen, aber auch die Milchstraße, die infolge des Drucks nach oben steigender Dünste unter Beteiligung des feurigen Elements zustande kämen, während in der tiefergelegenen Sphäre das Wasser seinen Einfluß bei der Entstehung von Wolken, Regen, Schnee, Hagel, Tau und Reif geltend mache. Bei Halonen, Regenbogen, Nebensonnen usw. handle es sich demgegenüber um Spiegelungserscheinungen in der Luft, die durch Lichtbrechung in der Atmosphäre hervorgerufen würden (ebd., 3. Buch). Auf Ausdünstungen der Erde führt Aristoteles die Entstehung der Winde zurück; sammeln sich diese Dämpfe dagegen im Innern der Erde, verursachten sie Erdbeben und Vulkanausbrüche (ebd., 2. Buch).

Angesichts der um 1800 noch relativ diffusen und von antiken Theorien beherrschten Vorstellungen von den 'Himmelserscheinungen' und ihren verschiedenen Ursachen stellten z. B. Meteoriten für die damalige Naturforschung in doppelter Hinsicht ein Ärgernis dar: Geradezu undenkbar schien nicht nur, daß – wie es der Augenschein nahelegte –, veritable Steine vom Himmel fallen können, sondern auch, daß diese Steine außerirdischen Ursprungs sein sollten. Diese von Ernst Florens Friedrich Chladni seit 1794 vertretene Auffassung konnte sich nur langsam durchsetzen.[3] Goethe, der den Physiker schätzte, persönlich mit ihm bekannt war und am 20.7.1816 in Weimar mit ihm eine „Unterhaltung über Meteorsteine und Klangfiguren" führte (WA III 5, S. 256), hielt es für wahrscheinlich, daß die „Himmelsteine" (WA IV 20, S. 116, Brief an Marianne von Eybenberg vom 17.7.1808) das Produkt atmosphärischer Vorgänge seien, weshalb er sie auch 'Aërolithen' (z.B. WA I 28, S. 79), 'Atmosphärilien' (z.B. WA IV 17, S. 30, Brief an Johann Georg Lenz vom 25.1.1804) oder 'atmosphärische Steine' (LA I 11, S. 243) nannte.

Goethe beschäftigte sich mit der Himmelskunde sowohl aus persönlicher Neigung als auch im Rahmen seiner amtlichen Pflichten.[4] Die sensationellen astronomischen Entdeckungen an der Wende vom 18. zum 19. Jahrhundert weckten das Interesse vieler gebildeter Zeitgenossen und scheinen Goethe nicht weniger als seinen Herzog fasziniert zu haben. Trotz seiner Vorbehalte gegen optische Instrumente unternahm er 1799 und 1800 mit einem Teleskop Mondbeobachtungen, verfolgte aufmerksam den Großen Meteor des Jahres 1811 sowie Sonnen- und Mondfinsternisse. Carl August ließ 1791 in Weimar für Himmelsbeobachtungen das sogenannte Meridianhaus errichten und gründete 1812/13 die Sternwarte zu Jena, deren Oberaufsicht Goethe übertragen wurde. Damit war dieser nicht nur für astronomische Beobachtungen und

---

[3] Günter Hoppe: *Goethes Ansichten über Meteoriten und sein Verhältnis zu dem Physiker Chladni*, in: *Goethe-Jahrbuch* 95 (1978), S. 227–240.
[4] Vgl. hierzu im einzelnen Gisela Nickel, in: LA II 2, S. 621–630.

deren Auswertung verantwortlich, sondern auch für die an der Jenaer Sternwarte durchgeführten Wetterbeobachtungen.

1815 wurde Goethe von Carl August explizit „in die Region der Meteorologie beordert" (WA IV 40, S. 191, Brief an Carl August vom 25.12.1825), indem er ihn dazu veranlaßte, sich mit Luke Howards Klassifizierung der Wolkenformationen zu beschäftigen. Durch ihre Anschaulichkeit eröffnete die Howardsche Wolkenlehre Goethe einen Zugang zur Wetterkunde, die seinem 'morphologischen' Denken entgegenkam. Er erläuterte sie in seinem 1818 entstandenen und 1820 veröffentlichten Aufsatz *Wolkengestalt nach Howard* und legte sie seinen eigenen Wolkenbeobachtungen und den Instruktionen für meteorologische Beobachter zugrunde. Unter Goethes Leitung wurde in den 20er Jahren im Großherzogtum Sachsen-Weimar-Eisenach ein modernes Netz von meteorologischen Meßstationen aufgebaut, von dem man sich Aufschluß über die Ursachen des Witterungsverlaufs und zuverlässige Wetterprognosen versprach. Diese optimistischen Erwartungen erfüllten sich nicht. Nach einer euphorischen Anfangsphase erkannte Goethe die Schwierigkeit, aus dem komplexen Gemenge von Faktoren, die das Wetter beeinflussen, den Witterungsverlauf vorherzusagen (vgl. etwa WA IV 34, S. 113, Brief an Carl August vom 24.1.1821). Carl August als Geldgeber der Meteorologischen Anstalten und Goethe als deren verantwortlicher Leiter mußten sich eingestehen, daß so bald nicht mit Ergebnissen zu rechnen war, die sich unmittelbar praktisch nutzen ließen. „Müssen wir aufgeben, den Witterungswechsel vorauszusagen, so werden wir gewiß über Gegenwart und Vergangenheit klarer, welches immer schon viel heißen will" (WA IV 39, S. 59), rechtfertigt Goethe die ihm unterstellte meteorologische Grundlagenforschung in einem Brief an Carl Friedrich von Reinhard vom 26.12.1824. Als nach Carl Augusts Tod im Jahr 1828 die finanzielle Förderung entfiel, mußten die Beobachtungsstationen schrittweise aufgelöst werden. „Das Studium der Witterungslehre geht, wie so manches Andere, nur auf Verzweiflung hinaus", schrieb Goethe am 4.3.1829 resigniert an Carl Friedrich Zelter (WA IV 45, S. 188).

Schon in früheren Jahren, zumal auf seinen Reisen nach Italien und in die Schweiz hatte Goethe Witterungsphänomene aufmerksam verfolgt und beschrieben. Nach 1815 jedoch verändern sich Intensität und Qualität seiner Wetterbeobachtungen. Während bis dahin detaillierte Deskriptionen in poetischer Sprache und Mitteilungen der subjektiven Auswirkungen von Witterung und Witterungsveränderungen vorherrschten, treten nun die administrativen und organisatorischen Gesichtspunkte seiner oberaufsichtlichen Tätigkeit sowie die systematische Beschäftigung mit dem Wetter als Forschungsgegenstand in den Vordergrund. Goethe überwand seine Abneigung gegen Mathematik und mathematische Verfahren, förderte Sammlungen umfangreicher Datenreihen, ließ regelmäßig Messungen von Temperatur, Luftdruck, Luftfeuchtigkeit usw. vornehmen, die Werte tabellarisch erfassen, vergleichen und quantitativ auswerten und war mit den damals gebräuchlichen Instrumenten wie Barometer, Thermometer, Hygrometer, Thermometrograph, Luftelektrizitätsmesser, Hyetometer und Kyanometer vertraut.

Bis in seinen Wortschatz hinein macht sich diese Neuorientierung bemerkbar: Ab ca. 1816 verwendet Goethe gehäuft die Begriffe 'Meteorologe', 'Meteorologica', 'Meteorologie' und 'meteorologisch'; einige von ihnen begegnen bei ihm in diesem Zeitraum zum ersten Mal; bei allen fällt eine Konzentration in Briefen und Tagebucheintragungen auf, was auf eine deutliche Präsenz der Thematik in Goethes Alltag schließen läßt. Von (einem) Meteorologen ist ausschließlich in Briefen zwischen 1817 und 1823 die Rede, wobei nicht nur Mathematiker bzw. Astronomen mit entsprechendem Arbeitsgebiet in Betracht kommen, sondern auch die als Beobachter an den meteorologischen Stationen des Großherzogtums tätigen Laien mit unterschiedlichem Wissensstand („Instrucktion für den Meteorologen des Ettersberg", WA IV 28, S. 332, Brief an Carl August vom 14.12.1817) und der mit den Auswirkungen von Wetter und Klima auf die menschliche Gesundheit vertraute Naturkundige (WA IV 37, S. 240, Brief an Christoph Wilhelm Hufeland vom 15.10.1823). 'Meteorologica' erwähnt Goethe nur im Zeitraum von 1819 bis 1827 und vorwiegend in seinen z. T. stichwortartigen Tagebuchaufzeichnungen als knappen Hinweis auf die Wetterkunde betreffende (dienstliche) Angelegenheiten, Beobachtungen, Gespräche, Publikationen oder auf die eigenen Arbeiten in diesem Bereich. In Goethes Schriften findet sich der erste Beleg für 'Meteorologie' in einem Brief an Thomas Seebeck vom 29.3.1808, in dem Goethe den Physiker zu naturwissenschaftlichen Experimenten nach Weimar einlädt:

„Durchlaucht der Herzog interessiren sich gegenwärtig sehr für Meteorologie. Wollten Sie sich hierauf vorbereiten, so würden Sie auch von dieser Seite wohl empfangen seyn und es geschähe mir ein großer Gefalle, weil ich wünsche, daß die zu machenden Anstalten durchaus zweckmäßig wären" (WA IV 51, S. 232).

Alle anderen Belege stammen, soweit sie zu datieren sind, aus dem Zeitraum ab 1817. Bei etwa der Hälfte von knapp 300 Belegen zum Stichwort 'meteorologisch' handelt es sich um Tagebucheintragungen aus dem Zeitraum 1816 bis 1830, jeweils über 50 Belege finden sich in Goethes Briefen und amtlichen Schriften, rund 30 in naturwissenschaftlichen Texten und nur ein einziger Beleg aus den *Tag- und Jahres-Heften* zum Jahr 1821 stammt aus der Abteilung 'Werke' der Weimarer Ausgabe („Meteorologie ward fleißig betrieben", WA I 36, S. 209). Ähnliche Befunde ergeben sich für Stichwörter wie 'Wetterkunde', 'Wetter-' bzw. 'Witterungsbeobachtung', 'Barometer' und 'Barometerstand', die Goethe terminologisch und durchweg monosem gebraucht.

Obwohl sich die Meteorologischen Anstalten des Großherzogtums unter Goethes Regie und dank seines Engagements modernster wissenschaftlicher Methoden bedienten und Goethe mit Enthusiasmus an ihrer Arbeit teilnahm, blieb er in seiner eigenen hochgradig spekulativen meteorologischen Theorie einem 'vorwissenschaftlichen' Ansatz verpflichtet. Bereits 1805 hatte er in einem seiner physikalischen Vorträge vor der Weimarer Mittwochsgesellschaft den Grundgedanken seiner sogenannten tellurischen Hypothese zur Wetterentstehung formuliert, wonach Schwankungen der Gravitationskraft den Luftdruck beeinflussen, in dem Goethe den wichtigsten Faktor für das Witterungsgeschehen zu erkennen meinte (LA II 2, S. 261); andere mögliche Einflüsse, die in der damaligen Forschung diskutiert wurden, wie die des Mondes oder der Gestirne, verneinte er dagegen strikt (vgl. LA I 11, S. 245f. und 267). Auch wenn Goethe seine Hypothese in dem 1814 niedergeschriebenen Anfang der *Italiänischen Reise* etwas kokett als „Grille" bezeichnete (WA I 30, S. 18), hielt er unbeirrbar an ihr fest, versuchte sie durch sorgfältiges Sammeln von Meßdaten und Vergleichen der Barometerstände an verschiedenen Standorten zu verifizieren und legte sein meteorologisches „Glaubensbekenntniß" (WA IV 39, S. 87, Brief an Carl August vom 17.1.1825) in dem (erst 1833 veröffentlichten) *Versuch einer Witterungslehre* in seiner endgültigen Form nieder. Goethe unterscheidet „zwei Grundbewegungen des lebendigen Erdkörpers" und faßt „sämtliche barometrische Erscheinungen als symbolische Äußerung derselben" auf (LA I 11, S. 262): Die Erdrotation verursache die im Tagesverlauf zu beobachtende Oszillation des Luftdrucks; eine zweite Bewegung, die sich „einem Ein- und Ausatmen vom Mittelpunkte gegen die Peripherie vergleichen" lasse (ebd., S. 263), mache sich durch „Steigen und Fallen des Barometers" und die entsprechenden Wetterlagen bemerkbar. Verallgemeinernd sei festzustellen, daß die verstärkte Anziehungskraft der Erde die Elemente 'bändige', deren Verminderung jedoch die Willkür der Elemente entfessele. Daher vermutete Goethe zeitweilig sogar für „Erdbeben, vulkanische Ausbrüche, atmosphärische Feuerkugeln und Meteorsteine" einen Zusammenhang mit dem Barometerstand (LA I 11, S. 243), was verblüffende Parallelen aufweist zu Aristoteles' Erklärung des sublunaren Naturgeschehens bis hin zu seismischen Ereignissen durch die Druckwirkung atmosphärischer bzw. tellurischer Ausdünstungen.

In Goethes aus heutiger Sicht bizarr erscheinenden Theorie des Witterungsgeschehens überlagern sich tradierte Denkmodelle und moderne naturwissenschaftliche Erkenntnisse: Goethe spricht von Erdanziehungskraft, Luftdruck und Barometerständen, verbindet diese Begriffe jedoch mit der antiken Elementenlehre und mit der organizistischen Vorstellung vom Ein- und Ausatmen der Erde, die er in einem thematisch verwandten Brief an den Berliner Staatsrat Christoph Ludwig Friedrich Schultz vom 9.12.1822 'die jung-alte Mutter' nennt (WA IV 36, S. 226). Insgesamt scheint Goethes tellurische Hypothese trotz der Berücksichtigung aktueller empirischer Forschungsergebnisse und trotz seiner Annäherung an die exakten Wissenschaften der Aristotelischen Physik näher zu stehen als der zeitgenössischen Wetterkunde. Man muß diesen Befund nicht notwendigerweise als persönliches Versagen des 'Laienforschers' Goethe interpretieren, sondern kann darin einen symptomatischen Zug der Naturforschung um 1800 erblicken, die eine Phase radikaler Veränderungen erlebt. Ebenso wie in der zeitgenössischen szientifischen Landschaft tradierte Auffassungen und revolutionäre Erkenntnisse aufeinandertreffen, stehen auch in Goethes Denken entgegengesetzte Tendenzen in spannungsreicher Wechselwirkung, was seine naturwissenschaftlichen Schriften für kultur- und wissenschaftsgeschichtliche Fragestellungen zu ausgesprochen spannenden und ergiebigen Dokumenten macht.

Susann El Kholi

Schlesisch-pfälzische Beziehungen am Beispiel des Heidelberger Theologen Abraham Scultetus (24. 8. 1566 – 24. 10. 1624)

Mit schlesisch-pfälzischen Beziehungen befasste sich im Jahr 1929 bereits Gustav Hecht, der einen Überblick über Schlesier gab, die im 16. und 17. Jahrhundert in die Pfalz abwanderten.[1] Gegenstand dieses Beitrags soll eine Auswahl schlesisch-pfälzischer Beziehungen ganz verschiedener Art sein, die zentriert sind um die Person des zu Grünberg/Schlesien geborenen Abraham Scultetus. Erste Anhaltspunkte gibt Scultetus' Lebensweg: Ab 1590 studierte er in Heidelberg, wurde 1595 Hofkaplan und wirkte von 1615 bis zum Herbst 1619 als Professor für Altes Testament in Heidelberg. Friedrich V. begleitete er als Hofprediger nach Prag.[2]

Seiner schlesischen Heimat blieb Scultetus, wie mehrere Widmungsschreiben seiner Werke verdeutlichen, immer eng verbunden. Einige dieser Dedikationen sind an schlesische Landsleute gerichtet: Band 1 der *Medulla patrum* (1598) an den kaiserlichen Rat Joachim von Berge (1526–1602) und Georg von Dyrhn (gest. 1602), Beisitzer des Hofgerichts zu Glogau, die beiden folgenden Bände (1605 und 1609) an Christian Wolfgang und Johann Christoph von Niebelschütz bzw. an Wenzeslaus (II) von Zedlitz (1551–1613), Landeshauptmann von Liegnitz, und (Hans) Johann Nostiz zu Strenz (1562–1616), Landeshauptmann von Wohlau. Scultetus suchte Nostiz auch im Jahr 1614 auf seiner Reise von Berlin nach Schlesien auf; er zählt ihn bei dieser Gelegenheit zu *seinen guten Freunden und Gönnern*.[3]

In dem 1605 erschienenen Nachdruck des ersten Bandes der *Medulla patrum* veröffentlichte Scultetus ein Gedicht auf den Tod Joachims von Berge (fol. [β 3ᵛ- β 4ʳ]). Erwähnt wird hier auch der Neffe und Erbe des Verstorbenen, Georg Christoph von Berge zu Herrndorff und Kladen (1574–1627), der das Andenken seines Onkels vor dem Vergessen bewahren wird (V. 20–23). Der nachmalige Hauptmann des Fürsten-

---

[1] Gustav Hecht: *Schlesisch-kurpfälzische Beziehungen im 16. und 17. Jahrhundert*, in: *Zeitschrift für die Geschichte des Oberrheins* 81 NF 42 (1929), S. 176–222.
[2] Ein Überblick zu Scultetus' Biographie bei: Gustav Adolf Benrath: *Abraham Scultetus*, in: *Pfälzer Lebensbilder*, Bd. 2, hg. von Kurt Baumann, Speyer 1970, S. 97–116.
[3] Ders. (Hg.): *Die Selbstbiographie des Heidelberger Theologen und Hofpredigers Abraham Scultetus (1566–1624)*, Karlsruhe 1966 (= *Veröffentlichungen des Vereins für Kirchengeschichte in der evang. Landeskirche in Baden* XXIV), S. 71.

tums Sagan war nach Ausweis von Scultetus' Selbstbiographie einer seiner Hausschüler in Heidelberg. An vermittelten Lehrinhalten wird summarisch die Theologie genannt; Benrath vermutet als Grundlage das Manuskript *Methodica theologia tradita a Magistro Abrahamo Sculteto Grünbergensi Silesio*.[4]

Scultetus' *Ethicorum libri duo*, die erstmals 1593 erschienen und 1603 zusammen mit einer Edition von Laelius Peregrinus' *De noscendis animi affectionibus* erneut aufgelegt wurden, sind ebenfalls an Georg Christoph von Berge sowie an Wolfgang von Rothkirch auf Panthen und Schwenckfeld (1573–1620), fürstlich-liegnitzischer Rat und Landeshauptmann, gerichtet. Sie gaben, wie der Zueignung entnommen werden kann, den Anstoß zur Abfassung der *Ethicorum libri* und begleiteten ihren Lehrer um 1593 auf einer Reise. Als Georg Christoph nach dem Tod seines Vaters nach Hause berufen wurde, brachte Scultetus ihn nach Schlesien. Rothkirch gehörte ebenfalls zu jenen, die Scultetus während seiner Heidelberger Zeit privat unterrichtete. Scultetus bezeichnet ihn in seiner Autobiographie als seinen *Hausgenoßen*. Im Sommer 1593 unternahm er zusammen mit ihm und Friedrich von Sack eine Reise nach Württemberg. Auf seiner Reise nach Schlesien 1614 suchte Scultetus u. a. auch Rothkirch auf. Dieser bedachte Scultetus' Tochter in seinem Testament.[5] Scultetus widmete Rothkirch ferner als Neujahrsgabe seine 1612 erschienene Edition von Johann Jakob Grynaeus' (1540–1617) *Epistulae*. U. a. erwähnt er hier, dass er dereinst in Heidelberg Rothkirchs Studien leitete. Im Jahr 1616 eignet der aus Leonberg/Schlesien stammende und als pfälzischer Hofgeistlicher wirkende Nikolaus Eck (1616–1634) ihm auf Scultetus' Wunsch auch dessen Predigten zum Hebräerbrief zu.

Von Emden aus, der letzten Station auf seinem Lebensweg, wo er seit 1622 als Prediger wirkte,[6] dedizierte Scultetus dem Burggrafen Abraham zu Dohna (1579–1631) 1624 seine *Exercitationes evangelicae*. Obschon aus einem böhmischen Adelsgeschlecht stammend und zum preußischen Zweig der Familie gehörend sei der Burggraf hier aufgenommen, da die Dohnas u. a. auch in Schlesien begütert waren.[7] Aus der Widmungsvorrede zu den *Exercitationes* geht hervor, dass der Adressat einst nach Reisen durch Frankreich und Italien nach Heidelberg zurückgekehrt, aus keinem anderen Grund in Scultetus' Hausgemeinschaft leben wollte, als dass man die Zusammenstellung der gesamten rechtgläubigen Theologie seinem Sinn und Geist aufdrückte. Und zwar jene Theologie, die nach der bewunderungswürdigen Vorgehensweise von

---

[4] Berlin, SBPK, Tübinger Depot der Staatsbibliothek, Ms. lat. quart. 20, S. 377^r-486^v; vgl. Benrath: *Selbstbiographie*, a. a. O., S. 28f., 106–108 (Inhaltsübersicht).
[5] Ebd.: S. 28f. (Zit. S. 28), 31f., 71.
[6] Ebd.: S. 97.
[7] Vgl. Gerhard Köbler: *Historisches Lexikon der deutschen Länder. Die deutschen Territorien vom Mittelalter bis zur Gegenwart*. München ^{6}1998, S. 133f. s. v. Zu Abraham zu Dohna: Bernd Prätorius und Wilhelm Kühlmann: *Dohna, Abraham Burggraf zu*, in: Killy ^{2} 3 (2008), S. 77; Hans-Jürgen Bömelburg: *Reformierte Eliten im Preußenland. Religion, Politik und Loyalitäten in der Familie Dohna (1560–1660)*, in: *Archiv für Reformationsgeschichte* 95 (2004), S. 210–239.

einem Mann gesegneten Angedenkens, Bartholomaeus Pitiscus (1561–1613) beschrieben (i.e. die *Synopsis theologiae methodicae*. 1606), von Scultetus aber durch einen kurzen und klaren Abschnitt über die Streitigkeiten, die man mit den Anhängern des Papstes und den Ubiquitariern austrägt, vermehrt worden war. Abraham zu Dohna konvertierte in Heidelberg vom Luthertum zum Calvinismus; den starken Einfluss, den Scultetus auf sein religiöses Leben nahm, dokumentiert ein Brief Abrahams an seinen Bruder Christoph.[8]

Ferner erfahren wir aus der Vorrede zu den *Exercitationes*, dass der Burggraf nicht nur in der Pfalz, sondern auch in Jülich, Holland, Köln, in der Mark [Brandenburg] und in Schwalbach/Hessen mit Scultetus Umgang pflegte und hier stets mit Wohltaten gegenüber diesem hervortrat. Haus- und Tischgemeinschaft in Heidelberg ist Scultetus' Autobiographie zum Jahr 1601 zu entnehmen.[9] 1610 nahm der Theologe als Feldprediger Christians von Anhalt am Jülichen Krieg teil und hielt sich bei dieser Gelegenheit in Jülich und Köln auf. Den als obersten Quartiermeister eingesetzten Burggrafen begleitete er nach Holland. Die Begegnung in Brandenburg wird im Zuge der erwähnten Reise nach Schlesien 1614 erfolgt sein. Scultetus berichtet ferner von mehrmaligen Predigten zu Schwalbach 1616 in Gegenwart Abrahams zu Dohna, wo er ebenfalls u. a. mit diesem Haus- und Tischgemeinschaft pflegte.[10]

Auch in Breslau reichte Abraham zu Dohna Scultetus' Familie, die durch die Niederlage von Prag (Schlacht am Weißenberg, 8. 11. 1620) fast aller Güter beraubt worden war, mit freigebiger Hand neue Mittel zur Wiederherstellung des Haushalts dar. Scultetus schildert die Episode der Flucht nach Breslau zwar in seiner Autobiographie, der Name Abrahams zu Dohna bleibt jedoch unerwähnt; gleichwohl wird ein *getreuwer Freund* genannt, in dessen Obhut Scultetus und die Seinen wegen winterlicher Verhältnisse verweilten.[11] Wie Scultetus erwähnt, folgte ihm jene ausgezeichnete Güte des Adressaten mit denkwürdigem Beispiel der beständigen Milde auch an die Ems. Auch dazu schweigt die Autobiographie, die aber wohl die Berufung, die Reise und die Ankunft in Emden beschreibt.[12]

1624 schließlich widmete Scultetus dem Burggrafen seine Autobiographie. Das Fürstlich Dohnasche Archiv zu Schlobitten bewahrte ferner 22 Briefe Scultetus' an Abraham, Fabian, Achatius und Christoph zu Dohna auf, zudem eine vom 1. 8. 1604 datierende *Anweisung, wie ein junger Prinz zu unterweisen sey*, die seit 1945 als vernichtet gelten.[13]

Neben Vertretern des Adels finden sich auch bürgerliche Widmungsträger: So ist die Ausgabe von George Abbots (1562–1633) *Explicatio sex illustrium quaestionum*

---

[8] Zit. des Briefes bei Benrath: *Selbstbiographie*, a. a. O., S. 9f. Anm. 28.
[9] Ebd.: S. 41.
[10] Ebd.: S. 50–52, 73.
[11] Ebd.: S. 91f. (Zit. S. 92).
[12] Ebd.: S. 97–100.
[13] Vgl. ebd.: S. 7 Anm. 24.

(1616) dem reformierten Theologen Martin Füssel (1571–1626) zugeeignet, der – wie Scultetus selbst – als Student von Joachim von Berge finanziell unterstützt wurde und als Prediger zunächst u. a. in Kladen wirkte. 1614 siedelte er nach Berlin über, wo im September des Jahres eine erste Vorstellung vor der Domgemeinde durch Scultetus erfolgte.[14] Aus der Vorrede zu der Edition von Abbots *Explicatio* geht hervor, dass Füssel ihn zwei Jahre zuvor gebeten hatte, ihm, was er in England an Schriften gesammelt hat, die der Lektüre würdig und bei den Deutschen noch unbekannt sind, auch durch die Hand der Drucker mitzuteilen.

Die Ausgabe der Thekritosscholien des Zacharias Kallierges aus dem Jahr 1601 ist Martin Mylius (1542–1611) und Melchior Lauban (1568–1633) gewidmet, die als Lehrer, Rektor bzw. Prorektor u. a. an den Gymnasien zu Görlitz und Goldberg wirkten.[15] Gedacht ist das Werk als Hilfsmittel für die Schüler der Adressaten. Der Herausgeber verweist in seiner Widmung ausdrücklich auf die gemeinsame Heimat.

Schlesische Spuren finden sich überdies in anderen Paratexten zu Werken des Scultetus. So verfasste Melchior Lauban ein Gedicht auf die 1595 erschienenen *Sphaericorum libri tres*, ein weiteres an Abraham Scultetus im Rahmen der *Medulla*, Band 1 (³1605), wie er auch für den dritten Band der *Medulla* (1609) dichterisch tätig war. Der ebenfalls aus Schlesien stammende David Pareus (1548–1622), wie Scultetus Professor der Theologie in Heidelberg, trug eine Vorrede zum ersten Band dieses Werkes bei (1598).

Seinen Landsmann Laurentius Ludovicus (1536–1594), der zunächst als Prorektor, dann als Rektor des Gymnasiums zu Görlitz tätig war, würdigte Scultetus 1614 mit der Edition von dessen *Orationes de veteris ecclesiae certaminibus ab Ario, Nestorio, Eutyche aliisque motis*. In der Vorrede an den Leser hebt er u. a. Ludovicus' Verdienste um das Gymnasium zu Görlitz hervor und verweist auf die einstige Schülerschar, die heute bedeutende Stellungen bekleidet. Auf Anregung Martin Mylius' verfasste Scultetus die erstmals 1594 erschienene Vita des Laurentius Ludovicus, die auch als Anhang zu Ludovicus' *Analysis trium dialogorum episcopi Cyri* [...], herausgegeben von Georg Ludovicus, abgedruckt wurde (1604) und ferner in Melchior Adams Sammlung Vitae *philosophorum* einging (1615). Scultetus selbst verweist in seiner Autobiographie auf diese Rezeption.[16]

Bereits im Jahr 1595 hatte Scultetus mit der *Trigonometria sive de solutione triangulorum* das Werk eines weiteren Landsmannes, des erwähnten Bartholomaeus Pitiscus, herausgegeben, der ihm seit dem gemeinsamen Schulbesuch 1588 zu Breslau

---

[14] Ebd.: S. 70.
[15] Zu Martin Mylius: Richard Jecht: *Quellen zur Geschichte der Stadt Görlitz*, Görlitz 1909, S. 181f., 186, 203, 221. Zu Melchior Lauban: Ewa Pietrzak und Michael Schilling: *Der Brieger Rektor Melchior Laubanus (1568-1633) und seine Thermocrena Schafgotschia (1630) als Seitenstück zur Nimfe Hercinie des Martin Opitz*, in: Schlesische Gelehrtenrepublik, Bd. 1, hg. von Anna Mańko-Matysiak, Breslau 2004, S. 146–174.
[16] Benrath: *Selbstbiographie*, a. a. O., S. 33, zu Laurentius Ludovicus: ebd.: S. 22f., 33.

bekannt war. Gleich ihm studierte Pitiscus zunächst in Heidelberg und wirkte später am kurfürstlichen Hof als Prediger.[17] Die Vorrede richtet Scultetus an den Rat seiner Heimatstadt Grünberg. Pitiscus selbst verfasste im Rahmen der *Trigonometria* ein Widmungsschreiben an einen Verwandten von Abraham Scultetus: David Scultetus. In einem Brief an Johann Jakob Grynaeus vom 19. 9. 1613 betrauert Scultetus Pitiscus' Tod.[18]

Abschließend sei erwähnt, dass der genannte Nikolaus Eck weitere Werke Scultetus' herausgab: im Jahr 1618 die *Psalmpostill*, zudem Scultetus' und Johann Bockstads *In epistula ad Romanos conciones ideae* [...] (1619), *Fünff Predigten über die Histori von der Auferweckung Lazari zu Bethanien* (1621), *Sechs Predigten über das achte Capitel der Epistel an die Römer* [...] (1621) sowie *Zwölff Predigten über das 11. Capitel der Epistel an die Hebreer* (1621).

Die Ausführungen haben gezeigt, dass die schlesisch-pfälzischen Beziehungen um Abraham Scultetus vielfältig sind: Der gebürtige Schlesier verbrachte einen Großteil seines Lebens in der Pfalz, wo er eng mit dem kurfürstlichen Hof und der Universität Heidelberg verbunden war. Widmungsschreiben sind an schlesische Landsleute gerichtet wie diese auch als Beiträger in Prosa und Vers in seinen Werken hervortreten. Scultetus gab literarische Erzeugnisse von Landsleuten heraus, ferner wurden auch einige seiner Schriften von einem Schlesier der Öffentlichkeit übergeben. Im Fall des Laurentius Ludovicus war er zudem biographisch tätig. Unter seinen Schülern in Heidelberg sind ebenfalls Vertreter Schlesiens nachweisbar.

---

[17] Ebd.: S. 15f. mit Anm. 36. Zu der hier von Scultetus herausgegebenen *Trigonometria* des Pitiscus: Martin Hellmann: *Pitiscus und seine kleine Trigonometrie*, in: Mannheimer Geschichtsblätter NF 4 (1997), S. 107–129; ders.: *Bartholomäus Pitiscus (1561–1613). Geometrie als Zeitvertreib – Rechnen als Aufgabe*, in: *Rechenbücher und mathematische Texte der frühen Neuzeit. Tagungsband zum Wissenschaftlichen Kolloquium "Rechenbücher und Mathematische Texte der Frühen Neuzeit" anläßlich des 400. Todestages des Rechenmeisters Adam Ries, vom 16.-18. April 1999 in der Berg- und Adam-Ries-Stadt Annaberg-Buchholz*, hg. von Rainer Gebhardt, Annaberg-Buchholz 1999 (= *Schriften des Adam-Ries-Bundes Annaberg-Buchholz* 11), S. 196–202.

[18] Vgl. Benrath: *Selbstbiographie*, a. a. O., S. 16f. Anm. 36.

Francisca Feraudi-Gruénais

DEVOTED – devote{d}?
Kurfürstlich-epigraphische Kuriosa in und um Heidelberg

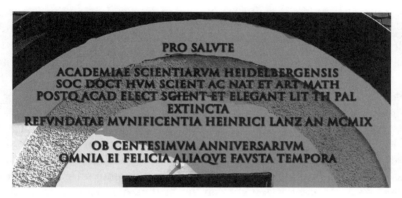

Abb. 1a: *Litterae rubrae*: Ehreninschrift zum 100. Akademiejubiläum, projiziert auf die Fassade des Heidelberger Akademiegebäudes.

Pro salute
Academiae Scientiarum Heidelbergensis
soc(ietatis) doct(orum) hum(anarum) scient(iarum) ac nat(uralium) et art(ium) math(ematicarum)
postq(uam) Acad(emia) Elect(oralis) Scient(iarum) et Elegant(iorum) Lit(erarum) Th(eodoro) Pal(atina)
extincta
refundatae munificentia Heinrici Lanz an(no) MCMIX
ob centesimum anniversarium
omnia ei felicia aliaque fausta tempora*

---

* *Der Heidelberger Akademie der Wissenschaften, Gelehrtengesellschaft der Geistes-, Natur- und mathematischen Wissenschaften, Wohlergehen! Nach Erlöschen der Kurpfälzischen Akademie der Wissenschaften neu gegründet dank der Freigebigkeit von Heinrich Lanz im Jahre 1909. Mögen ihr auch künftig glück- und segenbringende Zeiten beschieden sein.* – Feraudi composuit&pinxit.

Abb. 1b: Aktuelle Fassade des Akademiegebäudes mit *litterae aureae*.

Vermutlich wird eine solche Votiv-Inschrift (Abb. 1a) niemals an dieser Stelle, dem halbrunden Abschluß des Mittelrisalits des ehemaligen großherzoglichen Palais (Abb. 1b) – heute Sitz der Heidelberger Akademie der Wissenschaften – zu sehen sein. Schade eigentlich, denn wie ließe sich ausdrucksstärker als mit kraftvollen *litterae rubrae* auf weißem Grund Heil und Wohlergehen auf die ehrwürdige Centenarin herabbeschwören?

Eines der vielleicht interessantesten Nebenergebnisse der Forschung zur antiken Epigraphik ist, daß Inschriften für vieles gut waren, aber keineswegs zwingend dafür, (von jedem) gelesen und verstanden zu werden. Von Bedeutung war, daß es sie gab, womit selbstverständlich nicht gesagt sein soll, daß es gleichgültig gewesen wäre, welchen Text und Inhalt sie trugen; nicht umsonst stellt die Gattung der Inschriften für die althistorische Forschung ja eine so außerordentlich reichhaltige und wertvolle Quelle dar. – Dabei spielten des weiteren zunehmend auch die Form und Gestaltung der Textträger, d. h. die Inszenierung des gesamten Monuments eine immer größere Rolle. Die 'Inschrift' bestand also nicht allein aus dem reinen Text als dem eigentlichen Informationsträger; vielmehr entfaltete sie ihre Wirkung erst im wechselseitigen Zusammenspiel mit dem als Inschriftträger fungierenden Denkmal. Der damit einhergehende monumentale Aspekt von Inschriften, den man heute noch mit dieser Gattung konnotiert, hat hier seine antiken Wurzeln. – Eine weitere Erkenntnis ist schließlich, daß sich das Medium Inschrift für den römischen Bereich spätestens seit der frühen Kaiserzeit als ein bewährtes Instrument der herrschaftlichen Repräsentation etablierte, ein Instrument, das zu diesem Zweck sowohl vom Herrscher selbst, als auch interessanterweise sehr eifrig von den Untertanen bespielt wurde, wobei zur Schau gestelltes Herrscherlob und tatsächliche Gesinnung nicht unbedingt deckungsgleich waren. Hierin also ein weiteres Merkmal antiker Inschriften, die somit auch dies sein konnten: ganz authentische 'Lügen-Monumente'.

Es ist kaum zu verhindern, daß die regelmäßige intensive Beschäftigung mit epigraphischen Zeugnissen einer bestimmten Epoche zu einer gewissen Hypersensibilität gegenüber vergleichbaren Phänomenen anderer Epochen führt, etwa beim Anblick von Grabsteinen heutiger Friedhöfe, Straßenschildern mit Entfernungsangaben, Ladenschildern, Warenlabeln oder Kriegsgefallenendenkmälern. Manchen mag das befremden. Wenn es aber beispielsweise um die Erschließung des Phänomens nachantiker Inschriften gehen soll, erweisen sich solche 'Überempfindlichkeiten' mitunter als nützliche und inspirative Orientierungshilfen.

Ich möchte ein solches Experiment nachfolgend anhand einiger nachantiker Inschriften ausführen. Die Auswahl wird um jene Persönlichkeit kreisen, die in epigraphischer Hinsicht in und um Heidelberg bemerkenswerte Spuren in Gestalt von Inschriftmonumenten, zigmal gesehenen und häufig genug über-sehenen, hinterlassen hat: Kurfürst Carl Theodor (1724–1799). „Ja, durchlauchtigster Karl Theodor, Deiner Vaterliebe haben wir hauptsächlich die ... Stiftung so vieler Denkmäler, welche Deinen Namen verewigen, zu danken" – ein aufschlußreiches Statement aus dem Jahr 1778 darüber, wie Inschriften und ihre Funktion wahrgenommen wurden.[1]

Abb. 1c: Gründungsmedaille von 1763 der Kurfürstlichen Akademie der Wissenschaften.

Und dabei könnte die Wahl auf diesen Kurfürsten anläßlich des anstehenden Jubiläums kaum passender ausfallen, mag man doch in ihm gleichsam den – wenn schon nicht Gründungs*vater* der Heidelberger Akademie, als der unbestritten der Mannheimer Industrielle Heinrich Lanz zu bezeichnen ist, so doch – Gründungs*großvater* sehen. 1763 legte er den Grundstein für die in Mannheim ansässig gewesene, für einige Jahrzehnte ausgesprochen florierende Kurpfälzische Akademie der Wissenschaften,[2] der letztlich, bedingt durch den Wegzug des Kurfürsten nach München, die wachsende politische Instabilität der Revolutionszeit und den damit einhergehenden Mangel an finanziellen und geistigen Ressourcen, kein langes Dasein beschert war. Fast mag man versucht sein, dem vom Kurfürsten geführten Titel *pater patriae* mit Blick auf unsere Akademie den des „Avus Academiae" hinzuzufügen. Das Vorhaben war jedenfalls ehrgeizig und prestigebewußt angelegt. Die aus Anlaß der Gründung geprägte Medaille (Abb. 1c) verrät nicht nur den ambitioniert globalen Anspruch Carl Theodors – Rhein und Neckar vereinen sich zur 'apollinischen Pfalz', deren Regent der Kurfürst ebenso ist und der zugleich die historische Legitimation seines kurpfälzischen Herrschaftsanspruchs zur vornehmsten wissenschaftlichen Aufgabe der Akademie machte –, sondern bekundet damit auch ganz konkret sein besonderes Interesse an der Antike und an klassischantiker Formgebung.[3]

---

[1] Stephan Freiherr von Stengel: *Denkwürdigkeiten*, nach Günther Ebersold: *Rokoko, Reform und Revolution. Ein politisches Lebensbild des Kurfürsten Karl Theodor*, Frankfurt/Main 1985, S. 283.
[2] Vgl. Hans Rall: *Kurfürst Karl Theodor. Regierender Herr in sieben Ländern*, Mannheim 1993, S. 98–99; *Lebenslust und Frömmigkeit. Kurfürst Carl Theodor (1724–1799) zwischen Barock und Aufklärung, Handbuch und Ausstellungskatalog 1999*, hg. von Alfried Wieczorek u.a., Regensburg 1999, S. 445ff.
[3] Ebersold: *Rokoko*, a.a.O., S. 37–39.

Carl Theodors Förderung galt dabei ganz explizit auch der Erforschung antiker Inschriften[4] – für ein epigraphisches Forschungsprojekt der Nachfolgeakademie vielleicht nicht das schlechteste Omen! Erst kürzlich ist dieser kurfürstlichen Antikenbegeisterung, die sich nicht nur auf die Förderung der Antikenforschung auswirkte, sondern auch in der Rezeption des antiken Formenschatzes niederschlug, im Rahmen der Stendaler Ausstellung zu Carl Theodor und zur Antike an Rhein und Neckar nachgegangen worden.[5] Die gerade unter seiner Herrschaft stark ausgeprägte Produktion von Inschriftmonumenten nach antiken Vorbildern wurde in diesem Rahmen jedoch nicht eigens berücksichtigt – einmal mehr Anlaß, ihnen und manchen ihrer Kuriosa an dieser Stelle nachzuspüren.

Beginnen wir unseren kurfürstlich-epigraphischen Spaziergang mit zwei recht ähnlichen Brückendenkmälern an den Durchgangsstraßen von Aglasterhausen[6] (Abb. 2a) und Meckesheim[7] (Abb. 2b), beide aus dem Jahr 1782. Voller Dank und Ehrerbietung – „grati devotique animi" und „grato animo" – huldigen die Bewohner beider Zentgemeinden dem Kurfürsten für den durch ihn veranlaßten Ausbau des Straßennetzes zur Förderung von Handel und Transport, einem wichtigen Politikum seiner Regentschaft.[8] Betroffen waren in diesem Fall die nach Osten über den Höhenrücken des Kleinen Odenwaldes via Aglasterhausen Richtung Neckarelz und die nach Südosten von Neckargemünd, das Elsenztal entlang, via Meckesheim Richtung Heilbronn führenden Chausseen. Formal sind beide Denkmäler nach einem jeweils ähnlichen 'Setzkastenprinzip' komponiert: Porträtbüste, Girlanden, Kurhut und Inschrift gehören zu den essentiellen Bestandteilen; weitere, antikische Reminiszenzen bilden im einen Fall der untere Teil einer Säule, im anderen ein Obelisk.[9]

Die Inschrifttexte greifen versatzstückartig das Formular antiker Bau-, Kaiser- und Votivinschriften auf. Der Geehrte ist hier der Kurfürst (jene, denen eigentlich Dank gebührte, wären freilich die Dedikanten gewesen, die die Straßenbauarbeiten durch

---

[4] Michael J. Klein: in: *Der Pfälzer Apoll. Kurfürst Carl Theodor und die Antike an Rhein und Neckar. Katalog einer Ausstellung im Winckelmann-Museum, Juni-September 2007*, hg. von Max Kunze, Ruhpolding 2007, S. 54ff.

[5] Kunze: *Der Pfälzer Apoll*, a.a.O.

[6] Ludwig Merz: Durch das Karlstor in den Kraichgau, in: *Kraichgau* 7 (1981), S. 180; Karl J. Svoboda: *Eine kurfürstliche Winterreise nach Italien*, Ubstadt-Weiher 1998, S. 16 u. 18–19; Maria Christiane Werhahn: *Der kurpfälzische Hofbildhauer Franz Conrad Linck (1730–1792)*, Neuss 1999, S. 364–365, Abb. 145 (zum Porträtmedaillon).

[7] Merz: *Durch das Karlstor*, a.a.O., S. 180; Werhahn: *Linck*, a.a.O., S. 364–365, Abb. 146 (zum Porträtmedaillon).

[8] Vgl. Ebersold: *Rokoko*, a.a.O., bes. S. 57–60; zu den Chausseebauten des Jahres 1782 infolge des 1778 begründeten Kommerzialverbandes zwischen den kurfürstlichen Erbstaaten ders., a.a.O., S. 286.

[9] Säule und Obelisk sind in der Herrschaftsrepräsentation Carl Theodors immer wieder verwendete Elemente; vgl. z.B. Franz Kirchheimer: *Die Medaillen der Kurpfälzischen Akademie der Wissenschaften*, Heidelberg 1981, Abb. 4–6 (Obelisk), 8–9 u. 12 (Säule).

Carolo Theodoro e(lectori) P(alatino) d(uci) B(avarico)
Auctori vice hujus
in levamen Commercii stratae
hoc
Grati devotique animi
monumentum
erigit
Centena Stuberiana.
anno domini MDCCLXXXII.

Abb. 2a: Straßenbauinschrift von 1782 in Aglasterhausen.

Hanc Viam
Caroli Theodori e(lectoris) P(alatini) d(ucis) B(avarici)
Auspiciis stratam esse
Commercio sublevando
Itineribusque peregrinantium facilitandis
grato animo recognoscit,
Monumentum isthoc erigens,
Centena Meckesheimensis.
Anno domini MDCCLXXXII.

Abb. 2b: Straßenbauinschrift von 1782 in Meckesheim.

erhebliche Materialabgaben und Frondienste zu schultern hatten). Von Interesse ist der trotz aller zur Schau gestellten Rückgriffe auf antikes Formular doch recht freizügige Umgang mit Paläographie und Schreibweise. Während in Aglasterhausen eine kursive Schriftform mit zum Teil eigenwilliger Orthographie („hujus") zum Einsatz kam, charakterisiert die Meckesheimer Inschrift zumindest der gute Wille, einer antiken Majuskelschrift nahe zu kommen, wobei dennoch ganz offenkundige unantike Abweichungen, etwa die Verwendung von „U" statt „V", von Abkürzungs- und „i"-Punkten sowie der Einsatz von Satzzeichen festzustellen sind. Alles in allem überwog aber das Bemühen, dem Herrscher in einer von ihm offenbar geschätzten antikischen Formensprache zu huldigen, obgleich ihre Umsetzung manches Defizit in der Kenntnis der antiken Vorbilder nicht zu verbergen vermag.

Daß Straßenbauinschriften unter demselben Kurfürsten bei stärkerer Finanzkraft und entsprechendem Prestigebewußtsein auch ganz anders ausfallen konnten, beweist eine zu Ehren Carl Theodors hergestellte monumentale Felsinschrift von

1794 bei Bad Abbach (Landkreis Kehlheim) anläßlich der Beseitigung des überhängenden und den Verkehr behindernden Teufelsfelsens an der Donau (Abb. 2c). Vorbild waren in diesem Fall die weitgehend den römischen Kaisern vorbehaltenen glänzenden *litterae aureae* (vergoldete Bronzebuchstaben). Auch hier wurden solche Bronzebuchstaben auf einer 10 m hohen Fläche als monumentale Inszenierung im Felsen verdübelt. Gesamtbild und Textordination, ebenso die Verwendung des „V" vermitteln hier ein authentischeres, 'klassischeres' Bild. Und dennoch, die hinter jedem Wort gesetzten Punkte auf Linienhöhe entsprechen nicht der antiken Praxis und sollten vermutlich die sonst auf halber Höhe gesetzten Worttrenner ersetzen.[10]

Abb. 2c: Felsinschrift mit *'litterae aureae'* von 1794 in Bad Abbach.

Nicht neben die Chaussee, sondern förmlich in den Weg stellt sich dem, der sich von Südosten dem Neckartal nähert, am Ostende von Neckargemünd das Stadttor[11] aus dem Jahr 1788. Ein Tor freilich, daß gar keines sein möchte, jedenfalls nicht im herkömmlichen, fortifikatorischen Sinne. *„Non urbis securitati ..."* spricht es den des Lesens und Lateinischen Mächtigen an. *„.... ast Caroli Theodori ... gloriae aedificata"* (Abb. 3a). Das übertrifft an Schmeichelei alles, was wir von den vielfältigen Devotheitsbekundungen antiken Kaisern gegenüber kennen. Die zahllosen Widmungen von Bauwerken, darunter auch Toren, Türmen, Wällen und Mauern an den Imperator waren

---

[10] Text der Felsinschrift: *Carolo Theodoro/c(omiti) P(alatino) (ad) R(henum)/Boiorum duci/electori/optimo principi/eversa deiecta/imminentium saxorum mole/limite Danubio posito/strata a Saal ad Abbach/via nova/monumentum statui curavit/Ios(ephus) Aug(ustus) Toerring/aer(arii) Boic(orum) praefectus/ MDCCVIC.*

[11] Merz: *Durch das Karlstor*, a. a. O., S. 180.

Abb. 3a: Inschrift von 1788 am Stadttor von Neckargemünd (Landseite).

Non VrbIs seCVrItatI, ast
CaroLI TheoDorI eLeCtorIs PaLatInI
gLorIae aeDIfICata porta
paLatIno aeqVe et eXtero
sanCta perennabIt.

Abb. 3b: Inschrift von 1788 am Stadttor von Neckargemünd (Stadtseite).

gang und gäbe – damit steht die Neckargemünder Torwidmung sicher in antiker Tradition. Daß das Bauwerk als solches sich jedoch selbstlos seiner eigentlichen Funktion und damit Identität entledigt hätte, um sie dem Ruhm des Herrschers zu opfern, wäre undenkbar gewesen. Die Architektur ist ein Pasticcio aus einer Vielfalt antik inspirierter Elemente. Die Attika-Zone über dem zentralen Bogendurchgang trug in der Regel die Inschrift, so auch hier. Entsprechend dem Anspruch des Bauwerks präsentieren sich Paläographie und Gesamtbild zweifellos eine deutliche Stufe antikischer als die Meckesheimer Inschrift; entsprechend kommen auch „V"- und keine „U"-Buchstaben zum Einsatz. Unverzichtbar sind gleichwohl die Interpunktionszeichen. Ein neues, zeittypisches Element kommt hier (und auch in späteren Beispielen) durch die Verwendung eines in der Antike nicht gebräuchlichen Chronogramms hinzu. – Ganz anders dagegen gibt sich die Inschrift der Attika an der Torinnenseite (Abb. 3b): Auf Deutsch, in einer Form gotischer Frakturschrift, ehrt sie den Kurfürsten als „Vater des Vaterlandes" und greift damit auf Herrschertugenden zurück, die auch andere Inschriften immer wieder mit Carl Theodor in Verbindung bringen und die zugleich in antiker Tradition stehen: *pater patriae* (Vater des Vaterlandes), *decus* (Zierde) und im weitesten Sinne *pietas* (heilig).

Um einiges wuchtiger und monumentaler, das Neckargemünder Stadttor gleichsam in den Schatten stellend, präsentiert sich das 1781 fertiggestellte Heidelberger Karlstor[12] (Abb. 4). Von jeher „Tor" genannt, gleicht es weniger einem Stadttor als einem Bogenmonument mit unübersehbaren Anlehnungen an römische Ehrenbögen – man mag an den Titusbogen in Rom erinnert werden –, zugleich kombiniert mit seitlichen festungsartigen halbrunden Verstärkungen. Kanonisch wieder korrekt befindet sich auf der Attika-Zone der Ost-, d.h. der Landseite innerhalb eines Feldes mit (unantik) bogenförmig verlaufender Oberkante wieder eine Inschrift. Das Pendant der Westseite weist ein leeres Inschriftfeld auf. Die Paläographie ist von der Art der Meckesheimer Inschrift, d.h. gezeichnet von dem Bemühen um ein antikisches Gesamtbild, aber geprägt von unantiken Details („U" statt „V", Interpunktionen, nach unten abknickende Querhasten im „A") und wie in Meckesheim und Aglasterhausen ohne Chronogramm, sondern mit absoluter Jahresangabe. Wieder handelt es sich um eine direkte Ehrung an Carl Theodor; diesmal von der Stadt Heidelberg, die in ihrem Kurfürsten, dem Vater des Vaterlandes, den 'Friedenskünstler' („*pacis artibus...*") voller Weitsicht und Milde preist – „*... vere magno*"! Was will dies genau sagen? Unterstreicht es wirklich nur die genannten Tugenden, oder ist es nicht vielmehr ein 'ja, sofern es seine *pacis artes* und *deliciae*[13] angeht, ist unser Carl Theodor wahrlich großartig, aber ein Mann der „sorgenvollen Berechnung der jeweiligen politischen Konstellation war er nicht"[14]'? – Verglichen mit den vorangegangenen Beispielen gibt sich die Dedikantin hier besonders selbstbewußt als *altehrwürdiger Sitz der Kurfürsten und pfälzischen Herzöge bei Rhein* und als *Nährerin der Wissenschaften*. Also letztlich ein Ehrenmal Heidelbergs an den Kurfürsten, das die Dedikantin genau genommen auch zur Dedikation an sich selbst macht. So sind schließlich beide Protagonisten durch die Buchstabengröße optisch, freilich unter Wahrung der hierarchischen Rangordnung, auf den ersten Blick abzulesen. So weit, so klar – und doch nicht ohne bittern Beigeschmack: Es handelt sich hier um eine Hommage an einen Kurfürsten, der nicht mehr präsent ist, von einer Stadt, der seine besondere Fürsorge nie so recht, und jetzt, da er in München residiert, erst recht nicht mehr galt, die Sitz der Kurfürsten („*comitum ... sedes*") und Nährerin der Wissenschaften („*doctrinae et literarum nutrix*") einmal war, aber längst nicht mehr ist.[15] Eine Stadt, die eigentlich allen Grund hätte,

---

[12] Merz: *Durch das Karlstor*, a.a.O., S. 177–179; Rall: *Karl Theodor*, a.a.O., S. 119; Reinhard Stupperich: in: *Der Pfälzer Apoll*, a.a.O., S. 172–173.

[13] So auch in den Inschriften des Mannheimer Marktplatzdenkmals und im Schwetzinger Schloßgarten; s. jew. unten.

[14] Ebersold: *Rokoko*, a.a.O., S. 384.

[15] Ruf und Zustand der Heidelberger Universität litten unter einem mehr als dürftigen Renommee, dem die gelegentlichen Maßnahmen des Kurfürsten keine wirksame Abhilfe schaffen konnten; vgl. Ebersold: *Rokoko*, a.a.O., S. 44–45 u. 290 (für die Zeit nach 1782); Rall: *Karl Theodor*, a.a.O., S. 120.

Abb. 4 Inschrift von 1781 am Karlstor in Heidelberg (Landseite).

Carlo Theodoro
S(ancti) R(omani) J(mperii) archidapifero electori patriae patri
pacis artibus, providentia, clementia vere magno
Heidelberga
comitum Palatinorum ad Rhenum et electorum antiqua sedes
doctrinae et literarum nutrix
monumentum hoc devote{d} dedicat MDCCLXXXI

frustriert und verbittert zu sein, und es auch ist, stürzt sich dennoch in Unkosten und errichtet ein: 'Lügen-Ehrendenkmal', mit einer 'Lügen-Inschrift'.[16] Und da passiert ihr im zentralen Wort der Inschrift, quasi dem lügen-trächtigsten, ein verräterischer Lapsus. Das Wörtchen „*devote*", „ergeben" – antik-imperiales Huldigungswort schlechthin –, will dem Steinmetzen einfach nicht fehlerfrei vom Meißel gehen, es gerät ihm zu „*devote**d***". In dieser Form eine höchst kuriose Hommage an einen Kurfürsten – umso ansprechender aber vielleicht für die künftigen anglophonen Heerscharen an Touristen? Vermutlich die einzigen, die die Inschrift überhaupt noch eines Blickes würdigen und sich bestätigt fühlen mögen, wenn aus einem unverständlich lateinischen Text wenigstens zwei verständliche Worte freundlich auf sie herabblicken: *Heidelberga ... devoted* – 'great, we like it!'.

---

[16] Die Ambivalenz der (kostspieligen) Ehrungen ist mit den folgenden Worten eines Beschwerdeschreibens der Heidelberger Bevölkerung eindrücklich formuliert: „Man hat unserem gnädigen Fürsten auf die Trümmer unserer Wohlfahrt Monumente der Pracht errichtet; Er, der in den Herzen unser aller die schönsten Monumente hat" (nach Merz: *Durch das Karlstor*, a. a. O., S. 179).

Abb. 5a: Inschrift von 1788 an der Basis der Carl-Theodor-Statue auf der Heidelberger Alten Brücke.

Palatinorum patri,
Carolo Theodoro,
hoc pietatis monumentum posuit
senatus populusque Heidelbergensis
a(nn)o MDCCLXXXVIII

Abb. 5b: Inschrift von 1790 an der Basis der Pallas-Athene-Statue auf der Heidelberger Alten Brücke.

Carolo Theodoro
pietatis iustitiaeque patrono
agriculturae et commercii fautori
musarum amico
MDCCXC

Unterschiedliche Typen von ehrenden 'Straßendenkmälern' haben uns mittlerweile nach Heidelberg begleitet. Mitten im Herzen der Stadt richtet sich die Aufmerksamkeit auf die Statuendenkmäler des Kurfürsten (1788) und der Pallas-Athene (1790) auf der Alten Brücke[17] (Abb. 5a u. 5b).

---

[17] Helmut Prückner: *Der Kurfürst und die Göttin der Künste. Conrad Lincks Standbilder auf der Alten Brücke*, in: *Die alte Brücke in Heidelberg 1788–1988*, hg. von Helmut Prückner, Heidelberg 1988, S. 84–85 u. 88–89; Maximilian Wemhöner: in: *Der Pfälzer Apoll*, a. a. O., S. 168–169; Werhahn: *Linck*, a. a. O., S. 306–335.

Abb. 5c: *Clipeus virtutis* aus Arles (Marmorkopie des goldenen Schildes von 27 v. Chr.).

Der Blick auf die Inschriften weckt beim voreingenommenen Betrachter Assoziationen zur Marmorkopie des sog. *Clipeus virtutis* aus Arles (Abb. 5c), eines vom *Senatus populusque Romanus* gewidmeten goldenen Schildes in der *Curia* von Rom, dessen Inschrift in knappen Worten die Tugenden der *virtus* (Tapferkeit), *clementia* (Milde), *iustitia* (Gerechtigkeit) und *pietas* (Frömmigkeit) des Augustus preist. Hier ist es freilich nur der „*Senatus populusque Heidelbergensis*", der mit beiden Statuenmonumenten und den zugehörigen Inschriften den Kurfürsten ehrt und neben der Förderung von Landwirtschaft, Handel und Kunst[18] – gewissermaßen den zivilen Aspekten einer *clementia* –, die augusteischen Tugenden der „*pietas*" und „*iustitia*" explizit anspricht. *Virtus* hingegen – und damit gleichsam der martialische Aspekt der *clementia* – gehörte weniger zu den Tugenden des Kurfürsten, dessen Sache das Kriegshandwerk nicht war und der sich deutlich mehr den „*artibus pacis*" verbunden fühlte.[19] Mit Blick auf das Statuenprogramm scheint das Assoziationenspiel aber noch nicht zu Ende zu sein. An sich handelt es sich ja zunächst um zwei, an den Brückenenden jeweils als Bild-Schrift-Einheit für sich stehende Monumente, die tatsächlich aber in ein ausgesprochen komplexes Geflecht von Bezugnahmen eingebunden sind. Beide Ensembles sind zusammen, die spätere Inschrift als Fortsetzung der ersten zu sehen, während genauso die Athene-Statue gleichsam als Attribut allein auf den Protagonisten Carl Theodor hin orientiert ist.

Was dem Augustus die Göttin Viktoria bedeutete, deren Statue wie der *clipeus virtutis* einen ideologisch und politisch bedeutsamen Bezugspunkt in der stadtrömischen *Curia* bildete, das scheint, so mag man assoziieren, dem Kurfürsten die Pallas-Athene/Minerva gewesen zu sein. Im ikonographischen Programm Carl Theodors nahm diese Göttin der Weisheit, Förderin von Kunst und Wissenschaften, auch sonst eine zentrale Position ein.[20] Das Programm der Alten Brücke verband somit gleich-

---

[18] Zur reformenbewegten, nicht immer unproblematischen Wirtschafts- und Landwirtschaftspolitik vor und nach der Übernahme der bayerischen Herrschaft vgl. Ebersold: *Rokoko*, a. a. O., s. bes. S. 67ff. und 137ff.; zum Kurfürsten als Musenfreund (*musarum amicus*) und Förderer der Kunst, vgl. ders.: *Rokoko*, a. a. O., S. 37 und *Lebenslust*, a. a. O., S. 283ff.

[19] S. auch oben zur Heidelberger Karlstor-Inschrift.

[20] Vgl. z. B. die auf einer Radierung J. Fratrels (1777) versinnbildlichte enge Verbindung von Kurfürst als Musenführer und Minerva: Allegorie der Verehrung Carl Theodors durch die Künste und Wissenschaften; Minerva umfaßt ihren Schild, der (anstelle des Medusenkopfes) die Büste Carl Theodors trägt, während die Obeliskeninschrift die gesamte Komposition „*Optimo principi/musarum amori Minervae deliciis/...*" widmet; *Lebenslust*, a. a. O., S. 318.

NoVa et sanIssIMa CaroLI
TheoDorI patrIs patrIae
sCatVrIgo
a matre patriae Elisabetha
Augusta in Nectar recens
sanitatis pariter designata

Abb. 6: Inschrift von 1767 am Unteren Fürstenbrunnen im Heidelberger Schloßgarten.

sam nach augusteischem Vorbild kurfürstliches Tugendlob mit dem inszenierten Huldigungsprogramm eines – allerdings zunehmend bedeutungslosen – Senats. Wie es um die „*pietas*" und wechselseitige Zuneigung von „*Senatus populusque Heidelbergensis*" und „*patri*" bzw. „*patrono Palatinorum*" in Wirklichkeit bestellt war, verraten freilich andere Quellen als diese.[21]

Im (einstigen) Zentrum der Kurpfalz, dem Heidelberger Schloß, führt eine weitere, eher unscheinbare Spur zu Carl Theodor. Es handelt sich um die 'Titulusinschrift' des sog. Unteren Fürstenbrunnens (Abb. 6) im Heidelberger Schloßgarten, der 1767 zur Verstärkung der bereits bestehenden Wasserversorgung durch den Oberen Fürstenbrunnen eingerichtet wurde. Bau samt Titulus lassen an die Architektur römischer Kammergräber mit den charakteristisch über der Eingangstür angebrachten Inschrifttafeln denken, die ausführlich Auskunft über Erbauer und Bestattete geben, was hier freilich nicht überbewertet werden sollte. Als reiner Quell, versinnbildlicht in wohlklingenden Assonanzen – „*sanissima ... scaturigo ... sanitatis*" –, ergieße sich hier gleichsam der Kurfürst selbst zu einem gesundheitsförderlichen Göttertrank (*nectar*). Zu Recht, möchte man meinen, gebührten ihm, dem Kurfürsten, für solch eine Wohltat einmal mehr der Titel *pater patriae*, und ihr, der Kurfürstin Elisabeth Augusta, die hier auch einmal erwähnt ist, der Titel *mater patriae* – dieses eigentümliche Epitheton übrigens in antiken Inschriften zahlreich und ausschließlich bezeugt für die einflußreiche wie omnipräsente Augusta Iulia Domna, Mutter des Kaisers Caracalla. Haftete diesem belobten Engagement nicht der Schönheitsfehler an, daß die Quelle gar nicht

---

[21] Vgl. Ebersold: *Rokoko*, a. a. O., S. 294–295 (1788: „... aus Langeweile, die er (sc. der Kurfürst) aber nicht zugeben wollte, besichtigte er ... die Heidelberger Neckarbrücke ...").

dem Volk galt, sondern einzig dazu diente, den Mannheimer Hof mit frischem Wasser zu versorgen. Also eher *Stief*vater und *Stief*mutter des Vaterlandes? Eine huldvolle Widmung von Stadt und Volk ist dies freilich nicht. Es handelte sich ohnehin, im Schatten des Schloßgrabens, mehr um eine nicht-öffentliche, halb-heimliche Einrichtung, nur vor den Augen der 'Insider' geeignet, inschriftlich in den Dienst des Herrscherlobs gestellt zu werden. Wie schon in Neckargemünd erfolgte die Jahresangabe hier über ein Chronogramm; für eine sinnvolle Interpretation der Jahreszahl können nur die Zeilen 1–3 herangezogen werden. Eine zusätzliche Berücksichtigung der übrigen drei Zeilen ergäbe ein absurdes Datum. Die Größerschreibungen erfolgten hier vermutlich aus ästhetischen Gründen – oder weil sich dem Steinmetzen der Sinn dieses Chronogramms vielleicht nicht erschloß?

Ursprünglich unter dem Vorgänger Carl Philipp für das Heidelberger Schloß angefertigt, gelangte das Mannheimer Marktplatzdenkmal[22] via Schwetzingen (*„Svezingam perlat(um), deniq(ue) ..."*) schließlich nach Mannheim (Abb. 7), wo es auf Anweisung Carl Theodors in der Mitte des Marktplatzes aufgestellt werden sollte. Von der bewegten Geschichte des erst 1887 zu einem Brunnen umfunktionierten Denkmals berichten die Inschriften der vier Seiten des Sockels, seinerseits Träger einer allegorischen Statuengruppe. Erstmals ist hier der Kurfürst, wenigstens formal, nicht der Geehrte, sondern der Handelnde, der „Liebling der Bürger" (*„civium amor"*), derjenige der dieses Denkmal 1767 den Mannheimern schenkte. Als Dedikant verzichtet Carl Theodor hier auf die offizielle Titulatur (EPDB), um an ihre Stelle interessanterweise die antik-imperialen Titulaturbestandteile „P(ius) Fel(ix) Aug(ustus)" zu setzen. Für Anpassung und Aufstellung des Denkmals hatte jedoch der „S(enatus) p(opulus)q(ue) M(annhemensis)" aufzukommen, dessen Repräsentanten, selbstverständlich „laeti", dies im Jahre 1771 auch taten. Demnach handelte es sich um ein mehrfach versetztes, keineswegs originär für Mannheim geplantes Denkmal. 'Resteverwertung' aus Liebe zu den Bürgern? Wie auch immer, wer die Inschrift verstand und wem derlei zweifelhafte Gedanken in den Sinn gekommen sein mochten, der wurde in metrisch wohlklingenden Worten auf Linie gebracht, dazu aufgefordert, ob des Loses zu frohlocken, unter solch einem Herrscher leben zu dürfen, der sein Volk doch mehr liebt als seine eigenen Vergnügungen: *„vos quam delicias plus amat ille suas"*.[23]

Eigens für das private Gartenambiente des Schwetzinger Schlosses bei Verschaffelt in Auftrag gegeben wurden die zwei in den Jahren 1768 und 1771 für das große Südboskett geschaffenen Denkmäler für die Ausgrabung von Brand- und Körper-

---

[22] Hans Huth: *Die Kunstdenkmäler des Stadtkreises Mannheim*, München 1982, S. 1364–1366; Prückner: *Der Kurfürst und die Göttin*, a. a. O., S. 93–94, Anm. 29; *Lebenslust*, a. a. O., S. 246–247, Nr. 4.4.10x.
[23] Vgl. auch Ebersold: *Rokoko*, a. a. O., S. 383 mit Anm. 1.

Carolus
Theodorus
P(ius) Fel(ix) Aug(ustus)
civium amor
dono dedit
MDCCLXVII //
Mosella

linke Nebenseite:
Plaudite iam vestrae / tanto sub principe sorti / vos quam delicias / plus amat ille suas // Rhenus

Rückseite:
Opus Heidelbergae coept(um) / Svezingam perlat(um) / deniq(ue) h(oc) l(oco) erectum / Petr(us) van den Branden fec(it) / Io(annes) Matthaeus fil(ius) perf(ecit) //Nicer

rechte Nebenseite:
S(enatus) p(opulus)q(ue) M(annhemensis) / Iac(obo) Frid(erico) Gobin / civit(atis) praetore / Io(anne) Lamb(erto) Babo propraetore / Io(anne) Schoch et I(oanne) C(onrado) Stengel co(n)ss(ulibus) / laeti posvere / MDCCLXXI

Abb. 7: Inschriften von 1767/1771 am Mannheimer Marktplatzdenkmal.

gräbern (Abb. 8a) und für die Gartenkunst (Abb. 8b)[24] (heute im südlichen Zirkelbau verwahrt). Bildschmuck und Inschriften verraten dabei viel über das nicht unbedingt kohärente, aber doch facettenreiche Selbst- und Weltverständnis Carl Theodors, das von alten wie neuen philosophischen Vorstellungen dieser ideengeschichtlichen Übergangszeit beeinflußt war: Demonstration des Sieges der Kunst über die Natur (*„stupet ipsa quae negaverat magna rerum mater natura"*), Zurschaustellung wissenschaftlichen Interesses (*„area inventis armis urnis ... detecta"*), Inszenierung des per-

---

[24] Casimir Häffelin: *Entdeckung einiger Alterthuemer in dem kurfuerstlichen Lustgarten zu Schwetzingen*, in: Rheinische Beiträge zur Gelehrsamkeit 1, Mannheim 1777, S. 87–92; ders.: *Dissertatio de sepulcris Romanis in agro Schwetzingano repertis*, in: Historia et Commentationes Academiae Electoralis Scientiarum et Elegantiorum Litterarum Theodoro-Palatinae, Mannhemii 1778, S. 52–80; Kurt Martin: *Die Kunstdenkmäler des Amtsbezirks Mannheim. Stadt Schwetzingen*, Karlsruhe 1933, S. 2–4 mit Abb. 2; Eva Hofmann: *Peter Anton von Verschaffelt. Hofbildhauer des Kurfürsten Carl Theodor in Mannheim*, Mannheim 1982, S. 271–276; Claudia Braun: *Lebenslust*, a. a. O., S. 350; Michael Hesse: *Tempel, Thermen, Aquädukte. Antikerezeption in den Schwetzinger Parkbauten*, in: Der Pfälzer Apoll, a. a. O., S. 179–180 mit Abb. 22.

Abb. 8a: Inschrift von 1768 am ersten Denkmal des Schwetzinger Südbosketts.

Martis et mortis
Romanor(um) ac Teutonum
area
inventis armis
urnis et ossibus
instrumentisq(ue) aliis
an(no) MDCCLXV detecta

Pacis artibus
vitae suae deliciis
aequato VII ped(ibus) solo
vindicavit
Car(olus) Theodorus el(ector)
et m(onumentum) h(oc) p(onere) c(uravit)
MDCCLXVIII

sönlichen, pazifistisch wie humanistisch beeinflussten Bedürfnisses nach Frieden und Sorglosigkeit („*deponendis curis*", „*ludendo fecit*", „*pacis artibus vitae suae deliciis*"). – Keine Ehrung durch das Volk, sondern Ansprache an den Vorbeigehenden („*miraris quisquis obambulas*") in Anlehnung an die in inschriftlich gefassten antiken Grabgedichten geläufigen Diktionen und Reflexion des Kurfürsten, der hier ganz im Formular römischer Inschriften als Stifter auftritt („*p(onere) c(uravit)*", „*pos(uit)*"), wobei die Titulatur, wohl dem intimen Charakter des Aufstellungsortes entsprechend, auf ein einfaches „*el(ector)*" reduziert ist. Anlaß für die Errichtung dieser *monumenta* war die 1765 erfolgte Entdeckung von Brand- und Körpergräbern bei der Neuanlage des Südbosketts. Man muß dem Kurfürsten lassen, daß er auf einer wissenschaftlichen Dokumentation der Ausgrabungsbefunde bestand, eine für die Praxis dieser Zeit nicht ganz selbstverständliche Forderung. Unter dem Aspekt der epigraphischen Antikerezeption dürfen diese beiden Denkmäler als die Prunkstücke der hier zusammengestellten Exempla gelten. Wohl sind die Textträger als solche völlig unantike Pasticci der späten Barockzeit. Anders die epigraphische Umsetzung der Texte. Ließen die Inschriften der Alten Brücke an den *Clipeus virtutis* denken, so ist es hier die Inschrift

Abb. 8b. Inschrift von 1771 am zweiten Denkmal des Schwetzinger Südboskets.

Miraris
quisquis obambulas
stupet ipsa
quae negaverat
magna rerum mater
natura

Carolus Theodorus
deponendis curis
sibi suisque
ludendo fecit
monim(entum) h(oc) pos(uit)
MDCCLXXI

der Trajanssäule in Rom.[25] Schlichtheit der Diktion, Klarheit der Paläographie bis hin zu einer entscheidenden Parallele in der direkten Ansprache der vorgenommenen Erdbewegungen (*„aequato VII ped(ibus) solo"* hier, *„ad declarandum quantae altitudinis mons et locus tantis operibus sit egestus"* dort) dürften kaum Zufall sein. Wieder einmal der Haken nur, daß Carl Theodor als Vertreter einer eher diplomatischen Militärpolitik sich damit ausgerechnet das Werk jenes Kaisers zum Vorbild nahm, der zu den militärisch erfolgreichsten im Römischen Reich zu zählen ist. Aber so eklektisch ist Rezeption eben.

Ganz unprätentiös präsentiert sich demgegenüber die Inschrift der Leimener Prinzenbrücke[26] (Abb. 9) im Wald zwischen Leimen und Lingental, seinerzeit bevorzugtem Jagdrevier des Herzogs von der Pfalz-Zweibrücken Karl August, Neffe Carl Theodors und seit 1767, dem Todesjahr des Vaters Friedrich Michael, vorgesehener Nachfolger und Erbe des Kurfürsten. Während der Brückenbau selbst vermutlich noch auf das Engagement Friedrich Michaels zurückgeht (1747), dient die in lokalem Buntsandstein gemeißelte Inschrift aus dem Jahr 1770 (Chronogramm) allein der Huldi-

---

[25] *Corpus Inscriptionum Latinarum* Bd. VI, Nr. 960.
[26] Georg-Ludwig Menzer: *Beiträge zur Ortsgeschichte von Leimen*, Mannheim 1949, S. 101–104; Rudi Dorsch: *Leimen in alten Karten*, Heidelberg 1987, S. 65; Svoboda: *Eine kurfürstliche Winterreise*, a. a. O., S. 16 u. 20–21.

Serenis(simo)
Carolo Augusto
Friderici M(ichaelis)* filio
orbis Palatini
per
Carolum
Theodorum
felicis amori
pons hic dicatur
uno eius nomine
gloriosus
CoeLVM *annVat*
et
Vota nostra
SeCVnDet

*nach Menzer: M(agni).

Abb. 9: Inschrift von 1770 an der Leimener Prinzenbrücke.

gung des Thronfolgers. Es handelt sich hier also nicht etwa um den Dank für eine von ihm finanzierte Baumaßnahme, obgleich eine solche im gleichen Jahr wegen Baufälligkeit tatsächlich durchgeführt werden mußte, allerdings auf Kosten der Bevölkerung. Der Geehrte ist also primär nicht Carl Theodor, der gleichwohl wie 'beiläufig' und huldigungsrhetorisch durchaus gekonnt wieder einmal – man erinnert sich an das Mannheimer Marktplatzdenkmal: *„plaudite ... tanto sub principe sorti"* – als derjenige gepriesen wird, dessentwegen sich die Pfalz glücklich schätzen darf (*„orbis Palatini per Carolum Theodorum felicis"*). Der Kurfürst ist auch nicht der Dedikant, obgleich sein Name hier, wie schon mehrfach beobachtet, in deutlich größeren Lettern eingemeißelt ist. Die Dedikanten bleiben ungenannt, dürften aber in der – devoten – Leimener Bevölkerung zu suchen sein.

Noch weniger für die allgemeine Öffentlichkeit bestimmt ist als letztes eine Grabinschrift in der Zwingenberger Schloßkapelle[27](Abb. 10) zu nennen. Wieder auf Latein,

---

[27] Günther Ebersold: *„Am Hofe ist nichts eine Kleinigkeit ..."*. *14 Geschichten aus der Mannheimer Zeit des Kurfürsten Karl Theodor*, Buchen-Walldürn 1997, S. 45 (Foto); *Lebenslust*, a. a. O., S. 44.

Hic iacet
excellentissima
comitum ab Heydeck mater
Josepha,
quae anno aetatis suae vigesimo
tertio,
postquam
orbi genuit comitem et tres
comitissas,
abiit
ad caelestes delicias
die XXVIImo Decembris
MDCCLXXI.

Abb. 10: Grabinschrift von 1771 in der Zwingenberger Schloßkapelle.

diesmal aber im Marmor eines aufwendigen barocken Grabmonuments und mit wohlgesetzten Buchstaben, gilt sie der 23-jährig verstorbenen „Josepha" (sc. Seyffert). Ihre nicht-adelige Herkunft verbrämend ist sie bezeichnet als *„comitum mater"*, die der Welt, *„orbi"*, in diesem Fall allerdings nicht *orbi Palatini* [Prinzenbrücke], einen Grafen und drei Gräfinnen schenkte, aber kurz nach der letzten Geburt verstarb. Ihr Leichnam wurde 1771 zunächst in der Mannheimer Karmeliterkirche beigesetzt, 1778 dann nach Zwingenberg überführt. Mögen die persönlichen Empfindungen des Kurfürsten für die geliebteste seiner Mätressen entscheidend für die Umbettung und den Aufwand des Grabmals gewesen sein. Dennoch: sein Name taucht nicht an der Stelle des Dedikanten auf. Auf für antike lateinische Grabinschriften so charakteristische, geradezu unabdingbare Dedikationsformeln wie *„posuit"* oder *„faciendum curavit"* wurde hier, freilich nicht zufällig, verzichtet. In Formelrepertoire und Paläographie ist dieses Denkmal barock geprägt, unmittelbare Rückgriffe auf Antikes sind nicht festzustellen. Hier also einmal kein Protagonist namens *„Carolus Theodorus"*, der dieses Grabmal etwa *„bene merenti posuit"*. Hauptfigur ist eine andere, die zur Gräfin erhobene Tänzerin, die, so möchte man meinen, bis zuletzt noch 'tut', was ihre Aufgabe war, sie „liegt da" – *„hic iacet"*. Der sonst um die Nutzung der Mittel inschriftlicher Selbstdarstellung keineswegs verlegene ungenannte Auftraggeber übt sich diesmal in vornehmer Zurückhaltung.

Unser kurfürstlich-epigraphischer Spaziergang ist hiermit beendet. Er führte in einem weiten Bogen von A wie Aglasterhausen gen Westen bis Mannheim und wieder ostwärts nach Z wie Zwingenberg; über 12 Monumente hinweg mit insgesamt 18 Inschriften breitete sich dabei ein Panorama von kurfürstlicher Epigraphik der zweiten Hälfte des 18. Jahrhunderts vor uns aus.

Jene drei eingangs formulierten Erkenntnisse zur antiken Epigraphik scheinen demnach durchaus von epochenübergreifender Bedeutung zu sein: Daß Inschriften zum einen nicht allein dazu da waren, um gelesen und verstanden zu werden (anders läßt sich das unkorrigiert gebliebene „*devoted*" am Karlstor kaum erklären). – Daß Inschriften nicht isoliert zu begreifen sind, sondern mit dem sie tragenden Denkmal eine Bedeutungseinheit bilden (besonders deutlich am Statuenprogramm der Alten Brücke). – Daß Inschriften, zumal wenn sie dem Herrscherlob dienten, zugleich sehr authentische 'Lügen-Monumente' sein können, insofern sie Einstellungen festschreiben, die einer durch andere Quellen beschriebenen 'Realität' nicht standhalten. In diesem Sinne waren und sind Inschriften als eine der unmittelbarsten Formen historischer Informationsträger, wie jede andere Quelle auch, immer wieder aufs Neue auf ihren Wahrheitsgehalt hin gegenzuprüfen.

Der titelgebende „*devoted*"-Lapsus ist in der Tat angesichts der Prominenz und huldigenden Funktion des Karlstor-Denkmals gravierend und verräterisch zugleich. Daß dies nicht einmal dem Geehrten aufgefallen ist – jedenfalls scheint keine Beschwerde bekannt zu sein –, läßt freilich nicht sehr viele Schlüsse zu. Ein Kuriosum par excellence! Aber es wäre auch zu einfach, Kuriosa lediglich auf der Ebene derlei prominenter Verschreibungen zu suchen; immerhin sind alle übrigen hier zitierten Inschriften korrekt verfaßt.

Aus der Perspektive der antiken Epigraphik – und nur eine solche kann hier von mir eingenommen werden – ergeben sich aus dem Vergleich mit antiken Inschriften für die in bewußtem Rückgriff auf antike Beispiele entstandenen Carl-Theodor-Inschriften eine Reihe weiterer interessanter Beobachtungen, nämlich

ERSTENS: daß sie zwar in einer der Antike verpflichteten Tradition stehen, aber keinen unmittelbaren Rückgriff auf ein antikes Formenrepertoire erkennen lassen müssen – hier die lateinische Inschrift des barocken Grabmals in Zwingenberg;

ZWEITENS: daß sie trotz der unverkennbaren Rückgriffe auf antikes Darstellungsrepertoire und der Evozierung eines grundsätzlich antikisch wirkenden Gesamtbildes im Detail doch recht frei bis verfremdend mit dem antiken Formelschatz agieren können – hier die Stadttorinschrift(en) in Neckargemünd und die Inschriften am Marktplatzdenkmal in Mannheim;

DRITTENS: daß sie unterschiedlich stark von Rückbezügen auf ein bildliches und inschriftliches antikes Repertoire geprägt sind – hier (in aufsteigender Reihenfolge bezogen auf den Grad der antikischen Rückbezüge) die Inschriften an der Prinzenbrücke, am Fürstenbrunnen, von Meckesheim und Aglasterhausen, am Karlstor, an der Alten Brücke und im Schwetzinger Schloßgarten.

Die Intensität derartiger klassizistischer Rückbezüge bemißt sich dabei auch an Kriterien der Paläographie, deren Spektrum von 'trajanischer' Majuskelschrift (Schwetzingen) über ebenmäßig antikische Majuskeln mit konsequenter „V"-Schreibung, aber teils mit unantiken Chronogrammen (Fürstenbrunnen, Neckargemünd, Meckesheim), undefinierten Majuskeln mit inkonsequenter bis keiner Berücksichtigung der „V"-Schreibung (Marktplatzdenkmal, Prinzenbrücke, Alte Brücke), kursiver Schreibschrift (Aglasterhausen) bis hin zu deutscher/gotischer Fraktur reicht. Musterbeispiel klassisch-antiker Paläographie sind die Buchstabenformen der beiden Schwetzinger Denkmäler; den gutwilligen und in Ansätzen gelungenen Versuch, die Inschriften der Alten Brücke nach dem Vorbild des augusteischen *Clipeus virtutis* zu konzipieren, trübt die konsequent unantike „U"-Schreibung. – Antiker Praxis nicht entsprechend, aber in den vorgestellten Beispielen konsequent eingehalten ist die Größerschreibung des kurfürstlichen Namens – außer freilich beim Grabmal für seine Mätresse, auf dem der Name Carl Theodors ganz fehlt –, und zwar unabhängig davon, ob er als Dedikant oder (indirekt) als Geehrter figuriert.

Somit ist eigentlich jedes dieser Denkmäler von der Warte der antiken Inschriftenpraxis ein Kuriosum, das im wahrsten Sinne des Wortes Neugier weckt und Anlaß böte, tiefer und grundsätzlicher in die Fragen zur epigraphischen Antikerezeption unter Carl Theodor einzusteigen.

Unter dem Blickwinkel der historischen Genese der hiesigen Carl-Theodor-Inschriften fällt auf, daß sie inhaltlich drei Aspekte betonen: Zum einen sind es Inschriften, bei denen der Kurfürst explizit als Dedikant auftritt, wie in Schwetzingen und (wenn auch letztlich nicht als alleiniger Dedikant) beim Marktplatzdenkmal in Mannheim. – Sodann solche, in denen er ehrend erwähnt wird, aber nicht der direkte oder alleinige Adressat ist, so am Fürstenbrunnen und an der Leimener Prinzenbrücke. – Schließlich alle übrigen Inschriften, bei denen er der direkte, im Dativ bezeichnete, und alleinige Adressat ist. Historisch ist dies insofern von Interesse, als diese dritte Kategorie, der die aufwendigsten und monumentalsten Inschriftendenkmäler angehören (Karlstor, Neckargemünd, Aglasterhausen/Meckesheim, Alte Brücke), ausschließlich in die Zeit der bayerischen Regentschaft Carl Theodors fällt. Ausgerechnet, ist doch gerade aus dieser Phase bekannt, wie zunächst enttäuscht, im Laufe der Jahre zunehmend verbittert die Kurpfälzer Bevölkerung über den Wegzug des Kurfürsten war und dies auch offen äußerte.

Spiegeln die kostspieligen Denkmäler der letzten Regierungsphase Carl Theodors also wirklich die Liebe seiner Kurpfälzer Untertanen? Eine solche 'Liebe', die noch 1776 in einer Akademierede so zum Ausdruck kam ... *das vergnügen in seinem ganzen umfange zu kosten, welches dabey angetroffen wird, daß uns dieser große Fürst noch geschenket ist, dem die gesellschaft ihr wesen, die wissenschaften und künste ihre aufnahm, und so viele tausend und tausend unterthanen, deren vatter er seyn will, ihre glückseligkeit zu verdanken haben ...*,[28] war dies nicht mehr. Wenn noch 1776 aufrichtig gewünscht worden sein mochte ... *und noch unsere enkel sollen durch die eigne erfahrung lernen, daß es keine eitele lobsprüche, daß es die lautere wahrheit gewesen ist, was wir von ihm gedacht,*

---

[28] Caspar Friedrich Günter: *Etwas von dem abwechselnden Schicksale der alten pfälzischen Kurwürde*, in: *Historia et Commentationes*, a. a. O. (s. o. Anm. 24), S. 190.

gesaget, und geschrieben haben!, gerieten derlei Zuneigungsbekundungen ein Jahrzehnt später mehr nur zu wenig glaubhaften, mit zusammengebissenen Zähnen geäußerten, reichlich dick aufgetragenen Schmeicheleien. Daß das prachtvoll ornierte Statuenbildnis des Kurfürsten auf der Alten Brücke ostentativ auf das Heidelberger Schloß hin ausgerichtet posierte, sprengt sicher den Rahmen geschmackvoller Ehrerbietung. Überzeichnend exponiert wird – bewußt oder unbewußt – einmal mehr, was der Realität am entferntesten liegt. Womit wir wieder beim Thema 'Lügen-Denkmal' wären ... Aber anyway: Hauptsache *devote{d}*![29]

---

[29] Last but not least sei all jenen, die lesend und spazierend mit mir den geschilderten kurfürstlich-epigraphischen Kuriosa gefolgt sind, sehr herzlich gedankt, allen voran meiner Familie sowie Brigitte Gräf, meiner Kollegin am Akademie-Forschungsprojekt *Epigraphische Datenbank Heidelberg*.

Abbildungsnachweis: Abb. 1a: Text und Collage Francisca Feraudi-Gruénais. Abb. 1b, 2a–c, 3a–b, 4, 5a–b, 6, 7, 8a–b, 9: Fotos Francisca Feraudi-Gruénais. Abb. 1c: Repro aus Kirchheimer (s. o. Anm. 9), Abb. 1. Abb. 5c: CIL/BBAW [http://www1.ku-eichstaett.de/epigr/uah-bilder.php?bild=$AE_1952_00165.jpg; PH0006333&nr=2]. Abb. 10: Repro aus Ebersold (s. o. Anm. 27).

Beatrice Frank

Wechselbalg, Kielkropf, Mondkind –
Martin Luther und Sorgenkinder

Der Wittenberger Reformator Martin Luther (1483–1546) gilt nicht nur evangelischen Theologen als Quelle und Fachmann zu vielen Themen und Problemen. In den von seinen Schülern und Tischgenossen mitgeschriebenen Tischreden und im wohlerhaltenen Briefwechsel finden wir Äußerungen Luthers zu nachgerade jedem Aspekt menschlichen Lebens. Diese zu bestimmten Themen zu sammeln und auszuwerten ist eine reizvolle und wichtige Aufgabe (wie sie im Bereich der Schriften Luthers zur Zeit in Tübingen bewältigt wird und dort zu einem umfassenden theologischen und sprachlichen Sachregister zu den Werken Luthers zusammenwächst). Was Luthers Gesamtwerk[1] so interessant und wichtig macht, ist das darin ablesbare weit gespannte Interesse: Erhalten ist nicht nur die von vornherein zur Veröffentlichung gedachte und entsprechend formulierte wissenschaftlich stichhaltige Abhandlung und Vorlesung oder die bis ins letzte Beispiel durchdachte Predigt, sondern auch der zur persönlichen Kenntnisnahme geschriebene Brief und die in ihm ausgedrückte Privatmeinung; und schließlich die in ihrer Seltenheit so überaus kostbare häusliche Plauderei mit ihrer Dokumentation *unzensiert* momentaner Sichtweisen: für uns Heutige das Guckloch, im Nachhinein auch dem Volk aufs Maul zu schauen. Aus all dem entsteht nun natürlich nicht ein objektives Bild, nicht eine Dokumentation von Fakten oder Wahrheiten, nicht einmal des Wissens einer Epoche, sondern die Darstellung von Meinung und Kenntnisstand einer einzelnen Person – allerdings einer, die mit allem Recht als exemplarisch gelten darf.

Es ist eine der fundamentalen Beobachtungen lutherischer Theologie, daß Liebe über Fehler hinwegsieht. Luther erlebt das selbst mit seinen eigenen Kindern: Er liebt sie von ganzem Herzen. *Ist eine natürliche neygung, das die eltern die kinder lieb haben ... Widderümb ists auch natürlich, das die kinder die eltern lieb haben.*[2] Je jünger und hilfloser das Kleine ist, desto bedingungsloser ist die Liebe. 1533 notiert er die Erkennt-

---

[1] Das Gesamtwerk Luthers liegt in der so genannten Weimarer Ausgabe (WA) vor, eingeteilt in die entsprechenden Unterabteilungen Tischreden (TR), Briefe (BR), Deutsche Bibel (DB) und natürlich Schriften (WA); alles zusammen gut 150 dicke Bände.
[2] WA 24,614,18*; vergleichbar auch 10I.1,296,5; 304,17; 12,352,5*; 17II,46,12; 24,409,26*; 29,223, zu 23*; 32,89,16*; 33,323,24*; 37,336,15*; 49,475,33*. *Je mer kinder jehe grosser gluck* TR 3,3613 (1536/7).

nis, daß das gut zweijährige Nesthäkchen Martin die älteren Kinder, den siebenjährigen Hans und die fünfjährige Lene, vom Favoritenplatz vertrieben hat. Der Kleine wird einfach umsorgt, die Großen müssen (und können) ihre Bedürfnisse anmelden.[3] Nun sind aber vor allem kleine Kinder nicht immer liebliche Wonneproppen, sondern haben ihre negativen Seiten. Natürlich beginnt das geliebte Söhnchen nicht nur sofort zu brüllen, wenn der nun auch nicht gerade für seine zarte Hand bekannte Vater es im Überschwang seiner Gefühle in den Arm nimmt und gründlich festhält, sondern auch zu tropfen und zu riechen. So geschehen 1532 mit dem damals gut einjährigen Martinchen: Luther nimmt ihn in den Arm, und da ist gerade mal die Windel sehr voll. Wie üblich tut sich Luther in der Wortwahl keinerlei Zwang an: *Wie hastus verdienet,* fragt er den Kleinen, *oder warumb sol ich dich so lieb haben ...? Mit scheissen, binckeln, weinen, und das du das gantze hause mit schreien erfulllest, das ich so sorgfeltig mus fur dich sein?*[4] Das kleine Kind mag noch so schreien, tropfen und riechen – seine Eltern nehmen es in der selben vorbehaltlosen Liebe an, wie Gott der Vater uns alle. Menschen aber sind, das weiß Luther und nimmt sich selbst gar nicht aus, von Grund auf sündig und fehlerhaft, voll renitenter Widerrede gegen Gott und in allerlei üble Dinge verstrickt. Wenn nun schon liebende Eltern den kindlichen Trotz und die vollen Windeln hinnehmen, wieviel mehr muß dann Gott der Vater ertragen.[5] Und so klärt sich ihm die unermeßliche, unbegreifliche Vaterliebe Gottes, der seine sündig stinkenden und unschön brüllenden Menschenkindlein immer bedingungslos gnädig liebt und annimmt.

Auch wenn das so geliebte Kind krank ist, behindert oder sonst mit einem Defekt beladen – grindig, krätzig, lahm, blind, aussätzig, und was es da noch alles für Probleme geben kann, so macht das in Luthers Augen keinen Unterschied, er kann sogar noch weiter gehen: Gerade das kranke Kind wird umhegt und geliebt.[6] Das wird ganz deutlich in den Tischreden in der Zeit um den Tod der Tochter Magdalena im September 1542: *Ich habe sie so ser lieb.*[7]

---

[3] *Ist Martinichen itzt mein liebster Schatz, quia plus eget opera mea quam Johannes vel Magdalena, qui nunc loqui et postulare possunt, ideo non tanta cura opus habent* TR 1,1032 (1533).

[4] TR 1,1004 (1530/5).

[5] *Ah wie muß unser Herr Gott so manche gutt murmurationes und gestanckh von uns leiden, anderst denn ein mutter von irem kind* TR 2,1615 (1532). Ähnlich auch in Schriften und Predigten: *Wie ain mu[o]ter thüt, wenn sich das kind unrain machet ..., erzaigt ain mu[o]terlich hertz und verwirft das kind dennoch nit: Also erzaigt sich auch Christus* WA 10III,239,4*; 17I,461,26*; 17II,46,20; 21,308,16*; 29,335,1*; 33,69,30*; 36,498,27*; 45,314,23.

[6] *Wie ein mutter myt ihrem kind ... umbgeht ... die natur und lieb dringt sie dahin, das sie des krancken kindlins wartet und pfleget* WA 49,641,34*; 7,397,18; 10I.2,143,14; 10II,296,5; 22,102,30*; und *Einer, der der krancken wartet ... thu[o]t allen vleyß bey jn* 10I.2,366,32* vormanen, *das sie jren ... vleis alda beweisen ..., daß das kind genese* 17I,25,17*.

[7] TR 5,5494 (1542) und mehrfach TR 5,5490–5502 und in Briefen, so BR 10,3797 (1542) an Jakob Probst in Bremen: *Vehementer eam dilexi.* Und weiter unten im gleichen Brief: *Mea Ketha salutat te adhuc singultans et oculis fletu madidis.* Das war drei Wochen nach dem Tod der Tochter.

Erschreckend und auffällig ist ja die hohe Kindersterblichkeit in dieser Zeit: Eine Familie bekommt 6, 7, 8 Kinder, nicht selten noch mehr, aber es überlebt vielleicht nicht einmal die Hälfte davon die ersten Jahre. Matthias Flacius Illyricus hatte aus seiner ersten Ehe 12 Kinder, von denen gerade vier die ersten Lebensjahre überlebten, Justus Jonas hatte in 2 Ehen aus 9 Geburten 3 überlebende Kinder. So oft liest man, daß Luther zur Geburt eines Söhnchens oder einer kleinen Tochter gratuliert – und nur wenige Briefe später muß er bereits trauernde Eltern trösten. Kindsbewegungen in der Schwangerschaft werden freudig begrüßt, sorgenvoll besprochen, und allzu oft wieder vermißt. Auch die Lutherfamilie trauert – um die kleine Elisabeth, die gerade 8 Monate alt, 1528 stirbt, und um Magdalene, die geliebte große Tochter, die 1542 dreizehnjährig ihrer heftigen Krankheit erliegt. Anfang Februar 1540 hat Katharina zudem noch eine Fehlgeburt[8] und liegt über einen Monat sehr krank darnieder.

Wichtig scheint mir auch die Beobachtung, daß es nicht etwa einen Gewöhnungseffekt oder gar eine Abstumpfung gibt: Jede Schwangerschaft, jede Kindsgeburt wird genau registriert und jeder Verlust betrauert. Im Briefwechsel des Reformators erscheinen diese Mitteilungen zwischen theologischen Abhandlungen und politischen Debatten, gleichwertig behandelt und aufmerksam notiert. Kinder sind erwünschte und liebevoll empfangene Gaben göttlicher Gnade.

Wenn allerdings ein uneheliches oder sonst ungewolltes Kind unterwegs oder geboren ist, gelangt diese Elternliebe schnell an ihre Grenzen. Dazu kommen massiver gesellschaftlicher Druck, Intoleranz, Ungeduld und Unduldsamkeit. Unter solchen Zwängen kann es zu Notlösungen aus ausweglos empfundener Situation kommen: zu Abtreibungen und zum Kindsmord,[9] damals wie heute ja auch. Und auch dafür gibt es im Lutherhaushalt Beispiele: Einige Zeit lang lebte unter den Mägden des Schwarzen Klosters zu Wittenberg eine junge Frau, Rosina, die sich von Truchseß nannte, eine schnorrende Abenteurerin, eine Landstreicherin, die sich, der Geschichte des Lutherhauses geschickt angepaßt, als ehemalige Nonne aus adligem Geschlecht eingeführt hatte, dann aber zugeben mußte, aus Münnerstadt in Unterfranken zu stammen. Ihr Vater sei dort Bürger gewesen und im Bauernaufstand umgekommen. Sie nutzt die gutmütige Großzügigkeit des Lutherhaushalts aus, hält sich natürlich an keinerlei Regeln, stiehlt und betrügt und lügt dazu ohne jede Scham. Schließlich stellt sich auch noch heraus, daß sie schwanger ist; als sie später weiterzieht, behält Luther sie im Auge und warnt in mehreren Briefen Freunde und Kollegen vor ihr und ihren Methoden. Dabei berichtet er auch über einen Abtreibungs-

---

[8] BR 9,3346 und TR 4,4885 (1540). In Luthers Briefwechsel ist sie nur sehr krank, die Freunde werden deutlicher: Caspar Cruciger schreibt CR 3,947 *Uxor Dn. Doctoris Lutheri gravissime decumbit ex abortu exigua cum spe vitae.* Ähnlich Melanchthon CR 3,948.

[9] BR 7,2295 (1536): *volentes et lubentes foetum vel extinguant vel negligant;* und auch WA 53,205,11: *Frawen oder Weibebilden, so die Frucht ungern tragen, mutwillens verwarlosen oder zu letzt auch böslich erwürgen und umb bringen.*

versuch: *Sie hat meine Magd gebeten, sie solt ihr auff den Leib springen, die Frucht zu tödten.*[10]

Das Kind, ein Junge, hat überlebt, teilt dann aber das Schicksal anderer unehelicher und ungewollter Kinder: Über sein weiteres Leben ist nichts bekannt. Daß es Frauen gibt, die ihre Kinder vernachlässigen oder gar töten, weiß Luther, verstehen aber will er das nicht.

Und wenn das Kind nun behindert geboren wird, oder von Anfang an nicht richtig leben kann?

Frühgeburten[11] werden Mondkinder genannt und sind ganz besonders von jäher Sterblichkeit bedroht. So ein Kindlein sei vergänglich wie Schaum oder wie ein Schemen. Eine solche Geburt birgt auch für die Mutter noch mehr Risiken in sich, als dies für gewöhnlich schon der Fall ist. Man weiß ganz genau, daß da in Schwangerschaft oder Geburt eine Fehlentwicklung eingetreten ist, und versucht sich zu erklären, wann und wo. Vor allem aber versucht man, die Kinder durch besondere Pflege zu erhalten, und manchmal überlebt eines, wenn auch zumeist mit Behinderung.

Eine rein geistige Behinderung wurde dabei nicht eigentlich als Schaden erkannt – ein debiles Familienmitglied läuft innerhalb der Großfamilie vor allem in bäuerlichen Haushalten in den allgemeinen Arbeitsvorgängen mit, macht sich nützlich, findet seine Nische, kommt als der dumme Hans oder gar als Hans im Glück ins Märchen und kann sehr alt werden. Auch körperliche Behinderung allein hat noch nie aus der Gesellschaft ausgeschlossen; wohl war die Berufswahl eingeschränkt, und der Anteil Versehrter an den Bettlern überproportional, aber auch Bettler gehören mit Selbstverständlichkeit zur spätmittelalterlichen Gesellschaft. Anekdoten, Mirakelgeschichten, Sagen und Märchen sind voll von Berichten „da war ein Mann, der war von Geburt an blind (oder lahm oder verkrümmt), und der wurde – nach vielen Jahren, längst als Erwachsener – von seiner Familie auf eine Wallfahrt mitgenommen, und dort geschah dann die Heilung". Beispielhaft ist auch der Lahme, der den Blinden führt (und zugleich von ihm gestützt wird): Das ist auch Luther gut bekannt;[12] für ihn ist dies ein Exempel idealer zwischenmenschlicher Caritas, vergleichbar dem Zusammenspiel der einzelnen Glieder eines Leibes.

Eine rationale Begründung für das Vorkommen schwerer Behinderung sah man darin, daß das Kind während der Menstruationszeit[13] empfangen wurde: Das konnte

---

[10] So BR 10,3963 (1544); weitere Geschichten über Rosina BR 9,3661 (1541); 10,3807 (1542); TR 5,6165 (1541); s. a. Köstlin 2,595.

[11] Kinder aus *unrechter, unvertragener geburt* WA 21,281,20 in einer Predigt über 1Joh 5,3 1544; *ein ... monkind von jm selbs dahin stirbt und verdirbt* WA 45,70,27; *die Monkinder ... tun den weibern großen schaden* TR 4,4166 (1538).

[12] TR 5,5359 (1540).

[13] So auch Luther WA 53,516–517: *Denn was zur selbigen zeit der reinigung empfangen wird, wird auch ein untüchtige, gebrechliche Frucht, als Wanwitzige kinder, naturliche narren, Kilkroppe, Wechselbelge und der gleichen Menschen, die zu rutt gehirn ir lebenlang haben.* Ähnlich WA 47,674,2: *da werden aus geboren ungesunde kinder, item wanwitzig.*

nur Krankes hervorbringen. Dasselbe gilt auch für im Alkoholrausch gezeugte Kinder.[14] Es gab in Luthers eigenem Haushalt ein lebendiges Beispiel dafür: Der Neffe Hans Polner lebte von 1530 bis 1542 in Luthers Haushalt und war dort öfters Gegenstand sorgenvoller Überlegung;[15] sein Vater war ein jähzorniger Alkoholiker gewesen, der seine Frau mißhandelte und ihr Gewalt antat und so den Sohn zeugte. Und dieser wurde danach: von eingeschränkter Lernfähigkeit, mit geringer Frustrationstoleranz, ohne Pflichtgefühl und selbst ein schwerer Alkoholiker. 1534 mußte Luther ihn, obwohl Hans volljährig war, bei der Teilungsvereinbarung des Erbes von Luthers Vater Hans vertreten. Allerdings kann er durchaus als Beispiel dafür dienen, was strenge, aber liebevolle Förderung erreichen kann: Er brachte sein Theologiestudium schließlich zu Ende, wurde dann Schulmeister in Zahna und 1547 Pfarrer in Jessen. Er galt bei allem Jähzorn doch als guter Prediger – wenn er nüchtern war.[16]

Die Eltern jedenfalls haben alle ihre Kinder, auch die behinderten, immer geliebt und beschützt und im Auge behalten. So schreibt Nikolaus Baserinus, der als Pfarrer zu Mügeln in recht bedrängter Situation und großer Armut lebte, über das Sorgenkind unter seinen neun Nachkommen:

Das eine Sieben Jhar mit stetter kranckheit bis auff diesen tag befallen ist, dan es mit geschwulst der glieder und wehtagen des heupts teglich geengstiget wirdet, Aber gleichwol sein essen und trincken teglich haben mus.[17]

Für gründliche Sorgfalt und Elternliebe spricht auch Luthers Beobachtung, daß es schwerbehinderte Kinder gibt, die das Erwachsenenalter (18 oder 19 Jahre) erreichen.[18] Beschrieben werden erkennbar schwere Spastiker, mit verkrampften Gliedmaßen und großen Köpfen. Viele von ihnen können zwar nicht sprechen, haben aber sonst alle Grundbedürfnisse. Und offenbar werden diese Bedürfnisse auch in vollem Umfang gestillt: Wenn einer, wie beschrieben, fünf Ammen aussaugt, dann hat er auch fünf Ammen bekommen. Versorgung und Pflege sind selbstverständlich.

---

[14] Dazu dann TR 5,5725 (oJ): *Volle leut sollen schlaffen und die frauen unverworren lassen ... Wenn sie voll sein, so wollen sie etc.; hernach mussens die kinder auf sich nemen.*

[15] *Cum scripsisset ad Doctorem mirum quam ridicule et inepte, Doctor ridens dixit eum operam dare et niti quidem, obnixe in studiis et scriptis sed nihil efficere posse propter caput debile.* vgl. auch TR 4,5050 und BR 5,1713 (1530); zur Erbteilung: BR 7,2127 (1534).

[16] BR 5,1683 (1530).

[17] BR 10,3915 (1543).

[18] TR 4,4513 (1539): *de pueris supposititiis, wechselbelgern und kylbrosten, quos Satan supponeret loco verorum filiorum, quibus homines molestaret ... Sed illos supposititios annum vigesium non attingere, aut 19. aut 18. anno aetatis mori dicebat.* Aurifaber dazu [FB 3,70] bzw. TR 2,2529b (1532): *In Sachsen, bei Halberstadt, hat ein Mann auch einen Kielkropf gehabt, der seine Mutter und sonst fünf Mumen gar ausgesogen und über das viel gefressen hatte und seiner seltsam begunnt.* TR 2,2528b (1532): *Habet enim potestatem Satan, die khinder außzwwechseln, sicut contigit nostro saeculo cuidam, dem der Teufel ein Teufel fur sein khindt in die wiege gelegt.*

In vielen Zusammenhängen ist zwar von Wechselbälgern die Rede, aber nicht unbedingt von teuflischem Austausch: Man weiß ganz genau, daß die Kinder „echte" Kinder sind, die nur vom Teufel angegriffen wurden. Und doch werden Versagensängste, zerstörtes Selbstwertgefühl und nackte Verzweiflung sichtbar; man findet zu der „geistigen" Notlösung: Es ist ja gar nicht unser Kind. Unser Kind war ganz richtig, gesund und schön. Das da ist nur vom Teufel ausgetauscht worden, untergeschoben. Es kann nicht unser Kind sein, es muß ein Teufelskind sein ... und eines Tages, vielleicht, tauscht er es auch zurück!

In solchen Fällen, gerade bei den Schwerbehinderten, verläuft die Erzählung in etwa immer gleichen Bahnen: Das Kind wird aufgezogen, getragen, gefüttert und behütet, bis es das Erwachsenenalter erreicht hat. Und dann folgt das übliche Märchen, vom plötzlich gesprächigen und beweglichen Teufelskind, das dann ins Wasser fällt und ertrinkt. Irgendwie begründen solche Geschichten die Tatsache, daß es damals so selten nicht vorkam, daß behinderte Kinder und Mißgeburten irgendwann „ins Wasser gefallen sind, ganz plötzlich, und ertrunken" oder „vom Teufel geholt" und nicht mehr da waren. Der Behinderte ist ausgewachsen, zu schwer geworden, man kann ihn nicht mehr tragen, die Eltern sind alt geworden und gebrechlich, die Geschwister aus dem Haus, die schwangere Schwägerin scheut abergläubisch den Unglücksschwager, die Großmutter, die ihn bisher gehütet hat, ist gestorben: In solchen Situationen fördert die reine Not radikale Lösungen. Der Umweg über die Teufelsgeschichte zeigt aber doch deutlich, daß dieses Vorgehen nicht allgemein akzeptiert wird.

Und seien wir da ja nicht überheblich! Es waren Verantwortliche in unserer ach so aufgeklärten Zeit, die auf die Idee der Euthanasie gekommen sind. Wohlwollend fördernder Umgang mit Behinderten ist relativ neu, staatliche Einrichtungen zur Ausbildung, Förderung und Schulung Behinderter (nicht zur Verwahrung und Versorgung, die gibt es schon sehr lange) sind recht moderne Erfindungen. Und auf die Idee, Abtreibungen zuzulassen, weil ein möglicherweise behindertes Kind vielleicht seine Mutter in Verzweiflung stürzen könnte, ist auch erst unsere Zeit gekommen.

Es gibt Abhandlungen,[19] die Luther zum Vorreiter des Behindertenmordes machen wollen. Sie berufen sich letztlich auf zwei Stellen, die als Lutheraussagen dargestellt werden: „Er hielt es für das beste, derartige Kinder gleich zu ertränken oder dem Feuer zu überantworten", auch mit der Begründung, „sie hätten ohnehin eine

---

[19] Klaus E. Müller: *Der Krüppel*, München 1996. Müller kennt Luther aber offenbar nicht aus der Quelle, sondern nur aus sekundärer Literatur, unter anderem aus Gisela Piaschewski: *Der Wechselbalg*, Breslau 1935(!). Ebenso Volker van der Locht: *„Euthanasie" und ihre geistigen Wurzeln – damals und heute*, in: *Faschistisches Menschenbild, Gentechnik und Biopolitik*, hg. von Kurt Heiler, Aachen 2003, S. 16–23, vor allem S. 17: hier nur die Stelle aus TR 5,5207 (1540) und keine neuere Literatur. Immerhin wird Luther wörtlich zitiert, durch Auslassungen etwas verschärft, und ohne den versöhnlichen Schluss, aber auch hier nicht aus der Quelle, sondern aus der sekundären Literatur.

begrenzte Lebenserwartung und würden bis dahin nur unnütz fressen und saufen".[20] Diese undifferenzierte Reduktion wird ihm nicht gerecht.

Für Luther ist eines ganz klar: Geburt und Leben, Werden und Entstehen überhaupt, sind ausschließlich Gottes Werke. Diese Tatsache aber sieht der Teufel mit Neid. Leben erschaffen kann er nicht, der Teufel ist kein Schöpfer. Das Einzige, wozu er fähig ist, ist fälschen, stehlen, austauschen und sich selbst an die Stelle eines göttlichen Geschöpfes zu legen.

> *Das kan er, kinder kan er weg stelen und sich an die stad legen, stets weinen und sich unrein machen und die mutter aussaugen, wie ... mit dem Teuffelischen kind geschehen zu scheppenstet.*

Gegen diese ganz real empfundene Bedrohung durch den Teufel aber hilft in Luthers Augen nichts als rohe Gewalt. Nur aus diesem Zusammenhang ist sein brutaler Rat für solche Fälle richtig zu verstehen: *findestu ... solche kinder, so wirffs inn die Elbenn, denn der Teuffel nicht gern erseufft,*[21] schreibt er in einer Predigt über Galater 5, über die Werke des Fleisches, die auch Werke des Teufels sind. Und in der Geschichte des Dessauer Wechselbalgs[22] rät er gar offen zum Mord.

Dies aber kann nicht als allgemeine Empfehlung verstanden werden, behinderte Kinder zu töten. Es geht um genau benannte einzelne Vorfälle. Die Existenz dieser beiden Wesen ist für Luther – wie auch für alle seine Zeitgenossen – ein offensichtliches Zeichen der Angriffe des Teufels. Der Schilderung nach weicht das Dessauer Kind vom üblichen Erscheinungsbild ab: Es ist nicht behindert, sondern vor allem boshaft, es lacht bei Schaden, es heult, wenn alles gut ist, es ist schadenfroh, zerstörerisch. So kann es nur vom Feind in die Menschheit zu deren Schaden geschickt worden sein. Nur deswegen kommt ihm der Wunsch, es zu beseitigen. Man folgt dem Vorschlag aber nicht, und der weitere Verlauf der Geschichte bestätigt in den Augen der Zeitgenossen nur das richtige Vorgehen.

Man darf sich auch an der Wortwahl nicht stören. Die Sprache des 16. Jahrhunderts ist direkt und drastisch, weit entfernt von politisch korrekter oder gerechter Sprache. Vieles, das uns heute verächtlich oder diskriminierend erscheint, ist nur einfach

---

[20] Müller: *Krüppel* a. a. O., S. 46 und 50.
[21] WA 51,56,38–57,9
[22] TR 5,5207 (1540): *Dessauiae eiusmodi puer fuit 12 annorum. Is tot voravit quot quatuor rustici et nihil aliud fecit quam ut ederet et cacaret. Lutherus suavit, ut suffocaretur. ... interrogatus: quam ob causam? Respondit: Quia ego simpliciter puto esse massam carnis sine anima.* Aurifaber zur gleichen TR: *Es fraß, schiß und seichte, und wenn mans angriff, so schrie es. Wenns ubel im Haus zuging, daß Schaden geschah, so lachete es und war fröhlich; gings aber wol zu, so weinete es. ... Da sagte ich zu den Fürsten von Anhalt: Wenn ich da Fürst oder Herr wäre, so wollte ich mit diesem Kinde in das Wasser ... und wollte das homicidium dran wagen. Aber der Kurfürst zu Sachsen ... und die Fürsten zu Anhalt wollten mir nicht folgen. Da sprach ich: so sollten sie in der Kirchen ... ein Vater Unser beten lassen, das der liebe Gott den Teufel wegnehme. Das thäte man täglich zu Dessau; da starb dasselbig Wechselkind im andern Jahre darnach.*

die damals übliche Ausdrucksweise: Frauen heißen *Weiber*, Menschen *fressen*, Unliebsames wird hemmungslos verwünscht und die Drohung, in der Elbe zu landen, kann vieles treffen, sogar biblische Bücher. Gegner werden beschimpft, mit allem, was einem nur einfallen kann. *Wechselbalg*, *Kielkropf* sind nicht unbeliebte Schimpfwörter,[23] selbst in höchsten Kreisen.

Nein, Luther hat nicht dazu aufgerufen, alle behinderten Kinder zu töten, noch spricht er ihnen gar das Lebensrecht ab. Wohl aber weiß er um die geringere Lebenserwartung und die große Gefährdung dieser Kinder. Er sorgt sich, bei Gesunden und Kranken, ohnehin mehr um die Seelen und das künftige Leben, als um diesseitige Probleme. Da nun ist festzuhalten: Er weiß sie alle in der besonderen Obhut eines gütigen und liebenden Gottes.

Das zeigt sich deutlich in einem anderen Zusammenhang. Es gab damals ein Glaubensproblem, das uns heute nicht mehr in seiner vollen Schärfe begreifbar ist: Was geschieht mit Totgeburten und mit ungetauft verstorbenen Kindern? In welchem Kreis der Hölle landen sie, mutterlos verlassen, ewig weinend? Auch Dantes Inferno enthält eine Kinderabteilung. Nicht umsonst gibt es detaillierte Anweisungen über Nottaufen, wie und von wem sie vorgenommen werden sollen und eindeutige Aussagen über ihre Gültigkeit. Luther weiß sich da in einer langen Tradition.[24] Nun ist für ihn die Taufe eigentlich unabdingbar für die Seligkeit, er sieht aber andererseits die Tatsache, daß es ungetauft Verstorbene gibt – wer ist dann schuld, was sagt man den verzweifelten Angehörigen und was geschieht mit den Kinderseelen?

Immer wieder weist Luther darauf hin, daß jede Geburt lebensgefährlich ist, und zwar für alle Beteiligten,[25] daß es zu Frühgeburten kommen kann[26] und zu Totgeburten. In solchen Fällen, so Luthers Gutachten, reicht es, wenn die Mutter ihr Kind eigentlich hatte taufen *wollen*. Selbst, wenn sie diesen Wunsch nicht aussprechen konnte, ihr *unaussprechliches Seufzen* ist hinreichend, das Kind kann als getauft gelten und ist damit unter der Gnade Gottes, der dieses Seufzen erhört.

Wenn ein Kind behindert geboren wird, stellt sich, damals wie heute, Eltern und Umwelt irgendwann die Frage persönlichen Verschuldens. Warum, warum mein Kind, warum ich, was habe ich getan?

---

[23] Luther nennt den Papst so [WA 38,270,4; 39II,50,25], die Juden wiederum Luther [WA 51,195,3 und 53,511,32]; tierische Mißgeburten, wie das Freiberger Mönchskalb oder der Papstesel, wurden, so erschreckend sie auch wirkten, offenbar ganz gerne als polemische Ansätze verwendet [WA 11, (357)369–385; 1523]. Zu Wechselbalg und Hexenkind überhaupt s. Hartwig Weber: *Hexenprozesse gegen Kinder*, Frankfurt/M. 2000, S. 137–172.

[24] *Nottauffe, so von Ammen oder Weibern geschieht* WA 47,301,14*; 36,128,14*; 47,649,4*.

[25] *Beide Mutter und Kind ... uber der geburt in angst, not und fahr leibs und lebens stehen* WA 21,541,36*; 12,117,17; 22,429,5*; 24,251,24*; 602,20*; 25,416,28*; 28,610,26*; 704,14*; 34I,352,10*; 37,153,21*; 41,576,2*; 45,353,36*; 46,560,15*; 49,33,9*; 688,39*; 53,203,3; 324,2Ü; *das jn misraten und unrichtig mit der geburt gangen ist* WA 53,205,6; 21,281,20*.

[26] *Ein kind, das zu früh geborn ist* WA 36,509,15*; 47,657,11*. Totgeburt: *warumb er solche Kindlein ... nicht hat lassen lebendig geborn ... werden* WA 53,205,16; 34II,239,21*; 15,364,6; 24,425,33*; 600,12*; 36,129,22*; 54,89,28.

Es sind vor allem die Mütter, die in tiefe, fast unnennbare Schuldvorwürfe innerlich verstrickt und den lieblosen Kommentaren ihrer Umwelt hilflos ausgeliefert, unter Fehlgeburt und Fehlentwicklung ihrer Kinder leiden. Und ihnen besonders, die mit großem Herzeleid erleben mußten, daß eine Kindsgeburt keinen guten Verlauf nahm, schreibt Luther 1542 eine eigene Trostschrift.[27] Dort stellt er ganz klar: Es ist nicht menschliches, vor allem nicht mütterliches Verschulden, wenn Kinder tot, zu früh oder mit Gebrechen geboren werden, sondern göttliche Prüfung. Es ist nicht ihre Schuld, es ist auch nicht Gottes Zorn, weder gegen die Mütter, noch gegen sonst jemanden; es ist eine Probe christlicher Leidensfähigkeit, eine Anfechtung für den Glauben und ein Aufruf zur Geduld. Luther kennt die gängigen und leicht ausgesprochenen Worte, die so viel Leid anrichten können: Darum mahnt er nachdrücklich, man dürfe die ohnehin schon schwer angefochtenen Mütter nicht auch noch schrecken oder betrüben mit unangemessenen, unbedachten und rücksichtslosen Worten.

Nicht nur die gesunden, schönen, klugen Kinder sind Gottes Geschenk; gerade auch die krank oder zur Unzeit geborenen sind Seine Gabe. Sie sind eine der harten Prüfungen, die Gott seinen Menschen auferlegt, um ihren Glauben zu stählen.

---

[27] *Ein Trost den Weibern, welchen es ungerade gegangen ist mit Kindergebären* WA 53,(202)205–208: *weil es ir schuld nicht ist* und *Gott weder uber die Mütter noch andere so dazu gethan, erzürnet sey, sondern sey eine versuchung zur gedult.*

Eva-Maria Güida

Mit Sir John Mandeville unterwegs nach INDIA

1. Der *Libro de las maravillas del mundo*, das *Buch von den Wundern der Welt*, gehört zu der Quellensammlung von weit über sechshundert Titeln, die die Materialbasis der Forschungsstelle *Diccionario del español medieval* (DEM) der Heidelberger Akademie der Wissenschaften bildeten. Der mittelalterliche „Reisebericht" wurde um das Jahr 1356 oder 1357 von einem Autor namens Mandeville verfaßt. Sowohl der Name des Verfassers als auch die dem Text zugewiesene literarische Gattung „Reisebericht" sind mit Fragezeichen verknüpft. Zum einen bleibt die Identität Mandevilles bis in die heutige Zeit ungeklärt: Sir John of Mandeville sei ein im englischen St. Albans geborener, dann auf den Kontinent ausgewanderter Ritter, ist zu lesen, oder aber, Mandeville sei identisch mit dem literarisch ambitionierten französischen Arzt Jean de Bourgogne, der Name John of Mandeville sei lediglich ein literarisches Pseudonym.[1] Zum anderen ist die Frage zu stellen, ob es sich bei dem „Buch von den Wundern der Welt" tatsächlich um den Bericht von einer Reise handelt. Die Zweifel an der Realisierung der Reise werden nicht zuletzt durch die zahlreichen Beschreibungen fabelhafter Lebewesen genährt, die der Text dem mittelalterlichen Leser nahebringt.[2] So erstaunt es nicht, daß die Forschung heute davon ausgeht, daß Mandeville an keinen der beschriebenen Orte selbst gereist ist (außer zu einer guten

---

[1] Siehe hierzu z. B.: *Mandeville, Jean de*, in: *Brepolis Medieval Encyclopaedias – Lexikon des Mittelalters Online* http://www.brepolis.net/bme (Zugriff 22. Mai 2008); Stephen Greenblatt: *Wunderbare Besitztümer. Die Erfindung des Fremden: Reisende und Entdecker*, Berlin 1994; Folker Reichert: *Erfahrung der Welt. Reisen und Kulturbegegnung im späten Mittelalter*, Stuttgart 2001.
[2] Der Text berichtet z. B. von Tieren, die Hippotames heißen und zur Hälfte Mensch, zur Hälfte Pferd sind.

Bibliothek, wie Iain Macleod Higgins ergänzt).[3] Reichert spricht folgerichtig nicht von einem Reisebericht, sondern von einem „Reiseroman".[4] Adams führt ihn als *travel liar*:[5] Mandeville habe sich der Gattung „Reisebericht" bedient, um das Wissen seiner Zeit anschaulich darzustellen; Einschübe in der ersten Person dienten lediglich dem Zweck, die Glaubwürdigkeit seiner Berichterstattung zu erhöhen, gereist sei er selbst wohl nicht. Ein „rätselhafter"[6] Autor beschreibt eine Reise, die er nie unternommen hat – der Text wird ein Publikumserfolg, wie über 250 erhaltene Manuskripte und Drucke bezeugen. Daß es durchaus angebracht ist, hier von einem außerordentlichen Publikumserfolg zu sprechen, belegt zudem die Vielfalt der Sprachen, in die der „Reiseroman" innerhalb des ausgehenden 14. und frühen 15. Jahrhunderts, also innerhalb relativ kurzer Zeit nach seiner Entstehung, übersetzt wurde:

> *Within about fifty years of 1356 'The Book' was circulating widely on both sides of the English Channel in a total of eight languages – French, Czech, Dutch, English, German, Italian, Spanish, and Latin – and within about fifty years more it would be available in another two: Danish and Irish.*[7]

2. Zu den unter „Spanish" subsumierten Fassungen gehört die aragonesische, die die Grundlage dieser Ausführungen bildet. Sie stammt aus dem ausgehenden 14. Jahrhundert, das Manuskript liegt in der Bibliothek des *Escorial* (Monasterio, M.III.7).[8] Es umfaßt 91 Folios und trägt folgende Titel: *Viaje de Juan de Mandeville* und *Libro de las maravillas del mundo y del viaje de la Tierra Santa*. Der Text handelt zunächst von einer Pilgerreise zu den heiligen Stätten des Christentums. An diese schließt sich die Darstellung einer „Reise" in weiter entfernt gelegene Regionen Afrikas, des Mittleren Ostens, der indischen Inselwelt, Chinas und des Reiches des legendären Priester-Königs Johannes an. Im ersten Teil legt der Verfasser Wert auf die Vermittlung christlichen Wissens, im zweiten liegt der Schwerpunkt der Beschreibungen vielmehr in der Darstellung des Phantastischen und Exotischen.

3.1. *ViajesMandavilla*[9] beschränkt sich jedoch nicht darauf, die Sehnsucht des mittelalterlichen Publikums nach Exotika zu stillen. Im Gegenteil, der Text kombiniert in einzigartiger Weise Fabel und Wissenschaft, wenn er den Leser über die Beschaffen-

---

[3] Iain Macleod Higgins: *Writing East. The „Travels" of Sir John Mandeville*, Philadelphia 1997, S. 8.
[4] Reichert: *Erfahrung*, a.a.O., S. 20.
[5] Percy G. Adams: *Travelers and travel liars. 1660–1800*, Berkeley 1962.
[6] Reichert: *Erfahrung*, a.a.O., S. 19.
[7] Higgins: *Writing East*, a.a.O., S. 6.
[8] *The Text and Concordances of Escorial Manuscript M.III.7, Viajes de John of Mandeville*. Edited by María del Mar Martínez Rodríguez und Juan Luis Rodríguez Bravo, Madison 1984 [ViajesMandavilla].
[9] Versiglung nach der Bibliographie des DEM: Bodo Müller: *Diccionario del español medieval*, Fascículo 1, Heidelberg 1987, S. XXXII.

heit der Erde unterrichtet. Unter dem Stichwort *redondo, a* „rund" der Wortkartei des DEM befindet sich dieses Textzitat:

[fines s XIV] ViajesMandavilla 50r/50v: la tierra & la mar son de Redonda forma.

„Die Erde und das Meer sind von runder Form". Das Weltbild einer flachen Erde, das dem Mittelalter vielfach unterstellt wird, wird klar und deutlich widerlegt. Der Autor geht in seinen Ausführungen sogar noch weiter:

[fines s XIV] ViajesMandavilla 50v: hombre podria yr nauegando todo en tor el mundo.

„Der Mensch könnte um die Welt herumsegeln", ergänzt Mandeville und erzählt die Geschichte eines Mannes, der die Welt sehen wollte und lossegelte, an Indien und den indischen Inseln vorbei, bis er schließlich auf eine Insel traf, wo man seine Sprache sprach, was er sich nicht erklären konnte. Mandeville selbst fügt die Erklärung an:

[fines s XIV] ViajesMandavilla 51v: Car eill non sabia como esto podia ser Mas yo digo quel auia tanto andado por tierra & por mar quel auia enujronado toda la tierra quel hera Reuenido en Rodeando ata su tierra[10]

– und betrachtet die Geschichte als Beweis für die Kugelform der Erde: Der Mann habe die Erde so weit umrundet, daß er dort wieder angekommen sei, wo er einige Zeit zuvor losgesegelt war. Einen weiteren Beweis für die Kugelform der Erde sieht Mandeville in den Sternbildern begründet, deren Anblick sich, abhängig von der Position des Betrachters, unterscheidet (folio 50r/50v). Der mittelalterliche Text präsentiert, argumentativ begründet, ein neuzeitliches Weltbild, nämlich das der Kugelgestalt der Erde. Kolumbus, der im Jahr 1492 aufbrach, um *INDIA* über die Westroute zu erreichen, steht also in einer Linie mit unserem Autor aus der Mitte des 14. Jahrhunderts: *hombre podria yr nauegando todo en tor el mundo* (50v), „man könnte die ganze Welt umsegeln". Der *Libro de las maravillas del mundo* – nicht nur ein Reiseroman, sondern auch ein Schlüsseltext für die Geschichte der Geographie.

3.2. Eines der von Mandeville beschriebenen Reiseziele ist die im fernen Osten gelegene Region *INDIA*. Sein geographisches Konzept hat jedoch mit dem Land, dass heute durch span. *India* bezeichnet wird, nur teilweise zu tun. Unser „Reisender" führt zu *INDIA* aus:

---

[10] „Denn er wußte nicht, wie dies sein konnte. Aber ich sage, daß er so weit über Land und Wasser gereist war, daß er die ganze Erde umrundet hatte, daß er bis zu seiner Heimat zurückgekehrt war".

[fines s XIV] ViajesMandavilla 43v: Et es jndia deuisada principalment en .iij. partidas la mayor qui es tierra muy calient. Et jndia la menor que es tierra atrempada Et la tercia partida que es deuers Septemtrion qui es muy fria tierra.[11]

Unter *INDIA* sind demzufolge drei Regionen zu verstehen: „Groß-Indien", eine klimatisch sehr heiße Region, „Klein-Indien", eine klimatisch gemäßigte sowie eine dritte Region, die sehr kalt ist. Die Dreiteilung des indischen Raumes bei Mandeville enspricht einem mittelalterlichen Indienbild, wie wir es bereits bei Marco Polo, dem Empiriker unter den Reisenden, vorfinden. Die Konzeptualisierung des Raumes *INDIA* in drei Regionen durch Marco Polo und Mandeville legt die Grundlage für die Verwendung des Toponyms im Plural, *las Indias*, wie sie auch 1492 im Bordbuch von Kolumbus[12] („*d'estas Indias*") dokumentiert ist. Es kann nicht bewiesen werden, daß Kolumbus Mandeville oder Marco Polo vor Reiseantritt gelesen hat, es ist jedoch ebensowenig vorstellbar, daß ein Seefahrer jener Zeit, der die Westpassage nach *INDIA* suchte, die Texte ignorierte. Und nicht nur Kolumbus verwendete das Toponym *las Indias* zur Bezeichnung des Kontinents, den wir heute als „Amerika" kennen. Auch Fray Bartolomé de las Casas schrieb in Folge 1527–61 seine „Historia de las Indias", José de Acosta 1590 eine „Historia natural y moral de las Indias". Kolumbus' Irrtum hatte nicht nur Folgen für die geographische Terminologie des Spanischen, sondern auch für die geographische Terminologie weiterer Sprachen, denn von Spanien aus verbreitete sich nicht nur die Nachricht von der Entdeckung, sondern auch die Bezeichnung *Indias* in andere Sprachen. So kennt z. B. das Englische seit 1555 die Bezeichnung *Indies* für die alte und die neue Welt:

A name given to India and the adjacent regions and islands, and also to those lands of the Western Hemisphere discovered by Europeans in the 15th and 16th centuries, and originally supposed to be part of the former.[13]

Eine erste Differenzierung erfolgte erst im Zuge des Fortschritts in den geographischen Kenntnissen:

With the progress of geographical knowledge the two were distinguished as East Indies and West Indies.[14]

Auch im Deutschen sprechen wir heute noch von den *westindischen Inseln*, wenn wir uns auf die Inseln vor der zentralamerikanischen Küste beziehen, verwenden also

---

[11] „Und INDIA ist hauptsächlich in drei Teile geteilt: Groß-Indien, welches sehr heiß ist. Und Klein-Indien, welches wohltemperiert ist. Und der dritte Teil, der gen Norden liegt und sehr kalt ist."
[12] Cristóbal Colón: *Los cuatro viajes. Testamento*, Madrid 1986, S. 62 (Eintrag zum 11. Oktober 1492).
[13] OED online s.v. *Indies*: http://www.oed.com (Zugriff 22. Mai 2008).
[14] Ibid.

ein Toponym, das wir ursprünglich dem Spanischen zu verdanken haben. Diese Verbindung zwischen der spanischen Sprache des Mittelalters, dem Irrtum des Kolumbus und der Toponymik des 21. Jahrhunderts gilt gleichermaßen für die Bezeichnung der Ureinwohner Amerikas, die wir (dt.) *Indianer* oder *Indios*, engl. *Indians*, frz. *indiens* nennen und die auf das kastilische Ethnonym *indio* bzw. seine aragonesische Variante *indiano* zurückgehen. Der *Libro de las maravillas del mundo* – also nicht nur ein Reiseroman, sondern auch ein Schlüsseltext für die Toponymik und Ethnonymik der „Neuen Welt".

3.3. Bislang konnte festgestellt werden, daß die Mandeville'schen „Viajes" aus geographischer Perspektive von Bedeutung sind. Die Relevanz des Textes für die Geschichte des spanischen Wortschatzes, und damit für den „Diccionario del español medieval", zeigt sich bei der Untersuchung eines lexikalischen Teilbereiches der geographischen Fachsprache, den Bezeichnungen der Himmelsrichtungen. Auf der Suche nach den heutigen spanischen Bezeichnungen *norte* „Norden", *sur* „Süden", *este* „Osten", *oueste* „Westen" werden wir im Text zunächst nicht fündig. Dies erstaunt auch nicht, denn die aus dem Germanischen stammenden Bezeichnungen Norden, Süden, Osten, Westen haben sich, wie die sprachwissenschaftliche Literatur uns lehrt, im Spanischen erst mit der Atlantikseefahrt durchgesetzt und werden, so das maßgebliche etymologische Wörterbuch des Spanischen, auch erst ab 1492 im Bordbuch des Kolumbus (Ausnahme *norte*: bereits 1490 bei Palencia) dokumentiert.[15] Die Mandevilleschen Bezeichnungen der Kardinalpunkte sind vielmehr:

a) [fines s XIV] ViajesMandavilla 14v: Jherusalem es enel Regno de Judea [...] & marcha enta orient con el Regno de arabia enta medio dia ala tierra de egipto enta occident ala grant mar et enta vissa al Regno de siria.[16]

b) [fines s XIV] ViajesMandavilla 29v: Es assaber de mediodia enta bissa & dorient enta occident dura ata los grandes desiertos darabia.[17]

c) [fines s XIV] ViajesMandavilla 52v: Et pues que la tierra es ronda tanto ay de bisa a mjdi como de drecho orient al drecho occjdent.[18]

---

[15] Joan Corominas, con la colaboración de José A. Pascual: *Diccionario crítico etimológico castellano e hispánico*. Band II, Madrid 1989, S. 779b, s. v. *este I*.
[16] „Jerusalem liegt im Königreich Judäa, [...] und grenzt im Osten an das Königreich von Arabien, im Süden an Ägypten, im Westen an das große Meer und im Norden an das Königreich Syrien".
[17] „Das heißt, von Süden bis Norden und von Osten bis Westen reicht es an die großen Wüsten Arabiens".
[18] „Und weil die Erde rund ist, ist es von Norden bis Süden genauso weit wie vom äußersten Osten zum äußersten Westen".

d) *[fines s XIV] ViajesMandavilla 72r: Et daca el Regno de tarsa es vers occident el Regno de turquesten qui sestiende vers occident ata el Regno de persia/Et deuers septentrion ata el Regno de corasme.*[19]

Statt *sur* „Süden" finden wir die Bezeichnungen *medio día* „Mittag", „wo die Sonne am Mittag steht" (Textbeispiele a und b) oder aus dem Französischen entlehntes, gleichbedeutendes *midj* (Textbeispiel c); statt *este* „Osten" die Bezeichnung *oriente* (< lat. ORIENS, also: „wo die Sonne aufgeht", Textbeispiele a, b und c); statt *oueste* „Westen" die Bezeichnung *occident* (< lat. OCCIDENS, also „wo die Sonne untergeht", Textbeispiele a, b und c) und zur Bezeichnung des Nordens das ebenfalls aus dem Lateinischen stammende *septentrion* (< lat. SEPTENTRIONES „Siebengestirn", Textbeispiel d) oder das aus dem Germanischen stammende *bise* in den Graphievarianten *bisa*, *bissa* und *vissa* („Nordostwind", Textbeispiele a, b und c). Es fällt auf, daß der Text die aus der modernen Fachterminologie vertraute Einheitlichkeit der Bezeichnung vermissen läßt. Lassen sich die Variationen zwischen *medio día* und *midi* noch als dialektales Merkmal des Altaragonesischen, nämlich dessen Nähe zum Galloromanischen, charakterisieren, so stoßen wir im Falle von *septentrion* und *bise* auf zwei Bezeichnungen, die sich nicht durch romanische Variation erklären lassen. Während *septentrion* aus dem Lateinischen stammt, hat *bise* seine Wurzeln im Germanischen. Der Text folgt also in den Bezeichnungen des Südens, des Ostens und des Westens dem aus dem Lateinischen stammenden System, das sich nicht an Fixsternen, sondern primär an „Bewegung" („Aufgang – Untergang") und Position der Sonne orientiert. In der Bezeichnung des Nordens schert er aus diesem Muster aus: In ein aus dem Lateinischen stammendes Bezeichnungssystem dringt *bise* als Germanismus aus dem germ. *bîsjÿ*[20] zur Bezeichnung des „Nordens" ein, bleibt jedoch nicht allein:

e) *[fines s XIV] ViajesMandavilla 15r: Et deue hombre saber que quoando es en Jherusalem faze hombre el primer pellerinage ala yglesia de sant sepulcro/qui es de fuera dela Cibdat enta la partida de vissa/o de norch.*[21]

Mandeville gibt an dieser Stelle den Ratschlag, in Jerusalem als erstes zum Heiligen Grab zu pilgern, welches sich außerhalb der Stadt befindet. Und er gibt an, in welche Richtung der Reisende sich wenden muß: *enta la partida de vissa o de norch*. *Vissa* „Norden" wird an dieser Stelle durch ein Synonym ergänzt: *Norch*, neusp. *norte*. Die-

---

[19] „Und von dort liegt das Königreich von Tarsa im Westen, das Königreich Türkei, das sich gen Westen bis zum Königreich Persien ausdehnt und gen Norden bis zum Königreich von Chorasan".
[20] Ursprünglich „Nordostwind", cf. Walther von Wartburg: *Französisches Etymologisches Wörterbuch. Eine darstellung des galloromanischen sprachschatzes,* vol. XV, Basel 1969, S. 117a.
[21] „Und man muß wissen, daß man in Jerusalem die erste Wallfahrt zur Grabeskirche macht, welche außerhalb der Stadt liegt, Richtung Norden."

ser Beleg des Terminus *norch* „Norden" in einem Text aus der zweiten Hälfte des 14. Jahrhunderts gibt zur Revision der bislang gültigen Biographie der Bezeichnung im Spanischen Anlaß: Der Erstbeleg stammt nicht aus dem Jahr 1490, wie die sprachwissenschaftliche Literatur bislang festhält, sondern ist bereits im ausgehenden 14. Jahrhundert, also etwa 100 Jahre früher anzusetzen. Der Reiseroman des Mandeville schlägt zum dritten Mal eine Brücke zwischen Mittelalter und Neuzeit: In der Bezeichnung der Kardinalpunkte ist der *Libro de las maravillas* einerseits dem Mittelalter verhaftet, greift er doch bei der Bezeichnung des Ostens, des Westens und des Südens auf die Terminologie des Lateinischen zurück. Gleichzeitig signalisiert der Text mit der Übernahme von *norch* den ersten Schritt in die neuzeitliche, aus dem Germanischen stammende Terminologie, wie sie mit der Ausweitung der transatlantischen Seefahrt im 15. Jahrhundert dann international üblich wird.

4. Der mittelalterliche spanische „Reisebericht" zeigt bei näherer Betrachtung eine Modernität, die auf den ersten Blick nicht vermutet werden konnte. Aus der Perspektive der Naturwissenschaften ist dies das neuzeitliche Weltbild, das Mandeville zudem ausführlich erläutert. Aus Sicht der historischen Sprachwissenschaft konnte gezeigt werden, daß in der Toponymik die mittelalterliche spanische Konzeptualisierung und Verbalisierung im Falle von *INDIA* über die Entdeckung der Neuen Welt durch Kolumbus noch bis heute nachwirkt, nicht nur im Spanischen, sondern auch in anderen Sprachen wie z. B. dem Deutschen oder dem Englischen. Auf dem Gebiet der geographischen Fachsprache des Spanischen zeigen die Bezeichnungen der Kardinalpunkte mit dem neuen, um etwa 100 Jahre vordatierten Erstbeleg von (neuspan.) *norte* „Norden", daß die Bearbeitung des mittelalterlichen Spanisch für die historische Sprachwissenschaft noch manchen Schatz birgt, den zu heben sich lohnt.

Susanne Haaf

Martin Bucer und die profane Literatur seiner Zeit.
Ein Hinweis des Reformators in seiner Schrift
„Wider auffrichtung der Messen, anderer Sacramenten
vnd Ceremonien Vnd des Papstumbs"

Wie stand Bucer zur profanen Literatur, zur Belletristik seiner Zeit? Ein entschiedener Verfechter der Heiligen Schrift, Gegner all jener mittlerweile in der Christenheit fest installierten Bräuche und Sitten, die er nicht durch die Bibel verifizierbar sah – wie stand dieser zu den Reisen durch Himmel und Hölle des Tundalus, zu Ehebruch, Ausschweifungen sündhafter Mönche, Betrügereien und grausam mordenden Vätern im Decamerone, was hielt er von Feenmärchen mit wundersamen Verwandlungen wie der Melusinegeschichte? Der Reformator zeigt sich verhalten mit dahingehenden Äußerungen. Während sonstige Streitfragen offen und mit deutlichen Stellungnahmen behandelt werden, lassen sich hinsichtlich seiner Einstellung zur zeitgenössischen profanen Literatur nur hin und wieder Anhaltspunkte finden. Umso erstaunlicher ist es, wenn Bucer doch noch einigermaßen deutlich dieses Thema anspricht. Im Jahre 1545 verfaßt er eine kleine Schrift, in welcher er erneut seine Auffassungen bezüglich der Abendmahlsfeier und anderer kirchlicher Traditionen darstellt, begründet und der Praxis der Altgläubigen entgegenstellt.[1] Dazu veranlaßt hatte ihn der Umstand, daß ihm auf Grundlage seiner Ausgabe der im Leipziger Religionsgespräch 1539 beschlossenen Artikel von Vertretern der Gegenseite unterstellt worden war, er wolle das Volk zum katholischen Glauben zurückführen, um so „etliche feyste Bistumb" zu erlangen.[2] In diesem Text nun, umrahmt von etlichen Vor-

---

[1] Martin Bucer: *Wider auffrichtung der Messen, anderer Sacramenten vnd Ceremonien Vnd des Papstumbs*, Straßburg: Wendelin Rihel, 1545. Vgl. Holger Pils, Stephan Ruderer und Petra Schaffrodt: *Martin Bucer (1491–1551). Bibliographie*, hg. von Gottfried Seebaß, Gütersloh 2005 (im Folgenden: Bucer-Bibliographie) Nr. 154f. Der Text wird in Bd. 13 der Reihe *Martin Bucers Deutsche Schriften* (im Folgenden: BDS) erscheinen.
[2] Die Edition der Leipziger Religionsartikel durch Bucer erfolgte im Rahmen seiner Schrift *Ein christlich ongefährlich bedencken*, Straßburg: Kraft Müller, 1545 (Bucer-Bibliographie Nr. 143f.). Zu den geschilderten Vorwürfen der Gegenseite vgl. ebd. Bl. Eija-Eiija; Bucer: *Wider auffrichtung der Messen*, a. a. O., Bl. Aija. Die Texte sind vorgesehen für BDS 13. Vgl. außerdem BDS 9,1, S. 19f.

würfen gegen die Altgläubigen bezüglich ihrer Einstellung zur Ehe, der Sündhaftigkeit der Mönche und unbeweisbaren Jenseitsvorstellungen, findet sich die folgende Passage:

> „Damit dan die leut[3] nit ein mal aus dem todschlaff der so grewlichen onachtsamkeit gegen dem waren Christenthumb erwachen, die augen auffthůgen vnd aus der heiligen Schrifft, den heiligen Canonibus, der liben Våtter schrifften, aus keiserlichen gesetzen, ja auch natürlicher vernunfft vnd erbarkeit (= Anstand, Tugend) dise grewlichste grewel ettwas (= hier: im Geringsten) erkennen, so trachten sie nun auch dahin, das man keine Leyen die göttliche oder auch der heiligen Våtter schrifften oder ettwas von der religion lasse lesen, sonder allein von Melusina, vom Tondelo, Centonouella, von dem Danheusser, Eulenspiegel vnnd solche bůcher."[4]

Fünf Vertreter der Unterhaltungsliteratur des 16. Jahrhunderts, die zur Lektüre zugänglich seien, nennt Bucer hier beim Namen: Den Prosaroman über die Sagengestalt Melusine, die Geschichte des Ritters Tundalus, Giovanni Boccaccios Decamerone, die Tannhäuser-Ballade sowie Herman Botes Till Eulenspiegel. Er gibt damit durchaus einen interessanten Einblick in die Lesegewohnheiten seiner Umgebung. Doch, er sagt es selbst, die Liste ist nicht vollständig: Es gibt noch weitere „solcher Bücher", die hier nicht genannt werden. Die erwähnten Werke haben also etwas gemein, das Rückschlüsse darauf zuläßt, auf welchen Grundlagen die Zusammenstellung dieser Liste basiert und wie sie gegebenenfalls zu vervollständigen wäre. Bucer selbst gibt Hinweise auf solche Gemeinsamkeiten: In all diesen Schriften kann der Leser nicht „ettwas von der religion [...] lesen", wie etwa in der Bibel selbst, in den Schriften der Kirchenväter sowie im kirchlichen und kaiserlichen Recht. Selbst „natürliche vernunfft vnd erbarkeit" gäben mehr Aufschluß über den wahren Glauben als diese Texte. Diese sind jedoch dem Laien zugänglich, während man solche Schriften, denen Bucer Autorität hinsichtlich der Religion zubilligt, zurückhält. Die genannten Aspekte träfen jedoch auch auf sonstige literarische Texte des 16. Jahrhunderts zu. Ist dies also eine Generalabrechnung Bucers mit der Literatur seiner Zeit oder gibt es spezifische Aspekte, die ausgerechnet diese fünf und weitere „solcher" Schriften gemein haben? Es soll im Folgenden versucht werden, die Umstände zu erhellen, die zu Bucers Zusammenstellung geführt haben mögen.

---

[3] Gemeint sind hier wohl die Laien, denen die heilige Schrift nicht zugänglich sei, im Gegensatz zu den Klerikern, von denen der Autor im folgenden Absatz handelt: „Vnd auff das dann auch die Clericen, die man die schrifft noch nie weil wollte lesen lassen, nit in erkhantnus der sachen kommen [...]", Bucer: *Wider auffrichtung der Messen*, a. a. O., Bl. Gjb.

[4] Bucer: *Wider auffrichtung der Messen*, a. a. O., Bl. Gja-Gjb.

1. Die Verbreitung der Texte durch den Buchdruck

Ein erster Anhaltspunkt könnte sich dabei über die Verbreitung und Druckgeschichte der Texte ergeben. So erschien die erste von Bucer erwähnte Schrift, „Dje Histori oder geschicht von der edeln vnd schönen Melusina", mehrfach in Straßburg im Druck, davon zweimal 1516 in Johann Knoblochs d. Ä. Druckerei,[5] sowie 1540 bei Jakob Frölich.[6] Die auf eine lange Sagentradition zurückgehende Geschichte handelt von Melusine, einer Sagengestalt, die aufgrund begangener Schuld mit einem Fluch belegt ist, der sich nur lösen ließe, wenn sie einen Menschen dazu bringen könnte, ihr Leben lang ihr Tabu zu achten. Dies gelingt ihr nicht, weswegen sie unerlöst bleibt bis zum Jüngsten Tag.

Von den Erfahrungen eines Ritters mit Namen Tondelus, von Bucer an zweiter Stelle genannt, bei dessen vorübergehender Entrückung in das Jenseits, berichtet die lateinische Visio Tnugdali des irischen Mönches Bruder Marcus, die dieser Mitte des 12. Jahrhunderts in Regensburg verfaßt hatte. Sie erlangte sehr große Beliebtheit, wovon die zwölf heute bekannten eigenständigen Prosaübersetzungen aus der Zeit zwischen 1380 und 1500 zeugen. Bucer verweist hier wohl auf eine dieser Übersetzungen, festgehalten in einem „büechlin", das „sagt von einer verzuckten selen eines rittters genannt Tondalus", das 1519 wiederum bei Johann Knobloch d. Ä. in Straßburg erschienen war.[7]

Mit dem Titel „Centonouella" bezieht sich Bucer auf die deutsche Übersetzung von Boccaccios Decamerone.[8] Über ihre Verbreitung im deutschen Sprachraum herrscht Uneinigkeit; spätestens seit der Neuauflage von 1535 muß jedoch das Interesse an diesem Werk recht groß gewesen sein. So erlangten die „Cento Nouella" ab den 1540er Jahren allein in Straßburg mehrere Neuauflagen.[9] Doch auch früher schon

---

[5] Vgl. VD 16 M 4468 und M 4469.

[6] Vgl. Paul Heitz und François Ritter: *Versuch einer Zusammenstellung der deutschen Volksbücher des 15. und 16. Jahrhunderts*, Straßburg 1924, S. 128. Ediert ist der Text bei Jan-Dirk Müller (Hg.): *Romane des 15. und 16. Jahrhunderts*, Frankfurt a.M. 1990, S. 11–176. Vgl. außerdem ebd. S. 1012–1015 und 1022–1030; Wolfgang Stammler und Karl Langosch: *Die deutsche Literatur des Mittelalters. Verfasserlexikon* (im Folgenden: VL), Bd. 9, Sp. 908f.

[7] Vgl. VD 16 ZV 15087. Es handelt sich dabei um die westoberdeutsche Übersetzung D. Der Text ist ediert bei Nigel F. Palmer (Hg.): *Tondolus der Ritter* (im Folgenden: T), München 1980, S. 47–89. Zu diesen Ausführungen vgl. außerdem ebd. S. 11f.; Nigel F. Palmer: 'Visio Tnugdali'. *The German and Dutch Translations and their Circulation in the Later Middle Ages*, München 1982, S. 71–97; VL 9, Sp. 1142–1146. Zur Namensform 'Tundalus' und daneben bestehenden Varianten vgl. VL 9, Sp. 1142.

[8] Vgl. Alfred Götze: *Martin Butzers Erstlingsschrift*, in: *Archiv für Reformationsgeschichte* 4 (1906), S. 46. Zum Folgenden vgl. Claudia Bolsinger: *Das Decameron in Deutschland*, Frankfurt a.M. 1998, S. 11f.; Xenja von Ertzdorff: *Romane und Novellen des 15. und 16. Jahrhunderts in Deutschland*, Darmstadt 1989, S. 18–38.

[9] Vgl. z.B. den Druck: *Cento Nouella Johannis | | Boccatij | | Hundert newer Historien/welche ein erbar gesellschafft von dreien männern vnd siben weibern/fliehent ein | | groß sterben zů Florentz/zůsamen geredt*, Straßburg: Johann Knobloch d. J., 1540 (VD 16 B 5822). Weitere erschienen 1547 (VD 16 B 5823), 1551 (VD 16 B 5824), 1557 (VD 16 B 5825), 1561 (VD 16 B 5826) in Straßburg.

weist Bucer selbst ein weiteres Mal auf Boccaccios Novellensammlung hin, und zwar in seinem 1521 entstandenen Text „Ain schŏner Dialogus".[10] Weit verbreitet waren auch die Übersetzungen einzelner Novellen aus dem Decamerone.

An vierter Stelle spielt Bucer auf die Tannhäuser-Ballade an, deren hochdeutsche Fassung B 26 Strophen umfaßt. Diese schildern das Schicksal des Helden Tannhäuser, der für seinen Aufenthalt im Venusberg die Absolution sucht. Auch hiermit bezieht sich Bucer auf einen seinerzeit ausgesprochen beliebten Text, der besonders in Nürnberg viele Auflagen erlangte.[11]

Der erste bekannte Druck der Schwanksammlung „Ein kurtzweilig Lesen von Till Ulenspiegel" schließlich, deren Titelheld sein Dasein als Reisender fristet, welcher mit den Mitmenschen sein Gaukelspiel treibt, sich dabei nicht selten eines sehr groben Humors bedienend und beträchtlichen Schaden anrichtend, entstand etwa 1510/11 in Straßburg bei Johannes Grüninger.[12] Der Text zählt zu den Bestsellern seiner Zeit,[13] erlebte zahlreiche Neuauflagen, zunächst vor allem durch Johannes Grüninger in Straßburg, später auch anderweitig, und wurde noch im 16. Jahrhundert in mindestens sieben weitere Sprachen übersetzt.[14]

Somit ist für die genannten Texte eine erste Gemeinsamkeit gefunden. Sie alle hatten zur Zeit der Entstehung der „Wider auffrichtung" bereits mehrere Auflagen erlangt, waren also einigermaßen weit verbreitet, und dies vor allem auch in Straßburg und somit im unmittelbaren Wirkungsumfeld Bucers. Der Reformator war somit selbst Zeuge der umfassenden Rezeption dieser literarischen Texte durch die Laien. Allein die Tannhäuser-Ballade fällt dabei etwas heraus, findet sich doch kein Hinweis

---

[10] Vgl. Martin Bucer: *Ain schŏner dialogus Und gesprech zwischen aim Pfarrrer und aim Schulthayß, betreffend allen übel Stand der gaystlichen*, Augsburg: Melchior Ramminger, 1521, in: BDS 1, S. 461, 15f. Die Annahme, daß Bucer der Autor der Fassung A des Dialogs ist, kann wohl als gesichert gelten, vgl. ebd. S. 396f. und 399f.; Jan-Dirk Müller: *Volksbuch/Prosaroman im 15./16. Jahrhundert. Perspektiven der Forschung*, in: Internationales Archiv für Sozialgeschichte der deutschen Literatur, Sonderheft 1 (1985), S. 33 Anm. 102; Götze: *Martin Butzers Erstlingsschrift*, a. a. O., S. 1–64.

[11] Vgl. Dietz-Rüdiger Moser: *Die Tannhäuser-Legende. Eine Studie über Intentionalität und Rezeption katechetischer Volkserzählungen zum Buß-Sakrament*, Berlin, New York 1977, S. 19–21; John Meier (Hg.): *Deutsche Volkslieder 1, Balladen 1*, Berlin, Leipzig 1935, S. 152f.; Philip Stephan Barto: *Tannhäuser and the Mountain of Venus*, New York 1916, S. 180–217.

[12] Vgl. VD 16 ZV 2280.

[13] Vgl. die „Liste der Bestseller der 'Vergnüglichen Literatur'" bei Uwe Neddermeyer: *Die Reformation als Retter volkssprachlicher Literatur? Deutsche Drucke auf dem Weg vom Nischenprodukt zum neuen Kommunikationsmedium*, in: Normative Zentrierung. Normative Centering, hg. von Rudolf Suntrup und Jan R. Veenstra, Frankfurt a. M. 2002, S. 189. Dort finden sich neben dem Eulenspiegel auch die Griseldis-Novelle sowie der Melusine-Roman.

[14] Zu diesen Ausführungen vgl. Siegfried H. Sichtermann (Hg., Übers.): *Herman Bote. Ein kurzweiliges Buch von Till Eulenspiegel aus dem Lande Braunschweig*, Frankfurt a.M., Leipzig ²1981, S. 17; Georg Bollenbeck: *Till Eulenspiegel, der dauerhafte Schwankheld. Zum Verhältnis von Produktions- und Rezeptionsgeschichte*, Stuttgart 1985, S. 179–181; Anneliese Schmitt: *Ein kurtzweilig lesen von Dil Ulenspiegel. Kommentar zur Faksimileausgabe*, Leipzig 1979, S. 35–46; VL 9, Sp. 1225.

auf Straßburger Drucke dieses Textes. Es wäre jedoch vorstellbar, daß die in Flugblattform gedruckte Ballade im Reich verbreitet worden und so dem Reformator auf einer seiner Reisen oder in Straßburg selbst in die Hände gefallen war.

2. Vielfalt der Gattungen

Gleichzeitig decken die von Bucer gewählten Texte ein breites Spektrum der zu seiner Zeit verbreiteten Textgattungen ab. Die Geschichte von Melusine ist in Romanform überliefert, die des Ritters Tundalus als Erzählung, beim Decamerone handelt es sich bekanntlich im Kern um eine Sammlung von einhundert Novellen, die Tannhäuserlegende wurde in den Rahmen einer Ballade gefaßt, und Eulenspiegels Abenteuer werden dem Leser in Form von Schwänken dargeboten.[15] Somit zeigt Bucers Auswahl hier die Vielfalt der zeitgenössischen profanen Literatur, durch die nach Ansicht des Reformators falsche Lehren an den Laien übermittelt werden. Dieser Vielfalt steht nun jedoch nicht die Bibel als einziges Buch, aus dem religiöse Lehren erkannt werden könnten, gegenüber, sondern der Reformator nennt wiederum eine größere Auswahl unterschiedlicher Texte, die er für lesenswert hält, und zwar neben der Heiligen Schrift die Schriften der Kirchenväter sowie das kirchliche und das zivile Recht. Dem Leser wird somit alternativ zu der ihm vertrauten, reichhaltigen profanen Literatur ein ebenso vielfältiges Angebot an geistlichen Schriften zur Rezeption angeboten, so daß er angehalten ist, sich auch weiterhin durch umfassende Lektüre zu bilden und schließlich außerdem die ihm eigene „natürliche vernunft" einzusetzen, um die Inhalte des Glaubens und der Religion zu erfassen.

Den Verweis des Laien an die biblisch und rechtlich fundierten Texte untermauert Bucer nun im Kontext der „Wider auffrichtung" durch aus ihnen entnommene Zitate sowie das wiederholte Angebot, anhand ihrer öffentlich seine Lehre zu belegen.[16]

3. Zugänglichkeit in der Volkssprache

Die genannten literarischen Texte waren also mit Hilfe des Buchdrucks einem breiten Publikum verfügbar geworden. Doch eine weitere Komponente ist hinsichtlich der Zugänglichkeit von Bedeutung. Sie alle standen in der deutschen Volkssprache zur Verfügung, sei es, weil es sich um genuin deutsche Texte handelte, sei es, weil Übersetzungen der Werke verfügbar waren.

---

[15] Vgl. Müller: *Romane des 15. und 16. Jahrhunderts*, a. a. O., S. 989–993; Palmer: *Tondolus der Ritter*, a. a. O., S. 11; Walter Jens (Hg.): *Kindlers Neues Literaturlexikon*, Bd. 2, München 1989, S. 824; VL 9, Sp. 611, 613, 1227.
[16] Vgl. Bucer: *Wider auffrichtung der Messen*, a. a. O., Bl. Diija; Giijb und passim.

So handelt es sich bei dem Roman über Melusine um einen Text, den der Berner Patrizier Thüring von Ringoltingen (ca. 1415–ca. 1483) aus dem Französischen übersetzte und bearbeitete. Vorlage für seine 1456 fertiggestellte Bearbeitung war der zwischen 1401 und 1403 entstandene französische Versroman Couldrettes aus dem Poitou, der seinerseits eine alte Sage variiert.[17] Das „büechlin" über den Ritter Tundalus basiert, wie bereits erwähnt, auf der lateinischen „Visio Tnugdali" und auch das Decamerone zitiert Bucer hier nach einer Übertragung, und zwar der eines bislang noch unbekannten deutschen Übersetzers mit dem Pseudonym Arigo, der seine Arbeit an dem Text 1470 abgeschlossen hatte.[18] Till Eulenspiegel und die Tannhäuser-Ballade hingegen stellen genuin deutsche Texte dar, wobei ersterer, als dessen Verfasser der Zollschreiber Herman Bote gelten kann,[19] wie oben erwähnt in weitere Volkssprachen übertragen wurde.

Für den zumeist der Fremdsprachen unkundigen Laien war dies von besonderer Bedeutung, wurde ihm doch in vielen Fällen der Zugang zu bestimmten Texten erst bei deren Vorliegen in seiner Muttersprache verschafft. Volkssprachliche Ausgaben der Kirchenväterschriften, der rechtlichen Canones oder der Bibel für den Laien wurden jedoch von katholischer Seite nicht bereitgestellt oder gebilligt.[20] Andererseits ließ man eine umfassendere Schulbildung, die zu mehr Sprachkenntnissen hätte führen können, mittlerweile nur noch Anwärtern einer klerikalen Ausbildung zuteil werden. Gegen diese Entwicklungen spricht Bucer andernorts deutliche Worte:

> „Der ewige Gott hatt seine heilsame lehre, dadurch er den menschen zum ewigen leben bringt, vnd dabei die furnemste vnterweisung zum gebet, welches zum zeitlichen leben in dieser welt nȯtig ist, in seiner H. Propheten vnd Apostel schrifften gefasset vnd gebotten, die selbige zu lesen, zu hȯren, zu lehrnen vnd fur vnd fur zu erhalten. [...] Dieses werck ist zwar (= wahrlich) ein vberauß trefflich vnd hȯchschetzlich wolthat Gottes, daher auch aller der fleiß, damit man, diß buch zu erhalten vnnd die leuth dasselbige zu lehren vnnd zu Gȯtlicher erkantnus zu furen, sich bearbeitet, freilich fur Gott ein angenemer dienst geachtet wurdt."[21]

Wie wichtig Bucer die Problematik der Unverständlichkeit christlicher Schriften und kirchlicher Zeremonien für den Laien war, zeigt schon der Kontext selbst, in dem das

---

[17] Vgl. Müller: *Romane des 15. und 16. Jahrhunderts*, a.a.O., S. 1020–1022.
[18] Vgl. VL 8, Sp. 752f.; VL 11, Sp. 125f.; Werner Röcke, Marina Münkler (Hg.): *Die Literatur im Übergang vom Mittelalter zur Neuzeit*, München 2004, S. 88–90.
[19] Vgl. VL 9, Sp. 1227; Sichtermann: *Till Eulenspiegel*, a.a.O., S. 9–12; Müller: *Volksbuch/Prosaroman im 15./16. Jahrhundert*, a.a.O., S. 33 Anm. 102.
[20] Vgl. Gerhard Müller (Hg.): *Theologische Realenzyklopädie*, Bd. 6, Berlin, New York 1980, S. 68f.
[21] Martin Bucer: *Einfaltigs Bedencken*, Bonn: Laurentius von der Mülen, 1543, in: BDS 11,1, S. 398, 10–14 und 18–21.

Ausgangszitat steht. Immer wieder weist er in der „Wider auffrichtung der Messen" darauf hin, daß aufgrund der Verwendung des Lateinischen und mangels Deutlichkeit des im Gottesdienst Gesprochenen der Christ nicht verstehen könne, welche Lehren ihm vorgetragen würden.[22]

Doch nicht nur die Sprachbarriere erschwerte den Zugang zu den geistlichen Texten für den Laien. Auch die in Straßburg seit 1504 verbreitete Zensur erfaßte vor allem geistliche Schriften und konfessionelle Kontroversliteratur, wohingegen man die volkssprachliche Unterhaltungsliteratur zunächst weitgehend unbehelligt ließ.[23]

4. Vermittlung christlicher Lehre

Somit wurde, in Ermangelung geistlicher Literatur, das Wissen des Laien über Inhalte und Vorstellungen seiner Religion in hohem Maße mitbestimmt durch das Bild, das die volkssprachliche Unterhaltungsliteratur davon vermittelte. Bucer spricht dieser jedoch ab, überhaupt Zeugnis von der Religion ablegen zu können. Worauf ist nun dieses harsche Urteil zu beziehen? Immerhin diente die Sage vom Ritter Tundalus, bevor sie in die Laienrezeption einging, sogar einem geistlichen Publikum zu dessen erbaulicher Lektüre.[24]

Bei genauerer Betrachtung fällt jedoch auf, daß zwar alle von Bucer genannten Texte mehr oder weniger deutlich in einem christlich-religiösen Zusammenhang stehen und sogar, wo dieser nicht primär deutlich genug hervortritt, durch die Übersetzer entsprechende Züge hinzugefügt wurden, sie aber dennoch in gewisser Weise der christlich-protestantischen Lehre widersprechen.

Interessant ist dabei zunächst die Frage nach dem Wahrheitswert der jeweiligen Handlung insgesamt. So enthält Couldrettes französischer Melusineroman eine Reihe dämonischer und fantastischer Elemente. Der deutsche Bearbeiter Thüring von Ringoltingen versuchte zwar, diese zu bewältigen, indem er das Geschehen in einen christlichen Zusammenhang stellte: Melusine erscheint als gute christliche Herr-

---

[22] Vgl. z.B. Bucer: *Wider auffrichtung der Messen*, a.a.O., Bl. Bija: „Vnd wenn kein ander grewel in den verkerten Messen der Pǎpstler were, dann allein dis gotlose gauckelspiel, das die Messuerderber die theuren wort also dahin plaudern vnd murmlen zů dem volck vnd doch on allen verstandt des volcks! Dann was ists, das sie so hoch schreien, vff die erhebten letner steigen, sich zum volck keren vnd doch alles reden vnd singen in einer sprachen, die das volck nit verstaht, dann ein grewlicher hon vnd gespǒt der gǒtlichen Maiestat vnd seiner heiligen kirchen? Man lese, wie das der heilig geist verdammet hat, j. Corint. xiiij[133]." Vgl. außerdem ebd. Bl. Aiiija; Biiija; Eija; Eiija; Eiijb; Fiijb; Fiiija.

[23] Vgl. Müller: *Volksbuch/Prosaroman im 15./16. Jahrhundert*, a.a.O., S. 28 Anm. 90 und S. 45; Susanne Schedl: *Straßburg als Literaturstadt*, München 1996, S. 109. Aufschlußreich ist diesbezüglich auch z. B. der im Folgejahr 1546 erschienene *Index der Löwener theologischen facultät vom jahre 1546*, in: *Die Indices Librorum Prohibitorum des sechzehnten Jahrhunderts*, gesammelt und hg. von Fr. Heinrich Reusch, Nieuwkoop 1961, S. 27–43.

[24] Vgl. VL 9, Sp. 1143; Palmer: *Tondolus der Ritter*, a.a.O., S. 12.

scherin, an deren übernatürlichen Fähigkeiten sich die Allmacht Gottes zeigt; das Geschehen wird zu einem großen Teil durch göttliche Vorhersehung und göttliches Eingreifen bestimmt. Dennoch kann der Bearbeiter das Geschehen nicht gänzlich von der Sagenwelt lösen, auf der es basiert. Auch die zusätzlichen Bemühungen des Verfassers um einen Wahrheitsanspruch seines Werks können nicht verhindern, daß die Geschichte und somit auch das in ihr begriffene Zeugnis göttlichen Wirkens unwahrscheinlich bleiben.[25] Für den christlichen Leser ergibt sich daraus eine entscheidende Problematik: Wie kann ein Mensch christliche Lehren und Erbauung aus Geschehnissen schöpfen, die so nicht stattgefunden haben können?

Auch die Tannhäuser-Ballade erzählt von einem göttlichen Wunder: Papst Urban IV. verweigert Tannhäuser die Absolution für dessen sündhaftes Leben im Venusberg. Er weist auf den Stab in seiner Hand hin und erklärt: „Als wenig es (= das „steblein") begrünen mag,/Kumpst du zu gottes hulde."[26]

Nach drei Tagen ergrünt jedoch der Stab. Wiederum greift Gott angeblich in eine Geschichte ein, die eigentlich auf Sagen basiert.[27] Der Venusberg, dessen Bewohner der Welt nicht mehr greifbar zu sein scheinen, ebenso wie die Existenz der Göttin Venus lassen sich weder mit der Realität noch mit dem christlichen Weltbild vereinen. Bucer aber fordert:

> „[...] das nach der offenbaren ordnung des h. geists, im Alten vnd Newen Testament dargeben vnd gehalten in den Gemeinden vnnd versammlungen Christi, nichts überal für die gemeinde Christi gelesen, erklåret, gelehret, gesungen vnd gebetet werden solle, dann die Gŏttliche schrifft vnd was deren gentzlich gemåß, als die wahrhafftige historien der lieben Martyrer Vnd solche geseng vnd gebett, die aus der h. Schrifft gezogen seind, [...]."[28]

Der Reformator lehnte somit die nicht auf der Heiligen Schrift basierenden Zeugnisse vom Wirken Gottes, wie z. B. „warhafftige" Märtyrergeschichten, nicht grundsätzlich ab. Er forderte jedoch, daß sich die geschilderten Geschehnisse tatsächlich zugetragen hätten und nicht von Menschen erdacht wären. Entsprechend streng fällt andererseits Bucers Urteil über erfundene Heiligenlegenden aus:

> „[...] der Heiligen legenden, von menschen beschriben, bey dem volck Christi mehr oder alß vil treyben alß das, so die Gŏttlich Schrifft von Heyligen fürgibt,

---

[25] Zu diesen Ausführungen vgl. Ertzdorff: *Romane und Novellen des 15. und 16. Jahrhunderts in Deutschland*, a. a. O., S. 64f.; Müller: *Romane des 15. und 16. Jahrhunderts*, a. a. O., S. 1029, 1033–1040; VL 9, Sp. 912f.

[26] *Tannhäuser-Ballade*, Z. 79f. Zitiert nach John W. Thomas: *Tannhäuser: Poet and Legend. With Texts and Translations of his Works*, Chapel Hill 1974, S. 184–191.

[27] Zur Sagentradition des Tannhäuser vgl. Burghart Wachinger: *Von Tannhäuser zur Tannhäuserballade*, in: *Zeitschrift für deutsches Altertum und deutsche Literatur* 125 (1996), S. 125–141; VL 9, Sp. 614–616.

[28] Martin Bucer: *Wie leicht und füglich*, Straßburg: Kraft Müller, 1545, in: BDS 11,2, S. 364, 20–25.

ist ein verkerter vnchristlicher mißbrauch. Dann vns das gewisse Gottes wort vnd die Heyligen, die es vns rhůmet, so vil mehr gelten sollen dann alle menschen gedicht vnd von menschen gerhůmpte Heyligen, so vil vns Got mehr ist dann die menschen."[29]

Und:

„Onbewerte vnd fabulische historien der Heyligen den Christen fůrtragen ist Abgŏttisch, Dann wer vom wort Gottes vnd der warheit abtrittet, der trittet auch ab von Got."[30]

Schließlich schildert auch die Erzählung von Tundalus solche nicht verifizierbaren Erfahrungen. Auf seiner Reise durch das Jenseits sieht der Held Seelen im Fegefeuer brennen, in großen Tieren verschwinden, in deren Hälse sie von Teufeln gejagt werden, durch Schlangen und Nattern mit Widerhaken oder durch „Fleischhauer" mit Beilen und Äxten zerstückelt werden (T 164–924). Nicht allein lassen sich diese detaillierten Vorstellungen vom Jenseits wiederum nicht belegen, Bucer weist auch die Fegefeuerlehre im Ganzen zurück. So setzt er sich beispielsweise in der ebenfalls 1545 entstandenen Schrift „Der newe glaub von den Doctoren zů Lŏuen" unter anderem mit diesem Thema auseinander.[31] Ein Ausschnitt daraus zeigt die grundsätzliche Einstellung des Reformators zu derartigen „Hinzufügungen" zum christlichen Glauben:

„Vor den zeiten Augustini hat man gar nichts dar von (= vom Fegefeuer) gedacht oder gedisputieret. Nun sagen dise Doctoren, man můsse festiglich glauben, das ein Fegfeür sie [...]. Wa aber schrifft darumb oder Apostolische tradition? Oder gilt es also, alle mal newe articul zu vnserem glauben thůn? So hette doch der Herre vnnd die heiligen Apostel den Christlichen glauben nitt gantz gelehret."[32]

Dies leitet über zu einem weiteren Punkt: Problematisch werden erdachte Geschichten vom Wirken Gottes vor allem dann, wenn sie Auffassungen repräsentieren, über die kein Konsens erreicht ist. Dies betrifft z. B. die Fegefeuerlehre, aber auch die zwischen Altgläubigen und Protestanten vieldiskutierte Frage, ob die Erlösung des Sünders durch Werke zu verdienen sei oder ob sie, wie es auch Bucers Ansicht war, durch die Gnade Gottes erlangt werde. Auf die Gnade und Barmherzigkeit Gottes

---

[29] Martin Bucer: *Zweite Verteidigungsschrift*, Bonn: Laurentius von der Mülen, 1543, in: BDS 11,2, S. 138, 21–23.
[30] Ebd. S. 138, 27–29.
[31] Vgl. Martin Bucer: *Der newe glaub von den Doctoren zů Lŏuen*, Straßburg: Wendelin Rihel, 1545 (Bucer-Bibliographie Nr. 146; weitere Fassungen Nr. 147f.), Bl. Kja-Kija. Dieser Text wird in BDS 15 erscheinen.
[32] Bucer: *Der newe glaub von den Doctoren zů Lŏuen*, a. a. O., Bl. Kjb-Kija.

können die im Tundalus beschriebenen Seelen jedoch nur teilweise hoffen. So erhält der Held, der seinen Begleiter erschrocken nach der Barmherzigkeit Gottes fragt,[33] die Antwort:

> „Es werdent vil menschen betrogen, die da sprechent vnd nit verstant, got sy al zit barmhertzig. [...] sein gerechtikeit lonet einem iglichen nach seinen wercken als er verdinet hat, Aber sein barmhertzikeit vergibt vil sund, vmb die man pin solt liden." (T 492–498)

Viel Sünde werde vergeben, wofür man Gott dankbar sein solle, aber alle Sünde könne nicht vergeben werden, denn dies widerstrebe der göttlichen Gerechtigkeit (T 498–521). Und ferner: „[...] got vrteilet iglichen nach seinen wercken." (T 316)

Ebenso kann Melusine auf die Barmherzigkeit Gottes nicht mehr hoffen. Sie hat ihre aufgrund schwerer Sünde ergangene Auflage nicht erfüllt und muß somit bis zum Jüngsten Tag von ihrem Schicksal unerlöst bleiben. Und auch Tannhäuser kann, obgleich ihm göttliche Erbarmung zuteil wird, von dieser nicht mehr profitieren, denn er war nach der Absage des Papstes bereits „in iamer vnd in leyden" wieder in den Venusberg zurückgezogen. Und nicht nur er, sondern Papst Urban selbst muß nun aufgrund seiner Fehlentscheidung ganz ohne Aussicht auf göttliche Gnade „auch ewigklich sein verloren".[34]

Etwas anders steht es mit den übrigen beiden Texten in Bucers Liste. In ihnen wird von vornherein nicht der Versuch unternommen, christliche Glaubenslehren zu vermitteln und göttliches Wirken zu bestätigen. Der Autor des Decamerone fühlt sich dem Diesseits verhaftet, der Welt mit ihrer „prallen Realität".[35] Entsprechend handeln die Geschichten, welche sich die illustre Gesellschaft zu ihrer Erheiterung erzählt, von Liebesabenteuern verschiedenster Art, Ehebruch, Betrug, List, sogar Mord. Selbst geistliche Würdenträger fallen auf durch ihr sündhaftes Leben, Mönche und Nonnen erliegen ihrer Triebhaftigkeit, der größte Sünder wird als Heiliger verehrt. Menschliches Handeln, sei es als Sünde oder Tugend anzusehen, dient als unerschöpfliche Quelle für weitere Erzählungen, wird jedoch nicht transzendental-wertend überhöht. Auch der moralisierende und belehrende Ton, den der deutsche Übersetzer Arigo dem Text in den 1470er Jahren gab, ändert diese Grundtendenz nicht, und sie wird ebenso bestätigt durch die 1535 der deutschen Übersetzung in der fünften Druckauflage hinzugefügte Vorrede, sodaß schon Zeitgenossen das Werk als „obszönes und unmora-

---

[33] Vgl. T 491f.: „[...] wo ist nun sin (= Gottes) barmhertzikeit?" Zeichensetzung der Tundalus-Zitate von mir.
[34] Vgl. *Melusine*, in: Müller: *Romane des 15. und 16. Jahrhunderts*, a. a. O., S. 116, 16f.; 120, 5–8; 138,8–140,2; *Tannhäuser-Ballade*, a. a. O., Str. 22f., 26.
[35] Vgl. Jens: *Kindlers Neues Literaturlexikon*, Bd. 2, a. a. O., S. 825.

lisches Buch" und „unzüchtiges Schwankbuch" verurteilten.³⁶ Zur Losgelöstheit des Textes von christlichen Intentionen fügt sich die Einbindung der Gottheiten Fortuna und Amor in das Geschehen. Der Text bemüht sich also nicht um eine christliche Aussage, und Bucer billigt ihm eine solche dementsprechend auch nicht zu.

Auch die Schwänke im Eulenspiegel scheinen vor allem der irdischen Welt verhaftet und der kurzweiligen Belustigung des Lesers gewidmet zu sein. Inwiefern dem Autor eine moralisch-didaktische oder gar moraltheologische Intention unterstellt werden kann, ist vielfach diskutiert worden und soll hier nicht weiter erörtert werden.³⁷ Bucer scheint eine solche in diesem Text nicht zu sehen, oder zumindest nicht für wertvoll zu erachten. Wichtiger ist hier, daß die Komik des Eulenspiegel-Romans zu einem frappierend großen Teil davon lebt, wie alle sonstigen so auch die christlichen Bräuche und Moralvorstellungen zum Gegenstand des Spotts zu machen. Eulenspiegel verhöhnt seine Mitmenschen, wo er nur kann, dabei getrieben von Geldnot, Lust zum Schabernack, Rache oder schlichter Böswilligkeit. Keiner der spätmittelalterlichen Stände ist vor seinem Spott sicher, selbst die kirchlichen Würdenträger nicht. Und auch mit der Frömmigkeit der Bevölkerung treibt der Titelheld sein Spiel. So kehrt er beispielsweise vor dem Papst dem Sakrament den Rücken zu, um sich als Ungläubiger zu zeigen (Historie 34), betrügt das Volk mit einer falschen Reliquie und behält deren Spenden für sich selbst (Historie 31) und stiftet einen Pfarrer zur Verletzung des Beichtgeheimnisses an (Historie 38). Er, der gesellschaftliche Außenseiter, tritt als Sünder auf, der darüber hinaus seine Mitmenschen zur Sünde anstiftet. In diesem Treiben verlieren auch die Stationen des christlichen Lebens, wie Taufe, Firmung, Buße, Beichte und Eucharistie, die jeweils direkt oder am Rande in dem Werk verarbeitet sind, ihre ursprüngliche Ernsthaftigkeit und werden der Komik preisge-

---

[36] Vgl. Bolsinger: *Das Decameron in Deutschland*, a.a.O., S. 22. Die Vorrede zu dem Druck *Centum Nouella Johannis Boccatij. Hundert neuwer historien [...]*, Straßburg: Johann Albrecht, 1535 (VD 16 B 5821) ist abgedruckt bei Bolsinger: *Das Decameron in Deutschland*, a.a.O., S. 21f. Darin heißt es z.B.: „Deß gleichen will ich auch eyn Poet in meinen fabeln // frei sein/am meysten/das sie nitt solche geystliche maerlin/sunder weltliche // bossen antreffen/darumb billicher zuouerzeihen/Auch hab ich sie nit in den // kirchen/da alle ding heylig sein solln/zuolesen geschriben [...] sunder nur die zeit // darin(n) zuouertreiben/das boeß/huorei/geitz (etc.) darin(n) zuofliehen/vn(d) das gege(n)teyl // an zuonem(m)en/Also moegen dise mein fabeln so wol nutzbar als schentlich sein ///", ebd. S. 21. Zur Übersetzungstechnik Arigos vgl. Röcke/Münkler: *Die Literatur im Übergang vom Mittelalter zur Neuzeit*, a.a.O., S. 89.

[37] So meinte z.B. Honegger, in den Historien 30–36 die sieben Todsünden wiederzufinden, eine These, der jedoch widersprochen worden ist, vgl. Peter Honegger: *Eulenspiegel und die sieben Todsünden (1975)*, in: *Eulenspiegel-Interpretationen. Der Schalk im Spiegel der Forschung 1807–1977*, hg. von Werner Wunderlich, München 1979, S. 225–241; Hans Wiswe: *Sozialgeschichtliches um Till Eulenspiegel II. Eine Nachlese (1976)*, ebd. S. 175–181; Werner Wunderlich: *„Till Eulenspiegel"*, München 1984, S. 74. Zum Folgenden vgl. außerdem Sonja Zöller: *Der Schalk in der entfremdeten Gesellschaft*, in: *Till Eulenspiegel in Geschichte und Gegenwart*, hg. von Thomas Cramer, Bern 1978, S. 24–28; Hans Wiswe: *Sozialgeschichtliches um Till Eulenspiegel (1971)*, in: *Eulenspiegel-Interpretationen*, hg. von Werner Wunderlich, a.a.O., S. 156–174; VL 9, Sp. 1227–1230.

geben. Statt also Erbauung im Glauben zu finden, wird der Leser zum Lachen über die Dinge gebracht, die er eigentlich ernstnehmen sollte.

5. Fazit

Wiswe schildert die folgende Begebenheit:

> „Im Jahre 1411 tadelt der päpstliche Kanzleibeamte Stalberg in einem Briefe seinen aus Brakel in Westfalen gebürtigen Kollegen Dietrich von Niem, daß dieser sein Gedächtnis mit vielen Schriften belaste und dabei den Ulenspeygel nicht auslasse. Er sieht darin ein Vergessen göttlicher Vorschriften. Derartige Bücher seien bei den Rechtgläubigen außer Gebrauch gekommen, weil, während diese weniger auf eigene Neugierde bedacht wären, sie ohne dem Seelenheil angemessene Worte seien."[38]

Die etwa 140 Jahre später ergangene Kritik des Reformators Martin Bucer an gewissen Werken der Unterhaltungsliteratur seiner Zeit basiert wohl auf ähnlichen Vorwürfen. Wie gezeigt wurde, könnte Bucer mit seiner Liste fünf literarischer Werke, die er in seiner Schrift „Wider auffrichtung der Messen" angibt, solche Texte meinen, die dem Laien aufgrund ihrer Volkssprachlichkeit, weiten Verbreitung und Tolerierung durch die Zensur besser zugänglich waren als genuin religiöse Texte, jedoch von der Religion nichts zu vermitteln vermochten: sei es, weil das geschilderte Wirken Gottes als nicht verifizierbar gelten muß, darüber hinaus jedoch von religiösen Vorstellungen getragen ist, denen Bucer als Protestant ablehnend gegenüberstand; sei es, weil der Text von vornherein nicht die Intention verfolgte, christliche Lehren zu vermitteln, sondern dem Leser zu Kurzweil und Amüsement dienen sollte, wobei nicht davor zurückgeschreckt wurde, dies Vergnügen auf Kosten christlicher Vorstellungen und Bräuche zu erzielen.

Es darf jedoch daneben nicht übersehen werden, daß Bucer davon absah, etwa einen Index verbotener Bücher zu verfassen. Zwar bewertet der Reformator die Texte als für die Übermittlung von Glaubensinhalten unzureichend und stuft sie in diesem Kontext gegenüber den genannten religiösen Texten herab, doch verbietet er ihre Lektüre nicht. Vielmehr wird der Versuch deutlich, den Blick des Lesers zu schärfen für die Unterschiede in Aussagekraft und Informationsgehalt verschiedener Texte.

---

[38] Vgl. Wiswe: *Sozialgeschichtliches um Till Eulenspiegel II*, a.a.O., S. 175.

VOLKER HARTMANN UND BJÖRN SPIEKERMANN

Zwischen Kanzel und Reichspolitik.
Die Autobiographien des Heidelberger Theologen
Paulus Tossanus (1572 – ca. 1634)

I. Einleitung

*Calvinistische Gelehrtenrepublik.
Heidelberg und die Kurpfalz im 16. und frühen 17. Jahrhundert*

Wissenschaften und Kultur in Heidelberg haben mehrere Blütezeiten erlebt. Dem kulturellen Gedächtnis am präsentesten ist diejenige, die am kürzesten währte, die Heidelberger Romantik von 1806 bis 1808. Auch die liberale Universität des Vormärz oder die mit Namen wie Alfred Weber und Karl Jaspers verbundene Zeit der Weimarer Republik werden viele mit dem „Mythos Heidelberg" in Zusammenhang bringen.

Daß die längste Epoche europaweiter Ausstrahlung Heidelbergs in das 16. und 17. Jahrhundert fällt, die Zeit der calvinistischen Kurpfalz und ihrer Universität von ca. 1561 bis 1576 und von 1583 bis 1620, wird jedoch oft übersehen. Das hängt nicht nur mit dem größeren zeitlichen Abstand zusammen, sondern hat noch zwei andere Gründe: Gelehrte und Dichter, die im Zeitalter des Humanismus häufig identisch waren, veröffentlichten größtenteils in lateinischer Sprache, und was ihr Leben prägte und häufig mittelbar oder direkt Anstoß ihres Schreibens war, der konfessionelle Gegensatz, hat heutzutage seine Schärfe größtenteils eingebüßt.[1]

Die Kurpfalz war das einzige große deutsche Territorium, das im 16. Jahrhundert die Reformation calvinistischer Prägung eingeführt hatte. Damit nahm auch die Uni-

---

[1] Das konfessionelle und intellektuelle Profil des Heidelberger Späthumanismus hat seit einigen Jahren verstärkte Aufmerksamkeit von Seiten einer interdisziplinär angelegten Kulturraumforschung erfahren. Vgl. besonders Christoph Strohm, Joseph S. Freedman und Herman J. Selderhuis (Hg.): *Späthumanismus und reformierte Konfession. Theologie, Jurisprudenz und Philosophie in Heidelberg an der Wende zum 17. Jahrhundert*, Tübingen 2006 (= Spätmittelalter und Reformation. Neue Reihe; 31). – Eine umfangreiche kommentierte Quellenedition zum kurpfälzischen Humanismus wird vom Akademieprojekt *Europa Humanistica* vorbereitet, in dessen Rahmen auch der folgende Beitrag entstanden ist. Es liegen vor: *Die deutschen Humanisten. Dokumente zur Überlieferung der antiken und mittelalterlichen Literatur in der Frühen Neuzeit*, hg. u. bearbeitet von Wilhelm Kühlmann, Volker Hartmann und Susann El Kholi, *Abteilung I: Die Kurpfalz. Bd. 1: Marquard Freher*, Turnhout 2005. Bd. 2: *Janus Gruter*, Turnhout 2005 (= Europa Humanistica).

versität Heidelberg eine Sonderstellung im Reich ein. Gleichsam auf halbem Wege zwischen den Hochschulen in den Kernlanden des Reformiertentums – Leiden in den Niederlanden sowie Basel und Genf in der Schweiz – gelegen, zog sie Studenten aus dem ganzen calvinistischen Europa, insbesondere aus Polen und Ungarn, an. Die gleiche Internationalität zeichnete auch die Professorenschaft und die kulturellen Zirkel aus, die sich um Hof und Universität bildeten. Sie war allerdings nicht zuletzt die Folge eines Phänomens, das man heute eher mit dem 20. Jahrhundert oder allenfalls mit dem Europäischen Bürgerkrieg seit der Französischen Revolution in Verbindung bringt: der Vertreibung ins Exil. Immer wieder mußten im 16. und 17. Jahrhundert Gelehrte aus konfessionellen Gründen emigrieren, um wenigstens mit dem nackten Leben davonzukommen oder gar eine Aussicht auf Anstellung zu haben. Das mußten auch die calvinistischen Intellektuellen der Kurpfalz, unter ihnen viele Emigranten aus Frankreich und den Niederlanden, erfahren, als 1576 bis 1583 wieder das lutherische Bekenntnis eingeführt wurde; doch trafen sie es ungewöhnlich günstig, weil die meisten von ihnen gleich links des Rheins an der Hohen Schule von Neustadt an der Weinstraße bis zu ihrer Rückkehr nach Heidelberg eine Zuflucht fanden. Ihren intellektuellen Ruhm verdankte die Kurpfalz während der calvinistischen Epoche nicht zuletzt ihren Theologen. Sie fixierten die reformierten Glaubenssätze im *Heidelberger Katechismus* und versahen ihre Glaubensbrüder an anderen calvinistischen Universitäten mit dem intellektuellen Rüstzeug für die Auseinandersetzung mit Katholiken und Lutheranern in Gestalt von Bibelausgaben und -kommentaren, Disputationszyklen und Schutzschriften.

Diese Motive bündeln sich im Leben des Paulus Tossanus. Er war der Sohn eines kurpfälzischen Immigranten, der später selbst ins Exil getrieben wurde, verdankte seinen wissenschaftlichen Ruhm vor allem seinem Bibelkommentar, während die konfessionspolitische Bedeutung aus seiner Teilnahme an der Synode von Dordrecht erhellt, die den *Heidelberger Katechismus* als bis heute gültige Bekenntnisschrift aller reformierten Kirchen annahm.

Die handschriftlichen Autobiographien des Paulus Tossanus

Dies alles spiegelt sich in seinen handschriftlichen autobiographischen Aufzeichnungen, die hier erstmals vollständig geboten werden. Sie bekannt gemacht und erstmals analysiert zu haben, ist das Verdienst von Traudel Himmighöfer,[2] deren Arbeit

---

[2] Traudel Himmighöfer: *Die Selbstbiographie des reformierten Theologen Paul Tossanus (Toussain) (1572–1634)*, in: *Frömmigkeit unter den Bedingungen der Neuzeit. Festschrift für Gustav Adolf Benrath zum 70. Geburtstag*, hg. von Reiner Braun und Wolf-Dietrich Schäuble, Karlsruhe 2001, S. 37–55. Daneben immer noch grundlegend zu Tossanus: Friedrich Wilhelm Cuno: *Paul Toussain*, Magdeburg 1902 (= Geschichtsblätter des Deutschen Hugenotten-Vereins 12, Heft 1). Eine wichtige Korrektur zu beiden bringt Dagmar Drüll: *Heidelberger Gelehrtenlexikon 1386–1651*, Berlin, Heidelberg, New York 2002, S. 499 (Art. 'Scultetus') u. 598. Dort wird unter Einbezug von Archivmaterial die Behauptung widerlegt, daß 1613 für Tossanus eine außerordentliche Professur an der theologischen Fakultät eingerichtet worden sei.

dankbar benutzt wurde. Wenn im Folgenden von einer Autobiographie gesprochen wird, schließen sich die Herausgeber einer auf breiter Front vollzogenen Abkehr von der älteren Meinung in der Forschung an, wonach diese Textsorte erst seit dem 18. Jahrhundert anzutreffen sei. Trotzdem wird bei der Lektüre schnell deutlich werden, daß es im 17. Jahrhundert *die* Autobiographie als formal und inhaltlich klar zu bestimmendes und von anderen Selbstzeugnissen eindeutig abzugrenzendes Genus nicht gegeben hat. Es finden sich in der Handschrift *Karlsruhe 630* der Badischen Landesbibliothek zwei in jeder Hinsicht verschiedene Lebensbeschreibungen des Tossanus. Die eine ist in lateinischer Prosa verfaßt und stellt, ergänzt um allerlei historische Nachrichten, chronologisch den Lebensgang des Autors von der Geburt im Jahre 1572 bis 1633 dar. Zu manchen Jahren ist gar nichts notiert, während andere in deutlich unterschiedlicher Länge behandelt werden. Die zweite Autobiographie ist in deutschen Knittelversen gehalten und erstreckt sich über den Zeitraum von 1600 bis 1632. Dabei ist jedem Jahr ein Verspaar zugeordnet.

Daneben existiert noch eine dritte Lebensbeschreibung des Tossanus, die, wie Traudel Himmighöfer[3] plausibel gemacht hat, möglicherweise ebenfalls aus der Feder des Porträtierten stammt. Sie erschien in der 1629 bis 1631 in Frankfurt am Main veröffentlichten Ausgabe von Jean-Jacques Boissards *Bibliotheca sive thesaurus virtutis et gloriae*,[4] einer Sammlung von Gelehrtenbiographien. Da der Text bereits gedruckt vorliegt und erst unlängst durch eine Mikroficheedition allgemein zugänglich gemacht wurde, da zudem die Verfasserfrage nicht eindeutig geklärt ist, beschränkt sich die folgende Edition auf die beiden handschriftlichen Texte, die hier erstmals im Druck erscheinen.

Erzähltes und Verschwiegenes.
Biographische Strategien und Informationsverteilung in den drei Lebensläufen

Die handschriftliche lateinische Autobiographie bildet die ausführlichste Quelle zum Leben des Tossanus. Vergleicht man sie mit der gedruckten bei Boissard, fallen, der inhaltlichen Gewichtung nach, einige charakteristische Unterschiede ins Auge: Vier Fünftel des Lexikonartikels schildern die Lebensgeschichte bis zum Jahr 1599, also die eigentliche Gelehrtenbiographie mit Studium, Lehrtätigkeit an den Gymnasien von Deventer und Amsterdam, Bildungsreise nach England und Promotion in Basel. Im handschriftlichen Lebenslauf nimmt die entsprechende Zeitspanne wenig mehr als ein Achtel ein. Breiter Raum wird dort hingegen der Familiengeschichte gegeben, die minutiös aufgezeichnet wird. Ausführlich schildert Tossanus seine Karriere

---

[3] Himmighöfer: *Selbstbiographie*, a. a. O., S. 39.
[4] Bd. 2, Frankfurt am Main 1630, S. 170–173; 1998 erschien eine Mikroverfilmung im Rahmen des *Cicognara Program* der University of Illinois (The Cicognara Library; 1995 B).

innerhalb der pfälzischen Kirche von der Predigerstelle in Frankenthal über die Berufung nach Heidelberg, die ehrenvolle Predigt vor der kurfürstlichen Familie bis zur Aufgabe, nach der Vertreibung der kaiserlichen Truppen das pfälzische Kirchenwesen wiederherzustellen. Nach Beginn des Dreißigjährigen Krieges hält er zudem zahlreiche politische und militärische Ereignisse fest und betont nicht zuletzt seine – gelegentlich sogar abenteuerliche – Rolle als Geldgeber für den Kurfürsten. Obwohl sich also die handschriftliche Biographie den Anschein von Geschlossenheit und Vollständigkeit gibt, trifft sie eine offenbar gezielte Auswahl. Unter ergänzender Benutzung der Sekundärliteratur sollen im Folgenden die unterschiedliche Informationsverteilung zwischen den verschiedenen Autobiographien herausgearbeitet sowie fehlende Ereignisse und Personen nachgetragen werden.

Zunächst übergeht Tossanus in beiden lateinischen Lebensbeschreibungen die dramatischen Umstände seiner Geburt, die in die Wirren der französischen Hugenottenkriege fällt.[5] Seine Eltern, Daniel Tossanus (1541–1602) und Marie Covet, leben in Orléans, wo sich eine der größten protestantischen Gemeinden Frankreichs gebildet hatte. Nach Beginn der Hugenottenkriege müssen sie die Stadt mehrfach verlassen. Zuflucht finden sie bereits 1568 bei der zum Calvinismus bekehrten Herzogin Renate von Ferrara, die sie in ihrem Schloß in Montargis, nicht weit von Orléans, aufnimmt. In der anschließenden Friedensphase kehren sie nach Orléans zurück. Sie entrinnen in einer abenteuerlichen Flucht den Massakern der Bartholomäusnacht (24. 8. 1572), die sich nach dem Ausbruch in Paris auch auf andere französische Städte und Regionen ausbreiten. Abermals verbergen sie sich auf der Burg von Montargis, wo am 27. September der Sohn Paulus zur Welt kommt. Auf diese Zusammenhänge deutet in der Handschrift allein die knappe Bemerkung über das Blutbad zu Paris („lanienam Parisiensem") hin.

Der weitere Lebensweg seiner Eltern wird in beiden Texten übersprungen. Der Leser erfährt nur, daß der ältere Tossanus später Professor in Heidelberg geworden ist und daß der junge Paulus in Neustadt (Pfalz) die Schule besucht hat. Nach seiner Geburt halten die Eltern sich zunächst in Basel auf, wo Tossanus sen. 1573 das Angebot des Kurfürsten Friedrich III. erreicht, eine Stelle als zweiter Hofprediger an der Heidelberger Heiliggeistkirche anzunehmen. Nach Friedrichs Tod 1576 verläßt die Familie mit vielen anderen reformierten Flüchtlingen Heidelberg und siedelt sich in St. Lambert an. 1578 folgt Tossanus sen. einem Ruf an die neugegründete Hochschule in Neustadt, nach ihrem Stifter Pfalzgraf Johann Kasimir das 'Kasimirianum' genannt. Der erneute Konfessionswechsel 1583 ermöglicht die Rückkehr nach Heidelberg, wo Tossanus sen. zum Professor für Theologie ernannt wird.

Wenig erfährt der Leser der Handschrift über die Schullaufbahn des jungen Paulus. Er beläßt es bei einem knappen Hinweis auf die „classes scholasticas", die er

---

[5] Zum Folgenden vgl. Friedrich Wilhelm Cuno: *Daniel Tossanus der Ältere, Professor der Theologie und Pastor. (1541–1602). I. Teil. Sein Leben und Wirken*, Amsterdam 1898.

durchlaufen habe. Gemeint ist damit zunächst die Elementarschule in Neustadt, an der er u. a. von Johann Zwengelius und Jonas Scheidius unterrichtet wird. 1584 wechselt er an das Heidelberger Pädagogium, eine berühmte Gelehrtenschule, wo er unter der Aufsicht des angesehenen Theologen Quirinus Reuter (1558–1613) auf das akademische Studium vorbereitet wird. Auch darüber schweigt er sich aus, es kommt sogar zu einem Widerspruch zwischen dem Text bei Boissard und der Handschrift. Denn wenn Tossanus, wie aus Boissard hervorgeht, 1584 das Pädagogium bezieht, wird unverständlich, warum er, wie es in der Handschrift heißt, 1587 in Neustadt zum Studium zugelassen wird, d. h. seine Reifeprüfung ablegt. Ob dieser Widerspruch auf einem Druckfehler oder einem sachlichen Irrtum beruht, konnte nicht geklärt werden, da die Aufzeichnungen beider Schulen nicht erhalten sind.

Über seine weiteren Studien in Altdorf beläßt er es in der handschriftlichen Fassung ebenfalls bei knappen Andeutungen. Dabei studiert er dort, Boissard zufolge, bei dem Mediziner und Philosophieprofessor Nikolaus Taurellus (1547–1606) sowie dem Theologen und Professor für Ethik Matthias Bergius (1536–1592).

Boissard weiß außerdem von einer Altdorfer Disputation des Tossanus, bei der neben den Genannten auch der berühmte Jurist Hugo Donellus (1527–1591) zugegen gewesen sein soll. Im handschriftlichen Lebenslauf ist davon nicht die Rede. Erst beim Magisterexamen, das wieder in Heidelberg stattfindet, nennt Tossanus dort als Prüfungsvorsitzenden den Gräzisten und Historiker Simon Stenius (1540– nach 1598), der zu dieser Zeit das Amt des Dekans bekleidet.

Zwischen der Magisterprüfung am 6. April 1592 und seiner Reise in die Niederlande im Sommer 1594 klafft in der handschriftlichen Prosaversion eine biographische Lücke, die mit dem Hinweis auf den Sommer in Genf nur notdürftig gefüllt wird. Um so auffälliger ist es, wenn man bei Boissard erfährt, daß er in Genf von Theodor Beza (1519–1605), nach Calvins Tod der führende Genfer Theologe, und anderen „humanissime & amantissime"[6] empfangen worden sei. Ebenfalls nur bei Boissard wird ein Aufenthalt in Basel erwähnt, während dessen Tossanus die Bekanntschaft der bekannten Theologen Johann Jakob Grynaeus (1540–1617) und Amandus Polanus von Polansdorf (1561–1610) macht.

Wenig erfährt der Leser in beiden Versionen schließlich über die Jahre in den Niederlanden. Tossanus lässt unerwähnt, daß kein Geringerer als der bedeutende Theologe Franciscus Junius (François du Jon, 1545–1602) ihm zu der Stelle in Deventer geraten hat.[7] Über Kollegen und Bekanntschaften aus der Zeit in Deventer und Amsterdam, eigentlich wichtige Informationen zumindest für die Biographie bei Boissard, schweigt er sich gänzlich aus. Lapidar bleibt in der Handschrift schließlich der Bericht seiner Bildungsreise nach England und Frankreich. Daß Tossanus sich in Cambridge und Oxford aufhält, wo er mit dem Theologen John Rainolds (gest. 1607)

---

[6] Boissard: *Bibliotheca*, a. a. O., S. 172.
[7] Cuno: *Paul Toussain*, a. a. O., S. 5.

zusammentrifft, daß er sogar Königin Elisabeth gesehen hat, kann der Leser bei Boissard erfahren. Bemerkenswert ist es jedoch, wenn Tossanus in der Handschrift angesichts der Reise in die Niederlande seinen Reisegefährten, den späterhin berühmten Theologen Franciscus Gomarus, ausdrücklich erwähnt. Auch hier bestätigt sich die Vermutung, daß Tossanus die Handschrift als eine Art komplementäres Gegenstück zum publizierten Lebenslauf gedacht hat. Denn in Boissards Artikel wird Gomarus nicht genannt.

Mit Beginn der Frankenthaler Predigertätigkeit gibt Tossanus diese Zurückhaltung auf. Die Erwähnung persönlicher Kontakte bildet nun einen wichtigen Schwerpunkt der Darstellung. An der Aufzählung der Taufpaten etwa läßt sich der soziale Aufstieg des jungen Predigers zum kurpfälzischen Kirchenrat und Hanauer Professor beispielhaft ablesen. Während in der Frankenthaler und der ersten Heidelberger Zeit noch Freunde und Verwandte die Patenschaft übernehmen, kann Tossanus 1614 den bekannten Juristen Denys Godefroy, 1616 den niederländischen Gesandten Brederode, 1619 den Juristen und Hofbeamten Karl von Landas als Taufpaten gewinnen. Als 1621 im Hanauer Exil sein letztes Kind zur Welt kommt, stehen allerdings wieder Schwager und Schwägerin Pate. Noch deutlicher zeigt sich diese Art von biographischem name-dropping, wenn Tossanus seinen Umgang mit den kurpfälzischen oder Frankfurter Behörden schildert. Die meisten dieser Vorgänge werden personalisiert, ob er nun mit der kurpfälzischen Regierung ein Darlehen aushandelt oder sich in Frankfurt am Main als Beisasse aufnehmen läßt. Besonderes Gewicht legt Tossanus auf den Umgang mit den pfälzischen Kurfürsten, vor allem mit dem Winterkönig Friedrich V., und mit anderen adligen Herren wie den Grafen Philipp Reinhard von Solms-Hohensolms und Heinrich Matthias von Thurn oder dem Landgrafen Georg von Hessen-Darmstadt.

Auffällig ist gerade im Kontrast dazu die fehlende Aufzählung eigener Publikationen, wie man sie in einer Gelehrtenvita erwarten würde. Tossanus nennt nur die kritische, kommentierende Edition der Lutherbibel (1617), sein sicherlich bedeutendstes theologisches Werk. Er übergeht dagegen seine verdienstvolle Edition des väterlichen Nachlasses, die zwischen 1604 und 1609 in mehreren Bänden erscheint.[8] Ungenannt bleiben ferner seine philologischen Arbeiten, eine *Phraseologia Terentiana* (1613) und ein hebräisches Wörterbuch für den Psalter (*Syllabus dictionum hebraicarum quae universo sepher tehillim continentur*, 1615). Am erstaunlichsten ist jedoch das Fehlen jedes Hinweises auf seine kontroverstheologischen Schriften der Jahre 1614 und 1615, die auch bei Boissard übergangen werden.[9] Gegen den Jesuiten Jakob Hack (1579–1636), der seinerseits den Ordensbruder Georg Scherer (1540–1605) vor protestantischen Angriffen in Schutz genommen hat, veröffentlicht Tossanus 1614 eine *Gründtliche Antwort*, in der er die Berechtigung der Reformation unterstreicht und die dogmatischen Divergenzen zwischen Katholiken und Protestanten auflistet. Einen

---

[8] Ausführlich bei Cuno: *Paul Toussain*, a.a.O., S. 10–14.
[9] Vgl. die detaillierte Darstellung ebd., S. 20ff.

dezidiert reformierten Standpunkt bezieht er dagegen in seiner *Recapitulatio Deß Examinis der Würtembergischen Theologen* (1614), mit der er auf einen Angriff der lutherischen Orthodoxie gegen die reformierte Prädestinationslehre reagiert. Sein prominentester Gegner ist der sächsische Oberhofprediger Matthias Hoë von Hoenegg (1580–1645), der sich im Streit um die Prädestinationslehre auf die Seite der Württemberger Lutheraner geschlagen hatte. Tossanus, der sich nicht als Polemiker versteht, bemüht sich um systematische und sachliche Behandlung der strittigen Themen, ruft aber nur immer neue Gegenschriften hervor, auf die er nicht mehr antwortet. In seiner gereimten Lebenschronik notiert er lakonisch: „1614. Leut, die ich hatt gar nicht verletzt, / Mir hefftig haben zugesetzt." Daß im kontroverstheologischen Klima der Zeit die Edition einer calvinistisch 'bereinigten' Bibeledition auf Kritik stoßen würde, versteht sich von selbst. Den heftigsten Angriff von lutherischer Seite führt der Gießener Theologe Johannes Winckelmann (1551–1626), gegen den sich Tossanus in der 1618 erschienenen *Apologia pro suis notis biblicis* zur Wehr setzt. Als Winckelmann mit einer neuen Gegenschrift reagiert, bricht Tossanus den Streit, wie schon in den früheren Fällen, ab. Mit Beginn des Dreißigjährigen Kriegs und des damit verbundenen Exils geht die Produktivität stark zurück. In der Hanauer Zeit entsteht noch, vermutlich im Zuge seiner Lehrtätigkeit, der *Index locorum communiorum et propriorum nominum in totis Bibliis* (1624).

Da die handschriftliche Vita mit den Ereignissen des Januar 1633 abbricht, bleiben zu guter Letzt noch die letzten Monate von Tossanus' Leben zu ergänzen. Sein genauer Todestag ist nicht bekannt. Aus verschiedenen Quellen läßt sich jedoch folgern, daß Tossanus wie vorgesehen 1633 nach Heidelberg zurückkehrt und seine Arbeit für den neu einberufenen Kirchenrat aufnimmt. Zwischen dem 7. Juni und dem 10. Juli 1634 dürfte er gestorben sein. Als Nachfolger im Kirchenrat wird der Theologe Johann Stephan Pfannmüller ernannt.[10]

Tossanus' Lebensabriß und die Geschichte der Autobiographie in der Frühen Neuzeit

Man wird die inhaltlichen Diskrepanzen in den drei Lebensdarstellungen darauf zurückführen dürfen, daß sie unterschiedlichen Schreibtraditionen folgen und eine je eigene Funktion haben. Die Darstellung bei Boissard schließt an die selbstverfaßten humanistischen Prosa-Viten an, wie sie seit dem 16. Jahrhundert teils separat, teils in Nachschlagewerken publiziert wurden.

> „Dabei handelt es sich um knappe Lebensläufe humanistischer Gelehrter, die ihre Herkunft, ihre Studien und Reisen, ihre Lehrer, Förderer und Bekannte prag-

---

[10] Vgl. Ferdinand Lamey: *Die letzten Lebensjahre und das Todesjahr des Paulus Tossanus*, in: *Zeitschrift für die Geschichte des Oberrheins* 43 (1889), S. 330–336.

matisch und sachlich aufzählen, gelegentlich versehen mit einer Anführung ihrer eigenen Werke (Schriftenverzeichnis)."[11]

Daß letzteres bei Boissard fehlt, entspricht der Anlage sämtlicher dort enthaltener Artikel. Der Gelehrte kommt hier als Mitglied der humanistischen Gelehrtenrepublik, nicht als Privatmann in den Blick.

Die handschriftliche lateinische Autobiographie schließt hingegen eher an die Tradition der Hauschroniken an, die familiäre Begebenheiten, finanzielle Nachrichten, Angaben zur Amtstätigkeit und allerlei historische Daten enthalten können.[12] Hier steht vor allem der Hausvater Tossanus im Vordergrund, auch wenn das häufig in Hauschroniken anzutreffende didaktische Moment in den Hintergrund tritt und nur einmal aufscheint, wenn der Verfasser der Hoffnung Ausdruck verleiht, die verstorbene erste Frau möge den gemeinsamen Kindern ein Vorbild sein. Es spricht alles dafür, daß dieser Text zur Weitergabe innerhalb der Familie vorgesehen war.

Die Versvita läßt sich am ehesten als ins Private gewendete, metrisierte Annalistik beschreiben. Der durch die Zuordnung eines Verspaares zu jedem Jahr gegebene Zwang zur Kürze und zur Einhaltung des Metrums führt dazu, daß auf vieles nur angespielt wird. Ohne den vorausgehenden lateinischen Text bliebe sie oft unverständlich, und, wenn dort nicht erwähnt, war manches von den Editoren auch nicht zu konkretisieren. Da vieles auch den Nachfahren – es sei denn durch ergänzende mündliche Überlieferung – dunkel geblieben sein muß, entsteht der Eindruck, es könne sich hier um ein poetisches Selbstgespräch des Autors über sein Leben handeln. Bei der Lektüre dieser Verse findet sich die Beobachtung bestätigt, daß „Zweizeiler [...] es nicht leicht [machen], Monotonie zu vermeiden" und ihre „künstlerischen Ausdrucksmöglichkeiten [...] recht begrenzt [bleiben]."[13] Daß sich ein humanistischer Gelehrter noch der schlichten Form des Knittelverses bedient, bezeugt zugleich die nur allmähliche Durchsetzung jener Dichtungsreform, die Martin Opitz 1624 mit seinem *Buch von der Deutschen Poeterey* eingeleitet und die die deutschsprachige Dichtung dem Formenkanon der lateinischen Kunstpoesie geöffnet hatte.

Ebenso wird bei der Lektüre der beiden Lebensbeschreibungen deutlich werden, warum man früher für das 17. Jahrhundert noch nicht von „Autobiographie" sprechen wollte: wegen des Mangels an einer über die Chronologie hinausgehenden Strukturierung und, vor allem, an Innerlichkeit. Doch kann gerade die Diskrepanz zwischen dem in den Texten berichteten menschlichen Leid und der Möglichkeit, es zur Sprache zu bringen, den modernen Leser berühren.

---

[11] Hans Rudolf Velten: *Das selbst geschriebene Leben. Eine Studie zur deutschen Autobiographie im 16. Jahrhundert*, Heidelberg 1995, S. 54.
[12] Ebd., S. 48–52.
[13] Horst J. Frank: *Handbuch der deutschen Strophenformen*, 2., durchgesehene Auflage, Tübingen, Basel 1993, S. 25.

II. Kurze Beschreibung einiger denkwürdiger Ereignisse, die mir, Paulus Tossanus, im Laufe meines Lebens widerfahren sind.[14]

Ich, Paulus Tossanus, wurde am 27. September 1572, einen Monat nach dem Pariser Blutbad,[15] in Frankreich geboren, auf der Burg Montargis der verwitweten Herzogin Renate von Ferrara, der Tochter König Ludwigs XII. Mein Vater war Daniel Tossanus,[16] der Sohn des Peter (Pierre), seines Zeichens Doktor der Theologie an Kirche und Universität Heidelberg, zu jener Zeit aber Pfarrer in Orléans; meine Mutter war Marie Covet aus Paris, die von beiden Elternteilen her adliger Abstammung war. Der hervorragende Theologe und Prediger Johannes de Spina,[17] berühmt durch einige theologische Schriften, hat mich auf den Namen Paulus getauft. Am 28. März 1587 starb meine sehr fromme und innig geliebte Mutter. Im April desselben Jahres wurde ich, nachdem ich alle Schulklassen durchlaufen hatte, in Neustadt an der Haardt feierlich zu akademischen Vorlesungen zugelassen. Wenig später immatrikulierte ich mich an der Universität Heidelberg. Rektor war damals der berühmte Pfalzgraf und angehende Kurfürst Friedrich IV.,[18] Prorektor der Theologe Doktor Georg Sohn.[19]

Im August 1590 wurde ich von meinem Vater an die nürnbergische Universität Altdorf geschickt, um dort das Studium der Artes weiter zu vertiefen. Im Frühling des folgenden Jahres kehrte ich nach Heidelberg zurück. Am 6. April 1592 legte ich unter dem Vorsitz von Simon Stenius[20] das Magisterexamen ab. Drei Monate zuvor war der Kuradministrator und Vormund Friedrichs IV., Johann Kasimir,[21] gestorben. Wenig später im gleichen Jahr brach ich als junger Magister nach Genf auf, wo ich mich den Sommer hindurch aufhielt.

---

[14] Aus Platzgründen kann der lateinische Text nur in Übersetzung geboten werden. Dabei wurde versucht, einen möglichst gangbaren Weg zwischen philologischer Genauigkeit und Lesbarkeit einzuschlagen. Das gilt vor allem für die Zeitangaben: Während im lateinischen Text beinahe jeder Satz mit der Angabe des Jahres beginnt (z. B. „Anno 1587" oder „Eodem anno"), wurden in der Übersetzung häufig abweichende Formulierungen verwendet (z. B. „drei Wochen später" statt der genauen Angabe des Datums im Original), um Monotonie zu vermeiden. An einigen Stellen wurde die Chronologie geringfügig verändert, um zusammengehörige Ereignisse beieinander zu lassen. Der besseren Übersicht halber wurden die ausschließlich einzeln stehenden Sätze der Handschrift zu inhaltlich zusammenhängenden Absätzen gegliedert.

[15] In der sog. Bartholomäusnacht (24. 8. 1572) wurden in Paris und anderen französischen Städten Massaker an Hugenotten verübt.

[16] Daniel Toussain (1541–1602), reformierter Theologe, seit 1586 Professor für Neues Testament in Heidelberg.

[17] Jean de l'Espine (1506–1597), französischer protestantischer Theologe.

[18] Friedrich IV. von der Pfalz (1574–1610) wurde 1583, noch minderjährig, zum Nachfolger seines Vaters Ludwig VI. (1539–1583) ernannt. Daher übernahm sein Onkel Johann Kasimir (1543–1592) bis zu seinem Tod als Kuradministrator die Regentschaft.

[19] Georg Sohn (1551–1589), reformierter Theologe, seit 1584 Professor für Altes Testament in Heidelberg.

[20] Simon Stenius (1539–1598), seit 1588 Professor für griechische Sprache und für Geschichte in Heidelberg.

[21] S. Anm. 4.

Gegen Ende der Frankfurter Frühjahrsmesse des Jahres 1594 trat ich gemeinsam mit Doktor Franciscus Gomarus[22] *eine Reise in die Niederlande an; während eines fast dreiwöchigen Aufenthalts in Leiden nahm ich jedoch auf Drängen von Stadtrat und Presbyterium das Rektorat der Schule zu Deventer an, das ich drei Jahre lang versah. 1597, am 19. März, wurde mir von den Lehrern und Kuratoren des Amsterdamer Gymnasiums die Stelle des Konrektors angeboten. Ich nahm dieses Amt deswegen auf mich, weil meine Freunde mir dazu rieten und die Straßen damals von Räubern unsicher gemacht wurden.*

Ende April 1598 unternahm ich meine lang geplante Studienreise nach England und Frankreich, nachdem ich zuvor meinen Vater samt Familie in Heidelberg besucht und dort dem Kurfürsten meine Aufwartung gemacht hatte. Nachdem ich England und Frankreich bereist hatte, kehrte ich am 15. August wohlbehalten nach Heidelberg zurück, von wo ich am 26. April aufgebrochen war. Am 12. März 1599 wurde ich an der berühmten Universität Basel unter dem Vorsitz des Professors Jakob Grynaeus zum Doktor der Theologie promoviert.

Im Jahr 1600 hielt ich am Sonntag Trinitatis meine erste Predigt in Frankenthal und begann meinen Dienst als Pfarrer der französischen Gemeinde, dem ich acht Jahre lang nachging.

Zur großen Trauer von Angehörigen und Freunden starb am 10. Januar 1602 mein geliebter Vater Daniel Tossanus in Heidelberg.

1604 brachte meine Frau am 11. Juni, eine Viertelstunde nach Mitternacht, in einer ziemlich schweren Geburt ein Töchterchen zur Welt, das vier Tage später von meinem Amtskollegen Karl de Pratis[23] *getauft wurde. Taufpaten waren meine Schwiegermutter, die Gattin des Pfarrers der belgischen Gemeinde in Frankenthal, und mein Schwager Daniel Dorville.*[24] *Das Mädchen erhielt den Namen der Mutter, Anna. Nach einer, wie es schien, durchaus glücklichen Geburt wurde mir am 1. August 1606 um sieben Uhr abends ein Söhnchen geschenkt. Es wurde fünf Tage später auf den Namen Paulus getauft. Pate standen Jean Denays*[25] *und Denis Thieri,*[26] *die besten Freunde, die ich in Frankenthal hatte. Acht Tage darauf fiel meine geliebte Gattin in ein Fieber. Sie starb, nachdem sie sich kurzzeitig erholt hatte, am 26. August und hinterließ mir zwei Kinder, einen Jungen und ein Mädchen, zusammen mit einer unbeschreiblichen Sehnsucht, denn sie war von einmaliger Frömmigkeit und in jeder Hinsicht tugendhaft – hoffentlich zum Vorbild unserer Kinder. Da mir die Sorge um die zwei, noch dazu so zarten, Kinder zusetzte, nahm ich am 31. August 1607 in Frankfurt Esther, die Tochter des ehrenwerten und tief gläubigen Belgiers Michel Briselance,*[27] *zu meiner zweiten Ehefrau.*

---

[22] Franciscus Gomarus (1563–1641), niederländischer reformierter Theologe, seit 1594 Professor für Theologie in Leiden. Auf der Dordrechter Synode trat er als Wortführer der Kontraremonstranten gegen die arminianische Lehre auf.
[23] Nicht ermittelt.
[24] Nicht ermittelt.
[25] Jean Denays (um 1600), 1594 im Ältestenrat der Frankenthaler Gemeinde.
[26] Denis Thieri (um 1600), zwischen 1580 und 1594 mehrfach im Ältestenrat der Frankenthaler Gemeinde.
[27] Michel Briselance (Brussland) (?–1619), seit 1609 in Hanau ansässig.

1608, am 18. Juni, wurde ich nach Heidelberg gerufen und dort am 23. von seiner Durchlaucht dem pfälzischen Kurfürsten zum Mitglied des Kirchenrats ernannt.[28] Am 20. Juli des gleichen Jahres, einen Tag, nachdem ich mit meiner Familie in Heidelberg angelandet war, schenkte mir meine zweite Frau eine weitere Tochter, die ich nach meiner Mutter und Schwiegermutter auf den Namen Maria taufen lassen wollte. Die besagte Schwiegermutter und meine Schwester Johanna, in deren Haus meine Frau entbunden hatte, waren die Taufpaten.

In Frankenthal starb am 5. September des folgenden Jahres die Mutter meiner ersten Frau, Anna Godin, eine sehr fromme und ehrenwerte Frau, zwischen zwei und drei Uhr nachmittags.

Am 9. September 1610 starb zwischen ein und zwei Uhr nachts Kurfürst Friedrich IV. von der Pfalz, mein allergnädigster Herr, ein guter Herrscher, der dem reinen Glauben sehr zugetan gewesen war. Am selben Tag um drei Uhr nachmittags leisteten die Bürger Heidelbergs dem neuen Kuradministrator Johann von Zweibrücken[29] den Treueid; ich holte das gemeinsam mit allen kurpfälzischen Beamten am 17. September nach.

Um die fünfte Morgenstunde des 8. Februar 1611 gebar meine zweite Frau eine weitere Tochter, noch bevor die Hebamme kam. Bei der Taufe erhielt sie den Namen der Mutter, Esther. Ihre Taufpatin war meine Schwester Amelia, die mit ihrem Ehemann aus Amberg zu Besuch gekommen war. Zwei Jahre später, am 2. Januar, gegen ein Uhr mittags, brachte meine Frau einen Sohn zur Welt, den ich auf den Namen Daniel zu taufen beschloss. Als Pate diente ihm Wilhelm Schumann,[30] Lizentiat beider Rechte, mein alter Freund und Kollege. Das Söhnchen verschied jedoch am 24. April, fast um die gleiche Zeit, zu der es geboren war. Eine dritte Tochter wurde am 3. März 1614 zwischen acht und neun Uhr abends geboren und am 13. März auf den Namen Elisabeth getauft. Die Patenschaft übernahm mein Verwandter, der Jurist Denys Godefroy.[31] Am 19. Dezember des gleichen Jahres leistete ich mit allen Dienern der pfälzischen Kirche dem neuen Kurfürsten Friedrich V.,[32] der mit Erreichen der Volljährigkeit der Leitung durch einen Vormund entwachsen war, den Treueid.

Am Sonntag Trinitatis des Jahres 1616, der auf den 26. Mai fiel, hielt ich auf Befehl des Kurfürsten meine erste französische Predigt bei Hofe, vor meiner allergnädigsten Herrin, da der englische Hofprediger gerade abwesend war. Am selben Sonntag hatte ich sechzehn Jahre zuvor in Frankenthal meine erste Predigt überhaupt gehalten. Am 12. Oktober des Jahres kam um die neunte Morgenstunde abermals ein Söhnchen zur Welt, das am 20. Oktober auf den

---

[28] Tossanus übergeht hier wie im Folgenden seine Tätigkeit als Prediger an der Heidelberger Klosterkirche, die er von 1608 bis 1620 versah.
[29] Johann II. von Pfalz-Zweibrücken-Veldenz der Jüngere (1584–1635), 1604–1635 Herzog von Pfalz-Zweibrücken, 1610–1612 Kuradministrator und Vormund Friedrichs V.
[30] Wilhelm Schumann (?–nach 1618), seit etwa 1590 Hofgerichtsrat, seit 1606 im pfälzischen Kirchenrat.
[31] Denys Godefroy (1549–1622), Jurist; Professor in Genf und Straßburg, seit 1604 in Heidelberg; erstellte die erste kritische Gesamtausgabe des *Corpus Iuris Civilis* (1583).
[32] Kurfürst Friedrich V. von der Pfalz (1596–1632), Pfalzgraf bei Rhein, seit 1614 pfälzischer Kurfürst. Er wurde 1619 zum böhmischen König gewählt, floh aber nach der verlorenen Schlacht am Weißen Berg (8.11.1620) ins niederländische Exil (daher die geläufige Bezeichnung als „Winterkönig").

Namen Daniel getauft wurde. Der berühmte niederländische Gesandte Pieter Brederode[33] *stand dabei Pate. Vier Wochen später, am 9. November, beendete ich mein Bibelwerk, auf das ich fast fünf Jahre verwendet hatte.*

Zwei Jahre später, am 9. Oktober 1618, brach ich nach Holland zur Dordrechter Nationalsynode[34] *auf, zu der ich mit zwei anderen Theologen*[35] *von unserem gnädigen Herrn, dem Kurfürsten, entsandt worden war. Dort blieb ich etwa acht Monate.*

1619 wurde mir, am 8. Juli kurz vor zehn Uhr morgens, erneut ein Sohn geschenkt. Er wurde am 16. Juli getauft und Petrus genannt. Sein Pate war der adlige Herr Karl von Landas,[36] *mein Nachbar und alter Freund. Dieses Söhnlein starb am 14. Oktober 1622 in Hanau gegen acht Uhr morgens an einer Durchfallerkrankung. Am 13. Juli 1619 wurde mir und meinen Nachkommen vom Kurfürsten, der zu dieser Zeit Vikar des Heiligen Römischen Reiches war,*[37] *der in männlicher und weiblicher Linie erbliche Adelsstand in einer ehrwürdigen Urkunde bestätigt, zusammen mit allen Privilegien, Rechten und Würden, die ein Adliger oder Ritter im Römischen Reich genießt.*[38] *Am 25. September wurde ich mit sämtlichen anderen Räten und Hofbeamten vor der Mittagszeit an den Hof gerufen, wo der Kurfürst jedem einzelnen von uns Lebewohl sagte, da er im Begriff war, nach Böhmen aufzubrechen. Einen Monat darauf, am 25. Oktober, wurde er in Prag zum König von Böhmen gekrönt.*

Als Spinola[39] *am 1. September 1620 mit dem spanischen Heer Kreuznach, und bald auch Alzey und Oppenheim einnahm, kam es in Heidelberg zu großer Panik und einer Massenflucht. Ich selbst schickte meine Familie mit einem Teil des Hausrats nach Mosbach, wo sie drei Wochen hindurch blieb.*

Im Juli des Jahres 1621 vereinbarte ich mit dem kurfürstlichen Oberrat, vertreten durch den Kanzler Johann Christoph von der Grün,[40] *der Kurpfalz 25000 Gulden zu geben; dafür wurde mir, für den Fall ihrer Rückeroberung, die Burg von Winzingen bei Neustadt samt*

---

[33] Pieter Cornelisz. van Brederode (ca. 1558–1637), Jurist und Diplomat; seit 1602 niederländischer Gesandter im Deutschen Reich mit Wohnsitz in Hanau und ab 1610 in Heidelberg.

[34] Auf der Nationalsynode von Dordrecht (13.11.1618 bis 29.5.1619), dem bedeutendsten reformierten Konzil, wurde der Heidelberger Katechismus als Bekenntnisschrift des reformierten Protestantismus festgelegt.

[35] Abraham Scultetus (1566–1624) und Heinrich Alting (1583–1644).

[36] Karl von Landas (ca. 1564–1653), Dr. iur., seit 1592 Hofgerichtsrat und Hofjunker, seit 1598 in zweibrückischen Diensten.

[37] Nach dem Tod des Kaisers Matthias am 20.3.1619 versah Friedrich als pfälzischer Kurfürst die Aufgabe des Reichsvikars (Reichsverwesers) bis zum Amtsantritt des Nachfolgers Ferdinand II., der am 28.8.1620 erfolgte.

[38] Tossanus entstammt bereits von väterlicher Seite einem lothringischen Rittergeschlecht, von mütterlicher Seite dem niederen französischen Adel. Daher wurde der Adelstitel nicht verliehen, sondern nur formal und urkundlich („augusto Diplomate") bestätigt („confirmata").

[39] Ambrosio Spinola (1569–1630), spanischer Grande, seit 1604/05 Kommandeur der spanischen Truppen in den Niederlanden. 1621 wurde er zur Unterstützung Kaiser Ferdinands II. gegen das protestantische Heer entsandt.

[40] Johann Christoph von der Grün (ca. 1555–1622), Dr. jur., seit 1606 kurpfälzischer Kanzler.

allen Einkünften und Rechten verpfändet. Nach Abschluss des Vertrags zahlte ich Stanislaus Rülzius,[41] den der Kanzler zu mir geschickt hatte, 8000 Gulden in Reichstalern und Philippsgulden.[42] Schon vorher hatte ich der kurfürstlichen Kammer 1200 Reichsguldiner und 600 Philippsgulden gegeben. Am 17. September, als wenige Tage zuvor unser Heer vom Feind zurückgeschlagen und die Bergstraße besetzt worden war, mir selbst zudem vier englische Soldaten aufgenötigt worden waren, verließ ich Heidelberg mit meiner schwangeren Frau und den Kindern und brachte sie zur Schwiegermutter nach Hanau. Ich verließ die Stadt am 25. Oktober mit dem Geld, das ich nach Heidelberg brachte. Dort langte ich am 28. des Monats unversehrt an, jedoch nicht ohne das größte Risiko, da ich zwischen bayerische Truppen geraten war. Zwei Tage später zahlte ich in der kurfürstlichen Kanzlei 8900 Gulden an den nämlichen Stanislaus Rülzius und damit den vollständigen Betrag, den ich für die Burg Winzingen versprochen hatte. Tags darauf verließ ich Heidelberg gegen Mittag in Richtung Heilbronn, wo ich wegen der Gefahr auf den Straßen etwa drei Wochen festsaß. Am 20. November brach ich mit einem Kurier aus Heilbronn auf und erreichte am 23. um ein Uhr morgens wohlbehalten Hanau. In der folgenden Nacht, um viertel nach elf, gebar meine Gattin einen Sohn, der am 2. Dezember zur Mittagszeit in der französischen Kirche vom Pfarrer Clement du Boys[43] auf den Namen Johannes getauft wurde. Die Patenschaft übernahmen Jean Graw[44] und Susanna, die Schwester meiner Frau. Dieser Sohn verstarb zwei Jahre später, am 7. Februar 1624 gegen sieben Uhr abends, nach lange zunehmender Entkräftung. Am 17. Dezember 1621 hielt ich auf die Bitte des Rats hin meine erste Predigt in der wallonischen Kirche zu Hanau.

Seit dem 10. August kämpfte meine Frau gegen eine Durchfallerkrankung, nachdem schon im Monat zuvor, am 21. Juli, meine beiden Söhne Daniel und Peter von einer schweren Krankheit befallen worden waren. Durch Gottes Gnade erholten sie sich jedoch schnell. Am 6. September gegen Abend wurde Heidelberg vom bayerischen Heer unter Johann Tilly[45] eingenommen und auf das erbärmlichste geplündert; dabei verlor ich meinen gesamten zurückgebliebenen Hausrat und einen guten Teil meiner Bibliothek.

1623, am 14. Februar, übertrug Kaiser Ferdinand die Kurwürde Friedrichs V. von der Pfalz auf den Bayern Maximilian.[46] Als ich mich am 9. April des Jahres auf der Frankfurter Messe aufhielt und mit dem Gedanken spielte, nach Danzig zu reisen, machte mir der bekannte Graf

---

[41] Nicht ermittelt.
[42] Goldmünze des 15. Jahrhunderts, benannt nach Philipp dem Schönen (1478–1506), Erzherzog von Österreich und König von Kastilien. Cuno und Himmighöfer (wie Anm. 1) übersetzen „Philippicos" mit „Philippsdors"; eine Münze mit dieser Bezeichnung konnte jedoch nicht ermittelt werden.
[43] Clement Dubois (?–1640), seit 1609 Prediger der französischen Gemeinde in Hanau.
[44] Jean Graw, ein Schwager von Tossanus, seit 1613 in Hanau ansässig, ab 1636 Ratsherr.
[45] Johann Tserclaes Graf von Tilly (1559–1632), 1610 zum Bundesfeldherrn des Zusammenschlusses katholischer Fürsten (sog. „Liga") bestellt, schlug 1620 den böhmischen Aufstand nieder und errang bedeutende Siege gegen protestantische Truppen in Süddeutschland. Nach der Entlassung Wallensteins wurde er 1630 zum kaiserlichen Generallieutenant ernannt und eroberte Magdeburg und Leipzig (s. u.), bevor er in Ingolstadt an den Folgen einer schweren Unterschenkelverletzung starb (s. u.).
[46] Maximilian I., Kurfürst von Bayern (1573–1651); nach der Eroberung Heidelbergs durch Tilly wurde Maximilian 1623 die Pfalz und die damit verbundene Kurstimme zugesprochen.

Philipp Reinhard von Solms[47] *den Vorschlag, den Unterricht seines einzigen Sohns zu übernehmen. So brach ich am 11. April mit ihm nach Butzbach auf. Am 5. Mai erhielt ich ein Schreiben aus Hanau, in dem mir mitgeteilt wurde, die verwitwete Gräfin*[48] *rufe mich zurück, um eine Professur für Theologie zu übernehmen, die mir von ihren Räten am 22. Januar des gleichen Jahres angeboten worden war, die ich aber wegen der dürftigen Besoldung nicht angenommen hatte. Daher kehrte ich am 17. Mai nach Hanau zurück und trat, nachdem mir ein besseres Gehalt angeboten worden war, am 19. Juni die Professur an.*

Im Jahr 1624 suchten mich am 12. April je zwei Vertreter des Hanauer Stadtrates und der französischen Gemeinde auf und schlugen mir vor, das Pfarramt an der wallonischen Kirche zu übernehmen. Da sie mir aber nur die halbe Besoldung anboten, lehnte ich ab. Am 16. August des gleichen Jahres feierte meine älteste Tochter, Anna, ihre Hochzeit mit dem Wallonen Pierre Fremault,[49] *der eine Weile den Pfarrdienst in der geheimen wallonischen Gemeinde zu Köln versehen hatte; heute ist er Pfarrer der wallonischen Gemeinde in Emden. Wegen einer schweren Krankheit konnte meine Tochter an diesem und am folgenden Tag nicht an den Hochzeitsfeierlichkeiten teilnehmen und hütete statt dessen das Bett. Erst am 4. Oktober brach sie von Hanau auf, um ihrem Ehemann nach Holland zu folgen.*

1625, am 26. März, starb Jakob, der König von England und Schottland,[50] *und am gleichen Tag wurde sein Sohn Karl*[51] *öffentlich zum neuen König ausgerufen. Wenig später, nämlich am 13. April, verschied Moritz von Oranien,*[52] *der tapfere Held. Am 30. März wurde ich in Frankfurt am Main, Oberbürgermeister war gerade Johann Ulrich Neuhausen,*[53] *als Einwohner für ein Jahr aufgenommen und begab mich wenig später dorthin mit meiner Familie und meinem Hausrat, da es mir in Hanau weniger sicher zu sein schien. Das vorübergehende Bürgerrecht wurde am 10. April 1627 um ein Jahr verlängert.*

Nachdem ich zwei Jahre in Frankfurt gelebt hatte, verließ ich die Stadt am 24. April 1628 und kehrte nach Hanau zurück, wo am folgenden Tag auch meine Familie mit dem Hausrat anlangte. Ich wollte nämlich lieber dort leben, wo ich mit meiner Familie rechtgläubige Predigten hören und meinen Sohn Daniel zur Schule schicken konnte, als in Frankfurt, wo es vielleicht sicherer gewesen wäre, derartige Möglichkeiten aber gefehlt hätten. Am 18. Mai des Jahres erfuhr ich von Herrn von Landas, daß Oberpfalz und Kurpfalz vom Kaiser dem

---

[47] Philipp Reinhard I. Graf von Solms-Hohensolms (1593–1636).
[48] Nach dem Tod des Grafen Philipp Ludwig II. (1576–1612) führte seine Witwe Katharina Belgica (1578–1648) die Regierungsgeschäfte bis zur Volljährigkeit seines Nachfolgers Philipp Moritz (1605–1638).
[49] Pierre Fremault (um 1600) war von 1619 bis 1624 Pfarrer, 1631 Presbyter der Kölner wallonischen Gemeinde.
[50] Jakob (James) I. (1566–27. 3. 1625), seit 1567 König von Schottland, seit 1603 König von England und Irland.
[51] Karl (Charles) I. (1600–1649), seit 1625 König von England, Schottland und Irland. Unter seiner Herrschaft entbrannte der englische Bürgerkrieg. Am 30. 1. 1649 wurde er öffentlich enthauptet.
[52] Moritz von Nassau, Prinz von Oranien (1567–23. 4. 1625), Statthalter der Niederlande und Feldherr, Führer im Niederländischen Freiheitskampf gegen Spanien.
[53] Nicht ermittelt.

Bayern gegeben worden seien, der den Untertanen bereits den Treueid abgenötigt habe. Dadurch wurde all meine Hoffnung, in die Pfalz zurückzukehren, zunichte gemacht. Ich wünschte, nach all dem Unglück und der Mühsal recht bald ins himmlische und ewige Vaterland zu gelangen. Am 4. September des Jahres traf mein Schwager Johann Philipp Petsch,[54] vormals Kanzler der Oberpfalz, dem der Kaiser nach zwei Jahren Haft die volle Freiheit geschenkt hatte, mit seiner Frau, meiner Schwester Amelia, in Hanau ein.

Den 3. Februar 1629 entschlief um elf Uhr vormittags friedlich meine Schwiegermutter Marie Briselance, die Mutter meiner zweiten Ehefrau. Sie wurde am 5. Februar zwischen zwei und drei Uhr nachmittags auf dem französischen Friedhof begraben, auf dem auch meine beiden Söhnchen, Petrus und Johannes, liegen. Viele ehrenwerte Männer und Freunde aus der alten und der neuen Stadt wohnten dem Begräbnis bei. Während der Frankfurter Messe wurde am 31. März des gleichen Jahres ein Erlaß des Kaisers angeschlagen, demzufolge er die Kirchengüter, die nach dem Passauer Vertrag[55] mit Beschlag belegt worden waren, zurückforderte und anordnete, daß im Reich nur zwei Religionsparteien, die alte katholische und die lutherische, die dem 1530 veröffentlichten Augsburger Bekenntnis anhing, geduldet werden sollten. Dieser Erlaß brachte meine Gedanken sehr durcheinander und setzte mir arg zu. Am 9. August wurde Wesel von den Niederlanden eingenommen, am 12. bezahlte ich in Frankfurt meine Württembergischen Schulden. Am 7. September nahmen die Niederländer auch 's-Hertogenbosch[56] ein. Anfang Dezember schlossen die kaiserlichen Truppen unter der Führung Oberst von Witzlebens Hanau ein und hielten sämtliche Straßen besetzt. Ich hatte mich kurz vorher, genauer gesagt: am 27. November, auf Drängen meiner Schwester Amelia nach Frankfurt zu meinem Schwager Daniel Debonné[57] begeben, bei dem ich mich mehr als drei Monate aufhielt.

Auf meine Anfrage hin teilte mir der Bürgermeister Orthius am 4. Januar 1630 mit, daß mein Antrag auf Verlängerung des Bürgerrechts um ein Jahr vom Senat bewilligt worden sei. Tags darauf suchte ich die Stadtkämmerer auf, zahlte ihnen 25 Gulden und wurde dafür von ihnen zum wiederholten Male in die Frankfurter Bürgerliste eingetragen. (Zu Beginn des Jahres 1631 wurde mein Wohnrecht in Frankfurt um ein weiteres Jahr verlängert, wovon ich allerdings keinen Gebrauch machte.)

Nachdem Hanau am 12. März des Jahres 1630 von der Besatzung befreit worden war, begab ich mich am 15. März nach langer Abwesenheit dorthin. Im Juli versammelten sich Kaiser, Kurfürsten und die Gesandten der abwesenden Potentaten in Regensburg, wo sie drei Monate verweilten und über die Wiederherstellung des Friedens im Reich beratschlagten,

---

[54] Johann Philipp Petsch (ca. 1565–1633), Dr. iur., seit 1598 kurpfälzischer Hofgerichtsrat, ab etwa 1603 Kanzler der Oberpfalz.
[55] Im Passauer Vertrag von 1552 wurde das lutherische Bekenntnis vom Kaiser formal anerkannt. Er bereitete den Weg für den Augsburger Religionsfrieden.
[56] 's-Hertogenbosch (frz. Bois-le-Duc), Hauptstadt der niederländischen Provinz Nordbrabant.
[57] Nicht ermittelt.

*jedoch ohne Erfolg.*⁵⁸ *Seit dem 29. April des Jahres begann ich durch einen Blasenstein geplagt zu werden, der mir von da an immer wieder, mal auf der linken, mal auf der rechten Seite, zu schaffen machte.*

*Am 10. Mai 1631 wurde Magdeburg von Truppen des Kaisers und der katholischen Liga unter Führung Tillys erobert und in einem erbarmungswürdigen Blutbad sowie durch eine Feuersbrunst gänzlich verwüstet.*⁵⁹ *Christian Wilhelm, Markgraf von Brandenburg und Administrator des Magdeburgischen Erzbistums,*⁶⁰ *wurde gefangen genommen. Am 7. September wurde das Heer des Kaisers und der katholischen Liga, das Tilly befehligte, nach der Einnahme von Leipzig durch die Truppen des schwedischen Königs Gustav Adolf und des sächsischen Kurfürsten geschlagen und aufgerieben. Im gleichen Jahr, am 1. November um fünf Uhr morgens, wurde Hanau in die Gewalt des schwedischen Königs zurückgegeben. Bald gewann er auch Frankfurt und Mainz und kam am 15. November persönlich nach Hanau. Seine Gattin folgte am 11. Januar. Am 7. Dezember wurde in Hanau ein Fastentag gehalten; am gleichen Tag gewann der schwedische König Oppenheim aus spanischer Hand zurück.*

*Am 4. Januar 1632 wurde in Hanau wiederum Fasten gefeiert, und am selben Tag erhielt ich nach Ende der Nachmittagspredigt ein Schreiben des Königs von Böhmen und Kurfürsten Friedrich, in dem er mir die Obhut und den Wiederaufbau der Kirchen in der Kurpfalz antrug. Am 8. Februar des gleichen Jahres gelangte Friedrich V. nach Hanau. Ich begrüßte ihn am folgenden Tag. Kurz darauf traf auch sein Bruder Ludwig Philipp*⁶¹ *mit seiner Ehefrau ein. Am 22. Februar eroberte der schwedische König Kreuznach, am 10. April Augsburg. Zur Zeit der Frühlingsmesse dankte ich dem Frankfurter Rat dafür, daß er mir bis dahin so freundlich das Bürgerrecht gewährt hatte. Tilly starb wenige Wochen später an den Folgen einer Schußwunde am Fuß.*⁶² *Darauf marschierte Gustav Adolf in Bayern ein. Am 19. Juli des Jahres brach ich mit meiner Frau, meinem Schwager Daniel Debonné*⁶³ *und dessen Frau nach Schwalbach auf. Dort blieb ich fast drei Wochen lang und traf während dessen den Landgrafen Georg*⁶⁴ *mit seiner Frau, Ludwig Graf von Erbach*⁶⁵ *und seine Gattin, den französischen Gesandten Jarnassé,*⁶⁶ *den Grafen von Thurn,*⁶⁷ *sowie die schwedischen Offiziere Horn,*⁶⁸

---

58   Auf dem Regensburger Kurfürstentag, der von Juli bis November 1630 stattfand, wurde zwischen Kaiser Ferdinand II. und den Kurfürsten, von denen nur die katholischen persönlich anwesend waren, über reichspolitische Fragen verhandelt. Beschlossen wurde u. a. die Entlassung Wallensteins.
59   S. dazu Anm. 44.
60   Christian Wilhelm, Markgraf von Brandenburg (1587–1665), seit 1614 Administrator des Erzbistums Magdeburg, seit 1629 Verbündeter Gustav Adolfs.
61   Ludwig Philipp von Pfalz-Simmern (1602–1655), Pfalzgraf von Simmern und Lautern; nach dem Tod seines Bruders Friedrich V. 1633 kurzzeitig Kuradministrator.
62   S. dazu Anm. 44.
63   Nicht ermittelt.
64   Georg II. von Hessen-Darmstadt (1605–1661), seit 1626 Landgraf von Hessen-Darmstadt.
65   Ludwig I., Graf von Erbach (1579–1643).
66   Nicht ermittelt.
67   Heinrich Matthias, Graf v. Thurn (1580–1640), Gefolgsmann Friedrichs V.
68   Gustav Horn, Graf zu Björneborg (1592–1657), schwedischer Feldmarschall, seit 1631 Kommandeur der schwedischen Truppen in Pommern und der Neumark.

Tott⁶⁹ und Haubold.⁷⁰ Im gleichen Jahr, am 13. August, wurde Utrecht von Truppen der Generalstaaten eingenommen.

Am 6. November wurde eine schwere Schlacht zwischen Gustav Adolf und den Kaiserlichen zwischen Naumburg und Weißenfels, zwei Meilen von Leipzig entfernt, ausgetragen, in welcher der Schwedenkönig tödlich verwundet zu Boden ging.⁷¹ Seine Truppen trugen unter dem Kommando Bernhards von Weimar⁷² gleichwohl den Sieg davon. Von den Kaiserlichen fiel unter anderem Pappenheim.⁷³ In Mainz starb am 19. November nach sieben Uhr morgens Kurfürst Friedrich V. von der Pfalz, der gewählte König von Böhmen.

Am 11. Januar 1633, dem Tag der Heiligen Felicitas, erhielt ich ein Schreiben von Fürst Ludwig Philipp, dem Prinzenvormund und Kuradministrator, in dem er die Vollmacht zur Errichtung der kurpfälzischen Kirchen und Schulen, die mir von seinem Bruder im Jahr zuvor ausgestellt worden war, erneuerte und bestätigte und mich mit meiner Familie nach Frankenthal bestellte. Er befahl ferner, daß mir die Weine, die noch in der Burg von Winzingen lagerten, übergeben und in mehreren Lieferungen überbracht werden sollten. Zur gleichen Zeit kam es in Hanau und anderswo zu einer großen Überschwemmung.

III. BREVIS DELINEATIO CVRRICVLI
vitae meae ab anno novi seculi, 1600. („Kurzer Abriß meines Lebensgangs vom [ersten] Jahr des neuen Jahrhunderts, 1600, an".)

1600. Meins diensts anfang mir sauer wardt,
      Auch bin ich kranck gelegen hardt.
1601. Dis ist das gwünschtes liebes jahr,
      Da ich gleichwol drey mal kranck war.
1602. Des Vatters tod mir leid hatt bracht,
      Sonst hab ich wol dis jahr zubracht.
1603. Verflossen wer dis jahr ohn klag,
      Wann nicht offt schadten gute tag.
1604. Dis jahr, das mir zimlich bekam,
      Ein tochter bracht, einen freund nam.

---

[69] Åke Henriksson Tott (1598–1640), schwedischer Feldmarschall, 1631/32 Oberbefehlshaber der schwedischen Truppen in Niedersachsen.
[70] Nicht ermittelt.
[71] In der Schlacht bei Lützen (6./16.11.1632) trafen die Heere Wallensteins und Gustav Adolfs aufeinander. Sie endete unentschieden, brachte aber durch den Tod Gustav Adolfs eine Wende im Kriegsgeschehen.
[72] Bernhard von Sachsen-Weimar (1604–1639), seit 1625 in dänischen, seit 1630 in schwedischen Diensten.
[73] Gottfried Heinrich von Pappenheim (1594–1632), Reichshofsrat, kaiserlicher Feldmarschall, Befehlshaber des sprichwörtlich gewordenen „Pappenheimer" Kürassierregiments (Schiller: Wallenstein III,15).

1605. Forcht, angst vnd trawren groß dis jahr
       Biß fast zu dem end mir gebar.[74]
1606. Nach fünff jahren mein erste ehe
       Sich endet, scheiden that mir wehe.
1607. Mein trawern ich abhelffen wolt
       Aber das glück war mich nicht holdt.
1608. Mein stand sich hatt gebessert zwar,
       Doch bleib mein anlige immerdar.
1609. Viel gschäfft, wenig übriger zeit
       Dis jahr gab, vnd eine new hertzleid.
1610. Ein ding mich quelt, ein mann mich plagt,
       Ein hauß ich kaufft, drauff ich vil wagt.
1611. Bekümmernuß vnd sorge viel
       dis jahr ich hatt, ein freund verfiel.
1612. Auß zwen bürden, die ich trug,
       Einer ich ledig ward mit fug.
1613. Nach etwas ich began zu ringen,
       Aber es wolt mir nicht gelingen.
1614. Leut, die ich hatt gar nicht verletzt,
       Mir hefftig haben zugesetzt.
1615. Groß vntrew mich setzt weit zurück.
       Doch kam mir endlich sonst ein glück.
1616. Ein grosses werk ich führt zu end,
       Drauff ich vil mühe vnd kosten wend.
1617. Verwirkte sachen mit arbeit
       Jch endlich bracht in richtigkeit.
1618. Zu Dort[75] sich samlet mancher mann,
       Dahin ich zog, vnd etwas gwann.
1619. Jn einen newen ehren stand
       Jch ward erhaben, vnd gunst fand.
1620. Die Spanier fallen in die Pfalz,
       Das vnglück komt vns auff den halß.[76]
1621. Nach Hanaw auß der Pfalz ich weich,
       Vnd komm vmb all das mein zugleich.
1622. Der feind die Pfalz nimt gänzlich eyn,
       Meins sohns tod mehrt das herzleid mein.

---

[74] Durchgestrichen: „zu dem letzten monden".
[75] Anderer Name für Dordrecht.
[76] Durchgestrichen: „1620. Der fein vil schadens thut dies jahr / Drumb ich in angst lebt und gefahr."

1623. Von Dantzig mich ein Graff abhelt,
　　　 zu Hanaw ward ich wider bestelt.
1624. Den Kirchendienst ich nicht annam,
　　　 Mein tocher einen man bekam.
1625. Die Fürstin mir abdancken ließ,
　　　 Das fieber mich zwey mal anstieß.
1626. Zu Hanaw war mir angst vnd bang,
　　　 Zu Franckfurt herberg ich erlang.
1627. Mit Hoffnung [durchgestrichen: ich] zwar ich ward erfült,
　　　 Aber kein glauben man mir hielt.
1628. Zu Hanaw ich mich nider setz,
　　　 Auß grosser sorg ich kom zuletz.
1629. Ein Schiff mit zimlichem verlust
　　　 Auß der gefahr ich retten mußt.
1630. Zu Franckfurt zwar ich wurd beysaß,
　　　 Zu Hanaw bleiben daucht mich baß.
1631. Diß jahr bracht ein groß enderung,
　　　 Mit angst, forcht vnd verwunderung.
1632. Das wetter war vnstättig sehr,
　　　 Auch hört[77] man böß vnd gute mähr.

---

[77] Ursprünglich: „hörte". Das „e" ist durchgestrichen.

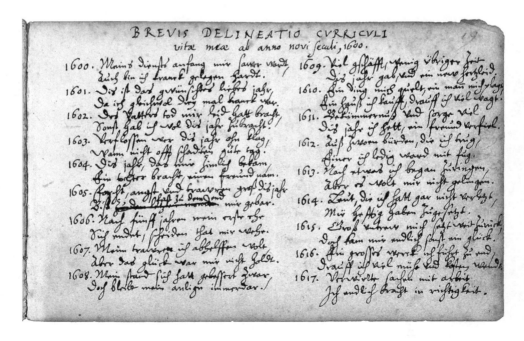

Abb. 1: Handschrift *Karlsruhe 630*, p. 1 u. 19.

ULRICH KRONAUER

Der menschliche Körper im Recht

Im Jahr 1570 bekannte sich in Danzig eine Frau der Zauberei schuldig, dann erhängte sie sich. Darauf wurde beschlossen:

> „Wofern sie nun noch am Leben, würde sie ohne allen Zweifel auch ferner gutwillig solche ihre Bekenntniß zugestanden haben, darauf ein Edles Gericht hätte erkennen müssen, daß sie als eine Zauberin und Gotteslästerin sollte an Leib und Leben gestraffet werden. Indem sie aber aus Eingebung des bösen Feinds sich selbst ihr Leben genommen und umgebracht und sich also durch solche ihre eigene Entleibung viel desto mehr schuldig gemacht, so erkennt ein Edles Gericht, daß mit gleicher Straffe ihr toter Körper soll achterfolget und gestraffet werden."

Ein toter Körper wird also gestraft und in die Acht erfolgt, d. h. geächtet. Das Schicksal der Selbstmörderin ist eines von mehreren Beispielen, die der Landgerichtsdirektor Dr. Kroschel in seinem 1910 erschienenen Aufsatz „Altdanziger Strafvollzug" anführt und so kommentiert: „Merkwürdig und abstoßend für unser Gefühl ist es, daß Urteil und Strafvollzug vor dem Tode des Verbrechers nicht halt machten."[1] Diese Äußerung markiert eine kulturelle Differenz: Am Anfang des 20. Jahrhunderts wirkt der Strafvollzug der Frühen Neuzeit, der den Körper des Delinquenten oder der Delinquentin über deren Tod hinaus zum Strafobjekt macht, abstoßend und befremdend. Inzwischen, am Beginn des 21. Jahrhunderts, wird man zwar auch die kulturelle Differenz wahrnehmen, ist aber eher um Deutung bemüht und versucht dem Faktum Rechnung zu tragen, daß im Abendland bis weit in das 18. Jahrhundert hinein ganz andere Auffassungen vom Menschen und damit auch andere Körperkonzeptionen maßgebend waren als heute.[2]

Als Mitarbeiter beim Deutschen Rechtswörterbuch (DRW), dem Wörterbuch der älteren deutschen Rechtssprache, wird man immer wieder mit neuen, überra-

---

[1] In: *Aus dem Danziger Rechtsleben. Festgabe zum 30. Deutschen Juristentage vom 12. bis 14. September 1910 in Danzig*, Danzig 1910, S. 27.
[2] Vgl. Wolfgang Schild: *Recht und Körperlichkeit*, in: *Körper und Recht – Anthropologische Dimensionen der Rechtsphilosophie*, hg. von Ludger Schwarte und Christoph Wulf, München 2003, S. 129–145.

schenden, manchmal amüsanten, manchmal aber auch sehr drastischen Facetten des Rechtslebens vergangener Zeiten konfrontiert.[3] Das DRW behandelt die Sprache des Rechts vom Beginn der schriftlichen Überlieferung in lateinischen Urkunden der Völkerwanderungszeit bis etwa 1800. Aus diesem großen Zeitraum sollen, ausgehend von dem umfangreichen Quellenmaterial des DRW, einige Beispiele vorgestellt werden, die illustrieren können, welch bedeutende Rolle der menschliche Körper in der Geschichte des Rechts gespielt hat.

Obgleich Folter und Strafe, das grausame Instrumentarium der Strafjustiz, hier einen Schwerpunkt ausmachen werden, sei mit Manifestationen des Körpers im Recht begonnen, die nicht zu diesem Bereich der Justiz gehören. Noch heute erinnert die Eidesleistung mit erhobener Schwurhand an die Funktion der Rechtsgebärden, ebenso wie das Erheben von den Sitzen im Gerichtssaal. Rechtsgebärden spielten im Mittelalter eine wichtige Rolle.

> „Sie traten neben das Wort als Bekräftigung des rechtlichen Vorgangs, der durch sie auch gesehen werden konnte, da sie eine bestimmte Haltung der Parteien zum Ausdruck brachten, die der Sitte und dem Herkommen entsprach."[4]

So ist etwa das Neigen des Kopfes als Ehrfurchtsgebärde zu verstehen, das Erheben der beiden Hände als Klagegebärde. Das Auflegen der Hand kann den Rechtsanspruch auf einen Menschen, ein Tier oder bewegliche Güter bezeichnen. Wenn der Kläger eine Sache als die seine bei einem anderen erkannte, leitete er das Verfahren dadurch ein, daß er seine Hand auf diese Sache legte. Der Vormund nahm bei der Übernahme der Vormundschaft das Mündel an der Hand und legte ihm die andere Hand auf Kopf oder Schulter. Durch Handreichung begab man sich symbolisch in den Schutz und die Gewalt eines anderen, Gelübde und Verträge wurden durch Handschlag bekräftigt. Die Ursprünge der Rechtsgebärden werden in Zauber und Magie vermutet, bei dem Handschlag soll es sich ursprünglich um einen Berührungszauber gehandelt haben.

Veränderungen erfuhren die Rechtsgebärden durch das Christentum. So drückt sich beispielsweise ein Wandel im Verhältnis der Ehegatten – der Mann hat nicht mehr die ausschließliche Vormundschaft über die Frau – dadurch aus, daß sich bei der Eheschließung beide Ehegatten als Zeichen gegenseitiger Übereinkunft die Hand reichen. Der Kuß beim Abschluß eines Sühnevertrags soll nach Auffassung der Rechtshistoriker dem kirchlichen osculum pacis nachgebildet sein. Zuletzt seien als Beispiel für

---

[3] *Deutsches Rechtswörterbuch – Wörterbuch der älteren deutschen Rechtssprache*, hg. von der Preußischen Akademie der Wissenschaften, später der Heidelberger Akademie der Wissenschaften, Weimar, Bd. I (1914/32) – Bd. XI (2007); als Online-Wörterbuch: www.deutsches-rechtswoerterbuch.de.

[4] Ruth Schmidt-Wiegand, Artikel: *Gebärden*, in: *Handwörterbuch zur Deutschen Rechtsgeschichte (HRG)* hg. von Adalbert Erler und Erich Kaufmann, Bd. I, Berlin 1971, Sp. 1411. Dem Artikel *Gebärden* sind auch die folgenden Beispiele für Rechtsgebärden entnommen.

Rechtsgebärden noch der Backenstreich und das Ohrenziehen erwähnt. Bei Grenzbegehungen, Grenzsteinsetzungen, Grundstücksverkäufen u. ä. wurde Knaben oder jungen Männern eine Ohrfeige verpaßt oder sie wurden am Ohr gezogen, damit sie sich später an diesen Vorgang erinnerten. Im Ohr hatte man schon in der Antike den Sitz des Gedächtnisses vermutet (Plinius).

Daß dem Körper, auch dem toten Körper, magische Kräfte zugesprochen wurden, zeigt ein Beleg aus Bremen von 1592: Ein Verdächtiger hat „die hand auf des entleibten cörper gelegt und zu gott gebeten, daß der cörper ein zeichen von sich geben möchte, wan er schuldig wäre" (DRW Art. Körper I).

Anzeichen dafür, daß ein Mensch schuldig oder sogar mit dem Teufel im Bund sei, fand man am Körper. Bei der Inquisition einer vermeintlichen Hexe suchte man nach körperlichen Anzeichen dafür, daß die Frau mit dem Teufel Verkehr gehabt hatte. Darauf reagiert eine Bestimmung von 1766: „daß sich ... von ungewißen ... erkundigungsmitteln, als da ist die aufsuchung eines teufelszeichens oder hexenmaals ... enthalten werden solle." (DRW Art. Hexenmal).

Bei der sogenannten Wasserprobe erwies sich das Wasser als Element, das auf die Schuld oder Unschuld einer verdächtigen Person reagierte. Nahm das reine Element die gefesselte und ins Wasser geworfene Person an in der Weise, daß deren Körper unterging, war die Unschuld bewiesen; trieb der Körper auf dem Wasser, hatte das reine Element den schuldhaften Körper abgewiesen (DRW Art. Obenschwimmen).

Körperlich behinderte, insbesondere verwachsene oder sonst mißgestaltete Personen, sogenannte Krüppelkinder, waren wegen ihrer Gebrechlichkeit von der Lehns- und Erbfolge ausgeschlossen (DRW Art. Krüppelkind).

Im „Lehrbegrif sämtlicher Kameral- und Polizeyrechte" von Friedrich Christoph Jonathan Fischer heißt es 1785 unter der Überschrift „Rechtlosigkeit eines Ungeheuers":

> „Ein Ungeheuer, welches gar keinen menschlichen Kopf hat, wird getödtet, und ist rechtlos unter den Menschen. Anders verhält es sich mit einer Misgeburt, die nur ungestalte oder überflüßige Gliedmassen an sich hat".

Und als „vollkommene Geburt" wird definiert: „Eine vollkommene Menschliche Geburt ist an Zehen und Fingern völlig abgetheilt und hat Nägel und Haupthahre".[5]

Die Lehnsfähigkeit wurde dadurch unter Beweis gestellt, daß ein Mann ohne fremde Hilfe in voller Rüstung sein Pferd bestieg. Dadurch wurden seine Gesundheit und Kriegsfähigkeit dokumentiert. Fast zur Karikatur verzerrt wird der Beweis der Leibesstärke in einem Privileg Kaiser Ferdinands von 1544. In der Lausitz muß ein Vasall, wenn er seine Rittergüter veräußern oder auf die Tochter vererben will, den Vorritt leisten. Das heißt, er muß vor dem kursächsischen Beamten zu Pferde

---

[5] Friedrich Christoph Jonathan Fischer: *Lehrbegrif sämtlicher Kameral- und Polizeyrechte*, Bd. I, Frankfurt an der Oder 1785, S. 53f.

erscheinen, verschiedene Male im Kreise herumrennen, den Degen ziehen, und damit verschiedene Kreuzhiebe gegen die Sonne tun und sich mit Behendigkeit vom Pferde schwingen (DRW Art. Pferd I 5).

Im Augsburger Stadtrecht von 1276 wird vom Zweikampf zwischen Mann und Frau berichtet. Dabei spielen Behendigkeit und Körperkraft die entscheidende Rolle. Wenn eine Frau nicht auf anderem Wege beweisen kann, daß sie vergewaltigt wurde, kann sie den Vergewaltiger zum Zweikampf fordern. Sie muß kämpfen „mit ir selbes libe, also daz der man sol sin begraben unz an den nabel, unde sol er in siner hant haben einen aichinen stap" (DRW Art. Nabel). Der Mann steht also bis zum Nabel in einer Grube, mit einem Stock bewaffnet, die Frau versucht mit einem in ein Tuch gewickelten Stein den Mann zu erschlagen. Wenn die Frau nicht geschickt genug ist, zieht sie der Mann in die Grube und überwältigt sie.

Daß der Körper im Strafrecht eine zentrale Rolle spielt, leuchtet unmittelbar ein. An und gegen ihn richten sich die Todesstrafe, die Verstümmelungsstrafen, die Strafen an Haut und Haar. Das mittelalterliche und frühneuzeitliche öffentliche Strafrecht zielte auf Sühne und Abschreckung. Dabei bedienten sich die Verfasser der entsprechenden Bestimmungen zum Teil einer überaus plastischen Sprache. Um nur einige wenige Beispiele zu geben:

> 1401: „du ein man vurgeheischin sy umb einen toitslag und nit komet, wie man den virczelen [verurteilen] solle. dez ist gewiset: den hals deme lande, den corpir deme gefogelcze, daz wip widewe, die kinde weisen ..." (DRW Art. Körper I).
> 1510: „beuelhen sein verretterisch falsch vnd vngetrew hertz mit allem ingeweid auß seinem lebendigen corper schneiden, den lyb zuo vierstucken teilen, offentlich an die strassen auff hencken" (DRW Art. lebendig I 5 h).
> 1656: „der N. solle auff die gewoehnliche richtstatt gefuehrt, und alldorten mit dem rad von oben herab, anfangs der hals, hernacher das hertz, nachmahlen alle glidmassen abgestossen, und also vom leben zum todt hingerichtet ... werden" (DRW Art. oben II).

Zuletzt noch ein Beleg zur Pfändung von 1401; es geht um Personen, die eine bestimmte Geldstrafe nicht bezahlen:

> „derselben iglichen mogent ... burgermeister, rate und burger zu L. umb soliche frevel straffen also, daz sie in mit einer hende darumb pfenden und ime die abslahen mogen" (DRW Art. pfänden III).

Auch Körperteile konnten gepfändet werden; dies kommt hier in aller Drastik zum Ausdruck, und die abgeschlagene Hand symbolisiert, daß die geschuldete Strafsumme nicht gereicht wurde. Die Verstümmelungsstrafe hat auch darin ihren Zweck, daß durch den Verlust eines Körperteils der Täter und die Öffentlichkeit an die Tat erinnert werden. Allerdings waren Leibesstrafen im Mittelalter in der Regel ablösbar und trafen daher vor allem diejenigen, die kein Vermögen hatten. Erst im 16. Jahrhundert, als die Leibesstrafen weitgehend unablösbar wurden, entfalteten sie ihre ganze Grausamkeit.[6]

Rudolf His, der am DRW mitgearbeitet hat, zählt in seinem Standardwerk über „das Strafrecht des deutschen Mittelalters" von 1920 die Strafen auf, die sich gegen den Körper des Straftäters richten: Als Strafe an Leib und Leben haben sie den Tod zur Folge, als Verstümmelungsstrafe den Verlust von Gliedmaßen, als Strafe an Haut und Haar die Verprügelung und das Scheren des Kopfes.[7] Bei vielen Strafen kommt der Taliongedanke in der berühmten biblischen Formel: Auge um Auge, Zahn um Zahn zum Ausdruck, und die Symbolik spielt eine besondere Rolle, so wenn dem Dieb die Hand abgehackt oder dem Meineidigen die Zunge abgeschnitten wird.

Das Alte Testament, vor allem der Dekalog, war die Grundlage des Rechts. Gott war nicht in erster Linie der Schöpfer dieses Rechts, sondern er war dieses Recht selbst. „Got ist selve recht. Dar umme is eme recht lief", schreibt Eike von Repgow, der Verfasser des Sachsenspiegels.[8] Gott greift auch unmittelbar in das Geschehen ein, so bei der Bahrprobe und bei den Gottesurteilen, wobei sich magische und christliche Vorstellungen offensichtlich vermischen. Die Richtergewalt Gottes, die vorläufig an seine Vertreter auf Erden delegiert ist, zeigt sich besonders am Jüngsten Gericht, bei dem auch derjenige zur Rechenschaft gezogen wird, dessen Untaten zu seinen Lebzeiten vielleicht verborgen blieben. Die Härte der Strafen erklärt sich sicher auch zum Teil aus der Vorstellung des rächenden Gottes des Alten Testaments. Daß es auch noch im 17. Jahrhundert nicht zuletzt darum ging, den beleidigten Gott zu versöhnen, machen die Ausführungen des Rechtsgelehrten Benedikt Carpzov von 1638 deutlich:

„Daß an dem exercitio der peinlichen Gerichte [...] und der Bestraffung der Übelthäter, dem gemeinen Wesen höchlichen und viel gelegen, wird von niemand leichtlich in Zweifel gezogen, alldieweil hierdurch die Frommen bey ihren Haab und Gütern, auch Leib und Leben geschützet, hingegen die Bösen hinweg [...] gereumet, andere von dergleichen Übelthaten und Verbrechen abgeschrecket, und also Fried und Einigkeit allenthalben erhalten, zuförderst aber des lieben Gottes Ehre gesuchet, und sein ernster Wille vollbracht wird, dann in Warheit kein besseres Opffer dem beleidigten Gott geleistet, noch derselbe anderer Gestalt, als durch Hinrichtung und gebürlicher Bestrafung der Missethäter versöhnet werden mag."[9]

---

[6] Adalbert Erler, Artikel: *Leibesstrafe*; in: *HRG* Bd. II, 1978, Sp. 1777–1789.
[7] Rudolf His: *Das Strafrecht des deutschen Mittelalters*, Erster Teil, Leipzig 1920, S. 410ff.
[8] *Des Sachsenspiegels erster Theil, oder das Sächsische Landrecht*, hg. von Carl Gustav Homeyer, Berlin 1861, S. 137 (Prologus).
[9] Jürgen Martschukat: *Inszeniertes Töten – Eine Geschichte der Todesstrafe vom 17. bis zum 19. Jahrhundert*, Köln, Weimar, Wien 2000, S. 12.

Gott wurde durch die Tat des Übeltäters beleidigt, und Gott muß durch dessen Hinrichtung versöhnt werden. Der Missetäter wird Gott geopfert, damit wieder Frieden in das Gemeinwesen einziehen kann. Noch 1717 heißt es in der Brandenburgischen Kriminalordnung, die Missetaten und Verbrechen müßten bestraft werden, damit „Gottes Zorn von Land und Leuten abgewand" werde.[10] Das Verbrechen war Sünde weit mehr als Verstoß gegen ein vom Staat ausgesprochenes Verbot oder Gebot. Der Obrigkeit kam die Aufgabe zu, im Namen und im Auftrag Gottes zu strafen. So schreibt Martin Luther:

> „[...] die hand, die solch schwerd fueret und wuerget, ist auch als denn nicht mehr menschen hand sondern Gottes hand, und nicht der mensch sondern Gott henget, redert, entheubt, würget und krieget."[11]

Ließ die Obrigkeit entgegen dem Auftrag Gottes Milde walten und verfolgte den Verbrecher nicht mit der gebotenen Strenge, konnte dies verheerende Folgen für das ganze Volk haben. Nun drohte die Rache eines zürnenden Gottes, der Seuchen, Krieg, Naturkatastrophen zur Erde schicken konnte. Ist so die Bestrafung und gegebenenfalls die Tötung des Verbrechers unbedingt erforderlich, so heißt dies nicht, dieser würde, als 'Opfer' zur Besänftigung des Zornes Gottes, zum bloßen Objekt. Wenn Carpzov schreibt, der Böse müsse „hinweg gereumet" werden, ist dies nicht im Sinne einer vollständigen Vernichtung eines Menschen zu verstehen. Das Böse wird vernichtet, nicht aber die Seele eines Menschen. Denn der Teufel hat bei dem Verbrechen seine Hand im Spiel, er hat einen Menschen verführt und an sich gebunden. Der Mensch, der sich, wie die Hexe, an den Teufel bindet, verstößt gegen die Bestimmung, Ebenbild Gottes zu sein und widerspricht somit dem Willen Gottes und seiner Stellvertreter auf Erden. Nur durch die Vernichtung des Bösen kann das Gute wiederhergestellt werden. Nur wenn man das Böse kennt, kann man es bekämpfen, und da es sich im menschlichen Willen selbst befindet, muß der Missetäter in der Beichte oder in einem öffentlichen Schuldbekenntnis das Böse eingestehen. Indem man den Verdächtigen quält und martert, macht man ihm bewußt, daß ihm der Teufel, mit dem er sich verbunden hat, nicht helfen kann. Der Rechtshistoriker Wolfgang Schild, dem wir hier folgen, führt aus:

> „Die Schmerzen befreien so den Betroffenen von seiner Bindung an den Teufel, seiner Verstrickung im Bösen; und machen ihn frei zu dem Gestehen der bösen

---

[10] *Corpus constitutionum Marchicarum oder Königl.-Preuß. und Churfürstl.-Brandenburgische in der Chur- und Marck-Brandenburg auch incorporirten Landen publicirte und ergangene Ordnungen, Edicta, Mandata, Rescripta etc.*, Berlin, Halle 1736, II. Theil, III. Abth., S. 71 (= Cap. III § 1).
[11] Martschukat (wie Anm. 9), S. 13.

Tat und zur Umkehr! Das Geständnis muß deshalb außerhalb der Folter öffentlich abgegeben werden."[12]

Damit hat sich der Mensch gerettet, er ist der ewigen Verdammnis entronnen, weil er nun seine Schuld sühnen kann. Die Kirche verzeiht ihm und betet mit ihm, sie begleitet ihn bei der Hinrichtung, die vom Staat, nicht von der Kirche vollzogen wird. Indem der Schuldige bereut und seine Folterung und Bestrafung dankbar annimmt, erweist er sich als der 'Arme', so Schild, „mit dem nach dem Jüngsten Gericht das ewige Zusammenleben als Erlöste möglich ist und von den Umstehenden auch erbeten wird".[13] Bei der Hinrichtung dient der Körper des Missetäters als das Objekt, an dem die Vergeltung der bösen Tat offenbar gemacht wird.

Diese von religiösen und magischen Vorstellungen beherrschte Welt, in der der Teufel noch eine maßgebende Rolle spielt, in der Gott versöhnt und der Verbrecher zugleich vernichtet und gerettet wird, läßt sich nur unzureichend als 'Zeit der Grausamkeit' charakterisieren. Denn die Qualen, die der Verbrecher vor und bei der Hinrichtung erleidet, haben ihren guten Sinn; sie werden zum Heil des Gemeinwesens und des Verbrechers selbst hervorgerufen, keineswegs aber zur Befriedigung der Lust oder eines geheimen oder auch offen ausgelebten Lasters derer, die die Schmerzen verursachen.

Im Jahr 1735 erscheint in der großen Enzyklopädie der deutschen Frühaufklärung, in Zedlers Universallexikon, im elften Band ein umfangreicher Artikel „Grausamkeit". Dieser Artikel läßt schon den Geist der Aufklärung erkennen; er orientiert sich an dem Naturrecht und stellt die Vernunft des Menschen in den Vordergrund. Zugleich aber bestätigt der anonyme Verfasser das unbedingte Recht der Obrigkeiten, sich aller möglichen Arten der Marter zu bedienen und erklärt, warum es sich hierbei nicht um Grausamkeit handelt. Immerhin wird das Vorgehen der Obrigkeit mit Grausamkeit in Zusammenhang gebracht und zwar offensichtlich deshalb, weil dieser Zusammenhang für die Zeitgenossen sehr nahe liegt.

Der Verfasser des Artikels rechnet Grausamkeit zu den Lastern und erklärt:

„Laster sind moralische Handlungen, welche wieder die Gesetze der Natur oder Sittlichkeit begangen werden. Grausamkeit vergüst das Blut anderer Menschen mit Belustigung. Grausamkeit erregt andern schmertzliche Empfindungen zu ihrer Vergnügung. Sich an denen Schmertzen anderer belustigen, heist das Gesetz von der natürlichen Gleichheit derer Menschen aufgehoben. Andere martern um

---

[12] Wolfgang Schild: *Der gequälte und entehrte Körper – Spekulative Vorbemerkungen zu einer noch zu schreibenden Geschichte des Strafrechts*; in: *Gepeinigt, begehrt, vergessen – Symbolik und Sozialbezug des Körpers im späten Mittelalter und in der frühen Neuzeit*, hg. von Klaus Schreiner und Norbert Schnitzler, München 1992, S. 162.
[13] Ebd.

> sich zu vergnügen, heist nach dem Gesetze der Natur von dem Rechte der Vergeltung, auch zu dem Vergnügen anderer gemartert werden wollen. Grausamkeit verfährt nicht nach denen Gesetzen natürlicher Verhältniß mit andern Menschen. Grausamkeit gehet mit dem Geschlechte derer vernünfftigen noch härter als mit unvernünfftigen um."[14]

Grausamkeit ist unnatürlich und unvernünftig. Sie ist schon deshalb mit dem Naturrecht nicht vereinbar, weil der Grausame in letzter Konsequenz eigentlich auch wünschen müßte, seinerseits gequält zu werden – eine Konsequenz, die der modernen Psychologie vielleicht nicht fremd sein mag, wohl aber den optimistischen Vertretern der Frühaufklärung. Grausamkeit ist auch deshalb unnatürlich und unvernünftig, weil sie, wie der Verfasser schreibt, „mit dem Geschlechte der vernünfftigen noch härter als mit unvernünfftigen" umgeht. Das soll heißen: Der Grausame behandelt Menschen wie Tiere, oder noch schlimmer als Tiere. Die Pointe dabei ist: Tiere kann man behandeln wie ein Grausamer, ohne letztlich grausam zu sein.

> „Grausamkeit setzt also als den Gegenstand ihrer Martern, Menschen voraus. Anders kann man nicht grausam seyn, als gegen Menschen. Thiere in ihrem Blute liegen sehen, selbst die Hand an sie gelegt haben, neue Arten ihrer Martern erdencken, ist noch keine Grausamkeit. Sie haben wegen Mangels der Vernunfft keine Rechte an uns, und wir also keine Pflichten gegen sie."[15]

Für den Autor des Artikels „Grausamkeit" ist die Vernunft der Maßstab seines Denkens und Argumentierens, und nicht die Empfindungsfähigkeit. Eine 'humane' Beziehung ist eben nur zwischen Menschen als Vernunftwesen möglich; auch die 'Menschenliebe' ist eine in Vernunft begründete Liebe. Tieren gegenüber kann man nicht inhuman sein, da sie nicht auf gleicher Ebene mit den Menschen stehen. Zwanzig Jahre nach dem Erscheinen des Artikels in Zedlers Universallexikon, 1755, vertritt dann Jean-Jacques Rousseau in seinem „Diskurs über die Ungleichheit" ganz andere Ansichten über das Naturrecht und die Pflichten der Menschen gegenüber den Tieren. Die Tiere, schreibt er, können zwar, der Einsicht und der Freiheit bar, das natürliche Gesetz nicht erkennen.

> „Da sie aber durch die Empfindungsfähigkeit (sensibilité), mit der sie begabt sind, etwas von unserer Natur besitzen, wird man schließen, daß sie auch am Naturrecht teilhaben müssen und daß der Mensch ihnen gegenüber irgendeiner Art von Pflichten unterworfen ist."

---

[14] Johann Heinrich Zedler: *Grosses vollständiges Universal-Lexikon*, Bd. 11, Halle, Leipzig 1735, Sp. 747.
[15] Ebd.: Sp. 750.

Zumindest, fährt Rousseau fort, muß die Mensch und Tier gemeinsame Eigenschaft der Empfindungsfähigkeit den Tieren das Recht verschaffen, von den Menschen nicht unnütz mißhandelt zu werden.[16]

Der Verfasser des Lexikonartikels dagegen schließt die Empfindungsfähigkeit aus dem Naturrecht aus. Sie kann weder die Tiere noch die Menschen vor Mißhandlungen schützen, zumal dann nicht, wenn die „Ruhe der Gesellschaft" auf dem Spiel steht.

> „Menschen martern, heist ihnen unangenehme Empfindungen erwecken. Aber das macht die Grausamkeit noch nicht aus. Diejenigen, so eines Verbrechens verdächtig sind, zwingt man durch Marter zu dem Bekenntnisse der Wahrheit, und das von Rechtswegen. Denn die durch sie gestörte Ruhe der Gesellschafft, würde anders nicht ersetzt werden können. Man vergüßt das Blut dererjenigen, die ein Haupt-Verbrechen begangen, ohne daß man deswegen unter die Gattungen derer grausamen gerechnet werden kann. Man erdenckt verschiedene Arten derer Todes-Straffen, man macht sie nach Möglichkeit empfindlich. Aber alles dieses ist keine Grausamkeit. Hier sind ganz andere Absichten als die Belustigung an dem Blute derer getödeten. Man sucht durch diese blutige Beyspiele anderen die Begierde Verbrecher zu werden, unangenehm und verhast zu machen. Der Gesetz-Geber beweiset dadurch die Gültigkeit und Verbindlichkeit seiner Gesetze. Es können sich demnach Obrigkeiten aller Arten von Martern bedienen, auch dererjenigen, welche die Grausamkeit zur Erfinderin haben. Sie verliehren den Begriff der Grausamkeit, so bald sie nicht mehr zur Belustigung, sondern zu billigen Absichten angewendet werden."[17]

Nun wird nicht mehr ein erzürnter Gott ins Feld geführt, den man mit einer möglichst eindrucksvollen Hinrichtung des Verbrechers versöhnen will, sondern es geht um Abschreckung und um eine Demonstration der Gesetzesmacht. Der Verfasser des Artikels „Grausamkeit" spricht der Obrigkeit unbeschränkte Macht zu; er geht so weit, auch die Martern für legitim zu erklären, die ursprünglich einmal von der Grausamkeit ersonnen wurden. Von der Obrigkeit angewandt, werden diese Martern gewissermaßen nobilitiert oder streifen doch zumindest ihre anrüchige Herkunft ab. Dieses Argument mag den Zwängen einer verqueren Logik geschuldet sein. Es unterstreicht aber, daß auf das Befinden des Delinquenten, oder sogar dessen Menschenwürde, bei diesen Überlegungen zu Obrigkeit, Martern und Grausamkeit keine Rücksicht genommen wird.

Ab der zweiten Hälfte des 18. Jahrhunderts wird im Diskurs über Verbrechen und Strafen dann zunehmend die Empfindungsfähigkeit des Menschen ins Spiel gebracht.

---

[16] Jean-Jacques Rousseau: *Diskurs über die Ungleichheit/Discours sur l'inégalité*, hg. von Heinrich Meier, 3. Aufl., Paderborn, München, Wien, Zürich 1993, S. 59.
[17] Zedler: Bd. 11 (wie Anm. 14), Sp. 750.

Nicht nur die Empfindungen des gemarterten Delinquenten sollen nun berücksichtigt werden, sondern auch die Wirkung dieser Martern auf die Zuschauer wird sehr viel differenzierter betrachtet als im Artikel „Grausamkeit" in Zedlers Universallexikon. Man macht die Todesstrafen „nach Möglichkeit empfindlich", heißt es dort. Die Schmerzen, die dem Delinquenten auf dem Schafott zugefügt werden, sollen möglichst intensiv sein, einmal zur Sühne des Verbrechens, dann auch zur Abschreckung für die Zuschauer, die dem Spektakel der Hinrichtung beiwohnen und denen das Geschehen 'unter die Haut' gehen soll. Aber es können sich auch ganz andere Empfindungen einstellen, Gefühle der Anteilnahme an dem Leiden des Delinquenten etwa, Mitleid mit einem unseresgleichen, dem der Tod bevorsteht. So beschreibt der jüdische Aufklärer Moses Mendelssohn in seinen 1755 erschienen Briefen „Über die Empfindungen" das dramatische Moment eines Stimmungsumschlags: Die Zuschauer einer Hinrichtung verhalten sich zunächst den Erwartungen der Obrigkeit entsprechend. Sie haben die Gründe für die Hinrichtung vernommen und sind empört über die Taten des Verbrechers, dem sie die verdiente Strafe wünschen. Hinzu kommt die elementare Neugier, einen Menschen sterben zu sehen. Sobald aber der Henker naht und die Tötung unmittelbar bevorsteht, setzt eine Identifikation mit dem Delinquenten ein. Menschenliebe wird rege – eine Liebe, die nach dem Artikel „Grausamkeit" bei einer rechtmäßigen Hinrichtung völlig deplaziert ist –, die Empfindung des Mitleids macht sich breit. Angesichts der bevorstehenden Vernichtung eines Menschenlebens versöhnen sich die Zuschauer mit dem Delinquenten.[18]

Nun ist der Punkt erreicht, an dem das Theater des Rechts als Theater des Schreckens problematisch wird. Mehr noch: die grausamen Hinrichtungsrituale sind nicht nur nicht mehr zeitgemäß, sondern sie sind nachgerade unerträglich geworden.[19]

---

[18] Moses Mendelssohn: *Über die Empfindungen*, in: ders.: *Gesammelte Schriften*. Jubiläumsausgabe Bd. 1, bearbeitet von Fritz Bamberger, Berlin 1929, S. 109f.

[19] Dies hat Foucault in seinem 1975 erschienenen Buch *Surveiller et punir. La naissance de la prison* thematisiert und durch die ausführliche Schilderung einer grausamen Hinrichtung im Jahr 1757 dem Leser gewissermaßen am eigenen Leibe demonstriert. Michel Foucault: *Überwachen und Strafen. Die Geburt des Gefängnisses*, Frankfurt a. M. 1994, S. 18f. Vgl. auch Ulrich Kronauer: *Menschlichkeit und staatspolitisches Kalkül. Ambivalenzen der Aufklärung*, in: *Aufklärung. Stationen – Konflikte – Prozesse. Festgabe für Jörn Garber zum 65. Geburtstag*, hg. von Ulrich Kronauer und Wilhelm Kühlmann, Eutin 2007, S. 173–190.

Eva-Maria Lill

Die rote Farbe im Rechtsleben –
Ein Streifzug durch das Deutsche Rechtswörterbuch

Im Juli des Jahres 1812 tagte in Heidelberg das großherzogliche Blutgericht, ein Gericht für schwere Verbrechen. Es war eines der letzten seiner Art in Baden. Angeklagt waren Georg Philipp Lang, ein Holzhändler, wegen seines Berufes auch „Hölzerlips" genannt, und mehrere seiner Kumpane. Hölzerlips gehörte zum fahrenden Volk, wie auch schon seine Eltern. Hatte man ihn schon früher wegen Landstreicherei eingekerkert, begann er bald darauf, seinen Lebensunterhalt durch Straftaten zu bestreiten. Zahlreiche Einbruchs- und Diebstahlsdelikte, aber auch Straßenraub konnte man ihm nachweisen.

Nachdem in der Nacht zum 1. Mai 1811 bei einem Postkutschenüberfall auf der Bergstraße bei Hemsbach der Kaufmann Jacob Rieder aus Winterthur ums Leben kam, legte man der Räuberbande um Hölzerlips die Tat zur Last. Hölzerlips wurde mit seinen Männern gefangengenommen und nach Heidelberg gebracht. Dort unterzog man sie einem Verhör und machte ihnen den Prozeß. Das Verfahren endete mit Schuldsprüchen für alle Angeklagten. Sie wurden zum Tode verurteilt, lediglich zwei wurden zur Zuchthausstrafe begnadigt. Ein Protokoll der recht dramatisch inszenierten Urteilsverkündung ist überliefert.[1] Im Kupferstichkabinett des Kurpfälzischen Museums in Heidelberg befindet sich überdies eine Radierung von Friedrich Rottmann mit einer Darstellung des Blutgerichts über den Hölzerlips (s. o.).[2]

Die Gerichtsverhandlung hatte zu einem früheren Zeitpunkt unter Ausschluß der Öffentlichkeit stattgefunden. Auf dem Marktplatz vor dem Heidelberger Rathaus wurde, wie seit dem späten Mittelalter üblich, nur noch der endliche Rechtstag abgehalten, bei dem das Urteil öffentlich verkündet und anschließend vollstreckt wurde. Zu diesem Zweck war ein großes Gerüst aufgeschlagen worden, auf dem unter großer Beteiligung der Bürgerschaft eine höchst altertümliche und in den Gerichtsbräuchen des Mittelalters erstarrte Zeremonie stattfand.

Zu den Vorbereitungen dieser Zeremonie gehörte, daß auf dem Balkon des Rathauses die sogenannten Blutfahnen ausgesteckt wurden, sichtbares Zeichen für ein Halsgericht und deutlicher Hinweis auf die Verkündigung eines Todesurteils mit anschließender Vollstreckung. In seinem Protokoll der Gerichtsverhandlung macht Ludwig Pfister, der großherzogliche Stadtdirektor, Angaben zur Ausstattung des Gerichts und zum Verlauf der Verhandlung. Nach Pfisters Aufzeichnung nahm der gesamte Heidelberger Stadtrat an der Verhandlung teil. Zusammen mit dem Oberbürgermeister und dem zweiten Bürgermeister, die als Urkundspersonen vorgesehen waren, saßen die Stadträte auf schwarz überzogenen Stühlen zu beiden Seiten des Gerichtsplatzes. Auch das Gericht nahm, nach feierlichem Einzug, auf einer mit schwarzem Tuch belegten Sitzgelegenheit und an einem schwarz dekorierten Gerichtstisch seinen Platz ein. Die Angeklagten wurden anschließend in weißen Gewändern vorgeführt.

Die Szene zeigt, daß Farben bei dieser Gerichtsverhandlung eine wichtige Rolle spielen. Sie werden bewußt eingesetzt, nicht nur um der Gerichtsverhandlung ein feierliches Gepräge zu geben, sondern auch um die Dramatik des Geschehens zu steigern und bei Beteiligten und Zuschauern eine Wirkung zu erzielen. Ein spürbares Grausen wird beabsichtigt gewesen sein, die Macht des Gerichts über Leben und Tod beherrscht die Szenerie. Sie zeigt sich in dem archaischen Ritual des Prozesses, der aufwendigen Ausstattung des Gerichtsorts und nicht zuletzt in der Verwendung von Farben.

Wer sich über den Gebrauch von Farben in rechtlichen Kontexten informieren möchte, wird verhältnismäßig wenig Literatur zum Thema finden. Erst recht, wer nach Farbdeutungen in frühneuzeitlichen oder mittelalterlichen Rechtstexten sucht. Es fehlen großangelegte Untersuchungen, die über einzelne Phänomene hinausgehen. Die einschlägigen Nachschlagewerke bieten zum Thema Farben häufig eine theologisch-

---

[1] Ludwig Pfister: *Nachtrag zu der aktenmäßigen Geschichte der Räuberbanden an den beiden Ufern des Mains, im Spessart und im Odenwalde*, Heidelberg 1812, S. 335–343.
[2] Kurpfälzisches Museum Heidelberg, Inv. Nr. S 3002/2.

allegorische Farbendeutung für das Mittelalter, für die Neuzeit meist eine psychologisch-symbolische Deutung.

Vor diesem Hintergrund mag es interessant erscheinen, einen Blick in das Deutsche Rechtswörterbuch[3] (DRW) zu werfen. Es beschreibt in elf bereits erschienenen Bänden bis zum Buchstaben S den rechtlich relevanten Wortschatz von Texten des 5. bis frühen 19. Jahrhunderts. Es berücksichtigt dabei Rechtstexte in allen westgermanischen Sprachen einschließlich der volkssprachigen Wörter in mittellateinischen Urkunden. Vielleicht wird es den einen oder anderen überraschen, im DRW Wortartikel zu den Farbadjektiven *blau, gelb, grün* und *rot* zu finden. Haben doch Farben, abstrakt betrachtet, juristisch keine Bedeutung. Es zeigt sich jedoch, daß Farben, die relativ häufig in rechtlichen Kontexten auftauchen, nicht beliebig gewählt wurden. Es lassen sich Aussagen zum Gebrauch von bestimmten Farben in typischen Situationen formulieren, die Rückschlüsse auf ihren Symbolgehalt zulassen.

Eine in den Textzeugnissen häufig auftauchende Farbe ist rot. Eine Recherche im Textkorpus des DRW listet die beachtliche Menge von mehreren hundert Fundstellen. Auffällig ist die weite Streuung von Anwendungssituationen. Den mit Abstand umfangreichsten thematischen Komplex bilden Belegstellen im Kontext der Gerichtsbarkeit. Hier finden wir auch wieder Hinweise auf die Praxis der Blutfahnen als Bestandteil des Rituals endlicher Rechtstage. In der *Constitutio criminalis Theresiana*[4] von 1769 wird festgelegt, wie Urteilsverkündung und -vollstreckung im Falle eines flüchtigen Straftäters erfolgen sollen.

> *daß der innhalt des urtheils nach den vorhergehenden formalitæten, wie sie jeglichen landes an dem richttag herkommlich sind, als mit aushängung des rothen tuchs etc. vor der volksmenge öffentlich abgekündet, und sodann durch den scharffrichter auf dem rabenstein ... angeschlagen [wird]* (DRW XI 1234)

Das ausgehängte rote Tuch verweist auch hier auf das Halsgericht und die anschließende Vollstreckung des Urteils, selbst wenn diese wegen Abwesenheit des Verurteilten nur symbolisch vorgenommen werden kann.

Auffällig im Rechercheergebnis aus dem Textkorpus ist eine Gruppe von Belegzitaten, in denen ein Ort als *rot* gekennzeichnet wird. Mehrfach wird ein roter Turm genannt, wie beispielsweise in Halle a. d. Saale, in Meissen, Chemnitz oder Hannover, gelegentlich auch ein roter Graben oder ein roter Baum. Manchmal haben sich diese Benennungen bis in die heutige Zeit erhalten und lösen Verwunderung aus, denn der rote Turm ist häufig nicht aus rotem Ziegelstein erbaut, und er hat auch nie ein rotes Ziegeldach getragen. Der rote Baum, der in den Urkunden und Stadtbüchern genannt

---

[3] *Deutsches Rechtswörterbuch. Wörterbuch der älteren deutschen Rechtssprache*, hg. von der Preußischen Akademie der Wissenschaften, dann der Heidelberger Akademie der Wissenschaften, Weimar, Bd. I (1914/32) – XI (2003/07); für das Online-Wörterbuch: www.deutsches-rechtswoerterbuch.de.

[4] *Constitutio criminalis Theresiana. Maria Theresias peinliche Gerichtsordnung*, Wien 1769.

wird, und der noch immer das Stadtbild ziert, hat erkennbar grüne Blätter. Von rot keine Spur. Was macht ihn zu einem *roten* Baum?

Ein Textbeleg um 1450 aus dem Kanton St. Gallen gibt einen ersten Anhaltspunkt: *die gericht sol man haben uf Braitenmoß under dem rotten bom* (DRW XI 1233). Hier wird unter einem roten Baum Gericht gehalten, ein Hinweis auf seine Funktion, auch wenn auf die Attribuierung des Baums durch *rot* im Text selbst nicht näher eingegangen wird.

Auch rote Türme stehen erkennbar im Zusammenhang mit einer Gerichtsstätte. Im Talschöffenbuch von Halle a. d. Saale ist das sogenannte Talrecht überliefert. Es handelt sich dabei um das Recht für die hallischen Salzproduktionsstätten im *Thal*. Es legt fest: *das [botding] sal man sitzen uffe sente Ghertrude kerchove hinder den roden tormen*.[5] Die Aufzeichnung des Talrechts stammt aus dem Jahr 1386, so daß der hier genannte rote Turm nicht mit dem heute noch erhaltenen *Roten Turm* in Halle identisch ist. Baubeginn des letzteren war das Jahr 1418. In den Quellen des 15. Jahrhunderts erscheint dieser später erbaute *Rote Turm* zunächst unter der Bezeichnung *Unserer Lieben Frauen Turm*. Erst im 16. Jahrhundert taucht der Name *Roter Turm* auf, ab dem 17. Jahrhundert wird der ältere Name nicht mehr verwendet.[6] Wir wissen, daß von 1547 bis 1718 ein hölzerner Roland unmittelbar am *Roten Turm* stand, ein Hinweis auf das Blutgericht, das an diesem Ort stattfand. Für den älteren wie für den jüngeren *Roten Turm* in Halle ist der gerichtliche Bezug Grund für die Bezeichnung *Roter Turm*.

Eine ländliche Rechtsweisung, ein sogenanntes Weistum, nennt 1434 im Gebiet der Wetterau eine weitere Örtlichkeit im Zusammenhang mit der roten Farbe.

> *were es, das zwei urteil uf den hoven geine eine legen, der man da nit finden konte, so sollen sie die weisen gein Fulda vor die rode thur und die befelen das zuhol* (DRW XI 1233)

Hintergrund ist eine Unsicherheit in der Rechtsauffassung eines lokalen Gerichts. Rechtskundige werden nach Fulda vor eine rote Tür geschickt, um dort eine Rechtsweisung im aktuellen Fall zu erbitten. Es handelt sich hierbei um eine gängige Praxis, an einem jeweils zuständigen Oberhof Rechtsauskunft in strittigen Fällen einzuholen. Die rote Tür kennzeichnet den Ort, an dem dieses Gericht zusammentrat. Es tagte im Vorraum zu einem Gotteshaus vor einem roten Portal. Die Praxis, die Vorhallen bedeutender Gotteshäuser für Gerichtszwecke zu nutzen, geht zurück auf Karl den Großen. Er hatte erlaubt, daß die Gerichte, die damals noch unter freiem Himmel tagten, bei schlechtem Wetter gedeckte Hallen aufsuchen durften.

---

[5] Arthur Bierbach: *Urkundenbuch der Stadt Halle, ihrer Stifter und Klöster*, Bd. 2, Magdeburg 1939, S. 98.

[6] Hans-Joachim Krause und Gotthard Voss: *Der Rote Turm in Halle*, in: *Denkmale in Sachsen-Anhalt*, Weimar 1986, S. 288.

Auch in Magdeburg kennt man ein Gericht vor der roten Tür. In einer Urkunde von 1463 heißt es:

weret, dat de [vorbreker] in der vestinge eyn jar over freveliken liggen worde, so mach der vestinge vor des obgnanten unses gnedigen herren gerichte vor der roden dor uppe deme nien marckede myd rechte geffolgeth und dar sulves ok vorfestet ... werden

Das heißt, wenn er, nämlich der Straftäter, der vor Gericht geladen wurde, aber selbst nach dreimaliger Aufforderung nicht erschienen ist, ein Jahr in der Festung des Rats der Altstadt liegt, so mag er auch in die Festung des erzbischöflichen Gerichts vor der roten Tür auf dem Neumarkt gelangen. Die Festung ist hier kein Ort, sondern ein Zwangsmittel ähnlich dem Bann im mittelalterlichen Verfahrensrecht.

In der Urkunde geht es um Zuständigkeiten in der Rechtsprechung. Sowohl der städtische Rat als auch der Erzbischof haben in Magdeburg ein eigenes Gericht. Von Bedeutung ist, wie sich die Zuständigkeiten in der Rechtsprechung gegeneinander abgrenzen. In der Urkunde wird zwischen dem Rat der Altstadt Magdeburg und dem Erzbischof für die dem Erzstift unterstehenden Stadtteile Magdeburgs eine Vereinbarung getroffen, wie verfahren werden soll, falls der vor das Gericht der Altstadt geladene Bürger der erzstiftischen Neustadt der Ladung nicht Folge leistet. Der Fall geht dann, nach Ablauf einer Frist, an das Gericht des erzbischöflichen Vogts *vor der roten Tür*. Dieses tagte im Paradiesportal des Magdeburger Doms vor einer rot gefärbten Pforte. Nach der Lokalität wird dieses das *Gericht vor der roten Tür* genannt. Rote Türen an Kirchengebäuden waren in Mitteleuropa seit dem frühen 12. Jahrhundert weit verbreitet.[7] Sie kennzeichneten Gerichtsstätten sowohl für geistliche als auch weltliche Gerichte.

Haben wir mit der Benennung der Gerichtsstätte schon deutliche Hinweise auf die Farbe rot, so wird im Verlauf der Gerichtsverhandlung die rote Farbe dinglich präsent. Eine Speyerer Sendordnung von 1492 legt fest:

[wenn beim Sendgericht] die persohnen ... versamelt sein, so sitzt ein dhompropst oder ein dhomherr ... auf die sidelle, die da stet, ... dahin legt man ein roden seiten [Tuch] und thuet auch der vorbenante herr ein rote kapp an (DRW XI 1234)

Bei diesem Gericht, das in der Dompropstei in Speyer stattfindet, einem Ort, der per se kein Gerichtsort ist und erst zum Gerichtsort gemacht werden muß, wird ein rotes Tuch ausgebreitet. Das rote Tuch erst signalisiert, daß hier ein Gericht tagt. Auch das Aufsetzen der roten Kopfbedeckung durch den Richter signalisiert die Funktion des

---

[7] Einen Überblick gibt Barbara Deimling: *Ad Rufam Ianuam: Die rechtsgeschichtliche Bedeutung von „roten Türen" im Mittelalter*, in: Zeitschrift der Savigny-Stiftung für Rechtsgeschichte, Germanistische Abteilung 115 (1998), S. 498–513.

Amts. Durch die Verwendung der roten Attribute Tuch und Amtskleidung wird für alle Teilnehmer und Zuschauer bildhaft-anschaulich, daß Ort und handelnde Personen aus ihrer alltäglichen Funktion herausgenommen sind und in einem Kontext von Recht und Rechtsprechung stehen. Wie eng die Verknüpfung der roten Farbe mit dem Amt des Richters ist, zeigt die Tatsache, daß auch heute die Richter des Bundesverfassungsgerichts das rote Barett und die gleichfarbige Richterrobe tragen.

Ein weiteres Beispiel mag den Charakter der roten Farbe als der Farbe der Justiz beleuchten. Im Jahr 1576 liegt Herzog Heinrich von Liegnitz vor Köln und gerät in finanzielle Schwierigkeiten. Eine Bitte beim Kölner Rat um ein Darlehen von 10 000 Talern bleibt erfolglos. Ein Wirt, dem er eine beträchtliche Summe schuldet, wendet sich an das kurfürstliche Hofgericht und bittet um Beschlagnahme von Pferden und mitgeführten Gütern des Herzogs zur Sicherung seiner Ansprüche. Das Hofgericht schickt auch umgehend *eine person, so roth und weiß gekleidet war und hatte ein langen gefärbten rothen dorn in den händen zur anzeigung der justiz* (DRW XI 1233). Der Gerichtsbeamte beschlagnahmt das mitgeführte Hab und Gut des Herzogs mit der Ankündigung, es werde geschätzt und verkauft, sollten die Schulden beim Wirt nicht binnen acht Tagen beglichen werden.

Bei dem *gefärbten roten Dorn* handelt es sich um den Amtsstab des Gerichtsbeamten. In einer Zeit, die noch keine Dienstausweise kennt, signalisiert er, daß die Person, die ihn trägt, in gerichtlichem Auftrag handelt. Da auch andere Amtsträger wie z. B. die Vorsteher der Zünfte oder Bruderschaften einen Amtsstab führen, ist der gerichtliche Amtsstab rot gefärbt.

Metonymisch kann es deshalb zur Übertragung von der Sache *roter Amtstab* auf die Person des Gerichtsbeamten kommen. *Haben zwein der stat soldaten einen marketenter ... ermort, daruber des churfursten rode roit zu massen komen, si beide uff der tait befonden,* heißt es 1586 im Buch Weinsberg (DRW XI 1233). Mit *rode roit,* d. h. rote Rute, wird hier der Gerichtsbeamte bezeichnet, der die rote Rute, den roten Amtsstab führt.

In den mittelalterlichen Ratskanzleien finden sich manchmal sogenannte *rote Bücher.* Es handelt sich dabei um Rechtsbücher höchst unterschiedlichen Inhalts, die in der Regel in rotes Leder eingebunden sind und ihre Bezeichnung davon ableiten. Das Rote Buch von Weimar ist beispielsweise ein Verzeichnis aller Ortschaften, Güter, Klöster, Kirchen usw. des Amts Weimar mit allen darauf haftenden Rechten und Pflichten, Zinsen und Fronen. Im Roten Buch der Stadt Ulm aus dem 14. Jahrhundert befindet sich ein Zusatz aus dem 18. Jahrhundert, der eine Motivation für die Bezeichnung nennt: *dis buch wird das rothe gesaz-büchlein genennt wegen der rothen buchstaben zu anfang der geschribnen gesezzen fürgesezt* (DRW XI 1239). Der Schreiber des 18. Jahrhunderts führt die Benennung auf die roten Initialen der Handschrift zurück. Möglicherweise konnte er sich keinen anderen Grund denken. Ein roter Bucheinband kann aber auch aufgrund des Inhalts gewählt worden sein, oder die Benennung bezieht sich allein auf den Inhalt des Buches und läßt die Farbe des Einbands außer acht. Dies scheint der Fall zu sein beim *Roten Buch*[8] oder *Blutbuch* aus Dessau. Es handelt sich um ein Gerichtsbuch, das von 1542 bis 1584 zunächst in der fürstlichen Kanzlei, dann im fürstlichen Justizamt Dessau geführt wurde. Es verzeichnet Eintragungen zu Strafverfahren, Beschreibung des Straftatbestandes, Angaben zu den Urteilen und ihrer Vollstreckung und stellt einen Extrakt aus den Gerichtsakten dar, die in späterer Zeit vernichtet wurden. Das Buch ist in braunes Kalbsleder gebunden, die Herausgeberin der Handschrift macht keine Angaben zu Farbpigmenten, die durch Alter und Nutzungsspuren nachgedunkelt sein könnten. Die auf dem Einband eingeprägte Jahreszahl MDXLII läßt darauf schließen, daß das Buch bereits gebunden war, als der Schreiber mit den Eintragungen begann. Er stellt dem Verzeichnis die kurze Charakterisierung des Inhalts voran:

das Rote oder bluotbuoch
der zum tod gerichteten, auch außm land vorwiesenen, deportirten oder relegirtten leutte,
auch derer, so ethwan maleficia oder unthaten begangen, itzlichs mit der kurz hirin angezeit[9]

Eindeutig bezieht sich hier die Benennung *Rotes Buch* auf den Inhalt des Buches, der Zusatz *oder bluotbuoch* ist als Synonym aufzufassen und in eine Reihe zu stellen mit den Malefiz-, Hals- oder Achtgerichtsbüchern, die in gleicher Weise Eintragungen zu schweren Straftaten und deren Bestrafung auflisten. Die Farbe rot in der Bezeichnung *Rotes Buch* verweist erneut auf die Hochgerichtsbarkeit.

Die Reihe der Beispiele ließe sich fortsetzen. Die Auswertung des Belegmaterials des DRW zeigt deutlich: Im Kontext von Recht und Gerichtsbarkeit, insbesondere der Halsgerichtsbarkeit, ist rot die dominierende Farbe. Das zeigt sich in der Ausstattung des Gerichtsorts mit roten Tüchern oder Fahnen, der Kleidung des Richters, den Attributen des Gerichts und nicht zuletzt in der Benennung des Gerichtsorts unter Verwendung des Adjektivs *rot*. Die Theorien, warum dies so ist, gehen auseinander.

Nicht von der Hand zu weisen sind Überlegungen, die in der Macht des Halsgerichts über Leben und Tod, dem Blut, das bei der Bestrafung des Täters vergossen wird, den Grund für die Etablierung der roten Farbe als Farbe des Gerichts und nachgerade des Rechtswesens sehen. Zahllose Beispiele belegen denn auch die rote Farbe im Zusammenhang mit Vorbereitung und Vollzug von Hinrichtungen.

hat ein weib ... welche wegen der hexerei sehr verdächtig gewesen, ... sich selbsten des morgens mit einem messer im rothen häußchen die gurgel abgeschnitten (DRW XI 1235).

---

[8] Ulla Jablonowski: *Das Rote oder Blutbuch der Dessauer Kanzlei 1542–1584 im Kontext der Verwaltungs- und Rechtsgeschichte Anhalts im 16. Jahrhundert*, Beucha 2002.
[9] Ulla Jablonowski: a. a. O., S. 15.

Die Unglückliche, die 1652 der Hexerei beschuldigt und der Tortur unterzogen wird, begeht Selbstmord im *rothen häußchen*, dem Haftlokal, in dem sie gefangengehalten wird, bis ihr Geständnis vorliegt.

Verurteilt ein Halsgericht einen Angeklagten zum Tode, wird *der schuldige ... mit einem roten hemde angetan und dann von einer wache begleitet zur richtstätte geführt* (DRW XI 1234). Selbst das Hinrichtungsgerät, hier der Galgen, kann mit roter Farbe gestrichen sein. *haben ihre fürstl. gn. allhie auf dem weinmarkt gegen dem rathaus über ein ziemlich hoch halsgericht, mit roter farb angestrichen, ... aufrichten lassen* (DRW XI 1234).

Eine symbolhafte Verwendung der Farbe rot für die Bedeutung *Blut* wäre jedoch für sich alleine zu kurz gegriffen. Die Gleichsetzung mag nachträglich erfolgt sein, nachdem sich die rote Farbe als Zeichen der Hochgerichtsbarkeit etabliert hatte. Die Frage stellt sich, wie es dazu kam.

Bei der Auswertung des DRW-Textkorpus im Hinblick auf die Farbe rot fällt ein Belegzitat auf, in dem eine rote Fahne abweichend von der Mehrzahl der Belege nicht im Kontext der Gerichtsbarkeit steht. 1668 beschreibt Fugger im Ehrenspiegel[10] die Lehnsinvestitur Graf Eberhards in den Stand eines Herzogs von Württemberg und zählt dabei mehrere Fahnen auf, die in diesem Rechtsakt eine wichtige Rolle spielen.

> *das erste paner war das würtenbergische ... das andere das teckische ... das dritte der gravschaft Mömpelgart ... das vierte das gelbe reichspaner mit dem schwarzen adler ... das fünfte den ganz rohten blut- oder lehenfahn* (DRW XI 1237).

Der Kaiser verleiht hier ein weltliches Fürstentum an einen Grafen. Als Investitursymbole werden mehrere Fahnen verwendet. Sie repräsentieren die Lehen und Regalien, die in einer feierlichen Zeremonie auf den Lehnsempfänger übertragen werden. Geschah dies im Frühmittelalter noch mit einer einzigen bildlosen roten Fahne, wie wir in der Dresdner Bilderhandschrift des Sachsenspiegels sehen, so treten später, insbesondere bei der Verleihung mehrerer Lehen, die Wappenfahnen der einzelnen Territorien dazu. Diese Vermehrung der Fahnen mag dazu geführt haben, daß man in der roten Fahne nicht mehr die Lehensfahne sah, sondern das Symbol der Hochgerichtsbarkeit, die mit dem Lehen übertragen wurde. Im frühen 12. Jahrhundert wird die rote Lehensfahne erstmalig auf die Hochgerichtsbarkeit bezogen, ab dem 15. Jahrhundert wird sie *Blutfahne* genannt.[11] Das vom König bei der Lehnsinvestitur übertragene Hoheitsrecht, die Gerichtsbarkeit auszuüben, wurde bei der Ausübung dieses Hoheitsrechts in der Gerichtsverhandlung durch die ausgesteckten roten Fahnen oder das ausgebreitete rote Tuch symbolisiert. In der Wahrnehmung durch die Bevöl-

---

[10] Johann Jacob Fugger: *Spiegel der Ehren des Hoechstloeblichsten Kayser- und Koeniglichen Erzhauses Oesterreich ...* Nürnberg 1668, S. 1097.
[11] Karl von Amira: *Die Dresdner Bilderhandschrift des Sachsenspiegels*, Bd. 2,1, Neudruck der Ausgabe 1925–1926, Osnabrück 1969, S. 115f.

kerung könnte es in der Folge zu einer vereinfachenden Umdeutung gekommen sein, die in den roten Fahnen nicht mehr das Symbol der übertragenen Gerichtsgewalt sah, sondern einen Hinweis auf die Blutgerichtsbarkeit, d. h. die Gerichtsbarkeit für die schweren Rechtsbrüche, auf die die Todesstrafe steht und bei der das Blut des Straftäters fließt.

Häufig hat man versucht, auch die rote Kleidung des Scharfrichters bzw. den roten Hut, den er zu tragen verpflichtet ist, in Zusammenhang mit seinem blutigen Handwerk zu bringen. Untersuchungen[12] belegen jedoch, daß die rote Farbe eher Signalcharakter hatte und der rote Hut als Erkennungszeichen diente. Man sollte den Scharfrichter, der als unehrlich galt, zu jeder Zeit als solchen erkennen können, damit man ihm aus dem Weg gehen konnte. Der Reichsabschied *Ordnung und Reformation guter Policey* von 1530 hatte in Artikel 21 zwar nur gefordert, daß die Scharfrichter an ihrer Kleidung erkennbar sein sollten. Eine bestimmte Farbe hatte er nicht verlangt. Die Umsetzung dieser Verordnung führte jedoch in einigen Regionen wie beispielsweise im Kur-Brandenburgischen dazu, daß die Scharfrichter rote Hüte trugen (vgl. DRW XI 1234).

Auch andere Gruppen der Bevölkerung hatten sich auffällig zu kleiden, und wieder war rot die Farbe, die das Signal der Besonderheit gab. Eine Verordnung des Züricher Stadtbuchs von 1319 schreibt für die Prostituierten und ihre Zuhälterinnen vor, *daz ein ieglich fröwelin, die in offen husern sitzent und die wirtin, die si behaltent, daz die tragen suln ... swenne sie fur die herberge gat, ein rotes keppeli uber twerch uf dem houpte* (DRW XI 1235).

Ganz ähnliches lesen wir in den Chroniken der Stadt Köln. Gegen Ende des 14. Jahrhunderts schreibt der Chronist: *in dem selven jare drogen de gemeine frawen rode wilen up irem heufde, up dat man sei kente vur ander vrawen* (DRW XI 1235). Ausdrücklich wird hier der Grund für das Tragen des roten Schleiers genannt. Man soll die Dirnen als solche erkennen, um eine Verwechslung mit den anständigen Frauen auszuschließen. Spöttisch wird das Bordell in Braunschweig im 15. Jahrhundert das *rote Kloster* genannt (DRW XI 1235). In Pervertierung der Minnefarbensymbolik von rot als Farbe der Liebe, war rot die Farbe des sündigen Treibens. Heutige Bezeichnungen wie das *Rotlichtmilieu* oder *Rotlichtviertel*, die auf die gewerbliche Prostitution verweisen, bedienen sich erneut der roten Farbe als Erkennungszeichen.

Der stigmatisierende Charakter der roten Farbe tritt noch deutlicher hervor in einer Gruppe von Texten, die die Ausführung von Schandstrafen beschreiben. Bei dieser Strafform, die sich bereits im frühen Mittelalter entwickelte, zielt die Strafe darauf ab, den Bestraften lächerlich zu machen und dem allgemeinen Gespött preiszugeben. Eine bekannte Schandstrafe ist der Klapperstein oder Lasterstein, der von zänkischen Frauen unter dem Gespött der Zuschauer sonntags um die Kirche oder den Markt-

---

[12] Andreas Deutsch: *Scharfrichter-Schicksale. Zwei biographische Skizzen aus Schwäbisch Hall*, in: *Genealogie. Deutsche Zeitschrift für Familienkunde* 26 (2003) S. 613.

platz getragen werden muß. Auch der sogenannte spanische Mantel zählt zu den Schandgeräten. Tonnenähnlich und aus Holz gefertigt, hatte er ein erhebliches Gewicht, was sich strafverschärfend auswirkte.

Unter den Schandstrafen tauchen im Textkorpus des DRW mehrfach die rote Hülle bzw. der rote Hut und der rote Mantel auf. In Hamburg wird Ende des 15. Jahrhunderts geurteilt, der Missetäter habe *dee rode hülle uptosettende unde damit tho staende 3 stunden langk an den dick-pael* (DRW XI 1235). Bei der roten Hülle handelt es sich um eine Art Schandmütze oder Schandhut. Auffällig ist wieder die rote Farbe dieser Kopfbedeckung. Ganz offensichtlich wurde sie in diesem Kontext als lächerlich empfunden, was das Stehen am Pfahl erschwert hat. Im östlichen Bayern werden 1646 alle diejenigen mit dem *rotten huet* gestraft, die in der Osterzeit nicht beichten (DRW XI 1235). Auch hier ist die stigmatisierende Absicht deutlich. Im 17. Jahrhundert wird ein Pfarrer auf offener Straße angegriffen, der eine Inhaftierte freigelassen hatte. Hintergrund sind Kompetenzstreitigkeiten des Sendgerichts und des Schöffenstuhls in Aachen. Der Vogtmajor hält die Freilassung der Gefangenen für einen Eingriff in seine Rechte, was seine Gerichtsdiener dazu veranlaßt, sich dem Pfarrer in der Absicht zu nähern, ihm einen roten Mantel umzuhängen.

> *haben die meiers diener den pastor von s. Jakob auff freyer strassen den röthen mantel umbthun wollen, auß ursach, daß er obgemelte person [die Straftäterin] loßgelassen hatt* (DRW XI 1235).

Der rote Schandmantel soll den Pfarrer der Lächerlichkeit preisgeben, da man ihn nicht auf andere Art für sein Handeln zur Rechenschaft ziehen kann.

Der Signalcharakter der roten Farbe, verbunden mit Konnotationen von Stigmatisierung und Entehrung, kann der Hintergrund sein für mittelalterliche Schimpfnamen, in denen Personenbezeichnungen mit dem Adjektiv rot attribuiert werden. *N. hette inn ein roten schelmen geheissen* (DRW XI 1235), klagt ein Beschimpfter 1479. Noch drastischer geht es in einem 1486 ausgetragenen Streit zwischen zwei Frauen zu: *dieselb A. habe zuo derselben B. geredt ... sy syge ein rote malazige huor*,[13] d. h. eine Frau beschimpft eine andere, sie sei eine rote aussätzige Hure. Die negative Konnotation könnte auch Einfluß genommen haben auf die latent negative Beurteilung rothaariger bzw. rotbärtiger Personen. Taucht das Adjektiv rot zunächst wertfrei in mittelalterlichen Beinamen wie z. B. *de rode keiser Otto* (DRW XI 1235) auf, so verzeichnet das älteste Kopialbuch von Hannover einen undatierten Eintrag, der deutlich negativ wertend ist. *De rode bart los is. valsch unde plengendes art is* (DRW XI 1235), d. h. der rote Bart ist treulos, von falscher und betrügerischer Art. In einer Charakterisierung der Haarfarben werden im gleichen Text den verschiedenen Farben Charak-

---

[13] *Schweizerisches Idiotikon. Wörterbuch der schweizerdeutschen Sprache*, bearb. v. A. Bachmann et al., Frauenfeld, Bd. 6 (1909), Sp. 1762.

tereigenschaften des Trägers zugeordnet, die dem zeitgenössischen Klischee entsprechen. *Swart har rokelos is, rot har betekenet unwis* (DRW XI 1235), schwarzes Haar ist ruchlos, rotes Haar bedeutet töricht, leichtsinnig. Die rote Haarfarbe als nicht sehr häufige Farbe war auffällig, und im Alltag der Menschen war rot negativ besetzt. Das erleichterte die Übertragung der negativen Vorbehalte auf die rothaarige oder rotbärtige Person, die dann als wenig vertrauenswürdig erschien.

Der kleine Streifzug durch das Belegmaterial des DRW mag genügen. Der Wortartikel *rot* im Deutschen Rechtswörterbuch benennt eine ganze Reihe weiterer Bereiche des Rechtslebens, in denen die rote Farbe relevant ist. So verweist er auf rot als Zeichen von Herrschaft, hohem Rang und Ansehen, was in der roten Kleidung des vornehmen Standes zum Ausdruck kommt, aber auch im Privileg des Gebrauchs von rotem Siegelwachs. Im Wirtschaftsbereich überwiegt der Signalcharakter der roten Farbe und wird für Prüfzeichen in amtlichen Qualitätskontrollen eingesetzt, ebenso für Zoll- oder Akzisezeichen. Symbolisch steht die rote Farbe für das Feuer wie im Bild des *roten Hahns*. Bricht ein Brand aus, wird auf einem Turm die rote Fahne in Richtung des Brandherds ausgesteckt. In Heraldik und Kriegswesen werden mit den Farben komplexe Aussagen gemacht. Banner, Fahnen und militärische Erkennungszeichen bedienen sich der roten Farbe zur Übermittlung von Befehlen. Und nicht zuletzt als liturgische Farbe hat die rote Farbe das Rechtsleben beeinflußt. An der Verwendung roter Paramente zu festgelegten Zeiten im Kirchenjahr orientieren sich eine ganze Reihe von amtlichen Terminen, die durch das Attribut *rot* in Verbindung mit einem Wochentagsnamen einen ganz bestimmten Tag bezeichnen, wie z. B. der *rote Montag* den Montag nach Michaelis (29. September). In Göttingen ist er ein feststehender Gerichtstermin.

Die Auswertung der Belegzitate für die Farbangabe *rot* im Korpus des DRW verweist auf eine Vielzahl von Lebensbereichen, in denen die rote Farbe bewußt verwendet wird. Es zeigt sich, daß sie in Abhängigkeit von ihrem dinglichen Farbträger und der Situation seiner Verwendung im Alltag unterschiedliche Aussagen macht. So ist es der Kontext der Verwendung, der die Farbe zum Träger von Bedeutung werden läßt. Das DRW beschreibt diese Bedeutungen für das Rechtsleben vergangener Jahrhunderte. Gestützt auf ein umfangreiches Text-Korpus können Rückschlüsse gezogen werden, welche Bedeutungsinhalte mit Farben verknüpft wurden und welche symbolische Aussagekraft diesen Farben in rechtlichen Kontexten innewohnte. Das DRW leistet damit seinen Beitrag zur Beantwortung der Frage: Wie sieht der mittelalterliche und frühneuzeitliche Mensch seine Welt? Und welchen Stellenwert haben Farben darin?

BÄRBEL PELKER

Eine Entführung und die Folgen.
Aus dem Leben des Hofmusikers und Mozartfreundes Friedrich Eck (1767–1838)

Silhouettenbildnis, um 1790 (Schloss Wallerstein, Fürstlich-Wallersteinsche Sammlungen).

Als Friedrich Eck am 25. Mai 1767 in der Kirche St. Pankratius in Schwetzingen als ältester Sohn des Waldhornisten Georg Eck und dessen Ehefrau Klara (geb. Wittmann) getauft wurde, konnte noch niemand der Anwesenden erahnen, welch dramatische Wendung das Leben ihres Schützlings nehmen sollte. Zunächst jedoch verlief es in ruhigen, gewohnten Bahnen. Als Kind eines Hofmusikers hatte Friedrich Eck das Glück, unmittelbar von dem ausgesprochen innovativen musikalischen Umfeld der *Mannheimer Schule* profitieren zu können. Wie später auch sein jüngerer Bruder Franz wird er den ersten Musikunterricht von seinem Vater erhalten haben. Dies jedenfalls entsprach dem gut funktionierenden Ausbildungssystem der *Mannheimer Schule*. Zeigte sich dann eine überdurchschnittlich musikalische Begabung, wechselten die Kinder in der Regel zu einem Spezialisten. Im Fall Friedrichs geschah dies bereits im zarten Alter von sieben Jahren – ein sicheres Indiz für die außerordentliche Begabung des Zöglings. Sein Lehrer war der gerade mal zehn Jahre ältere und ebenfalls hoch begabte Hofviolinist und Komponist Christian Danner, der zusammen mit dem Geigengenie Wilhelm Cramer, den Stamitz-Söhnen Carl und Anton oder etwa dem Oboenvirtuosen Ludwig August Lebrun zur zweiten Schülergeneration der *Mannheimer Schule*, der sog. Virtuosen-Generation, zählte. Zur Musikausbildung gehörten ferner Kenntnisse in Harmonielehre und Kontrapunkt. Die soll Friedrich Eck jedoch erst in München, nach der Übersiedlung der Mannheimer Hofmusik im Jahr 1778, bei dem Hofmusiker Peter Winter erworben haben.[1]

Die Kindheit verlebte der kleine Friedrich in Mannheim, jener Residenzstadt, die sich dank der großzügigen Förderung des Kurfürstenpaares Carl Theodor und Elisabeth Augusta sowie dank der klugen, professionellen Leitung des Kapellmeisters Ignaz Holzbauer und des genialen Orchestererziehers Christian Cannabich ab den sechziger Jahren des 18. Jahrhunderts zu einem wahren Wallfahrtsort für reisende Musiker, Musikschriftsteller und gut betuchte Bildungsreisende entwickelt hatte. Die kurpfälzische Residenz war in jener Zeit eine der fortschrittlichsten und modernsten Musikmetropolen in Europa. Die überaus zahlreichen Besucher trafen bereits in den letzten Oktobertagen in Mannheim ein, um sich möglichst frühzeitig den freien Eintritt zu den vielfältigen höfischen Veranstaltungen zu sichern, die mit dem Namenstag des Kurfürsten am 4. November begannen und nach der Karnevalszeit endeten. Während das Musikleben in den Wintermonaten ganz im Zeichen höfischer Repräsentation und Prachtentfaltung stand, kennzeichnete eine eher private Atmosphäre die vielfältigen Veranstaltungen während der Sommermonate in Schwetzingen. Hauptanziehungspunkte waren neben den prächtig ausgestatteten Opern vor allem die Konzerte der Hofkapelle (Sänger und Instrumentalisten). Zu ihren prominentesten Zuhörern zählten beispielsweise die Familie Mozart, Johann Christian Bach, Gluck, Boccherini, Schubart, Burney, Voltaire, Goethe, Klopstock, Wieland, Lessing, Heinse oder auch Jacobi. Die Liste der Lobeshymnen ist entsprechend lang, im Folgenden einige Kostproben. Leopold Mozart 1763:

> „Das Orchester ist ohne widerspruch das beste in Teutschland, und lauter junge Leute, und durch aus Leute von guter Lebensart, weder Säufer, weder Spieler, weder liederliche Lumpen; so, daß so wohl ihre Conduite als ihre production hochzuschätzen ist".[2]

---

[1] Felix Joseph Lipowsky: *Baierisches Musik-Lexikon*, München 1811, S. 73.
[2] Brief vom 19. Juli 1763, in: *Mozart. Briefe und Aufzeichnungen*, hg. von Wilhelm A. Bauer und Otto Erich Deutsch, Bd. 1, Kassel 1962, S. 79, Brief Nr. 56.

Charles Burney 1772:

> „Ich kann diesen Artikel nicht verlassen, ohne dem Orchester des Churfuersten Gerechtigkeit zu erweisen, welches mit Recht durch ganz Europa so beruehmt ist. [...] Es sind wirklich mehr Solospieler und gute Komponisten in diesem, als vielleicht in irgend einem Orchester in Europa. Es ist eine Armee von Generaelen, gleich geschickt einen Plan zu einer Schlacht zu entwerfen, als darin zu fechten".[3]

Friedrich Gottlieb Klopstock 1775: „Man lebt hier recht in den Wollüsten der Musik".[4] Christian Friedrich Daniel Schubart ebenfalls in den siebziger Jahren:

> „Kein Orchester der Welt hat es je in der *Ausführung* dem Manheimer zuvorgethan. Sein Forte ist ein Donner, sein Crescendo ein Cataract, sein Diminuendo – ein in die Ferne hin plätschernder Krystallfluss, sein Piano ein Frühlingshauch".[5]

Und für Friedrich Heinrich Jacobi war die kurpfälzische Residenz 1777 „doch nun einmal das Paradies der Tonkünstler".[6]

Einlass in das Paradies wurde Friedrich Eck bereits im Jahr 1777 gewährt, also im Alter von zehn Jahren – was selbst für eine hochkarätige Talentschmiede vom Format der Mannheimer ungewöhnlich war. Nun begann der unaufhaltsame Aufstieg des Wunderkindes und Ausnahmekünstlers: Erste öffentliche solistische Auftritte sind durch zwei Konzertabende mit dem Vizekapellmeister Georg Joseph (Abbé) Vogler für den 18. und 20. September 1778 in Frankfurt am Main nachweisbar; 1780 unternahm er in Begleitung seines Vaters eine größere Konzertreise nach Wien mit einem kurzen Besuch bei der befreundeten Familie Mozart in Salzburg, am 2. Februar 1782 gab der junge Violinvirtuose sein erfolgreiches Debüt mit einem eigenen Konzert im renommierten *Concert spirituel* in Paris; die überragenden geigerischen Fähigkeiten Ecks würdigte sein Dienstherr Kurfürst Carl Theodor durch eine eindrucksvolle Reihe von Beförderungen, Gratifikationen und anderen Vergünstigungen: So genehmigte er beispielsweise 1786 eine längere Konzertreise nach Wien, wo der junge Künstler erneut Wolfgang Amadé Mozart traf und mit ihm zusammen am Kaiserhof konzertierte; 1789 folgte eine weitere Konzertreise nach Paris – mit triumphalem Erfolg; 1790 avancierte Eck offiziell zum Musikdirektor des kleinen Theaters zu München; in

---

[3] Charles Burney: *Tagebuch seiner Musikalischen Reisen*, Bd. 2: *Durch Flandern, die Niederlande und am Rhein bis Wien*, Hamburg 1773, S. 73.
[4] Christian Friedrich Daniel Schubart: *Chronik*, 2. Jg. 1775, 23. Stück, S. 183.
[5] Christian Friedrich Daniel Schubart: *Ideen zu einer Ästhetik der Tonkunst*, Wien 1806, Reprint Hildesheim 1990, S. 130.
[6] Brief vom 8. u. 11. Juni 1777, in: Friedrich Heinrich Jacobi: *Briefwechsel*. Gesamtausgabe, Reihe 1, Bd. 2, Stuttgart-Bad Cannstatt 1983, S. 62, Brief Nr. 466.

den beiden folgenden Jahren gastierte er in Prag und Berlin, und 1793 ernannte ihn Kurfürst Carl Theodor zum Konzertmeister seiner Hofkapelle in München. Zu diesem Zeitpunkt gehörte Eck nach Meinung der Zeitgenossen zu den „allerersten Violinisten in Europa".[7]

Vielleicht beflügelt durch diese beruflichen Erfolge, suchte der Hofmusiker sein Glück auch im privaten Bereich. Denn er verliebte sich in jener Zeit in die reiche Gräfin Philippina von Tautphaeus, die einzige Tochter der Kammerfrau Josepha von Bessel. Da auch die Angebetete die Gefühle des jungen Bürgerlichen erwiderte, war man sich bald einig, die Verbindung legitimieren zu wollen. Jedoch hatten die Liebenden nicht mit dem erbitterten Widerstand der Mutter der Braut gerechnet, die strikt gegen eine nicht standesgemäße Heirat war und diese nun zu verhindern suchte. In seiner Not wandte sich Friedrich Eck Anfang des Jahres 1796 wegen einer „unterthänigst" erbetenen „gnädigsten" Heiratserlaubnis direkt an Kurfürst Carl Theodor, der sich denn auch gnädig zeigte und seinem besten Musiker durch den Hofmusik- und Hoftheaterintendanten Joseph Anton Graf von Seeau sein Einverständnis signalisieren ließ – und damit nahm, wie aus den Akten zu erfahren ist,[8] die Geschichte ihren letztlich verhängnisvollen Lauf.

Die Kammerfrau von Bessel wagte zwar nicht, sich dem positiven Bescheid ihres Dienstherrn zu widersetzen, aber sie sann auf einen Ausweg. In der Hoffnung, die Verbindung dennoch unterbinden zu können, brachte sie ihre Tochter nach Dillingen, wo das Mädchen bei Verwandten und den Augen ihres Geliebten entzogen auf Wunsch der Mutter leben sollte. Zurück blieb ein verzweifelter junger Mann. Im Brief vom 8. Mai 1796 an Kurfürst Carl Theodor schilderte Eck rückblickend die recht dramatische Situation:

> „Was Konnt' ich thun? – ich Eilte in die Gegend ihres Auffenthaltes, und fand Sie Krank – jedoch durch die Freüden des Wiedersehens bald vollkom[m]en genesen, zufriden mit ihrem obgleich traurigen Geschike, hätte nicht Ihr Aufenthalt neüerdings verändert, und dergestallt verschlim[m]ert werden sollen, daß ich für Ihre Gesundtheit, ja selbst für Ihr Theüres Leben das ärgste hätte befürchten müssen. Um nun diesen werthen Gegenstand, der so unendliche Qualen um einer schuldlosen Liebe willen leiden muste, zu Erhalten, befahl Gewißen und Ehre Sie zu retten. Entschlus und Ausführung waren das Werk weniger Augenblicke".

---

[7] *Studien für Tonkünstler und Musikfreunde. Eine historisch-kritische Zeitschrift für das Jahr 1792 in zwei Teilen*, hg. von Friedrich Ludwig Aemilius Kunzen und Johann Friedrich Reichardt, Berlin 1793, Reprint Hildesheim u. a. 1992, 1. Heft, 3. Stück, S. 66.

[8] Alle nachfolgend zitierten Schreiben befinden sich in der Personalakte Eck, die in München im Bayerischen Hauptstaatsarchiv aufbewahrt wird (Sign.: HR I, Fasz. 466/409).

Mit dem 28. April 1796 war der Tag der 'Rettung' gekommen. An jenem Tag entführte Eck kurz entschlossen seine noch minderjährige Braut aus der Obhut ihrer Verwandten in Dillingen und floh mit ihr nach Schwyz in den gleichnamigen Schweizer Kanton, wo ihnen am 6. Mai eine unbegrenzte Aufenthaltserlaubnis ausgestellt wurde. In München warf sich indes eine „in tiefsten Kummer versenkte Mutter" schriftlich zu Füßen ihres Dienstherrn und flehte „um Hülfe und Gerechtigkeit", um die Rückgabe der Tochter „in den Schooß" der Mutter. In dem Brief beschrieb Josepha von Bessel ihre Sicht der zurückliegenden Ver- und Entführung:

„Ein durch seine offenkündige Unsittlichkeit sowohl als grenzenlose Frechheit berüchtigter Mensch hat durch die ihm ganz eigene verführungs Kunst den Kopf und das Herz meiner einzigen Tochter so zu verrucken gewußt, daß sie seinen betrügerischen Vorstellungen aus Unerfahrenheit und unbegreiflichen Leichtsinn Gehör gab.
Ich habe sogleich, als ich hievon die ersten Spuhren entdekte, die Maaßregeln ergriffen welche Vernunft und Vorsicht an Händen geben, und ich konnte um so zuversichtlicher hoffen, daß sie von ihrer Verblendung zurükgekommen seÿ, und diese unzulässige Neigung ganz erstickt habe, als mir ihre theureste und heiligste Zusicherung hierüber keinen Zweifel übrig liessen.
In dieser beruhigenden Hoffnung blieb ich bis zu Ende der lezten Faßnacht, wo ich unglücklicher weiße wahrnahm daß diese Neigung wieder aufzulodern anfange.
Da mir der Dienst, in welchen ich zu stehen die höchste Gnade habe, nicht erlaubte, mit meiner Tochter selbst sogleich von hier hinwegzuziehen, so übergab ich sie einsweilen in die Hände meines nächsten Verwanden zu Dillingen, wohin ich sie mit Höchst der gnädigsten Erlaubniß selbst führte.
Aber auch dieser Schutz-Ort sicherte sie nicht vor den listigen Nachstellungen eines alles wagenden Betrügers, seit den 28ten v. M. hat sie sich von dannen entfernet ohne daß noch bekannt geworden ist, wohin sie sich gewendet hat.
Ich sehe sie nun bereits an den Rand ihres Verderbens, und damit sie nicht ganz in den Abgrund falle, ist nur noch die einzige Rettung, daß sie in den Schooß ihrer Mutter zurükgegeben werde, um dieses flehe ich Euer Churfürstlichen Durchlaucht unterthänigst an, so bald sich selbe in Höchst dero Staaten betretten läßt.
[...] Ich bitte daher Euer Churfürstlichen Durchlaucht unterthänigst um die höchste Gnade, daß diese Linderung meinen trostlosen mütterlichen Herzen gegeben, und ein größeres Unglük von meiner irre geführten Tochter abgehalten werde; Euer Churfürstliche Durchlaucht sind zu gerecht als mir hievon die huldreichste Gewährung versagen zu können; nachdem sich Höchst dero Regierung nur durch Gerechtigkeit ausgezeichnet hat, so solle Euer Churfürstlichen Durchlaucht Ruhm nicht durch den Nachklang befleckt werden, daß die Ruhe der Familien durch boshaft ungestraft gestöhret werden, und das Kind in dem

Schooß seiner Eltern und verwanden nicht mehr vor Betrügern gesichert war. Sollte auch bey der Unglücklichen das Vorgeben einer wirklich Priesterlichen Einsegnung stattfinden, so hoffe ich jedoch dieses von Euer Churfürstlichen Durchlaucht erbitten zu dürfen daß selbe bis zur weitern höchsten Verfügung in ein Kloster gebracht werde."

Die „Priesterliche Einsegnung" des Paares blieb der Mutter freilich nicht erspart. Denn die Trauung und öffentliche Einsegnung hatten bereits am 8. Mai in der Haupt- und Pfarrkirche des Hl. Martini zu Schwyz durch den Pfarrer und bischöflichen Commissarius Georg Ludwig von Reding stattgefunden. In Unkenntnis dieser Entwicklung teilte sie am 12. Mai mit: Es sei nun stadtkundig, dass Eck ihre einzige Tochter in Dillingen geraubt und „weiß Gott, wohin entführet" habe. Sie bittet den Kurfürsten, Graf Seeau anbefehlen zu lassen, dass sich der „Entführer Eck" auf der Stelle nach München zu begeben und sich sodann wegen ihrer „Satisfactions und Bestrafungsklage" zu verantworten habe. Außerdem solle er nach Erhalt des Befehls spätestens binnen 24 Stunden den Aufenthaltsort ihrer Tochter nennen. Als nach einer Woche die Flüchtigen noch immer nicht zurückgekehrt waren, schaltete sie ihren Schwager ein – der versicherte allerdings am 21. Mai schriftlich, dass das Verfahren „vor der Gard" eingestellt bleibe und dass weder eine „Einrückung in der Zeitung" noch die Absicht bestehe, „dieße ärgerliche Sache noch allgemeiner bekannt zu machen". Auch die Jungvermählten bemühten sich um eine Rückreiseerlaubnis. Noch am Tag ihrer Hochzeit hatte Friedrich Eck seinen Fürsprecher Graf Seeau schriftlich gebeten, sich deswegen beim Kurfürsten für ihn zu verwenden; dem Brief legte er eine amtlich bestätigte unbegrenzte Aufenthaltserlaubnis sowie eine beglaubigte Abschrift der rechtmäßigen Eheschließung bei. Da die Antwort ausblieb, folgte am 28. Mai ein weiteres Bittschreiben. Jedoch, die kurpfalzbayerischen Amtsmühlen mahlten langsam, und die Kriegswirren im Jahr 1796 verzögerten eine zügige Abwicklung zusätzlich. Die Geduld der jungen Eheleute, über die von Seiten der *Höchsten Churpfalzbaierischen Oberlandesregierung* inzwischen Personalarrest verhängt worden war, wurde auf eine harte Probe gestellt. Endlich, am 14. Oktober, traf die lang ersehnte Reiseerlaubnis aus München ein. Umgehend traten die beiden die Heimreise an, im Gepäck ein Attestat des Standesschreibers Meinrad Suter über das untadelige Betragen der Eheleute während ihres Schwyzer Aufenthaltes mit sich führend, das der umsichtige Eck noch an demselben Tag besorgt hatte.

In München erwarteten das junge Paar neue Aufregungen. In den zurückliegenden Monaten hatte die Kammerfrau von Bessel erneut rechtliche Schritte gegen Eck eingeleitet. Die beiden Hauptanklagepunkte waren die unrechtmäßige Entführung und die Frage der Legitimation der Eheschließung, wobei letzterer bei aller vordergründigen mütterlichen Fürsorge der entscheidende war, denn es ging um viel Geld. So hatte sie bereits am 30. Juni Kurfürst Carl Theodor wissen lassen:

„Sollte die Copulation gültig gefunden werden, dann gehet es vorzüglich die Vormunder an, das Vermögen dieser bethörten Tochter in Sicherheit zu setzen, damit sie nicht einstens in die gröste Dürftigkeit versetzt werde".

Bereits wenige Tage nach seiner Ankunft fand die erste Anhörung Ecks vor einer Kommission statt. Wie dem Protokoll vom 26. Oktober zu entnehmen ist, entschuldigte er sich für den Fehltritt und bat um gnädigste Vergebung. Ein entsprechendes Bittschreiben an seinen Dienstherrn sowie das Attestat und den Kopulationsschein übergab er der Kommission. Bereits zwei Tage später schickte die Kommission ihre Entscheidung hinsichtlich einer Befürwortung der „huldreichsten Vergebung" des Fehltrittes an den Kurfürsten. Doch die ließ auf sich warten. Am 27. November bat Eck daher erneut an höchster Stelle um Vergebung seines Fehltrittes sowie um eine gnädigste Resolution, die ihm ermöglichte, seinen Dienstobliegenheiten wieder vorstehen zu dürfen; außerdem bat er um die förmliche Anerkennung seiner Ehe, ohne die er keine Rechte an dem väterlichen Vermögen seiner Frau besaß, eine Beglaubigung der Eheschließung fügte er wiederum bei. Die endgültige Entscheidung fiel im Februar 1797: Anerkennung der Ehe, acht Tage Hausarrest als Strafe für den Fehltritt und danach vollständige berufliche Rehabilitation. Eine Einigung der beiden Parteien wegen der Vermögensregelung wurde nicht erreicht. Wie dem Brief der Mutter Friedrich Ecks vom 4. August zu entnehmen ist, litt vor allem die Schwiegertochter unter der Unerbittlichkeit und Härte ihrer Mutter. Philippina von Tautphaeus starb am 18. Mai 1797 bei der Geburt ihres Kindes im Alter von zwanzig Jahren – auch das Neugeborene überlebte nicht. In dem eindringlichen und gleichsam erschütternden Brief an Josepha von Bessel schilderte Klara Eck die Wochen vor und nach dem Tod ihrer Schwiegertochter:

„Es kostet viell Überwindung an Sie zu schreiben; aber ich will es doch lieber thun, als Sie sprechen, um sie zu bewegen auf eine Weile wieder von hier fort zu reisen, wenn sie nicht auch noch meines Sohnes, und meine wenige Tage abkürzen wollen; es ist, meÿne ich, so Hohn genug der – Blutschuld, die ihr gewissen drückt, genug, ihre Tochter, und ihren Enkel von der Welt gebracht zu haben, lassen Sie mir wenigstens meinen Sohn, meine einzige Stütze, und Trost, haben Sie Mitleiden mit einer gebeugten Mutter, wenn sie auch gleich keine Liebe für ihr einziges Kind gehabt haben, mit der Grausamkeit eines Tigers gegen dieselbe handelten, eiskalt bei unserer Todesangst, in unseren Ellend am Krankenbett standen, ihre Freude über das glückliche Ende des gelungenen Project kaum verbergen konnten, [...] und sie gehen freÿ herum, geniessen die Frucht, den Erbtheil, warum und weßwegen sie sozu Wercke giengen; [...] ihre liebe Tochter aber [...] ein Beÿspiel von Frömigkeit, und Gottesfurcht, ein Muster von Tugend, gott hab sie seelig, sie ertrug um Jesu willen allen gram, und Verdruß, den Sie ihr verursachten, und beÿ allem Unsinn, den sie unternahmen, sie und meinen Sohn recht betrübt und unglücklich zu machen, so hörte man doch nie eine Klage von einem, und das können nur brave Menschen, und Christen, oder war es etwa nicht unsinnig von ihnen? einen jungen Mann an allen orten hervor zu suchen, wie die ganze Stadtt weiß, die Leute glaubten, sie wären – selbsten in ihn vernarrt; durch ihr Betragen machten sie dem jungen wahre gelegenheit sich zu sehen und zu sprechen, sind selber Schuld, daß sie sich so liebgewonnen – und dann so mit ihnen umzugehen? [...] –

Endlich die Sache zu endigen geht die Tochter mit dem Mann, obschon es verbotten, zur Mutter, diese hatte beÿnahe zweÿ Jahre ihr Kind nicht gesehen, sie steht mit ihrer Leibesfrucht zitternd im Vorhaus, und die Mutter, dieses Namens unwehrt, weißt sie ab, wenn sie nicht alle gesunde Vernunft verläugnen, Ehre, und Liebe beÿ seite setzen, und ohne ihren Mann zu ihr komen will – sie komt nach Hauß, zittert an allen gliedern, ihr Mann spricht ihr Muth zu, tröstet sie, und beweget sie noch, einen rührenden Brief an Sie zu schreiben. ich habe ihn gelesen, und auch die antwortt darauf, ein Meisterstük von abscheulichkeit; den zweiten Tag auf diesen Schreken ward die Tochter krank, die Folge brauch ich nicht in ihr gedächtnis zurückzurufen, da es doch vergebene Mühe wäre, indem die schaudervollsten auftritte sie nicht von ihrer Teuflischen Denkungsart abbrachten. Gerecht war der abscheu, und die Verachtung meines Sohnes gegen sie, und wie hat er sich doch gegen sie benohmen? denken sie an seine gutheit, mit der er sie im Hauße gelitten, ja er geboth allen im Hauß auf die Seele ihnen mit anstand zu begegnen, statt sie zu behandeln, wie sie es verdient hätten, warthete man ihnen auf, als sie selbst Wartung verlangten, statt sie der leiden[den] Tochter zu leisten.

Und nun der Schluß der geschichte, wenn sie anderst, wie der himlische Vater es gebe, hiemit geendiget ist.

Nach dem Tode ließen sie sich sorgfältig um mich, und meinen Sohn erkundigen, ich unterließ nicht ihm jedesmal Nachricht davon zu geben, und sein erstes Wort, wie ich ihn sprach, war Erkundigung um ihre gesundheit, weil er ihre Reue, und Bekehrung hoffte; kaum konnt er gehen, und sie waren auch ausser dem Bett, so wollte er sie besuchen, weil sie ihn selbst, und durch mich ihm hatten sagen lassen, daß sie ihn sprechen würden; er glaubte Trost, und Erleuchterung dabei zu finden; dreÿmall war er in ihrem Hauß, und ward abgewiesen, wie ein überlästiger, lies sie ihm gar durch einen advocaten haben zu schreiben, und das Wiederkomen verbieten lassen. – – – Frau! unter allen, was sie gethan, ist das veruchteste nach dem vorhergegangenen gegen ihren unglücklichen Schwiegersohn sich so zu benehmen. Man muß so arm an Menschlichkeit, und wahren Christenthum gerade seÿn, wie sie sind, um nicht vor Scham in die Erde zu sinken; wenn ihnen nur der tausendste Theil ihrer Handlungen einfällt, und so verstokt ist doch keine Seele, daß einem gar nichts davon einfallen sollte; ich habe sanftmüthig zu allen zugesehen, sie können das ohne Lügen nicht anderst sagen, aber meine Natur hat sich verändert bei solchem greul; fluchen werd ich ihnen auch ietzt nicht, sie haben sich selbst mit Fluch, und Schand gebrand–

marckt, aber mich befällt Schauer, und grausen bei jeden gedanken an die Trauer geschichte, und meinen unglüklich[en] Sohn, und sein geschlachtetes Weib, sie sind zwar Pharisäisch genug dem Schein einer Christin behaupten zu wollen, sie gehen in die Kirche, aber wie können sie denn bethen? Das ist unmöglich, denken sie nur, gott ist zwar langmüthig gnädig, aber er ist auch gerecht, zittern sie, und thun sie was sie noch vermögen, vor allen reisen sie fort von hier, ich fürchte sonst das ärgste für meinen Sohn, ein Stein möchte sich bei seinen Leiden erbarmen, er will selber verreisen, sie können ja nachher wieder hieher komen, gehen sie nur ietzt fort, es muß ja entsetzlich für ihn seÿn, sie auf der Strasse zu begegnen, ich bitte sie um das Blut Christi willen – [...]".

Der Brief zeigte jedoch offenbar keine Wirkung, denn noch zwei Jahre später reichte die inzwischen verwitwete Kammerfrau von Bessel erneut Klage gegen Eck beim Kurfürsten ein, eine zweifache Abschrift des besagten Briefes legte sie als Beweisstück für die ihr „angethanen Injurien" bei. Im Schreiben vom 16. Februar 1799, in dem sie eingangs gleich die straflose Nachsicht des Kurfürsten kritisierte, beschuldigte sie den verhassten Schwiegersohn, sie nicht nur mehrfach in der Vergangenheit beispielsweise mit Worten wie „hier komt der Satan" beschimpft, sondern ihr zwei Tage zuvor in der Theatinerkirche sogar ins Gesicht gespieen zu haben. Eck wies die Vorwürfe zwar zurück, musste sich aber wiederum einem Verhör unterziehen, das nun jedoch vollkommen straffrei für ihn ausging. Mit dem Appell an beide Parteien, Streitigkeiten künftig unterlassen zu wollen, schließt die Personalakte des Hofmusikers – und hier endet auch die folgenreiche Entführungsgeschichte. Anzumerken wäre noch, dass der inzwischen zum Instrumentalmusikdirektor avancierte und international gefeierte Violinvirtuose bereits wenige Zeit später die zweite große Liebe seines Lebens kennen lernte, eine Gräfin von Taufkirch, die er im Jahr 1801 ehelichte. Mit ihr lebte Friedrich Eck fortan als Privatier abwechselnd in Nancy und in Paris, wo er am 22. Februar 1838 verstarb.

STEFANIYA PTASHNYK

Zu den Anfängen der deutsch-ukrainischen Lexikographie (1849–1918)

Vorbemerkungen

Man möge mir verzeihen, dass dieser Beitrag nur insofern mit dem „Goethe-Wörterbuch" zu tun hat, als er eine lexikographische Fragestellung behandelt. Die Anregung hierfür kam während meiner Mitwirkung bei der Retrodigitalisierung des Deutschen Rechtswörterbuchs (DRW), Heidelberg. Das Recherche-Potential elektronischer Nachschlagewerke, wie ich sie bei der digitalen Version des DRW kennengelernt hatte, lieferte mir die Idee für einen Workshop über „Neuere Methoden in der Lexikographie", den ich im September 2004 für die ukrainischen Germanisten an der Universität Lviv/Lemberg veranstaltete.[1] Die Teilnehmer zeigten großes Interesse an der computergestützten Lexikographie und bekundeten zugleich einen dringenden Bedarf an einem neuen soliden deutsch-ukrainischen Wörterbuch. Dies wurde für mich zum Anlass für eine genauere Auseinandersetzung mit der deutsch-ukrainischen Lexikographie in Geschichte und Gegenwart. Im vorliegenden Beitrag möchte ich auf die Anfänge der deutsch-ukrainischen Lexikographie in der Zeit vor 1918 eingehen.

1. Historisch-politischer Hintergrund

Für das Sprachenpaar Deutsch und Ukrainisch beginnt die Lexikographie-Geschichte erst im 19. Jahrhundert – verhältnismäßig spät, wenn man berücksichtigt, dass die Anfänge der ukrainischen Lexikographie in das 16. Jahrhundert zurückgehen.[2] Die ersten Bemühungen um ukrainisch-deutsche Wörterbücher erfolgten ausschließlich in den westukrainischen Gebieten, nämlich in Galizien und der Bukowina, die zwischen 1772 und 1918 zur k. u. k.-Monarchie gehörten. Der Ausbau und die Kodifizierung des ukrainischen Wortschatzes und der Fachterminologie in der Ostukraine,

---

[1] Der Workshop wurde in Kooperation mit Ingrid Lemberg (DRW) und Ulrike Haß (zurzeit Universität Essen, davor IDS Mannheim) mit freundlicher Unterstützung der Heidelberger Akademie der Wissenschaften, des IDS sowie des DAAD veranstaltet.
[2] Es handelte sich um die ersten handschriftlichen Wortregister, die der Erklärung des Bibelvokabulars, griechischer und kirchenslawischer Wörter in der „Volkssprache" dienten.

die bis 1918 zum Russischen Reich gehörte, waren bis zur Februarrevolution von 1905 nicht möglich. Der Grund dafür lag in der repressiven Haltung der russischen Zarenregierung gegenüber den nationalen Bestrebungen in den ukrainischen Gebieten, deren Höhepunkt das Valuev-Zirkular von 1863 darstellte, in dem die Existenz einer eigenen ukrainischen Sprache bestritten wurde; das Ukrainische war nur in belletristischen Veröffentlichungen geduldet. Durch den Bad Emser Erlass des russischen Zaren von 1876 war schließlich jeder öffentliche Gebrauch des Ukrainischen untersagt.[3]

In Galizien und in der Bukowina war Deutsch die offizielle Staatssprache, die über längere Zeit in den zentralen Domänen des öffentlichen Lebens (Verwaltung, Gerichts- und Schulwesen usw.) dominierte. Im Zuge der Nationalitäten- und der Sprachenpolitik der Habsburger nach der Revolution von 1848 wurden allen „landesüblichen Sprachen" zunehmend mehr Rechte eingeräumt, was ihre Präsenz in den wichtigen Bereichen der öffentlichen Kommunikation verstärkte. Alle „landesüblichen Sprachen" der Habsburger Monarchie waren per Gesetz[4] gleichgestellt; dies galt auch für das Ukrainische (in der damaligen amtlichen Terminologie Ruthenisch[5] genannt) in Galizien und der Bukowina. In diesem politischen Kontext entstand ein dringender Bedarf nach Ausbau und Kodifizierung des ukrainischen Wortschatzes sowie nach allgemeinen und Fachwörterbüchern für das Sprachenpaar Ukrainisch und Deutsch. Entsprechende Editionen wurden durch die Habsburger Regierung befürwortet und gefördert. 1849 berief z. B. die Österreichische Regierung eine Kommission für slawische Terminologie ein, zu deren ukrainischen Sektion Holovackyj, Šaškevyč und Vyslobockyj gehörten.[6] 1851 brachte die Kommission die 294 Seiten

---

[3] Vgl. Markus Osterrieder: *Von der Sakralgemeinschaft zur modernen Nation. Die Entstehung eines Nationalbewußtseins unter Russen, Ukrainern, Weißruthenen im Lichte der Thesen Benedict Andersons*, in: *Formen des nationalen Bewußtseins im Lichte zeitgenössischer Nationalismustheorien*, hg. von Eva Schmidt-Hartmann, München 1994, S. 225.

[4] 1848 wurde zum ersten Mal in der Geschichte die Gleichberechtigung der Nationalitäten in der Habsburger Monarchie und ihrer Sprache deklariert. Ihre konstitutionelle Verankerung erfolgte 1867 im Artikel 19 der österreichischen Dezemberverfassung. Vgl. Adam Wandruszka und Peter Urbanitsch: *Die Habsburgermonarchie (1848–1918)*, Bd. 3.1, Wien 1980, S. 985; Thomas Wallnig: *Language und Power in the Habsburg Empire*, in: *Diglossia and Power. Language Policies and Practice in the 19th Century Habsburg Empire*, ed. by Rosita Rindler Schjerve, Berlin, New York 2003, S. 26.

[5] Der Begriff „Ruthenisch" umfasst sowohl instabile Mischsprachen, die ukrainisch-dialektale, kirchenslawische, russische und polnische Elemente aufweisen, als auch die ca. 1820 elaborierte ukrainisch-galizische Schriftsprache, wie man sie beispielsweise in den literarischen Werken des ausgehenden 19. und des beginnenden 20. Jahrhunderts vorfindet. Vgl. dazu Jan Fellerer: *Mehrsprachigkeit im galizischen Verwaltungswesen (1772–1914): Eine historisch-soziolinguistische Studie zum Polnischen und Ruthenischen (Ukrainischen)*, Köln 2005. Im Weiteren verwende ich „Ukrainisch" und „Ruthenisch" synonym für die ukrainische Sprache, die bis 1918 auf dem Territorium der k. u. k.-Monarchie gebraucht wurde.

[6] Vgl. Hrinčenko=Борис Грінченко: *Словарь української мови*, Том I, Київ 1907, *Предисловіе*, S. XIII.

umfassende deutsch-ukrainische Ausgabe der „Juridisch politischen Terminologie für die Slawischen Sprachen Österreichs" heraus.[7]

Trotz der günstigen politischen Voraussetzungen hatte die deutsch-ukrainische Lexikographie des 19. Jahrhunderts mit erheblichen Schwierigkeiten zu kämpfen. Die meisten von ihnen fußten in der Tatsache, dass Deutsch und Ukrainisch sich im 19. Jahrhundert in verschiedenen Standardisierungsphasen befanden. Während die Standardisierung der deutschen Schriftsprache (im grammatikalischen Bereich) weitgehend abgeschlossen war, war dieser Prozess für das Ukrainische noch im Gange. Ende des 19. Jahrhunderts war die ukrainische Sprache zwar in zahlreichen literarischen, kritischen, wissenschaftlichen, übersetzerischen etc. Texten dokumentiert, dennoch fehlten die einheitlichen lexikalischen und orthographischen Normen bis in das 20. Jahrhundert hinein. Vor allem zwischen der West- und der Ostukraine gab es erhebliche Unterschiede in der gesprochenen wie in der geschriebenen Sprache.

Starke Differenzen bestanden auch hinsichtlich der Kodifizierung des Ukrainischen und des Deutschen. Während für das Deutsche bis dahin schon solche bedeutenden Wörterbücher wie die von Campe oder Adelung vorhanden waren, gab es für das Ukrainische im 19. Jahrhundert noch kein annähernd vollständiges Wörterbuch. Zahlreiche Bemühungen um die Kodifizierung des ukrainischen Wortschatzes wurden gerade im 19. Jahrhundert unternommen, z. B. von Afanasij-Tschuzhbynskyj (1855), Schejkowskyj (1861), Zakrevskyj (1861), Petruschewytsch (1865),[8] die meisten wurden jedoch nicht abgeschlossen oder beschränkten sich auf eine sehr kleine Lemmaauswahl. Das erste erklärende Wörterbuch, das die überregionale Lexik des Ukrainischen im großen Umfang beschreibt, war das vierbändige „Wörterbuch der ukrainischen Sprache" von Hrinčenko mit 68.000 Lemmata, publiziert 1907–1909 in Kiew.[9]

2. Die ersten deutsch-ukrainischen und ukrainisch-deutschen Wörterbücher

Den Beginn der deutsch-ukrainischen Lexikographie markiert die 1849 entstandene „Sammlung der notwendigsten Namen" von Josef Levyckij (gedruckt in Przemysl),[10] die den Anfängern beim Erlernen des Deutschen dienen sollte. Diese „Sammlung" gewann wegen des kleinen Umfangs (nur 64 Seiten) keine besondere Bedeutung. Diesem Erstling folgte bald eine ganze Reihe Übersetzungs- und terminologischer

---

[7] *Juridisch politische Terminologie für die Slawischen Sprachen Österreichs*, Von der Commission für slawische juridisch-politische Terminologie, Deutsch-ruthenische Separat-Ausgabe, Wien 1851.

[8] vgl. Horeckyj=Петро Горецький: *Історія української лексикографії*, Київ 1963, S. 71ff.; auch Hrinčenko, a. a. O., S. Vff.

[9] Борис Грінченко: *Словарь української мови*, 4 томи, Київ 1907–1909.

[10] Йосиф Левицкій: *Собраніе найпотрібнѣйшихъ назвискъ пôдъ чувство приходящихъ рѣчей на способъ образкового свѣта Коменского. Для починающихся вчити нѣмецкого языка*, Перемишль 1849.

Wörterbücher, die in der Situation der gesetzlich verankerten Mehrsprachigkeit in der k. u. k.-Monarchie dringend erforderlich waren. Viele der in Galizien und in der Bukowina entstandenen Wörterbücher wurden vor allem für schulische Bedürfnisse zusammengestellt (wie etwa das von Kmicykevyč et al.), ihre Autoren waren häufig Grundschul- und Gymnasiallehrer. Auch die fachübersetzerischen Funktionen standen im Vordergrund der lexikographischen Arbeiten des 19. und des beginnenden 20. Jahrhunderts, etwa bei dem terminologischen Wörterbuch von Kost' Levyckyj.[11] Aus Platzgründen werde ich mich im Weiteren auf die Vorstellung von drei ausgewählten Wörterbüchern beschränken.

3. „Deutsch-ruthenisches Handwörterbuch" von Emil Partyckij (1867)

Das zweibändige, 804 Seiten umfassende „Deutsch-ruthenische Handwörterbuch" von Emil Partyckij[12] war mit 35000 Einträgen das erste solide deutsch-ukrainische Wörterbuch. Das Fundament für das Werk von Partyckij legten die Schüler des Lemberger Theologicums, die unter der Leitung ihres Lehrers Jurij Lavrivs'kyj zunächst eine handschriftliche Wörtersammlung zusammenstellten. Diese ergänzte dann Partyckij durch lexikalisches Material aus anderen Nachschlagewerken, aus der Belletristik, handschriftlichen Sammlungen etc.;[13] er war bemüht, den gesamten Schatz der ukrainischen Sprache zu verzeichnen.[14]

Interessant ist die Tatsache, dass der Autor den Nutzen seines Wörterbuches vordergründig darin sah, das Erlernen des Ukrainischen zu fördern. Im Vorwort schrieb Partyckij, seit 1848 spüre man in Galizien einen großen Bedarf an einem Wörterbuch, denn im Gegensatz zum Deutschen, Polnischen oder Russischen sei das ruthenische Idiom nur im alltäglichen Gebrauch bekannt. Viele Ausdrücke müsse man deshalb aus den fremden Wörterbüchern „stehlen", denn man wisse nicht, dass diese in der Schriftsprache bereits bestehen.[15] Für die Lernerzwecke bietet der Autor eine kurze

---

[11] Eine Auswahl der Wörterbücher sei an dieser Stelle angeführt: (1) Emil Partyckij: *Deutsch-Ruthenisches Handwörterbuch*, Bd. 1–2, Lemberg 1867; (2) Eugen Želechowski und Sofron Nedilskyj: *Ruthenisch-deutsches Wörterbuch*, Bd. I – II, Lemberg 1882–1886; (3) Кость Левицький: *Нїмецько-руский словар висловів правничих і адміністраційних*, Львів 1893. [Kost' Levyckyj: *Deutsch-ruthenisches Wörterbuch juridischer und administrativer Ausdrücke*]; (4) Emilian Popowicz: *Ruthenisch-deutsches Wörterbuch*, Czernowitz 1904; (5) Володимир Кміцикевич і Спілка: *Нїмецько-український словар*, Чернівці 1912. [Volodymyr Kmicykevyč u. a.: *Deutsch-ukrainisches Wörterbuch*]; (6) Андрій Аліськевич; Роман Гамчикевич: *Словарець для вправ німецьких для III кл. середніх шкіл*, Перемишль 1918. [Andrij Alys´kevyč und Roman Hamčykevyč: *Deutsches Übungswörterbuch für die 3. Klasse der Mittelschulen*].

[12] Emil Partyckij: *Deutsch-Ruthenisches Handwörterbuch*, Lemberg 1867. Ukrainischer Titel: *Нѣмецько-руский словарь* О. Партицкого, учителя руского языка и литератури, Львів 1867.

[13] Vgl. Hrinčenko, a. a. O., S. XV.

[14] Horeckyj, a. a. O., S. 89.

[15] Partyckij: Переднє слово, стор. III

Grammatik der ukrainischen Sprache, Mustertabellen der Nomendeklination sowie Erläuterungen ausgewählter phonetischer Erscheinungen.

Die einzelnen Wörterbuchartikel sind so aufgebaut, dass nach dem deutschen Stichwort zunächst grammatische Informationen geliefert werden (etwa die Genusangabe bei Substantiven, Informationen zur Transitivität der Verben etc.). Ihnen folgen ukrainische Äquivalente:

Fabel, f. байка, небилиця, видумка; Facade, f. передня сторона, личко, передъ.

Vereinzelt werden typische Wortverbindungen und Kollokationen angegeben, und zwar sowohl zum Stichwort als auch zu den Äquivalenten:

Binden, v. a., вязати, звязати, завязати, повязати, привязати; Besen –, плести вѣник; Bücher – оправляти oder переплѣтати книжки [...]

Als ukrainische Übersetzungsäquivalente wurde überwiegend die Lexik der damaligen Literatursprache Galiziens fixiert; auch viele Elemente der ukrainischen Volkssprache haben hier Eingang gefunden. Zugleich enthält das Wörterbuch eine Reihe künstlich geschaffener oder – wie es der zeitgenössische Rezensent Werchratskyj formulierte – „geschmiedeter" Wörter: *Gegenwall – противвалъ, Zweigespräch – ворозговоръ, Schinder – возьмитель*. Ferner bemängelte der Kritiker, in der deutschen Stichwortliste gebe es veraltete und ungebräuchliche Wörter; an manchen Stellen seien Übersetzungsfehler vorhanden.[16]

Dennoch ist dieses Wörterbuch insgesamt positiv einzuschätzen, als ein solides lexikographisches Werk, das auf einer gründlichen Auswertung der deutschen und der ukrainischen Lexik basiert.

4. „Ruthenisch-deutsches Wörterbuch" in 2 Bänden von Eugen Żelechowski und Sofron Nedilskyj (1882–1886)

Zu den bedeutendsten lexikographischen Früchten des 19. Jahrhunderts gehört das striktalphabetisch aufgebaute „Ruthenisch-deutsche Wörterbuch" von Żelechowski und Nedilskyj, das mit 64000 Einträgen insgesamt 1117 Seiten umfasst.[17] Auch dieses Wörterbuch – ähnlich wie das von Partyckij – war zu seiner Zeit nicht nur ein Nachschlagewerk für das Sprachenpaar Deutsch-Ukrainisch, sondern stellte eine wichtige Quelle für das Erlernen der ukrainischen Sprache dar.

---

[16] Vgl.Werchratskyj= іван Верхратський: *Кілька слів о словарі О.Партицького*, in: *Правда*, 1875, Nr. 8–9.

[17] Eugen Żelechowski und Sofron Nedilskyj: *Ruthenisch-deutsches Wörterbuch*, Bd. I – II, Lemberg 1882–1886. Ukrainischer Titel: Євгений Желеховский; Софрон Недїльский: *Малоруско-нїмецкий словар*, Львів 1882–1886.

Der Begründer des Projektes Żelechowski, Gymnasiallehrer in Przemysl und Stanislaw, gehörte zu den Zöglingen der Wiener Slawistik-Schule von Franz von Miklošič. Während des Universitätsstudiums begann er mit der Arbeit am Wörterbuch, das er jedoch aufgrund seines vorzeitigen Todes nicht abschließen konnte. Zu seinen Lebzeiten erschien nur der erste Band.[18] Sein Kollege, der klassische Philologe Nedilskyj, Gymnasiallehrer in Stanislaw und später der erste Direktor des ukrainischen Gymnasiums in Kolomyja, führte das Werk zu Ende.

Für die Erstellung des Wörterbuchs verwendete Żelechowski ein umfangreiches Material aus ost- und westukrainischen Quellen, unter anderem Exzerpte aus literarischen Werken, Sammlungen ethnographischer Materialien, aus literarischen Zeitschriften und Anthologien, Grammatiken, anderen Wörterbüchern sowie aus der Fachliteratur. Berücksichtigt wurde literarische wie auch umgangssprachliche und dialektale Lexik aus zahlreichen Varietäten und Registern. Die benutzten ukrainischen Quellen sind nach dem Vorwort aufgelistet.

Bei der Ansetzung der Lemmata wurden von Żelechowski und Nedilskyj im Großen und Ganzen dieselben Prinzipien angewendet, die auch in der heutigen Lexikographie üblich sind: Homonyme werden als separate Einträge behandelt und jeweils mit römischen Ziffern versehen; Substantive werden im Nominativ Singular, Adjektive in ihrer unflektierten Form, Verben in der Infinitivform des unvollendeten Aspektes lemmatisiert; neben der Entsprechung im vollendeten Aspekt steht ein Verweis: *капнути – капати*. Dennoch gibt es auch manche Abweichungen: Bei einigen Verben wurden auch die Flexionsformen lemmatisiert: etwa der Eintrag *Бійся, бійтеся* dokumentiert den Imperativ Singular und Plural des Verbs *боятися* [sich fürchten – S.P.]; von hier aus wird auf das Lemma im Infinitiv verwiesen.

Ferner lässt sich feststellen, dass die Lemmaliste recht variantenreich ist. Etwa für das Wort „Engländer" wurden drei Varianten angesetzt: *англієць, англянин* und *англянець*. Heute ist nur die erste Form gebräuchlich. Viele Eigennamen, v. a. geographische Namen, auch Abkürzungen und Interjektionen (*kav! Kav!*) fanden Eingang in die Stichwortliste.

Jeder Wörterbuchartikel wird durch das Stichwort eingeleitet; jenes wird konsequent groß geschrieben, unabhängig von der Wortart, mit Angabe zum Wortakzent. Dem Lemma folgen grammatische Informationen sowie in manchen Fällen diastratische Angaben: *Кабак, т. gr.* [=großrussisch – S.P.] *Schenke, f.; Кавук, т. Зак.* [=transkarpatisch – S.P.] *[…]*. Vereinzelt sind die Diminutivformen der substantivischen Lemmata angegeben, z. B.: *Кавалок (д. кавальчик), т. Stück*.

Hinter einigen ukrainischen Stichwörtern ist ein Hinweis zur Fundstelle des Lexems zu finden, vor allem, wenn es um literarisch belegte oder in bestimmten Regionen dokumentierte Lexeme geht; die Quellenangaben erfolgen jedoch nicht konsequent.

---

[18] vgl. Horbatsch=Олекса Горбач: *„Малорусько-німецький словар" Є.Желеховського й С.Недільського*. Післямова до Передруку словника, Мюнхен 1982, S. 1122.

Die semantische Erläuterung der Lemmata erfolgt durch die Kombination aus einer Bedeutungsparaphrase auf Deutsch und (wenn vorhanden) der zielsprachigen Äquivalente mit dazugehöriger grammatischer Information; vgl.:

Каґа́л, т. Kahal, т. (jüdisches Konsistorium); Ка́дик, т. Adamsapfel, т. (Knorpel der Luftröhre); Ка́валиць, т. grössere Partie Ochsen zum Verkauf auf dem Jahrmarkt.

Leider sind die semantischen Umschreibungen nicht immer fehlerfrei, vor allem bei den Wörtern, die ausschließlich im östlichen/russischsprachigen Teil der Ukraine verwendet wurden und den galizischen Autoren offensichtlich nicht bekannt waren. Manchmal wird ein Wort gar nicht erklärt, wie es beim Lemma *Кавалети* der Fall ist. Neben dem Hinweis auf die Herkunftsquelle steht nur ein Fragezeichen als Markierung für unbekannte Bedeutung.

In einigen Artikeln finden sich Kollokationen oder phraseologische Wendungen: vgl. *Кабі́ж [...] наробити кабіжу einen Raub begehen; Каз, т. pl. кази та перекази [...] Hin- u. Herreden.* Verwendungsbeispiele und Belege fehlen.

Die Rezeption des Wörterbuchs durch die zeitgenössische Kritik war uneinheitlich. Als positiv wurden unter anderem die umfangreiche Stichwortliste sowie die Basiertheit auf authentischen Quellen hervorgehoben. Andererseits bemängelte man Fehler bei der Bedeutungserläuterung sowie den unkritischen Umgang mit dem Material: Die Autoren haben ungebräuchliche Einheiten lemmatisiert und künstlich geschaffene Wörter aus anderen Wörterbüchern übernommen, ohne dass die Häufigkeit und Intersubjektivität ihrer Verwendung berücksichtigt worden wäre. Viele nicht lexikalisierte Germanismen, Polonismen und Russismen, dialektale Formen, Wortvarianten, auch Konjugations- oder Deklinationsformen und -varianten haben Eingang in die Stichwortliste gefunden.[19] Dennoch blieb das ukrainisch-deutsche Wörterbuch von Żelechowski und Nedilskyj über längere Zeit das einzige umfangreiche Werk seiner Art, das auf eine große Nutzergruppe abzielte;[20] auf ihm basierten viele spätere lexikographische Arbeiten (Popowicz (1904), Kalynowytsch (1931)[21], Kuzelia/Rudnyckyj (1943)[22] u. a.).

Aus der heutigen Perspektive ist die Rolle dieses Wörterbuches für die Standardisierung der Orthographie des Ukrainischen hervorzuheben: Der ukrainische Teil wurde in der sogenannten Zhelechivka-Schrift geschrieben, die der Autor speziell für sein Wörterbuch entwickelt hatte. Diese phonetisch basierte Schreibung etablierte sich in den 80er Jahren des 19. Jahrhunderts in der Westukraine und war hier bis 1922 vor-

---

[19] Vgl. Schejkowskyj=Каленик Шейковський: *Рецензія на словник Желехівського*, in: Русский филологический вестник, 1885, Т. 13, S. 194f.
[20] Vgl. Horbatsch, a. a. O., S. 1123.
[21] Kalynowytsch=Володимир Калинович: *Українсько-німецький словник із зазначенням граматичних форм*, Львів 1931.
[22] Zenon Kuzelia und Jaroslaw Rudnyckyj: *Ukrainisch-deutsches Wörterbuch*, Leipzig 1943.

herrschend.[23] Von der österreichischen Regierung wurde sie als offizielle Grundlage für die Rechtschreibung im Schulunterricht angenommen.

5. „Ruthenisch-deutsches Wörterbuch" von Emilian Popowicz (1904)

Das striktalphabetisch aufgebaute „Ruthenisch-deutsche Wörterbuch"[24] von Popowicz umfasst ca. 11000 Lemmata auf 319 Seiten. Es diente in erster Linie dem Schulgebrauch und wurde mehrfach neu aufgelegt,[25] etwa 1911 in Berlin in der Serie Langenscheidt. Primär für das Erlernen des Ukrainischen konzipiert, enthält das Wörterbuch in den Umtexten umfangreiche Grammatik-Tabellen mit entsprechenden Erläuterungen, die dem Benutzer die Grundlagen der ruthenischen Grammatik vermitteln sollten, sowie Informationen zur Wörterbuchbenutzung.

Welches Material Popowicz bei der Zusammenstellung seines Wörterbuchs genau benutzte, ist unbekannt; explizite Hinweise auf die Quellen fehlen. In der Stichwortliste dominiert die westukrainische Lexik. Offensichtlich war das Wörterbuch von Żelechowski eine wichtige Basis für Popowicz. Als positiv im Vergleich zum Wörterbuch von Żelechowski/Nedilskyj ist zu verzeichnen, dass im Werk von Popowicz ungebräuchliche Lexeme deutlich seltener sind; Aussprachevarianten wurden nicht mehr als eigene Lemmata angesetzt. Im deutschen Teil folgt die Schreibung der 1901 festgelegten Orthographie (etwa bei der **c**- vs. **k**-Schreibung).

Die einzelnen Wörterbuchartikel werden durch die in Fettschrift dargestellten Lemmata eingeleitet, die zugleich Informationen zur möglichen Worttrennung sowie den Wortakzent enthalten. Die Stichwörter werden konsequent klein geschrieben (im Unterschied zum Wörterbuch von Żelechowski/Nedilskyj), was in der modernen ukrainischen Lexikographie auch üblich ist. Nach dem Lemma erscheinen grammatische Informationen: Wortartangabe, Verweise auf Konjugations- bzw. Deklinationstabellen bei Substantiven und Verben u. a.; gelegentlich wird die Flexion der 2. Person Singular explizit angegeben. Danach folgt die Bedeutungsangabe in Form deutscher Äquivalente. Vgl.: *крутїж, f. V., Wasserwirbel; надївати, v. I. A., anziehen*. Bei polysemen Wörtern werden die Einzelbedeutungen mit einem Semikolon voneinander getrennt. Ähnliches Verfahren findet sich auch bei den Homographen: *край, m. III., (2. s. -ю), Land; Rand; praep. am Rand, am Ende, neben*.

Phraseologische Wendungen und Kollokationen erscheinen nur sporadisch, ein Beispiel ist etwa beim folgenden Eintrag zu finden: *калатати, v. I. A., klappern, – вік*

---

[23] Vgl. Michael Moser: *„Ruthenische" (ukrainische) Sprach- und Vorstellungswelten in den galizischen Volksschullesebüchern der Jahre 1871 und 1872*, Wien u. a. 2007, S. 232.

[24] Emilian Popowicz: *Ruthenisch-Deutsches Wörterbuch*, Czernowitz 1904. Ukrainischer Titel: Руско-нїмецкий словар. Уложив Омелян Попович, ц. к. професор.

[25] Vgl. Zenon Kuzelia und Georg Y. Shevelov: *Lexicography*, in: *Ukraine. A Concise Encyclopaedia*, ed. by Volodymyr Kubijovyč, Vol. 1, Toronto 1963, p. 442.

fortfretten. Stilistische, pragmatische oder diastratische Informationen sowie Belege werden nicht geboten.

Im Allgemeinen lässt sich jedoch feststellen, dass das Wörterbuch von Popowicz einen deutlichen Fortschritt für die ukrainisch-deutsche Lexikographie darstellte. Dennoch weist es noch eine Reihe von Problemen auf, verursacht vor allem durch die nicht abgeschlossene Standardisierung des Ukrainischen.

6. Resümee

Der kurze Exkurs in die lexikographischen Anfänge für das Sprachenpaar Deutsch und Ukrainisch dürfte deutlich gezeigt haben, dass die Entwicklungen in der Wörterbuchlandschaft eng mit den sprachpolitischen Bedingungen verknüpft waren: In Galizien und der Bukowina, wo die Entstehung der Wörterbücher seit dem 19. Jahrhundert möglich war, stellte Deutsch eine etablierte Amts- und Bildungssprache dar. Ukrainisch gewann hingegen nur allmählich an Bedeutung für die öffentliche Kommunikation. Somit ist es nicht verwunderlich, dass bei den Wörterbuchbenutzern häufig gute Kenntnisse des deutschen Vokabulars vorausgesetzt wurden. Zahlreiche Wörterbücher wurden für Ukrainisch-Lerner konzipiert.

Ein wichtiges Problem, das sich für Lexikographen dieser Zeit stellte, war die nicht abgeschlossene Standardisierung und die unzureichende Kodifizierung des Ukrainischen. Aus diesem Grund hatten die Wörterbuchautoren eine ganze Menge offene Fragen auf der ukrainischen Seite zu lösen: Sammeln und Dokumentation des Wortschatzes, Konsensfindung hinsichtlich der Dialektismen und Fremdwörter usw. Die schriftlichen ukrainischen Quellen bedurften eines kritischen und differenzierten Umgangs, denn für schriftsprachliche Angelegenheiten in Galizien wurde häufig das so genannte „Jazyčije"[26] mit teilweise künstlich geschaffenen, der Volkssprache fern stehenden lexikalischen Elementen verwendet.

In der gesamten Tradition der ukrainischen einsprachigen wie auch zweisprachigen Lexikographie des 19. Jahrhunderts ist die linguistisch markante Tendenz zur Schaffung nicht existierender Wörter zu beobachten, die sich im Zuge der Standardisierung jedoch nicht durchsetzen konnten. Die Wörterbücher waren entsprechend stark von ihren Autoren geprägt, die Auswahl der kodifizierten Lexik hatte einen deutlich subjektiven Charakter. Diese Erscheinung ist allerdings nicht nur für das Ukrainische spezifisch, sondern sie kann durchaus im europäischen Kontext des 19. Jahrhunderts gesehen werden, als viele Intellektuelle bemüht waren, neue Wörter künstlich zu kreieren. In der deutschen Lexikographie-Geschichte war beispielsweise

---

[26] Zum Inhalt sowie zur Problematik des Begriffes siehe Michael Moser: *„Jazyčije" – ein Pseudoterminus der sprachwissenschaftlichen Ukrainistik*, in: Studia Slavica Academiae Scientiarum Hungaricae 49/1–2 (2004), S. 121–147.

Campe für zahlreiche auf seine puristische Haltung zurückzuführenden Neubildungen bekannt, die als solche im deutschen Sprachgebrauch nicht vorhanden waren, von denen aber einige sich tatsächlich durchsetzen konnten. Diese wortkreative Strategie verschaffte Campe den verächtlichen Ruf einer „Wörter-Fabrik".[27] Auch der russische Lexikograph Dal' verwendete in seinem Erklärungswörterbuch[28] zahlreiche eigens geschaffene lexikalische Einheiten, die so in der russischen Sprache nicht vorkamen; und er rechtfertigt diese auch, sofern sie nach den grammatischen Prinzipien des Russischen gebildet wurden.

Ein weiteres Problem für Lexikographen stellte die Rechtschreibung dar. 1901 wurde die deutsche Orthographie normiert. Für das Ukrainische wurde mit „Zhelechivka" der Versuch unternommen, die Differenzen in der Schreibung aufzuheben; verbindliche Regeln wurden erst 1914 durch das Rechtschreibwörterbuch von Holoskewytsch[29] festgelegt.

In den 20er Jahren des 20. Jahrhunderts begann in der Sowjetukraine eine neue Entwicklung der Lexikographie für das Sprachenpaar Deutsch und Ukrainisch; die in Galizien vor 1918 entstandenen Wörterbücher waren dabei eine wichtige Quelle für ihre Nachfolger.

---

[27] Ulrike Haß-Zumkehr: *Deutsche Wörterbücher – Brennpunkt von Kultur- und Sprachgeschichte*, Berlin u. a. 2001, S. 113.
[28] Владимир Даль: *Толковый словарь живого великорусского языка*, Москва 1863–66.
[29] Григорій Голоскевич: *Український правописний словничок з короткими правилами правопису*, Львів 1916.

Rüdiger Thomsen-Fürst

Johann Michael Quallenberg (ca. 1726–1786).
Hofklarinettist und Entrepreneur

„Ach, wenn wir nur auch clarinetti hätten! – sie glauben nicht was eine sinfonie mit flauten, oboen und clarinetten einen herrlichen Effect macht".[1]

Diesen Stoßseufzer schrieb Wolfgang Amadeus Mozart am 3. Dezember 1778 aus Mannheim an den Vater nach Salzburg. Die erst zu Beginn des 18. Jahrhunderts erfundenen Klarinetten waren auch andernorts schon gebräuchlich, bevor sie in Mannheim zum Einsatz kamen. Doch kann das Orchester des Kurfürsten von der Pfalz für sich in Anspruch nehmen, die ersten Spezialisten auf diesem Instrument engagiert zu haben.

Seit dem Beginn der 1750er Jahre war man hier bemüht, jede Position im Orchester mit Virtuosen auf dem jeweiligen Instrument zu besetzen. In anderen Hoforchestern war es bis zum Ende des 18. Jahrhunderts und auch noch darüber hinaus durchaus üblich, dass Musiker mehrere Instrumente beherrschten. Insbesondere bei den Holzbläsern war dies gängige Praxis. Flöte, Oboe und eben auch Klarinette wurden häufig von einem Musiker gespielt. Anders in Mannheim, wo man sich folgerichtig frühzeitig auch dazu entschied, für die vergleichsweise neuen Klarinetten Spezialisten zu engagieren.

Aktenkundig werden diese Musiker das erste Mal im Jahre 1757: Im Protokoll der Geheimen Kanzlei vom 6. Oktober 1757 wurde unter dem Tagesordnungspunkt sieben über eine Bitte der Hofklarinettisten verhandelt:

„Beede Hoff=Clarinetisten Quallenberg und Hampel suchen an, jedem ein neues Galla=Kleyd g[nä]d[i]gst angedeyen zulassen".[2]

---

[1] *Mozart. Briefe und Aufzeichnungen*, Gesamtausgabe hg. von der Internationalen Stiftung Mozarteum Salzburg. Gesammelt u. erl. von Wilhelm Adolf Bauer und Otto Erich Deutsch, Kassel u. a. 1962, Bd. 2, S. 517.

[2] Folgende Archivalien des Generallandesarchivs Karlsruhe wurden für diesen Aufsatz herangezogen und werden im folgenden auszugsweise ohne genauere Quellenangabe zitiert: 61/8744–8758a *Geheime Kanzlei Protokolle 1757–1775;* 221/20 *Errichtung eines zweiten Orangerieflügels sowie Anlegung eines neuen Schloßgartens;* 221/251 *Gesuch des kurpfälzischen Hofmusikers Johann Michael Quallenberg um Überlassung des an der Schwetzinger Sternallee gelegenen Eichenwäldchens;* 221/440 *Acta die in dem sogenannten Knaubloch Neu angelegte Stern allee;* 77/405 *Acta das von dem Hoff Clarnetisten quallenberg angegebene project die bettler aus dem Land zu schaffen.*

Zwar hat Serenissimus diese Bitte schlicht abgeschlagen, doch ist sie der erste Beleg für das Wirken der Hof-Klarinettisten Johann Michael Quallenberg und Johannes Hampel am kurpfälzischen Hof. Während Hampel sich – soweit man es nach den vorhandenen Quellen beurteilen kann – stets auf seine musikalischen Verrichtungen konzentrierte, war Quallenberg ein Mann von vielerlei Talenten, die er mit großem Eifer und meist geringem Erfolg auf den unterschiedlichsten Gebieten zu entfalten suchte.

Über Quallenbergs Herkunft gibt es keine gesicherten Nachrichten. In seinem Sterbeeintrag vermerkte der Pfarrer 1786, Quallenberg sei gegen 60 Jahre alt gewesen. Der für gewöhnlich sehr gut informierte Felix Joseph Lipowsky gibt in seinem *Baierischen Musik-Lexikon* von 1811 an, Quallenberg sei von Geburt ein Böhme gewesen. 1782 schrieb Quallenberg selbst die *Wahre Geschichte einer Geige des berühmten Jakob Steiner* nieder, die fünf Jahre nach seinem Tode in der *Musikalischen Korrespondenz der teutschen Filarmonischen Gesellschaft* in Speyer veröffentlicht wurde. Dieser Publikation verdanken wir auch einige weitere Details über Quallenbergs Jugend und Ausbildung, denn er schrieb hier:

> „Ich hatte das Glük, an dem Hofe des gemeldeten Grafen von Trautmannsdorf meine musikalische Wissenschaft zu erlernen."

Der in Prag geborene Graf Franz Wenzel von Trauttmansdorff (1677–1753), Obrist Gestütmeister Karls VI., residierte in dem nordböhmischen Ort Litomyšl (Leitomischl) und besaß ein Stadtpalais in Wien. Gottfried Johann Dlabacž rühmt ihn in dem *Allgemeinen historischen Künstler-Lexikon für Böhmen* als „vorzüglichen Instrumentalmusikus" und preist seine „berühmte musikalische Kapelle". Lipowsky wiederum schreibt über Quallenberg, er sei „Hofmusikus und Virtuose auf dem Klarinette, worauf er sich in Wien bildete" gewesen.

Diese wenigen biographischen Puzzlesteine könnte man mit größter Vorsicht zu folgendem unvollständigen Bild fügen: Quallenberg wurde wahrscheinlich um 1726 in Litomyšl oder der Umgebung der Stadt geboren. Möglicherweise besuchte er dort die Schule der Piaristen, in jedem Fall genoss er eine musikalische Ausbildung in der Kapelle des Grafen Trauttmannsdorff. Seine besonderen Fähigkeiten auf der Klarinette erwarb er sich dann in Wien. Vermutlich kam Quallenberg direkt aus Wien nach Mannheim, wo er spätestens seit 1757 als Klarinettist nachweisbar ist. Nicht viel später dürfte er die Mannheimerin Elisabeth Barbara Habert geheiratet haben. Wiederholt unternahm Quallenberg längere Reisen, so etwa 1770 und 1776 nach Wien. Mit diesen Reisen ist wahrscheinlich auch sein zeitweiliges Fehlen in den Hofkalendern zu erklären.

Eine ebenso interessante wie amüsante, wenn auch vielleicht nicht immer seriöse Quelle zum Leben in der kurpfälzischen Residenz um 1760 sind die Aufzeichnungen Johann Christian von Mannlichs (1741-1822).[3] Mannlich, Hofmaler Herzog

---

[3] Johann Christian von Mannlich: *Histoire de ma vie. Mémoires des Johann Christian von Mannlich (1741–1822)*, hg. von Karl-Heinz Bender und Hermann Kleber, 2 Bände, Trier 1989. Alle französischen Zitate aus Mannlichs Autobiographie wurden dieser Ausgabe entnommen.

Christians IV. von Pfalz-Zweibrücken, Generalbaudirektor unter Karl II. August Herzog von Zweibrücken sowie Zentralgaleriedirektor unter König Maximilian I. Joseph von Bayern, wurde an der Kunstakademie in Mannheim ausgebildet und brachte einige Zeit in der Stadt zu. Mit den Quallenbergs war er bestens bekannt, wobei sich sein Hauptinteresse auf die junge Frau Quallenberg und deren jüngere Schwester, die Tänzerin Johanna Antonia Habert, von Mannlich zärtlich „Janette" genannt, richtete. Janette befand sich zu dieser Zeit wohl noch in der Ausbildung bei dem Maître de Ballet François André Bouqueton. Sie heiratete 1771 den Hoftänzer Johann Peter Anton Crux und starb bereits 1774 in Mannheim.[4] Maria Antonia Crux, die Tochter des Tänzerehepaars, wurde eine ausgezeichnete Geigerin, die begleitet von ihrer Tante Madame Quallenberg Konzertreisen unternahm. Beide waren in der Reisegesellschaft, die Mozart 1787 nach Prag begleitete.

Durch die Aufzeichnungen des Malers erfahren wir, dass die beiden jungen Frauen außerordentlich anziehende Erscheinungen gewesen sein müssen. Der Hofmusiker Quallenberg wurde dagegen von Mannlich eher mit mildem Spott bedacht.

Mannlich lernte Madame Quallenberg in einem Café kennen, das ihre Mutter betrieb. So wurde er auch mit Johann Michael Quallenberg bekannt, der dem jungen Mann anbot, ihn in der Musik zu unterrichten. Da Mannlich bereits in dem Hofmusiker Johann Nikolaus Heroux einen Lehrer hatte, schlug Quallenberg vor, ihm stattdessen Geometriestunden zu geben. Mannlich nahm das Angebot an, jedoch weniger um seine wissenschaftliche Bildung abzurunden, sondern vielmehr, um den attraktiven Damen näher kommen zu können. Dass er keinerlei Fortschritte in der Berechnung von Figuren machte, versteht sich fast von selbst, war er doch vollauf damit beschäftigt, die schönen Schwestern zu bewundern:

„Mr Qualenberg a l'exemple de sa jolie femme me combla d'amitié; il vouloit a son tour contribuer a mon education et m'offrit des Leçons de Musique (il etoit Musicien de la cour) mais comme j'avais déja un excellent maitre en Mr Heroux je ne pouvois accepter cet offre. En ce cas me dit-il je vous donnerai des lecons de Géometrie: j'y consenti; nous primes l'heur qui me restait et nous commensames. Mr Qualenberg croyoit être un grand géometre parcequ'il avoit tracé et executé la célebre Sternalée pres de Schwetzingen. Madame Qualenberg assistoit au Leçon ainsi que sa jeune soeur cadette, la douce janette dont le nom seul me prevint en sa faveur. Elle avoit eté choisie au nombre des vierges destinées a suivre le culte de Terpsichore, et se trouvoit parmi les eleves de Bouqueton. Je n'ai pas besoin de le dire; je ne fis aucun progrés en géometrie, au lieu de faire attention aux figures que mon maître me faisoit tracer et calculer, je ne voyois et n'entendois que celles de deux souers, qui enflamerent mon sang et m'altererent, non d'elles precisement, mais de la soif des femmes en general."

---

[4] Für das folgende s. *Mozart. Briefe und Aufzeichnungen*, a. a. O., Bd. 6, S. 306.

Aus Mannlichs Bericht spricht auch der – vermutlich nicht gänzlich unbegründete – Stolz Quallenbergs auf ein Projekt, dem er sich neben seiner Anstellung als Hofmusiker über Jahre hin widmete, der Sternallee nahe dem Schwetzinger Schlosspark. Jagdsterne, Waldstücke in denen von einem zentralen Rondell radiale Schneisen ausgehen, gehörten zur Infrastruktur fürstlicher Jagden im 18. Jahrhundert und finden sich in der Nähe zahlreicher Jagdschlösser. Das Wild konnte durch die Schneisen von allen Seiten in das Zentrum getrieben werden, wo die hohen Herrschaften warteten, um eine möglichst große Stückzahl zu erlegen. Bereits am 10. Oktober 1757 wurde der „Hoff Musici Quallenberg als Entrepenneur der neuangelegten Luststern allée" von Kurfürst Carl Theodor bestätigt. Das Areal, das sogenannte „Knaubloch", das sich südwestlich des Schlossgartens befand, umfasste außer dem Jagdstern weitere geometrisch angelegte parkähnliche Teile, etwa eine „Schneckenallee".

Quallenberg hatte auch für die Bepflanzung und Pflege der Anlage Sorge zu tragen. Zunächst erhielt er dafür 1000 fl. (Gulden), ab Januar 1759 600 fl. Doch wie bei so manchem Bauvorhaben wurde Quallenbergs Arbeit von größeren und kleineren Katastrophen begleitet. Für das Jahr 1760 sind Auseinandersetzungen mit den Tagelöhnern Jörg Schüttelbock und Peter Scherer aktenkundig. Beide forderten die Auszahlung von ihnen zustehenden Entlohnungen, was ihnen schließlich gewährt wurde. Gegenüber Quallenberg scheinen sie nicht zimperlich gewesen zu sein. „Wegen denen allenfals ausgestossen seyn sollenden unzuglichen Reden", deren genauer Wortlaut nicht überliefert ist, wurde beiden ein scharfer Verweis erteilt. Doch auch schlechtes Wetter und Vandalismus machten Quallenberg zu schaffen. Ein Besichtigungsprotokoll vom 25. Mai 1761 berichtet, „daß den verfloßenen Winter über abermahlen viele gesetzte Junge Buchen theils durch den Frost verdorben, theils von liederlichem bösen gesindel ausgerissen – abgehauen u. Entwendet worden".

Am 3. Juli 1762 endete Quallenbergs landschaftsgartenbauerische Tätigkeit. Die Akten berichten, dass unter diesem Datum die Sternallee „zum haubtgarten gezogen, anbey verordnet worden, das [...] Quallenberg sich nicht das mindeste mehr in sothanem Wäldlein anmasen oder unternehmen solle".

Aber nicht nur die Planung und Ausführung der Sternallee, auch eine frühe touristische Nutzung ließ sich Quallenberg einfallen. Im März 1759 suchte Hof-Musicus Quallenberg um eine Genehmigung nach, „in der Stern Allee zu Schwetzingen, Wein, Bier, Theé, Caffeé, und anderes getränk verkauffen zu dürffen". Dieses wurde ihm „gegen Abführung des gewöhnlichen Accises" gestattet. Auch Mannlich, der in der schönen Jahreszeit die Wochenenden in der Schwetzinger Sommerresidenz verbrachte, gehörte zu den Gästen:

„Pendant ces actes d'apparition a Schwetzingen je ne manquai pas de me rendre chez Mad^me Qualenberg dont la mere tenoit un caffé dans une baraque au millieu de la Sternallée."

Ein großer wirtschaftlicher Erfolg war diesem gastronomischen Unternehmen des Hofmusikers nicht beschieden, falls man seiner Darstellung glauben kann. Denn das „gewöhnliche Accise" entrichtete er nicht und stellte den Antrag, ihm dieses zu erlassen, worüber die Geheime Kanzlei am 19. August 1761 beriet. Quallenberg begründete sein Gesuch in einem ausführlichen Schreiben an den Kurfürsten im Sommer 1761:

> „Durchlauchtigster Churfürst, gnädigster Herr!
> Euer Churfürstl. Durchlaucht haben allergnädigst gestattet, daß durch mich in der Sternallee Wein pp. verzapfet werden dürfte mit der Darlegung, 20 Gulden an den Ungelder Steiger zu bezahlen. Dieses ist wahrlich nicht viel. Ich kann aber Ihro Churfürstl. Durchl. gnädigstem Herrn ganz untertänigst versichern und in Wahrheit beweisen, daß mir von allen drei Sommern von diesem Profit nicht möglich ist, einen Gulden zu bezahlen, welches man mir zwar nicht glauben wird, es sei denn die Sache würde nach ihren natürlichen Zufällen näher eingesehen. [...]
> Primo ist der alljährlich einfallende Regen, wie man sich diesen Sommer durch 6 Wochen her zu erinnern weiß,
> Secundo die darauf fallende große Hitze,
> Tertio die ohnausstehendliche Qual von den Schnacken und Ungeziefers, welches in einem Wald weit mehr als in den Häusern und Gärten sich einfindet, und was noch Quarto, so kann sich niemand vor Hitze und Regen und anderen Ungemächlichkeiten so solvieren, als in den herumliegenden Dörfern, weil allda kein Schirm oder Gebäude ist, mithin jedermann von dergleichem Ort abwendig wird, viel lieber in Schwetzingen bleiben oder sonst wohin gehen, wo die Wirte mit allem und jedem versehen seien, z. B. mit Geflügel, welches sich dergleichen Leute ohne Kosten ziehen können, diese auch in ihren Speisen und Trank keinem Verderb unterworfen seien, wie wir leider alles bis dato erlitten haben, daß uns sowohl vermöge Ermangelung eines guten Kellers alles verschimmelte und unbrauchbar wird, oder aber vermöge Ermangelung der Gäste von uns verzehret werden muß, wie dann der Wein noch alljährlich hat sauer und zu Essig werden müssen [...] Und ich würde mich nimmermehr diesen Sommer zu einiger Zapferei bequemt haben, wann ich mich nicht getröstet hätte, den vorgehabten Schaden einzubringen, wobei ich aber leider das Widerspiel ersehe, daß einmal für das andere Mal nichts hieraus zu tun ist. Bin auch gänzlich entschlossen, mit den Meinigen die Zapferei vielleicht, ehe die Sommerkampagne zu Ende gehet, zu beschließen, bis der Platz bequemer werde und ich etwas zu Kräften komme und bauen könne.
> Solchemnach gelangt an Eure Durchl. mein untertänigstes Vorstellen und Bitten, allergnädigstes Einsehen zu tragen in Betracht, daß den Schwetzingern und anderen nimmermehr einiger Abgang zugefertiget werden könne, mich als den Erfinder dieses Lustplatzes mit den Meinigen so wohl verflossener als zukünftiger Ungeldanforderungen allergnädigst befreien wollen. [...]

Wir beharrende Euer Churfürstl. beider Durchl. gnädigsten Herrn Herrn und Frauen Frauen untertänigster Knecht Michael Quallenberg und die Seinigen, Weib und Mutter pp".[5]

Dieses zwischen Straußwirtschaft und Caféhaus stehende Etablissement bestand also zumindest in den Jahren 1759–1761. 1765 bat Quallenberg nochmals um eine Unterstützung für den Bau eines Hauses in der Sternallee, jedoch wurde dieses Gesuch abgelehnt. Ob er die „Zapferei" noch 1763 betrieb, als Vater Leopold Mozart mit den Kindern Maria Anna und Wolfgang Amadeus im Juli/August Schwetzingen besuchte, ist unbekannt. In jedem Fall machten die Mozarts die Bekanntschaft Quallenbergs, denn Leopold Mozart verzeichnet ihn in seinen Reisenotizen als „clarinetist qualberg".[6] Und man besuchte auch die Sternallee, für Vater und Tochter Mozart gehörte sie zu den Schwetzinger Sehenswürdigkeiten: „schwätzingen den garden, die frazösische comendie, die schönsten balet und die sternallee", notierte Nannerl in ihr Reisetagebuch.[7]

Die bereits zitierten handschriftlichen Memoiren Mannlichs bergen auch einige pikante Geschichten. Diese Abschnitte fehlen in den erst lange nach dem Tode des Malers erschienenen bereinigten deutschen Ausgaben. Erst seit der Veröffentlichung einer wissenschaftlichen Ausgabe liegen die Erinnerungen vollständig gedruckt vor. Mannlich erzählt etwa folgende Geschichte:

Frau Quallenberg schlug ihm eines Tages vor, sie auf den Hofball zu begleiten. Mannlich äußerte zunächst Bedenken wegen seines Gastwirts. Er wolle niemanden durch seine späte Heimkunft stören. Die schöne Frau des Hofmusikers zerstreute diese Bedenken und bot ihm an, die Nacht im Anschluss an den Ball in ihrem Hause zu verbringen, ein Plätzchen zum Schlafen werde sich für den jungen Mann schon finden. Als Mannlich und die Quallenbergs um 3 Uhr in der Frühe schließlich nach Hause kamen, hatte die Dame des Hauses vergessen, ein Bett für den Gast zu bereiten. „Comment faire?" Mannlichs Vorschlag, sein Nachtlager in einem Sessel aufzuschlagen, wurde verworfen. Madame Quallenberg lud den jungen Mann kurzerhand ein, gemeinsam im Ehebett zu nächtigen:

„Je fréquentai en outre journellement le caffé pour y passer mes Soirées. Mme Qualenberg qui etoit toujours dans la Salle a coté, me proposa d'aller avec elle au bal de la cour. Je fis quelques difficultés a cause de mes hôtes, dont je ne voullois pas interrompre le repos en rentrant si tard.

---

[5] Zitiert nach: Karl Mossemann: *Die Musiker der „Mannheimer Schule", ihr Ensemble und die „Comoedianten" im Spiegel der Schwetzinger Kirchenbücher*, in: *Badische Familienkunde* 12 (1969) Heft 2/3, S. 79–90, hier: S. 89–90.
[6] *Mozart. Briefe und Aufzeichnungen*, a. a. O., Bd. 1, S. 81.
[7] Ebd., S. 82.

La grande aversion que j'avois pour tout ce qui gêne, tournoit a compte et au profit des autres: car je puis compter au petit nombre de mes bonnes qualités celle de ne voulloir gêner personne. Oh! qu'a cela ne tienne répliqua t elle gaiement, vous resterés avec nous au retour du bal, nous trouverons a vous coucher. J'y consentis avec plaisir, mais en rentrant avec elle, son mari et sa soeur a trois heurs du matin, il n'y avoit pas de lit préparé pour moi: elle l'avoit oubliée: il etoit trop tard; comment faire?

Je pris la parti de me jetter sur un fauteuil dans sa chambre; elle me plaignit beaucoup: son bon homme de mari me fit des excuses en se deshabillant et en grondant sa belle moitié de sa négligence.

Oh! dit-elle, il y a un moyen de nous arranger tous; notre lit est tres large, il y a place pour trois; je me metterai dans le fond, vous au millieu et Monsieur sur le devant. Attendez seulement que je sois couchée et venez tous les deux. Elle laissa tomber en meme temps sa derniere juppe deriere le rideau et se glissa sous la couverte. L'avis fut accepté et nous voila tous les trois dans le même lit."

Es wurde eine unruhige Nacht für den fast siebzehnjährigen, der nach seiner eigenen Aussage zwar nicht verliebt in die Hausherrin war, dessen erwachende Männlichkeit jedoch von den Reizen der jungen Frau in Aufruhr versetzt wurde. Während der Hausherr friedlich schnarchte, konnte seine Frau das Lachen nicht unterdrücken. Der einzige, der in dieser Nacht keinen Schlaf fand, war der junge Maler.

Quallenbergs Tätigkeiten beschränkten sich keineswegs auf seine Dienste in der Hofkapelle und die Arbeiten an und in der Sternallee. Immer wieder meldete er sich mit Eingaben und Publikationen zu den unterschiedlichsten Themen zu Wort: 1762 formulierte er ein umfangreiches Projekt für eine Art Sozialversicherung, die nicht nur die Bettelei in der Kurpfalz beenden, sondern darüber hinaus für den Kurfürsten sogar noch Gewinn abwerfen sollte. Etwa ein Jahr später veröffentlichte er einen Vorschlag zur Besteuerung der Bienen bzw. der Imker. 1773/74 unterbreitete Quallenberg dem Kurfürsten ein neues Projekt: Er wollte auf eigene Kosten einen Viehtrieb zwischen der Sternallee und dem zu der Gemeinde Ketsch gehörenden Wald neu anlegen,

„da S[eine]r. Churfürstl D[urc]hl[auch]t an Verschönerung höchst dero Landen sonder bares Vergnügen schöpfen, wie es die verschiedenen Vorkehrungen zeigen, So wäre [ich] unterhänigst entschlossen, durch meine wenige Baarschaft, die Stern Alleé aussenher annoch etwas verschön[n]ern zuhelfen".

Begleitet wurde das Schreiben von einem detaillierten Plan, der auch Zeugnis vom zeichnerischen Vermögen Quallenbergs ablegt (s. Abbildung). Ganz so uneigennützig, wie der Autor seine Ziele formulierte, waren sie jedoch nicht: Als Gegenleistung erbat Quallenberg, ihm ein Eichenwäldchen, das sich in dem neu zu gestaltenden Gebiet befand, in Erbpacht zu überlassen. Das Projekt wurde jedoch nicht genehmigt. Mehr

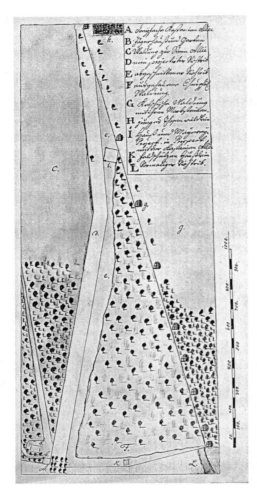

Der geplante Viehtrieb nahe der Sternallee 1773, Zeichnung von Johann Michael Quallenberg (Karlsruhe, Generallandesarchiv, in: 221/251).

Glück hatte der Hofmusiker im nächsten Jahr, als er sich um das Bürgerrecht in dem nahe Schwetzingen gelegenen Ort Brühl bemühte. Das Geheime Kanzlei Protokoll vom 11. April 1774 vermerkt:

> „Tit[u]l[ierter]. Quallenberg bittet ihme die Brühler sogenannte Dornmühl Erbbeständlich zu überlassen, nebst der Personal freyheit das Brühler Bürgerrecht angedeihen, und die vorräthige Mühlgeraitschaften in so lang bey der Mühl zu belassen, bis der Versuch gemachet, ob nicht ohne Beyhülfe des Wassers eine Mühl zu Taback, Krapp [Färberkrapp, *Rubiat tinctorum*], Puder oder Ibs hergestellt werden könne."

Brühl wurde scheinbar, soweit es Quallenbergs sonstige Verpflichtungen zuließen, zu seinem neuen Lebensmittelpunkt. Er widmete sich hier auch einer neuen Betätigung: Er schrieb literarische Texte, wozu auch die eingangs zitierte *Geschichte einer Geige* zu zählen ist, die er mit „Brühl nächst Schwezingen in der Kurpfalz den 22. März 1782" datierte. Roland Würtz vermutete in seiner Monographie über Ignaz Fränzl, dass diese Veröffentlichung von Fränzl, dem Konzertmeister des Mannheimer Hoforches-ters, der nach dem Wegzug des Hofes in Mannheim blieb und hier das Theaterorchester leitete, lanciert wurde, um den Preis dieser Geige, die in seinem Besitz war und die er am Ende des Textes zum Verkauf anbot, zu steigern.

Im Jahre 1777 hatte Quallenberg sich sogar an ein Theaterstück gewagt, das den Titel trägt:

> „Die Schöne am Rhein, oder Die übel gelungene Ehescheidung. ein Lust-Spiel in vier Aufzügen. Von Joh: Mich: Quallenberg Sr Kurfürstl Durchl: zu Pfalz Hof Musicus, ländlicher Zeit-Vertreib. Brühl 1777".

Es ist fragmentarisch in der Bayerischen Staatsbibliothek zu München erhalten. Die Handlung spielt in einer „ansehendlichen Hauptstadt am Rhein", worunter man Mannheim vermuten darf. Es darf auch spekuliert werden, ob Quallenberg hier Autobiographisches verarbeitete.

Als 1778 der Mannheimer Hof und mit ihm die meisten Musiker der berühmten Hofkapelle nach München gingen, war Quallenberg nicht unter ihnen. Er blieb in der Kurpfalz und zog sich wahrscheinlich ganz nach Brühl zurück. Hier starb er und wurde am 16. April 1786 begraben.

Ein kleiner Ehrenplatz in der Musikgeschichte ist Quallenberg als erstem spezialisierten Klarinettisten in einem Orchester sicher. Spuren seines weit gefächerten Wirkens haben sich jedoch bis heute im Wald südwestlich des Schwetzinger Schlossparks erhalten. Im angrenzenden Wohngebiet trägt eine Straße den Namen Sternallee. Für den Eingeweihten ist dies auch eine Art Denkmal für den vielseitigen Mannheimer Hofmusiker.

Nicoline Winkler

In flagranti.
Zur Bestrafung eines Sittlichkeitsdelikts
in der mittelalterlichen Gaskogne

Ehebruch ist Diebstahl, lehrt Epiktet (um 50–130 n. Chr.) – dem Nächsten seine Frau zu nehmen ist ebenso flegelhaft, wie bei Tisch dem Nachbarn seine Portion Fleisch vom Teller zu entwenden. Das Delikt, das seit Augustus (63 v. Chr.–14 n. Chr.) strafbar ist, bezog sich in der frühen Periode des römischen Rechts, als sich das Privileg des Mannes von selbst verstand, zunächst nur auf die Ehefrau. Seine eng begrenzte Begriffsbestimmung änderte sich jedoch mit dem kanonischen Recht und seiner beide Ehegatten einander gleichstellenden Begriffserweiterung. Die Bestrafung des Ehebruchs wurde im römischen Recht als eine Verletzung der staatlichen Institution der Ehe interpretiert, während das Christentum darin eine Verletzung des göttlichen Sakraments der Ehe sah, und die Kirche strafte sowohl das Verbrechen als auch die Sünde. Aus dieser Anschauung folgte, daß sowohl der Ehemann als auch die Ehefrau sich eines Ehebruchs schuldig machen konnten und zu bestrafen waren.

Dies stand meist im Widerspruch zu den Volksrechten. Für diese aus dem Gewohnheitsrecht entstandenen Rechte einzelner Stämme zählte nur die Untreue der Ehefrau, letzten Endes wegen der Sorge um die „Reinerhaltung des Blutes", die die Frau gefährden konnte. Hier wie im alten römischen Recht wurde nur die Frau belangt, und ihre Bestrafung war Privatangelegenheit des Ehemannes oder der nächsten Verwandten. Erst mit Einführung des Christentums wurde die heidnische Mentalität, daß der Ehebruch allein die Frau und nicht den Mann beflecke, allmählich überwunden.

Die Gerichte im Mittelalter fällten Urteile mit Strafen von oft grausamer Härte. Nach dem biblischen Grundsatz der Vergeltung „Auge um Auge, Zahn um Zahn" kostete die Tat dem Meineidigen den Finger, der Verleumder bekam die Zunge abgeschnitten oder herausgerissen. Urteile wurden der Abschreckung wegen in der Öffentlichkeit vollstreckt. So findet sich im Mittelalter anfänglich für das Ehebruchsdelikt noch häufig die Todesstrafe und das Tötungsrecht des Ehemanns. Bei den Galloromanen und den Germanen war der Ehemann ermächtigt, seine Frau und ihren auf frischer Tat ertappten Liebhaber auf der Stelle „mit einem einzigen Streich" zu töten. Ganz anders war das Vorgehen der Kirche, welche den Sünder bessern wollte und zugleich die Bestrafung des Täters dem Verletzten zu entziehen bestrebt war. Daher das gänzliche Fehlen der Todesstrafe, die eine Besserung unmöglich gemacht hätte. Abhängig vom Kulturkreis wurden die Lebens- und Leibesstrafen aber auch beim weltlichen Gericht mehr und mehr von Freiheits- und entehrenden Strafen abgelöst. Das schließt aber nicht aus, daß die Todesstrafe sich nicht noch in Rechtsbüchern des 16. Jahrhunderts finden läßt, wie es auch keine einheitliche Entwicklung in der Strafrechtsgeschichte Europas zum Umgang mit Ehebruch gibt. Die vielfältigsten Strafandrohungen treten für Ehebrecher in buntem zeitlichen Durcheinander auf, eine fortschreitende Tendenz von Milde zu Strenge oder umgekehrt ist nicht zu konstatieren. Frankreich ist ein exemplarischer Fall für die unterschiedliche rechtliche Vorgehensweise in der Ahndung des unsittlichen Verstoßes gegen Privatrecht und öffentliche Ordnung. Im Norden schweigen die Rechtsaufzeichnungen zum Thema, und die kirchlichen Institutionen, die über die alleinige Gewalt der Rechtsprechung verfügten, auferlegten öffentliche Bußen und verhängten relativ geringe Strafgelder. Anders sah die weltliche Rechtsprechung im Süden aus. In den frühen mittelalterlichen Urkunden des Midi vom 11. und 12. Jahrhundert war die Strafe für Ehebruch zusammen mit den Straftaten Frauenraub, Totschlag und Brandstiftung noch der Willkür des jeweiligen Lehnsherrn unterworfen. Da eine Tötung für den Lehnsherrn wenig nutzbringend ist, wurden in Saint-Antonin um 1144 die Ehebrecher, die „fehlten" (*faitillar*), zur Strafe der Knechtschaft ihrer Person und ihrer Güterkonfiszierung unterzogen. In Bazas durfte die Ehefrau, die ihren Mann betrog (*far fauta a son marit*), von ihm verstoßen werden. Konnte er ihre Schuld nachweisen und war nicht gewillt, sie wieder aufzunehmen, hatte sie keinerlei Anrecht auf ihre Mitgift.

Diese arbiträre Rechtspraxis änderte sich mit dem Aufkommen und Aufblühen der Städte, denen man die Entstehung einer gewaltigen Anzahl städtischer Rechtsaufzeichnungen verdankt. Die aufgrund des kommerziellen Wachstums zunehmend wohlhabendere und mächtigere städtische Bürgerschicht strebte ab dem 11. Jahrhundert eine kommunale Autonomie in Loslösung von der Autorität des Lehnsherrn an. Nicht frei von Traditionen und alten Rechtsbräuchen hatte sich eine juristische und administrative Praxis zur Lösung privatrechtlicher und gemeinschaftlicher Probleme in den neuen Stadtverbänden entwickelt: Nun wurde sie in den Stadtrechten schriftlich fixiert. In ihnen findet sich für das Ehebruchsvergehen eine ungewöhnliche, lokal in Südfrankreich angesiedelte Strafmaßnahme in Form einer Ehrenstrafe, die nicht zuletzt dazu diente, die Schuldigen härteren Strafen wie dem kompletten Entzug ihrer Existenzgrundlage oder gar der Tötung oder dem Verstümmeln zu entziehen. Für sittenwidrige Taten gab es von jeher einen Kanon von Maßnahmen, den Übeltäter an seiner Ehre zu strafen: das Auspeitschen mit Ruten, das Stellen an den Pranger, das Abschneiden der Haare bei Frauen, um nur einige zu nennen. Sinn und Zweck der Ehren- oder Schandstrafen, die auf den moralischen Tod der Beteiligten in der Gemeinschaft abzielen sollten, war der Effekt der Abschreckung der Öffentlichkeit. Dazu kam aber durchaus auch der Nebeneffekt der Volksbelustigung, durfte das Volk hier doch, im Gegensatz zum Vollzug der Leibesstrafen, selbst Hand anlegen und die Rechtsbrecher tätlich und mit Worten erniedrigen.

In den städtischen Coutumes setzte sich ab dem 12. Jahrhundert für das crimen publicum eine auf das Vergehen angepaßte Ehrenstrafe durch: *lo correment*. Das Unglückspaar wurde nackt in Begleitung von Ausrufern und Stadttrompetern durch alle wichtigen Straßen des Ortes getrieben. Die angestrebte Analogie zwischen Tat bzw. Tatmittel (in diesem Fall der schuldige Körperteil) und Strafe konnte so weit gehen, daß die Frau ihren Liebesgefährten mit einem Strick, der an seiner „sündigen" Stelle befestigt wurde, hinter sich herzuziehen hatte. Das Treiben von Delinquenten durch die Stadt war eine gängige Strafe für vielerlei Arten von Vergehen wie Diebstahl oder Brandstiftung, doch charakteristisch für den Strafvollzug beim Ehebruchsdelikt und anderen unsittlichen Verfehlungen[1] war, daß die Protagonisten ganz oder teilweise unbekleidet waren. Sein Zentrum hatte diese Form des Strafvollzugs im Grenzgebiet zwischen Languedoc und Gaskogne um die Städte Toulouse und Agen. Die Sitte findet sich vereinzelt über den Midi hinaus noch bis nördlich von Lyon (Sagy [Saône-et-Loire] 1266), nordöstlich bis ins Gebiet des damaligen Savoyen (La-Tour-de-Peilz [heute Kanton Waadt, Schweiz], Ende 13. Jh.) und Genf (1291).

Dieses unterhaltsame Phänomen der südfranzösischen Rechtsprechung war mehrfach Gegenstand von Untersuchungen, darunter eine umfassende neuere Studie von J.-M. Carbasse[2] zu den südfranzösischen Quellen vornehmlich okzitanischen Schwerpunkts. Unser Exkurs stützt sich fast ausschließlich auf die entsprechenden Artikel in den Stadtrechten der frühen juristischen und administrativen Urkunden des französischen Südwesten und seiner Grenzgebiete, die sich im Korpus des Wörterbuchs zur altgaskognischen Urkundensprache befinden. Das bei der Heidelberger Akademie der Wissenschaften angesiedelte *Wörterbuch der altgaskognischen Urkundensprache/Dictionnaire onomasiologique de l'ancien gascon* (DAG) untersucht den gaskognischen Wortschatz von den schriftlichen Ursprüngen der Sprache bis zum Einsetzen erster literarischer Dokumente im 14. Jahrhundert in Abgrenzung zum okzitanischen Sprachgebiet des Midi.[3] Es präsentiert die Daten nicht alphabetisch, sondern nach Sachgruppen und Themenbereichen geordnet, was ein besonders anschauliches Bild der mittelalterlichen Sprachkultur Aquitaniens entwirft.

Schreiten wir also zur Beschreibung des Tatbestands des Ehebruchs (*adulteri*) anhand der über 70 gaskognischen und lateinischen Quellen unseres Korpus. Der früheste gaskognische Beleg findet sich um 1190 in Bayonne in der „Charte des Malfaiteurs": „Jeder verheiratete Mann, der mit einer verheirateten Frau gefaßt wird, soll nach dem Brauch der Stadt nackt durch die Stadt getrieben werden (*correra nut per*

---

[1] In Toulouse wurde 1477 ein Bader verurteilt, nackt durch die Stadt zu laufen, weil er eine Badestube eher bordellhaften Charakters betrieb.
[2] Jean-Marie Carbasse: *Currant nudi. La répression de l'adultère dans le Midi médiéval (XIIe–XVe siècles)*, in: *Droit, histoire & sexualité*, éd. par Jacques Poumarède et Jean-Pierre Royer, Lille 1987, S. 83–102.
[3] Die Gaskogne umfaßt, grob umrissen, die Südwestecke Frankreichs von der Girondemündung bis an die Pyrenäen, vom Atlantik bis zur gaskognisch-languedokischen Sprachgrenze der Garonne.

le viele); und ebenso die Frau, wenn sie verheiratet ist". Männliche und weibliche *adoutres* (1215), *adultres* (1265), *adoltres* (1370) oder *avoltres* (ca. 1400) werden, obschon sie der weltlichen Rechtsprechung unterliegen, wie im kanonischen Recht gleich behandelt. Dabei ist in keinster Weise ausschlaggebend, ob der Mann oder die Frau verheiratet ist. Die Minimalanforderung für einen juristisch relevanten Tatbestand besteht schlichtweg in der Tatsache, daß zumindest einer der involvierten Partner verheiratet sein muß: „Wenn jemand mit der Frau eines anderen oder eine Frau mit dem Ehemann einer anderen überrascht wird ..." (Morlaàs/Béarn 1220) oder „wenn ein verheirateter Mann mit irgendeiner Frau ertappt wird ..." (La Réole ca. 1400). Manche Texte sprechen klar aus, daß ein Ehebruch auch vorliegt, wenn eine verheiratete Person mit einer anderen verheirateten *oder freien bzw. nicht verheirateten* ertappt wird (Saint-Gaudens 1203; Aure 1300).[4] In diesem Sinne sind sicher auch die zahlreichen Urkunden zu verstehen, die nur noch kurz und bündig formulieren „wenn jemand" oder „wenn ein Mann oder eine Frau beim Ehebruch erwischt wird ..." (Montsaunès 1288; L'Isle-d'Arbeyssan 1308). Dies scheint, nach den Erhebungen von J.-M. Carbasse, in Südfrankreich nicht die Regel, sondern eher die Ausnahme zu sein von der patriarchalischen Mentalität, die die Frau als alleinige Ehebrecherin sieht bzw. den ehebrecherischen Mann verurteilt, der das „Eigentum" eines Mitbürgers schändet. Er führt diese emanzipatorische Rechtsanschauung teils auf einen möglichen kirchlichen Einfluß durch eine geistliche Obrigkeit vor Ort, teils auf das Vorbild der Statuten von Montpellier zurück: *Si mulier virum habens, vel vir uxorem, cum aliquo vel aliqua capti in adulterio fuerint* (Gesetzesentwurf von 1190 der Urkunde von 1204). Wir sind in unserem Korpus nur auf sechs patriarchalisch interpretierbare Stellen gestoßen, fünf davon im Grenzgebiet um Agen und Toulouse gelegen („wenn ein Mann mit einer verheirateten Frau gefaßt wird ..." Meilhan-sur-Garonne 13. Jh.). Dagegen steht mit nur einem „frauenfeindlichen" Beleg im Gers, dem Herzen der Gaskogne („wenn ein verheirateter oder lediger Mann mit einer verheirateten Frau nackt überrascht wird ..." Auch 1301) unser Gebiet in punkto Gleichberechtigung vorbildlich da im Vergleich zum übrigen Okzitanien. In Bergerac, im Grenzgebiet der Gaskogne zum Périgord, wird 1322 sogar nur der verheiratete Übeltäter bestraft. Ist der Mann unverheiratet, wird nur die Frau beschuldigt, und er ist entlastet. Im umgekehrten Fall wird nur der Mann bestraft. Ähnlich in Aubiet im Gers, wo 1228 sogar der verheiratete Mann, der sich mit einer Witwe eingelassen hat, allein mit Ruten durch die Stadt getrieben wird.

Strengstens festgelegt sind die Kriterien zur Überführung der Missetäter. Um falschen Beschuldigungen und Verleumdungen vorzubeugen, wird diesem Punkt besonders viel Gewicht eingeräumt. Wichtigster Sachverhalt ist: die Betroffenen müssen „bei handhafter Tat", d. h. in flagranti im Bett ertappt werden. Dies trifft zu, wenn

---

[4] *Si aliquis homo uxoratus in adulterio fuerit deprehensus cum femina maritata, vel etiam cum soluta, aut femina maritata cum homme uxarato, vel etiam cum soluto, dominus faciat ambos spoliatos currere totam villam* (Lourdes 1379).

sie beide nackt angetroffen werden. Ebenfalls, wenn im bekleideten Zustand der Mann die Hosen sichtbar heruntergelassen hat (*bragas beian bayssadas* Saint-Gaudens 1203), auf der Frau oder zwischen ihren Beinen liegt (*sobre lieis* Montréal-de-Gers 1255; *entre las cambas de la femna* Montoussin 1270) und ihre Röcke oder Kleider (bis zum Bauch) gehoben sind (*las faudas de la femna levadas; sas vestimentas levadas entro al ventre*). Gültig wird die Überführung des Angeklagten nur durch die Aussage von mindestens zwei Augenzeugen, die rechtskräftig anerkannt (*testimonis leials* Saint-Gaudens 1203) und glaubwürdig (*personas bonas dignas de fe* Lectoure 1294) sein müssen, vorzugsweise Würdenträger und Repräsentanten der Gemeinde. Familienmitglieder werden nicht akzeptiert (Sainte-Livrade 1248; Fezensac 1276). Um nicht noch „den Bock zum Gärtner zu machen", wird in den Coutumes der Stadt Saint-Gaudens 1203 darauf abgehoben, daß diese Zeugen sich niemals einer Vergewaltigung noch einer Verführung schuldig gemacht haben dürfen (*no sian forsadors ni prenedors*).

Das Delikt wurde auf erhobene Klage verfolgt. Ob dies auch anonym durch Denunziation geschehen konnte, geht nicht aus unseren Quellen hervor. Die meisten unserer Urkunden äußern sich entweder nicht dazu oder vermerken ausdrücklich, daß die Tat nur auf Anzeige des Ehemanns oder der Ehefrau gerichtlich geahndet wird. So in Lectoure 1294, wo das Gericht sich daraufhin an den Tatort begeben und das Urteil vor Ort fällen muß. In Fumel (1267) müssen die Täter auf frischer Tat ertappt werden, eine Klage muß erhoben werden und sie müssen ihre Tat vor Gericht bekennen, bevor sie dem Urteil überantwortet werden können. Ohne Geständnis ist kein Urteil möglich.

Gelingt es den Tätern oder einem von ihnen zu entfliehen, gehen sie straffrei aus (Agen 1370; Gontaud 14. Jh.); kann einer der Delinquenten in Saint-Gaudens (1203) bis zur Straße oder dem Weg entkommen, darf man ihn noch festhalten, falls die Verfolger ihn am Rockzipfel haben. Selbstjustiz ist dabei verboten. Er darf nach seiner Festnahme weder geschlagen noch sonst maltraitiert werden und muß der Autorität der Stadt überantwortet werden.

Sind alle gesetzlichen Hürden von seiten der Ankläger erfolgreich überwunden und haben sich die Täter unvorsichtigerweise unter den vorgeschriebenen Bedingungen fassen lassen, sind überführt und geständig, werden sie verurteilt und sehen sich der Schande des „Laufs durch die Stadt" ausgesetzt. Für einen Tag sind sie die Hauptprotagonisten eines nicht alltäglichen Spektakels unter vermutlich reger Anteilnahme des städtischen Publikums, denn Neugier ist menschlich und heute wie damals wach, wenn es um Ummoralisches ging.[5]

Correr la bila nutz „die Stadt nackt durchlaufen" (Fezensac 1276), *correr entramps despulhatz per tote la biele* „die ganze Stadt gemeinsam entblößt durchlaufen" (Mor-

---

[5] Die Sitte des „Laufs" war bei der Bevölkerung nicht wohlgelitten. Eine Beschwerde der Bürger von Charlieu [Loire] ging 1272 vor dem Vogt von Mâcon gegen die Einführung der „nova und inconsueta justicia" ein (J.-M. Carbasse, a. a. O., Anm. 80).

Abb. 1: Livre des Coutumes der Stadt Agen (Mitte 13. Jh.), Bibl. municipale d'Agen.

laàs 1220), *correr ses bestiduras per tota la carrera de la ciutat* „ohne Bekleidung durch alle Straßen der Stadt laufen" (Oloron/Béarn 1278), so lautet die amtliche Verlautbarung der Strafmaßnahme. Formelhaft verkürzt auch: *correr per la vila* „die Stadt durchlaufen" (Beaumont-de-Lomagne 1278), *correr la villa am fempna* „die Stadt mit einer Frau durchlaufen" (Bordeaux 13. Jh.), *portar pene publica* „die öffentliche Strafe tragen" (Aure 1300) und mittellatein. *currere (nudi) per villam* (Gers 1276–1293), *currere totam villam* (Lourdes 1379).[6] Welche Details in dieser schematisierten Ausdrucksweise verborgen stecken, erzählen uns glücklicherweise die Urkunden in ihrem gesprächigen Variantenreichtum zur Beschreibung des Strafvollzugs. Auf okzitanischem Gebiet finden sich bereits 1218 (Turenne [Corrèze]) und 1219 (Martell [Lot]) erste klare Hinweise, daß die Komplizen aneinandergebunden wurden: *nudi trahendi per villam* und *trahatur per genitalia nudus & adultera nuda*. Im Agenais, dieser ständig zwischen der Gaskogne und Toulouse in politischen Wirren hin- und hergerissenen Grenzregion, häufen sich die Zeugnisse für diese (Un)Sitte, darunter auch erste Dokumente, die die restlichen heutigen Zweifel beseitigen und klipp und klar formulieren: „Die Frau geht voraus und zieht den Mann mit einem Seil an den Hoden hinter

---

[6] In Fällen außerhalb der Gaskogne stößt man auch anstelle von *currere* auf das Verb *trotare* (s. *Glossarium mediae et infimae latinitatis*, conditum a Carolo du Fresne Domino du Cange, ed. L. Favre, Graz 1954 [Neudr.] sub *trotare*).

sich her" (Montréal-de-Gers 1255; Fumel 1265). In Fezensac 1276, in Layrac 1273 und in einer Reihe von Urkunden in Agen (1370) und um Agen herum wird nur vermerkt, daß sie zusammengebunden (*ensemps ajustatz; liatz ab una corda; nudi cunjunctim*) oder nach dem Gesetz von Montpellier miteinander verbunden wurden (*liguats, a l'for de Monpeslir*, Gontaud 14. Jh.). In Castéra-Bouzet (1300) werden sie anhand eines Stricks um die Brust „liiert". In den Etablissements de Bordeaux, einer Sammlung von um das Jahr 1400 kompilierten Urkunden, findet sich die aufschlußreichste Vorgabe: „Sie laufen nackt durch die Stadt, die Hände auf der Brust zusammengebunden und mit einem Seil verbunden, der Mann an den Hoden, die Frau an der Hüfte". Ob dies die „Exklusivvariante" oder der Standardfall der Bestrafung war, muß spekulativ bleiben. Zwei erhaltene Illustrationen zum Thema könnten auf letzteres hinweisen (Abb. 1).[7] Auch Zusätze wie „nach Brauch der Stadt" (Bayonne ca. 1190), „so wie es in unseren anderen Städten Usus ist" (Beaumont-de-Lomagne 1278; Gers 1276–1293 und viele andere) können ebenfalls auf eine formelhaft verkürzte Wendung einer fest etablierten Praxis des Verfahrens weisen und belegen eine noch weit breitere Streuung des Rechtsbrauchs, als die bis heute erhaltenen Akten es uns dokumentieren. Der Verweis der Rechtspraxis auf Zentren wie Montpellier und Toulouse (Comberouger 1296; Bassoues-d'Armagnac 1325), die aber wiederum auch nur von *corer per la vila, currere villam* sprechen, legt nahe, daß es bei der praktischen Umsetzung der Strafe nicht an Sorgfalt zum Detail gemangelt haben dürfte.

Hans-Peter Duerr[8] bezweifelt in seinem Buch über Nacktheit und Scham, daß es sich bei den Schandstrafen um eine völlige Nacktheit insbesondere der Frau gehandelt haben mag. Er folgert, daß lediglich ein Körperteil (wohl die Brüste, seiner Meinung nach aber kaum die Genitalien) entblößt war oder die Frau des Oberkleides entledigt im Hemd dastand. In der Tat gibt es Texte, die diese Strafvariante nennen: „ausgezogen bis auf das Hemd" (*en camise despulhatz* Maubourguet 1309). Doch läßt das Gros der Texte keinen Zweifel daran, daß die Schuldigen splitternackt der Prozedur unterworfen wurden, sprechen doch viele Texte eindeutig und noch verstärkend von „ganz nackt", auch mit Bezug zur Frau (*tutz nutz* La Fox 1254, *tot nudz e tota nuda* Pouy-Roquelaure 1303).[9]

Um den gewünschten Lerneffekt für die Bevölkerung größtmöglich zu gestalten, muß die Aktion gebührend Aufmerksamkeit in der Öffentlichkeit hervorrufen. Sie wird am hellichten Tag vollzogen (Gontaud 14. Jh. mit dem Vermerk „zur Ansicht

---

[7] Eine weitere Illustration zu dieser Strafe findet sich in den Coutumes von Toulouse (1286), B. N. ms. latin 9187, p. 60, wo die Frau den Mann ebenfalls an einem Strick *per genitalia* zog. Allerdings scheint es sich derorts um eine Neuerung gehandelt zu haben, denn in dem Erlaß von 1284 sind die Schuldigen nur mit nacktem Oberkörper zum „Lauf" verurteilt (*nudi cum bracis* „unbekleidet bis auf die Beinkleider").

[8] *Der Mythos vom Zivilisationsprozeß*, Bd. 1: *Nacktheit und Scham*, Frankfurt am Main 1988, S. 277.

[9] In den Coutumes von Tortosa (Katalonien 13. Jh.) wird der männliche Ehebrecher „ganz entblößt ohne jegliche Kleidung" unter Peitschenhieben durch die Stadt getrieben (*tot despullat sens tota vestedura*).

Abb. 2: Zeichnung eines Prangers, Bordeaux ca. 1400.

des Volkes"; La Réole ca. 1400) und der skurrile „Troß" akustisch durch amtliche Trompetenbläser angekündigt. Im Dokument von Auch (1301) wird diese wohl ansonsten selbstverständliche Tatsache erwähnt: *nudos currere per villam auscitanam cum tuba.* In Laroque-Timbaut 1270 läuft ein Ausrufer voraus, der verkündet: „Wer solche Tat begeht, wird solcherart bestraft!" Die Route des unglücklichen Paares steht fest: Sie durchlaufen alle – zumindest wichtigen – Straßen des Ortes (*per tote la biele* Morlaàs 1220; *per tote la carrere* Oloron 1278; *la carrera communal de l'castet* Pouy-Roquelaure 1303; *currere totam villam* Lourdes 1379). Wahlweise findet sich ein vorgegebener Weg verordnet: das Paar beginnt seine „Reise" am Tatort und läuft zu einem genannten Zielort. In Montréal-du-Gers (1255) ist es die Kirche Saint-Orens; in Meilhan (13. Jh.) geht der Zug vom „Stadttor bis zur Brücke am Fluß" und in Sainte-Livrade (1248) quer durch die Stadt (*de uno capite illius castelli usque ad illud capud ejusdem castelli*).

Strafverschärfend ist mitunter vom Auspeitschen mit Ruten der Schuldiggesprochenen die Rede (*sio fouetegeat* Sarrant 1265; *estar affuetatz* Montsaunès 1288; *sian corregits* Aure 1300), ein bestrafendes Element, das schon in den frühesten okzitanischen Zeugnissen wie Montpellier 1204 vorgeschrieben ist. Es ist aber recht selten erwähnt, wenn man nicht davon auszugehen hat, daß es ein selbstverständlicher Teil der Bestrafung war. Doch daß es auch Läufe ohne zusätzliche Züchtigung gab, geht aus der Regelung in Bayonne 1514 hervor. Sie unterscheidet zwischen einem einmaligen und einem Wiederholungsdelikt. Bei der ersten Überführung erwartet die Delinquenten ein Straßenlauf ohne Ruten, beim zweitenmal eine öffentliche Züchtigung und Verbannung auf Lebenszeit. Mancherorts (Sérignac 1273; Puymirol 1286) endet die Zwangspromenade letztlich noch am Pranger (*espillori*) (Abb. 2).

Beihilfe zum Tatbestand wird bestraft. Wer einem *corren* oder *corredor* Unterschlupf gewährt, macht sich strafbar und hat eine Geldstrafe zu entrichten zwischen 5 Sols[10] (Pouy-Roquelaure 1303) und 20 Sols der örtlichen Währung (Castéra-Bouzet 1300). Wer dies nicht bezahlen will oder kann, kommt in Daubèze 1271 an den Pranger. Noch schärfer verfolgte man in Montsaunès 1288 Bürger oder Bürgerinnen, die Umgang mit einer unmoralischen Person pflegten. Dies konnte der Besuch einer Prostituier-

---

[10] Die südfranzösische Währungsbezeichnung entspricht dem franz. *sou* und dem lat. *solidus*.

ten über den Zeitraum einer Nacht hinaus im eigenen Haus sein oder die Vermietung eines Hauses an eine Person mit üblem Leumund. Die Schuldigen wurden ebenfalls zum Laufen verurteilt und bis zur Entrichtung einer Strafgebühr des Orts verwiesen.

Weitere Strafen über den *correment* oder die Geldstrafe hinaus sind in der Regel nicht erlaubt. Die Straftäter dürfen weder gefoltert noch ihre Güter konfisziert werden, der Lehnsherr darf ausdrücklich keine weiteren Forderungen stellen. Eine Ausweisung aus der Stadt ist bis auf wenige vereinzelte Fälle nicht vorgesehen. Die Bestraften behalten das Wohnrecht in der Stadt auf Dauer weiterhin zugestanden (Mauvezin 1276). Allerdings gelten sie als vorbestraft und die Männer werden ihrer öffentlichen Ämter enthoben (Bordeaux 13. Jh.).

Allzuoft wird das Volk dennoch nicht in den zweifelhaften Genuß des unterhaltsamen Spektakels gekommen sein, denn bei begüterten Straftätern war das Gericht gerne bereit, anstelle einer entwürdigenden Ehrenstrafe eine gebührend hohe Geldbuße anzunehmen, denn Geld konnte die Obrigkeit immer gebrauchen. So findet sich auch in knapp der Hälfte unserer Urkunden fakultativ die Möglichkeit, sich von der skandalträchtigen Strafe loszukaufen. Die Mindestgebühr betrug 20 Sols (Marciac 1298; Bassoues-d'Armagnac 1325), die Höchststrafe 100 Sols der jeweiligen Währung (Fumel 1265; Angeville 1270). Relativ einheitlich ist in den meisten Dokumenten von einer Geldbuße von 65 oder 100 Sols die Rede, ein Betrag, den sich das schuldige Paar teilen kann (Galapian 1268; Auch 1301) oder der von jedem der beiden in vollem Umfang aufgebracht werden muß (je 65 Sols in Layrac 1273). Die Geldsumme ist zu entrichten an den Ortsherrn (*senhor deudit loc*) bzw. seinen stellvertretenden Verwalter (*baile*), oder Lehnsherr und Kommune teilen sich die Summe, entweder zur Hälfte (Isle d'Arbeyssan 1308 und Saint-Sever 1480) oder zu ungleichen Teilen (z. B. 60 Sols an den Lehnsherrn und 20 Sols an die Geschworenen der Stadt Meilhan, 13. Jh.). Ausdrücklich wird meist darauf hingewiesen, daß die Delinquenten die Wahl haben zwischen Lauf und Geldstrafe – falls ihre Vermögensverhältnisse ihnen de facto tatsächlich die Wahl ließen. In den Coutumes von Sarrant 1265 wird ausgesprochen, daß den Betroffenen der Rutenlauf droht, „wenn sie die Geldstrafe von 20 toulousanischen Sols nicht bezahlen wollen oder können". In unseren Urkunden ist nur in neun Fällen die Möglichkeit eines Freikaufs nicht gegeben, darunter das früheste gaskognische Zeugnis von ca. 1190 aus Bayonne. Doppelt so häufig, in 18 Fällen, findet sich eine Geldstrafe, ohne daß der Straflauf entfällt (Sainte-Livrade 1248; Agen 1270). Bei dieser besonders strengen Kombination aus Geldbuße und Ehrenstrafe kann sich die Gebühr auf 5 oder 10 Sols erniedrigen (Agen 1370; Montréal-de-Gers 1255), dies muß aber nicht der Fall sein und die bemitleidenswerten Sünder in Sainte-Colombe (1268) oder Aure (1300) hatten außer moralischem Schaden auch noch 66 bzw. 60 Sols zu berappen. Dagegen sehen vier Gemeinden von dem beschämenden Lauf ab und begnügen sich nur mit einer Geldstrafe in Höhe von 20–60 Sols, darunter das gaskognische El Dorado für Ehebrecher mit der mildesten Strafandrohung von 20 Sols (Gaudoux 1276).

Diese unterschiedliche Handhabung des Delikts bestätigt ein zeitgenössischer Jurist im ersten Kommentar (1296) zu den Coutumes von Toulouse 1268, in dem er alle möglichen Strafvarianten aufzählt. Dabei müßte theoretisch, so erinnert er, nach dem Gesetz (*de jure comuni*: jus steht für römisches, d. h. julianisches Recht) der Ehebrecher enthauptet und die Ehebrecherin ins Kloster gesteckt, geschoren und gezüchtigt werden. Doch die Praxis ist eine andere, denn „heutzutage wird aber nach außergewöhnlicher Toulouser Sitte und Brauch (*usu et consuetudine Tholosae*) bestraft".[11] Dabei erwähnt er auch den Straffall eines Jungen im vollendeten 14. Lebensjahr,[12] der diesem Toulouser Brauchtum sein Überleben verdankte. Der frühreife Bäckerlehrling hatte sich mit der Frau seines Patrons, mit dem er unter einem Dach wohnte, eingelassen. Als das Liebespaar von einem Wächter überrascht wurde, landete der Junge im Gefängnis und wurde laut Gesetz wegen Ehebruch zwischen Hausangestellten und Hausfrau zur Enthauptung verurteilt. Der Lehrling erbat den Beistand des Toulouser Vikars (damals die Bezeichnung für den Richter eines weltlichen Machthabers), und der Fall wurde tatsächlich neu aufgerollt. Aufgrund eines Verfahrensfehlers (nicht alle nach Toulouser Rechtsbrauch erforderlichen Punkte waren zu seiner rechtskräftigen Überführung erfüllt) wurde er letztlich begnadigt und zum Lauf durch die Stadt und anschließendem Stehen am Pranger (*costellus*) verurteilt. Zweifellos kein Vergnügen, aber eine deutliche Verbesserung seiner ursprünglichen Aussichten.[13]

Als „Blütezeit" des *correment* (lat. *curramentus*) zeichnet sich für unser Korpus die zweite Hälfte des 13. Jahrhunderts ab. Ab dem Ende des 12. Jahrhunderts zunächst in Bayonne nachgewiesen, verbreitet sich die Sitte sporadisch bis 1250, um dann explosionsartig zuzunehmen. Ihren Höhepunkt erreicht sie zwischen 1270 und 1330. Ab 1450 verliert sich der Brauch bis auf späte Ausläufer im 15. und 16. Jahrhundert. Auch außerhalb der Gaskogne kann sich der Rechtsbrauch ab diesem Zeitpunkt nicht mehr durchsetzen. 1463 läßt Louis XI. bei seiner Annexion von Perpignan durch den Grand Conseil die Privilegien der Stadt untersuchen und in diesem Zuge wird dort auch die Sitte als „nicht mit dem öffentlichen Wohl vereinbar" abgeschafft. 1628 wird in der Gaskogne auf Betreiben eines Seigneur d'Avensac [Gers] ihre Anwendung zwar noch gefordert, das Parlament von Toulouse weist die Klage jedoch als sittenwidrig ab.[14]

Der Ursprung des *correment* ist ungesichert. Eine Rückführung auf das die dekadenten Römer moralisch belehrende Zitat von Tacitus, nach dem bei den Germanen

---

[11] Das römische Recht (*dret*) konnte sich auch andernorts nicht gegen die Brauchtümer (*costume*) durchsetzen: *adulteri en Perpenya no es punit segon les leys* (Perpignan ca. 1267).

[12] Damit war er in einem strafbaren Alter, denn Kinder unter 7 Jahren galten als straffrei, von 7 bis 13 wurden sie bedingt bestraft.

[13] Henri Gilles: *Les coutumes de Toulouse (1286) et leur premier commentaire (1296)*, Toulouse 1969, S. 187/188 u. 257.

[14] Paul Druilhet: *Archives de la ville de Lectoure. Coutumes, statuts et records du XIIIe au XVIe s.*, Paris, Auch 1885, S. 45 Anm. 1.

die ehebrecherische Frau mit abgeschnittenen Haaren vor den Augen der Verwandten nackt aus dem Hause des Ehegatten gejagt und mit Rutensteichen öffentlich durch das ganze Dorf getrieben wird, ließ die Sitte zunächst als germanisches Relikt erscheinen (*De origine et situ Germanorum liber*, ca. 98 n. Chr.). Die Häufigkeit dieser Bestrafung, auch in der Zeit des Frankenreiches, bestätigen zeitgenössische Berichte, aber die Gesetze des fränkischen Reiches berichten uns mit keinem Wort davon. Ihre isolierte Erwähnung ohne belegbare Kontinuität in der Rechtsgeschichte ließ F. Roques[15] den Brauch deshalb eher als kulturelles Phänomen sehen, das spontan in Nordspanien entstand und sich von dort aus nördlich der Pyrenäen verbreitete. Denn, während in spanischen Rechtstexten sich durchaus noch im 12. und 13. Jahrhundert die Todesstrafe für den Ehebruch finden läßt, stößt man im benachbarten Katalonien auf noch ältere Belege des *correment* als nördlich der Pyrenäen. Ab 1150 ist die Sitte in Lérida beschrieben: Der Gesetzestext verordnet den Ehebrechern die strenge Form eines nackten Rutenlaufs durch alle Straßen der Stadt, räumt aber bereits die Möglichkeit eines Freikaufs von der Strafe ein.[16] Ein ähnlicher Text findet sich 1113 in Accrimont, das Datum gilt aber als nicht gesichert und könnte auch 1163 sein. Weitere katalanische Belege in Sarreal (1180) und Vilagrassa (1185) sprechen nur verknappt von *currere (per) villam*, in Balaguer (1174) noch mit dem Zusatz „gemäß der Sitte von Lérida" (*secundum consuetudinem civitatis Ilerde*) und in Tossa (1187) „nach dem Brauch von Montpellier" (*ad usam Montis Pesullani*). Dies läßt vermuten, daß Teile der Coutumes von Montpellier (1204), zu denen auch Art. 21 über den Ehebruch gehört, deutlich älteren Datums sind. Wo aber die katalanischen Texte die patriarchalische Sichtweise des Mannes, der eine Ehefrau verunglimpft, aufweisen, vertritt die Montpellierurkunde bereits gleichberechtigte Ansprüche:

> „Wenn eine verheiratete Frau oder ein verheirateter Mann mit einem andern oder einer anderen im Ehebruch ertappt wird ... geht die Frau voraus, und beide laufen nackt durch die Stadt (*corron per la vila*) und werden gezüchtigt".

Die unterschiedliche Sichtweise in der Behandlung der Geschlechter spiegelt sich auch in der Wortwahl der Texte wider. Die Urkunden südlich der Pyrenäen benutzen für den Ehebruch nicht – wie in Südfrankeich – das latein. *adulterium*, sondern das nur im katalanischen Bereich vorkommende *cugucia* (*culpa adulterii que cucuzia vocatur* Balaguer 1174),[17] eine Vokabel, die eindeutig das Verbrechen zu Lasten der Frau definiert

---

[15] *Note sur l'origine de la Course*, in: *Revue historique de droit français et étranger*, 4ᵉ série, 37ᵉ année, 1959, S. 398–406.

[16] *Si quis fuerit captus in adulterio cum uxore alterius, currant ambo, vir et femina, per omnes plateas civitatis Ilerde nudi et verberati, nec aliud damnum honoris vel pecunie inde sustineant* (Mariano Bassols de Climent et al.: *Glossarium mediae latinitatis Cataloniae*, I, 1960–85, S. 721a Anm 2).

[17] *Cucúcia, cugucia* „eheliche Untreue der Frau", ab dem 11. Jahrhundert belegt (1055), tritt an die Stelle des ab 997 belegten *adulterio* in katalanischen Texten zum Ehebruch; als Lehnwort ist es in dieser Bedeutung auch nördlich der Pyrenäen einmal belegt: altokzitanisch *escogossament* „adultère".

als ein Delikt, das die verheiratete Frau und ihren Liebhaber betrifft. Einzig die frühen Belege aus Lérida 1155 und Accrimont (1113 oder 1163) verwenden die neutrale Bezeichnung *adulterium* nach dem Muster der lateinischen Texte auf okzitanischem Gebiet und stehen ihnen auch inhaltlich näher als den zeitgenössischen katalanischen Texten. Einige der katalanischen Urkunden beziehen sich ausdrücklich auf Vorgaben von Städten wie Montpellier oder besagtem Lérida. Differenziert man also die katalanischen Belege, so orientieren sich die frühen Beispiele an Modellen nördlich der Pyrenäen.

Auch scheint die frühe Verbreitung des Brauchs weiter gewesen zu sein als bisher berücksichtigt wurde. Der erste bekannte Beleg auf galloromanischem Boden tritt in den dauphinesischen Libertates Moirenci 1164 (Moirans [Isère]), also fast zeitgleich zu Lérida auf: *Si quis in adulterio deprehensis fuerit, nudus per villam ducetur aut sexaginta solidos ad plus præstabit.*[18] Hier soll der Ehebrecher zur Strafe nackt durch die Stadt geführt werden oder 60 Solidi bezahlen. Ein weiterer früher Beleg taucht im südfranzösischen Millau [Rouergue] 1187 auf.[19]

Und um nun ganz die sonnigen südlichen Gefilde zu verlassen: In der Geschichte der norddeutschen Volksrechte gibt es Fälle, die eine starke zeitliche und thematische Analogie aufweisen. Ob zwischen den Kulturen eine Verbindung bestand oder ob es sich um eine Analogie ohne Kontakt handelt, ist nicht geklärt. Ende des 12. Jahrhunderts findet sich jedenfalls im Recht der Stadt Lübeck:

> „Wenn ein Mann mit einer verheirateten Frau ertappt wird, ist die Rechtsprechung, daß er von ihr die Straßen der Stadt auf und ab am Schamglied gezogen wird (*trahatur per veretrum*)."[20]

Die lübische Ehebruchstrafe findet sich auch im dänischen Gesetz des Jus civium Ripense, in König Erichs Ripischem Stadtrecht von 1269. Alternativ wurde in einer Fassung von 1294 die Ausstellung am Pranger verlangt:

> „So war ienich man bi enes echten mannes wiue begrepen wert, de schal *getoghet werden van deme wiue bi deme pintte* [Variante: *per priapum*], dor de stat in den straten, vp vnde neder, edder man schal ene setten vppe den kaak".[21]

---

[18] Jean Pierre de Valbonnais: *Histoire de Dauphiné et des princes qui ont porté le nom de Dauphins*, Genève 1722, t.1, S. 16a.

[19] *Glossarium mediae et infimae latinitatis*, a.a.O., sub *trotare*; J.-M. Carbasse, a.a.O. (Anm. 42) verweist mit Oloron im Béarn 1080 ebenfalls auf einen besonders frühen Fall auf gaskognischem Gebiet. Ganz gesichert ist das frühe Belegdatum aber nicht, da man nur anhand späterer Übersetzungen ins Bearnesische auf den genauen Inhalt des lateinischen Ausgangstextes von 1080 schließen kann.

[20] Eduard Rosenthal: *Die Rechtsfolgen des Ehebruchs nach kanonischem und deutschem Recht*, Würzburg 1880, S. 92.

[21] Wolfgang Graf: *Der Ehebruch im fränkischen und deutschen Mittelalter*, Würzburg 1982, S. 285 Anm. 66; zu pinte „Penis" und zu kaak „Pranger" s. Deutsches Rechtswörterbuch (DRW) online sub *pint; kak*.

In flagranti. Zur Bestrafung eines Sittlichkeitsdelikts in der mittelalterlichen Gaskogne 365

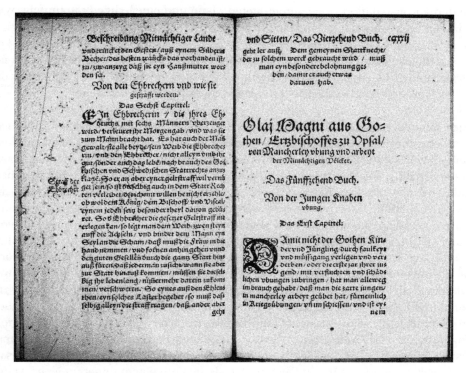

Abb. 3: „Straff der Ehbrecher" (Olaus Magnus 1567: Buch 14, Kap. 6).

Das Recht der Stadt Riga[22] in einer Redaktion für Hapsal 1279 zum Thema *overspele* „Ehebruch" bestimmt, wenn beide Schuldige verheiratet sind:

> „Wen twe in auerspele begrepen werden, de beyde myt echtschup (= Eheschaft) behafft syn ... Kumpt ith ock vor gerychte, dath wyff sal den man *nacketh trecken* (= ziehen); wylen se ock de schande beyde losen, dat lych by dem rade, wath de darby don wylen".

Und in einer Fassung von 1294: „Mer kumpt de sake vor dat recht, so sall dat wyff den mann *naket leyden* (= leiten); wyllen se auerst tho beiden siden de schande losenn, dat steidt an denn Radtludenn". Auch hier ist vorgesehen, daß der Rat auf Beschluß das Paar von der Strafe befreien kann. Dies kann durch eine Geldstrafe geschehen,

---

[22] Das lübische Recht wurde von über 100 Städten im Ostseeraum übernommen. Die Satzung des lübischen Rechts wurde in modifizierter Fassung ins Rigaer Recht aufgenommen.

wenn die Konstellation einen verheirateten Mann und eine ledige Frau umfaßt, wie es in den folgenden umgearbeiteten Rigischen Statuten ersichtlich ist:

„So welic man begrepen wert mit eme ledigen wiue, si se vri ofte eghen, de en echte wif heuet, den sal dat wif *bloth thoghen* (= nackt ziehen). Wil he auer de schande losen, de mach he losen tegen de stat mit iij mr. süluers".[23]

Auch im schwedischen Recht findet sich der Sachverhalt eindeutig wieder. Sollten die Ehebrecher nicht in der Lage sein, die Geldstrafe zu bezahlen, „so legt man dem weib / zwen steyn [Lastersteine[24]] auff die Achseln/ und bindet dem Mann ein Seyl an die Scham / daß muß die Fraw in die hand nemmen / und fornen anhin gehen und den guten Gesellen durch die ganze Statt hinauß füren / daß jedermann zusicht / wann sie aber zur statt hinauß kommen / müssen sie dieselbig ihr lebenlang / nimmermehr darein zukommen / verschweren" (aus der deutschen Übersetzung 1567 von Olaus Magnus: *Historia de gentibus septentrionalibus* 14, 6, Rom 1555; Abb. 3). Bei aller Ähnlichkeit des Strafverfahrens finden sich aber wesentliche Unterschiede zum südfranzösischen Habitus. So konnte im rigischen Rechtsraum der gehörnte Ehemann mit dem Eindringling zunächst einmal nach Gutdünken verfahren. Die Schandstrafe kam zum Einsatz, wenn die Angelegenheit dem Gericht übergeben wurde. Traf dies ein, war möglicherweise nur der männliche Sittenstrolch von der nackten Strafe betroffen. Hatte die verheiratete Frau, die den illegitimen Bettgenossen zwar im Adamskostüm hinter sich her zog, selbst vielleicht den Schandmantel zu tragen? Dies sah das Gesetz zumindest für den Fall vor, daß sie sich mit einem ungebundenen Mann eingelassen hatte und ihr Ehemann gewillt war, Gnade vor Recht ergehen zu lassen. So beschied er sich damit, von seinem Nebenbuhler, der eigentlich „hefft sin levent vorbort", lediglich eine Geldstrafe zu fordern und seine Frau unter besagten „schanthhoycken"[25] zu stecken.

C. H. Dreyer siedelt 1793 in seinem vergnüglich zu lesenden Kapitel über die „Skandalöse Strafe des Ehebruchs"[26] die im Ostseeraum belegten „dergleichen Sudeleien und alle Ehrbahrkeit beleidigende Unflätereien" im von den Goten ursprünglich besiedelten skandinavischen Raum (vornehmlich Schweden) an, die von dort über die Handelswege ihren Weg nach Lübeck fanden. Dreyers gedanklicher Anstoß ver-

---

[23] Jakob Gottlieb Leonhard Napiersky (Hg.): *Die Quellen des Rigischen Stadtrechts bis zum Jahr 1673*, Riga 1876, S. 39, 177.
[24] „Meist über die Schultern gehängter Stein (oft in Form durch eine Kette verbundener Steine), mit dem der (insb. weibl.) Rechtsbrecher an einem öffentlichen Platz aufgestellt oder im Ort herumgeführt wird" DRW online.
[25] Mittelalterliches Strafinstrument aus Holz. Sein Träger durfte erniedrigt werden mit Anspucken, Beschimpfen, Verprügeln und Bewerfen mit Unrat: „dat wyyf sall dragen eine mantell" (Napiersky: *Rigisches Stadtrecht*, a. a. O., S. 38, 39).
[26] Carl Heinrich Dreyer: *Antiquarische Anmerkungen über einige in dem mittleren Zeitalter in Teutschland und im Norden üblich gewesene Lebens-, Leibes- und Ehrenstrafen*, Lübeck 1793, S. 136/137 und Anm. 10.

lockt dazu, die germanische Ursprungsidee wieder aufzunehmen und eine Verbindung zu schaffen zwischen dem Ostseeraum und dem südfranzösischen und nordspanischen Verbreitungsgebiet der Sitte oder – lassen wir Dreyer nochmals zu Wort kommen – „dem unter Frankreichs Dorngengesträuch erwachsenen Unkraut". In Gallien konnte sich im 5. Jahrhundert ein Westgotenreich konsolidieren, das zunächst vom römischen Reich per Föderationsvertrag in Aquitanien angesiedelt und mit dem Untergang des Weströmischen Reiches zu einem eigenständigen Reich mit Zentrum Toulouse (dem Tolosanischen Reich von der Loire bis zu den Pyrenäen) wurde. Durch die vordringenden Franken auf die Iberische Halbinsel verdrängt, konnten sich die Westgoten noch bis zur arabischen Invasion 711 dort halten. Damit ließe sich die germanische Ursprungsidee mit der spontanen Entstehung der bizarren Sitte in regional so unterschiedlichen Gegenden verbinden. Ob jedoch hinsichtlich eines gemeinsamen urgermanischen Brauchtums eine Verbindung der Westgoten mit den in Südschweden siedelnden Goten (selbst die skandinavische Herkunft des ostgermanischen Volksstamms der Goten ist archäologisch noch ungesichert) bestand, muß noch sehr fraglich bleiben. Überlieferte Gesetzestexte der Westgoten lassen jedenfalls keinen Bezug zu unserer extravaganten Form des Strafvollzugs erkennen. Es findet sich weder eine Fährte in dem vom römischen Recht beeinflußten fragmentarisch überlieferten Codex Euricianus (5. Jh.) und der Lex Visigothorum (6./7. Jh.), noch in den spanischen mittelalterlichen Rechtsquellen (Fueros, Fazañas), die aus dem gotischen Gewohnheitsrecht, das im Westgotenreich neben und im Kampf mit dem Gesetzesrecht lebte, schöpften. Da auch nur der katalanische Bereich in Spanien von unserer Sitte zeugt, weisen die südeuropäischen Belege eher auf ein südfranzösisches Zentrum mit Ausstrahlung auf benachbarte Gebiete hin.

Das „enfant terrible" der Schandstrafen konnte sich eines Bekanntheitsgrades über Südfrankreichs Grenzen hinaus rühmen. In einer pikanten Spielart findet sich die Szenerie im nordfranzösischen *Roman de la Rose* von Guillaume de Lorris und Jean de Meung (13. Jh.) parodistisch wieder. Der von einer Nonne am Strick geführte Mönch in einer reich illuminierten Handschrift[27] ist in diesem Zusammenhang als Persiflage auf den „Minnestrick" zu sehen, mit dem der Liebhaber an die von ihm verehrte Dame allegorisch gebunden ist.[28] Aber der frivole Pinselstrich des Künstlerehepaars Jeanne und Richart de Montbaston läßt vermuten, daß es bei seiner bildnerischen Gestaltung dieser erotisch-skurrilen Szene auf das ihm zumindest vom Hörensagen bekannte südfranzösische „Vorbild" zurückgreift (Abb. 4).

---

[27] Bibl. nationale de France, ms. franç. 25526.
[28] Vgl. die Symbolik des „minnen/liebe strick" im deutschen Minnesang: „Mîner frouwen *minnestricke* / hant gebunden mir den lîp" (Minnesänger Bruno (II.) von Hornberg um 1300, *Codex Manesse*, Universitätsbibliothek Heidelberg); die Weingartner Liederhandschrift (um 1300) stellt den Minnesänger Rubin dar, wie er von seiner Angebeteten mit einem Minnestrick um die Hüfte (erotische Bedeutung des Gürtelmotivs) festgehalten wird.

Abb. 4: Roman de la Rose, folio 106 (Illustr. ca. 1350).

Immer wieder kommen in der Literatur Zweifel zum Ausdruck, ob eine derartige Strafsitte denn tatsächlich zur Ausführung kam oder das moderne Mißtrauen regt sich, ob die gerichtliche Praxis bezüglich der Gleichstellung der Geschlechter überhaupt existierte und nicht „vorzugsweise" nur die Frauen verurteilt wurden. J.-M. Carbasse ist in seiner Studie nur auf Aburteilungen von verheirateten Ehebrecherinnen und deren Geliebten gestoßen. Doch bestätigt ein Gerichtsurteil von 1289 aus Bordeaux, daß die in den gaskognischen Dokumenten vorgesehene emanzipatorische Gleichbehandlung dort auch praktiziert wurde. Das Dokument in der besonders selten überlieferten Form eines Tatsachenberichts schildert den Ehebruchsskandal eines verheirateten Mannes mit einer unverheirateten Engländerin. Die Bevölkerung des damals anglogaskognischen Aquitanien (infolge der Heirat von Eleonore von Aquitanien mit Heinrich II. Plantagenet war es ab 1152 über 300 Jahre im Besitz der englischen Krone) galt freilich als britenfreundlich, denn die Gegend um Bordeaux kam durch den zollfreien Weinhandel mit England zu großem Wohlstand. Entgegen der andernorts ausgeübten Toleranz bei einer Liaison mit einer Ausländerin (z. B. in der Auvergne: Riom 1270 und Maringues 1222), wirken im hiesigen Fall weder die Nichtzugehörigkeit der Engländerin zur städtischen Bürgerschaft, noch ihr lediger Stand als strafmildernd. Also kein Kavaliersdelikt, der Mann muß für seine Verfehlung geradestehen, wie auch die Frau, die sich an fremdem „Eigentum" vergriffen hat:

„Wie ein verheirateter Mann bestraft werden muß, der mit einer anderen Frau gefunden wird.[29]

---

[29] Henri Barckhausen: *Livre des coutumes*, Bordeaux 1890, S. 129–130.

In flagranti. Zur Bestrafung eines Sittlichkeitsdelikts in der mittelalterlichen Gaskogne

Dienstags, nach dem Fest der Jungfrau Sancta-Lucia, anno Domino 1289, wurde ein verheirateter Mann namens Bosquet dazu verurteilt, durch die Stadt mit einer Engländerin zu laufen (*que corros la villa ab una Anglesa*), mit welcher er vorige Nacht entdeckt wurde. Es wurde dadurch bewiesen, daß ein Geschworener der Stadtkommune von Bordeaux und ein anderer Mann mit dem Geschworenen durch ein Loch sahen, wie besagter Bosquet und die Engländerin, beide nackt zusammen im Bett lagen; und, während besagter Geschworener ihnen weiterhin durch das Loch zuschaute, öffneten die anderen, die mit dem Geschworenen gekommen waren, die Tür. Besagter Bosquet, als er sich im Bett erwischt sah, sprang sofort nackt heraus, konnte seine Hosen nicht finden und wollte sich in ein anderes Bett flüchten. Dies gelang ihm aber nicht mehr, denn er wurde sogleich splitternackt mit der Engländerin festgenommen; und sie wurden noch in der Nacht nackt nach Sankt-Eligius geführt.[30] Und am selben Dienstag wurde er in Sankt-Eligius nach der Sitte (*costuma*) von Bordeaux verurteilt, und es war zur Genüge bewiesen, daß selbiger Bosquet sich des Ehebruchs schuldig gemacht hatte."

---

[30] Gemeint ist die Porte St-Eloi neben der gleichnamigen Kirche. Sie ist der ehemalige Rathausturm und war Sitz der Jurade (Bürgerrat).

IMAGINATION

Stephen E. Buckwalter

Bucer im Europäischen Parlament

Alles begann mit einer E-Mail aus Brüssel. Im Juni 2001 erreichte die Bucer-Forschungsstelle auf elektronischem Wege die spezielle Bitte einer beim Europäischen Parlament tätigen Übersetzerin: Wir möchten ihr bitte die „Originalfassung" eines „Gedichts von Martin Bucer", das sie aus dem Niederländischen ins Deutsche zu übersetzen hatte, zukommen lassen. Unsere erste Reaktion war Verblüffung und Skepsis: Der Straßburger Reformator, mit dessen Werken und ihrer Edition sich unsere Forschungsstelle seit über fünf Jahrzehnten beschäftigt, ist gewiss als Verfasser eines enorm umfangreichen und vielfältigen Corpus von theologischen Abhandlungen, kirchenorganisatorischen Gutachten und biblischen Kommentaren bekannt – als Gedichteschreiber aber gerade nicht. Unsere Skepsis steigerte sich zu offenem Unglauben, als wir den Text des angeblich von Bucer stammenden Gedichtes, das die Übersetzerin uns in einer vorläufigen Fassung zukommen ließ, dann näher betrachteten:

> Gibt es denn auch nur ein Lebewesen
> in der Luft,
> auf der Erde,
> im Wasser,
> das wir nicht zerstören,
> das wir nicht vernichten?
>
> Keine physische Kraft,
> keine Behändigkeit,
> noch viel weniger Schlauheit oder List
> können sie retten
> vor unserer zerstörerischen Kraft.
>
> Kein Fels ist so hart,
> kein Berg so hoch und gewaltig,
> kein Baum so mächtig und ausgewachsen:
> Alles kann von uns zerschlagen werden.
>
> Kein Vogel fliegt so hoch am Himmel,
> kein Fisch schwimmt so tief im Meer,

kein Tier lebt so weit entfernt,
an einsamen Orten,
dass wir es nicht in unsere Gewalt bringen
und töten.

Es drängte sich der Eindruck auf, man wolle einen Text aus einem ähnlichen Umfeld wie dasjenige, das die Rede des Häuptlings Seattle hervorgebracht hatte,[1] dem Straßburger Reformator zuschreiben. Die Zuweisung derartiger ökologischer Lyrik an Martin Bucer und überhaupt an das 16. Jahrhundert erschien entweder als ein naiver Irrtum oder als ein bewusster Scherz. Diese Vermutung teilten wir der Übersetzerin höflich mit, fragten sie aber auch mit entsprechender Neugier nach dem zu übersetzenden Text, in welchem sie das angeblich von Bucer stammende Gedicht gefunden hatte.

Es handele sich, so die umgehende Antwort der Übersetzerin, um eine am 30. Mai 2001 während einer Plenardebatte des Europäischen Parlaments gehaltene Rede eines gewissen Dr. Johannes Blokland,[2] Abgeordneter des niederländischen Bündnisses „ChristenUnie/Staatkundig Gereformeerde Parti", Mitglied der europäischen Fraktion „Unabhängigkeit/Demokratie" und stellvertretender Vorsitzender des Ausschusses für Umweltfragen, Volksgesundheit und Lebensmittelsicherheit. Noch neugieriger geworden, forderten wir den gesamten Text der Rede des Europaparlamentariers an, der kurz darauf vor uns lag. Nun konnten wir feststellen, dass seine

---

[1] Für eine wissenschaftliche Analyse der dubiosen Authentizität der verschiedenen sich in Umlauf befindenden Fassungen der Rede, die Häuptling Seattle am 11. März 1854 gehalten haben soll und die vor allem in den 1980er Jahren große Verbreitung in Nordamerika und Europa erlangte (besonders bekannt waren die Abschnitte „Der große Häuptling in Washington sendet Nachricht, dass er unser Land zu kaufen wünscht. Aber wie kann man die Erde kaufen oder den Himmel? Diese Vorstellung ist uns fremd. Wenn wir die Frische der Luft und das Glitzern des Wassers nicht besitzen, wie könnt ihr sie von uns kaufen?" sowie „Jeder Teil dieser Erde ist meinem Volk heilig, denn die Erde ist des roten Mannes Mutter. Wir wissen, dass der weiße Mann unsere Art nicht versteht. Er behandelt seine Mutter, die Erde, und seinen Bruder, den Himmel, wie Dinge zum Kaufen und Plündern, zum Verkaufen wie Schafe oder glänzende Perlen. Sein Hunger wird die Erde verschlingen und nichts zurücklassen als eine Wüste. Die Erde ist unsere Mutter. Was die Erde befällt, befällt auch die Söhne der Erde. Denn das wissen wir: die Erde gehört nicht den Menschen. Der Mensch gehört zur Erde. Alles ist miteinander verbunden"; ein weiterer, vielzitierter Abschnitt lautete: „Jeder Teil dieser Erde ist meinem Volk heilig, jede glitzernde Tannennadel, jeder sandige Strand, jeder Nebel in den dunklen Wäldern, jede Lichtung, jedes summende Insekt ist heilig in den Gedanken und Erfahrungen meines Volkes"), vgl. zuletzt Albert Furtwangler: *Answering Chief Seattle*, Seattle, London 1997.

[2] Geb. 1943, promovierte 1976 in Wirtschaftswissenschaften, Dozent an der Erasmus-Universität Rotterdam von 1971 bis 1998 und seit 1994 Mitglied des Europäischen Parlaments. Näheres vgl. http://www.europarl.europa.eu/members/public/geoSearch/view.do?country=NL&partNumber=1&language=DE&id=1969 (Stand 7.8.2008).

Ansprache tatsächlich mit einem ausdrücklichen Hinweis auf Martin Bucer begann, ja, mit einer eindeutigen Zuweisung des in voller Länge zitierten „Gedichts" an den Straßburger Reformator.

Jetzt waren wir an der Reihe, die Auskunftsuchenden zu sein, und setzten uns mit dem Büro Johannes Bloklands in Verbindung, um von dessen Mitarbeitern zu erfahren, wie der niederländische Abgeordnete an dieses angebliche Bucer-Zitat gekommen sei. Erneut kam eine rasche Antwort, diesmal von seinem Assistenten Jan A. Schippers: Als Quelle für das Zitat habe das Buch *Martin Bucer en Johannes Calvijn. Reformatorische perspectieven. Teksten en inleiding*[3] gedient. Nun konnten wir dieses – ausgerechnet von einem ehemaligen Mitarbeiter der Bucer-Forschungsstelle verfasste – Buch einsehen und unsere Neugier endgültig stillen. Dort[4] wurde als Quelle für das oben zitierte Gedicht eine Passage aus Bucers Römerbriefkommentar von 1536[5] angegeben. Sie lautet im Original:

> Quid enim rerum est
> in aere, terra, aqua
> quod non destruimus,
> non corrumpimus?
>
> Nullae tam in sublimi volitant aves,
> nulli tam alte innatant mari pisces,
> nullae sic remote habitant in desertis bestiae,
> quin ea in nostram potestatem redigamus
> et interficiamus.
>
> Nullum illa robur,
> nulla pernicitas,
> multo minus ulla versutia vel doli
> tuta reddere possunt
> a nostra vi corruptrice.

---

[3] Marijn de Kroon: *Martin Bucer en Johannes Calvijn. Reformatorische perspectieven. Teksten en inleiding*, Zoetermeer 1991; deutsche Übersetzung von Hartmut Rudolph: *Martin Bucer und Johannes Calvin. Reformatorische Perspektiven. Einleitung und Texte*, Göttingen 1991.

[4] Vgl. etwa de Kroon: *Martin Bucer und Johannes Calvin* (wie Anm. 3), S. 248f. (im niederländischen Original S. 182). De Kroon zitiert das Gedicht erneut in seinem Buch *Één van ons. Perspectief op verzoening*, Zoetermeer 1999, S. 41.

[5] *Metaphrases et enarrationes ... Tomus primus. Continens metaphrasim et enarrationem in Epistolam ad Romanos*, Straßburg 1536; vgl. *Martin Bucer (1491-1551). Bibliographie*, hg. v. Gottfried Seebaß, erstellt v. Holger Pils, Stephan Ruderer und Petra Schaffrodt unter Mitarbeit v. Zita Faragó-Günther, Gütersloh 2005, Nr. 76, S. 74f.; vgl. auch de Kroon: *Martin Bucer und Johannes Calvin* (wie Anm. 3), S. 35. Bucers Römerbriefkommentar wurde 1562, elf Jahre nach seinem Tod, erneut herausgegeben (vgl. *Bibliographie*, Nr. 223, S. 155).

> Nulla saxa tam dura,
> nulli montes tam celsi et vasti,
> nullae arbores tam grandes sunt,
> quin comminuamus omnia.⁶

Es zeichnet den früheren Mitarbeiter der Bucer-Forschungsstelle Marijn de Kroon aus, den gekonnten Aufbau und die lyrische Aussagekraft dieser knappen, aber ausdrucksvollen Stelle entdeckt zu haben, denn in Bucers Originaltext ist sie keineswegs als Gedicht erkennbar, sondern liegt im laufenden Text des recht unübersichtlichen und nicht gerade flüssig lesbaren Römerbriefkommentars verborgen. War nun das Rätsel in Bezug auf die Authentizität des ungewöhnlichen Bucer-Texts gelöst, so sah man sich jetzt vor die mindestens genauso schwierige Herausforderung gestellt, das eigene Bucer-Bild mit diesem so modern klingenden Text in Einklang zu bringen.

Der Römerbriefkommentar,⁷ ein über 500 enggedruckte Seiten zählendes Buch, stellt das wichtigste exegetische Werk des Straßburger Reformators dar.⁸ Bucers Gedicht entstammt dem Abschnitt, der folgende Verse des 8. Kapitels des Römerbriefes kommentiert:

> „Denn das ängstliche Harren der Kreatur wartet darauf, dass die Kinder Gottes offenbar werden. Die Schöpfung ist ja unterworfen der Vergänglichkeit – ohne ihren Willen, sondern durch den, der sie unterworfen hat –, doch auf Hoffnung; denn auch die Schöpfung wird frei werden von der Knechtschaft der Vergänglichkeit zu der herrlichen Freiheit der Kinder Gottes. Denn wir wissen, dass die ganze Schöpfung bis zu diesem Augenblick mit uns seufzt und sich ängstet".⁹

Bucers Ausführungen zu diesem Bibeltext liegen gewiss völlig andere geistesgeschichtliche Voraussetzungen und Interessen als diejenigen heutiger Ökologiebewe-

---

⁶ Römerbriefkommentar 1536 (wie Anm. 5), Bl. 342a = Römerbriefkommentar 1562 (wie Anm. 5), S. 389; vgl. auch de Kroon: *Martin Bucer und Johannes Calvin* (wie Anm. 3), S. 249, Anm. 97. Wie man sehen kann, hat Johannes Blokland bei der Übernahme der Passage in seine am 30. Mai 2001 gehaltene Rede eine Veränderung in der Reihenfolge der vier Sätze bzw. Strophen Bucers vorgenommen: Der bei Bucer an zweiter Stelle erscheinende Satz wurde von Blokland an die letzte Stelle gesetzt. Somit endet das Gedicht mit der Hervorhebung der Zerstörung verschiedener Tierarten durch die Menschen.

⁷ Vgl. oben Anm. 5.

⁸ Vgl. hierzu Martin Greschat: *Martin Bucer. Ein Reformator und seine Zeit*, München 1990, S. 155f.; Marijn de Kroon: *Studien zu Martin Bucers Obrigkeitsverständnis. Evangelisches Ethos und politisches Engagement*, Gütersloh 1984; Bernard Roussel: *Martin Bucer. Lecteur de l'Epître aux Romains*, Diss. theol., 2 Bde. (Masch.), Straßburg 1970.

⁹ Röm 8,19–22 (Luther-Übersetzung).

gungen zugrunde. Dennoch kann es für uns immer noch von Gewinn sein, diesen vor beinahe einem halben Jahrtausend formulierten Gedanken nachzugehen, denn sie führen in das Herz der Theologie Bucers.

Im Mittelpunkt von Bucers Auslegung des zitierten Römerbriefabschnitts steht der Begriff der „Schöpfung" und des „Geschöpfs".[10] Wie für ihn gewohnt, referiert der Straßburger zunächst die einschlägigen Aussagen der Kirchenväter Augustin, Origenes, Johannes Chrysostomus und Ambrosius zum Bibeltext, um dann in eigene Erwägungen überzugehen. Auffallend an seiner Argumentation ist die Betonung der grundsätzlichen Gemeinschaft aller Geschöpfe: Menschen, Tiere, Pflanzen und die unbeseelte Natur – von Flüssen, Hügeln und Bergen bis hin zu den Himmelskörpern und den Gestirnen – vereint ihre Eigenschaft als *creaturae*. Ihnen allen gemeinsam ist ihre Kreatürlichkeit. Besonders die Überbrückung der Kluft zwischen dem Menschen und dem Rest der Schöpfung liegt Bucer am Herzen: Er behauptet ein regelrechtes Mitempfinden (*sympathia*) und eine Verwandtschaft (*cognatio*) zwischen beiden.[11] Nicht ein ökologisches Bewusstsein liegt seinen Ausführungen zugrunde, sondern etwa ein wörtliches Verständnis jener biblischen Passagen, in denen das moralische Verhalten der Menschen sich direkt auf die Eigenschaften des von ihnen bewohnten Landes auswirkt. Als Beleg dafür zitiert Bucer Psalm 107,33–35, wo davon die Rede ist, dass dürres Land wegen der frommen Lebensführung seiner Bewohner wasserreich gemacht wird oder wiederum fruchtbares Land aufgrund der Gottlosigkeit seiner Bewohner zur Salzwüste verkommt.[12]

Das Verhältnis aller Geschöpfe untereinander zeichnet sich nach Bucer durch mehr als die bloße Übertragung von moralischen Eigenschaften aus. Bucer entdeckt in der gesamten geschaffenen Welt eine ungebrochene Kette des gegenseitigen Dienens. Sie macht das Wesen der *cognatio* und der *sympathia* aus, die Menschen, Tiere, Pflanzen und unbeseelte Natur miteinander vereint.[13] Schon in seiner allerersten, im Sommer

---

[10] Vgl. bes. den Abschnitt S. 386-391 im Römerbriefkommentar 1562 (wie Anm. 5), in dem der Begriff „creatura" 32 Mal verwendet wird. Frau Heidi Hein von der Melanchthon-Forschungsstelle ist für ihre zuvorkommende Hilfe bei der Erklärung von sprachlich schwierigen lateinischen Formulierungen Bucers herzlich zu danken.

[11] „… sympathiam et cognationem quam cum homine habent res universae", Römerbriefkommentar 1562 (wie Anm. 5), S. 387. Vgl. auch den von de Kroon: *Martin Bucer und Johannes Calvin* (wie Anm. 3), S. 250 hervorgehobenen Abschnitt „… omnino arcana quaedam singulis rebus est cum homine sympathia", Römerbriefkommentar 1562 (wie Anm. 5), S. 388.

[12] Vgl. Römerbriefkommentar 1562 (wie Anm. 5), S. 387: „Terra sterilis propter pietatem inhabitantium redditur fructifera et terra fructifera propter impietatem inhabitantium vertitur in salsuginem, ut canit Psalm. 107."

[13] De Kroon: *Martin Bucer und Johannes Calvin* (wie Anm. 3), S. 250 drückt es folgendermaßen aus: „Sympatheia, cognatio und consensus sind die Schlagworte, die das gegenseitige Beziehungsgeflecht von Mensch und Schöpfung charakterisieren sollen. Sie sind miteinander verwandt; im Wahrnehmen, Erfahren und Kennen liegen sie gewissermaßen auf derselben Wellenlänge, stimmen darin überein … Mensch und Schöpfung gehören zusammen".

1523 veröffentlichten Schrift mit dem umständlichen Titel *Das ym selbs niemant, sonder anderen leben soll* brachte Bucer seine grundlegende theologische Überzeugung zum Ausdruck, „dass alle Kreaturen zum Nutzen und Wohl des anderen und damit wieder des Ganzen streben".[14] Knapper auf den Punkt brachte er es in einem Brief an seinen geistig behinderten Sohn Nathanael am 18. April 1549:

> „Kein kreutlin ist so klein, es hatt seine würkung, dem menschen zu gut. Wie fil mehr solle dann der mensch, geschaffen zu der bildnüs Gottes, allwegen auch seine nutzliche würkung haben und üben, Gott zu ehren, und zu nutz des nächsten?"[15]

Vor diesem theologischen Hintergrund gesehen, ist Bucers Gedicht wohl nicht als Anklage der Vernichtungswut des Menschen gegenüber seinen Mitgeschöpfen aus der Tierwelt zu verstehen, sondern eher als eine staunende Feststellung und Beschreibung des Dienstbarkeitsverhältnisses, in dem sich die Tiere gegenüber den Menschen befinden. Aber nach Bucers Verständnis geht es den Menschen nicht anders als den Tieren. Auch sie sind da, um ihren Nächsten und Gott zu dienen. Nicht weniger als die Tiere sind auch sie gemäß Römer 8,20 der Vergänglichkeit unterworfen.[16] Und ihnen allen gilt Gottes Zusage, dass die gesamte Schöpfung – nicht nur der Mensch – eines Tages wiederhergestellt wird.[17]

Es ist unleugbar, dass unsere ökologischen Sorgen des 21. Jahrhunderts Bucer vollkommen fremd gewesen wären, lebte er doch in einem Zeitalter, in dem die Bezwingung der Natur ein ferner Traum war. Gleichwohl schließt eine moderne Aneignung der theologischen Grundüberzeugungen Bucers keineswegs aus, die nicht intendierten, aber dennoch latent enthaltenen wissenschaftsphilosophischen und ökologischen Implikationen seiner Aussagen heute uneingeschränkt zur Geltung kommen zu lassen. Und in dieser Hinsicht gibt sein Gedicht von der – uns heute viel stärker ins Bewusstsein gerückten – Fragilität der Natur und deren Ausgeliefertsein an den Menschen eindrucksvoll Zeugnis. Es ist nicht abwegig zu behaupten, dass seine Ausführungen besser ins 21. als ins 16. Jahrhundert passen.

Insofern war es eine glückliche Fügung, dass die Veröffentlichung eines ehemaligen Mitarbeiters der Bucer-Forschungsstelle und die Lektüre dieser Veröffentlichung durch ein Mitglied des Europäischen Parlaments es möglich machten, dass Martin

---

[14] Greschat: *Martin Bucer* (wie Anm. 8), S. 68.
[15] Typoskript Jean Rotts (Bucer-Forschungsstelle Heidelberg) auf der Grundlage des Originals im Straßburger Stadtarchiv (Archives de la ville de Strasbourg), AST 153 (Epistolae Buceri III), Nr. 156.
[16] Vgl. Römerbriefkommentar 1562 (wie Anm. 5), S. 386-391.
[17] De Kroon: *Martin Bucer und Johannes Calvin* (wie Anm. 3), S. 250 spricht von einer von Bucer anvisierten „Wiederherstellung des Reiches Gottes auf kosmisch-ökologischer Ebene".

Bucer, der europäischste aller Reformatoren des 16. Jahrhunderts,[18] 450 Jahre nach seinem Tod in einem wahrhaft europäischen Forum zu Wort kommen durfte.

Wir schließen diese Überlegungen mit der besonders gelungenen Übersetzung dieses Gedichtes durch Hartmut Rudolph,[19] einen weiteren ehemaligen Mitarbeiter der Bucer-Forschungsstelle:

> Gibt es ein Geschöpf
> Auf Erden, in Luft oder Wasser,
> Das wir nicht zerstören,
> Das wir nicht verderben?
> Kein Vogel vermag sich so hoch gen Himmel zu erheben,
> Kein Fisch so tief ins Meer hinunterzuflüchten,
> Kein wildes Tier sich so weit weg in unbewohntes Gebiet zurückzuziehen,
> Daß wir sie nicht doch alle in unsere Gewalt brächten, ja, sie töteten!
> Weder physische Stärke, weder Hurtigkeit,
> Viel weniger noch Verschlagenheit oder List
> Könnten sie vor unserer Verderben bringenden Macht bewahren.
> Kein Stein ist so hart,
> Kein Berg so hoch und erhaben,
> Kein Baum so kraftvoll gewachsen –
> Alles fällt unserer Vernichtung anheim!

---

[18] Vgl. etwa Thomas Kaufmann: *Reformatoren* (Vandenhoeck und Ruprecht Kleine Reihe 4004), Göttingen 1998, S. 70: „Überhaupt scheint Bucer – wie nur wenige Zeitgenossen – in weiträumigen, gesamteuropäischen Vorstellungen gelebt und zugleich gewirkt zu haben". Vgl. hierzu auch Greschat: *Martin Bucer* (wie Anm. 8), S. 115 und 216; Stephen E. Buckwalter: *Martin Bucer und Emden*, *Emder Jahrbuch* 84 (2004), S. 10–18, bes. S. 12; *Martin Bucers Deutsche Schriften*, Bd. 12: *Schriften zu Kirchengütern und zum Basler Universitätsstreit (1538–1545)*, bearb. von Stephen E. Buckwalter, Gütersloh 2007, S. 15.

[19] De Kroon: *Martin Bucer und Johannes Calvin* (wie Anm. 3), S. 248.

MATTHIAS DALL'ASTA

Christi Grab und Mariens Himmelsleiter –
Editio princeps zweier Carmina theologica Johannes Reuchlins

„Die dichterische Begabung Reuchlins war keine große; daher sind die von ihm verfaßten Gedichte von geringem Werte. Er hätte am liebsten sich des Versemachens ganz enthalten, wenn er nicht der Sitte seiner humanistischen Freunde hätte folgen müssen."[1]

Diese wenig schmeichelhaften Worte stehen am Beginn von Hugo Holsteins 1890 publizierter Sammlung von fünfzehn lateinischen Gedichten des Pforzheimer Humanisten, der 1455 in der einstigen Residenzstadt der badischen Markgrafen geboren wurde und 1522 in Stuttgart starb. Holsteins pauschale Behauptung, Reuchlin hätte sich am liebsten des Versemachens ganz enthalten, ist nicht nur spekulativ, sondern angesichts von Reuchlins Komödien *Sergius vel Capitis caput* und *Henno* auch etwas verwunderlich. Schließlich hatte Holstein selber diese beiden vielgerühmten und jeweils in gewandten lateinischen Senaren abgefaßten Dramen in einer bis heute unersetzten kommentierten Ausgabe wieder neu zugänglich gemacht.[2] Die Rezeptionshindernisse, die einer angemessenen Würdigung der dichterischen Produktion des Renaissance-Humanismus noch immer im Wege stehen, haben die Forschung nicht davon abgehalten, das schmale Corpus von Reuchlins überlieferten Gelegenheitsgedichten durch eine Reihe von teils eher zufällig gemachten Funden zu erweitern, so daß sich die Gesamtzahl der im Druck vollständig bekannt gemachten Reuchlinschen Carmina – vor allem dank der Arbeiten von Stefan Rhein – derzeit auf immerhin über 25 Stücke erhöht hat.[3] An dieser Stelle kann das Corpus nun abermals um zwei bis-

---

[1] Hugo Holstein (Hg.): *Reuchlins Gedichte*, in: Zeitschrift für vergleichende Litteraturgeschichte und Renaissance-Litteratur NF 3 (1890), S. 128–136.
[2] Hugo Holstein (Hg.): *Johann Reuchlins Komödien*, Halle a. S. 1888. Zum *Sergius* s. jetzt auch Matthias Dall'Asta: *„Histrionum exercitus et scommata" – Schauspieler, die Sprüche klopfen. Johannes Reuchlins 'Sergius' und die Anfänge der neulateinischen Komödie*, in: *Das lateinische Drama der Frühen Neuzeit. Exemplarische Einsichten in Praxis und Theorie*, hg. von Reinhold F. Glei und Robert Seidel, Tübingen 2008, S. 1–17.
[3] Vgl. Stefan Rhein: *Johannes Reuchlin als Dichter. Vorläufige Anmerkungen zu unbekannten Texten*, in: *Pforzheim in der frühen Neuzeit*, hg. von Hans-Peter Becht, Sigmaringen 1989 (= Pforzheimer Geschichtsblätter 7), S. 51–80; ders.: *Johannes Reuchlin*, in: *Die deutschen Dichter der frühen Neuzeit (1450–1600). Ihr Leben und Werk*, hg. von Stephan Füssel, Berlin 1993, S. 138–155, bes. S. 147; ders.: *Reuchliniana III*,

lang ungedruckt gebliebene Gedichte religiösen Inhalts vermehrt werden: ein Karfreitagsgedicht im Umfang von 25 Distichen sowie ein als Akrostichon gestaltetes Marienlob in 8 Distichen, deren jeweilige Anfangsbuchstaben (Vers 1–15) den Namen ihres Verfassers ergeben: IOANNES REVCHLIN. Hinweise auf diese beiden Gedichte gab es bereits seit Ende der sechziger Jahre des letzten Jahrhunderts; bis auf ihre Titel, ihren Umfang und ihren jeweiligen Anfangsvers war aber nichts Näheres über sie zu erfahren.[4] Im vorliegenden Beitrag werden die Reuchlinschen Carmina theologica nach einigen einleitenden Bemerkungen (Teil I) zu dem Hamburger Kodex, in welchem sie überliefert sind, nun erstmals im lateinischen Original und in einer deutschen Prosaübersetzung vorgelegt (Teil II). Eine erste Skizze ihres geistesgeschichtlichen und biographischen Kontextes schließt sich an (Teil III).

I. Kodex HIST. 31 e der Staats- und Universitätsbibliothek Hamburg

Die SUB Hamburg besitzt ein umfangreiches Kollektaneenbuch historischen und theologischen Inhalts, das der Regensburger Augustinereremit Hieronymus Streitel (Proeliolinus) in den Jahren 1494–1497 auf dem bischöflich Regensburgischen Schloß Wörth eigenhändig angelegt und in den Jahren 1503–1504 noch um einige Einträge ergänzt hat.[5] Bei diesen Kollektanea handelt es sich zum größten Teil um Abschriften und Exzerpte aus gedruckten Schriften, darunter etwa auch eine Kopie von Reuchlins lateinischem Rätselgedicht *Aenigma in Thermis Herciniis a nympha speciosissima oblatum* nach einem Pforzheimer Druck von 1501.[6] Bedeutender sind diejenigen Texte, die Streitel aus handschriftlichen Vorlagen kopiert hat. Unter ihnen finden sich nicht

---

in: *Johannes Reuchlin (1455–1522). Nachdruck der 1955 von Manfred Krebs herausgegebenen Festgabe*, neu hg. und erweitert von Hermann Kling und Stefan Rhein, Sigmaringen 1994 (= Pforzheimer Reuchlinschriften 4), S. 303–327, hier S. 307f. Zahlreiche dieser Gedichte sind auch in die neue Edition von Reuchlins Korrespondenz aufgenommen: Johannes Reuchlin: *Briefwechsel* (= RBW), hg. von der Heidelberger Akademie der Wissenschaften, 4 Bde., bearb. von Matthias Dall'Asta und Gerald Dörner, Stuttgart-Bad Cannstatt 1999ff. (Bd. 1, Nr. 6, 34, 65, 75, 80, 87, 93, 122, Bd. 2, Nr. 73a, 166, Bd. 3, Nr. 321, Bd. 4 [im Druck], Nr. 334 und 359).

[4] Vgl. Brigitte Lohse: *Die historischen Handschriften der Staats- und Universitätsbibliothek Hamburg: Cod. hist. 1–100*, Hamburg 1968 (= Katalog der Handschriften der SUB Hamburg 5), S. 42; Hermann Tüchle: *Zur Geschichte der bayerischen Provinz der Augustinereremiten im Jahrhundert vor der Reformation. Mitteilungen aus dem Kollektaneenbuch des P. Hieronymus Streitel*, in: *Scientia Augustiniana. Festschrift Adolar Zumkeller OSA*, hg. von Cornelius Petrus Mayer und Willigis Eckermann, Würzburg 1975, S. 630. Marion Sommer und Hans-Walter Stork (beide Handschriftenabteilung der SUB Hamburg) danke ich für den Hinweis auf die Reuchlinschen Gedichte und die Bereitstellung qualitätvoller Digitalisate.

[5] Vgl. Lohse (wie Anm. 4), S. 38–48. Zu Hieronymus Streitel s. ferner *Biographisch-bibliographisches Kirchenlexikon*, hg. von Friedrich-Wilhelm Bautz, fortgeführt von Traugott Bautz, Bd. 11, Herzberg 1996, Sp. 51f. (Adolar Zumkeller).

[6] Vgl. SUB Hamburg, HIST. 31 e, fol. 258v–259r; Lohse (wie Anm. 4), S. 44; Holstein 1890 (wie Anm. 1), Nr. IV, S. 130; *Johann Reuchlins Briefwechsel*, ges. und hg. von Ludwig Geiger, Stuttgart 1875, ND Hildesheim 1962, Nr. XXXVIIa, S. 351f.; *Verzeichnis der im deutschen Sprachbereich erschienenen Drucke des XVI. Jahrhunderts* (VD 16), Bd. 1, Stuttgart 1983, Nr. A 435.

nur Quellen zur bayerischen Geschichte und zum Orden der Augustinereremiten, sondern auch die zwei nur in Streitels Abschrift überlieferten Carmina theologica Reuchlins. Im Mittelteil des Kodex begegnet eine ganze Reihe religiöser Gedichte, zu deren Verfassern neben Reuchlin auch dessen humanistische Weggefährten Jakob Wimpfeling, Konrad Celtis und Sebastian Brant zählen.

Obwohl die auf Blatt 208 des Hamburger Kodex enthaltenen vier lateinischen Gedichte – erst eines zum Kreuzestod Christi, dann zwei auf die Jungfrau Maria und schließlich noch eines über den Heiligen Hieronymus – eine kleinere thematische Einheit bilden, lassen sich nur das erste und dritte dieser geistlichen Carmina Johannes Reuchlin zuweisen. Ein aus seiner Feder geflossenes Gedicht auf Hieronymus wäre zwar angesichts von Reuchlins Verehrung des als spätantiker „vir trilinguis" gepriesenen Kirchenvaters keineswegs ungewöhnlich – man denke nur an den berühmten Ausspruch in der Vorrede zum dritten Buch von Reuchlins Lehrbuch *De rudimentis Hebraicis* von 1506: „Obgleich ich nämlich den Hl. Hieronymus wie einen Engel verehre und Nikolaus von Lyra als Lehrmeister in Ehren halte, bete ich allein die Wahrheit an wie einen Gott."[7] Der in Kodex HIST. 31 e überlieferte Fünfzeiler auf Hieronymus (Incipit: „Hieronimi virtus est tam miranda beati") ist jedoch noch in einigen anderen Handschriften des 15. Jahrhunderts überliefert, von denen ein Salzburger Kodex bereits 1470 angefertigt worden ist und somit hinlänglich beweist, daß das Gedicht keineswegs von Reuchlin stammen kann.[8] Anders mag es sich allenfalls beim ersten der beiden erwähnten Mariengedichte verhalten: Zwar gibt es auch bei diesem Fünfzeiler keinen expliziten Hinweis auf eine Verfasserschaft Reuchlins, doch handelt es sich wie im Falle des anschließenden Reuchlinschen Gedichtes um ein Akrostichon, dessen Versanfänge hierbei den Namen MARIA bilden. Selbst wenn das Gedicht also nicht von Reuchlin stammen sollte, so könnte es dem Humanisten immerhin den Anstoß gegeben haben, sein eigenes Akrostichon auf die Gottesmutter zu verfassen.

Die vier auf Blatt 208 von Kodex HIST. 31 e überlieferten Gedichte stehen in einem auch biographisch interessanten Rezeptionszusammenhang, der es rechtfertigt, diese Carmina zusammenhängend abzudrucken. Das einleitende lange Gedicht auf Christus, ein fiktives Epitaphium für sein Grab in Jerusalem, wurde von Reuchlin laut Überschrift am Karfreitag des Jahres 1492 „diktiert" oder vorgetragen. Karfreitag fiel

---

[7] Vgl. RBW, Bd. 2 (wie Anm. 3), Nr. 138, Z. 250f.: „Quanquam enim Hieronymum sanctum veneror ut angelum et Lyram colo ut magistrum, tamen adoro veritatem ut deum." Siehe ferner Eugene F. Rice: *Saint Jerome in the Renaissance*, Baltimore, London 1985, S. 118, 132, 176 u. ö.

[8] Vgl. Herzog August Bibliothek Wolfenbüttel, Cod. Helmst. 887, fol. 64v; Universitätsbibliothek Salzburg, Cod. M I 23, fol. 1r; Hans Walther: *Initia carminum ac versuum medii aevi posterioris Latinorum*, Göttingen 1959, Nr. 8162–8164. Es handelt sich bei diesem Gedicht offenbar um eine Art Bildunterschrift, zu der ein *Ad imaginem divi Hieronymi* betiteltes Gedicht von Reuchlins Briefpartner Pietro Bonomo verglichen werden kann: Stefano Di Brazzano: *Pietro Bonomo (1458–1546). Diplomatico, umanista e vescovo di Trieste. La vita e l'opera letteraria*, Trieste 2005, S. 454, Nr. 35.

in jenem Jahr auf den 20. April. Im Frühjahr 1492 war Reuchlin in diplomatischer Mission im fränkisch-schwäbischen Grenzgebiet unterwegs. Am 21. April schrieb er von Ansbach aus einen Brief an Markgraf Friedrich von Brandenburg.[9] Nach eigenen Angaben hatte Reuchlin erst am Vortag in Augsburg von König Maximilian Abschied genommen und dann zwischen ein und zwei Uhr nachmittags einen Parforceritt über Donauwörth, wo er an Karfreitag übernachtete, nach Ansbach begonnen; am Ostersamstag erreichte er die Residenzstadt gegen sieben Uhr abends. Den Hintergrund für Reuchlins diplomatische Bemühungen bildeten die Auseinandersetzungen zwischen Maximilians Vater, Kaiser Friedrich III., und dem Schwäbischen Bund einerseits sowie den Wittelsbacher Herzögen Albrecht IV. von Bayern-München und Georg von Bayern-Landshut andererseits, in deren Verlauf der Kaiser über die 1486 von Herzog Albrecht in Besitz genommene Reichsstadt Regensburg im Oktober 1491 die Acht verhängt hatte. In Reuchlins erwähntem Brief vom 21. April 1492 wird aber nicht nur die besagte „Regensburger Angelegenheit" erörtert, sondern es kommt auch der sogenannte bretonische Brautraub zur Sprache. Wohl nicht ganz zufällig folgen daher auch in HIST. 31 e auf die hier vorgelegten vier geistlichen Carmina auf Blatt 208v–211r noch einige *De sponsa Maximiliani* überschriebene Gedichte Jakob Wimpfelings und Robert Gaguins, die sich mit dem Raub der Anne de Bretagne beschäftigen. Reuchlins Gedichte dürften nicht zuletzt ihres entstehungsgeschichtlichen oberdeutschen bzw. Regensburger Kontextes wegen in Kodex HIST. 31 e Aufnahme gefunden haben: Der Regensburger Augustinereremit Hieronymus Streitel fand sie vermutlich im Zusammenhang mit anderen Aufzeichnungen zur jüngeren bayerischen Geschichte und hat sie ihres geistlichen Inhalts und ihrer dichterischen Qualität wegen für sich abgeschrieben.

II. Der Text der vier geistlichen Gedichte aus SUB Hamburg HIST. 31 e, fol. 208r–v

1. Epitaphium Iesu Christi pro nobis nocentibus innocenter mortui Ioanne Reuchlin dictante in die Parasceves anno 92 [20. April 1492] (fol. 208r–v)

> Si cupis, hoc tumulo quis sit novisse repostus,
>   Edoceam. Paucis est opus. Ergo lege:
> Mortuus hic vivo nondum de morte resurgens.
>   Sum deus; ossibus his est animusque deus.
> [5] Ossa iacent non absque deo; mens diva catervas
>   Solatur mestas, que Phlegetonte natant.
> Ante statum mundi, prior omni tempore ortus
>   Sum de corde patris nec fueram nec ero.

---

[9] RBW, Bd. 1 (wie Anm. 3), Nr. 51 Anm. 1 sowie Nr. 55.

Per me res omnes opifex creat, auget alitque;
   [10] Ether et eternum me faciente vigent.
Autor eram cunctis et inenarrabilis ulli,
   Quodque legi posset, non mihi nomen erat.
Sed „Qui sum" volui, Ehieh, quandoque vocari,
   Omnipotens regum rex, deus et Sabaoth
[15] Et Elohim, Eloha, Helion, Adonaii, Sadaii,
   Principium, finis, Iah, simul omne bonum.
Elegi p[r]opius mortali sistere genti,
   Que baratrum versus tendere cepit iter,
Factus homo, si plus hominum fors corda moverem,[10]
   [20] Cum tangant digitis aspiciantque deum.
Omnia perpessus docui praecepta salutis,
   Qua mortalis homo posset in astra vehi.
Utque fidem verbis habeant, miracula feci,
   Ne dubitent summum me simul esse deum.
[25] Inde fit, ut partim mundana fece reluta
   Erigerent animos ad mera musta[11] suos
Meque dei natum colerent et sepe vocarent
   Unigenum verbum, vivificantis opus
Atque senis sophiam, quo celi templa reguntur.
   [30] Esse dicebam compar imago patris,
Lux anime, rerum substancia, vita perhennis
   Et precium redimens et favor atque rigor,
Agnus, ovis, pax, Melchisedech, via, porta, sacerdos
   Et requies secli corporeusque deus.
[35] Partim consuetis tulerant errare periclis
   Moliti laqueos, turba cruenta mihi.
Dumque sacerdotes sceleris pars magna fuere,
   Corripui. Fuit hec plurima causa necis:
Promittunt Iude precium, quo traditus atra
   [40] Principibus nocte preda ferita[12] feror.
Qui precibus minisque odioque timoreque victi
   Hostibus in sevas me retulere manus.
Mille modis lacerant; fluitancia volnera cernis.
   Ad miseram pendunt impia turba crucem,
[45] Occiduntque suam gens invidiosa salutem.
   Post spinas, hastam, ludicra, sputa, pugnas

---

[10] Plus hominum fors *metri causa scripsi*: forte plus hominum *codex Hamb.*
[11] Musta *scripsi*: musca *codex Hamb.*
[12] Ferita *scripsi*: fetita *codex Hamb.*

> Interii tunc verus homo. Mea membra sepulta
> Ostendunt hominem; mens Acheronta videt.
> Sumque deus verus, propria virtute resurgam.
> [50] Hoc pro te volui. Tuque memento mei.[13]

„Grabinschrift des für uns Sünder sündelos gestorbenen Jesus Christus, vorgetragen von Johannes Reuchlin am Karfreitag des Jahres 1492: Wenn du zu wissen begehrst, wer in diesem Grab beigesetzt ist, so möchte ich dich belehren. Nur weniger Worte bedarf es hierzu. So lies denn: Tot lebe ich hier als noch nicht vom Tode Erstandener. Ich bin Gott; diesen Gebeinen wohnt Gottes beseelte Kraft inne. [5] Die Gebeine liegen nicht ohne Gott da; der göttliche Geist tröstet die traurigen Scharen, die im Phlegeton schwimmen. Vor Erschaffung der Welt, vor aller Zeit geboren bin ich aus dem Herzen des Vaters; nicht war ich, noch werde ich sein. Durch mich schafft, mehrt und nährt der Werkmeister alle Dinge; [10] Himmel und Ewigkeit haben durch mich Bestand. Alle Menschen waren meine Geschöpfe, doch keiner vermochte mich zu nennen, denn ich besaß keinen Namen, der aussprechbar gewesen wäre. Bisweilen aber wollte ich 'Der ich bin', Ehieh, genannt werden, allmächtiger König der Könige, Gott und Herr Zebaoth [15] und Elohim, Elohe, Helion, Adonai, Sadai, Anfang, Ende, Iah, zugleich jedwedes Gut. Aus eigener Wahl näherte ich mich den Sterblichen an, die bereits den Weg zum Abgrund eingeschlagen hatten. Ich wurde Mensch, um die Herzen der Menschen gerade dadurch stärker zu bewegen, [20] daß sie ihren Gott anfassen und sehen konnten. Während ich alles erduldete, lehrte ich die Wege zum Heil, durch das der sterbliche Mensch bis zu den Sternen zu gelangen vermag. Und auf daß sie meinen Worten Glauben schenkten, vollbrachte ich Wunder, damit sie nicht daran zweifelten, daß ich zugleich der oberste Gott sei. [25] Daher geschah es, daß die Menschen zum Teil vom Bodensatz der Welt gereinigt wurden und ihre Seele dann jeweils dem reinen himmlischen Most zuwandten, mich als Gottes Sohn verehrten und mich wiederholt als eingeborenes Wort bezeichneten, als das Werk des Lebendigmachenden und als Weisheit des Greises, durch den die Paläste des Himmels beherrscht werden. [30] Man nannte mich genaues Abbild des Vaters, Seelenlicht, Wesen der Dinge, ewiges Leben, Erlöser, Gunst und Strenge, Lamm, Schaf, Friede, Melchisedek, Weg, Tor, Priester, Ruhepunkt des Zeitalters und verkörperter Gott. [35] Zum anderen Teil aber nahmen die Menschen es hin, mit den gewohnten Anklagen zu irren, nachdem sie ihre Fallstricke ausgelegt hatten, eine nach meinem Blut gierende Menge. Und indem die Priester einen großen Anteil an dieser Untat hatten, wurde ich ergriffen. Die vornehmliche Ursache meiner Ermordung aber war dies: Dem Judas versprachen sie eine Belohnung; ihretwegen wurde ich den Hohenpriestern ausgeliefert [40] und in finsterer Nacht wie ein erlegtes Stück Wild davongetragen. Von

---

[13] Fuit epitaphium Iesu Christi in sepulchro iacentis *in margine codicis Hamb*. Die Übersetzungen dieses und der folgenden Gedichte stammen von Matthias Dall'Asta.

Flüchen, Drohungen, Haß und Furcht bezwungen, lieferten sie mich den grausamen Händen der Feinde aus. Auf tausenderlei Arten quälten sie mich; du siehst die triefenden Wunden. Ans jammervolle Kreuz ließ die frevelhafte Menge mich schlagen, [45] und es tötete das gehässige Volk den eigenen Heilsbringer. Nach den Dornen, der Lanze sowie dem vielerlei Spott, Speichel und nach langem Todeskampfe starb ich dann als wahrer Mensch. Meine beigesetzten Glieder bezeugen den Menschen; der Geist sieht den Acheron. Und doch bin ich zugleich wahrer Gott; mit der mir eigenen Kraft werde ich wiederauferstehen. [50] Dies wollte ich für dich. Du aber gedenke meiner."

2. Himpnus in honorem beatissime virginis Marie, cuius nomen inicio versuum adnotatur (fol. 208v)

> **M**ater opis residens celi super ethere mundi,
> **A**stri potens, lucerna poli, dea sospita virgo,
> **R**oscida mellifluo destillans flumina celo,
> **I**nclita progenies, miseris via recta salutis,
> [5] **A**spice nos blandis humiles, pia mater, ocellis!

„Ein Hymnus zu Ehren der Heiligen Jungfrau Maria, deren Name durch den jeweiligen Anfang[sbuchstaben] der [lateinischen] Verse angegeben wird: Hilfreiche Mutter, die du über Erde und Himmel wohnest, Herrin der Gestirne, Leuchte des Himmelsgewölbes, rettende jungfräuliche Göttin, die Flüsse von Tau vom honigfließenden Himmel herabträufeln läßt, berühmte Tochter, den Unglücklichen gerader Weg zur Rettung, [5] sieh uns in unserer Demut an mit deinen freundlichen Augen, fromme Mutter!"

3. Ioannes Reuchlin Phorcensis (fol. 208v)

> **I**nclita mundicie mater, purissima virgo
>   **O**rtaque de celis unica virgo parens,
> **A**ula dei, simul archa Noë, simul urna salutis,
>   **N**ata tui nati, fons et origo patris,
> [5] **N**utrix alma deique parens genitrixque parentis
>   **E**t rosea, salve, lampade stella nitens,
> **S**alve, cristotocos, lux, porta salusque gravatis,
>   **R**espice daque viam, desperii, fer opem!
> **E**n ego peccatis torpebam pressus onustis,
>   [10] **V**eraque si fatear, dilacerandus eram.
> **C**onfugi, mater, votis mediantibus ad te:
>   **H**orrendo solvis crimine, virgo, reum.
> **L**imine de summo celi aurea scala refulges;

Illac ad Iesum scandere cuique licet.
[15] Nec te peccator frustra quandoque petivi,
Ille ego, cui nomen prima elementa notent.

„Johannes Reuchlin aus Pforzheim: Berühmte Mutter der Reinheit, lauterste Jungfrau, dem Himmel entsprossene einzige jungfräuliche Mutter, Hof Gottes, zugleich Arche Noah und Gefäß der Rettung, Tochter deines Sohnes, doch auch Quell und Ursprung des Vaters, [5] nährende Amme und Mutter Gottes sowie Erzeugerin des Vaters, sei gegrüßt, du mit rosenfarbenem Licht strahlender Stern, sei gegrüßt, Christusgebärerin, Licht, Tor und Rettung für die Beladenen, gedenke ihrer und weise den Weg, ging ich selbst doch verloren, bring Hilfe! Siehe, von lastenden Sünden bedrückt, war ich lange Zeit wie gelähmt, [10] ja um die Wahrheit zu sagen: Ich drohte zu zerreißen. Da nahm ich, Mutter, unter vermittelnden Gelübden bei dir meine Zuflucht: Von schrecklicher Schuld befreist du, Jungfrau, den Angeklagten. Vom höchsten Punkt des Himmels strahlst du hernieder wie eine goldene Leiter, auf welcher ein jeder zu Jesus emporsteigen kann. [15] Und so habe auch ich mich als Sünder nie vergeblich an dich gewandt, jener Mann, dessen Namen die Anfangsbuchstaben [der lateinischen Verse] bezeichnen."

4. De divo Ieronimo (fol. 208v)

Hieronimi virtus est tam miranda beati,
Possit non eciam picture demon ut ullus
Apparere sue: tanto tremit ipse pavore.
Obsessum fuerit nam si quod demone corpus,
[5] Hunc[14] maxime intuitus depellit imaginis dive.

„Vom Heiligen Hieronymus: Die Kraft des seligen Hieronymus ist so wunderbar, daß ein Teufel nicht einmal vor dessen gemaltem Bilde zu erscheinen vermag: derart zittert er dann selbst vor Angst. Wenn nämlich ein Leib vom Teufel besessen ist, [5] so vertreibt diesen ganz besonders der Anblick des heiligen Bildnisses [des Hieronymus]."

III. Der geistesgeschichtliche und biographische Kontext der Gedichte

Die präsentierten vier Gedichte spiegeln in eindrucksvoller Weise die geistigen Traditionen spätmittelalterlicher Frömmigkeit, denen Reuchlin Zeit seines Lebens verhaftet blieb: Zumal Christus und die Gottesmutter Maria bildeten für ihn einen Quell

---

[14] Hunc *scripsi*: Hoc *codex Hamb.*

religiöser, theologischer und gelegentlich auch dichterischer Inspiration. Neben Reuchlins Epitaphium zum Grab Christi und seinem als Akrostichon ausgestalteten Mariengedicht sind noch weitere religiöse Carmina des Pforzheimer Humanisten überliefert, allen voran das auf einem stark beschädigten Einblattdruck leider nur noch bruchstückhaft erhaltene *Carmen theologicum Iohannis Reuchlin Phorczensis* (um 1495–1499) sowie das an den Drucker Thomas Anshelm gerichtete Begleitgedicht zur Pforzheimer Editio princeps von Hrabanus Maurus' Gedichtzyklus *De laudibus sanctae crucis* (1503).[15] Der Einblattdruck des fragmentarischen *Carmen theologicum* ist mit einem Holzschnitt der biblischen Verkündigungsszene geschmückt: zur Linken die vor einem Betpult kniende Maria, zur Rechten der Engel und zwischen beiden das Spruchband „Ave gracia plena d[omi]n[u]s [tecum]".[16]

Reuchlins stark ausgeprägte Marienverehrung blieb bis zu seinen letzten Lebensjahren ungebrochen.[17] Der zu seiner Zeit zwischen Franziskanern und Dominikanern ausgetragene Streit um Mariae unbefleckte Empfängnis wurde von ihm ebenso aufmerksam verfolgt wie die spätantike Debatte zwischen Nestorios und Proklos um Mariens Status als Christus- bzw. Gottesgebärerin, wobei Reuchlin der immakulistischen Position zuneigte und (wie Proklos) in Maria auch die Gottesgebärerin sah. Proklos' *Laudatio in sanctissimam Dei genetricem Mariam*, die wohl berühmteste Marienpredigt der Antike, hatte der Pforzheimer Humanist bereits 1488 aus dem Griechischen ins Lateinische übersetzt; 1529 erschien diese Übersetzung mit einer auf 1521 datierten Widmung Reuchlins an Gregor Lamparter postum im Druck. Für die Priester des Stuttgarter Heilig-Geist-Stiftes schrieb Reuchlin 1495 zu Jakob von Mühldorfs Mariensequenz *Ave virginalis forma* einen ausführlichen Kommentar, der in der Österreichischen Nationalbibliothek Wien noch abschriftlich erhalten ist, dessen Veröffentlichung aber bis heute aussteht. Im Vorwort dieses offenbar nur wenige Jahre nach seinem Akrostichon zu Maria verfaßten Kommentars bezeichnet Reuchlin sich als einen Diener Mariens, der sich mit besagter Schrift für die ihm so zahlreich erwiesenen Wohltaten der Himmelskönigin dankbar erzeigen wolle.[18] Angesichts derarti-

---

[15] Vgl. Paul Geissler: *Ein unbekannter Reuchlin-Wiegendruck*, in: *Festschrift für Josef Benzing*, Wiesbaden 1964, S. 120–126, und RBW, Bd. 1 (wie Anm. 3), Nr. 122.

[16] Geissler (wie Anm. 15), S. 122f.

[17] Zu Reuchlins Marienverehrung vgl. Hansmartin Decker-Hauff: *Bausteine zur Reuchlin-Biographie*, in: *Festgabe 1955* (wie Anm. 3), S. 87f. u. 101–104; Rhein 1994 (wie Anm. 3), S. 297; ders.: *Religiosità individuale e riforma della società: un contributo alla teologia di Johannes Reuchlin*, in: *Homo Sapiens – Homo Humanus*, hg. von Giovannangiola Tarugi, Florenz 1990, S. 421–433, bes. S. 427ff.; RBW, Bd. 1 (wie Anm. 3), Nr. 22, 25 und 128 Anm. 1. In Reuchlins hebräischem Lehrbuch *De rudimentis Hebraicis* von 1506 dient der Stammbaum Mariens zum Einüben der Vokalisations- und Ausspracheregeln, vgl. RBW, Bd. 3 (wie Anm. 3), Nr. 264 Anm. 7.

[18] „Hoc donum [...] piis offerimus votis, [...] ne illa Celi Regina suorum erga me beneficiorum, quae tanta sunt, ut enumerari humano ore non possint, ingratum me sentiet ministrum" – mit Auslassungen zitiert nach Rhein 1990 (wie Anm. 17), S. 430 Anm. 43.

ger Äußerungen verwundert es nicht, daß Reuchlin gegen Ende seines Lebens der Stuttgarter Salve-Regina-Bruderschaft beitrat, in deren altem Mitgliederverzeichnis er unter den Priestern („sacerdotes") aufgeführt ist.

Reuchlins Hamburger Mariengedicht ist nicht nur gut in der Biographie des Humanisten verortet, sondern knüpft auch nahtlos an die reiche mariologische Dichtungstradition des 15. und 16. Jahrhunderts an. Autoren wie Sebastian Brant, Battista Mantovano oder Erasmus von Rotterdam haben die Gottesmutter in zahlreichen Carmina verherrlicht,[19] und auch Reuchlin hat sich in dieser hymnischen Gattung versucht. Im Rahmen des vorliegenden Beitrages kann seinem Mariengedicht kein ausführlicher Zeilenkommentar beigegeben werden. Hinweise auf einige wenige Similia müssen genügen: Die in Vers 3 verwendete Bezeichnung Mariens als „archa Noë" läßt sich auch in einem späteren Hymnus Prospero Fanelos nachweisen; paradox anmutende Formulierungen wie „nata tui nati" oder „genetrix parentis" (Vers 4f.) finden ihre Entsprechung in Gedichten Marcantonio Sabellicos („O patris veneranda parens, o filia nati") und Angelo Sangrinos („patris una filia, sponsa, parens"); Bilder wie dasjenige von Maria als goldener Himmelsleiter (Vers 13f.) entstammen alter kirchlicher Tradition; die Wendung „ille ego, cui" (Vers 16) variiert und evoziert berühmte autobiographische Verse Vergils und Ovids.[20]

Während das Mariengedicht in seiner Eigenschaft als Akrostichon zweifelsfrei als eine Schöpfung Johannes Reuchlins ausgewiesen ist, könnte man sich bei dem langen *Epitaphium Iesu Christi* durchaus fragen, ob Reuchlin dessen 25 Distichen wirklich selbst verfaßt hat oder ob er diese Verse womöglich nur vorgetragen hat; der Zusatz „Ioanne Reuchlin dictante" in der Überschrift ließe die letztere Deutung immerhin zu.[21] Das Epitaph ist in der ersten Person geschrieben und läßt den toten Christus selbst zu Wort kommen. Der dritte Vers („Mortuus hic vivo nondum de morte resurgens") findet im vorletzten Vers („Sumque deus verus, propria virtute resurgam") sein Pendant und berührt erstmals die christliche Paradoxie des „gestorbenen Gottes": Als wahrer Mensch (Vers 47: „verus homo") muß er den Tod erleiden, als wahrer Gott (Vers 49: „deus verus") ist er aber zugleich unsterblich. Jesu Reise in das Totenreich bildet sodann eine zweite ringkompositorische Klammer, die durch die beiden antikisierenden Wendungen „mens diva catervas / Solatur mestas, que Phlegetonte natant" (Vers 5f.) und „mens Acheronta videt" (Vers 48) noch unterstrichen wird: Phlegeton und Acheron sind die Namen zweier Unterweltsflüsse der griechischen

---

[19] Vgl. Clelia Maria Piastra: *La poesia mariologica dell'Umanesimo latino. Repertorio e incipitario*, Spoleto 1994, und dies. (Hg.): *La poesia mariologica dell'Umanesimo latino. Testi e versione italiana*, Florenz 2002.

[20] Vgl. Piastra 1994 (wie Anm. 19), S. 51 u. 212; dies. 2002 (wie Anm. 19), S. 316; *Theologische Realenzyklopädie*, hg. von Gerhard Müller, Bd. 22, Berlin, New York 1992, S. 128; Vergil: Beginn des Vorprooemiums der *Aeneis*; Ovid: *Tristia* IV 10, 1.

[21] Zum Bedeutungsumfang von lateinisch „dictare" s. Charles du Fresne Du Cange: *Glossarium ad scriptores mediae et infimae latinitatis*, neu hg. und erweitert von Léopold Favre, Niort 1883–1887, Bd. 3, S. 103.

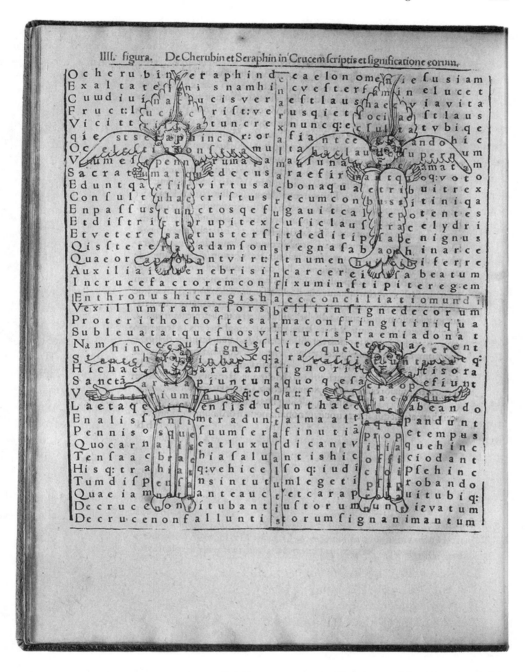

Figurengedicht aus Hrabanus Maurus' *De laudibus sanctae crucis*: Cherubim und Seraphim. Zur Editio princeps dieses Gedichtzyklus (Pforzheim 1503) verfaßte Reuchlin ein an den Drucker Thomas Anshelm gerichtetes Begleitgedicht.

Mythologie. Für jede der beiden göttlichen Naturen wartet der Text mit einer Reihe von Namen und Umschreibungen auf: In Vers 13–16 wird der Schöpfergott „Ehieh [...], / Omnipotens regum rex, deus et Sabaoth / Et Elohim, Eloha, Helion, Adonaii, Sadaii, / Principium, finis, Iah, simul omne bonum" genannt; in Vers 27–34 sind für Christus zahlreiche Bezeichnungen angeführt, die von „unigenum verbum" und „vivificantis opus" über „rerum substancia" bis hin zu „requies secli" und „corporeus deus" reichen. In den Versen 25–45 werden den gläubigen Anhängern Christi die intriganten Hohenpriester, der verräterische Judas und die verblendete Jerusalemer Volksmenge gegenübergestellt; durch „partim" – „partim" (Vers 25 und 35) sind hierbei die Gruppen der Gläubigen und Ungläubigen deutlich voneinander geschieden. Die Verse 35–48 bilden darüber hinaus eine geraffte Darstellung der Passion Christi und unterstreichen die bereits im Titel dokumentierte Bezogenheit des Gedichtes auf den Karfreitagsritus.

Sucht man in diesem Gedicht nach einer Partie, welche die Verfasserschaft Reuchlins deutlich unter Beweis stellt, so wird man sich insbesondere auf die in Vers 13–16 angeführten hebräischen Gottesnamen konzentrieren können. Sie nehmen in der Gedankenwelt des Hebraisten Reuchlin eine zentrale Stellung ein und bilden innerhalb seines 1494 erschienenen philosophisch-theologischen Erstlingswerkes *De verbo mirifico* ein beherrschendes Thema. Es ist deutlich, daß den Verfasser des auf Karfreitag 1492 datierten Epitaphiums dieselben Fragen beschäftigten wie den Verfasser des ebenfalls zu Beginn der 1490er Jahre entstandenen Dialogs *Vom wundertätigen Wort*. Dessen machtvolle Potenz ist gemäß Reuchlins Ausführungen im hebräischen Namen Jesu zu finden, der aus dem alttestamentlichen Gottesnamen JHWH (dem unaussprechlichen Tetragramm) entstanden sei. In *De verbo mirifico* begegnen aber nicht nur immer wieder die im Epitaphium angeführten hebräischen Gottesnamen, sondern auch ein in den Dialog integrierter Hymnus, der sich dem Reuchlinschen Karfreitagsgedicht durchaus als Vergleichstext an die Seite stellen läßt:

> Rei omnis generatorque opifexque,
> Superum rex, genii lux, hominum spes,
> Tremor umbris tenebrosi Phlegetontis,
> Amor incredibilis caelicolarum,
> Pavor invincibilis Tartareorum,
> Celebris relligio terrigenarum,
> Adonai, Adonenu, Elohenu,
> Basileus pantocrator protogenethlos,
> Deus unus, deus idem, deus alme,
> Veniens desuper illabere nobis!

„Erzeuger und Schöpfer aller Dinge, / König der Himmlischen, Licht des Geistes, Hoffnung der Menschen, / Schrecken für die Schatten des düsteren Phlegeton, / unglaubliche Liebe der Himmelsbewohner, / unüberwindliches Entsetzen der

Unterweltsgeister, / gefeiertes Heiligtum der Erdenkinder, / Adonai, Adonenu, Elohenu, / königlicher, erstgeborener Allbeherrscher, / einziger Gott, sichselbstgleicher Gott, segenspendender Gott, / komme von oben herab und fließe hinein in uns!"[22]

In *De verbo mirifico* wird der zitierte Hymnus von Reuchlins literarischem Alter ego Capnion vorgetragen, der die zentrale Dialogfigur bildet und dabei mit priesterlicher Würde agiert. Dies führt uns nun noch zu der interessanten Frage, aus welchem Anlaß und an welchem Ort Reuchlin sein *Epitaphium Iesu Christi* wohl „diktiert" oder vorgetragen haben könnte. Laut Überschrift fand dies an Karfreitag 1492 statt. Wie in Teil I dieses Beitrags bereits dargelegt, hielt Reuchlin sich an jenem Tag, dem 20. April, vormittags in wichtiger diplomatischer Mission in Augsburg auf, von wo er dann zwischen ein und zwei Uhr nachmittags in Richtung Donauwörth abgeritten zu sein scheint. Zur Todesstunde Christi müßte Reuchlin am 20. April 1492 also im Sattel gesessen haben. Das führt zu der Annahme, daß Reuchlin die Verse bereits am Vormittag in Augsburg vorgetragen hat, und zwar vermutlich im Rahmen einer liturgischen Karfreitagsfeier. Die literarische Form des Christus-Epitaphiums könnte zudem darauf hindeuten, daß er seine Verse an einer Heiliggrabkapelle gesprochen hat, wie es sie seit dem Hochmittelalter auch in Augsburg (u. a. am Weinmarkt) gegeben hat.[23] Sollte diese Hypothese zutreffen, so wären Reuchlins Verse ein eminent wichtiges Zeugnis für die Verbindung von dichterischer Produktion und religiösem Brauchtum am Vorabend der Reformation, geschrieben von einem mystisch veranlagten Humanisten, Laientheologen und Verehrer der Gottesmutter, der bis heute vielfach als Praereformator wahrgenommen wird, dem alten Glauben aber bis zu seinem Tod die Treue hielt.

---

[22] Johannes Reuchlin: *Sämtliche Werke*, Bd. I, 1: *De verbo mirifico / Das wundertätige Wort (1494)*, hg. von Widu-Wolfgang Ehlers, Lothar Mundt, Hans-Gert Roloff und Peter Schäfer unter Mitwirkung von Benedikt Sommer, Stuttgart-Bad Cannstatt 1996, S. 144f. Zu den im Epitaphium angeführten hebräischen Gottesnamen s. das der Edition beigegebene Register hebräischer Wörter auf S. 443–445. Zu dem zitierten Hymnus vgl. ferner Rhein 1993 (wie Anm. 3), S. 145.

[23] Zu derartigen Heiliggrabkopien (in Augsburg und europaweit) vgl. Gustav Dalman: *Das Grab Christi in Deutschland*, Leipzig 1922 (= Studien über christliche Denkmäler NF Heft 14), bes. S. 44–56 mit Tafel VI zum Heiligen Grab am Augsburger Weinmarkt (1128 geweiht, 1611 abgebrochen), das auch „bei manchen öffentlichen Staatshandlungen des deutschen Kaisers den Hintergrund gebildet" habe (ebd., S. 45); Wilhelm Schiller: *Die St. Annakirche in Augsburg. Ein Beitrag zur Augsburger Kirchengeschichte*, Augsburg 1938, S. 28–32; Jan Pieper, Anke Naujokat und Anke Kappler: *Jerusalemskirchen. Mittelalterliche Kleinarchitekturen nach dem Modell des Heiligen Grabes* (Katalog zur Ausstellung), Aachen 2003; Anke Naujokat: *Pax et concordia. Das heilige Grab von Leon Battista Alberti als Memorialbau des Florentiner Unionskonzils 1439–1443*, Freiburg i. Br. 2006.

Ole Kazich

Von Kusswochen, Tagwählern und dem Zuckertod – Entdeckungen im Luther-Register (und eine kleine Geschichte desselben)

Schade, daß sich das Wort *Kusswoche* nicht durchgesetzt hat. Da kann man sich doch gleich etwas darunter vorstellen, anders als beim Wort *Flitterwoche*. Letztere hat nämlich nichts mit Lametta zu tun. (Es lohnt sich, das einmal im *Deutschen Wörterbuch* der Grimms nachzuschauen.)
    Wie ich da jetzt drauf komme? Ganz einfach: Ich war surfen im Luther-Register.

Surfen auf dem Wittenberger Wörtersee

Dieses Bild vom Surfen, aber eben nicht im Internet, wie Otto-Normal-User das heute so tut, sondern in unseren literarischen Beständen, habe ich aus einem zu Ehren der Gebrüder Grimm in einer großen deutschen Zeitung erschienenen Artikel über das Deutsche Wörterbuch (FAZ, 19. November 2007, S. 10). Die Schriftstellerin Sarah Kirsch bekannte nämlich mit einer Spur Trotz: „Ich surfe nicht im Internet, ich surfe im Grimm." Das hat mir nicht nur gefallen, sondern auch unmittelbar eingeleuchtet. Für mich als Mitarbeiter an diesem Mammutprojekt, eben dem Luther-Register, ergibt es sich von ganz allein, neben aller beruflichen Beschäftigung immer wieder auch einfach mal in 'meinen Bänden' zu surfen, also schlicht um des Vergnügens willen ohne bestimmtes Ziel in den Zitaten herumzustöbern und herumzublättern. Und bei der Arbeit selbst stolpert man natürlich auch immer wieder über Anstößiges und Erfreuliches, das einen bei der Hand nimmt und in die Texte führt oder gar hineinzieht und dabei Luthers Welt lebendig werden läßt, so daß man sie förmlich sieht und schmeckt.

Ein „begrenztes Mittel"

Gut, gerade dieser unernste Umgang mit dem Luther-Register macht es einigen ernsten Lutherforschern verdächtig. Die Sorge um Fehlentwicklungen oder Mißverständnisse ist gerade in der Anfangszeit des Registers den Verantwortlichen abzuspüren: Der berühmte Lutherforscher Gerhard Ebeling verleiht im Vorwort zum ersten Registerband der Hoffnung Ausdruck, daß vom Sachregister, „welches besonderen Gesetzen unterliegt – [...] ein sinnvoller Gebrauch gemacht werde. Es will als ein begrenztes Mittel nur eine Hilfe dazu bieten, die reichen Texte selbst in ihrem eigenen Zusammenhang zu lesen."[1] Das Luther-Register ist eine Arbeitshilfe zur Weimarer Ausgabe (WA)!

Der „Register-Luther"

Konkreter äußert sich in der Einleitung zu jenem Band der damalige wissenschaftliche Leiter der Ausgabe, Heiko A. Oberman, zu den möglichen Einwänden:

> „Die Gliederung der großen Registerartikel erfolgt nach systematischen Gesichtspunkten, ohne jedoch die Ergebnisse einer bestimmten Lutherdeutung festschreiben zu wollen. Es sollte kein 'Tübinger Luther' registriert werden. Größeren Anlaß zur Sorge bereitet die Gefahr eines 'Register-Luthers', das auf dem Fundament umfassenden Belegmaterials akademisch 'bewiesene' Kunstprodukt einer Registerwissenschaft ohne Quellenforschung. Das Register ist Hilfsmittel, nicht Quellenersatz; es wird seinen Dienst leisten, wenn es den – für jede Forschergeneration neu – begrenzten Kanon von Lutherschriften zu öffnen vermag, um den Reformator der Vorauswahl durch den je wechselnden Zeitgeist zu entziehen. Lutherregister und -archiv wollen vom 'Kanon' umfassend zu den Quellen führen, denn nur so werden Ergebnisse auch dann Bestand haben können, wenn ihre Bewertungen sich wandeln."[2]

Das Sachregister als Wegweiser und Buchöffner. Das klingt ganz sympathisch. Es ruft uns zu: 'Forscher der Erde, schaut in die WA!'

Stöbert, so werdet ihr finden

Aber ist denn jede andere Herangehensweise eine mißbräuchliche? Aus Sicht der Wissenschaft will ich dem einmal nicht widersprechen. Als Register-Leser jedoch werde ich unter Umständen wie oben beschrieben auf dem Wege der Neugier in die Texte geführt und gerate schnell ins Staunen. Und das Staunen ist der Nukleus allen Philosophierens. Unernst ist das gewiß nicht.

Als Stöbernder macht man Entdeckungen, die man bei gezielter Suche und Forschung nicht machen würde. Ich würde das Wort 'Tagwähler' nicht suchen, weil ich

---

[1] Gerhard Ebeling: *Vorwort*, in: *Ortsregister zur Abteilung Schriften Band 1–60 einschließlich geographischer und ethnographischer Bezeichnungen*, Weimar 1986 (zugleich Band 62 der kritischen Gesamtausgabe der Werke Marin Luthers), S. VII.

[2] Heiko A. Oberman: *Einleitung*, a. a. O., S. X.

es gar nicht kenne. (Tagwähler sind so etwas wie Horoskopleser, die ihr Handeln nach der vermeintlichen Gunst der Stunde richten. Luther schreibt: Die „tageweler, das sind, die da etlich tag unselig, ettlich gluckselig orttern [nennen], tzu reyßen, tzu bawen, tzu heyratten, zu kleyden, zu streytten und zu allen hendlen" – und darum stehen sie für ihn auf der gleichen Stufe wie *sternnkucker* und *weyßsager*.) Beim Blättern bleibe ich daran hängen. Oder ich stolpere im Register über die schöne Kategorie 'Sprachliches', die in manchen Artikeln auftaucht. Dort werden Luthers Beobachtungen zur Sprache hervorgehoben. Jeder kennt sie, die Vielbeschäftigten, die doch eigentlich nichts tun. Leute, die vor allem viel Wind erzeugen und Schaum schlagen. Unter 'Faulwitz' lesen wir Luthers Erläuterung: „Viel zu schaffen haben, da nichts befolhen ist, Und da lassen, da viel befolhen ist ... Ich wils ... Faulwitz nennen". Außerdem lernen wir, daß Luther damit die 'Polypragmosyne' übersetzt.

Genug indessen vom Nutzen des Spielerischen.

Ein Geburtstagsgeschenk

Daß mit dem Luther-Register der wissenschaftlichen Auseinandersetzung mit dem Reformator eine große Hilfe an die Hand gegeben wird, hat sich schon durch dessen Gebrauch gezeigt und wird sich immer neu jedem Nutzer erweisen. Die Aufnahme in das Akademie-Programm war ein denkwürdiges Ereignis, an das der Vorsitzende der dann neu eingerichteten Akademiekommission, Martin Heckel, erinnerte:

> „Der vorliegende zweite Band des […] lateinischen Sachregisters erscheint auf veränderter institutioneller Grundlage: Das große Werk des Luther-Registers wird seit Januar 1990 unter der Obhut de Heidelberger Akademie der Wissenschaften als Akademie-Vorhaben fortgeführt."[3]

Nun, im Jahr 2009, erscheint der zwölfte und letzte Registerband. Es ist wie ein Geschenk zum einhundertsten Geburtstag der Heidelberger Akademie. Als Geschenk erscheint es den Beteiligten auch deshalb in besonderer Weise, weil dieses der Mitarbeiterzahl nach größte Forschungsprojekt der Akademie doch wirklich und wahrhaftig – ganz im Gegensatz zur WA – im vorgesehenen Zeitplan geblieben ist. Dadurch, daß der letzte Registerband zugleich Band 73 der Weimarer Ausgabe ist und diese damit beschließt, wird deutlich, auf was für eine lange Geschichte zurückgeblickt werden kann.

---

[3] Martin Heckel: *Vorwort*, in: *Lateinisches Sachregister (Band 2) zur Abteilung Schriften Band 1–60*, Weimar 1993 (zugleich Band 65 der kritischen Gesamtausgabe der Werke Martin Luthers), S. XIII.

126 Jahre „Unsere Ausgabe"

Als vor 126 Jahren der erste Band „Unserer Ausgabe" (wie die WA in den Herausgebertexten mit liebevollem Stolz genannt wird) erschien, waren ja schon viele Jahre der Vorarbeit geleistet. Unendlicher Sammler- und Beobachterfleiß war schon tätig gewesen, große Mengen an Exzerpten, viele Gedanken zur Konzeption lagen da schon vor.[4] 1883 ist zwar das erste gesicherte Publikationsdatum, aber wie wir sehen, gehen die Anfänge auf eine frühere Zeit zurück. Somit ist die Geschichte der Weimarana länger als die Lebenszeit des Reformators selbst. Sie ist zum einen ein Spiegel deutscher Geschichte, wovon beispielsweise die Vorworte aus den Krisenzeiten der deutschen Vergangenheit oder auch die langen Erscheinungspausen beredt Zeugnis ablegen. Im ersten Band der Weimarer Ausgabe ist noch ein nach Provinzen, Herzogtümern und Königreichen des deutschen Reiches unterteiltes Subskribenten-Verzeichnis abgedruckt, in dem Majestäten, Konsistorial-Assessoren, Militärwaisenhäuser, aber auch beflissene Pastoren bis hin zu einem „Bank-Kassierer" Dobler aus New York vorkommen.[5] Zum anderen ist die Weimarer Ausgabe auch ein Dokument der Wissenschaftsgeschichte. Unterschiedliche Editionsprinzipien lassen sich in dieser Ausgabe ablesen, und auch ein mentalitätsmäßiger Wandel ist feststellbar, wovon der uns fremde pathetische Ton der Herausgeber früherer Jahrzehnte zeugt. Das Unternehmen sei „eine Ehrenschuld der evangelischen Kirche und des deutschen Volks gegen den Reformator" lesen wir etwa im Vorwort Knaakes zum ersten Band.[6] Und weiter: „So segne denn Gott das alte Lutherwort, das noch einmal in seinem ureignen Klange mit aller Glaubensfülle und zündenden Redegewalt ausgeht, an dem Herzen und Leben unseres Volkes!"[7]

Drei Millionen Belegkarten

Wie im Brennglas kann man den technischen Fortschritt bei den Arbeiten zum Register selbst ablesen. 1961 wurde mit der Exzerption begonnen, bei der bis 1979 mehr als drei Millionen Belegkarten angefertigt wurden. Anfangs wurden diese – aus heutiger Sicht fast unvorstellbar – mangels noch nicht erfundener Kopiergeräte abgetippt und hektographiert. Manch einer kennt sie noch, diese 'Durchnudelgeräte', die bläuliche Schrift auf gelblichem Papier mit dem unverkennbaren Lösungsmittelduft erzeug-

---

[4] Vgl. hierzu, wie überhaupt zu Entstehen, Vorgeschichte und Verwirklichung der WA: Ulrich Köpf: *Kurze Geschichte der Weimarer Lutherausgabe*, in: *D. Martin Luthers Werke – Sonderedition der kritischen Weimarer Ausgabe – Begleitheft zur Deutschen Bibel*, Weimar 2001, S. 1–24, hier besonders S. 4–10.

[5] *Martin Luthers Werke. Kritische Gesamtausgabe*, 1. Band, Weimar 1883 (bzw. photomechanischer Nachdruck, 1966), S. III–XIII.

[6] J. Karl Fr. Knaake: *Vorwort* (zum 1. Band), a.a.O., S. XXI.

[7] A.a.O., S. XXII.

ten. Da überkommt einen schon mal so etwas wie Ehrfurcht, wenn man eine solche Belegkarte mit der ordentlichen Beschriftung 3.11.1963 in Händen hält (da war ich noch lange nicht auf der Welt!), oben mit der sogenannten Aland-Nummer versehen, die auf die entsprechende Ordnungszahl des Textes im *Hilfsbuch zum Lutherstudium* von Kurt Aland hinweist, das in Zweifelsfällen nützliche Querverweise liefert.[8] Auf der Karte selbst findet sich das entsprechende Stichwort fein säuberlich per Hand unterstrichen und der dazugehörige Kontext, der es dem Bearbeiter ermöglichen und erleichtern soll, es für den Nutzer zu kategorisieren. Später wurden diese Belegkarten mit dem Kopiergerät erstellt. Das Archiv mit den Belegen soll übrigens nach jetzigem Stand der Dinge erhalten bleiben und ist weiterhin allen Interessierten zugänglich.

Eine unüberhörbare Stimme vom Turm der Kathedrale

Manch einer dieser frühen Pioniere konnte sich nicht vorstellen, wie das Endergebnis seiner Arbeit aussehen würde. Und tatsächlich war das Gegenstand langer Erörterungen. Es gibt sogar eine eigene Veröffentlichung von wissenschaftlich diskutierten Probeartikeln.[9] Einige der ersten Mitarbeiter haben das Erscheinen eines Registerbandes nicht mehr erleben dürfen. Von den Vätern der WA einmal ganz zu schweigen: Wie eine Kathedrale ist dieses ambitionierte Unterfangen ein Mehrgenerationenprojekt, bei dem der Grundsteinleger nicht das Endprodukt sieht. Wie viele haben bei dieser Arbeit mitgewirkt! Ob ein solches Vorhaben heute noch bewilligt werden würde? Auch das Luther-Register war gefährdet. Bevor es – nach jahrelangen Verhandlungen – die Heidelberger Akademie in ihre Pflege nahm, war es bei der DFG angesiedelt (und übrigens stets auch mit einer Grundausstattung von der Universität Tübingen versehen), sollte jedoch nach dem Bund-Länder-Abkommen von 1979 nicht weiter gefördert werden. Dank des Einsatzes von Ulrich Köpf, dem jetzigen Leiter der Forschungsstelle, wurde die Fortführung gesichert.[10] Auch das gehört in die Chronik der WA und der deutschen Wissenschaftslandschaft.

---

[8] Kurt Aland: *Hilfsbuch zum Lutherstudium*, Bielefeld ⁴1996.
[9] Luther: *SOL, RATIO, ERUDIO, ARISTOTELES*. Probeartikel zum Sachregister der Weimarer Lutherausgabe (Abt. Schriften). Im Auftrag der Kommission zur Herausgabe der Werke Martin Luthers unter der wissenschaftlichen Leitung von Heiko A. Oberman bearbeitet von Mitarbeitern der Abteilung 'Register' am 'Institut für Spätmittelalter und Reformation' in Tübingen. Sonderdrucke aus *Archiv für Begriffsgeschichte*, Band XIV, Heft 2 (Sol, Ratio) und Band XV, Heft 1 (Erudio, Aristoteles), Bonn 1971.
[10] Vgl. Köpf: *Kurze Geschichte der Weimarer Lutherausgabe*, a.a.O., S. 23. Ebd.: „Das Tübinger Registerprojekt ist seit dem 1. Februar 1990 eine von Köpf geleitete Forschungsstelle der Heidelberger Akademie der Wissenschaften."
Angaben zu der Umstrukturierung der deutschen Forschungsförderung und -organisation, zum mehrstufigen Übernahmeverfahren in die neue Forschungsförderung allgemein und zu den langwierigen Aufnahmeverhandlungen für das Register in das Akademie-Programm im besonderen siehe Heckel: *Vorwort* (zu Band 65), a.a.O., S. XIV–XVI.

Mit Erscheinen des letzten Registerbandes ist jedenfalls der letzte Stein zu diesem Bau gesetzt, die Geschichte der Edition abgeschlossen. „Wenn wir hiermit den ersten der zwölf Registerbände der akademischen Welt übergeben, dann verbinden wir damit die Überzeugung, daß mit diesem Register der internationalen Forschung ein Arbeitsinstrument an die Hand gegeben ist, um den Reformator aus Wittenberg wissenschaftlich neu gesichert mit unüberhörbarer Stimme reden zu lassen", hatte Heiko A. Oberman in der Einleitung zum Ortsregister geschrieben.[11] Damit wird klar, daß weitere 23 Jahre später mit der Komplettierung des Registers die Geschichte der Nutzung und der Erforschung der Luther-Schriften einen letzten großen Anstoß bekommt und auf breitester Datenbasis fortgesetzt werden kann.[12]

Cyber-Luther und unzeitgemäßes Register?

Wer einmal ein Suchwort bei der omnipräsenten Internet-Suchmaschine Google eingegeben hat, der wird das Register zu schätzen wissen. Denn wie dort würde man bei der Suche im digital vorhandenen Luther so viele unstrukturierte Antwort-Angebote bekommen, daß einem auch nicht recht gedient wäre. Hinzu kommt, daß ein Computer nicht zwischen Homonymen unterscheiden kann und schon gar nicht alle Schreibvarianten des gleichen Wortes in der noch fluiden Sprachgestalt der Lutherzeit erfaßt. Konkret: Sie geben im Rechner in der digitalen WA 'Abendmahl' als Suchbegriff ein und bekommen rund 550 Ergebnisse (und das sind nur die, wo 'Abendmahl' genauso dasteht, wie Sie es eingegeben haben). Sie scheuen sich verständlicherweise, 550 Stellen in der WA nachzuschlagen, denn Sie interessiert ja nur Luthers Kritik am Verständnis des Abendmahls im Papsttum. Im Register finden Sie beim Stichwort 'Abendmahl' nicht nur unter dem Schlagwort *Papsttum* alle einschlägigen Stellen, sondern darüber hinaus die Titel, in denen das Abendmahl behandelt wird, weiterhin noch wertvolle Querverweise auf andere Artikel und übergeordnete Angaben dazu, wo Luther sich im Rahmen anderer Schriften erläuternd diesem Thema widmet.[13] Andere Schlagworte geben Ihnen einen Eindruck davon, welche Kategorien in diesem Zusammenhang noch von Bedeutung sind. Nun können Sie Ihren Vortrag gezielt vorbereiten. Auch für Predigten, Andachten und Seminare ist das eine große Erleichterung. Durch die Strukturierung der Artikel haben die Mitarbeiterinnen und Mitarbeiter des Registers Ihnen eine große Arbeit abgenommen.

---

[11] Oberman: *Einleitung* (zu Band 62), a. a. O., S. XI.
[12] „Trotz aller Mängel, die den Beteiligten stets am stärksten bewußt waren, ist die Weimarer Ausgabe heute mehr denn je die Voraussetzung jeder gründlichen Beschäftigung mit Martin Luther, seiner Sprache und seinem Werk." Köpf: *Kurze Geschichte der Weimarer Lutherausgabe*, a. a. O., S. 24.
[13] Heinz Blanke: Art. *Abendmahl*, in: *Deutsches Sachregister* (Band 1) *zur Abteilung Schriften Band 1–60*, herausgegeben im Auftrag der Heidelberger Akademie der Wissenschaften von Ulrich Köpf, Weimar 2001 (zugleich Band 69 der kritischen Gesamtausgabe der Werke Martin Luthers), S. 6–8.

Das Apfelbäumchen

Übrigens: Das berühmte Apfelbäumchen, das der Reformator nach einem nach wie vor umlaufenden Aperçu noch am Vorabend des Weltuntergangs gepflanzt haben wollte, läßt sich mit Hilfe des Luther-Registers nicht nachweisen: es kommt in der WA nicht vor. Aber, und damit kommen wir zu dem im Titel erwähnten 'Zuckertod' zurück (an Diabetis hat der Reformator dabei nämlich keineswegs gedacht), das Vertrauen, das mit diesem Zitat ausgedrückt werden soll, das ist bei Luther vorhanden. Das Sterben in Gottesferne habe Christus für uns überwunden, gelassen habe er uns hingegen ein 'kleines Tödlein', „ja einen zucker tod", denn durch den Glauben sterbe der Christ aus übriggebliebener Sünde „zu ewiger gerechtigkeit, aus allem jamer, traurigkeit, anfechtung zu aller ewiger freude" (**WA 22**, 101, 10–13).

Christine Mundhenk

Ein Trauer- und Trostbrief Philipp Melanchthons an Johannes Laski

Als der sächsische Kurfürst Friedrich der Weise im Jahr 1502 in der kleinen Residenzstadt Wittenberg „seine" Universität gründete, konnte er nicht ahnen, wie beliebt diese Hochschule im Laufe des 16. Jahrhunderts werden würde. Mit der Reformation begann eine rasante Entwicklung der Leucorea,[1] die von 1520 bis 1585 die höchsten Studentenzahlen aller deutschen Universitäten aufwies. In der Mitte des 16. Jahrhunderts kamen auf die rund 4.000 Einwohner Wittenbergs etwa 600 Studenten; im Vergleich dazu gab es in Heidelberg um das Jahr 1550 bei rund 6.300 Einwohnern 250–300 Studenten.[2] Wohnen konnten die Studenten in den Bursen oder bei Universitätsangehörigen, die Zimmer vermieteten und sich so ihren Lebensunterhalt aufbesserten. Auch Philipp Melanchthon vermietete als Professor Zimmer im zweiten Stockwerk seines Hauses an Studenten; der tägliche Umgang und gemeinsame Mahlzeiten mit angeregten Gesprächen über verschiedene Themen sorgten dafür, dass sich die intensiven Beziehungen zwischen Melanchthon und den im Hause wohnenden Studenten nicht nur positiv auf den Fortgang der Studien auswirken, sondern sich auch zu lebenslangen Freundschaften entwickeln konnten; als Beispiele seien nur der spätere sächsische Rat Franz Burchard und der Nürnberger Patrizier Erasmus Ebner genannt.[3] Ganz anders dagegen kam es im Fall des Nikolaus Anianus, der im Jahr 1534 als Student nach Wittenberg kam und ein Zimmer im Hause Melanchthon bezog.[4] Anianus stammte aus Orléans. Im Jahre 1524 traf er den polnischen Humanisten Johannes Laski, der sich zu jener Zeit in Frankreich aufhielt.[5] Beeindruckt von der

---

[1] Gräzisierte Form des Namens Wittenberg: „leukós" = weiß, „óros" = Berg.
[2] Stefan Oehmig: *„Eine ihrer Universitaet halber weith beruehmte Statt ..."* Wittenberg als Universitäts- und Studentenstadt, in: *„Recht lehren ist nicht die geringste Wohltat". Wittenberg als Bildungszentrum 1502–2002*, hg. vom Evangelischen Predigerseminar Lutherstadt Wittenberg, Peter Freybe, Wittenberg 2002, S. 33–58, bes. 34–40.
[3] Zu den Lebensläufen beider vgl. *Melanchthons Briefwechsel* (im folgenden abgekürzt: *MBW*), hg. im Auftrag der Heidelberger Akademie der Wissenschaften von Heinz Scheible, Stuttgart-Bad Cannstatt 1977ff., Bd. 11, S. 241f. (Burchard) und S. 383 (Ebner).
[4] Zu Nikolaus Anianus vgl. *MBW* Bd. 11, S. 77; Henning P. Jürgens: *Johannes a Lasco in Ostfriesland*, Tübingen 2002, S. 52, 84–88 und 127–132.
[5] Zu Laski (Johannes a Lasco) vgl. *Contemporaries of Erasmus*, hg. von Peter G. Bietenholz und Thomas B. Deutscher, Vol. 2, Toronto, Buffalo, London 1986, S. 297–301 (Maria Cytowska).

Begabung und dem Charakter des Anianus wurde Laski sein Mäzen, nahm ihn erst mit nach Basel zu Erasmus von Rotterdam, der sich in einem Brief positiv über Anianus äußerte,[6] und später nach Krakau, wo er ihn weiter ausbilden ließ. Von 1530 bis 1533 finanzierte er ihm einen Studienaufenthalt in Italien; in Venedig freundete sich Anianus mit Paolo Manuzio an, dem Sohn und Nachfolger des bedeutenden Gelehrten und Buchdruckers Aldo Manuzio.[7] Nachdem Anianus Ende 1533 nach Polen zurückgekehrt war, schickte Laski ihn bereits im Frühjahr 1534 nach Wittenberg, damit er bei Melanchthon Theologie studieren und seine Studien der alten Sprachen auf diese Weise ergänzen sollte. Für den reformationsfreundlichen Laski war dies die Gelegenheit, mit Melanchthon Kontakt aufzunehmen, nachdem er sich bereits intensiv mit seinen Schriften und seiner Lehre beschäftigt hatte. Außer einem Ring mit einem Saphir gab er Anianus ein Empfehlungsschreiben an Melanchthon mit, in dem Laski seine Bewunderung für Melanchthon zum Ausdruck bringt und ihn um die bestmögliche Förderung und Unterstützung für seinen Schützling bittet.[8] Ob es an den schmeichelnden Worten Laskis, an dem kostbaren Geschenk oder an der Person des Anianus lag, lässt sich nicht entscheiden; auf jeden Fall wurde der junge Mann im Hause Melanchthons aufgenommen und gewann schnell die Zuneigung des Hausherrn. Im Mai 1534 dankte Melanchthon in einem Brief an Laski für den Saphir und äußerte sich geradezu begeistert über Anianus:

> „Doch hat der Edelstein nicht mehr Liebreiz als dein Anianus. Von dessen angenehmem Geist und Redeweise bin ich so eingenommen, dass ich am Umgang mit keinem anderen Studenten mehr Freude habe, nirgends lieber Ruhe finde als im süßen Gespräch mit ihm ... Deshalb stehe ich tief in deiner Schuld, weil du ihn mir anvertraut hast, weil du mir diesen Freund und gelehrten Gesprächspartner geschickt hast."[9]

Laski antwortete postwendend, dankte überschwänglich für den schönen Brief und die freundliche Aufnahme des Anianus, den er, wie er schrieb, um den Umgang mit Melanchthon geradezu beneidete, und versprach, die begonnene Freundschaft zu

---

[6] Erasmus von Rotterdam an Leonard Cox, 21. Mai 1527: „Anianum nostrum apud te vivere gaudeo. Habes felicem materiam, artifex probus." (*Opus epistolarum Des. Erasmi Roterodami*, hg. von H. M. Allen, Bd. 7, Oxford 1928, S. 70f. Nr. 1824).

[7] Ein Brief des Paolo Manuzio an Anianus ist abgedruckt bei Simon Abbes Gabbema (Hg.): *Illustrium et clarorum virorum epistolae selectiores*, Harlingen 1669, S. 65f.

[8] Johannes Laski an Melanchthon, 7. März 1534: *MBW* Nr. 1416.

[9] Melanchthon an Johannes Laski, Mai 1534: *MBW* Nr. 1445: „... quanquam non ipsa gemma plus habet venustatis quam Anianus tuus, cuius ita capior suavitate animi atque orationis, ut nullius in hoc coetu studiosorum consuetudine magis delector, nusquam acquiescam lubentius quam in dulcissimis illius sermonibus ... Itaque, quod eum mihi commendas, plurimum me tibi debere iudico, quod talem mihi et amicum et συμφιλόσοφον adiunxisti."

Melanchthon durch weitere Briefe aufrecht zu erhalten.[10] Die Euphorie war jedoch nicht von langer Dauer. Nur sieben Monate später, am 2. Februar 1535, schrieb Melanchthon zum zweiten Mal an Laski, aber unter gänzlich geänderten Vorzeichen: Anianus war gestorben, und Melanchthon musste Laski den Tod seines Schützlings mitteilen. Schon mehrfach hatte Melanchthon die schwere Aufgabe übernommen, Eltern eines Studenten den Tod ihres Sohnes mitzuteilen und ihnen christlichen Trost zuzusprechen.[11] Der Brief an Laski ist jedoch einerseits durch die freundschaftliche Verbindung zu Laski, andererseits durch die große Zuneigung zu Anianus wesentlich emotionaler und intensiver als vergleichbare Briefe. Deshalb soll er näher betrachtet und anschließend übersetzt werden.

Innerhalb von Melanchthons Briefwechsel hat der Brief an Johannes Laski die Nr. 1536. Dass er für wertvoll und erhaltenswert erachtet wurde, ist aus der großen Anzahl von zwölf Abschriften vor allem des 16. Jahrhunderts ersichtlich, in denen er überliefert ist (die vorher erwähnten drei Briefe zwischen Melanchthon und Laski waren dagegen in nur einer einzigen Abschrift überliefert, die im Zweiten Weltkrieg zugrunde gegangen ist).

Melanchthon beginnt seinen Brief mit der Versicherung der gegenseitigen Wertschätzung und Freundschaft und deutet dann an, dass es ein für ihn und Laski gleichermaßen trauriger Brief wird. Dann kommt er auf Anianus zu sprechen (§ 2). Er erzählt, dass er ihn wie einen Sohn geliebt hat und wie ihre gemeinsam verbrachte Zeit von gelehrten Gesprächen erfüllt war. Die Verwendung von Vergangenheitstempora und der Zusatz „solange ich den Umgang mit ihm genießen durfte" lassen schon ahnen, dass diese Zeit vorbei ist. Nun kommt Melanchthon auf die Ereignisse zu sprechen, die zum Tode des Studenten führten. Der hessische Landgraf Philipp der Großmütige hatte Melanchthon und den elsässischen Reformator Martin Bucer nach Kassel eingeladen, um die lutherische und die oberdeutsche Abendmahlslehre zu erörtern und die Möglichkeiten einer gemeinsamen Auffassung zu sondieren. Melanchthon hielt dies für eine gute Gelegenheit, Anianus den Wunsch zu erfüllen, deutsche Fürstenhöfe kennenzulernen; deshalb nahm er ihn mit auf diese Reise (§ 3). Am 17. Dezember brachen sie in Wittenberg auf und kamen am 24. Dezember in Kassel an.[12] Nach Melanchthons Gesprächen mit Bucer traten sie am 30. Dezember die Rückreise an. Am 6. Januar 1535 trafen sie in Leipzig ein. Anianus hatte dort finanzielle Dinge zu regeln und wollte gerne noch ein paar Tage bei einigen polnischen Bekannten bleiben; Melanchthon reiste wegen wichtiger Termine am 8. Januar

---

[10] Johannes Laski an Melanchthon, Juni 1534: *MBW* Nr. 1447: „... Aniano meo ita gratulor consuetudinem tuam, ut propemodum invideam ... Quidquid ad alendam hanc amicitiam nostram aliquomodo intellexero pertinere, iamque frequentius ad te scribam ...".
[11] Z. B. Melanchthon an die Witwe des alten Kämmerers in Merseburg, 4. Juli 1535: *MBW* Nr. 1583; Melanchthon an Katharina Metzler in Breslau, 2. Juli 1539: *MBW* Nr. 2240.
[12] Zu den angegebenen Daten vgl. das Itinerar Melanchthons in *MBW* Bd. 10.

weiter und war am 9. Januar wieder in Wittenberg. Anianus jedoch bekam wenige Tage später eine Lungen- oder Rippenfellentzündung (*pleuritis*), gegen die auch die hinzugezogenen Ärzte machtlos waren und an der er starb. Der sachliche Bericht wird nun von einem persönlichen und emotionalen Abschnitt (§ 4) unterbrochen. Von großer Trauer überwältigt weist Melanchthon die üblicherweise verwendeten Trauergründe (Verlust für Staat und Kirche, große Gelehrsamkeit und Glaubenseifer) in Form einer Praeteritio zurück und lässt nur die *humanitas*, die hervorragenden menschlichen Qualitäten und die Herzensbildung, des Anianus gelten. Daher sei seine Trauer sogar noch größer als beim Tode seines Sohnes. Melanchthons Sohn Georg war im August 1529 im zarten Alter von zwei Jahren gestorben, und Melanchthon litt sehr unter dem Verlust des Kindes, den er in einem Brief an seinen Freund Joachim Camerarius als *puerum elegantissimum* bezeichnete.[13] Die väterlichen Gefühle, die er Anianus entgegenbrachte und die Anianus in gleicher Weise zu erwidern schien, lassen die Trauer um den eigenen Sohn wieder aufleben. Die große Trauer ist ein Zeichen für die große Liebe zu Anianus. Melanchthon stellt sich hier nicht in die Tradition der Stoiker, die die Bewältigung des Schmerzes erstreben, sondern er folgt – wie auch Luther – dem Kirchenvater Augustin, der die Trauer zulässt und als Zeichen der Menschlichkeit und Liebe wertet.[14] Dann berichtet Melanchthon über die Ereignisse nach dem Tod des Anianus (§ 5): Im katholischen Leipzig wurde ihm als Anhänger der lutherischen Lehre ein christliches Begräbnis verweigert, sodass sein Leichnam von Freunden nach Wittenberg zurückgebracht wurde, wo er in der Schlosskirche beigesetzt wurde. Melanchthon wendet sich nun den Trostgründen zu (§ 6). Als gelehrter Mann wisse Laski einerseits, dass man dem Schicksal nicht nachgeben dürfe, andererseits, wo er Trost finden könne. Die Erwähnung der *fortuna* an dieser Stelle deutet auf die antiken, stoisch geprägten Trostschriften z. B. Senecas hin, die darauf ausgerichtet sind, die Trauergefühle mit Vernunftgründen einzudämmen. Derartigen Trost, in dessen Mittelpunkt der Trauernde steht, bietet Melanchthon Laski nicht an, denn es gibt, gerade für Christen, einen wichtigeren Trostgrund: Es ist der „gute Tod",[15] den Anianus gestorben ist, denn er hat bis zuletzt Psalmenverse und Gebete gesprochen. Dieses scheinbare Detail, das Melanchthon in dem vorangehenden Bericht über den Tod des Anianus ausgelassen hatte, wird hier als wichtigster und einziger Trostgrund hervorgehoben, denn dieses Gott zugewandte Sterben gibt den Hinterbliebenen die Gewissheit, dass Gott den Verstorbenen zu sich in die Seligkeit geholt hat. Mit dieser Heilszuversicht und dem festen Glauben, dass Gott es so wollte, spricht

---

[13] Melanchthon an Joachim Camerarius, 29. August [1529]: *MBW* Nr. 816, Z. 20; vgl. Heinz Scheible: *Melanchthon. Eine Biographie*, München 1997, S. 259.

[14] Einschlägige Stellen aus Augustins Schriften sind zusammengestellt bei Peter von Moos: *Consolatio. Studien zur mittellateinischen Trostliteratur über den Tod und zum Problem der christlichen Trauer*, Bd. 3, München 1972, S. 60f.

[15] Vgl. dazu von Moos: *Consolatio*, a. a. O., Bd. 1, München 1971, S. 202; Ute Mennecke-Haustein: *Luthers Trostbriefe*, Gütersloh 1989, S. 125f.

Melanchthon sich selbst und Laski Trost zu. Der letzte Abschnitt des Briefes (§ 7) ist wiederum sehr emotional. Der Beginn des ersten Satzes: „Wie Du siehst, habe ich dies weniger geschrieben als vielmehr ergossen, immer wieder weinend", spielt mit der doppelten Bedeutung des Wortes *gießen* (*effundere*); doch tritt der literarische Erguss gegenüber den vergossenen Tränen in den Hintergrund. Der Originalbrief muss von Tränenflecken übersät gewesen sein. Zu Melanchthons Kummer über den Tod des Anianus und sein eigenes Elend kommt noch die Sorge hinzu, wie Laski diese Nachricht aufnehmen würde; schließlich hatte Laski ihm seinen hoffnungsvollen Zögling anvertraut! Kurz erwähnt Melanchthon noch die Regelung des Nachlasses und des Totengedenkens, dann gewinnt die Trauer in zwei den Verlust beklagenden Ausrufen wieder die Oberhand. Die Versicherung Melanchthons, dass ihm privat nichts Schlimmeres hätte zustoßen können, macht nochmals deutlich, dass er Anianus nicht nur als Studenten, sondern wirklich als Familienmitglied betrachtet hat. Mit der Versicherung der gemeinsamen Trauer und einer Entschuldigung für den traurigen Inhalt endet der Brief.

Der Hauptunterschied zwischen diesem Brief und anderen Trostbriefen, die Melanchthon an die Eltern verstorbener Studenten schrieb, liegt in der persönlichen Betroffenheit und Erschütterung Melanchthons, die immer wieder zum Ausdruck kommt. Seine eigene frische, übermächtige Trauer lässt Trost noch gar nicht recht zu;[16] wie soll er Laski trösten, wenn er selbst so untröstlich ist? Wie Laski auf diesen Brief reagiert hat, ist nicht bekannt. Aus späteren Jahren sind noch mehrere Briefe überliefert, die zwischen Melanchthon und Laski gewechselt wurden. Nikolaus Anianus wird in diesen Briefen jedoch nicht mehr erwähnt.

Hier nun die Übersetzung des Briefes:[17]

„An den großmütigen und edlen Johannes Laski, seinen verehrten Gönner und Herrn.

[1] Obwohl ich Dich wegen Deiner hervorragenden Tüchtigkeit und Gelehrsamkeit sehr schätze und bewundere und glaube, von Dir wiederum geliebt zu werden, kann ich kaum ausdrücken, wie schmerzlich es für mich ist, dass ich Dir nur diesen äußerst traurigen Brief schreiben kann. Welches Verhängnis soll ich als Grund dafür nennen, dass schon der zweite Brief an Dich, den zu schreiben ich gezwungen bin, uns beiden nur Trauer und Schmerz bereitet? [2] Ich hatte den Anianus so lieb gewonnen, dass ich ihn wegen seines ausgezeichneten Charakters und seiner Tüchtigkeit liebte wie einen Sohn. Daher stand mir niemand näher als er, solange ich den Umgang mit ihm genießen durfte. Wir waren bei Tisch und im Haus zusammen, wir führten stets Gespräche über die Wissenschaften, die Heilige Schrift und jegliche Art der Philo-

---

[16] Vgl. Mennecke-Haustein: *Luthers Trostbriefe*, a. a. O., S. 116f.
[17] Ich habe den Brief aufgrund des lateinischen Textes übersetzt, der in *MBW* Bd. T 6, S. 291–296 ediert ist. Die dort vorgenommene Paragrapheneinteilung habe ich auch in die Übersetzung eingefügt.

sophie. Als ich nun im Winter auf Einladung des Landgrafen [Philipp] nach Hessen reisen sollte und merkte, dass Anianus gerne einmal Höfe deutscher Fürsten sehen wollte und ganz besonders auch den Landgrafen, dessen Tatkraft er bewunderte, ließ ich gerne zu, dass er mit mir zusammen die Reise unternahm. Wir haben wohlbehalten und unversehrt die Rückreise angetreten. [3] Als wir in Leipzig angelangt waren und ich mich aus vielerlei Gründen beeilen musste, nach Hause zu kommen, wollte Anianus noch einige Tage dort bleiben. Er hatte nämlich Geldangelegenheiten zu regeln und war gerne dort bei einigen Polen. Ich hatte nichts dagegen. Nach wenigen Tagen dort bekam er entweder Fieber oder, wie mir eher scheint, eine Lungenentzündung, die diesen großartigen jungen Mann dahingerafft hat. Die Ärzte bemühten sich sehr wohl; aber sie schreiben mir, sein Körper sei so geschwächt gewesen, dass er durch keine Arznei gekräftigt und gefördert werden konnte. Was die Ursache der Krankheit war, kann ich nicht einmal vermuten; denn als ich Leipzig verließ, ging es ihm, abgesehen von einem leichten Schnupfen, gut. Dann kam die Entzündung dazu, ich weiß nicht, woher. [4] Ich will keine Trostschrift schreiben, denn ich selbst habe einen so großen Verlust erlitten, dass ich wahrhaftig behaupten kann, ich wünschte, seinen Tod mit meinem Leben zurückzukaufen, wenn Gott dies zuließe. Ich will auch nicht betonen, welch großen Verlust die Welt der Wissenschaft und die Christenheit durch den Tod dieses Talentes erlitten haben, dass er die besten Fächer beherrschte und obendrein von einem wunderbaren Glaubenseifer beseelt war, und ich will alle anderen Gründe zur Trauer übergehen; aber seiner Herzensbildung wegen trauere ich so sehr, dass ich sogar beim Tod meines Sohnes gefasster war. Denn auch Anianus liebte mich so sehr, dass er mich wie einen Vater behandelte. In ihm war solche Liebenswürdigkeit, solche Zurückhaltung, solche Gewissenhaftigkeit in allen Belangen, dass ich, wenn ich daran denke, fast umkomme. [5] Und vielleicht wollte er auch im Tode bei mir sein: In Leipzig verweigerte man ihm nämlich aufgrund seines Umgangs mit mir ein Begräbnis! Was für eine unerhörte und barbarische Grausamkeit! Daher haben unsere Freunde ihn hierher zurückgeholt, denn sie wollten nicht, dass er an einem ungeweihten Ort begraben würde. Nun ist er also bei uns in der Kirche bestattet, wo viele Fürsten begraben liegen, und er hat unserer ganzen Universität eine schmerzhafte Erinnerung an sich hinterlassen. Auch in Leipzig haben viele ehrwürdige Männer seinen Tod beklagt. [6] Obwohl ich weiß, dass Du aufgrund Deiner großen Weisheit und Stärke glaubst, man dürfe dem Schicksal nicht nachgeben, und dass Du weißt, woher Heilmittel gegen so große Schmerzen zu holen sind, trotzdem nenne ich das, was zum Trost eines guten Mannes am wirksamsten sein muss: Wie ich höre, hat er in seiner letzten Stunde mit innigen Bitten und Gebeten sein Heil Gott empfohlen und den Psalm 'Erbarme dich meiner'[18] gesprochen, bis ihn Stimme und Verstand verließen. Christus sagt, dass nicht einmal die Spatzen ohne

---

[18] Ps 51 (50 Vulgata), 3.

den Willen Gottes auf die Erde fallen;[19] um wieviel mehr liegen ihm daher Leben und Tod frommer Menschen am Herzen! Ich habe keinen beständigeren Trost als den, dass ich fest glaube, dass dem Willen Gottes gehorcht werden muss. Und ich glaube, dass dieser hervorragende Freund und Bruder uns nicht zufällig, nicht ohne Gottes Willen verloren gegangen ist. Mit diesen Gedanken halte ich mich irgendwie aufrecht und ich wünsche, dass sie auch Deinen Schmerz etwas lindern. [7] Wie Du siehst, habe ich dies weniger geschrieben als vielmehr ergossen, immer wieder weinend und bald den Tod des Anianus, bald mein eigenes Elend beklagend, und bin auch beunruhigt, mit welchen Gefühlen Du dies lesen wirst. Über Anianus' Habseligkeiten wird Dir Petrus schreiben, denke ich. Wir werden ihm alles, was einem Toten erwiesen werden kann, mit großer Gewissenhaftigkeit und Liebe erweisen. Wenn wir ihn doch als Lebenden hätten genießen können! Ach, dass er doch meine Dienstfertigkeit und meinen Eifer in dieser Lebensweise erkannt hätte, die wir eingeführt hatten! Glaub mir: Mir konnte in meinem Privatleben nichts Schlimmeres zustoßen! Wenn die gemeinschaftliche Trauer etwas zu Deinem Trost beiträgt: Ich versichere Dir, dass ich die Erinnerung an Anianus niemals aus meinem Herzen löschen werde. Leb wohl, Du hochangesehener Mann, und verzeih diesen Trauerbrief. 2. Februar 1535.

Philipp Melanchthon."

---

[19] Mt 10, 29.

Barbara Neymeyr

Von der Décadence zur Experimentalexistenz.
Die Nietzsche-Rezeption in Musils Roman
„Der Mann ohne Eigenschaften"

Musil hat seinen Roman *Der Mann ohne Eigenschaften* als komplexes Experimentierfeld komponiert. Den Protagonisten Ulrich läßt er zwar wesentliche Tendenzen der Epoche repräsentieren, zugleich aber gestaltet er ihn als einen avantgardistischen Intellektuellen, der durch seine subversiven Diagnosen eine Sonderstellung im Figurenensemble einnimmt. Immer wieder fällt der 'Mann ohne Eigenschaften' durch seine unzeitgemäßen Betrachtungen auf. Seine Distanz zur Wirklichkeit, seine Opposition zu Vertretern der traditionellen Gesellschaft und ihren Ideologien, seine Lust zur Provokation und sein Negativismus entspringen einer zukunftsorientierten Experimentierhaltung. Ulrichs Skepsis gegenüber identitätsbildenden gesellschaftlichen Rollen und persönlichen Bindungen führt dazu, daß er sich mit den Modellen der Identitätskonstitution, die er in seinem sozialen Umfeld wahrnimmt, kritisch auseinandersetzt.

Schon hier zeichnen sich Affinitäten zur Philosophie Nietzsches ab. Denn Musils zentrale Fragestellung zielt auf die moderne Identitätskrise, die damals auch andere Autoren reflektierten, etwa Hofmannsthal, Schnitzler, Kafka und Benn. Sie war bereits seit Nietzsches Attacke auf ein am Begriff des Individuums orientiertes Persönlichkeitskonzept und seit Freuds Psychoanalyse zu einem Epochenthema geworden. Ernst Mach brachte die moderne Dezentrierung des Subjekts in seinem bekannten Fazit „Das Ich ist unrettbar"[1] auf den Begriff. Musil, der nach seinem Ingenieursexamen Philosophie und experimentelle Psychologie studierte, sich schon früh mit Nietzsche auseinandersetzte und über Ernst Mach promovierte, bildete in diesem zeitgenössischen Kontext sein literarisches Sensorium aus. Im *Mann ohne Eigenschaften* läßt er den Protagonisten Ulrich konstatieren: „Das Ich verliert die Bedeutung, die es bisher gehabt

---

[1] Ernst Mach: *Die Analyse der Empfindungen und das Verhältnis des Physischen zum Psychischen*. Mit einem Vorwort zum Neudruck von Gereon Wolters. Nachdruck der 9. Aufl. Jena 1922. [1. Aufl. Leipzig 1886]. Darmstadt 1991, S. 20. Für Mach ist das Ich „keine unveränderliche, bestimmte, scharf begrenzte Einheit", sondern lediglich ein „Komplex von Erinnerungen, Stimmungen, Gefühlen" (a.a.O. S. 19, 2). Er hält die „vermeintlichen Einheiten 'Körper', 'Ich'" für bloße „Notbehelfe zur vorläufigen Orientierung" (a.a.O. S. 10–11).

hat, als ein Souverän, der Regierungsakte erläßt" (474).² Diese Aussage erinnert an Freuds berühmtes Diktum, „daß das Ich nicht Herr sei in seinem eigenen Haus",³ aber auch an radikale Thesen Nietzsches. In der *Götzen-Dämmerung* betrachtet er die Begriffe 'Subjekt', 'Seele', 'Substanz' als obsolet und glaubt sie ad absurdum führen zu können, indem er ihren vermeintlichen Gegenstand als illusionär entlarvt: „das Ich [...] ist zur Fabel geworden, zur Fiktion, zum Wortspiel: das hat ganz und gar aufgehört, zu denken, zu fühlen und zu wollen!"⁴ Nietzsche hält das Ich nur für „eine begriffliche Synthesis", die „nichts für eine reale Einheit verbürgt".⁵

Daß sich infolgedessen die konventionellen Gewißheiten in einem Prozeß permanenten Wandels auflösen, zeigt die folgende Aussage über Ulrich:

> „Er ahnt: diese Ordnung ist nicht so fest, wie sie sich gibt; kein Ding, kein Ich, keine Form, kein Grundsatz sind sicher, alles ist in einer unsichtbaren, aber niemals ruhenden Wandlung begriffen, [...] und die Gegenwart ist nichts als eine Hypothese, über die man noch nicht hinausgekommen ist. [...] Darum zögert er, aus sich etwas zu machen; ein Charakter, Beruf, eine feste Wesensart, das sind für ihn Vorstellungen, in denen sich schon das Gerippe durchzeichnet, das zuletzt von ihm übrig bleiben soll. Er sucht sich anders zu verstehen; mit einer Neigung zu allem, was ihn innerlich mehrt [...], fühlt er sich wie einen Schritt, der nach allen Seiten frei ist, aber [...] immer vorwärts führt" (250).

Aus der kritischen Subversion traditioneller Identitätskonzepte durch Nietzsche, Mach und Freud zieht Musil insofern eine radikale Konsequenz, als er seinen Protagonisten Ulrich, der die Utopie authentischen Lebens entwirft und sich für das Experiment mit einer neuen 'anderen' Identität entscheidet, am Ende in die Aporie geraten läßt. Auf welche Weise Musil in seinem Epochenroman mit Ausdrucksformen der zeitgenössischen Identitätsproblematik experimentiert, erhellt aber nicht nur aus dem spezifischen Zuschnitt der Ulrich-Figur, sondern auch aus den Charakteristika anderer Figuren, die für den 'Mann ohne Eigenschaften' zum Anlaß kritischer Abgrenzung oder sogar zum Objekt subversiver Polemik werden. In besonderem Maße gilt dies für den Industriemagnaten Arnheim, der aufgrund seiner eitlen Selbstinszenierung

---

[2] Robert Musil: *Gesammelte Werke*, hg. von Adolf Frisé. Zwei Bände. Reinbek bei Hamburg 1978. Bd. I: *Der Mann ohne Eigenschaften*. Bd. II: *Prosa und Stücke. Kleine Prosa, Aphorismen. Autobiographisches. Essays und Reden. Kritik.* – Belege aus dem Roman folgen im laufenden Text jeweils im Anschluß an das Zitat.
[3] Sigmund Freud: *Vorlesungen zur Einführung in die Psychoanalyse* (1916–17), in: *Sigmund Freud: Studienausgabe in zehn Bänden und einem Ergänzungsband*, hg. von A. Mitscherlich, A. Richards, J. Strachey. Frankfurt a.M. 1982, Bd. I: S. 33–445, darin S. 284.
[4] Friedrich Nietzsche: *Sämtliche Werke. Kritische Studienausgabe in 15 Bänden*, hg. von Giorgio Colli und Mazzino Montinari. München, Berlin, New York 1980 [=KSA]. – KSA 6: S. 91.
[5] Nietzsche: *Nachgelassene Fragmente*. Herbst 1885 – Frühjahr 1886 1[87]. KSA 12: S. 32. *Nachgelassene Fragmente*. Frühjahr 1888 14[79]. KSA 13: S. 258f.

als 'Persönlichkeit' zum Antipoden Ulrichs wird. Die ambitionierten Bemühungen dieses 'Großschriftstellers' um eine öffentlichkeitswirksame Identitätskonstitution erscheinen angesichts moderner Entpersönlichung obsolet. Im Roman heißt es: „das Intellektuelle und der Individualismus galten bereits für überholt und egozentrisch"; sie wurden durch das 'Man' substituiert (453).

Der von Philosophen, Psychologen, Soziologen, Essayisten und Schriftstellern reflektierten Identitätskrise der Epoche gewinnt Musil einen zukunftsorientierten Impuls ab, indem er seinen 'Mann ohne Eigenschaften' ins Zentrum eines anthropologischen Experiments stellt: Er läßt ihn als scharfsinnigen Diagnostiker auftreten, der sich der von Nietzsche formulierten Kulturkritik und seiner subversiven Entlarvungspsychologie bedient. Zeigen läßt sich dies vor allem an den Themenfeldern Décadence-Diagnose, Idealismus-Kritik sowie Sexual- und Machtpsychologie, die Musils Roman maßgeblich konstituieren.[6] Im folgenden möchte ich zunächst zeigen, wie Musil den Komplex der 'Jugendfreunde', den Nukleus des Romanprojekts, mit dekadenten Erscheinungsformen des seit dem Fin de siècle virulenten Nietzscheanismus und Wagnerismus verbindet und zeitdiagnostisch profiliert, um dann vorzuführen, wie er den Protagonisten Ulrich analog zu Konzepten Nietzsches als Experimentalexistenz modelliert.

I. Nietzsche contra Wagner: Musils literarische Experimente
mit Décadence-Symptomen und mit dem Diskurs über
'Genie und Wahnsinn'

Der gruppenbildende Begriff 'Jugendfreunde' verschleiert zunächst die Differenzen, die in der Interaktion der drei Figuren Ulrich, Walter und Clarisse markant hervortreten: Dem forcierten Aktivismus der Psychopathin Clarisse und der Lethargie des weichlich-passiven Wagnerschwärmers Walter, der vor seiner künstlerischen Sterilität in Wagner-Exzesse am Klavier und in einen diffusen irrationalen Kulturpessimismus flieht, steht die Gedankenschärfe und intellektuelle Redlichkeit Ulrichs diametral gegenüber. Verkörpert Clarisse eine naive und eindimensionale Nietzsche-Begeisterung, die immer mehr zur Obsession wird, so weist Ulrich als kritisch reflektierender Intellektueller eine innere Nähe zu wesentlichen Aspekten von Nietzsches Philosophie auf: zum Perspektivismus, zur Destruktion traditioneller Ideale und Moralvorstellungen sowie zur Utopie einer Experimentalexistenz im Sinne Nietzsches. Auch sein Geistesaristokratismus entspricht tendenziell der Denkweise des Philosophen. Allerdings werden zugleich Differenzen deutlich: Durch seine Skepsis und Handlungsschwäche unterscheidet sich Ulrich von Nietzsches Voluntarismus und sei-

---

[6] Vgl. dazu Barbara Neymeyr: *Psychologie als Kulturdiagnose. Musils Epochenroman „Der Mann ohne Eigenschaften"*, Heidelberg 2005 (Beiträge zur neueren Literaturgeschichte Bd. 218).

nem Konzept eines 'Willens zur Macht'. Und das Verkündigungspathos von Nietzsches *Zarathustra*, für das sich die expressionistischen Zeitgenossen begeisterten, ist ihm ebenfalls fremd – anders als der Hysterikerin Clarisse, die sich bei ihren theatralischen Auftritten gern mit einer pathetischen Nietzsche-Attitüde inszeniert.

Der maßgebliche Initialimpuls für Clarisses distanzlose Nietzsche-Idolatrie war sogar von Ulrich selbst ausgegangen, der zum Katalysator einer unvorhersehbaren Entwicklung wurde, als er ihr ausgerechnet „zur Hochzeit die Werke Nietzsches" schenkte (49, 609). Dadurch schuf er gewissermaßen die Basis für ein geistiges Konkubinat. Denn in der Folgezeit trat Nietzsche für Clarisse immer mehr an die Stelle ihres Ehemanns Walter. Musils literarischem Experiment gemäß wurde Ulrichs Hochzeitsgeschenk für sie also nicht zur intellektuellen Herausforderung, sondern zur Infektion. Nach dreijähriger Ehe- und Inkubationszeit treten die perniziösen Symptome in der Erzählgegenwart zutage. Clarisses Persönlichkeitsstruktur verweist insofern auf die Identitätskrise der Epoche, als die Infektion gefährdeter Existenzen in der Literatur der Décadence von Bedeutung war.

Trotz ihres enthusiastischen Nietzsche-Kults gerät Clarisse durch Ulrichs Frage, was „Nietzsche eigentlich verlangt" habe, in große Verlegenheit (353f.). Musil kontrastiert das forcierte Auftreten der Hysterikerin mit einem auffälligen Mangel an Substanz. Daß dies auch für ihre voluntativen Exaltationen gilt, zeigt eine Romanpartie, in der von ihrem „substanzlos flammenden Willen" die Rede ist (62). Mit dem hohlen Aktivismus und infantilen Rigorismus dieser Figur parodiert Musil Perversionsformen des zeitgenössischen Nietzscheanismus, die er mit dem unreflektierten Tatkult und der irrationalen Erlösungssehnsucht der Epoche verbindet. Im Medium individualpsychologischer Analyse bietet er zugleich eine satirische Kulturdiagnose. Zeitphänomene macht er auf ihre pathologischen Tiefendimensionen hin transparent.

Bezeichnenderweise verbindet Clarisse Nietzsches Reflexion über den „Pessimismus der Stärke" (435), die zu ihren „Lieblingsgedanken" gehört (980), mit der Frage: „Ist Wahnsinn vielleicht nicht notwendig ein Symptom der Entartung?" (980).[7] Hier deutet sich bereits eine positive Bewertung des Wahns an, die auf Nietzsche zurückverweist.[8] Clarisse versteht unter 'Wahn' „nichts anderes als man Willen nennt, nur besonders gesteigert", ja sie glaubt sogar, „daß man sich einem Wahn überlassen müsse, wenn man der Gnade teilhaftig geworden sei, ihn zu fühlen" (910). Immer wieder verbindet

---

[7] Vgl. dazu Nietzsche: *Die Geburt der Tragödie*. KSA 1: S. 16, 12. Nietzsche formuliert diese Fragen folgendermaßen: „Ist Wahnsinn vielleicht nicht nothwendig das Symptom der Entartung, des Niedergangs, der überspäten Cultur? Giebt es vielleicht – eine Frage für Irrenärzte – Neurosen der *Gesundheit*? der Volks-Jugend und -Jugendlichkeit? [...]" (S. 16). „Ist Pessimismus *nothwendig* das Zeichen des Niedergangs, Verfalls, des Missrathenseins, der ermüdeten und geschwächten Instinkte? [...] Giebt es einen Pessimismus der *Stärke*? Eine intellektuelle Vorneigung für das Harte, Schauerliche, Böse, Problematische des Daseins aus Wohlsein, aus überströmender Gesundheit, aus *Fülle* des Daseins?" (S. 12).

[8] Vgl. Nietzsche: *Morgenröthe*. KSA 3: S. 264. *Vom Nutzen und Nachtheil der Historie für das Leben*. KSA 1: S. 298. *Die Geburt der Tragödie*. KSA 1: S. 132.

Musil mit Clarisses Nietzsche-Rezeption ein voluntatives Moment. Es gehört zu ihren auffälligsten Charakteristika und mündet später in zerrüttende Selbstüberanstrengung. An dieser pathologischen Figur diagnostiziert Musil exemplarisch und mit kulturkritischem Scharfblick eine Gefahr der Epoche. Auch im zeitgenössischen Aktivismus ging das Plädoyer für die 'Tat' mit einem Bekenntnis zum 'Willen' einher.[9]

Im 14. Kapitel „Jugendfreunde" hält Clarisse sogar das „Genie für eine Frage des Willens" (53). Wie diffus und unreflektiert ihre gedanklichen Obsessionen sind, enthüllt die folgende Aussage: „Für zeitkritische Gespräche war sie nicht zu haben; sie glaubte schnurstracks an das Genie. Was das sei, wußte sie nicht; aber ihr ganzer Körper begann zu zittern und sich zu spannen, wenn davon die Rede war; man fühlt es oder man fühlt es nicht, das war ihr einziges Beweisstück" (62). Clarisses Genie-Idolatrie erweist sich mithin als irrational und völlig ahistorisch. Aus ihrer Unfähigkeit zu kritischer Selbstrelativierung entspringen auch die rigorosen Ansprüche, mit denen sie ihren Ehemann konfrontiert. Mit dem Gefühl eigener Berufung „zu etwas Großem" (145) und dem Glauben, „daß sie etwas Titanenhaftes tun werde" (146), verband sich schon bei der fünfzehnjährigen Clarisse die Erwartung, Walter müsse ein Genie sein (53, 146), ja womöglich sogar „ein noch größeres Genie [...] als Nietzsche" (146).

Daß Clarisses Nietzsche-Obsession und Genie-Idolatrie ebenso wie ihr Willenskult einem nicht mehr zu regulierenden Irrationalismus entspringen, zeigt die Diskrepanz zwischen elitärem Anspruch und eklatanter Ignoranz. Obwohl Clarisse ihre voluntative Zielgespanntheit durch ein forciertes Auftreten unterstreicht, kann sie auch die naheliegende Frage Meingasts „Aber *was* willst du eigentlich?" (921) erstaunlicherweise nicht beantworten. Musils zeitkritische Diagnose gilt hier einem diffusen Eskapismus, der letztlich bloß Flucht vor innerer Leere ist.

Durch die Verbindung mit dem Bereich des Psychopathischen läßt Musil die Willens- und Tatsphäre in seinem Roman suspekt erscheinen. Indem er den beiden pathologischen Figuren, dem geisteskranken Frauenmörder Moosbrugger und Clarisse, eine besondere Affinität zur Tat zuschreibt, desavouiert er zugleich den zeitgenössischen Männlichkeits- und Tatkult. Ernst Jünger beispielsweise propagierte die Tat als Rauschmittel und huldigte einem virilen Aktivismus. Musil rezipiert zwar Nietzsches Perspektivismus und Experimentalphilosophie sowie seine Moralkritik und seine Konzepte 'jenseits von Gut und Böse' für seine Ulrich-Figur, steht dem voluntativen Aktionismus Nietzsches und vieler Nietzscheaner aber kritisch gegenüber; daher übernimmt er ihn auch nicht für die Gestaltung seines Protagonisten. Clarisses forcierte

---

[9] Hiller behauptet, daß der „Wille [...] siegen wird. So ist der Aktivist Voluntarist" (Kurt Hiller: *Ortsbestimmung des Aktivismus*. Wiederabdruck in: *Theorie des Expressionismus*, hg. von Otto F. Best. Stuttgart 1976, S. 124–131, darin S. 128).

Handlungsbereitschaft spiegelt vor allem problematische Auswüchse einer einseitigen Nietzsche-Rezeption wider. Ihre aktivistische Flucht nach vorn entspringt einem Bedürfnis nach Selbsterlösung.

Bei seinen literarischen Experimenten mit abnormen Dispositionen greift Musil auf den psychiatrischen Diskurs über Genie und Wahnsinn zurück, kodiert ihn aber entsprechend um: In einer nachgelassenen Partie des Romans schreibt er Clarisse sogar die Meinung zu, „daß die sogenannten Geisteskranken eine Art genialer Wesen seien, die man verschwinden lasse und um ihr Recht bringe" (1293). Mit subversiver Absicht zeigt Musil, daß die eskapistische Fixierung auf den Übermenschen, das Genie oder eine Erlöserfigur zur Realitätsverkennung und dadurch in Grenzzustände einer Selbstentfremdung, ja sogar zum Wahnsinn führen kann. Statt einer auf Degeneration beruhenden und zum Wahnsinn disponierenden Genialität hat Musil seiner Clarisse-Figur eine Psychose eingeschrieben, die durch den zur Idée fixe gesteigerten Enthusiasmus für Nietzsche, für die Tat und das Genie wesentlich mitbedingt ist.[10] Die Allianz von Genie und Wahnsinn in Konzepten der Degenerationspsychiatrie ersetzt er in seinem Roman durch einen Wahnsinn ohne Genialität.

Kunstvoll gestaltet Musil die Opposition zwischen Walters Wagner-Enthusiasmus und Clarisses Nietzsche-Idolatrie. Bezeichnenderweise entfaltet schon Nietzsche das Konzept des Übermenschen im *Zarathustra* als Gegenentwurf zum Habitus Wagners.[11] Gegen die Décadence generell und zugleich speziell gegen den 'Nervenverderber' Wagner mit seiner kranken Musik[12] läßt Nietzsche Zarathustra, diesen „jasagendste[n] aller Geister", die Botschaft vom Übermenschen verkünden.[13] Auch andere Thesen im *Zarathustra* richten sich gegen Wagner: Die Lehre vom Tode Gottes konterkariert ebenso wie die Absage an metaphysische Hinterwelten[14] das christianisierende Mysterium von Wagners *Parsifal*. Und indem Nietzsche die „Härte" als Kennzeichen aller „Schaffenden" und als Signum „einer dionysischen Natur" hervorhebt, wendet er sich gegen das Mitleid als die „Tugend der décadents", die zugleich die hervorstechende Eigenschaft von Wagners Parsifal ist.[15]

Im *Mann ohne Eigenschaften* führt Musil am Beispiel von Walter und Clarisse bestimmte Ausprägungen von Wagnerismus und Nietzscheanismus als zeittypische

---

[10] Vgl. dazu Barbara Neymeyr (Anm. 6), S. 183–188.

[11] Diese These vertreten mit überzeugenden Argumenten Dieter Borchmeyer und Jörg Salaquarda (Hg.): *Nietzsche und Wagner. Stationen einer epochalen Begegnung*. Frankfurt a. M., Leipzig 1994, Bd. 2: S. 1271–1386, darin S. 1355–1359. Sie bezeichnen den *Zarathustra* als den „Anti-Parsifal" Nietzsches, der Wagners Tod „zum Ende der alten Kultur stilisiert" habe, „aus deren Asche der Phönix der neuen Kultur entsteht" (S. 1355).

[12] Dazu finden sich zahlreiche Belege in Nietzsche Schrift *Der Fall Wagner*. KSA 6: S. 11, 12, 21–23, 29, 42–44, 47.

[13] So Nietzsches Formulierung in *Ecce homo*. Vgl. KSA 6: S. 343, auch S. 348.

[14] Vgl. in Nietzsches *Zarathustra* die Kapitel „Von den Hinterweltlern" (KSA 4: S. 35–38), „Von den Predigern des Todes" (KSA 4: S. 55–57) und „Vom höheren Menschen" (KSA 4: S. 356–368), wo er verkünden läßt: „Gott starb: nun wollen *wir*, – dass der Übermensch lebe" (S. 357). Vgl. auch KSA 4: S. 14.

[15] Vgl. Nietzsche: *Ecce homo*. KSA 6: S. 349. Außerdem: *Der Fall Wagner*. KSA 6: S. 29.

Krisenphänomene vor, und zwar vor dem Horizont der Décadence. Das 14. Romankapitel, in dem Ulrichs Jugendfreunde Walter und Clarisse erstmals in Erscheinung treten, entwirft eine charakteristische Szenerie. Denn die musikalische Ekstase, die beide am Klavier zelebrieren, beschreibt Musil mit wörtlichen Zitaten aus Nietzsches *Geburt der Tragödie*: „die Millionen sanken […] schauervoll in den Staub, die feindlichen Abgrenzungen zerbrachen, das Evangelium der Weltenharmonie versöhnte, vereinigte die Getrennten; sie […] waren auf dem Wege, tanzend in die Lüfte emporzufliegen" (48). Diese Inszenierung eines musikalisch stimulierten Einheitsgefühls erweist sich aber als unauthentische Romantik und verbirgt nur vordergründig die eheliche Disharmonie.

Musil greift in seinem Roman nicht nur auf Nietzsches *Geburt der Tragödie* zurück, sondern auch auf seine späten Anti-Wagner-Schriften. Nachweislich fungiert Nietzsches Polemik in *Der Fall Wagner* als Subtext für den *Mann ohne Eigenschaften*. Wesentliche Elemente der Wagner-Kritik Nietzsches übernimmt Musil für die Charakterisierung von Walters Wagnerismus: „Sein Rückenmark wurde von der Narkose dieser Musik gelähmt und sein Schicksal erleichtert" (67), heißt es im Roman über diesen Décadent, der seine künstlerische Sterilität nicht ertragen kann und in einem eskapistischen Reflex „die wogende Rückenmarksmusik des sächsischen Zauberers" zu spielen beginnt (615). Nietzsche beschreibt die Wirkung der Instrumente in Wagners Musik so: „Einige überreden selbst noch die Eingeweide […], andre bezaubern das Rückenmark".[16] Den Komponisten charakterisiert er als „den größten Meister der Hypnotisierung".[17] Musil adaptiert auch diese Charakteristika für seinen Roman, indem er die musikalischen Exaltationen des Ehepaars Walter und Clarisse mit dem „Zwangsschlaf der Hypnose" vergleicht (143). Von der dekadenten Sphäre seiner Jugendfreunde, in die er aufgrund einer nostalgischen Anwandlung zurückgekehrt ist, grenzt sich Ulrich später entschieden ab, um andere Lebensformen zu erkunden.

II. Die 'Utopie des Essayismus' als Entwurf einer Experimentalexistenz

Mit seinem Konzept des 'Essayismus', einer experimentellen Denk- und Lebenshaltung, die den ganzen Roman bestimmt und in Kapitel 62 auch explizit reflektiert wird, folgt Musil Nietzsches Programm einer „Experimental-Philosophie".[18] Sie ori-

---

[16] Nietzsche: *Der Fall Wagner*. KSA 6: 24. Auch Thomas Mann rekurriert auf Nietzsche, wenn er seine Aschenbach-Figur im *Tod in Venedig* kurz vor dem finalen Zusammenbruch im Traum eine dionysische Orgie erleben läßt, begleitet von Geheul und „ruchlos beharrlichem Flötenspiel, welches auf schamlos zudringende Art die Eingeweide bezauberte." (Thomas Mann: *Gesammelte Werke in dreizehn Bänden*, Frankfurt a.M. 1990, Bd. VIII: Erzählungen: S. 444–525, darin S. 516.)
[17] Nietzsche: *Nachgelassene Fragmente*. Frühjahr 1888 15[6]. KSA 13: S. 405.
[18] Vgl. Friedrich Kaulbach: *Nietzsches Idee einer Experimentalphilosophie*. Köln, Wien 1980. Volker Gerhardt: „Experimental-Philosophie". Versuch einer Rekonstruktion, in: Volker Gerhardt: *Pathos und Distanz. Studien zur Philosophie Friedrich Nietzsches*, Stuttgart 1988, S. 163–187.

entiert sich an Verfahren der modernen Naturwissenschaften und entspricht zugleich Auffassungen Emersons, der sich in seinen Essays als „Experimentirender" versteht, als „ein endloser Sucher" ohne den Ballast der „Vergangenheit" auf dem Rücken.[19] Schon frühe Tagebuchnotizen dokumentieren Musils Selbstverständnis als 'monsieur le vivisecteur'[20] – analog zu Nietzsches Aussage: „wir experimentiren mit uns, wie wir es uns mit keinem Thiere erlauben würden, und schlitzen uns vergnügt und neugierig die Seele bei lebendigem Leibe auf".[21] In der Vorrede zur Aphorismen-Sammlung *Menschliches, Allzumenschliches* erklärt Nietzsche programmatisch, dem „freien Geist" komme das „gefährliche Vorrecht" zu, „*auf den Versuch* hin leben und sich dem Abenteuer anbieten zu dürfen".[22] Musil charakterisiert seinen *Mann ohne Eigenschaften* selbst explizit als Roman „eines geistigen Abenteuers."[23]

In der *Fröhlichen Wissenschaft* sieht Nietzsche „die heikeligste aller Fragen" darin, „ob die Wissenschaft im Stande sei, Ziele des Handelns zu *geben* [...]"; dann wäre „ein Jahrhunderte langes Experimentiren" möglich, „welches alle grossen Arbeiten und Aufopferungen der bisherigen Geschichte in Schatten stellen könnte."[24] Nietzsche versteht den Menschen dabei nicht nur als Subjekt, sondern auch als Objekt des Experimentierens. „Wir sind Experimente: wollen wir es auch sein!", heißt es im 453. Aphorismus der *Morgenröthe*.[25] Im selben Werk erklärt er: „Wir haben den guten Muth

---

[19] R.W. Emerson: *Essays*, London 1906. Nietzsche las die Übersetzung der Essays von G. Fabricius. Hannover 1858, S. 234. Zu der auch für das Konzept der Experimentalphilosophie vorhandenen 'Vergangenheit' gehören Voltaire (*Metaphysische Abhandlung*, 1734) und Hume (*A Treatise of Human Nature*, 1734), die beide aus dem Geist des aufklärerischen Empirismus eine experimentelle Methode ausdrücklich auch für die Philosophie fordern. Kant spricht vom „Experiment der Vernunft" und verwendet sogar den Begriff der 'Experimentalphilosophie' (*Kritik der reinen Vernunft* A 425, B 542). Vgl. Volker Gerhardt: a. a. O., S. 185–186.

[20] Im frühesten Tagebucheintrag erklärt Musil: „Neulich habe ich für mich einen sehr schönen Namen gefunden: monsieur le vivisecteur. [...] Mein Leben: – Die Abenteuer und Irrfahrten eines seelischen Vivisectors zu Beginn des zwanzigsten Jahrhunderts" (Robert Musil: *Tagebücher*, hg. von Adolf Frisé. Zwei Bände, Reinbek bei Hamburg 1976. Bd. I: S. 2). Offensichtlich wurde Musil zu seinem Konzept des 'monsieur le vivisecteur' durch Nietzsche-Lektüre angeregt. In den Tagebüchern (Bd. II: S. 4–5) finden sich Exzerpte zu Nietzsches Schriften *Jenseits von Gut und Böse* und *Zur Genealogie der Moral*, in denen die Begriffe 'Vivisektion' und 'Vivisektoren' vorkommen. In Stichworten zu den *Aufzeichnungen eines Schriftstellers* von 1940/41 notiert Musil: „Dieser Spaltungsvorgang, die Selbstbeobachtung, wird etwas später besonders lebendig. Mr. le vivisecteur. Bei mir kam es überdies auch von der Zeitmode. À la Nietzsche: ein Psychologe" (Musil: *Gesammelte Werke* [vgl. Anm. 2], Bd. II: S. 915–936, darin S. 923).

[21] Nietzsche: *Zur Genealogie der Moral*. KSA 5: S. 357. In *Jenseits von Gut und Böse* empfiehlt Nietzsche: „treibt Vivisektion [...] an *euch*!" (KSA 5: S. 153). Zum Begriff der 'Vivisektion' vgl. auch KSA 5: S. 106, 166.

[22] Nietzsche: *Menschliches, Allzumenschliches*. KSA 2: S. 18.

[23] Robert Musil: *Briefe 1901–1942*, hg. von Adolf Frisé unter Mithilfe von Murray G. Hall, Reinbek bei Hamburg 1981, S. 930.

[24] Nietzsche: *Die fröhliche Wissenschaft*. KSA 3: S. 379–380.

[25] Nietzsche: *Morgenröthe*. KSA 3: S. 274. Vgl. auch S. 160: „Es müssen so viele Versuche noch gemacht werden. Es muss so manche Zukunft noch an's Licht kommen!"

zum Irren, Versuchen, Vorläufig-nehmen wieder erobert – [...] Wir dürfen mit uns selber experimentiren! Ja die Menschheit darf es mit sich!"[26]

Musil läßt den 'Mann ohne Eigenschaften', der „Urlaub von seinem Leben" nimmt (47) und das „Wagnis" eingeht, „hypothetisch [zu] leben" (249), als „Inbegriff seiner Möglichkeiten" (251), mit einem energischen „Willen zur Selbstbestimmung" die von Nietzsche verkündete „grosse Loslösung" vollziehen, die ihn zum „freien Geiste" macht und es ihm erlaubt, „*auf den Versuch* hin [zu] leben".[27] Dabei folgt Musil zugleich Nietzsches Bekenntnis: „Philosophie, wie ich sie bisher verstanden und gelebt habe, ist das freiwillige Aufsuchen auch der verwünschten und verruchten Seiten des Daseins."[28] In dem Kapitel über die „Utopie des Essayismus" versucht sich der 'Mann ohne Eigenschaften' „anders zu verstehen; mit einer Neigung zu allem, was ihn innerlich mehrt, und sei es auch moralisch oder intellektuell verboten" (250). Wenn sich Ulrich sogar zu „jeder Tugend und jeder Schlechtigkeit fähig" fühlt (251), zieht Musil damit Konsequenzen aus Nietzsches Abkehr von der traditionellen Moral. Dies gilt auch für die zahlreichen 'verruchten' Inszenierungen im Roman: für die vielfältigen sexualpathologischen Aberrationen ebenso wie für die Symptome von Clarisses Abnormität, für Moosbruggers Gewaltexzesse und den Geschwisterinzest.

Arnheim attestiert seinem Kontrahenten Ulrich, er verlange „das Bewußtsein des Versuchs" (636); er selbst sieht darin allerdings bloß den Ausdruck einer wirklichkeitsfernen Experimentierhaltung:

> „Die verantwortlichen Führer sollen daran glauben, daß sie nicht Geschichte zu machen, sondern Versuchsprotokolle auszufüllen haben, die weiteren Versuchen zur Grundlage dienen können! Ich bin entzückt von diesem Einfall; aber wie sieht es zum Beispiel mit Kriegen und Revolutionen aus? Kann man die Toten wieder aufwecken, wenn der Versuch durchgeführt ist und vom Arbeitsplan abgesetzt wird?!" (636).

Mit dieser rhetorischen Frage gibt Arnheim zu verstehen, das von Ulrich propagierte „Bewußtsein des Versuchs" (636) sei allenfalls als Aperçu zu goutieren, könne als Programm jedoch nicht ernst genommen werden, da seine Verwirklichung verantwortungslos wäre. Doch verkennt er mit seinem Einwand das eigentliche Anliegen seines Antipoden. Denn mit der Replik, „daß man wahrscheinlich alles, um es fördern zu können, in vollem Ernst anpacken müsse" (636), grenzt sich Ulrich gerade von der spielerischen Verantwortungslosigkeit ab, die ihm Arnheim unterstellt. Aufschlußreich ist das Schlußvotum, mit dem der 'Mann ohne Eigenschaften' die Opposition zwischen einem modernen experimentellen Essayismus und dem traditionellen Idea-

---

[26] Nietzsche: *Morgenröthe*. KSA 3: S. 294.
[27] Nietzsche: *Menschliches, Allzumenschliches*. KSA 2: S. 16–18.
[28] Nietzsche: *Nachgelassene Fragmente*. Frühjahr–Sommer 1888 16[32]. KSA 13: S. 492.

lismus historisch kontextualisiert: „Früher hat man gleichsam deduktiv empfunden, von bestimmten Voraussetzungen ausgehend, und diese Zeit ist vorbei; heute lebt man ohne leitende Idee, aber auch ohne das Verfahren einer bewußten Induktion, man versucht darauf los wie ein Affe!" (636). Allein ein methodisch betriebenes Experimentieren kann zukunftsfähige Alternativen zur obsolet gewordenen idealistischen Deduktion eröffnen.

Im Begriff 'Versuch' verbindet sich die hypothetisch-tentative Reflexionsmethode des Essays[29] mit der Vorstellung eines naturwissenschaftlichen Experiments, – etwa wenn Musil mit Bedauern konstatiert, daß „die Zeitungen nicht Laboratorien und Versuchsstätten des Geistes" sind, „was sie zum allgemeinen Segen sein könnten" (325). Wenn er im Anschluß an Ernst Mach[30] von der „Summe der Versuche" im Rahmen einer „Experimentalgemeinschaft" spricht (490) und die „Utopie des exakten Lebens" als „eine Gesinnung auf Versuch und Widerruf" beschreibt, die mit einem „Mangel an Idealismus" einhergeht (304), dann wird der Unterschied zwischen dem deduktiven Verfahren des Idealismus und der induktiven Methode eines experimentellen Essayismus deutlich: Von der Deduktion im Kontext philosophischer Systementwürfe und von idealistischer Spekulation, die einer diffusen Ganzheitsorientierung folgt, unterscheidet sich die Flexibilität induktiv angelegter Denkexperimente. Musil läßt seinen 'Mann ohne Eigenschaften' im Roman mit ausgeprägtem Möglichkeitssinn experimentieren und zu scharfsinnigen psychologischen Analysen gelangen.[31] Subversiv durchleuchtet Ulrich sein soziales Umfeld auf verborgene Motive, falsche Prätentionen und hybride Selbststilisierungen hin. Auch seine Kritik an antirationalistischen und kulturpessimistischen Tendenzen zeigt exemplarisch den Habitus eines 'monsieur le vivisecteur'. Seine an Nietzsche geschulte Entlarvungspsychologie verbindet sich mit differenzierter Kulturdiagnose.

Im literarischen Experimentierfeld seines Romans realisiert Musil unterschiedliche Valenzen des Begriffs 'Versuch': Die Vorstellung eines naturwissenschaftlichen Experiments bezieht er auf das spezifische Reflexionspotential der Gattung Essay als 'Versuch'; dabei konvergieren Literatur und Leben, existentieller Anspruch und poetologische Dimension. Ja, Ulrich glaubt sogar „Welt und eigenes Leben" mit dem polyperspektivischen Denkansatz des Essays analogisieren zu können:

---

[29] Vgl. Barbara Neymeyr: *Utopie und Experiment. Zur Konzeption des Essays bei Musil und Adorno*, in: *Euphorion* 94 (2000), S. 79–111.

[30] Vgl. z. B. Ernst Mach: *Erkenntnis und Irrthum*, 3. Aufl. Leipzig 1917 (1. Aufl. 1905), S. 309.

[31] Schon in der Literatur der Jahrhundertwende war 'Zergliederung' zu einem Leitbegriff und 'Analyse' zum Programm geworden. Vgl. dazu Sibylle Mulot: *Der junge Musil. Seine Beziehung zu Literatur und Kunst der Jahrhundertwende*, Stuttgart 1977, (*Stuttgarter Arbeiten zur Germanistik* Bd. 40), S. 77. – Für Hermann Bahr gehörte eine „neue Psychologie" insofern zum Wesen der Dekadenzliteratur, als die Beschäftigung mit abnormen, auf Degeneration deutenden psychischen Verfassungen für den décadent typisch sei (Hermann Bahr: *Die Überwindung des Naturalismus*, Dresden, Leipzig 1891, S. 153, 101ff.).

"Ungefähr wie ein Essay in der Folge seiner Abschnitte ein Ding von vielen Seiten nimmt, ohne es ganz zu erfassen, – denn ein ganz erfaßtes Ding verliert mit einem Male seinen Umfang und schmilzt zu einem Begriff ein – glaubte er, Welt und eigenes Leben am richtigsten ansehen und behandeln zu können" (250).

Maßgebend für diese poetische Versuchsanordnung ist die Frage nach dem „richtigen Leben", die – wie Nietzsche betont – bereits in der Philosophie des Sokrates eine besondere Bedeutung hatte.[32] Vor allem Platons Schriften *Gorgias* und *Politeia* werfen die Sokratische Frage nach dem rechten Leben auf.[33] Da sie für Ulrich eine zentrale Rolle spielt, dienen die antiken Reminiszenzen im Roman keineswegs nur dazu, obsolete Formen des Idealismus – etwa in Gestalt der Diotima – der Satire preiszugeben. Über diese negative Funktion hinaus findet auch eine positive Rückbesinnung auf die Quellen des abendländischen Idealismus statt. Aus ihnen gewinnt Ulrich orientierende Leitvorstellungen. Im Kapitel 62 über die „Utopie des Essayismus" gibt er sich auf die hypothetische Frage, „welches Ziel ihm vorschwebe", selbst die Antwort, „daß nur eine Frage das Denken wirklich lohne, und das sei die des rechten Lebens" (255). Dieses Bekenntnis macht seinen existentiellen Anspruch evident. Auch Ulrichs Ideal eines „wahrhaft experimentelle[n] Leben[s]" (826) hängt mit der „Sehnsucht nach einem Gesetz des rechten Lebens" zusammen (825).

Bei seiner Suche nach einer authentischen Lebensform ist der 'Mann ohne Eigenschaften' von einem idealistischen Denkimpuls motiviert, der ihn auch dazu veranlaßt, sich mit den unauthentischen Verhaltensweisen und fingierten Handlungsmotiven anderer Romanfiguren kritisch auseinanderzusetzen. In der ihn umgebenden Gesellschaft, die in normativen Strukturen, dogmatischen Rollenerwartungen, Denkschablonen und Vorurteilen erstarrt ist, nimmt Ulrich die Position eines advocatus diaboli ein (286). Dabei adaptiert er sogar das Verfahren des Sokratischen Dialogs: Durch die philosophische Radikalität seines Fragens unterminiert er Denkkonventionen und bloß scheinbare Gewißheiten. Typische Elemente des Platonisch-Sokratischen Dialogs, etwa die Methode subversiven Fragens,[34] die Paralyse von Vorurteilen und der oft aporetische Ausgang, sind in seinem Kommunikationsverhalten deut-

---

[32] Zur Frage nach dem „richtigen Leben" vgl. Nietzsche: *Die vorplatonischen Philosophen*, in: *Nietzsche Werke. Kritische Gesamtausgabe.* Begründet von Giorgio Colli und Mazzino Montinari. Weitergeführt von Wolfgang Müller-Lauter und Karl Pestalozzi. Zweite Abteilung, Vierter Band: *Vorlesungsaufzeichnungen* (WS 1871/72–WS 1874/75). Bearbeitet von Fritz Bornmann und Mario Carpitella. Berlin, New York 1995, S. 207–362, darin S. 354. Schon Aristoteles hebt den Stellenwert der Frage nach dem rechten Leben für Sokrates hervor (*Metaphysik* 987b 1–2). Laut Nietzsche ist Sokrates „der erste *Lebens*philosoph", weil er „das richtige Leben" als den Zweck des Denkens betrachtet (a. a. O., S. 354).
[33] Vgl. Platon: *Gorgias* 500c–d, 512e; *Politeia* 344e, 352d.
[34] Zu den Dialogtypen in Platons Werk vgl. Wolfgang Wieland: *Platon und die Formen des Wissens*, Göttingen 1982, S. 70–83.

lich zu erkennen.³⁵ Dabei stellt Ulrich nicht nur die Positionen seiner Gesprächspartner, sondern auch sich selbst in Frage. Obwohl er durch seinen existentiellen Anspruch und die universelle Offenheit seines Denkens in die Aporie gerät, fordert er seine Umwelt immer wieder durch Gedankenexperimente heraus.

So vermittelt Musil den Sokratischen Dialog mit dem modernen Essayismus³⁶ und reichert ihn zugleich mit Komponenten des 'freien Geistes' im Sinne von Nietzsches 'Experimentalphilosophie' an. Der 'Mann ohne Eigenschaften' weist erstaunliche Analogien zum Typus der 'freien Geister' auf, die Nietzsche als die „Verneinenden und Abseitigen von Heute" charakterisiert: Sie sind die „Unbedingten in Einem, im Anspruch auf intellektuelle Sauberkeit, diese harten, strengen, enthaltsamen, heroischen Geister, welche die Ehre unsrer Zeit ausmachen, alle diese blassen Atheisten, Antichristen, Immoralisten, Nihilisten, diese Skeptiker, […] diese letzten Idealisten der Erkenntniss, in denen allein heute das intellektuelle Gewissen wohnt".³⁷ Musil selbst erwähnt Nietzsches Konzept des „freien Geistes" im *Mann ohne Eigenschaften* (794-795) und in seinem Vortrag *Der Dichter in dieser Zeit* (E 1245, 1247).

Anzumerken bleibt noch, daß die vorurteilsfreie Kritik, mit der Ulrich den ideologischen Verblendungen anderer Romanfiguren begegnet, auch durch das anti-idealistische Erbe der positivistischen Wissenschaft und den Exaktheitsanspruch der Neuen Sachlichkeit geprägt ist. Zwar werden Nüchternheit des Urteils und Genauigkeit der Analyse in Musils Roman zum Medium der Kritik an obskuren Ganzheitsvisionen und idealistischen Konzepten. Aber den eigentlichen Fokus bildet das Ideal eines authentischen Lebens.

---

[35] Ein Grundelement des Sokratischen Dialogs ist die Ironie. In späten Notizen grenzt Musil die „Sokratische u. moderne Ironie" (*Tagebücher* Bd. I: S. 964) folgendermaßen voneinander ab: „*Sokratisch* ist: Sich unwissend stellen. / *Modern*: Unwissend sein!" (*Tagebücher* Bd. II: S. 736). Musil versteht die „ironische Grundhaltung" in seinem Roman selbst nicht als „Geste der Überlegenheit", sondern als „eine Form des Kampfes" (Musil: *Gesammelte Werke* [Anm. 2], Bd. II: S. 939–942, darin S. 941).
[36] Georg Lukács bezeichnete Platon als den „größten Essayisten" und sah das Leben des Sokrates als „das typische für die Form des Essays" an (Georg Lukács: *Über Wesen und Form des Essays: Ein Brief an Leo Popper*. Berlin 1911, in: Georg Lukács: *Die Seele und die Formen. Essays*. Neuwied, Berlin 1971, S. 7–31, darin S. 24f.).
[37] Nietzsche: *Zur Genealogie der Moral*. KSA 5: S. 398–399.

Lydia Quaas

Das vielköpfige, vielsinnige Tier.
Bemerkungen zu 'Menge' und 'Masse' der Menschen bei Goethe

Eingangsbild

Am 16. September 1786 besucht Goethe das Amphitheater von Verona, das ihn als Ort einer machtvollen Selbstrepräsentation römischer Bürger in antiker Zeit fasziniert, „recht gemacht, dem Volck mit sich selbst zu imponiren, das Volck mit sich selbst zum Besten zu haben" (GT 1¹,210),[1] wie er mit leiser Ironie bemerkt.[2] In der einfachen Form („Simplicität des Oval") und der gewaltigen Größe des Raums erlebt das Volk sich selbst wie sonst nie als einheitliches Ganzes (das Spektakel im Zentrum der Arena scheint hier fast bedeutungslos zu sein). Denn „wenn es sich so beysammengesehen hat, muß es über sich selbst erstaunt seyn. Da es sonst nur gewohnt ist sich durch einander laufen zu sehn, sich in einem Gewühl ohne Ordnung und ohne sonderliche Zucht zu finden, sieht das vielköpfige, vielsinnige, schwanckende, schwebende [hin und her irrende 30,59 ItR] Thier sich zu einem Ganzen [edlen Körper ItR] vereinicht, zu Einer Einheit gestimmt, in eine *Masse* verbunden, und befestigt und zu einer Form [als Eine Gestalt ItR], gleichsam von Einem Geiste belebt" (GT 1¹,210). Die gewöhnliche Erfahrung des ungeordneten Vielerlei in den Strebungen des Volkes veranschaulicht Goethe mit einem Bild aus Platons Politeia (588c–590a): dort verkörpert das bunte vielköpfige Tier (mit Köpfen von wilden und zahmen Tieren, die es aus sich hervorbringt oder wieder abwirft) die natürlichen Begierden und egoistischen Eigeninteressen des Menschen (Epithymia) und steht – neben dem Löwen (als der Verkörperung des Strebens nach Ehre) – dem 'inneren Menschen' (dem höchsten, weisheitsliebenden Vermögen der Seele) gegenüber; alle drei vertreten in Platons psychologisch-politischer Anthropologie den ganzen Menschen wie auch das Staats-

---

[1] GT 1¹,210: GT = *Goethe. Tagebücher*. Histor.-krit. Ausg., hg. von Jochen Golz u. a. Stuttgart, Weimar 1998ff.; vgl. auch WA 30,59 ItR: WA = *Goethes Werke*, hg. im Auftrage der Großherzogin Sophie von Sachsen, Weimar 1887–1919; die Stellenangaben zur Weimarer Ausgabe im Folgenden ohne die Angabe 'WA': literarische Werke nur mit Bd. und Seite, Briefe mit dem Zusatz 'B', naturwissenschaftliche Schriften mit dem Zusatz 'N'; alle Angaben mit verkürzter Sigle; Hervorhebung der Stichwörter 'Menge' und 'Masse' in den Zitaten von mir.

[2] 'Zum Besten haben' im Sinn von anführen (durch einen illusionierenden Trick); ähnlich im Vergleich der „Kunststückchen" von Dichtern mit Taschenspielertricks (vgl. B13,5 Schiller 1798).

wesen als Ganzes. Wie ein 'Landmann' sorgt der 'innere Mensch' – das Zahme des Tieres nährend, dem Wilden (mit Hilfe des Löwen) wehrend – für die Gesundheit des ganzen Menschen, so wie auch Gesetz und staatliche Verfassung durch Beschränkung und Einbindung heterogener Interessen für die besten Lebensbedingungen aller sorgen; das 'gerechte Handeln' bewährt sich also innerpsychisch wie politisch darin, mit den natürlich gegebenen disparaten Strebungen konstruktiv umzugehen. Wenn Goethe hier für die diffuse Menge das platonische Bild verwendet, so ist damit zugleich auch sein Interesse an den Wirkungsmöglichkeiten des 'inneren Menschen' präsent. Der Architekt hat es offenbar verstanden, eine richtige Idee von politisch-gesellschaftlicher Einigkeit geschickt und repräsentativ so zu inszenieren, dass sie dem Volk unmittelbar ästhetisch erfahrbar wird, indem es sich „gleichsam von Einem Geiste belebt" fühlen kann. Die Frage scheint zu sein: Wie ist eine Zügelung des Tieres auch mit ästhetischen Mitteln möglich?

In einer Tagebuchnotiz desselben Tages setzt Goethe seine Reflexionen fort, nun im Blick auf „die Wercke der Alten" und seine eigenen Bedingungen als Künstler: der antike Künstler hatte (man könnte ergänzen: wie der Architekt der Arena) „ein groses Bedürfniß zu befriedigen, oder auch nur einen wahren Gedancken auszuführen und er konnte gros und wahr seyn wenn er der rechte Künstler war. Aber wenn das Bedürfniß klein, wenn der Grundgedancke unwahr ist, was will der grose Künstler dabey und was will er daraus machen? Er zerarbeitet sich den kleinen Gegenstand gros zu behandeln, und es wird was, aber ein Ungeheuer, dem man seine Abkunft immer anmerckt" (GT 1^1,211f).

Goethe ist sich bewusst, dass die Arbeit des Künstlers aufs Engste mit seinen kulturellen und politischen Bedingungen verknüpft ist. Im Anschluss an die vorhergehende Arena-Passage könnte man als seine Frage formulieren: wie kann eine diffuse Menge von Einzelnen zur Entwicklung eines Selbstbewusstseins als Ganzes, als politische und kulturelle Einheit gefördert werden, solange weder eine wahre (und realistische) Idee einer politischen oder kulturellen Einheit noch auch das notwendige öffentliche Interesse und die Bereitschaft existieren, sich mit dem Gemeinwesen und dem kulturellen Lebensraum zu identifizieren? Wenn es – aus Mangel an vernünftigen Konzepten wie auch an öffentlichem Interesse – nicht gelingt, das „vielköpfige Tier" zu zügeln und zu einer sinnvollen Integration aller Kräfte zu bewegen, dann kann auch der Künstler nichts bewirken; ja seine Kunst droht selbst zu einer Art Ungeheuer, einem Monstrum des guten Willens (und des schlechten Geschmacks) zu werden.

Hier kündigt sich offenbar schon die kommende kulturpädagogisch-bildungspolitische Phase nach Goethes Rückkehr aus Italien an (samt ihrem Scheitern am mangelnden Interesse einer allzu heterogenen Öffentlichkeit), in der er – gemeinsam mit Schiller – der 'wahren Idee' klassischer Ästhetik und der humanistischen Überzeugung folgen wird, die ganzheitliche Bildung jedes Individuums werde auf lange Sicht die Humanisierung des öffentlichen Lebens bewirken.

Ich habe diese Passage aus Goethes Tagebuch vorangestellt, weil hier – in verdichteter Form – viele Facetten seiner Vorstellungen von der 'Menge' oder 'Masse' zugleich sichtbar werden, von denen im Folgenden die Rede ist: als diffuses, auch innerpsychisch wirksames Kollektivwesen (Mainstream), das die Individualität des Einzelnen bedroht, wie auch als politisches Kollektiv, in dem zahme und wilde Kräfte, lähmende parteiliche Zersplitterung und rohe Gewalt eine vernunftgeleitete Willensbildung verhindern; als – aus Mangel an Struktur und Konstanz – manipulierbare Öffentlichkeit wie auch als ungebildetes, der differenzierenden Erziehung durch die Kunst bedürftiges Publikum.

'Menge' und 'Masse' der Menschen

Im Unterschied zum heutigen Sprachgebrauch – wo 'Menge' eher die konkrete Menschenansammlung, 'Masse' eher das abstrakte Kollektiv bezeichnet (als gewöhnliche Makrosozialität, alltägliche Gesellschaft von Durchschnittsmenschen, wie auch als außergewöhnliche Sozietät, krisenhaft formierte, nicht stabile Gemeinschaft von gleichförmigen Massenmenschen) – umfassen zu Goethes Zeit beide Begriffe das ganze Spektrum von der transitorischen Menschenansammlung bis zum Allgemeinbegriff. Die Stellen, in denen Goethe (bzw. eine seiner Figuren) generalisierend und im absolut gebrauchten Singular (mit seiner implizit abwertenden Nähe zur Sachmenge) von 'Menge' und 'Masse' der Menschen spricht – (im Material des Goethe-Wörterbuchs sind es etwa 280 Belege: 'Menge' etwa 230, 'Masse' etwa 50) – nehme ich als Grundlage für die nun folgende Themenskizze.

Der Einzelne begegnet den Vielen und wird sich seiner Besonderheit schmerzlich bewusst: die Erfahrung, „bisher zu Hause abgesondert, reinlich, edel" aufgewachsen, in der öffentlichen Schule plötzlich „unter eine rohe *Masse* von jungen Geschöpfen" versetzt zu sein, wo er „vom Gemeinen, Schlechten, ja Niederträchtigen ganz unerwartet alles zu leiden" (26,21 DuW) hat, mag lebensgeschichtlich prägend gewesen sein, wobei eine gesteigerte Sensibilität und das Streben nach hochrangiger Selbstverwirklichung eine besondere Aversion gegen gewaltsame und nivellierende Tendenzen der Gesellschaft fördern konnte.

Goethes zeitlebens prekäres Verhältnis zu Mentalität und Lebensart der Menge/Masse folgt aber sicher auch aus seinen Vorstellungen über Individualität: Das emphatisch isolierte Ich der Jugendzeit – „Ich! Da ich mir alles binn, da ich alles nur durch mich kenne!" (37,129 ShakespTag), Werthers „Ich kehre in mich selbst zurück, und finde eine Welt!" (19,14 Werth[2]) – wie auch das seine eigenste Bestimmung suchende Individuum der späteren Jahre – „Ich darf nicht von dem mir vorgeschriebnen Weg abgehn ... Den Punckt der Vereinigung des manigfaltigen zu finden bleibt immer ein Geheimniss weil die Individualitet eines ieden darinn besonders zu Rathe gehn muss und niemanden anhören darf" (GT 1[1],82f.;1779) – verwahrt sich gegen die Ansprüche einer Gesellschaft, die das Individuelle zu wenig würdigt. Goethe sucht von Jugend an Gleichgesinnte in kleinen exklusiven Zirkeln:

„Wir ... pflegten uns von der *Menge*, ja von der Gesellschaft zu entfernen, weil es, bei der vielfachen Denkweise und den verschiedenen Bildungsstufen, schon schwer fällt sich auch nur mit wenigen zu verständigen" (28,264 DuW).

Und auch in späteren Jahren hat er das Bedürfnis, sich von den „falschen Maximen der Welt" entfernt zu halten und „freylich keine absolute Einsamkeit, sondern Einsamkeit in einem lebendigen reichen Kunstkreise" zu suchen (B14,208f. W.v.Humboldt 1799). Der begabte Einzelne muss trotz einer beschränkten und beschränkenden Gesellschaft mutig sein Werk beginnen: „Säume nicht dich zu erdreisten, | Wenn die *Menge* zaudernd schweift; | Alles kann der Edle leisten, | Der versteht und rasch ergreift" (15^1,5 Faust II); er überschreitet den engen Kreis des Gewöhnlichen und verbindet sich mit den Besten:

„Das Wirken der *Menge* beschränkt sich im Kreise des Augenblicks; der Thatenkreis eines großen Mannes erweitert sich im Gefühl seiner Verwandtschaft mit den Besten" (41^1,10).

Nur Dank darf er dafür nicht erwarten: „Die *Menge* schätzt nur den Wiederschein des Verdienstes" (39,72 Götz[1]). „Die *Menge* kann tüchtige Menschen nicht entbehren, und die Tüchtigen sind ihnen jederzeit zur Last" (42^2,128 MuR). Dabei ist es sehr selten, dass aus der „übrigen *Masse*", die auch in Krisenzeiten in „stolzen Anforderungen, Eitelkeit, Unmäßigkeit, Ungeduld, Eigensinn" verharrt, ein tätiger Einzelner hervortritt, „daß uns die reine Tugend irgend eines Menschen erscheint, der ... für andere sich aufzuopfern getrieben wird" (18,101 Unterh). Unter Tausenden willfähriger Untertanen [des Despoten] droht der eine wahrhaft opferwillige Einzelne gar unterzugehen:

„[Eugenie zum König:] Und wenn der Einzelne dir Herz und Geist | Und Arm und Leben fröhlich opfern wollte; | In solcher großen *Menge* zählt er nicht, | Er muß vor dir und vor sich selbst verschwinden" (10,262 NatT).

Die starke Betonung der Opferbereitschaft, des sozialen Engagements des Einzelnen kontrastiert mit den (bis weit in die Weimarer Jahre, allerdings zunehmend kritisch) unter dem Einfluss der Genieästhetik gestalteten Charakteren – von Werther, der exklusiv seinem Selbstgenuss lebt, über Carlos, der den „außerordentlichen Menschen" jenseits der Moral propagiert (vgl. 11,104 Clav) bis zum „Übermenschen" Faust (14,32 Faust I) –, die mit ihrem Anspruch auf autonome Selbstverwirklichung dem Rest der Gesellschaft gleichgültig, anmaßend oder rücksichtslos begegnen. Diese Exklusivität des genialen Menschen nimmt Goethe also später explizit zurück: „Nur das Halbvermögen wünschte gern seine beschränkte Besonderheit an die Stelle des unbedingten Ganzen zu setzen" (25^1,10 Wj); das [wahre] Genie dagegen fügt sich dem „Notwendigen" und „Unerläßlichen" (ebd.). Die Idee allgemeiner menschlicher Bildung wiegt nämlich für Goethe inzwischen mehr als die Ausbildung der Individualität: Wer sich in der Pädagogischen Provinz nach dem Konzept der dreifachen Ehrfurcht bildet, distanziert sich zunächst damit von der *Menge*, wo jeder „sich nur im Element des Mißwollens und Mißredens behagt... gegen Gott gleichgültig, verachtend gegen die Welt, gegen seines Gleichen gehässig" ist und dabei auch das echte Selbstgefühl durch Dünkel und Anmaßung zerstört (24,241 Wj), „aber wenn seine Bildung auf einem gewissen Grade steht, dann ist es vortheilhaft, wenn er sich in einer größern *Masse* verlieren lernt, wenn er lernt um anderer willen zu leben, und seiner selbst in einer pflichtmäßigen Thätigkeit zu vergessen" (23,119f Lj). Dieser Maxime wird Wilhelm Meister folgen und seine künstlerischen Ambitionen sozialer Nützlichkeit unterordnen, um „in der großen, geregelt thätigen *Masse* mitwirkend sich zu verlieren" (24,121 Wj). Der Einzelne muss sich notwendig von der Menge entfernen, um sich individuell zu entwickeln; er kehrt aber zur Menge zurück, um sich neu zu sozialisieren.

„Was den Menschen auf irgend eine Weise aus der *Menge* hervorhebt, gereicht immer zu seinem Vortheil; wird er auch dadurch in eine neue *Menge* versenkt, so geräth er doch in ein frisches Element" (B45,138 Zelter 1829).

Das Volk ist Bevölkerung (einer Region, eines Landes), auch – in idealisierter Sichtweise – Inbegriff unverbildeter, natürlicher Lebensweise; als politischer Faktor kann es die bestehende Ordnung bedrohen, wenn es als bisher dumpfe, unberechenbare, jedoch latent gewalttätige *Menge* oder *Masse* plötzlich manifest wird.[3] „Selbst kühne Verbrechen erscheinen der Menge preiswürdig" (13¹,254 Götz³), heißt es im 'Götz' von der „aufrührischen *Menge*" (13¹,250). „Bilderstürmerische Wuth" macht im 'Egmont' aus dem niederen Volk eine „rasende *Menge*" (8,185 Egm), während die latente *Menge*, der maßgebende Teil der Nation zu keiner politischen Willensbildung fähig ist, so dass mit ihr „nichts anzufangen ist" (8,243 Egm); das Volk wird auch nicht „sich sammeln und mit anschwellender Gewalt den alten Freund [den inhaftierten Egmont] erretten" (8,282 Egm). Vergebens hofft auch Eugenie auf die Solidarität des „liebenden Volkes" – aber „die rohe *Menge*... starrt und staunt und zaudert, läßt geschehn; | Und regt sie sich, so endet ohne Glück, | Was ohne Plan zufällig sie begonnen" (10,355 NatT); bald muss sie erkennen: „Beschäftigt strebt die *Menge* nach Gewinn. | Und mich verstößt man, ohne Recht und Urtheil, | Nicht Eine Hand bewaffnet sich für mich" (10,369); nach Goethes Plan wird schließlich die bisher latente Masse manifest; es gibt einen Aufstand gegen den „absoluten Despotism":

---

[3] Zum Bild des Volkes in Goethes literarischem Werk vgl. Gonthier-Louis Fink: *L'Image du peuple chez Goethe*, in: *Recherches germaniques* 27 (1997), S. 33–55; ders.: *Goethes Mythus des janusköpfigen Volkes in der Zeit des Sturm und Drang*, in: *Aufklärungen. Zur Literaturgeschichte der Moderne* (2003), hg. von Werner Frick, S. 73–94.

„Die *Masse* wird absolut. Vertreibt die Schwankenden. Erdrückt die Widerstrebenden. Erniedrigt das Hohe. Erhöhet das Niedrige. Um es wieder zu erniedrigen" (10,444 NatTSchema).

'Menge' und 'Masse' bezeichnen das Volk in träger Erstarrung oder in zentrifugaler, die bestehende Ordnung auflösender Bewegung, mit der Tendenz, in das Chaos egoistischer Einzelstrebungen zurückzufallen. Vor die Wahl zwischen der Monarchie und der soeben durch die Französische Revolution erweckten Volksherrschaft gestellt, zieht Goethe (wie Schiller) jedenfalls die zentripetale der zentrifugalen Gewalt, den alten Drachen der Monarchie dem „vielköpfigen Tier" als das kleinere Übel vor:

„An unsere Repräsentanten. | Unsere Stimme zum König hat jener Drache, mit vielen | Schwänzen und Einem Kopf, nicht das vielköpfige Thier" (5^1,273 ZXenNachl).

Freilich: Im Auf und Ab der Geschichte wechseln die Regierungsformen ständig (vgl. 3,297 ZXen; B23,164 Niebuhr 1812; 7,94 DivNot), und die beste Regierung wäre wohl „diejenige, die uns lehrt, uns selbst zu regieren" (42^2,159 MuR).

Dem bisher von Staat, Religion und Moral in Unmündigkeit gehaltenen Volk – „Dich betrügt der Staatsmann, der Pfaffe, der Lehrer der Sitten, | Und dieß Kleeblatt wie tief betest du Pöbel es an" (53,10 VenEpigrNachtr) – muss ehrlich Rechenschaft gegeben werden: „Sage, thun wir nicht recht? Wir müssen den Pöbel betrigen. | Sieh nur, wie ungeschickt, sieh nur, wie wild er sich zeigt! | Ungeschickt und wild sind alle rohe Betrognen; | Seid nur redlich, und so führt ihn zum Menschlichen an" (1,321 VenEpigr) – Goethe bezieht sich hier auf die (ursprünglich religionskritisch gemeinte) Preisfrage der Preußischen Akademie 1780 nach der Legitimität oder Utilität des Volksbetrugs; ähnlich: „Auf eignem Urtheil ruht ein großer Mann, | Und der betrognen *Menge* setzt er still | Gerechter Achtung Vollgewicht entgegen" (9,429 Tancr). Inmitten einer Pluralität unreifer Vorstellungen – „[die *Menge*] schwebt und webt und schwankt und schwirrt, | Bis sie endlich wieder Einheit wird" (3,236 ZXen) – muss die politische Willensbildung gefördert werden: „Nie gelingt es der *Menge*, für sich zu wollen; wir wissen's: | Doch wer versteht, für uns alle zu wollen; er zeig's" (1,320 VenEpigr); statt des blinden Willens der Menge (volonté de tous) muss man den über den Einzelinteressen stehenden Willen des Volkes (volonté générale), der „Volkheit" formulieren, „ein Wille, den die *Menge* niemals ausspricht, den aber der Verständige vernimmt" (42^2,194 MuR).

Wenn Politik versagt, werden die Neigungen der Regierenden entfesselt zur Despotie, und die Menge wird tyrannisch (das lehrt die Französische Revolution): „Ich habe gar nichts gegen die *Menge* | Doch kommt sie einmal in's Gedränge, | So ruft sie, um den Teufel zu bannen, | Gewiß die Schelme, die Tyrannen" (3,253 ZXen); „Große gingen zu Grunde: doch wer beschützte die *Menge* | Gegen die *Menge*? Da war *Menge* der *Menge* Tyrann" (1,320 VenEpigr); sie unterwirft sich den Demagogen:

„Die *Menge* schwankt im ungewissen Geist, | Dann strömt sie nach wohin der Strom sie reißt" (15¹,261 Faust II). „Und auf vorgeschriebnen Bahnen | Zieht die *Menge* durch die Flur; | Den entrollten Lügenfahnen | Folgen alle. – Schafsnatur!" (15¹,262 Faust II).

Als **Mentalität der breiten Öffentlichkeit und öffentliche Meinung** ist die Menge/Masse manipulierbar, in ihrer geistigen Beschränktheit wohl kaum zu eigenständigen Urteilen fähig. Goethe spart hier – besonders in seinen späten Jahren – nicht mit herber Kritik: „Zuschlagen muß die *Masse*, | Dann ist sie respectabel, | Urtheilen gelingt ihr miserabel" (2,241 Sprichw). Die *Menge*, „die im Täglichen ganz verständig ist, aber selten weiter sieht als auf morgen" (20,72 Wv), schaut begierig auf ihre „Hausgötter" Besitz und Geld (35,229 TuJ) und „fragt bei einer jeden neuen bedeutenden Erscheinung was sie nutze" (N11,115 MuR). Zu allen Zeiten ist sie furchtsam und anfällig für Ideologien: „Die Menschen in *Masse* werden von jeher nur verbunden durch Vorurtheile, und aufgeregt durch Leidenschaften" (B31,159 Blumenthal 1819). Wie die Menschen im 'Naturzustand' (nach Hobbes) sind sie von ständiger Furcht getrieben: „Wären die Menschen *en masse* nicht so erbärmlich, so hätten die Philosophen nicht nötig, so absurd zu sein!" (Gespr(He3¹,241) KanzlMüller 1823);[4] „zwischen Furcht und Hoffnung schwebte die *Menge*, der bald hernach das Christenthum höchst willkommen ... werden sollte" (41¹,363). Die Kirche muss „eine bornirte *Masse* haben, die sich duckt und die geneigt ist sich beherrschen zu lassen" (Gespr(FfA II 12,748) Eckerm 1832).[5] Es mag noch hingehen, dass die „widerspenstige *Masse*" von Staat und Kirche ideologisch im Zaum gehalten wird, „aber in den Wissenschaften ist die absoluteste Freiheit nöthig", dort ist es eine Anmaßung, wenn sich eine energisch propagierte Meinung „contagios über die *Menge*" verbreitet und herrschend wird (25¹,270 Wj). Die Menge neigt zu apodiktischen Urteilen:

> „Dem großen Rufe Newtons ... war niemand gewachsen ..., und jeder Verdacht, daß ein solcher Mann geirrt haben könnte, wurde weggewiesen. Das Unbedingte ... erscheint ... im Beifall und im Tadel, im Haß und der Neigung der *Menge*. Alles oder Nichts ist von jeher die Devise des angeregten Demos" (N4,121 Fl).

Sie ist „immer auf der Seite der herrschenden Schule; es ist so bequem für das, was man nicht begreift, wenigstens Formeln zu haben" (N5¹,164 NewtHyp). „Nichts ist widerwärtiger als die Majorität: denn sie besteht aus wenigen kräftigen Vorgängern, aus Schelmen, die sich accomodiren, aus Schwachen die sich assimiliren, und der *Masse* die nachtrollt, ohne im mindesten zu wissen was sie will" (N11,137) und dann

---

[4] He = *Goethes Gespräche*, hg. von Wolfgang Herwig, Zürich, Stuttgart 1965-1987.
[5] FfA = *Goethe. Sämtl. Werke, Briefe, Tagebücher und Gespräche*, Frankfurter Ausgabe, hg. von Hendrik Birus u. a., Frankfurt a. M. 1985ff.

„in Zeitungen und Encyklopädien, auf Schulen und Universitäten" überall den Irrtum obenauf sein lässt (Gespr(FfA II 12,294) Eckerm 1828). „Die *Menge*, die Majorität, ist notwendig immer absurd und verkehrt; denn sie ist bequem, und das Falsche ist stets viel bequemer als die Wahrheit" (Gespr(He 3^2,419) KanzlMüller 1829). Wenn im Widerstreit der Meinungen „eine Seite ... sich der *Menge* bemächtigt und in dem Grade triumphirt, daß die entgegengesetzte sich ... im Stillen verbergen muß, so nennt man jenes Übergewicht den Zeitgeist" (41^2,235), und als Vertreter des Zeitgeists ist die Menge durchaus zu fürchten (weshalb er eigene brisante Äußerungen vor ihr sekretiert sehen möchte), denn „die Chorführer der *Menge* sind gar aufmerksame Leute, ohne sich beredet zu haben handeln sie zu gemeinsamem Vortheil" (B31,238 Welden 1819). Die von Goethe kritisch bewunderten Artikel des fortschrittlichen 'Globe' – „der Zeitgeist läßt sich hier klar, mächtig und furchtbar erblicken" – werden zu Recht (durch Zensur) „vor der *Menge* secretirt, die ohnehin nur zufällig gebraucht oder mißbraucht, was ihr der Art geboten wird" (B41,167 Sternberg 1826).

Menge/Masse als Publikum ist das geliebte und gefürchtete Gegenüber aller Künstler: „Dichter lieben nicht zu schweigen, | Wollen sich der *Menge* zeigen. | Lob und Tadel muß ja sein!" (1,12 An die Günstigen), aber: „Wer dem Publicum dient, ist ein armes Thier; | Er quält sich ab, niemand bedankt sich dafür" (2,237 Sprichw). Kein Zweifel: Meist hat er nicht das Publikum, das er braucht. Wen wundert es, wenn ein (empfindelnder) Poet klagt: „Verkannt von der *Menge*, | Ich ziehe, ich enge | Mich stille zurück" (12,233 UnglHausgen), wenn ein Tasso an den (kunstverständigen) Hof flüchtet, denn „Die *Menge* macht den Künstler irr' und scheu" (10,123 Tasso), oder wenn in der 'Zueignung' zum 'Faust' der anonymen „unbekannten *Menge*", die mit ihrem Beifall dem Dichter „das Herz bang macht", wehmütig das „freundliche Gedränge" verständiger Freunde gegenübergestellt wird, die allein echten „Widerklang" geben konnten (14,5 Faust I Zueign), und wenn schließlich der „Unmuthige" im 'Divan' zwar nicht „von oben" beengt ist, „aber von unten und von der Seite leidet ... Eine zudringliche, oft platte, oft tückische *Menge,* mit ihren Chorführern, lähmt seine Thätigkeit" (7,142 DivNot).

In seiner Jugend erhofft sich Goethe trotz der „garstigen Rezensenten" ein öffentliches Echo – „sollte denn das Publikum härter, unteilnehmender als ein Fels seyn?" (B2,223 J. Voigts 1774) –, denn „man weiss erst daß man ist wenn man sich in andern wieder findet" (B2,234 Gfin Stolberg 1775), und noch in Italien sehnt er sich nach Resonanz aus dem großen Publikum, genügt ihm die Antwort der Freunde in Weimar nicht: „Der Dichter ... muß die *Menge*, die *Masse* darüber hören und nicht einzelne Freunde", die nur sehr individuell urteilen können (32,408 ItR Plp). In den Weimarer Jahren entfernt er sich aber vom bürgerlichen Lesepublikum immer mehr – „Warum sucht' ich den Weg so sehnsuchtsvoll, | Wenn ich ihn nicht den Brüdern zeigen soll?" (1,6 Zueign) – und muss zugeben, dass „meine Sachen nicht so current sind als andere an denen ein größer Publikum Geschmack findet" (B9,277 Göschen 1791). Die Erfahrung lehrt ihn, dass der Künstler sich von naiven Vorstellungen harmonischer Wechselwirkung kritisch distanzieren muss, um seine Möglichkeiten realistisch einzuschätzen. Diesen Prozess führt er uns vor Augen in der Figur der Schauspielerin Aurelie im 'Wilhelm Meister', die von ekstatischen Augenblicken der Verschmelzung mit ihrem Publikum (das sie als Repräsentanten der Nation ansieht) – „wie ich wirkte, wirkte die *Menge* wieder auf mich zurück" (22,96 Lj) – über eine Phase, in der sich die Idealisierung in Ekel verkehrt (als sie viele Einzelne aus dem Publikum kennenlernt, die an üblen Eigenschaften und Geschmacklosigkeit nichts zu wünschen übrig lassen), endlich (unter dem Einfluss des Sozialreformers Lothario) zur Anerkennung der „unter der großen *Masse*" der Nation verteilten Fähigkeiten und Kräfte gelangt, „die durch günstige Umstände entwickelt, durch vorzügliche Menschen zu einem gemeinsamen Endzwecke geleitet werden können" (22,106). In Goethes programmatischen Ideen zu Kunst und Ästhetik ist vorausgesetzt, dass der Künstler Zeitgenosse ist, der wie jeder Mensch „leidet von seinem Zeitalter, wie er von demselben Vortheil zieht" (47,4 EinlPropyl). Er ist selbst ein Teil des Publikums, denn „auch er fühlt die gleichen Bedürfnisse, er drängt sich in derselbigen Richtung, und so bewegt er sich glücklich mit der *Menge* fort, die ihn trägt, und die er belebt" (47,20). Doch: wenn auch die Sphären des Nützlichen und des Schönen komplementär sind, denn sie machen zusammen den ganzen Menschen aus – „das Nützliche befördert sich selbst, denn die *Menge* bringt es hervor ... das Schöne muß befördert werden, denn wenige stellen's dar, und viele bedürfen's" (23,217 Lj) – so besteht doch der faktisch kaum überwindbare Abstand zwischen einer gebildeten Elite und der Masse der Ungebildeten. Dieser Umstand beschränkt die Zahl der nach klassischen Kunstidealen zu bildenden Künstler und Kunstkenner erheblich. Die Distanz eines solchen kleinen Kreises zur Menge wird scharf betont in dem provozierenden Paradox, „daß gerade dem Künstler nicht gefallen dürfe, was dem Publico gefällt", denn wie der Pädagoge, Arzt oder Richter wolle er nicht gefallen, sondern einer Idee, einem fernen Ziel folgen, „zu dem er andere lieber mit ihrer Unzufriedenheit hinreißen mag als daß er sich mit ihnen auf halbem Wege lagerte" (47,52 ÜbStrengeUrt); deshalb ist ein „Liebling der *Menge* nicht gerade auch unser Liebling" (47,50). So „überlasse man doch der gemeinen unbehülflichen *Menge* vergleichend zu loben, zu wählen und zu verwerfen. Aber die Lehrer des Volks müssen auf einen Standpunct treten, wo eine allgemeine deutliche Übersicht reinem, unbewundenem Urtheil zu statten kommt" (7,110 DivNot); „ein ... Bild kann die *Menge* anlocken, den Liebhaber erfreuen, jedoch urtheilen darüber kann nur der Meister oder ein entschiedner Kenner" (45,291 Diderot, Malerei); daher bedarf das Urteil der *Menge* immer „einer hohen reinen Leitung" (41^2,88 UbRamNeffe). Die gaffende *Menge* – ein Epitheton, mit dem Goethe das ungebildete Publikum gerne schmückt (B2,11 Herder 1771; 14,11 Faust I; B27,88 Voigt sen 1816; 45,187) – ist (und bleibt) in ästhetischen Dingen nicht urteilsfähig; sie neigt zu „kindischen Forderungen" (32,474 ItR Plp); ihre ganze Kunstfreude besteht nur darin, „daß sie das Nachgebildete mit dem Urbilde vergleichbar findet" (31,98 ItR); sie ist immer „stoffartig gesinnt" (B23,244 Zelter 1813) – „der Dichter verwandelt Das Leben in ein Bild. Die *Menge* will das Bild wieder zu Stoff erniedrigen" (26,357 DuW Plp)

– und will daher immer etwas Neues, denn sie hat „einen falschen Begriff von Originalität" (N11,251); die „*Menge,* welche einen Künstler zu sich herabziehen will, um ihn beurtheilen zu können ... fordert Natürlichkeit und Wirklichkeit, damit sie einen Vergleichungspunct habe" (49¹,257). Neben mangelndem Formverständnis gefährdet auch naive Anspruchlichkeit des Publikums die künstlerische Autonomie, denn die Leser leben „in dem Wahn, man werde, indem man etwas leistet, ihr Schuldner, und bleibe jederzeit noch weit zurück hinter dem was sie eigentlich wollten und wünschten" (28,234 DuW). Die „Menschenmasse" verlangt, „die Kunst soll nach ihrem Sinne, ihren Launen, zur Beförderung ihres besonderen Zwecks und Nutzens sich hingeben" (48,135). Wenn ein Künstler wünscht, „der *Menge* zu behagen" (14,7 Faust I), sie „zu kirren und zu krauen" (5¹,173) und ihr in falscher Nachgiebigkeit – „wenn man ihnen die Empfindungen erregt, die sie haben wollen, und nicht die sie haben sollen" (22,189 Lj) – schmeichelt, macht er sich zum Narren: „Schmeichelt der *Menge* nur immer! Der Paroxysmus verschwindet, | Und sie lacht euch zuletzt, wie nun wir einzelnen aus" (5¹,270 ZXenNachl). Literarische Produktion nach dem Motto: „Die *Masse* könnt ihr nur durch Masse zwingen" (14,11 Faust I) ist wohl kaum akzeptabel; wer aber gegen die Tagesliteratur antritt, findet sich „wie vor Alters im Circus", wo die „größte *Masse*" herrscht und der Wettkampf ohne Kampfrichter von der „ungestümen *Menge*" parteiisch verfolgt und am Ende gewaltsam entschieden wird (36,280 BiogrEinz).

Die Situation im zersplitterten Deutschland ist desolat: Der Künstler findet ein Publikum ohne Geschmack vor, „das das Schlechte nach dem Guten mit eben demselben Vergnügen verschlingt" (40,200 LitSansc) – „biedere Menschen aber von Originalität, Erfindung, Charackter, Einheit und Ausführung eines Kunstwerks haben sie nicht den mindesten Begriff ... sie haben keinen Geschmack ... Den rohren Theil hat man durch Abwechslung und Übertreiben, den gebildetern durch eine Art Honettetät zum Besten" (B9,180f. Reichardt 1790). Ungeachtet seiner anhaltenden kulturpädagogisch-reformerischen Bemühungen erklärt Goethe als Autor schon zu dieser Zeit – vor allem in pessimistisch getönter privater Korrespondenz – seinen Rückzug vom großen Lesepublikum auf den kleinen Kreis von befreundeten Kennern:

> „Was würde aus einem Autor, wenn er nicht an die einzelnen, hier und da zerstreuten, Menschen von Sinn glaubte. Denn wie die deutsche *Menge* liest ... bin ich bey meiner vier und zwanzig jährigen Autorschaft, freylich nicht zu meiner Erbauung gewahr geworden" (B10,308 Schuckmann 1795).

Die Verse „Sagt es niemand, nur den Weisen, | Weil die *Menge* gleich verhöhnet ..." (6,28 Div Selige Sehnsucht) mögen durchaus auch als Selbstaussage gelesen werden. Am Ende seines Lebens bekennt er: „Meine Sachen können nicht popular werden ... Sie sind nicht für die *Masse* geschrieben, sondern nur für einzelne Menschen, die etwas Ähnliches wollen und suchen" (Gespr(FfA II 12,287) Eckerm 1828). Auch die Bilanz seines reformerischen Tuns erscheint ihm mager: er distanziert sich von dem vergeblichen „Wahn ... es sey auf die Menschen genetisch zu wirken" (B23,243 Zelter 1813) und nennt im Rückblick auf eigene, zuvor selbstironisch dem Wilhelm Meister zugeschriebene „pedantische Ideale ... die Anmaßung das Publicum zu bilden, statt sich von ihm bilden zu lassen" (22,248 Lj), seine Bemühung um das deutsche Theater eine „Danaidenarbeit" (B40,218 Zelter 1825).

Neben seinen über viele Jahre hin konsequent pessimistischen Einschätzungen finden sich gleichwohl einzelne vorsichtig hoffnungsvolle Äußerungen zum Stand der Volksbildung: die „platte *Menge*" aus der Arena der Tagesliteratur hat begonnen sich auszubilden, „um Verdienst, Halb- und Unverdienst zu unterscheiden" (36,283 BiogrEinzh); „sie bildet sich doch auch nach und nach und wird für manches empfänglich, was sonst gar weit von ihr abstand" (B19,380 Rochlitz 1807). „Die großen Anforderungen" konnten in der klassizistisch-programmatischen Phase, wie Goethe selbstkritisch vermerkt, „nicht leicht einen Dichter hervorbringen", denn Dichtung verlangt „eine gewisse gutmüthige, ins Reale verliebte Beschränktheit" (B15,213 Schiller 1801). Er wendet sich deshalb einige Jahre später (noch einmal) der Volkspoesie zu, die er – auch als Gegenentwurf gegen eine entgrenzend-universalisierende Romantik – im Blick auf bildungsfähige Leser fördern will. Sie entsteht immer in einer „idyllischen Epoche", wenn sich inmitten einer „rohen *Masse*... enge Kreise gebildeter Menschen" formieren (41^2,361 EpochgesellgBildg); jetzt wird sie von „Naturdichtern" vertreten, die „aus einer überbildeten, stockenden, manirierten Kunstepoche zurückgewiesen" (42^2,120 MuR) (meist von der Provinz aus) die Dichtung zu regenerieren beginnen. 1808 plant Goethe ein lyrisches Volksbuch mit einem „tüchtigen Gehalt" (42^2,418 VolksbSchema), in dem eine „ungebildete bildungsfähige *Menge*" (42^2,414 Lyr Volksb) – nach kulturellem Anspruch graduell abgestuft – Texte versammelt findet, an denen sie ihren Charakter entwickeln kann. Wohlgemerkt: nicht Erziehung zum Geschmack am Klassisch-Schönen ist hier intendiert, sondern Bildung des Charakters zum „Tüchtigen", zur Fähigkeit, gerecht zu urteilen, „zu wircken, gegenzuwircken und was mehr ist, sich zu beschränken, zu dulden, zu ertragen" (42^2,419). Es geht um eine Art Bildung „von unten": wenige Jahre zuvor noch hieß es, das Kunstschöne (als antikes Ideal) sei „Gabe von oben her", die der Grund (die eigene Nation) „von unten herauf" nicht hervorbringt (5^1,313); jetzt schätzt er Gedichte, die „aus einer ... ungebildeten *Masse* hervorgetreten" sind, „denn da das poetische Talent durch die ganze menschliche Natur durchgeht, so kann es sich überall manifestiren und also auch auf der untersten Stufe der Bildung" (41^2,69). Er bemerkt, es „möchte der Zweck, ein Volk aufzuklären, wohl am besten durch seines Gleichen erreicht werden. Wer von oben herunter kommt, verlangt meistens gleich zu viel" (40,242 Üb: Grübel); deshalb ist Johann Peter Hebel besonders zu schätzen, der es versteht, „von der höchsten Stufe der Cultur herab seine Umgebungen überschauend ... der *Menge* ihr Selbst zu Belustigung und Belehrung vorzuweisen" (49^1,18 KuARheinMain). In den Ideen zu einer 'Weltliteratur' am Ende seines Lebens stehen noch einmal Hoffnung und Resignation nebeneinander: jede wahrhaft poetische „Zugabe zu diesem großen und allgemeinen poetischen Feste" [der Sammlung von Dichtung aller Völker] ist zu schätzen, denn es zeigt sich, „daß Poesie der ganzen Menschheit angehört" (B40,303 Iken 1826); echte Dichtung „tritt unter einem einfachen, ja rohen Volke unwiderstehlich hervor, ist aber auch gebildeten, ja hochgebildeten Nationen nicht versagt" (41^2,217f.). Aber: auch in der weiten Welt finden wir letztlich keine anderen Bedingungen als in der heimischen Kultur; so gilt: „was der *Menge* zusagt, wird sich gränzenlos ausbreiten... in allen Zonen und Gegenden... dies wird aber dem Ernsten und eigentlich Tüchtigen weniger gelingen" (42^2,503 Stud zWeltlit).

Thomas Städtler

Warum eine Dame bei Marie de France ihrer Nase verlustig ging. Zu Vers 235 des Lai „Bisclavret"

Es gibt nicht allzu viele Personen in der altfranzösischen Literatur, die ab einem bestimmten Zeitpunkt ihres Lebens ein nasenloses Dasein führen müssen und daher zum Teil mit dem trefflichen Prädikat *esnasé* „entnast" versehen sind. Und in der Tat ist es ja ein eher ungewöhnliches Los, dieses kleinen und doch so zentral im Gesicht plazierten Körperteils entbehren zu müssen, betrachtet man im Vergleich dazu andere und deutlich häufiger in irgendeiner Weise abgetrennte Gliedmaßen, von den Ohren über die Hände bis hin zu den Genitalien.[1] „Der Nase wohnten offenbar besondere Qualitäten inne", stellt der Historiker Valentin Groebner in seinem hervorragend dokumentierten und spannend zu lesenden Buch über die visuelle Kultur der Gewalt im Mittelalter fest.[2] Während er in erster Linie Dokumente des deutschen Spätmittelalters auswertet, wollen wir uns hier auf den Bereich des Altfranzösischen beschränken. Die schöne Wortbildung *esnasé* scheint übrigens eine Besonderheit des galloromanischen Sprachraums zu sein. Außer im Altokzitanischen findet sich keine vergleichbare Bildung in den anderen romanischen Sprachen.[3] Das Lateinische kennt das Verb *denasare* „entnasen", das Mittellateinische daneben das davon abgeleitete Partizip *denasatus* „entnast" sowie das Substantiv *denasatio* „Fehlen der Nase".[4] Das Ziel der folgenden Ausführungen ist es, den Reigen der eingangs erwähnten Unglückseligen etwas näher zu betrachten und festzustellen, welche Umstände im einzelnen zum Verlust des Riechorgans führen können.

Da sind zunächst die Nasen, die im Rahmen kämpferischer Auseinandersetzungen in Mitleidenschaft gezogen werden. Zu seinem Glück nur zum Teil betroffen ist

---

[1] Vgl. hierzu den Artikel GENITAILLES des *Dictionnaire étymologique de l'ancien français* (DEAF) G 488,7. – Die hier in der Folge verwendeten Sigel sind die des DEAF, im Internet einzusehen unter www.deaf-page.de.
[2] Valentin Groebner: *Ungestalten. Die visuelle Kultur der Gewalt im Mittelalter*, München, Wien 2003, S. 77. Den Angriffen auf die Nase ist speziell das Kapitel „Das Gesicht wahren" (S. 71–93) gewidmet.
[3] Vgl. aocc. *esnasat* „entnast" (Rn 3,299b) und *esnazicat* „id." (Lv 3,242a). Für das Englische gibt das OED O 246b einen Beleg von 1624 für *out-nose* „to put out the nose of".
[4] Lat. *denasare* ist einmal in der Antike belegt bei Plautus (ThesLL 5¹,522) sowie mehrfach im Mittelalter (MltWb 3,300; DC 3,63b [die Verweise hier wären zu überprüfen, der Wörterbuchtext gibt keinen Beleg; onomasiologisch ausgerichteter Artikel?]). Für das von Groebner mehrfach erwähnte *denasatio* finde ich nur einen Beleg bei Albertus Magnus (MltWb 3,300).

Guillaume au court nés, der Wilhelm mit der kurzen Nase, der im *Charroi de Nimes*, einem der ältesten französischen Heldenepen, erzählt, wie ihm Corsolt, ein heidnischer Riese, fast die Nase abgeschlagen hätte: *De son brant nu me dona un cop tel Desor le hiaume que oi a or gemé Que le cristal en fist jus avaler; Devant le nes me copa le nasel* (Mitte 12. Jahrhundert, CharroiM 139–142: „Mit seiner blanken Klinge gab er mir einen solchen Hieb auf meinen goldbesetzten Helm, daß das Kristall herabfiel; direkt vor der Nase schlug er mir den Nasenschutz ab"). Andere kommen noch ungeschorener davon und entgehen ebenso, wenn auch knapp, dem Verlust der Nase, so etwa König Capaneüs im Roman *Ipomedon* von Hue de Rotelande, einem Abenteuerroman mit parodistischen Zügen: *Mestre, a poi n'estes esnasé* (ca. 1180, IpH 3978: „Meister, um ein Kleines wärt Ihr entnast gewesen"), oder aber Tornebeuf, ein Bote des Sarrazenenfürsten Mibrien, der es in dem Heldenepos *Aiol* nur dem beherzten Dazwischenfahren des Titelhelden zu verdanken hat, daß er nicht nur seine Nase, sondern auch sein Augenlicht behalten kann: *A lor trenchans coutiaus d'achier brunis Li copassent le nes enmi le vis Et crevaissent .ii. oel por lui honir. Entr'eus se fiert Aiols, si lor toli, A son ostel l'en maine, si l'a gari* (2. Hälfte 12. Jahrhundert, Aiol[1]F 4084–88: „Mit ihren scharfen Messern aus glänzendem Stahl hätten sie ihm die Nase mitten aus dem Gesicht geschnitten und beide Augen ausgestochen um ihm Schmach zuzufügen. Da fährt Aiol dazwischen, entreißt ihn ihnen, bringt ihn zu seiner Unterkunft und pflegt ihn").

Bisweilen freilich wird die Tat mit Erfolg ausgeführt. In der *Chanson d'Antioche*, einer Art epischer Kreuzzugspropaganda, tritt wiederholt *Estatin l'esnasé* in Erscheinung, der nasenlose Neffe des Kaisers Alexis, ohne daß man jedoch erführe, auf welche Weise er solchermaßen verunstaltet wurde (ca. 1200, AntiocheD 859; 877; 883; passim). Im Heldenepos *Jourdain de Blaye* kappt der Titelheld dem verräterischen Fromont die Nase: *Il trait l'espee an brun coutel qui taille Et fiert Fromont en travers el visaige Que tout l'acier li embat en la face. Le nés li tranche, si chaït sor le maubre* (ca. 1200, JourdBlD[2] 1002–05: „Er zieht das Schwert mit der polierten Klinge, die wohl zu schneiden weiß, und fährt damit Fromont quer über das Haupt, daß ihm der ganze Stahl ins Gesicht schlägt. Die Nase schneidet er ihm ab und sie fällt auf den Marmorboden"). So weit die Nasen, die im Eifer des Gefechts Opfer einer Attacke werden.

Ebenfalls in zerstörerischer Absicht richtet sich die Aggression auch schon einmal gegen wahrhaft unschuldige Heiligenfiguren. In einer der zahlreichen Marienlegenden treibt eine Truppe Ungläubiger ihr Unwesen und beschädigt in einer Kirche zur Einstimmung auf die beabsichtigte, letztlich aber zum Scheitern verurteilte, Demolierung eines Marienbildes zahlreiche andere Heiligenbilder, wobei bei den einen Augen ausgestochen, bei anderen Nasen und Füße entfernt werden: *Des alquantes les oilz creverent E les alquantes esnaserent E colperent de plusurs les piez* (4. Viertel 12. Jahrhundert, AdgarK XLIV 31–33: „Den einen stachen sie die Augen aus, andere entnasten sie, und mehreren schnitten sie die Füße ab"). Nehmen wir dieses Beispiel für die Symbolhaftigkeit, die der Zerstörung der Gesichtszüge eines anderen eignet und Verachtung und Entwürdigung zum Ausdruck bringt. (Derart verstümmelte Heiligenfiguren sind auch heute noch an zahlreichen Kirchenportalen zu finden.) In der nämlichen Reihenfolge wie in der Marienlegende finden sich diese Grausamkeiten bereits in der Fürstenchronik der Normandie von Benoit, dort jedoch von Raoul zur Bestrafung aufständischer Untertanen eingesetzt: *En ceus ou plus esteit orguiz Fist maintenant crever les oiz E les autres fist esnaser E as plusors les piez couper* (ca. 1174, BenDucF 29013–29016: „Den stolzesten unter ihnen ließ er die Augen ausstechen, andere ließ er entnasen und mehreren die Füße abschneiden").

Es gibt aber auch Ursachen endogenen Charakters, die zum Verlust der Nase führen können. Gautier de Coincy erzählt in einem seiner Mirakel von einer armen Frau, der eine üble Krankheit die Gesichtszüge ruiniert hat, und die von boshaften Zeitgenossen als nasenlose Alte mit häßlichen Zähnen verunglimpft wird: *Esnasee vielle dentarde* (ca. 1227, CoincyII24K 119). Letztendlich aber erhält die Verunstaltete von der gütigen Gottesmutter ein neues Gesicht samt Nase (ib. 318ff.).

Ein echter und rechter Moraltraktat ist der über die vier Lebensabschnitte des Menschen von Philippe de Navarre. In einer der Erzählungen lesen wir von einem kleinen Knaben, welcher, kaum daß er zu laufen begonnen hat, alle möglichen Dinge stibitzt und dafür von seinem Vater statt eines Tadels aufmunterndes Lob erntet. Der Junge wird nicht nur zum Mann, sondern auch solcherart zum Verbrecher, daß er schließlich zum Tod am Galgen verurteilt wird. Seinem letzten Wunsch, sich vom Vater verabschieden zu dürfen, wird stattgegeben, doch als er ihn gerade zu umarmen scheint, beißt er dem wehrlosen Alten prompt die Nase ab und entstellt so dessen Gesicht: *et cil, en samblance de baisier son pere, le print as denz par le neis, et li arreja et afola toute la chiere* (Mitte 13. Jahrhundert, PhNovAgesF 9: „Und während er so tat, als würde er den Vater küssen, packte dieser dessen Nase mit den Zähnen, riß sie ihm aus und entstellte das ganze Gesicht"). Hier haben wir also den Nasenbiß als späte Rache des Sohnes, der sich von seinem Vater nicht anständig erzogen glaubt.

Einen Beleg für den Wunsch, eine Nase aus ästhetischen Gründen geopfert zu sehen, finden wir in einem juristischen Dokument von 1388. In diesem wird davon berichtet, wie ein gewisser Jehan der Freundin seines Vaters, mit der er vor seiner Verehelichung auch schon ein Techtelmechtel hatte (*je eus sa compaignie par plusieurs fois* „ich hatte wiederholt ihre Gesellschaft" ChRethelS 2,350), ein paar Kumpels auf den Hals hetzen will mit der Vorgabe, sie sollten ihr dabei die Nase abschneiden. Die Absicht bei dieser geplanten Aktion ist freilich, die Dame für den Vater unattraktiv zu machen: *je vouldrois que vous peussiés venir… a tout deux ou trois compaignons avec vous…, et se vous la pourrés trouver, que vous la batissiés tres bien, et que on lui copast le nés qui porroit, affin qu'elle fust en tel point que mon pere n'y preist jamais plaisir* (ib. 2,351: „ich hätte gerne, daß Ihr in Begleitung von zwei oder drei Helfern kommen könntet…, und wenn Ihr sie findet, recht anständig verbleut, und, wem sich die Gelegenheit dazu bietet, er die Nase abschneiden möge, damit sie so aussieht, daß mein Vater nie mehr Gefallen an ihr finde"). Neben dem rein ästhetischen Aspekt kommt auch hier natürlich derjenige der Entwürdigung der Person hinzu.

Nehmen wir, um alle Belege zu erfassen, noch die Textstelle aus einer Reimpredigt hinzu, an der es heißt, daß dermaleinst beim Jüngsten Gericht weder Taube noch Nasenlose zur Stelle sein werden: *Ne ert un veü Ne surd n'esnasé* (SermOyezT 1685–1686).

Die äußerst starke Beeinträchtigung der Persönlichkeit, die mit dem Verlust der Nase einhergeht, schlägt sich auch in einem Sprichwort nieder: *Qui son nes coppe, deshonore son vis* (Ende 12. Jahrhundert, GarLorrI 2747: „Wer sich die Nase abschneidet, entehrt sein Gesicht"[5]), wobei freilich schwer einzusehen ist, wer einer derartigen Aktion zugeneigt sein könnte. Leicht abgewandelt findet sich das Sprichwort auch in HervisH 2105/06: *Cil ait sa faice, prevos, defiguré De son viaire, qui son nez ait copé*, und, immer wieder leicht modifiziert, sodann wiederholt bis ins 15. Jahrhundert.[6]

Um den Überblick abzurunden, fehlt uns noch eine entnaste Dame, die wohl bekannteste in der altfranzösischen Literatur, nämlich die aus dem Lai *Bisclavret* der Marie de France. Da dieser Kasus – als einziger der hier erwähnten – auch in der Forschungsliteratur wiederholt in den Blickpunkt geraten ist, scheint es nicht überflüssig, bei ihm etwas länger zu verharren.[7] Erinnern wir uns kurz dessen, was sich in der Geschichte ereignet: Erwähnte Dame entlockt ihrem Gatten zunächst die Erklärung für sein zweimaliges Verschwinden in der Woche, nämlich die Verwandlung in einen Werwolf (*Bisclavret*), sodann das Versteck, in welchem er seine Kleider verwahrt, während er seine lykanthropische Veranlagung auslebt. Die Dame bekommt angesichts dieser Offenbarungen einen gehörigen Schreck, der dazu führt, daß sie sich bei der nächstbesten Gelegenheit einem Ritter an den Hals wirft, dessen schon lange für sie gehegte Liebe sie bis dato ignoriert hatte. Sie erzählt ihm das Geheimnis ihres Gatten und weist ihn an, dessen Kleider aus dem Versteck zu entwenden, was zur Folge hat, daß dieser seine menschliche Gestalt nicht mehr annehmen kann und nun als Werwolf im Wald leben muß. Der Ärmste, dessen zeitweilige Abwesenheit schon vorher aufgefallen war, gilt schließlich als verschollen, was den Weg frei macht für die Vermählung der nichtswürdigen Frau mit ihrem Liebhaber. Unser Werwolf landet nach einigem Hin und Her im Gefolge des Königs, wo er durch sein unwölfisches Verhalten auffällt und sich alsbald allgemeiner Beliebtheit erfreut. Als der König einmal Hof hält und der nun an des Werwolfs statt verehelichte Ritter auftaucht, geht das vermeintliche Tier wiederholt auf diesen los und ist nur durch des Königs Drohungen von einem Angriff abzuhalten. Lesen wir nun, wie der Romanist Manfred Bambeck den weiteren Verlauf der Ereignisse schildert:

---

[5] Ähnlich noch einmal im nämlichen Text Vers 16442: *Qui son nez cope et deserte son vis*.
[6] Vgl. DiStefLoc 581a.
[7] Dabei soll der Verlust der Nase nicht aus den Augen geraten. Ich gehe daher bewußt nicht auf die gesamte Sekundärliteratur zum *Bisclavret* ein, wenngleich es darunter durchaus Lesenswertes gibt, vgl. etwa Jacques Ribard: *Le Bisclavret, une figure de l'homme?*, in: *Hommage à Jean-Charles Payen. Essais sur la liberté créatrice au Moyen Age*, Caen 1989, S. 295–304.

„Dieser Begegnung zwischen Bisclavret und seinem Nebenbuhler aus seinen Menschentagen sollte bald die mit seiner ungetreuen Frau folgen. In Begleitung seines Königs war er wieder einmal in den Wald gekommen, wo er seinerzeit von den Jägern und Hunden aufgestöbert worden war. Auf dem Rückwege bezog man in der Gegend Herberge: *la femme Bisclavret le sot* (V. 227 [„die Frau des Bisclavret wußte das"]). Sie machte dem König, wie es bei solcher Gelegenheit sich gehörte, ihre Aufwartung. Und wenn vor ihr ihr neuer Mann vom Wolf bedroht wurde, erging es ihr jetzt nicht besser:

Quant Bisclavret la veit venir,
Nuls hum nel poeit retenir:
Vers li curut cum enragiez.
Oiez cum il est bien vengiez:
Le neis li esracha del vis "[8]

(ca.1165, MarieBisclW 231–235: „Als Bisclavret sie kommen sieht, konnte ihn niemand zurückhalten: Wie wutentbrannt lief er auf sie zu. Hört, wie trefflich er gerächt ist: Die Nase riß er ihr aus dem Gesicht"). Nun wollen die Umstehenden dem *Bisclavret* ans Leder, aber ein kluger Ratgeber weist darauf hin, daß das Tier sich in aller Regel durchaus vernünftig verhält und daher wohl auch Gründe für seine Aggressionen hat. Er erinnert an das Verschwinden des Ritters, dessen ehemalige Gemahlin nun Opfer der Attacke wurde, in ähnlicher Weise, wie dies bei dem ersten Vorfall ihrem neuen Ehegespons widerfahren war. Der König nimmt daraufhin die Dame beiseite, möchte wissen, was sie von all dem hält, woraufhin sie schließlich ein umfassendes Geständnis ihrer Verfehlungen ablegt. *Bisclavret* erhält menschliche Gewänder, ihm wird ein Zimmer zugewiesen, in welchem er sich in Ruhe umziehen kann, und er wird tatsächlich wieder der, der er einst war. Die Dame nebst Neugemahl wird des Landes verwiesen, und sie bringt noch mehrere Kinder zur Welt, wobei die weiblichen Nachkommen das Licht der Welt ohne Nase erblicken, ein Schicksal, welches sich noch über Generationen fortsetzen wird. So weit der Inhalt.

Kehren wir zu Manfred Bambeck und seinen Schlußfolgerungen aus den Ereignissen zurück. In unmittelbarem Anschluß an die von ihm zitierten Verse schreibt er:

„Sie wurde demnach nicht nur bedroht, sondern auf eine böse und für eine Frau und Aristokratin besonders demütigende Art und Weise entstellt. Da sie die Ursache des Unheils war, und ihr zweiter Mann eigentlich nur ihr Werkzeug, liegt es durchaus in der rechten Logik von Verfehlung und Strafe begründet, wenn sie auch härter büßen sollte. Es handelt sich um einen regelrechten con-

---

[8] Manfred Bambeck: *Das Werwolfmotiv im „Bisclavret"*, in: *Zeitschrift für romanische Philologie* 89 (1973) S. 123–147; Zitat S. 132.

> trapasso: wegen häßlichen tierischen Aussehens – um Weiteres hatte sie sich ja überhaupt nicht gekümmert, ganz im Gegensatz zum König – hatte die Frau den Mann verstoßen und mit einem anderen verraten. Jetzt bekam sie dafür die Entsprechung, indem auch ihr normales menschliches Aussehen zerstört wurde: *Que li peüst il faire pis?* (V. 236) [„Was hätte er ihr Schlimmeres antun können?"]".[9]

Für Bambeck reduziert sich der Verlust der Nase demnach auf die rein ästhetische Dimension, was ihn freilich um so schlimmer dünkt, als es sich bei der betroffenen um eine Person weiblichen Geschlechts handelt.

Eine ganz andere Erklärung hält der große französische Romanist Ernest Hoepffner für den Verlauf der Dinge bereit, eine Erklärung, die ich der Verständlichkeit halber gleich übersetzen möchte:

> „Nicht nur diese Frau wird, gemeinsam mit ihrem zweiten Gatten, aus dem Land gejagt, sondern ein grausames Schicksal will es, daß mehrere Frauen in ihrer Nachkommenschaft ohne Nase zur Welt kommen und 'entnast' leben müssen. Dieses eigentümliche Detail, von etwas zweifelhaftem Geschmack, entspricht nicht Maries Art. Sicherlich hat sie es sich nicht ausgedacht. Sie hat es wohl in der Überlieferung der Erzählung vorgefunden. Eine Vermutung sei hier erlaubt: Ich denke, daß dieses physiologische Detail der eigentliche Ausgangspunkt der Geschichte des *Bisclavret* ist. Eine körperliche Entstellung, ein charakteristischer Makel in einer bestimmten adligen Familie, die Marie diskreterweise nicht namentlich erwähnt, verlangte nach einer Erklärung. Man vermutete diese in der Werwolf-Sage, die einer Ahnin einst unschicklicherweise widerfahren war. Die Sage einer adligen Familie also, wie die der Lusignan (die Sage der Mélusine) oder die von Godefroy de Bouillon (die Sage vom Schwan), und wie sie zweifelsohne noch bei Marie selbst im Lai *Guigemar* vorzufinden ist.[10] Und just deswegen ist diese Geschichte trotz aller Unwahrscheinlichkeit so echt."[11]

---

[9] Ebd. S. 132.
[10] Ich gestehe, daß ich im Lai *Guigemar* keinerlei Parallelen zum *Bisclavret* finden kann, abgesehen davon, daß es sich in beiden Fällen um konfliktreiche Zweier- bzw. Dreier-Beziehungen handelt.
[11] „Non seulement la femme sera chassée du pays avec son second mari, mais un cruel destin veut que nombre de femmes de sa descendance soient venues au monde sans nez et aient vécu 'esnasées'. Ce détail bizarre, et d'un goût quelque peu douteux, n'est pas dans la manière de Marie. Ce n'est pas elle qui a dû l'inventer. Elle a dû le trouver dans la tradition du conte. On nous permettra de risquer une supposition. Je pense que ce détail physiologique doit être le véritable point de départ du conte du *Bisclavret*. Un défaut physique, une tare caractéristique dans certaine famille noble, que Marie a eu la discrétion de ne pas nommer, appelait une explication. On l'imagina dans la légende du loup-garou, la mésaventure arrivée jadis à l'une des ancêtres. Légende de famille noble donc, comme celle des Lusignan (la légende de Mélusine) ou de Godefroy de Bouillon (la légende du Cygne), comme sans doute encore chez Marie elle-même dans le lai de Guigemar. Voilà pourquoi cette histoire est si vraie malgré son invraisemblence." (Ernest Hoepffner: *Les lais de Marie de France*, Paris 1959, S. 148).

Meines Erachtens ist dies akribisch gesponnener Philologenzwirn, der dem von Bambeck ausgemachten 'contrapasso' in nichts nachsteht. Richtig ist sicherlich, daß Marie de France das Detail der Entnasung nicht erfunden hat. Sie erhebt nicht den Anspruch stofflicher Originalität, sondern betont, daß die Geschichte wahr sei, sie sie der Überlieferung entnommen habe, wenngleich es sich hierbei auch um einen gängigen dichterischen Topos handeln mag.

Eine einleuchtendere Erklärung scheint mir in einem ganz anderen und noch dazu realen Lebensbereich auszumachen zu sein, nämlich dem der angelsächsischen mittelalterlichen Rechtsprechung. Diese sah im Falle des Ehebruchs für die Frau unter anderem das Abschneiden der Nase vor. In Heinrich Brunners Rechtsgeschichte heißt es dazu etwas lapidar: „Bei den Angelsachsen hat sie [i.e. die Ehebrecherin] Vermögen, Nase und Ohren verwirkt".[12] Brunner bezieht sich hierbei auf ein Gesetz des englischen Königs Knud des Großen (ca. 995–1035), in welchem es heißt (ca. 1020, II Cnud 53) : „Si mulier, vivente marito suo, faciat adulterium, et manifestetur..., habeat legalis maritus eius omne quod ipsa habebat; et ipsa perdat nasum et aures"[13] („Wenn die Frau zu Lebzeiten ihres Gatten Ehebruch begeht, und dieser festgestellt wird..., steht dem Mann von Rechts wegen alles zu, was sie selbst hatte; und sie selbst verliere Nase und Ohren"). Die Absicht einer solchen Bestrafung ist offensichtlich die Stigmatisierung derjenigen, die sich schuldig gemacht hat, um ihr fürderhin das Leben schwer zu machen: Eine gebrandmarkte Ehebrecherin ist, jenseits der physiologischen Entstellung, eine potentiell fragwürdige Person.

Es sei der Vollständigkeit halber erwähnt, daß es sich hierbei nicht um eine Besonderheit des angelsächsischen Rechts handelt, denn wir lesen für eine ganz andere Ecke in Europa von dem nämlichen Brauch:

> „Eine Ehescheidung ist ferner zulässig, [...] wenn das Weib eine Hausdiebin ist, wenn sie Ehebruch treibt (in diesem Falle pflegt in der Crnagora [= Montenegro] [...] der Mann seinem Weibe, ehe er sie fortjagt, die Nase abzuschneiden; dies war [...] im Mittelalter auch in Griechenland Brauch)".[14]

Dies wird bestätigt im Lexikon des Mittelalters s. v. EHEBRUCH im Abschnitt für den ost- und südslawischen Bereich: „Das Ausmaß der Strafe [bei Ehebruch] hing vom sozialen Status des Ehebrechers ab und sah körperliche Strafen wie Abhacken der Hände oder Rhinotomie (Abschneiden der Nase) vor".[15] Etliche Beispiele führt schließ-

---

[12] Heinrich Brunner: *Deutsche Rechtsgeschichte*, neu bearbeitet von Claudius Freiherrn von Schwerin, Band 2, München, Leipzig 1928, S. 855.
[13] Friedrich Liebermann: *Die Gesetze der Angelsachsen*, Band 1, Halle 1903 [Nachdruck Aalen 1960], S. 349.
[14] Friedrich S. Krauss: *Sitte und Brauch der Südslaven*, Wien 1885, S. 566.
[15] LexMA Bd. 3, Sp. 1661.

lich Valentin Groebner in seiner oben erwähnten Arbeit an, wobei in einigen Fällen ohne feste Rechtsgrundlage aus privater Rache gehandelt wird.

Ich unterstelle, daß dem zum Werwolf mutierten Ritter, der ja trotz der äußeren Verwandlung seinen menschlichen Verstand beibehält,[16] eine Kenntnis der gängigen Rechtsprechung zuzuschreiben ist. Da seine ehemalige Frau – und seine Perspektive ist hier in sich durchaus schlüssig – zur Ehebrecherin geworden ist, verlangt sein gesundes Rechtsempfinden nach einer angemessenen Sanktion. Da er in seinem Zustand als verschollen erklärter Ehemann nicht damit rechnen kann, daß sich irgendjemand seine Sicht der Dinge zu eigen macht und eine Bestrafung einfordert, greift er zur Selbstjustiz. Dieses ungewöhnliche Verfahren schafft zudem die Voraussetzung dafür, daß es ihm unter Mithilfe einsichtiger Menschen gelingt, wieder einer der ihren zu werden. Es scheint fast so, als habe der weise Ratgeber des Königs den Akt der Selbstjustiz spontan richtig interpretiert.

Es bleibt die Frage der Nasenlosigkeit der weiblichen Nachkommen von Geburt an. Ich neige dazu, hierin eine dichterische Überhöhung von Seiten Maries zu sehen, die damit die Unsäglichkeit und Perfidie des Handelns der Dame unterstreichen möchte. Vom rein biologischen Aspekt her unmöglich, eignet der angeborenen Übernahme des Stigmas der Untreue eine Uminterpretation zur Charaktereigenschaft, die über das Einzelphänomen hinausweist:

> „The peculiarity of the wife's situation has been assimilated to the common theme of adultery [...]; the lady's betrayal is now institutionalized, naturalized in the noseless women of her lineage. The particular difference of *la femme Bisclavret* [...] has been lost in the typicality of her adulterous behavior, the feminine nature passed on from mother to daughter".[17]

Zurück bleibt der vom Werwolf wieder zum Menschen mutierte Ritter, und zurück bleibt die Leserin oder der Leser der Geschichte mit der Spekulation, ob das nun auch das Ende der lykanthropischen Anwandlungen des Protagonisten sei, wofür der Text freilich keinerlei Anhaltspunkte liefert. Es scheint vielmehr, als könne er nun erneut, unbehelligt von seiner ehemaligen Gattin, seiner altgewohnten Neigung frönen. Mit dieser Spekulation eröffnet sich jedoch ein neues weites Feld, das zu betreten wir uns hier untersagen müssen.

---

[16] „He [i.e. *Bisclavret*] is also throughout rational – loyal to his king, vengeful only to those who betrayed him first, civilized enough to request privacy for the shocking act of metamorphosis and the nakedness that precedes it." Caroline Walker Bynum: *Metamorphosis and Identity*, New York 2001, S. 172.

[17] Matilda Tomaryn Bruckner: *Of Men and Beasts in* Bisclavret, in: *Romanic Review* 81 (1991), S 251–269; Zitat S. 266.

Personenverzeichnis

Verzeichnis der Abkürzungen

assyr. = assyrische(-r); babylon. = babylonische(-r); bad. = badischer; bibl. = biblische(-r); dt. = deutsche(-r); engl. = englische(-r); Fs. = Fürst; geb. = geborene; Gf. = Graf; Gfn. = Gräfin; Ghz. = Großherzog; Ghzn. = Großherzogin; Hz. = Herzog; Hzn. = Herzogin; J. = Jüngere; Kfs. = Kurfürst; Kfsn. = Kurfürstin; Kg. = König; Kgn. = Königin; Ks. = Kaiser; Lgf. = Landgraf; Mgf. = Markgraf; mgfl. = markgräflicher; pers. = persische(-r); Pfgf. = Pfalzgraf; schott. = schottische(-r); schwed. = schwedische(-r)

Aaron 197
Abbot, George 225f.
Abraham 197, 203
Adam, Melchior 226
Adorno, Theodor W. 420
Albertus Magnus 211, 435
Albrecht IV., Hz. v. Bayern-München 384
Albrecht Karl, Mgf. v. Baden-Baden 162f., 167, 169f.
D´Alembert, Jean-Baptiste le Rond 85, 121f., 130
Alexander der Große 213
Alting, Heinrich 292
Ambrosius v. Mailand 377
Amerbach, Johannes 201
Anhalt, Christian v. 225
Anianus, Nikolaus 403–409
Anne de Bretagne 384
Anshelm, Thomas 193, 201, 389, 391
Anton, Paul 195
Arigo 274, 278, 279
Aristoteles 73, 92, 118, 124, 126, 129f., 218f., 222, 421
Assurnasirpal II., assyr. Kg. 55
August-Wilhelm, Hz. v. Braunschweig 196
Augustinus v. Hippo 377, 406
Augustus 65f., 68, 239, 353

Bach, Johann Christian 324
Bacon, Francis 85, 130
Bahr, Hermann 420
Beermann, Sigismund 198

Benn, Gottfried 411
Berge, Georg Christoph v. 223f.
Berge, Joachim v. 223f., 226
Bergius, Matthias 285
Bernard de Gordon 122
Bernhard, Hz. v. Sachsen-Weimar 297
Bernhard III., Mgf. v. Baden-Baden 168
Berry, Chuck 79
Berthold v. Regensburg 180f.
Bertruccio, Niccolò 125
Bessel, Josepha v. 326ff., 331
Beza, Theodor 285
Bitschin, Ambrosius 183
Blokland, Johannes 374ff.
Blume, Anna Catharina 199
Boccaccio, Giovanni 270ff.
Boccherini, Luigi 324
Bockstad, Johann 227
Böschenstein, Johannes 194
Boissard, Jean-Jacques 283, 285ff.
Bote, Herman 270, 272, 274
Bouqeton, André 345
Bourbaki, Nicolas 78
Brant, Sebastian 383, 390
Brederode, Pieter Corneliszoon v. 286, 292
Breithaupt, Christian 199
Briselance, Michel 290
Bruder Marcus 271
Bucer, Martin 269–280, 373–379, 405
Buddha 3, 6f., 11, 136
Burchard, Franz 403
Burney, Charles 324, 325

Busmann, Johann Eberhard 196
Buxtorf d. J., Johannes 194, 202

Calvin, Johannes 285, 375ff.
Calvör, Caspar 198
Camerarius, Joachim 406
Cannabich, Christian 324
Caracalla 240
Carl August, Hz., seit 1815 Ghz. v. Sachsen-Weimar-Eisenach 219ff.
Carl Philipp, Kfs. v. d. Pfalz 241
Carl Theodor, Kfs. v. d. Pfalz 229–249, 324ff., 328, 341, 346
Carpzov, Benedikt 305, 306
Carpzov, Johann Benedikt II. 195
Carroll, Lewis 77
Castner, mgfl. bad. Rat 164, 167, 169
Celtis, Konrad 383
Cherbury, Herbert v. 197
Chladni, Ernst Florens Friedrich 219
Christian IV., Hz. v. Pfalz-Zweibrücken 345
Christian Wilhelm, Mgf. v. Brandenburg 296
Church, Alonzo 72
Cicero 65, 95
Commodus, röm. Ks. 124
Couldrette 274f.
Cramer, Wilhelm 324
Cruciger, Gregor 202
Crux, Johann Peter Anton 345
Crux, Johanna Antonia, geb. Habert 345
Crux, Maria Antonia 345
Curtius, Ernst Robert 98

Danner, Christian 324
Danz, Andreas 194
Darius (Dareios) III., pers. Großkg. 213
Dautieux, Johann Ferdinand Friedrich 166
David 197
Debonné, Daniel 295f.
Dedekind, Richard 73, 78
Denays, Jean 290
Descartes, René 78, 118, 122, 124
Diderot, Denis 85, 121, 130, 431
Dieudonné, Jean 78
Dilthey, Wilhelm 119
Dlabacž, Gottfried Johann 344
Dohna, Abraham zu 224f.
Dohna, Achatius zu 225
Dohna, Christoph zu 225
Dohna, Fabian zu 225
Donellus, Hugo 285
Dubois, Clement 293
Du Bois-Reymond, Emil 98

Dürrfeld, Jakob Wilhelm 166ff.
Dyrhn, Georg v. 223

Ebner, Erasmus 403
Eck, Friedrich 323-331
Eck, Georg 323
Eck, Klara (geb. Wittmann) 323, 329
Eck, Nikolaus 224, 227
Eduard Fortunat, Mgf. v. Baden-Baden 153–170
Edzard, Esdras 194
Eicken, Maria v. 154, 170
Eike v. Repgow 305
Eleonore v. Aquitanien 368
Elisabeth I., engl. Kgn. 286
Elisabeth Augusta, Kfsn. v. d. Pfalz 240, 324
Emerson, Ralph Waldo 418
Enguerrand de Coucy 208
Epiktet 353
Erasmus v. Rotterdam 193, 390, 404
Ernst Friedrich, Mgf. v. Baden-Durlach 153f., 156, 165, 169
Esau 197
Euklid 73, 77f.
Eybenberg, Marianne v. 219
Ezobis, Joseph ben Chanan 202

Faber, Sebastian 160ff.
Fanel(l)o, Prospero 390
Ferdinand II., dt. Ks. 182, 292f., 296, 303
Fischer, Friedrich Christoph Jonathan 303
Fischer, Kuno 119
Fontane, Theodor 10
Formey, Jean Henri Samuel 85
Francke, Hermann August 195
Franz Wenzel, Gf. v. Trauttmannsdorff 344
Frege, Gottlob 73, 78
Fremault, Pierre 294
Freud, Sigmund 411f.
Friedrich I. Barbarossa, dt. Kg. u. Ks. 181
Friedrich III., dt. Kg. u. Ks. 384
Friedrich III., Kfs. v. d. Pfalz 284
Friedrich IV. Kfs. v. d. Pfalz 289, 291
Friedrich V., Kfs. v. d. Pfalz 223, 286, 291, 296f.
Friedrich V., Mgf. v. Baden-Durlach 164f.
Friedrich der Weise, Kfs. v. Sachsen 403
Friedrich, Mgf. v. Brandenburg 384
Friedrich Michael, Pfgf. v. Zweibrücken-Birkenfeld 244
Frölich, Jakob 271
Füssel, Martin 226

Gaguin, Robert 384
Galen 124ff.
Gautier de Coincy 437
Georg II., Lgf. v. Hessen-Darmstadt 286, 296
Georg der Reiche, Hz. v. Bayern-Landshut 384
Georg Friedrich, Mgf. v. Baden-Durlach 165
Gessner, Conrad 202
Gluck, Christoph Willibald 324
Godefroy, Denys 286, 291
Gödel, Kurt 73, 75
Goethe, Johann Wolfgang v. 98, 118, 137–140, 217–222, 324, 423–434
Goldast v. Haiminsfeld, Melchior 201
Gomarus, Franciscus 286, 290
Gotzmann, Bartholomäus 183
Grimm, Jacob 207f., 212
Grün, Johann Christoph v. d. 292
Grüninger, Johannes 272
Grynaeus, Johann Jakob 224, 227, 285, 290
Gui de Chauliac 121ff.
Guichard, Etienne 202
Guillaume de Lorris 210, 367
Gustav Adolf, schwed. Kg. 296f.
Gustav Horn, Gf. zu Björneborg 296

Habert, Elisabeth Barbara 344
Habert, Johannes 344
Hack, Jakob SJ 286
Hardt, Hermann v. d. 193-205
Harman, Gilbert 115
Harvey, William 126
Heaney, Seamus 10
Hebel, Johann Peter 433
Heinrich II. Plantagenet, engl. Kg. 368
Heinrich Matthias, Gf. v. Thurn 286, 296
Heinse, Wilhelm 324
Henri de Mondeville 122ff., 128
Heroux, Johann Nikolaus 345
Herr, Franz Joseph 156f., 164, 167
Herwart, Matthias 158ff.
Hieronymus, hl. 383, 388
Hilbert, David 78, 82
Hiller, Kurt 415
Hippokrates 124, 129
Hiskia 198
Hobbes, Thomas 197, 429
Hoë v. Hoenegg, Matthias 287
Hölderlin, Friedrich 118
Hölzerlips (eigentlich: Georg Philipp Lang) 311f.
Hofmannsthal, Hugo v. 411
Holovackyj, Jakiv 334
Holstein, Hugo 381f.

Holzbauer, Ignaz 324
Homer 77
Hoogstraeten, Jakob 200, 204
Howard, Luke 220
Hue de Rotelande 436
Hufeland, Christoph Wilhelm 221
Hugen, Alexander 183
Hugo v. Sankt Viktor 209
Hume, David 418
Hundt, Magnus 128
Hutten, Franz Christoph v. 165
Hyssopaeus s. Ezobis

Impflin, Hannes Wilhelm 164
Iulia Domna 240

Jakob 197
Jakob (James) I., schott. u. engl. Kg. 294
Jakob v. Mühldorf 389
Jacobi, Friedrich Heinrich 324f.
Jaspers, Karl 281
Jean d´Antioche 95
Jean de Mandeville (auch: John Mandeville) 213, 261–267
Jean de Meung (auch: Jean de Meun) 86, 210, 367
Jean de Murs 209
Jeanne de Montbaston 367
Jesus Christus 381–393, 408
Jobst, Philipp David 143–152
Johann I., Pfgf. und Hz. v. Pfalz-Zweibrücken 175
Johann II., Pfgf. bei Rhein 291
Johann Kasimir, Pfgf. bei Rhein 284, 289
Johannes Chrysostomus 377
Johannes v. Sevilla 209
Jona 197
Josia 197
Judas 385, 386, 392
Jünger, Ernst 415
Junius, Franciscus 285

Kafka, Franz 411
Kallierges, Zacharias 226
Kant, Immanuel 118, 418
Karl (Charles) I., schott. u. engl. Kg. 294
Karl V., dt. Kg. u. Ks. 187
Karl August, Hz. v. Pfalz-Zweibrücken 244, 341
Karl Friedrich, Mgf. v. Baden 154, 157, 164
Kaštiliaš IV., babylon. Kg. 56ff.
Katharina Belgica, Gfn. v. Hanau 294
Klein, Felix 78

Klopstock, Friedrich Gottlieb 324f.
Kmicykevyč, Volodymyr 336
Knebel, Karl Ludwig v. 140
Knobloch d.Ä., Johann 271
Knobloch d.J., Johann 271
Knud der Große 441
Köstlin, Wilhelm 147ff.
Kolumbus, Christoph 263ff., 267
Kretzmaier, Balthasar 161
Kretzmaier, Kaspar 161f.
Kripke, Saul 81
de Kroon, Marijn 375ff.

Laelius Peregrinus 224
Lamparter, Gregor 389
Landas, Karl v. 286, 292, 294
Lang, Georg Philipp 311
Lanz, Heinrich 229, 231
Laski, Johannes 403–409
Lauban, Melchior 226
Lavater, Johann Caspar 140
Lavrivs`kyj, Jurij 336
Lebrun, Ludwig August 324
Leibniz, Gottfried Wilhelm 199, 203
Lenz, Johann Georg 219
Leo X., Papst 194
Leopold I., dt. Kg. u. Ks. 184
Lessing, Gotthold Ephraim 324
Levyckyj, Kost´ 336
Lipowsky, Felix Joseph 344
Livius 65
Louis XI, frz. Kg. 362
Louise Augusta, Hzn., seit 1815 Ghzn. v. Sachsen-Weimar-Eisenach 217
Ludovicus, Laurentius 226, 227
Ludwig I., Gf. v. Erbach 296
Ludwig Georg, Mgf. v. Baden-Baden 165f.
Ludwig Philipp, Pfgf. v. Simmern und Lautern 296
Lukács, Georg 422
Luther, Martin 9f., 108, 171f., 188, 194, 200, 203, 251–259, 306, 395–401, 406f.

Mach, Ernst 411f., 420
Manasse, bibl. Kg. 197
Mann, Thomas 417
Mannlich, Johann Christian v. 344f.
Mantovano, Battista 390
Manuzio, Aldo 404
Manuzio, Paolo 404
Marc Aurel 124
Marco Polo 264
Marcus v. Regensburg, irischer Mönch 271

Marduk 53, 64
Maria, hl. 381-393
Maria Theresia 179
Marie de France 435–442
Martin de Saint-Gille 129
Matthias, dt. Ks. 292
Maurus, Hrabanus 389, 391
Maximilian I., dt. Ks. 200, 384
Maximilian I., Kfs. v. Bayern 293
Melanchthon, Georg 406
Melanchthon, Philipp 171f., 403–409
Melchisedek 385, 386
Mendelssohn, Moses 310
Mercier, Pascal 77
Metzenhausen, Elisabeth v. 156
Michaelis, Christian Benedikt 198, 200
Miklošič, Franz v. 338
Möller, Hans 193, 196ff.
Mössinger, Johann Michael 149
Mössinger, Matthäus Christoph 145–152
Mondino dé Liuzzi 125
Moritz v. Nassau, Prinz v. Oranien 294
Mose 198
Mozart, Leopold 324, 348
Mozart, Wolfgang Amadeus 324f., 343, 345
Münsterer, Sebaldus 172
Musil, Robert 411–422
Mylius, Martin 226

Nedilskyj, Sofron 337
Neidhardt, Peter 183
Nestorios 389
Neuhausen, Johann Ulrich 294
Niebelschütz, Christian Wolfgang v. 223
Niebelschütz, Johann Christoph v. 223
Niem, Dietrich v. 280
Nietzsche, Friedrich 411-422
Nikolaus v. Lyra 383
Noah 388
Nostiz zu Strenz, (Hans) Joachim 223
Notker Labeo 92f.
Numa Pompilius, röm. Kaiser 67

Octavian 198
Oldermann, Johannes 196
Opitz, Martin 226, 288
Origenes 377
Orscelar, Karl Heinrich v. 167
Osiris 62, 67f.
Otto IV., dt. Ks. 196
Ovid 390

Pappenheim, Gottfried Heinrich v. 297

Paré, Ambroise 122
Pareus, David 226
Paulus 140, 181
Petruschewytsch, Antin 335
Petsch, Johann Philipp 295
Pfannmüller, Johann Stephan 287
Pfefferkorn, Johannes 200
Pfister, Ludwig 312
Philipp I. v. Kastilien, span. Kg. 293
Philipp II., Mgf. v. Baden-Baden 153, 165, 168
Philipp der Großmütige, Lgf. v. Hessen 405, 408
Philipp Ludwig II., Gf. v. Hanau 294
Philipp Reinhard I., Gf. v. Solms-Hohensolms 286, 294
Philippe de Navarre 437
Pirckheimer, Willibald 201
Pitiscus, Bartholomaeus 225ff.
Platon 75, 118, 124, 126, 130, 421–424
Plautus, Titus Maccius 435
Plutarch 126
Polanus von Polansdorf, Amandus 285
Popowicz, Emilian 340ff.
Proklos 389

Quallenberg, Johann Michael v. 343–351
Quine, Willard Van Orman 74

Rabelais, François 122
Rainolds, John 285
Reding, Georg Ludwig v. 328
Reinhard, Carl Friedrich v. 220
Reinmann, Jakob Friedrich 199
Reisch, Gregorius 129
Renate v. Ferrara, Hzn. 284, 289
Reuchlin, Johannes 193–205, 381–393
Reuter, Quirinus 285
Rhein, Stefan 381f.
Richart de Montbaston 367
Rieder, Jacob 311
Riederer, Friedrich 183
Ringoltingen, Thüring v. 274f.
Romulus 65
Roth, Philipp 74f.
Rothkirch auf Panthen und Schwenckfeld, Wolfgang v. 224
Rottmann, Friedrich 312
Rousseau, Jean-Jacques 308f.
Rudolf-August, Hz. v. Braunschweig 195ff.
Rülzius, Stanislaus 293
Ruprecht, Pfgf. v. Pfalz-Veldenz 172
Russell, Bertrand 73, 78

Sabellico, Marcantonio 390
Sandhagen, Kaspar Hermann 195
Sangrino, Angelo 390
Šaškevyč, Hryhorij 334
Scheidius, Jonas 285
Scherer, Georg SJ 286
Schickhardt, Heinrich 161f.
Schiller, Friedrich 140, 423f., 428, 433
Schmidt, Arno 212
Schnitzler, Arthur 411
Schöpflin, Johann Daniel 155
Schubart, Christian Friedrich Daniel 324f.
Schultz, Christoph Ludwig Friedrich 222
Schumann, Wilhelm 291
Schwebel, Johann 172
Scultetus, Abraham 223–227, 282, 292
Scultetus, David 227
Seattle, Häuptling 374
Seeau, Anton Gf. v. 326, 328
Seebeck, Thomas 221
Seneca d. J. 406
Seng´an, Daoyi 133, 135
Seyffert, Josepha 246
Shelah, Saharon 79
Sitzinger, Ulrich 171f., 174
Sohn, Georg 289
Sokrates 119, 421f.
Spener, Philipp Jakob 195
Spina, Johannes de (auch: Jean de l'Espine) 289
Spinola, Ambrosio 292
Spitzel, Georg 195
Stalberg, Johannes (?) 280
Stamitz, Anton 324
Stamitz, Carl 324
Steinhäuser, Eberhardt 164
Stenius, Simon 285, 289
Streitel, Hieronymus 382, 384
Sturm, Johannes 171, 175
Sulla 65, 68
Suter, Meinrad 328
Szpilrajn-Marczewski, Edward 81f.

Tacitus, Publius Cornelius 362f.
Tarski, Alfred 73ff., 81
Taurellus, Nikolaus 285
Tautphaeus, Philippina v. 326, 329
Thales 119
Thieri, Denis 290
Tilly, Johann Tserclaes Gf. v. 293, 296
Tindal, Matthew 197
Toland, John 197
Tossanus, Daniel 284, 289f.

Tossanus, Paulus 281–300
Tukult-Ninurta I., assyr. Kg. 53, 56ff.

Ueberweg, Friedrich 119
Urban IV., Papst 276, 278

Varus 198
Vergil 65, 198, 390
Verschaffelt, Peter Anton v. 241f.
Vogler, Georg Joseph (auch: Abbé) 325
Voltaire 324, 418
Vyslobockyj, Jurij 334

Wagner, Richard 413, 416f.
Wallenstein, Albrecht v. 293, 296f.
Walram v. Köln 182
Weber, Alfred 281
Weinbrenner, Kaspar 157
Wenzel, dt. Kg. 182
Werchratskyj, Ivan 337
Whitehead, Alfred North 78
Wieland, Christoph Martin 324

Wilde, Oscar 97
Wilhelm v. Aquitanien 436
Wilhelm, Mgf. v. Baden-Baden 156, 164, 167ff.
Wimpfeling, Jakob 383f.
Winckelmann, Johannes 287
Witzleben, Oberst v. 295
Wolf, Franz 166
Wolfgang, Pfgf. und Hz. v. Pfalz-Zweibrücken 172, 175
Woolston, Thomas 197

Ximénez, Francisco 193

Zasius, Ulrich 182
Zedler, Johann Heinrich 85
Zedlitz, Wenzeslaus v. 223
Żelechowski, Eugen 337ff.
Zeller, Eduard 119
Zelter, Carl Friedrich 140, 220
Zeus 64
Zwengelius, Johann 285

Autorenverzeichnis

AREND, SABINE, Dr. phil., Historikerin, Mitarbeiterin der Forschungsstelle
Evangelische Kirchenordnungen des XVI. Jahrhunderts

BANDINI, DITTE, Dr. phil., Indologin, Mitarbeiterin der Forschungsstelle
Felsbilder und Inschriften am Karakorum-Highway

BARTH, ANDREAS, Dr. rer. nat., Geophysiker, Mitarbeiter der ehemaligen
Forschungsstelle *Weltkarte der tektonischen Spannungen/World Stress Map*

BARTUSCH, ILAS, Dr. phil., Philologe, Mitarbeiter der Forschungsstelle
Deutsche Inschriften

BERGHOLZ, THOMAS, Dr. theol., Theologe, ehemaliger Mitarbeiter der Forschungsstelle *Evangelische Kirchenordnungen des XVI. Jahrhunderts*

BOLUS, MICHAEL, Priv.-Doz. Dr. phil., Prähistoriker, Mitarbeiter der Forschungsstelle *The Role of Culture in Early Expansions of Humans*

BUCKWALTER, STEPHEN, Dr. theol., Kirchenhistoriker, Mitarbeiter der Forschungsstelle *Martin Bucers Deutsche Schriften*

DALL´ASTA, MATTHIAS, Dr. phil., Klassischer Philologe, Mitarbeiter der
ehemaligen Forschungsstelle *Edition des Reuchlin-Briefwechsels,*
jetzt Mitarbeiter der *Melanchthon*-Forschungsstelle

DEUTSCH, ANDREAS, Dr. jur., Rechtshistoriker, Leiter der Forschungsstelle
Deutsches Rechtswörterbuch

DÖRNER, GERALD, Dr. phil., Theologe und Historiker, Mitarbeiter der ehemaligen
Forschungsstelle *Edition des Reuchlin-Briefwechsels,* jetzt Mitarbeiter der
Forschungsstelle *Evangelische Kirchenordnungen des XVI. Jahrhunderts*

DÖRR, STEPHEN, Dr. phil., Romanist, Mitarbeiter der Forschungsstelle
Dictionnaire étymologique de l'ancien français

EICHELDINGER, MARTINA, Dr. phil., Germanistin, Mitarbeiterin der Forschungsstelle *Goethe-Wörterbuch*, Tübingen

EL KHOLI, SUSANN, Dr. phil., Historikerin, Mitarbeiterin der Forschungsstelle *Europa Humanistica*

FERAUDI-GRUÉNAIS, FRANCISCA, Dr. phil., Archäologin und Epigraphikerin, Mitarbeiterin der Forschungsstelle *Epigraphische Datenbank Heidelberg*

FRANK, BEATRICE, Dr. phil., Historikerin und Germanistin, Mitarbeiterin der Forschungsstelle *Luther-Register*

GÜIDA, EVA, Dr. phil., Romanistin, Mitarbeiterin der ehemaligen Forschungsstelle *Diccionario del español medieval*

HAAF, SUSANNE, M.A., Germanistin und Computerlinguistin, Mitarbeiterin der Forschungsstelle *Martin Bucers Deutsche Schriften*

HAIDLE, MIRIAM NOËL, Priv.-Doz. Dr. rer. nat., Ur- und Frühgeschichtlerin und Paläoanthropologin, Koordinatorin der Forschungsstelle *The Role of Culture in Early Expansions of Humans*

HARTMANN, VOLKER, Dr. phil., Literaturwissenschaftler, Mitarbeiter der Forschungsstelle *Europa Humanistica*

HERTLER, CHRISTINE, Dr. phil. nat., Paläobiologin, Mitarbeiterin der Forschungsstelle *The Role of Culture in Early Expansions of Humans*

JAKOB, STEFAN, Dr. phil., Assyriologe, Mitarbeiter der Forschungsstelle *Edition literarischer Keilschrifttexte aus Assur*

KAZICH, OLE, M.A., Germanist, Mitarbeiter der Forschungsstelle *Luther-Register*

KRAUSKOPF, INGRID, Prof. Dr. phil., Klassische Archäologin, Mitarbeiterin der Forschungsstelle *Thesaurus Cultus et Rituum Antiquorum*

KRONAUER, ULRICH, Prof. Dr. phil., Philosoph und Germanist, Mitarbeiter der Forschungsstelle *Deutsches Rechtswörterbuch*

LENSKI, WOLFGANG, Dr. rer. nat., Mathematiker und Philosoph, Mitarbeiter der ehemaligen Forschungsstelle *Mathematische Logik*

LILL, EVA-MARIA, Germanistin (Historische Sprachwissenschaft), Mitarbeiterin der Forschungsstelle *Deutsches Rechtswörterbuch*

MÖHREN, FRANKWALT, Prof. Dr. phil., Romanist, ehemaliger Leiter der Forschungsstelle *Dictionnaire étymologique de l' ancien français*

MUNDHENK, CHRISTINE, Dr. phil., Latinistin und Germanistin, Leiterin der *Melanchthon*-Forschungsstelle

NEYMEYR, BARBARA, Prof. Dr. phil., Germanistin und Philosophin, Mitarbeiterin der Forschungsstelle *Nietzsche-Kommentar*

PELKER, BÄRBEL, Dr. phil., Musikhistorikerin, Mitarbeiterin der Forschungsstelle *Geschichte der südwestdeutschen Hofmusik*

PTASHNYK, STEFANIYA, Dr. phil., Germanistin und Sprachwissenschaftlerin, Mitarbeiterin der Forschungsstelle *Goethe-Wörterbuch*, Tübingen

QUAAS, LYDIA, M.A., Germanistin, Philosophin und Psychologin, Mitarbeiterin der Forschungsstelle *Goethe-Wörterbuch*, Tübingen

SCHNURR, JOHANNES, Dr. phil., Germanist, Mitarbeiter der Geschäftsstelle

SCHUBERT, WERNER, Prof. Dr. phil., Klassischer Philologe und Germanist, Mitarbeiter der Forschungsstelle *L'Année Philologique*

SOMMER, ANDREAS URS, Priv.-Doz. Dr. phil., Philosophiehistoriker, Mitarbeiter der Forschungsstelle *Nietzsche-Kommentar*

SPIEKERMANN, BJÖRN, Dr. phil., Literaturwissenschaftler, Mitarbeiter der Forschungsstelle *Europa Humanistica*

STÄDTLER, THOMAS, Priv.-Doz. Dr. phil., Romanist, Leiter der Forschungsstelle *Dictionnaire étymologique de l' ancien français*

THOMSEN-FÜRST, RÜDIGER, Dr. phil., Musikhistoriker, Mitarbeiter der Forschungsstelle *Geschichte der südwestdeutschen Hofmusik*

TITTEL, SABINE, Dr. phil., Romanistin, Mitarbeiterin der Forschungsstelle *Dictionnaire étymologique de l' ancien français*

TSAI, SUEYLING, Dr. phil., Kunsthistorikerin und Sinologin, Mitarbeiterin der Forschungsstelle *Buddhistische Steinschriften in China*

WELTER, RÜDIGER, Dr. phil., Germanist und Philosoph, Leiter der Forschungsstelle *Goethe-Wörterbuch*, Tübingen

WENZEL, CLAUDIA, Dr. phil., Kunsthistorikerin und Sinologin, Mitarbeiterin der Forschungsstelle *Buddhistische Steinschriften in China*

WINKLER, NICOLINE, Dr. phil., Romanistin, Leiterin der Forschungsstelle *Dictionnaire onomasiologique de l'ancien gascon*